Das große GU
Gartenbuch

Herta Simon | Jürgen Becker | Marion Nickig

Das große GU Gartenbuch

560 Farbfotos
von Jürgen Becker und Marion Nickig

300 Farbzeichnungen
von György Jankovics

GARTEN WISSEN Seite 8–23

Kleiner Garten – ganz in duftigem Weiß

Clematis sind zauberhafte Kletterpflanzen mit meist überschäumender Blütenfülle. Kaum ein Garten, in dem sich nicht noch ein Plätzchen für sie fände

GARTEN IDEEN Seite 24–143

GARTEN PRAXIS Seite 144–197

Blumenbeet in den Komplementärfarben Violett-Gelb. Die Farbe Weiß fügt sich in fast jede Farbkombination gut ein

GARTEN PFLANZEN Seite 198–307

Ein Wort zuvor

Bunte Blütenpracht, summende Bienen und der zarte Duft lauer Sommertage – jeder Garten ist eine Erlebniswelt für sich und eine Begegnung mit der Natur. Er ist ein Ort der Muße und Entspannung, aber auch eine Herausforderung für Kreativität und Gestaltungsfreude. Deshalb gibt es kaum einen Garten, der in den Augen seiner Besitzer nicht noch schöner und sinnvoller gestaltet werden könnte.
Das große GU Gartenbuch ist dazu der kompetente Begleiter. Ein Buch zum Schwelgen mit bezaubernden Beispielen und Ideen, ein Ratgeber zum Nachschlagen, der auf Doppelseiten leicht verständlich informiert.
GARTENWISSEN. Dieser erste Teil gibt Antwort auf die Grundfragen allen Gärtnerns: Was ist Boden? Wie leben Pflanzen? Was heißt Klima? Welche Rechtsprobleme können im Garten entstehen?
GARTENIDEEN. Hier finden alle, die ihren Garten neu anlegen, ändern oder verschönern wollen eine Fülle reizvoller Anregungen zur Gestaltung. Ganz gleich, ob es um bauliche Gestaltung wie das Anlegen von Wegen oder Terrassen, um Pflanzkombinationen oder um originelle Bepflanzung unterschiedlicher Gartenteile geht – immer werden kleine Gartensituationen beschrieben, die Sie wie Bausteine für große oder kleine Gärten übernehmen können. Aber auch wer einen bestimmten Gartentyp verwirklichen möchte oder einen sehr kleinen Garten besitzt, findet dazu attraktive Beispiele in Wort und Bild.

Üppiger, sommerlicher Kräuterstrauß aus dem Garten – ein Vergnügen für alle Sinne

GARTENPRAXIS bringt gärtnerisches Know-how auf den Punkt. Detaillierte Zeichnungen zeigen Schritt für Schritt das Wichtigste über Säen, Pflanzen, Pflegen und Vermehren. Alles leicht nachvollziehbar mit Orientierung an den naturgemäßen Methoden des Gartenbaus – selbstverständlich auch mit Pflanzenschutz.
GARTENPFLANZEN. Die schönsten Zier- und Nutzpflanzen unserer Gärten sind in diesem Teil versammelt. Fotos und Pflanzenbeschreibungen erleichtern das Kennenlernen und helfen beim Auswählen.
Lassen Sie sich verführen von den brillanten Farbfotos der beiden renommierten Fotografen und den hinreißenden Gartensituationen – und schaffen Sie sich Ihr eigenes Gartenparadies. Ein Gartenvergnügen wie noch nie wünschen die Autoren und die Redaktion.

Die Autoren

Herta Simon, Textautorin. Diplomgärtnerin mit Garten--bau-Studium an der Technischen Universität Weihenstephan. Langjährige Tätigkeit bei Internationalen- und Bundes-Gartenschauen. Erfolgreiche Autorin bei Rundfunk, Fernsehen und Verlagen. Schwerpunkte ihrer Arbeit: Pflanzen- und Gartenthemen.

Jürgen Becker, Fotograf. Studium der Malerei. Seit vielen Jahren als freier Fotograf für renommierte Buch- und Kalenderverlage sowie für internationale Zeitschriften und Magazine tätig. Schwerpunkte seiner Arbeit: Garten-, Pflanzen-, Architektur- und Landschaftsfotografie.

Marion Nickig, Fotografin. Grafik-Design-Studium bei Willy Fleckhaus. Arbeitet seit vielen Jahren für namhafte Buch- und Kalenderverlage sowie für internationale Zeitschriften und Magazine. Schwerpunkte ihrer Arbeit: Garten-, Pflanzenfotografie und Stillife.

Wichtig: Damit die Freude an Ihrem Hobby ungetrübt bleibt, beachten Sie bitte die Angaben zum Umgang mit Pflanzenschutzmitteln auf Seite 187 sowie »Warnung und Hinweis« auf Seite 319.

Kindheit im Garten – ein schönes und prägendes Erlebnis, das niemand vergißt

Von unvergleichlichem Zauber – Rosen und Clematis sind wie füreinander geschaffen. Beide können wunderschöne Verbindungen eingehen, wenn Sie Pflanzen auswählen, deren Blütezeiten zusammenfallen

GARTEN WISSEN

Jeder Garten ist ein grünes Individuum. Trotzdem müssen alle Gärtner dieser Welt die gleichen Dinge kennen und beachten: ihren Boden, die Wuchsbedingungen der Pflanzen sowie die klimatischen und lagebedingten Verhältnisse in ihrem Garten. Das Grundwissen dazu finden Sie auf den folgenden Seiten.

Gartenwünsche

Um Wünsche an seinen Garten ist wohl kaum ein Gartenliebhaber verlegen – inwieweit sich diese Wünsche in die Tat umsetzen lassen, hängt von Lage, Zustand oder Größe des Grundstücks ab und nicht zuletzt von der eigenen Kreativität. Mit feinem Gespür und sorgfältiger Planung kann jeder sein persönliches Gartenparadies erschaffen. Versuchen Sie aber nicht um jeden Preis, Ihren Traum zu verwirklichen, sondern stimmen Sie Ihre Vorstellungen auf die Gegebenheiten Ihres Gartens ab.

Wunschliste für den Garten

Zunächst sollten Sie sich ganz genau über Ihre Wünsche an den Garten klar werden. Lassen Sie sich Zeit bei der Planung, denn einmal ausgeführte grundlegende Gestaltungen sind später nur mit hohem Aufwand wieder zu ändern

Legen Sie eine große Liste mit Ihren Gartenwünschen an. Folgende Fragen können Ihnen dabei behilflich sein:

• Wollen Sie sich in erster Linie in Ihrem Garten erholen, brauchen Sie ihn als seelische Kraftquelle gegen den Streß? Dann sollten Sie eine besonders pflegeleichte Gestaltung anstreben.

• Oder wollen Sie sich eher darin aktiv körperlich betätigen bei Gartenarbeit und Sport? Dann können Sie auch pflegeintensive Beete und strapazierfähigen Rasen anlegen.

• Soll Ihr Garten Ihnen Flora und Fauna näherbringen? Dann können Sie ein naturnahes Paradies planen.

• Wollen Sie Ihren Pflanzenliebhabereien frönen? Dann dürfen Sie auch in Pflanzenraritäten schwelgen.

• Bevorzugen Sie einen Nutzgarten, der Ihnen gesundes Obst, Gemüse und Kräuter liefert? Dann sollten Sie diesen nahrhaften Gewächsen einen entsprechend großen Platz einräumen.

Alle diese Fragen müssen Sie sich übrigens auch dann stellen, wenn Sie Ihren Garten von einem Landschaftsarchitekten planen und anlegen lassen. Sie sollten darüber hinaus berücksichtigen, wie sich Ihre familiären Verhältnisse im Laufe der nächsten Jahre entwickeln werden. Ein Garten kann von vornherein so angelegt werden, daß er zunächst kindgerecht und anschließend »umrüstbar« ist, sobald die Kinder aus dem Haus sind. Wenn mit zunehmendem Alter das Gärtnern zu aufwendig wird, kann man Erleichterungen vornehmen, etwa durch das Anlegen von einfacher zu bearbeitenden Hochbeeten. Werfen Sie ebenfalls kritisch in die Waagschale, welchen Arbeitsaufwand Sie zu leisten bereit und imstande sind, denn die Pflege eines Gartens ist nicht unerheblich. Je mehr »formgebende Ordnung« Sie in Ihrem Garten wünschen, um so intensiver werden Sie daran arbeiten müssen. Wenn Sie sich eher an die Ordnung der Natur halten, müssen Sie nur hin und wieder regulierend eingreifen. So bleibt auch noch Zeit, den Vögeln zuzuhören, den Schmetterlingen nachzusehen oder ein Buch zu lesen.

Eleganter Stadtgarten mit verschiedenen Bereichen und Unterteilung durc

Zentral angelegter, streng formaler Garten

Was ist machbar?

Wenn Sie nun alle Ihre Wünsche gesammelt und die Prioritäten gesetzt haben, können Sie untersuchen, inwieweit Ihre Zielvorstellungen in Ihrem Garten machbar sind. Dazu ist es wiederum notwendig, bestimmte Kenntnisse und das Wissen um die Zusammenhänge in der Natur zu besit-

ecken. Im Vordergrund eine naturnahe Gestaltung

Gartenparadies für viele – verwunschener Schrebergarten

zen. So spielen etwa die klimatischen Bedingungen eine wichtige Rolle. Prüfen Sie genau, welche Möglichkeiten das Grundstück bietet, wie etwa die Lichtverhältnisse sind, welche baulichen Maßnahmen notwenig werden, was unter den gegebenen Voraussetzungen sinnvoll ist und welche Kosten anfallen werden.

Gartenstile und -typen

Die Gartenkunst ist wie die Architektur seit jeher auch ein Teil der Kulturgeschichte. Durchgesetzt haben sich bis heute fast überall auf der Welt zwei große Stilrichtungen: der klassisch-formale Garten nach italienischem und französischem Vorbild und der natürliche landschaftliche Garten nach dem Vorbild Chinas und Englands.
Jahrhundertelang wurden Gärten so gestaltet – in vielfältiger Abwandlung und zahllosen Varianten: fürstlich-repräsentative, große öffentliche und private kleinere.
Heute gibt es mehrere Stilrichtungen, deren einzelne Elemente sich auch gut kombinieren lassen. Wichtig ist vor allem, wie Sie die Dinge miteinander verknüpfen und aufeinander abstimmen. Dazu finden Sie auf den Seiten 24 bis 143 Anregungen und Tips, auch Beispiele für spezielle Gartentypen, die Ihnen helfen werden, ein eigenes Stilgefühl zu entwickeln. Hier Gestaltungsmerkmale der wichtigsten Gartentypen:
Der formale Garten (→ Seite 132/133) hat ein architektonisches Ordnungsgefüge. Geometrie, Symmetrie und formale Strenge charakterisieren ihn. Pergolen, Gitterwände sowie Hecken bilden und gliedern Räume. Die Nutzungsbereiche sind klar getrennt. Strenge Einfriedungen, geschnittene Gehölze bestimmen den Eindruck. Wasserbecken, Brunnen, Figuren und andere Schmuckelemente dürfen nicht fehlen.
Der Garten im freien Stil vermittelt den Eindruck künstlicher Natürlichkeit. Er wirkt durch lockere Baum- und Strauchgruppen sowie unregelmäßig aufgebaute Staudenrabatten. Die Pflanzen stehen dabei im Mittelpunkt des Interesses. Die baulichen oder gestalterischen Elemente, etwa Wasserbecken oder Teich, auch Hecken, ordnen sich dieser Idee unter. Sie können geometrisch oder frei geformt sein, beides ist auch nebeneinander möglich.
Der naturnahe Garten (→ Seite 134/135). Hier ist das oberste Ziel, dem Naturzustand so nahe wie möglich zu kommen, so wenig wie möglich einzugreifen. Die Gestaltung beugt sich diesen Forderungen. Die ökologische Vielfalt hat oberste Priorität. Gerade deshalb haben solche Gärten großen Reiz. Neben dem Naturgarten ist auch der Biogarten (→ Seite 136/137) Ausdruck für die in den letzten Jahren stark veränderte Einstellung zur Natur.
Natürlich gibt es noch alle möglichen Mischformen, in denen Gärten gestaltet werden können. Ein landschaftlich angelegter Ziergarten harmoniert zum Beispiel sehr schön mit einem streng formalen Nutzgarten. Der Bauerngarten (→ Seite 136/137) mit seinen gefaßten Beeten und der üppigen Bepflanzung stellt an sich schon eine Mischform dar. Viele Beispiele für Gärten mit individueller Note liefern auch die Fotos in diesem Buch.

Klima und Lage

Gärten sind dem in ihrer Umgebung vorherrschenden Klima unterworfen. Es stellt neben dem Boden den wichtigsten Standortfaktor dar und hat entscheidenden Einfluß auf das Gedeihen der Pflanzen. Im Jahresverlauf gibt es in bestimmten Regionen immer wiederkehrende Durchschnittswerte für Niederschläge, Sonnenscheindauer, Windverhältnisse, Luft- und Bodentemperaturen. Weltweit unterscheidet man aufgrund dessen bestimmte Klimazonen, die oft nur eine ganz spezielle Vegetation zulassen. Darum kann es auch keine generellen Ratschläge zu Pflanzenwahl und -verwendung geben, ausschlaggebend sind letztlich immer die klimatischen Verhältnisse.

Das gemäßigte Klima

Die Länge der Vegetationsperioden, die Wärmesummen, Niederschlagsmengen und ihre Verteilung – dies und vieles mehr bestimmen das Klima. In Mitteleuropa herrscht ein warm-gemäßigtes Klima vor, es liegt im Übergangsgebiet zwischen Seeklima im Westen und Kontinentalklima im Osten.

Das Seeklima ist durch hohe Luftfeuchtigkeit, starke Bewölkung, lebhafte Winde, reichliche Niederschläge und geringe jährliche und tägliche Temperaturschwankungen mit kühlen Sommern und milden Wintern charakterisiert.

Das Land- oder Kontinentalklima dagegen weist durch Ein- und Abstrahlung hohe Tages- und Jahrestemperaturschwankungen auf. Bewölkung und Luftfeuchtigkeit sind wesentlich geringer, es ist durch warme Sommer und kalte Winter gekennzeichnet. Höhenlage und Meeresnähe bestimmen den regionalen Temperaturverlauf.

Herbstliche Stimmung am Morgen. Jede jahreszeitliche Erscheinung im Ga

Kaltluft am Hang

Kalte Luft ist schwerer als warme und fließt hangabwärts. Sie sammelt sich in Mulden und Tälern, bildet dort »Kaltluftseen«, und kann dabei Frostschäden an Pflanzen verursachen

Wenn Sie auf halber Höhe Hecken pflanzen– am besten solche aus freiwachsenden Sträuchern – so wird der Fluß der Kaltluft gebremst. Sie kann dann im Tal keine »Kaltluftseen« bilden

Regionales Klima. Hinzu kommen spezielle Klimabereiche, wie etwa das sehr milde Weinbauklima am Oberrhein oder am Bodensee und im Rhein/Main/Neckar-Gebiet.

Wählen Sie für Ihren Garten solche Pflanzen aus, die sich in dem jeweils vorherrschenden Klima wohlfühlen, sie sind am pflegeleichtesten. Sie können auch Raritäten mit höheren Ansprüchen in Ihrem Garten ziehen. Es kostet aber viel Aufwand, bis die nötigen kleinklimatischen Voraussetzungen für diese Gewächse geschaffen sind.

Das Gartenklima

Neben den regionalen Klimaunterschieden gibt es auch Abweichungen zwischen Stadt und freier Landschaft: Häuser speichern die Wärme und schützen vor starken Winden, dadurch entstehen weniger Frostschäden.

Lage. Im gemäßigten Klima und auf ebenem Gelände bietet eine Nord/Süd-Lage ideale Voraussetzung für ein günstiges Gartenklima: Das Haus im Nordosten des Grundstücks hält kalte Winde ab und schützt Terrasse und Garten. Die Südseite des Hauses speichert Wärme, und der Garten erhält viel Sonne (→ Seite 38/39). Gärten am Hang können extreme Klimaunterschiede aufweisen.

letztlich durch das Klima bestimmt

Südhänge sind heiß und trocken, Nordhänge dagegen schattig und kühl – die Bepflanzung muß darauf abgestimmt werden (→ Seite 140/141). Auf Hügelkuppen ist ein Grundstück immer stärkeren Winden ausgesetzt.
Wind- und Frostschutz. Schutz vor starken Winden ist gleichzeitig auch Frostschutz, denn meistens erfrieren die Pflanzen im Winter nicht, sondern sie vertrocknen. Je stärker Wind und Sonne auf die Pflanzen einwirken, desto größer ist deren Verdunstung. Insbesondere die Immergrünen, die auch im Winter über die Blätter viel transpirieren, sind davon betroffen. Obendrein wird das Wasser durch Gefrieren im Boden festgehalten und ist so für die Pflanzen nicht verfügbar – sie welken. Wichtig ist deshalb, immergrüne Pflanzen vor Frosteinbruch noch einmal durchdringend zu wässern.
Künstliche oder natürliche Barrieren schützen vor Kalt- und Zugluft (→ Zeichnung). Einfriedungen haben deshalb wesentlichen Einfluß auf das Kleinklima des Gartens. Halbdurchlässige Elemente wie Hecken und Zäune begünstigen es, indem sie für Luftzirkulation sorgen, aber die Heftigkeit des Windes bremsen. Geschlossene Einfriedungen, wie Mauern, verhindern dagegen die Durchlüftung des Gartens. Sehr schnell entstehen so Luftstaus und ein Abfall der Kaltluft hinter der Mauer. Innerhalb größerer Grundstücke können Gemüsebeete durch kleinere Hecken, Spaliere mit Bohnen und Erbsen, aber auch hohe Stauden und Sommerblumen geschützt werden.
Sonne und Regen. Bei jeder Maßnahme zur Abwehr des Windes sollten Sie bedenken, daß hinter der Barriere weniger Licht und Niederschlag auf die Fläche treffen. Häuser, Mauern, Bäume, Sträucher und Hecken werfen Schatten. Das kann in heißen Sommern für die Gartennutzer sehr angenehm sein. Andererseits gedeihen dort aber auch nur schattenverträgliche Gewächse. Mangelnder Niederschlag wiederum läßt sich durch Bewässern ausgleichen.

Wußten Sie schon...

Die Phänologie beschäftigt sich mit den Lebens- und Entwicklungserscheinungen in der Pflanzen- und Tierwelt in Abhängigkeit von Klima und Witterung. An ausgewählten Pflanzen läßt sich jedes Jahr verfolgen, wann und wo sie in ganz bestimmte Entwicklungsphasen eintreten, wie zum Beispiel Blüte, Blattentfaltung, Fruchtreife, Blattverfärbung und Blattfall. Schon bei der Apfelblüte können sich innerhalb Deutschlands Abweichungen von 2–3 Wochen ergeben. Meist bewegt sich der Frühling mit einem Tempo von etwa 100 Kilometern in vier Tagen von Südwesten nach Norden. Wer Spaß daran hat, kann selbst einmal solche Beobachtungen anstellen und seinen persönlichen Gartenkalender aufnotieren. Über Jahre lassen sich damit wichtige Daten erforschen, die für die Praxis hilfreich sind, wenn es um Aussaaten, Pflanzungen und Erntetermine geht.

Richtiger Windschutz

Wind, der auf ein massives Hindernis trifft – zum Beispiel eine Mauer – streift über sie hinweg oder bildet hinter ihr Wirbel. Pflanzen, die dort wachsen, sollten robust sein, Gemüse kann geschädigt werden

Ein idealer Windschutz sollte etwa zur Hälfte durchlässig sein, wie dies bei Zäunen und Hecken der Fall ist. Sie bremsen den Wind und schwächen ihn ab, so daß die Pflanzen, die dort wachsen, weder durch Luftstaus noch durch Wirbel beeinträchtigt werden

Faktor Boden

Der Boden bildet die Grundlage für pflanzliches Leben, er ist nicht nur das Medium, in dem sich die Wurzeln verankern, sondern er bietet den Pflanzen auch Wasser und Nährstoffe an. Er ist ein lebendiger Organismus, bestehend aus unzähligen Kleinlebewesen, die in vielen Umsetzungsprozessen aus abgestorbenem organischen Material Nährstoffe für die Pflanzen freisetzen und damit zur Fruchtbarkeit des Bodens beitragen. Seine Qualität beeinflußt das Pflanzenwachstum wesentlich. Deshalb müssen Gärtner dem Boden ihre ganze Aufmerksamkeit schenken und durch sachgerechte Bodenpflege dafür sorgen, daß das Bodenleben gefördert wird.
Wissenschaftlich definiert ist der Boden als oberste Verwitterungsschicht der Erdkruste. Durch physikalische und chemische Verwitterung von festem Ausgangsgestein entsteht zuerst lockeres Verwitterungsmaterial, das kaum organische Substanz enthält. Daraus entwickelt sich durch biologische und chemische Vorgänge sowie Zufuhr und Abbau organischer Substanz langsam der Boden.

Schema der Bodenschichten
① Die Rotteschicht ist nur wenige Zentimeter hoch.
② Die Humusschicht ist meist 10 – 30 cm hoch.
③ Die Mineralschicht mit geringer biologischer Aktivität.
④ Der Untergrund mit rein mineralischen Bestandteilen.

GARTEN TIPS & TRICKS

Bodenverbesserer Nr. 1 – Regenwurm
Während alle anderen Bodenorganismen nur in bestimmten Bodenschichten leben und arbeiten können, ist der Regenwurm in allen Schichten zu finden. Er frißt dabei organische wie mineralische Stoffe, die sich in seinem Darm zu den wertvollen Ton-Humus-Komplexen verbinden. Sie sind optimale Bodenverbesserer und sorgen für die Krümelstruktur des Bodens.

Aufbau des Bodens

Wenn Sie in Ihrem Garten ein etwa 60 cm tiefes Loch ausheben, können Sie die obersten aufeinanderfolgenden Bodenschichten erkennen. Sie unterscheiden sich meist deutlich in ihrer Färbung. Böden in unseren Breiten lassen sich grob in 4 Schichten einteilen (→ Zeichnung):
Die Rotteschicht mit nur wenigen Zentimetern Höhe ist am dunkelsten. In ihr setzen unzählige Kleinlebewesen das organische Material (wie Pflanzenreste und abgestorbene Organismen) des Bodens um. Zu verstehen ist dies wie ein Vorverdauungsprozeß.
Die Humusschicht ist im Durchschnitt 10 bis 30 cm hoch und dunkelbraun gefärbt. Hier wurzeln die meisten Pflanzen und leben ebenfalls zahllose Bodenorganismen – allerdings vorwiegend andere, als in der obersten Rotteschicht. Ihre Aufgabe ist es, die in der Rotteschicht vorverdauten Stoffe zusammen mit den mineralischen Bestandteilen des Bodens zu verspeisen. Bei diesem Prozeß entstehen die pflanzenverfügbaren Nährstoffe, die nun von den Wurzeln aufgenommen werden können. Rotteschicht und Humusschicht werden zusammen auch als Oberboden bezeichnet.
Die Mineralschicht ist weniger belebt, aber sehr reich an mineralischen Nährstoffen, die jedoch erst durch Bodenorganismen für die Pflanzen erschlossen werden müssen. Hier lagern sich die von oben kommenden Stoffe ab, deshalb heißt er auch Anreicherungshorizont.
Der Untergrund besteht aus Gestein, das einem langsamen Verwitterungsprozeß unterliegt. Hier spielen sich jedoch keine organischen Prozesse mehr ab.

Bestandteile des Bodens

Etwa die Hälfte des Bodenvolumens besteht aus mineralischen Bestandteilen, 3 – 8 % aus organischer Substanz, also überwiegend Humus und Bodenorganismen, der Rest aus Hohlräumen, die mit Luft und Wasser gefüllt sind.
Die Einteilung der Bodenarten (→ Tabelle) orientiert sich an der Größe der mineralischen Bestandteile des Bodens. Man unterscheidet Sand-, Lehm- und Tonböden.
Sand besitzt eine Korngröße von 2 bis 0,063 mm.
Schluff besteht aus Mineralkörnern der Größe 0,063 bis 0,002 mm und ist der Hauptbestandteil von Lehmböden.
Ton wird aus Bestandteilen unter 0,002 mm gebildet.

Je nach der Größe dieser Partikel ergeben sich zwischen diesen unterschiedlich große Hohlräume oder Poren. Zwischen den relativ groben Sandkörnern bestehen große Poren. Sandige Böden sind deshalb gut durchlüftet, können aber schlecht Wasser halten. Zwischen den eher flachen, winzigen Tonplättchen gibt es nur kleinste Kapillaren. Böden dieser Art sind also kaum durchlüftet, können aber gut Wasser halten.

Bodenwasser. Durch Niederschläge, Grundwasser und Luftfeuchtigkeit wird der Boden mit Wasser versorgt. Dies ist die Grundvoraussetzung für alle Prozesse, die im Boden ablaufen, und die bestimmende Größe für eine Pflanzenansiedlung. Inwieweit die Pflanzen das Bodenwasser nutzen können, hängt stark vom Porenvolumen ab: Großporen führen Sickerwasser ab und sorgen so dafür, daß keine Staunässe auftritt. Kleinporen halten das Wasser durch die Kapillarkraft fest und sind damit die Hauptquelle für die Wasserversorgung der Pflanzen.

Bodenluft. Sie steht in einer Wechselbeziehung zum Wassergehalt des Bodens: In Hohlräumen, die nicht mit Wasser gefüllt sind, befindet sich Bodenluft. Sie dient der Atmung von Wurzeln und Mikroorganismen. Deshalb weicht ihre Zusammensetzung auch von derjenigen der atmosphärischen Luft ab: aufgrund der zahlreichen Stoffwechselprodukte ist ihr Kohlendioxid-Anteil größer und ihr Sauerstoff-Anteil kleiner.

Bodentemperatur. Sie beeinflußt zahlreiche Prozesse, beispielsweise die Samenkeimung, die Wachstumsgeschwindigkeit der Pflanzen bis hin zur Beschleunigung der Bodenbildung. Sinken die Temperaturen auf den Gefrierpunkt, ruhen die meisten biologischen Prozesse.

Die Oberflächenbeschaffenheit der Bodenkrume hat entscheidenden Einfluß auf die Bodentemperatur: Ein nackter Boden erwärmt sich schneller (also Mulchschichten im Frühjahr entfernen), kühlt jedoch auch rascher aus (daher Mulchen im Herbst). Dunkle humushaltige Böden erwärmen sich am besten. Das Bodenwasser wirkt ausgleichend: Je feuchter der Boden, desto langsamer wird er erwärmt und desto schwerer kühlt er wieder ab.

Humus ist ein äußerst wichtiger organischer Bestandteil fruchtbarer Böden. Man unterscheidet Nährhumus, der bei seiner Verwesung die wichtigen Nährelemente Kohlenstoff, Stickstoff, Schwefel und Phosphor liefert, und Dauerhumus, der die Bodeneigenschaften verbessert:

- Er bindet Nährstoffe so an sich, daß sie für die Pflanzen verfügbar sind, aber nicht ausgewaschen werden.
- Er wirkt stabilisierend auf die Bodenreaktion, also auf das Säure-Basen-Verhältnis.
- Er erhöht erheblich das Wasserhaltevermögen.
- Er hat einen günstigen Einfluß auf die Krümelbildung.
- Er verleiht dem Boden durch seine schwarz-braune Farbe eine höhere Fähigkeit, Wärme zu speichern.

Leichte Böden – schwere Böden

Sandböden werden auch als leichte Böden bezeichnet. Dieser Begriff bezieht sich jedoch nicht auf das Gewicht, sondern auf ihre Bearbeitbarkeit.

- Sie haben folgende positiven Eigenschaften: Gute Durchlüftung und Wasserdurchlässigkeit, gute Erwärmbarkeit, gute Bearbeitbarkeit, kein Verschlämmen des Bodens.
- Sie besitzen aber auch folgende schlechte Eigenschaften: Sie trocknen schnell aus und sind nährstoffarm. Sie sind auch schlecht belebt, weil Bodenorganismen zu wenig organische Stoffe in ihnen vorfinden.

Tonböden stellen das andere Extrem dar und werden als schwere Böden bezeichnet.

- Sie verfügen über folgende positive Eigenschaften: hohe Wasserhaltekraft, gute Nährstoffnachlieferung durch schnelle Verwitterung der Minerale und geringe Nährstoffauswaschung.
- Sie haben aber auch folgende negative Eigenschaften: Schlechte Durchlüftung, schlechte Wasserbeweglichkeit, geringe Erwärmbarkeit, schwere Bearbeitbarkeit, niedrige biologische Aktivität durch geringe Belüftung.

Lehmböden liegen in ihren Eigenschaften zwischen Ton- und Sandböden, ohne deren extreme Nachteile zu besitzen. Sie kommen dem Idealtyp eines guten Gartenbodens meist sehr nahe, wenn sie genügend organisches Material oder Humus enthalten. Sie sind nährstoffreich, durchlässig (gut durchlüftet und locker, ohne stauende Nässe) und frisch (die Feuchtigkeit haltend).

Bodenleben – Krümelbildung

Die Anzahl und Vielfalt der Bodenlebewesen ist schier unermeßlich. Man errechnete, daß ein Gramm Boden 2,5 Milliarden Bakterien, 700 Millionen Strahlenpilze, 400 000 Pilze, 50 000 Algen und 30 000 Urtierchen (einzellige tierische Lebewesen) enthält. Darüber hinaus tummeln sich im Boden Älchen, Regenwürmer, Asseln, Spinnen, Milben, Läuse, Wanzen, Ameisen, Tausendfüßler, Schnecken, Mäuse, Kaninchen, Maulwürfe und viele mehr. Sie alle sorgen dafür, daß im Boden aus pflanzlichem und tierischem Ausgangsmaterial Humus entsteht, aus dem wiederum Pflanzennährstoffe freigesetzt werden. Die lockere Krümelstruktur des Bodens basiert auf Ton-Humus-Komplexen, die ihrerseits entstehen durch die Durchmischung von organischen und mineralischen Stoffen im Darm von Bodenlebewesen oder durch sogenannte lebende Verbauung. Darunter versteht man die Verklebung von Stoffen durch Lebewesen – Bakterienkolonien, Pilzgeflechte, Haarwurzeln der Pflanzen. Das Bestreben jeder Bodenbearbeitung sollte es sein, das Krümelgefüge zu erhalten und die Ton-Humus-Komplexe nicht zu zerstören. Tips für Bodenbeurteilung und Pflege sind auf den Seiten 148–151 zu finden.

Lebewesen Pflanze

Ohne Pflanzen wäre auf der Erde kein Leben möglich. Sie sind als einzige Organismen in der Lage, die Sonnenenergie direkt zu nutzen (Photosynthese). Mensch und Tier sind darauf angewiesen, die von den Pflanzen gebildeten Kohlenhydrate wie Zucker, Stärke und Zellulose mit der Nahrung aufzunehmen. Außerdem brauchen sie den von den Pflanzen produzierten Sauerstoff für die Atmung.

Aufbau der Pflanzen

Die Samenpflanzen sind sich im Grundaufbau weitgehend ähnlich: sie bestehen aus Wurzel, Sproß, Blatt, Blüte und Frucht. Natürlich können alle diese Pflanzenorgane sehr unterschiedlich aussehen – vergleicht man nur einmal die Blätter von Nadel- und Laubbäumen oder die Rosenblüten mit der von Kiefern. Jedoch übernehmen diese Teile bei Wachstum und Vermehrung jeweils die gleiche Funktion.

Wurzel. Zum einen verankern Wurzeln die Pflanzen im Boden und zum anderen versorgen die Wurzelhaare die Pflanze mit Wasser und Nährstoffen. Bei einem Großteil der Pflanzen gehen die Wurzeln eine Lebensgemeinschaft (Mykorrhiza) mit Pilzen ein und tauschen mit ihnen Stoffwechselprodukte aus.

Sproß. Er kann als dicker, holziger Stamm, krautiger Stengel oder dünner Halm ausgebildet sein. Er trägt alle oberirdischen Pflanzenteile und verleiht den Gewächsen Stabilität. Außerdem sorgt er mit Hilfe seiner Leitungsbahnen im Innern für den Transport von Wasser und Nährstoffen aus den unterirdischen Wurzeln in Blätter und Triebe. Die Transportgeschwindigkeit schwankt dabei zwischen 1 m/Std. bei Nadelgehölzen bis zu 100 m/Std. bei Lianen.

Blatt. Die grünen Blätter sind der primäre Ort für die Photosynthese (→ Tips & Tricks und Zeichnung). In der Regel besitzen sie an ihrer Unter- und Oberseite eine Schutzschicht (Kutikula) gegen Wasserverdunstung. Unter der Haut (Epidermis) liegen die Zellschichten, in denen die Photosynthese abläuft. In den Zellen des Blattgrüngewebes finden sich die Blattgrünkörnchen (Chloroplasten) mit dem Chlorophyll, dem bei der Photosynthese wirksamen Farbstoff. Vorwiegend an der Blattunterseite gibt es zahlreiche Spaltöffnungen (Stomata), sie dienen dem Gasaustausch.

Blüte. Sie ist meist das Ziel der gärtnerischen Hege und kann sehr vielgestaltig sein (→ Tabelle rechts). In der Regel besteht eine Blüte aus folgenden Teilen: den grünen Kelchblättern, den meist bunten Blüten- oder Kronblättern, den Staubblättern, der Narbe und dem Griffel sowie dem Fruchtknoten mit der Samenanlage. Die meisten Pflanzen besitzen Zwitterblüten, oft sind sie selbstfruchtbar. Es gibt aber auch einhäusige Arten, bei denen männliche und weibliche Blüten getrennt auf der gleichen Pflanze sitzen, und zweihäusige mit rein männlichen und weiblichen Exemplaren.

Früchte. Sie sind das Ergebnis einer erfolgreichen Bestäubung und enthalten die Samen, die für eine Verbreitung sorgen sollen. Oft bricht der Gärtner aber Verblühtes sofort aus, um den kräftezehrenden Vorgang der Samenbildung zu verhindern.

GARTEN TIPS & TRICKS

Was ist Photosynthese?
Pflanzen können aus dem Kohlendioxyd der Luft, Wasser und anorganischen Bestandteilen des Bodens mit Hilfe von Sonnenenergie Kohlenhydrate aufbauen und dabei Sauerstoff an die Luft abgeben. Möglich macht dies der Farbstoff Chlorophyll, der in allen grünen Pflanzenteilen vorkommt, und als Katalysator bei den Umwandlungsprozessen wirkt.

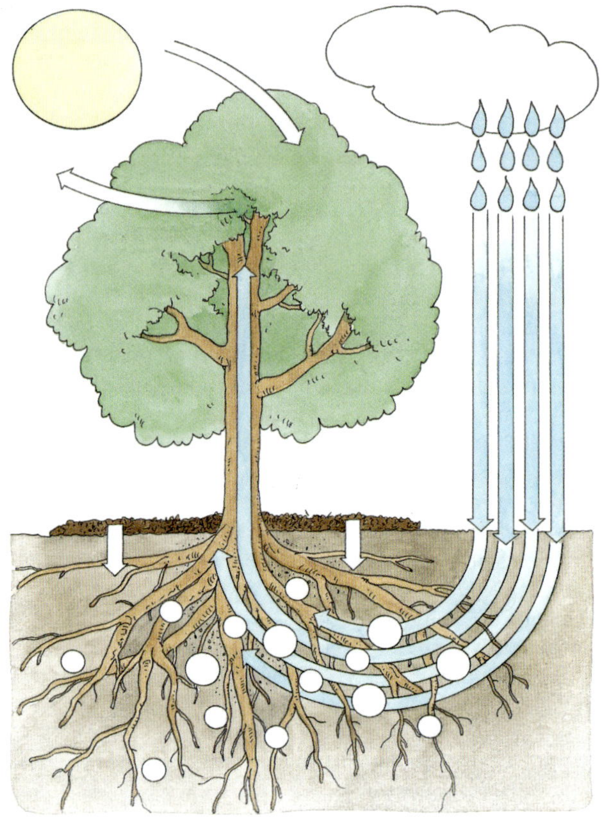

Schematische Darstellung der Photosynthese

Wachstumsfaktoren

Diese Wachstumsfaktoren sind Licht, Wärme, Wasser, Kohlendioxid, Sauerstoff und Mineralstoffe. Das Wachstum einer Pflanze wird von vielen Faktoren gesteuert. Wichtig ist, daß sie jeweils richtig dosiert und im richtigen Verhältnis zueinander vorliegen. Mangel oder Überschuß können zu Wachstumsstörungen und am Ende sogar zum Absterben einer Pflanze führen. Hinzu kommt, daß die Gewächse je nach ihrer Herkunft ganz unterschiedliche Bedürfnisse haben. Wüstenpflanzen wie Kakteen benötigen dank ihrer Speicherorgane viel weniger Wasser als Gewächse, die aus den feuchten Regenwäldern stammen.

Licht. Das Sonnenlicht ist die entscheidende Energiequelle für den Prozeß der Photosynthese. Darüber hinaus spielt Licht auch bei der Keimung und Blütenbildung eine wichtige Rolle: Es gibt Lichtkeimer und Dunkelkeimer, Pflanzen, die bei Kurztag, und solche, die bei Langtag blühen – viele verhalten sich jedoch auch neutral.

- Lichtmangel führt zu Aufhellungen bei den Pflanzen, zu weichem, krankheitsanfälligem Gewebe, und zu langen dünnen Stengeln, die keine genügende Stabilität besitzen. Der Gärtner nennt diesen Vorgang »Vergeilen«.
- Lichtüberschuß kann dagegen sogar Verbrennungen (Sonnenbrand) verursachen. Pflanzen in trockenen/heißen Gebieten oder in lichtintensiven Gebirgsregionen schützen sich gegen starke Einstrahlung und Verdunstung durch Dornen, Haare oder derbe Schutzschichten.

Temperatur. Um den Ablauf der Stoffwechselvorgänge in Gang zu halten, dürfen je nach Pflanzenart bestimmte Temperaturen nicht über- oder unterschritten werden. Große Hitze wie auch Kälte können zu Schäden führen.

- Wird es den Pflanzen zu heiß, können sie »schwitzen« und sorgen bis zu einer gewissen Grenze über die Transpiration selbst für Abkühlung.
- Bei starker Kälte sind einige Pflanzen ebenfalls in der Lage, sich ein wenig zu schützen, wie der Rhododendron durch Einrollen der Blätter.

Luft. Pflanzen benötigen zum Leben die in der Luft enthaltenen Gase Kohlendioxyd und Sauerstoff. Sie nehmen sie aus der Bodenluft über die Wurzeln oder aus der Atmosphäre über die Laubblätter auf. Kohlendioxyd wird für die Photosynthese gebraucht. Die gesamte Vegetation der Erde konsumiert jährlich etwa 5 – 10% des atmosphärischen Kohlendioxyds. Pflanzen verbrauchen umgekehrt in der Nacht, wenn keine Photosynthese stattfinden kann, für verschiedene Stoffwechselvorgänge Sauerstoff.

Wasser. Die Gewächse nehmen es vorwiegend aus dem Boden auf. Pflanzen bestehen zu 75–90% aus Wasser. Schon daraus wird ersichtlich, welche Bedeutung dieses Element hat. Die Lebensvorgänge in der Pflanze sind von einem gewissen Quellungsgrad (Gewebespannung) abhängig – völliger Wasserentzug ist für sie tödlich. Außerdem dient das Wasser dazu, sich mit Hilfe der Verdunstung abzukühlen. Darüber hinaus ist es Lösungsmittel für Salze und Gase sowie Transportmittel für Nährstoffe und alle Stoffwechselprodukte. Wasserstoff, der während der Photosynthese durch Abspaltung aus Wasser gewonnen wird, ist auch Baustein vieler organischer Substanzen.

Die Nährstoffe. Sie werden meist über die Wurzeln aufgenommen und werden unterschieden in Hauptnährstoffe (→ Seite 157) und Spurenelemente. Diese Einteilung erfolgt nicht etwa nach ihrer Bedeutung für die Pflanze, sondern nach der benötigten Menge.

ABC der Blüten

Blütenformen. Von ihnen gibt es eine große Vielfalt: Einen einfachen und symmetrischen Blütenaufbau zeigen zum Beispiel die Rosen (*Rosa*-Arten) mit ihrem Kranz an ziemlich gleichgeformten Blütenblättern. Auch Margeritenblüten (*Leucanthemum*-Arten) scheinen auf den ersten Blick ähnlich gebaut zu sein. Bei näherem Hinsehen erkennt man aber, daß in diesen Blütenköpfen viele Einzelblüten dicht zusammenstehen. Margeriten gehören zu den sogenannten Korbblütlern und in der gelben Scheibe drängen sich schmale Röhrenblüten zusammen. Auch die weißen Blätter am Rand sind jeweils eigenständige Zungenblüten.
Eine völlig andere Form haben die Schmetterlingsblüten (zum Beispiel Wicken, *Lathyrus odoratus*). Sie setzen sich aus einer aufrechten Fahne, zwei seitlichen Flügeln und dem unteren Schiffchen zusammen. Lippenblüten wie beim Salbei (*Salvia*-Arten) bilden eine deutliche Ober- und Unterlippe. Beide können auch zu einer Rachenblüte verwachsen sein, die häufig – wie beim Lerchensporn (*Corydalis cava*) – noch einen Sporn trägt.

Blütenstände. Sie beschreiben die unterschiedlichen Anordnungsmöglichkeiten von mehreren Blüten an einem Stengel: Die Körbchen wurden oben schon erwähnt. Daneben gibt es noch Dolden wie bei den Primeln (*Primula*-Arten), Kolben wie bei der Königskerze (*Verbascum densiflorum*), Ähren wie beim Fuchsschwanz (*Amaranthus caudatus*), Trauben wie bei den Lupinen (*Lupinus*-Hybriden) und Rispen wie bei den Prachtspieren (*Astilbe*-Arten).

- Zu den Hauptnährstoffen zählen Stickstoff (N), Phosphor (P), Kalium (K), Magnesium (Mg), Calcium (Ca).
- Spurenelemente sind: Schwefel (S), Eisen (Fe), Mangan (Mn), Zink (Zn), Kupfer (Cu), Chlor (Cl), Bor (B) und Molybdän (Mo). Darüber hinaus gibt es auch einige sogenannte »nützliche Elemente« – sie sind wachstumsfördernd, aber nicht lebensnotwendig. Zu ihnen gehören Natrium (Na), Aluminium (Al), Silicium (Si) und Kobalt (Co).

Stickstoff wird bei der Aufzählung der Nährelemente immer an erster Stelle genannt. Das liegt daran, daß er in den meisten Böden nicht ausreichend oder für die Pflanzen verfügbar vorhanden ist und daher in vergleichsweise großen Mengen zugeführt werden muß. Stickstoff ist dazu das Element, das am leichtesten in tiefere Bodenschichten ausgewaschen wird und das Grundwasser belastet. Im Gegensatz zu Phosphor, Kalium und Calcium wird Stickstoff nicht durch Verwitterungsprozesse, sondern durch die Verrottung von Pflanzenteilen und tierischen Resten freigesetzt. Kleinlebewesen und Mikroorganismen sind am Funktionieren dieses natürlichen »Stickstoffkreislaufes« beteiligt. Hinweise auf eine ausgewogene Düngung Ihrer Pflanzen finden Sie auf den Seiten 156 bis 159.

Wuchs- und Erscheinungsformen

An den über 250 000 verschiedenen Samenpflanzen zeigt sich die ganze Vielfalt der Vegetation – besonders in den gemäßigten Klimazonen, wo Gehölze, Stauden, Ein- und Zweijährige die Pflanzendecke bilden. Die Gehölze, also Bäume und Sträucher, sind dauerhafte Erscheinungsformen und damit die wichtigen Raumbildner im Garten. Die Mehrzahl aller anderen Pflanzen macht nur in bestimmten saisonalen Zeitabschnitten auf sich aufmerksam.

Gehölze

Dies sind Gewächse mit einem verholzenden Gerüst. Ihre Triebknospen sitzen über der Bodenoberfläche. Von ihrem Wuchs hängt es ab, ob sie als Bäume oder Sträucher gelten. Bei schlechten Standortbedingungen können Bäume allerdings auch strauchartig wachsen.

Bäume sind die herausragenden Gestalten in der Natur und im Garten. Große Bäume werden im ausgewachsenen Zustand zwischen 25 und 40 m hoch. Sie sind in den wenigsten Fällen für Gärten geeignet, im Gegensatz zu den kleinen und mittelgroßen Formen.

- Laubbäume sind Pflanzen mit einem meistens durchgehenden geraden Stamm (beim Hochstamm mindestens 1,8 m Höhe) und einer buschigen Krone, die sehr unterschiedlich ausgebildet sein kann. Die Äste mit ihren Zweigen entspringen im Hauptstamm oder aber sie verzweigen sich direkt über der Basis und bilden, ähnlich einem großen Strauch, eine mehrstämmige Krone. Sie bilden Laub aus, das meist im Herbst abgeworfen wird. Es gibt hier aber auch immergrüne, die ihr Laub im Winter behalten.
- Nadelbäume wachsen ebenfalls ein- oder mehrstämmig. Statt der Blätter besitzen sie kleine Nadeln oder blattartige Schuppen. Sie sind in den meisten Fällen immergrün.

Sträucher haben normalerweise keinen zentralen Stamm, sondern mehrere gleichwertige verholzende Triebe, die etliche Meter hoch werden können.

Halbsträucher stehen zwischen Gehölzen und Stauden.

Wuchsformen von Gehölzen

Gehölze entwickeln sich häufig zu besonders markanten Gestalten. Je stärker solche Formen ausgeprägt sind, umso besser eignen sie sich zum Herausstellen als Solitär oder für einen geometrischen Verband wie einen Hain oder eine Allee.

Säulen sind besonders als Blickpunkte zur Gliederung und Betonung von Flächen geeignet. Sie wirken wie ein Ausrufezeichen. Mit einer Säulenreihe können klare Linien gebildet werden. Manchmal neigen sie im Alter dazu, in die Breite zu wachsen. Säulenformen gibt es nicht nur bei den Koniferen sondern auch bei den Laubbäumen.

Kegel sind bei den Koniferen weit verbreitete und auffallende Wuchsformen. Auch viele der großen Laubbäume bilden breitkegelförmige Kronen aus.

Kugeln sind eine Wuchsform, die meist durch Veränderungen im Erbgut entstanden ist und oft nur vegetativ vermehrt werden kann. Kugelbäume bleiben meist kleinkronig und sind deshalb für kleine Gärten gut geeignet. Mit ihnen lassen sich ähnlich wie mit Säulenformen Eingänge oder Achsen betonen.

Schirmkronen erscheinen oft als Altersform großer Bäume, besonders, wenn sie sich im Einzelstand entwickeln können wie die Kiefer (*Pinus*-Arten).

Hängeformen vermitteln einen malerischen Eindruck und Geborgenheit.
Es gibt natürliche Hängeformen mit oder ohne einen spitzen Haupttrieb. Viele Trauerformen entstanden aus einer Mutation und können nur vegetativ vermehrt werden. Bekanntestes Beispiel ist wohl die Trauerweide *(Salix alba* 'Tristis').
Bodendecker gibt es bei den Gehölzen, aber auch den anderen Pflanzengruppen. Die Gemeinsamkeit besteht darin, daß sie aus ihrer Basis heraus lange Triebe entwickeln, die den Boden mit einem dichten Zweiggeflecht überziehen.
Kletterpflanzen bilden kein eigenständiges tragfähiges Sproßgerüst, sie benötigen hauptsächlich Bäume und Sträucher oder künstliche Halterungen, um ans Licht zu gelangen. Zu den Kletterpflanzen zählen Gehölze, aber auch Stauden und Einjährige. Entsprechend ihrer Lebensbedingungen haben sie unterschiedliche Organe zum Klettern ausgebildet (→ Seite 216 bis 221). Viele können aber auch am Boden kriechend als Bodendecker wachsen.

Stauden und ihre Wuchsformen

Bei Stauden (→ Seite 232 bis 247) sterben die krautigen oberidischen Teile spätestens nach den ersten Frösten ab, die Pflanzen ziehen ein. Aus ihren kräftigen Wurzelstöcken treiben sie aber in jedem Frühjahr wieder neu aus und entwickeln Triebe, Blüten, Früchte und Samen. Stauden unterscheiden sich in ihrem Wuchs sehr stark voneinander. Viele von ihnen neigen dazu, mit zunehmendem Alter von der Mitte her zu verkahlen. Deshalb müssen sie immer wieder geteilt und neu ausgepflanzt werden.
Immer- oder wintergrüne Stauden wie Blaukissen *(Aubrieta*-Hybriden), oder Christrose *(Helleborus*-Hybriden) behalten über Winter ihre Gestalt und den Großteil ihres Laubes. Sie sind sind oft wertvolle Bodendecker, wachsen kriechend, polster- oder horstförmig.
Teppichbildende Stauden entwickeln an ihren Trieben häufig neue Wurzeln wie das Pfennigkraut *(Lysimachia nummularia)* – sie sind deshalb leicht vermehrbar.
Unterirdisch kriechende Pflanzen wie der Waldmeister *(Galium odoratum)* bilden im Abstand von der Mutterpflanze immer wieder neue Sprosse.
Polsterbildende Stauden wie Nelken *(Dianthus*-Arten) und Grasnelken *(Armeria maritima)* wachsen als niedrige Kissen, oft in Halbkugelform. Häufig besitzen sie eine Pfahlwurzel und sind deshalb schwer vermehrbar. Viele Alpen- und Steingarten-Pflanzen gehören in diese Gruppe.
Rosettenpflanzen wachsen kreis- oder spiralförmig um ein Zentrum. Typischer Vertreter ist die Hauswurz *(Sempervivum*-Arten), aber auch Primeln *(Primula*-Arten) gehören dazu.
Horstbildende, aufrecht wachsende Stauden, aus deren Mitte sich eine Vielzahl von Blütentrieben entwickelt, sind sehr zahlreich. Zu ihnen zählen die Gräser mit ihren typischen Horsten.
Zwiebel- und Knollenpflanzen bilden verdickte Überwinterungsorgane, die im Gegensatz zu den oberirdisch oder direkt an der Bodenoberfläche liegenden Knospen der übrigen Stauden tief im Boden sitzen. Diese Pflanzen sind häufig in ihrem Erscheinungsbild sehr schlank, können jedoch wie die Dahlien *(Dahlia*-Arten) auch horstig und breitbuschig wachsen (→ Seite 248 bis 259).

Einjährige

Diese Pflanzen blühen, fruchten und versamen sich im Jahr der Aussaat, danach sterben sie völlig ab, wenn es sich um echte Annuelle handelt (→ Seite 262/263). In wintermilden Regionen samen sie sich selbst wieder aus.

Zweijährige

Diese Pflanzen werden im Juli/August gesät und entwickeln sich bis zum Herbst zu Jungpflanzen – meist in Form einer Rosette – die dann überwintern. Blüte und Samen erscheinen erst im zweiten Jahr. Anschließend sterben sie ab, säen sich aber oft selbst wieder aus. Bei rechtzeitigem Rückschnitt können manche auch erneut durchtreiben (→ Seite 268/269).

und polsterbildende Stauden — *Horstbildende Stauden* — *Gräser* — *Zwiebelgewächse* — *Sommerblumen*

Lebensbereiche der Pflanzen

Auf der ganzen Welt leben Pflanzen an ihrem Naturstandort in ganz bestimmten Verbänden zusammen. Diese Pflanzengesellschaften bilden sich entsprechend der dort herrschenden Klima- und Bodenverhältnisse. Es gibt unter ihnen sowohl tolerante Kosmopoliten, die in vielen Bereichen gedeihen können, als auch hochgradige Spezialisten, die nur unter ganz bestimmten Bedingungen wachsen. Die Ansprüche einer Pflanze an Boden, Feuchtigkeit, Nährstoffversorgung, Säuregrad, Lichtverhältnisse, Temperatur und Pflege können sehr unterschiedlich sein. Oft verrät schon das Aussehen der Pflanze etwas über ihren Standort: Gewächse, die sich vor Hitze und Trockenheit schützen müssen, tragen vielfach ein dichtes Haarkleid, die Blätter sind klein und gräulich oder ledrig-derb. Schattenpflanzen besitzen dagegen oft große, weiche, tiefgrüne Blätter, um möglichst viele Lichtstrahlen auffangen zu können. Es ist auf alle Fälle hilfreich, die natürlichen Standortbedingungen für eine Art zu kennen. Dies liefert wichtige Hinweise auf die Verwendung im Garten und die Pflege.

Lebensbereiche im Garten

Durch geschickte Gestaltung können selbst im kleinen Garten viele verschiedene Lebensbereiche geschaffen werden, die in der freien Natur nicht so gedrängt vorkommen. Diese Bereiche sind:

Gehölz und Gehölzrand. Unter Gehölz wird im Garten eine waldähnliche Situation verstanden, in alten »reifen« Anlagen ist sie häufig zu finden.

- Im Schatten der Gehölze entwickeln sich typische Waldpflanzen wie die Frühlingsgeophyten (→ Seite 250/251), Leberblümchen (*Hepatica*-Arten), Lungenkraut (*Pulmonaria*-Arten), Salomonssiegel (*Polygonatum*-Hybriden), Farne und Waldgräser (→ Seite 270 bis 273). Sie blühen fast alle, bevor die Gehölze ihre Blätter treiben, solange die Lichtverhältnisse also noch gut sind. Unter Koniferen und Birken gedeihen jedoch nur wenige Arten, bewährt hat sich der Steinsame (*Buglossoides purpurocaerulea).*
- Waldähnliche Situationen ergeben sich auch an einer ständig beschatteten Hauswand sowie hinter Hecken und Mauern.
- Den ständigen Wurzeldruck der Gehölze vertragen jedoch nur wenige Stauden. Die anspruchsvolleren drängen aus diesem Umkreis heraus. Kriechende, kletternde oder breit lagernde Pflanzen wie der Storchschnabel (*Geranium*-Arten) sind in der Lage, sich den im Jahresverlauf wechselnden Lichtverhältnissen anzupassen, wenn sie genügend Platz zur Ausdehnung vorfinden. Manche Stauden vertragen auch den Tropfenfall im Traufbereich eines Baumes nicht.
- Der sonnig-warme Gehölzrand – der meist humose Übergangsbereich zum offenen Gartenraum – bietet vielen Stauden optimale Lebensbedingungen (→ Seite 244/245). In fast jedem Garten gibt es solche Saumpartien. Für gepflegte kleinere Gärten eignen sich vor allem die Wildstauden mit Beetcharakter wie Eisenhut (*Aconitum*-Arten), Akelei (*Aquilegia*-Arten und Hybriden), Fingerhut (*Digitalis purpurea*) und Primeln (*Primula*-Arten).

Freiflächen. Darunter versteht man alle offenen, warmen und sonnigen Flächen ohne größere Bäume und Sträucher. Diesen Bereichen kommt eine wichtige ökologische Bedeutung im Garten zu, denn sie bilden hauptsächlich die

Nahrungsgrundlage für Bienen und andere Insekten. Ein breites Pflanzenspektrum kann in diesem Lebensbereich gedeihen. Er wird unterteilt nach Bodenverhältnissen:

- Steppenheide bildet sich an warmen, sonnigen, trockenen und kalkhaltigen Standorten. Typische Pflanzen sind Schafgarbe *(Achillea*-Arten), Salbei *(Salvia*-Arten), Kugeldistel *(Echinops bannaticus)* oder Malve *(Lavatera thuringiaca)*.
- Heide bildet sich an sonnigen, warmen, nährstoffarmen und sauren Plätzen. Zu den Heidepflanzen gehören *Erica*- und *Calluna*-Arten.
- Wiesen sind mäßig trocken bis frisch und feucht. In diesen Bereichen gedeihen die typischen Wiesenpflanzen, aber auch alle Wildstauden mit dem Charakter von Beetstauden.
- Gute Bedingungen für wärme- und sonnenhungrige Wildstauden herrschen im Hausgarten an der Südseite des Hauses, vor Mauern und Terrasse. Dort gedeihen all die graulaubigen und aromatisch duftenden Gewächse wie Lavendel *(Lavandula angustifolia),* Katzenminze *(Nepeta x faassenii)* und Weinraute *(Ruta graveolens)*.

Wasserbereiche. Hierzu zählen tiefes Wasser, Flachwasser, Bachläufe sowie Uferrand mit Sumpf- und Feuchtzonen. Es sind naturnahe Bereiche, in denen sehr viele einheimische Gewächse gedeihen. Der Pflanzen-Liebhaber ergänzt sie noch durch exotische Arten und Züchtungen. In diesem Bereich gibt es viele fließende Übergänge. Viele Pflanzen tolerieren Schwankungen des Wasserstandes, leben sowohl im feuchten aber auch teilweise überfluteten Boden (→ Seite 274 bis 279).

Im Hausgarten können Sumpf- und Wasserpflanzen jedoch auch in künstlichen Becken und in streng architektonischer Umgebung gedeihen. Dann haben sie vor allem dekorativen Charakter und weniger ökologische Bedeutung.

Steinanlagen. Sie können sehr vielgestaltig angelegt werden. Voraussetzungen sind sonnige Lage und durchlässiger Boden mit hohen Anteilen an Schotter und Kies – wie er für die sogenannte Felssteppe typisch ist. Die hier beheimateten Pflanzen sind durchwegs nässeempfindlich. Die wichtigsten Anlagen für diese Pflanzen:

- Trockenmauern mit nur wenig Erde zwischen den Steinfugen und auf der Mauerkrone.

Ähnliche Bedingungen finden sich auch in den Steinfugen an Treppenrändern, Terrassen- und Wegebelägen. Zu den Pflanzen, die sich hier wohl fühlen, gehören die bunten Polster der Frühjahrsblüher (→ Seite 242/243), die Mauern hübsch überziehen können. Auch kleine Farne und Gräser kommen zwischen den Steinen gut zur Geltung.

- Ein Alpinum stellt höchste Ansprüche an Kleinklima, Pflanzenwahl und Pflege. Es ist eher etwas für Gartenbesitzer mit Erfahrung.
- Steingärten sind ebenfalls überwiegend Sammler- und Liebhabergärten. Eine regelmäßige Pflege ist unerläßlich, um das Gleichgewicht zwischen stark- und schwachwachsenden Pflanzen zu halten. Alte Steingärten bestehen oft nur noch aus Gehölzen und einigen wüchsigen Polsterpflanzen wie der Schleifenblume *(Iberis sempervirens)*.

Beete. Dies sind künstliche Lebensbereiche, die nur in einem Garten anzutreffen sind. Hier ist der richtige Platz für alle anspruchsvollen Prachtstauden. Aber auch Wildstauden, Zwiebel- und Knollengewächse sowie Ein- und Zweijährige finden hier gute Bedingungen. Es sind Pflanzen mit ganz unterschiedlichen Ansprüchen, die eine entsprechende Pflege benötigen. Der Boden sollte von Unterwuchs freigehalten werden, um die Pflegemaßnahmen zu erleichtern und keine starke Wurzelkonkurrenz aufkommen zu lassen. Auf den Beeten werden gewisse Rangfolgen eingehalten: Den Ton geben die Leitstauden an, ergänzt durch Gruppenstauden und Begleitpflanzen (→ Seite 74 bis 77).

Beetstauden werden mit möglichst großem Abstand gepflanzt, um den Anwachserfolg zu garantieren. Gute Lückenfüller für die Anfangsjahre sind die einjährigen Sommerblumen (→ Seite 262 bis 265). Das Bild einer solchen Rabatte ändert sich ständig, weil die Pflanzen unterschiedlich rasch altern, ihre Wuchskraft nachläßt oder ihr Ausbreitungsdrang überhandnimmt. Darum müssen sie von Zeit zu Zeit geteilt und verpflanzt werden. Dieser Lebensbereich ist den stärksten und raschesten Veränderungen unterworfen, kann aber auch am leichtesten immer wieder korrigiert werden.

Recht im Garten

Die friedlichen Tätigkeiten des Gärtners scheinen so gar nichts mit Paragraphen und gerichtlichen Auseinandersetzungen zu tun zu haben. Aber weit gefehlt, es kann auch hier zu allerlei Komplikationen kommen. Um diese zu vermeiden, sollten Sie sich rechtzeitig mit der Materie vertraut machen.

Gesetzliche Vorschriften

Leider kann man nicht einfach irgendwo nachschlagen, um zu erfahren, welche Rechte und Pflichten Gartenbesitzer haben, denn ein spezielles »Gartenrecht« gibt es nicht. Vielmehr unterliegen beispielsweise die Umfriedung, das Errichten von Gartenhäusern, das Aufstellen von Mülltonnen, die Pflanzabstände zum Nachbarn und in einigen Fällen sogar die Wahl der Pflanzen unterschiedlichen Gesetzen, Verordnungen und Satzungen. Diese können von Land zu Land und sogar von Gemeinde zu Gemeinde variieren. Nur bestimmte Fragen des Nachbarrechts unterliegen bundeseinheitlich dem Bürgerlichen Gesetzbuch (BGB). **Wichtig:** Auskunft über die gültigen Vorschriften erteilen in Deutschland, Österreich und der Schweiz Ihre Stadt- oder Gemeindeverwaltung und hier vor allem die Bauaufsichtsbehörde. Dort erfahren Sie auch, wohin Sie sich mit Fragestellungen wenden können, die nicht durch das Baurecht geregelt werden.

GARTEN
TIPS & TRICKS

Absprache und Goodwill

Vermeiden Sie Ärger durch gegenseitige Rücksichtnahme. Wenn Sie höher werdende Pflanzen in der Nähe der Grundstücksgrenze setzen möchten oder den Bau eines Zaunes oder einer Mauer planen, sprechen Sie dies mit den betroffenen Nachbarn ab.

Baugenehmigungen

Die länderspezifischen Bauordnungen enthalten nicht nur Vorschriften für den Hausbau, sondern auch für die Anlage des Gartens: Legen Sie einen Teich an, der tiefer, oder einen Hügel, der höher ist als 2 m, so sind diese genehmigungspflichtig. Gleiches gilt für durchsichtige Zäune (Maschendrahtzaun) ab 2 m, nicht durchsichtige Zäune (Mauern, Bretterzaun) ab 1,50 m Höhe, sowie Holzlauben und Gartenhäuschen mit mehr als 20 Kubikmeter Rauminhalt. Diese müssen einen Mindestabstand zur Grundstücksgrenze einhalten. In den letzten Jahren wird auch dem Grundwasserschutz mehr Bedeutung beigemessen. So gibt es in manchen Kommunen die Vorschrift, bei Neubauten zur Erhaltung des allgemeinen Grundwasserstandes im Garten Pflanzflächen zu schaffen, auf denen das vom Dach abfließende Wasser versickern kann.

Gestaltungsvorschriften

In der Regel kann im eigenen Garten nach dem Geschmack des Besitzers gepflanzt und gebaut werden, aber es gibt auch Ausnahmen. So wird in manchen Kommunen das äußere Erscheinungsbild der bebauten Grundstücke durch

Der Blick über den Zaun ist noch gestattet – was aber tun, wenn Nachbar

Satzungen geregelt. Hierbei kann es Vorschriften über das zu verwendende Material und die maximale Höhe von Einfriedungen geben. Es kann gefordert werden, daß Mauern als Trockenmauern auszubilden, Betonmauern mit Naturstein zu verkleiden oder nur heimische Gehölze zu pflanzen sind. Manche Gemeinden verbieten auch die Anlage von PKW-Stellplätzen im Vorgarten.

Baumschutz-Verordnung

Sie ist Teil des Naturschutz-Gesetzes und regelt den Erhalt bestimmter Baumarten ab einem gewissen Stammdurchmesser. Nach ihr dürfen alte Bäume, die von der Stadt im Bebauungsplan als schutzwürdig eingetragen sind, nur mit deren Genehmigung gefällt werden. Diese wird lediglich bei kranken Bäumen erteilt, allerdings mit der Auflage, als Ersatz genauso viele junge Bäume zu pflanzen.

Nachbarrecht

Die Bäume in Nachbars Garten sind häufig Anlaß zu Streitfällen: Ihre Wurzeln und Äste nehmen keine Rücksicht darauf, daß es Grundstücksgrenzen gibt, ihr Laub verstopft die Regenrinnen, oder ihre Blüten und Samen sorgen für

tze den eigenen Garten zum Revier erklärt

Verunreinigungen. Aber wenn es um die Ernte von überhängenden Früchten geht, können sie auch Freude beim Nachbarn auslösen. Das Bürgerliche Gesetzbuch (BGB) enthält für solche Streitigkeiten einige passende Paragraphen. Aber die Gerichte entscheiden von Fall zu Fall, denn es ist zum Beispiel nicht einfach festzustellen, was eine Beeinträchtigung des Nachbargrundstücks darstellt. Viel besser, als per Zivilklage nur auf das Recht zu pochen, ist es, mit den Nachbarn ein gutes Verhältnis zu pflegen. Generell gilt:

• Wachsen Zweige oder Wurzeln ins Nachbargrundstück hinein, so darf der Nachbar innerhalb einer Frist deren Beseitigung verlangen, wenn seine Gartennutzung – zum Beispiel der Gemüse-Anbau – dadurch stark beeinträchtigt ist. Wenn Sie die Frist tatenlos verstreichen lassen, darf er beides selbst fachgerecht beschneiden.

• Laub- und Blütenfall in das angrenzende Grundstück stufen die Gerichte meist nicht als Beeinträchtigung ein. Gegebenenfalls kann der Baumbesitzer aber zu einer Beseitigung oder Vergütung der Kosten veranlaßt werden.

• Samenflug von Wildkräutern aus Nachbars Garten kann nicht per Klage unterbunden werden, auch wenn der Löwenzahn im gepflegten Zierrasen noch so unschön ist. In keinem Bundesland besteht heute noch eine Verpflichtung für den Gartenbesitzer, sein Grundstück von Unkraut freizuhalten.

• Früchte, die von Ihrem Baum in Nachbars Garten gefallen sind, dürfen von ihm aufgesammelt und behalten werden – durch Schütteln des Baumes nachzuhelfen, ist jedoch untersagt. Der Baumeigentümer darf die am Baum hängenden Früchte auch im nachbarlichen Luftraum abernten – ein Pflückgerät mit langem Stiel ist dafür hilfreich.

• Oft gibt es bei Zäunen und Mauern Streit ums liebe Geld: Auf Ihrem Grund müssen Sie diese auf eigene Kosten instandhalten, bei Grenzbauten sind beide Nachbarn für die Pflege verantwortlich.

Grenzabstände

Wenn Sie sich nicht an die Vorschriften halten, setzen Sie das gute Einvernehmen mit den Nachbarn aufs Spiel und riskieren, nach einigen Jahren die selbstgepflanzten Gewächse wieder roden zu müssen. Informieren Sie sich daher rechtzeitig vor der Pflanzung von Bäumen und Sträuchern über die gesetzlich vorgeschriebenen Mindestabstände von der Grundstücksgrenze. In den einzelnen Bundesländern gelten hierfür ganz verschiedene Regeln. Die Abstandsangaben reichen beispielsweise bei stark wachsenden Bäumen von 2 m in Bayern über 3 m in Berlin bis zu 8 m in Baden-Württemberg. Für schwach wachsende Gehölze gibt es wieder andere Vorschriften als für Obstbäume und Hecken. Gemessen wird der Abstand jeweils von der Mitte des Baumstammes, des Strauches oder der Hecke bis zur Grenzlinie. Unterschreiten Sie den geforderten Mindestabstand, kann der Nachbar die Beseitigung der Anpflanzung verlangen. Dieser Anspruch muß aber nicht sofort geltend gemacht werden. Die Verjährungsfristen sind in den Ländern ebenfalls unterschiedlich, meist betragen sie 5 bis 7 Jahre. Sie können auch Sonderregelungen mit den Nachbarn vereinbaren, sollten dies aber schriftlich bestätigen lassen.

Lärm- und Geruchsbelästigung

Der Geräuschpegel von motorbetriebenen Gartengeräten ist häufig Ursache von Mißstimmungen zwischen Nachbarn. Darum dürfen diese Gartenhelfer an Werktagen nicht in der Zeit von 19 bis 7 Uhr und nicht an Sonn- und Feiertagen eingesetzt werden. In vielen Bundesländern und Gemeinden gelten darüber hinaus Ruhezeiten in den Mittagsstunden.

Kompostieren ist nützlich, aber mancher Nachbar stört sich am Anblick eines Komposthaufens und fürchtet üble Gerüche. Ein fachgerecht angelegter, gut durchlüfteter Komposthaufen stinkt nicht. Trotzdem sollten Sie Ihren Komposthaufen lieber nicht gerade neben der nachbarlichen Terrasse aufsetzen.

GARTEN IDEEN

Gartengestaltung ist angesagt, wenn Sie Wünsche an Ihren Garten haben – sei's ein Sitzplatz zum Feiern, duftende Rosenbögen, bunte Blumenbeete oder gar ein eigener Teich. Die folgenden Seiten unterbreiten Ihnen eine Fülle von Ideen zu baulichen Anlagen, Pflanzenkombinationen und Gartentypen.

Alte Gärten – neue Gärten

Nicht jeder kann von vorneherein ein Gartenparadies sein eigen nennen: einen charmanten alteingewachsenen Garten mit altem Baumbestand, verwitterten Steinen und Materialien, die über Jahrzehnte hinweg Patina angesetzt haben. Falls Sie solch einen Garten haben, kommen Sie aber nach einer gewissen Zeit nicht um eine Umgestaltung herum, wenn Sie ihn in seiner schönsten Form erhalten wollen. Wer dagegen einen Garten neu anlegt, hat die Chance, mit vorausschauender Planung und einem guten Konzept den Grundstein für einen Traumgarten zu legen.

Alte Gärten umgestalten

Hat ein Garten den Höhepunkt seiner Entwicklung erreicht und eine stabile Pflanzengesellschaft gebildet, die sich gegenseitig schützt und fördert, sind nur noch wenige Eingriffe nötig. Ein weiterer Vorteil: Ein gepflegter, alteingewachsener Garten besitzt einen tiefgründig belebten, humosen Boden. Diese dicke Humusschicht bietet die besten Voraussetzungen für das Gedeihen bestimmter Pflanzen, wie Rosen und Prachtstauden, etwa Rittersporn (*Delphinium*-Hybriden), Phlox (*Phlox*-Arten/Sorten) und Pfingstrosen (*Paeonia*-Arten/Sorten). Sie alle brauchen allerdings genügend Licht. Auch ein alter Garten muß deshalb hin und wieder teilweise umgestaltet und neu bepflanzt werden – und zwar aus vielen Gründen.

<u>Was tun bei zuviel Schatten?</u> Dichter und hoher Bewuchs ist das Hauptkennzeichen eines alten Gartens. Gerade die großen Gehölze brauchen Jahrzehnte, bis sie ihren typischen Habitus mit oft malerisch überhängenden Formen erreichen. Der mit dem Altern verbundene »Zuwachs« hat bei aller Schönheit auch gewisse Nachteile. Ein Baum von 10 oder 20 Jahren kann große Schatten werfen, und unter seinem dichten Blätterdach bleibt es im Sommer auch relativ trocken. Seine Wurzeln machen anderen Pflanzen Wasser und Nährstoffe streitig. Mit den Jahren können dort angepflanzte Sträucher oder Stauden nicht mehr gedeihen. Die entsprechenden Stellen verkahlen und müssen neu bepflanzt werden – mit schattenverträglichen Stauden. Glücklicherweise gibt es eine ganze Reihe von Pflanzen, die sich gerade im Bereich großer Laubgehölze besonders wohl fühlen: die kleinen Frühlingsblüher (→ Seite 250/251) wie Blausternchen (*Scilla*-Arten), Schneeglöckchen (*Galanthus*-Arten) sowie Stauden für den Gehölzrand (→ Seite 244/245) oder bodendeckende Stauden (→ Seite 246/247). Sie vermehren sich von Jahr zu Jahr und machen den Reiz alter Gärten aus.

GARTEN TIPS & TRICKS

<u>Schutz alter Bäume</u>

Finden in alten Gärten Baumaßnahmen statt, umgeben Sie die Bäume mit Zäunen, die den Umfang der Baumkrone besitzen, damit der Wurzelbereich geschützt wird. Nimmt die Wurzel dennoch Schaden, können Sie das Gleichgewicht wiederherstellen, indem Sie die Krone auslichten.

Alteingewachsene Gärten sind von besonderem Zauber – meist mit größe

Für neue (sonnenliebende) Pflanzen können Sie wieder Licht und Luft schaffen, indem Sie den Baum- und Strauchbestand auslichten. So werden auch Ausblicke und Sichtachsen wiederhergestellt.

Alter Baumbestand ist sowohl aus ästhetischen als auch aus ökologischen Gründen von unschätzbarem Wert, er kann eine größere Umgestaltung des Gartens aber auch stark einschränken, zumal es bei der geltenden Baumschutzverordnung nahezu unmöglich ist, große Bäume einfach zu fällen (→ Seite 22/23).

<u>Was tun mit verwilderten Gartenpartien?</u> Verwilderte Gartenpartien haben – abgesehen von ihrem malerischen Aspekt – eine wichtige ökologische Bedeutung und sollten zumindest in kleinen Bereichen erhalten werden. Neben der Vegetation, die sich hier spontan entwickeln kann, finden auch kleine Säugetiere, Amphibien, Reptilien, Insekten und Vögel vielfältige Lebensräume. Kontrollieren Sie jedoch regelmäßig, damit die Pflanzen nicht auf alle anderen Gartenbereiche übergreifen. Vor allem die Sämlinge von Gehölzen sollten Sie entfernen, sonst wird der Garten zu einem regelrechten Dschungel.

ttenpartien, in denen nur noch spezielle Stauden gedeihen

Was tun, wenn sich die Wünsche ändern? Meist ändern sich nach 10 bis 20 Jahren die familiären Verhältnisse grundlegend und damit die Wünsche an den Garten. Wenn die Kinder aus dem Haus sind, können Sie Spielplätze und einen Teil des Nutzgartens in Schmuckpflanzungen mit Rosen oder Stauden oder in Biotope, wie Gartenteich oder Blumenwiese, verwandeln. Und selbst begeisterte Gärtner, die langsam in die Jahre kommen, werden zunehmend Interesse daran haben, den Garten pflegeleicht zu gestalten: etwa mit bequem zu bearbeitenden Hochbeeten (→ Seite 84/85), bodendeckenden Pflanzungen oder Wildstauden, die wenig Betreuung erfordern.

Was tun, wenn der Garten unschön und grundlegend falsch angelegt ist? Wenn Gärten falsch angelegt wurden und ihnen kein gestalterisches Konzept zugrunde lag, verhilft ihnen auch das Alter nicht zur Schönheit. Wenn zum Beispiel Koniferen vorherrschen, deren Nadelstreu keinen fruchtbaren Boden bildet wie Laub, sollten Sie einzelne Bäume aus dem Bestand herausnehmen, um wieder Licht zu schaffen. Den Boden können Sie durch Mulchen (→ Seite 160/161) und Kompost (→ Seite 150/151) nach und nach verbessern. Dann Sträucher und Stauden pflanzen.

Neue Gärten

Um Grundstücke in schöne Gärten zu verwandeln, braucht man Fingerspitzengefühl und Geduld. In welcher Reihenfolge Sie am besten vorgehen, finden Sie Schritt für Schritt auf Seite 38/39. Haben Sie vor allem Geduld: Es gibt kaum einen Garten, der von Anfang an perfekt und richtig angelegt ist. Jeder Gartenfreund will zudem immer wieder neue Ideen ausprobieren. Hier einige Tips für den Anfang:

Wenn die Bäume noch klein sind. Die für viele Pflanzen lebensnotwendige Beschattung in den Sommermonaten kann anfangs auch künstlich geschaffen werden: etwa durch Rankelemente, die mit Klettergehölzen und einjährigen Schlingern bepflanzt sind. Auch mit schnellwachsenden Füllpflanzen, Sträuchern, Stauden oder Sommerblumen lassen sich wechselnde Lichtverhältnisse schaffen, so daß Blattschmuckstauden und Bodendecker relativ rasch die für sie optimalen Bedingungen vorfinden.

Kleine Frühlingsblüher pflanzen. Unter eine Hecke oder Baumgruppe sollten Sie gleich Frühlingsblüher ansiedeln, denn sie brauchen Jahre, um sich zu versamen oder durch Brutzwiebeln zu vermehren. Lassen Sie das Herbstlaub liegen, und mulchen Sie auch im übrigen Jahr.

Regelmäßige Bodenpflege der Beete. Der Boden muß konsequent mit Kompost und organischen Düngemitteln versorgt werden, denn erst dann bildet er die Grundlage für langfristig gesundes Wachstum. Gründüngung und Mulchen (→ Seite 150/151) helfen dabei.

Alte Gehölze einbeziehen. Sind auf Ihrem Grundstück überalterte oder abgestorbene Gehölze vorhanden, beziehen Sie diese doch in Ihr Gestaltungskonzept mit ein – etwa durch Beranken mit Clematis (→ Seite 218/219), Rosen (→ Seite 224/225), Knöterich (*Fallopia aubertii*) oder Kletterhortensien (*Hydrangea petiolaris*, → Seite 220/221). In der Nachbarschaft alter Gehölze kann ein frisch gepflanzter Baum heranwachsen, um den alten einmal zu ersetzen.

Die richtigen Gehölze auswählen. Für kleine bis mittlere Gärten kommen kleinkronige oder mittelstark wachsende Bäume in Frage oder Sträucher (→ Seite 204 bis 215). Wichtig dabei ist es, vorausschauend zu planen und mit der richtigen Auswahl des pflanzlichen Rahmens und Gerüstes den Grundstein für die Zukunft zu legen. Dazu eignen sich Laubgehölze am besten. Immergrüne (→ Seite 212/213), wie Eibe (*Taxus*-Arten), Buchs (*Buxus sempervirens*) und Stechpalme (*Ilex*-Arten/Sorten), sind schattenverträglich und gedeihen auch als Unterpflanzung unter ausladenden großen Gehölzen sehr gut. Ziersträucher (→ 208 bis 211), Kletterpflanzen (→ Seite 216 bis 221), Stauden (→ Seite 232 bis 247) und Zwiebelgewächse (→ Seite 248 bis 250) sowie Gräser (→ Seite 270/271) und Farne (→ Seite 272/273) runden das Gartenbild ab. Mit einer solchen Bepflanzung bilden Sie die Grundlage für eine vielgestaltige und artenreiche Entwicklung auf Jahrzehnte hinaus.

Ton-in-Ton – dunkelrote, originelle Gartenplastik zwischen gleichfarbigen Rosen

GRUNDKURS GESTALTUNG

Ganz gleich, ob Sie einen bereits angelegten Garten Ihr eigen nennen oder die Chance haben, ein neues Grundstück in einen Garten zu verwandeln – jede gärtnerische Tätigkeit sollte auf gestalterischen Prinzipien beruhen. Nichts bereuen Einsteiger später mehr, als wenn sie anfangs blindlings draufloswerkeln.

Zum Gartenparadies gelangt man nur Schritt für Schritt. Dabei kommt es nicht nur darauf an, die Dinge in der richtigen Reihenfolge zu tun, sondern auch die grundsätzlichen Gestaltungsprinzipien zu kennen, die sowohl für bildende Kunst und Architektur als auch für die Anlage von Gärten gelten.

Da gilt es zu berücksichtigen, daß der Garten zu Haus und Umgebung paßt, daß er nicht nur als ebene Fläche gedacht ist, sondern gerade erst durch Modellierung und vertikale Elemente wie Bäume, Sträucher, Hecken, Pergolen und vieles mehr in Räume unterteilt wird. Und schon haben Sie vielfältige Möglichkeiten, überraschende Blickwinkel, lauschige Ecken oder Gartenräume ganz nach Ihren Nutzungswünschen zu schaffen.

Danach stellt sich die spannende Aufgabe, diese Gartenbereiche reizvoll zu bepflanzen, ein äußerst kreatives Spiel mit den Wuchsformen, Blättern und vor allem den Farben der Pflanzen. Was wir als schön empfinden, läßt sich in die Tat umsetzen, denn es unterliegt ganz bestimmten Gesetzen der Ästhetik. Deren Grundlagen erhalten Sie in der folgenden kleinen Gestaltungs- und Farbenlehre – einem Leitfaden für alle, die ihren Garten anlegen oder umgestalten möchten. Zögern Sie also nicht, Ihre Gartenträume in die Tat umzusetzen!

Bezauberndes Beispiel zum Gestalten mit Farben. Eine einzige rote Blüte kann vor entsprechendem Hintergrund bereits einen starken Akzent setzen. Hier beruht die Wirkung auf dem Kontrast der beiden Komplementärfarben Rot und Grün

GRUNDKURS GESTALTUNG

Der Garten und seine Umgebung

Wie Sie Ihren Garten gestalten, hängt davon ab, in welchem Umfeld Ihr Grundstück liegt: Auf dem Land kommt es darauf an, das Grundstück in die Landschaft einzubinden, in der Stadt beeinflussen Architektur und umliegende Bebauung Ihre Planung. Mit der Anlage des Gartens und seiner Bepflanzung läßt sich auch dem einförmigsten Haus Individualität verleihen.

Einbindung – aber wie?

Beziehen Sie die natürlichen Gegebenheiten in die Gestaltung Ihres Gartens mit ein: Baumbestand, anstehendes Gestein, ein Tümpel oder eine Quelle sind ein naturgegebenes Potential, das Sie nutzen sollten. Eine schöne Fernsicht können Sie betonen, indem Sie mit Gehölzen einen Rahmen dafür schaffen. Haus und Garten sollten möglichst im Einklang mit der Topografie des Geländes stehen. Entscheidend für den Wohn- und Nutzwert eines Gartens ist, an welcher Stelle das Haus steht und wie es orientiert ist: Licht-, Schatten- und Windverhältnisse beeinflussen Bewohner wie Pflanzen. Beste Ausnutzung von Raum und Belichtung ergibt sich, wenn das Haus im nordöstlichen Bereich des Grundstücks steht. Je größer das Grundstück, desto freier sind Sie in Ihren Gestaltungsmöglichkeiten.

Land – oder Stadt?

Wie Sie Ihren Garten gestalten, welche Bauelemente Sie verwenden und in welchem Stil Sie sie errichten, sogar die Pflanzenwahl, dies alles sollte mit Blick auf das nächste Umfeld geschehen und zu ihm passen.

Ein Grundstück auf dem Land. Einzeln stehende Häuser sind oft mit ihren Gärten bereits Teil der Landschaft. Hier sollte der Übergang zwischen Grundstück und freiem

Asymmetrisch gestalteter Garten mit diagonal verlaufender Blickachse in die freie Landschaft. Gehölze rahmen den Blick nach außen ein

Symmetrisch angelegter Garten mit zentraler Blickachse in die Landschaft. Die freie Natur als Höhepunkt hinter und über der Laube

Gelände fließend gestaltet werden, damit sich der Garten in die Natur einfügt. Orientieren Sie sich bei der Auswahl Ihrer Pflanzen möglichst an der heimischen Vegetation, wählen Sie Baumaterial, das in der Region vorkommt, und halten Sie den Blick aus dem Garten in die Umgebung frei. Wenn das Grundstück klein ist, sorgen niedrige Pflanzungen und Zäune optisch für Weite und stellen den Bezug zur Landschaft her.

Ein Grundstück in der Stadt. Die Gestaltung eines Gartens in städtischer Lage sollte sich an der Architektur des Hauses und der Umgebung orientieren. Je stärker ein Gartenraum nach außen abgeschlossen ist oder Hofcharakter hat, desto weniger müssen Nachbarbauten berücksichtigt werden. Hier haben Sie die Möglichkeit, eine Gartenwelt für sich zu schaffen, die nur Bezug auf das eigene Haus nimmt. Sie können also auch exotisch anmutende Pflanzen wählen – wie Gehölze mit Kugel- und Hängeformen oder wärmebedürftige Pflanzen, die im geschützten Kleinklima zwischen den Häusern gut gedeihen. In städtischen Gärten können auch fremde Stilmittel eingesetzt werden, ohne daß dies als störend empfunden wird, etwa verspielte oder futuristische Pavillons – oder gar Elemente der hohen japanischen Gartenkultur. Besondere Betrachtung verdienen Reihenhaus-Anlagen mit kleinen Gärten, die allzuoft nach uniformem Einheitsmuster errichtet wurden. Gartenbesitzer sollten sich hier von Anfang an verständigen. Denn gemeinsame Planung kann von Vorteil sein. Wer etwa eine Abschirmung gemeinschaftlich nutzt, gewinnt wertvollen Platz. Der Verzicht auf einen trennenden Zaun ebenso wie eine Abstimmung der Gestaltung und Pflanzenwahl läßt die Gärten größer erscheinen.

Kletterpflanzen verbinden in bewährter Weise Haus und Garten

Wichtig: Je ländlicher die Umgebung ist und je freier ein Grundstück liegt, desto wichtiger ist es, den Garten ins Landschaftsbild zu integrieren, indem man Elemente und Pflanzen dieser Landschaft aufgreift. Der enge Bereich direkt am Haus kann aber auch hier betont gärtnerisch gestaltet sein. Je stärker das Umfeld städtisch und architektonisch geprägt ist und je dichter der Garten umschlossen ist, desto freier und vielfältiger sind die Gestaltungsmöglichkeiten.

Räume schaffen und gestalten

Ein Garten ist mehr als eine bepflanzte Fläche, die von einem Zaun umgeben ist. Die Kunst der Gestaltung liegt darin, ihn schön und sinnvoll einzugrenzen und in sich harmonisch zu strukturieren, so daß er zum abwechslungsreichen, ästhetischen Erlebnisraum für seine Benutzer wird, in dem die Proportionen stimmen und die Pflanzen ihre volle Wirkung entfalten können.

Wie entsteht Raumwirkung?

Der Garten ist ein Ort, an dem wir Entspannung und Erholung suchen, eine grüne Oase, in der wir uns aus dem Alltag ausklinken. Es liegt auf der Hand, daß daraus bei vielen der Wunsch nach einem abgeschlossenen Gartenraum – einer geschützten Privatsphäre – erwächst. Und die entsteht, indem Grenzen gezogen werden, um alles, was von außen kommt, abzuwehren. Durch diese vertikalen Barrieren entsteht also der Komplex Gartenraum. Freilich sollten Sie es dabei nicht allein belassen, sondern Ihren Garten auch intern strukturieren.

Umgrenzung des Gartenraumes

Dafür eignen sich bauliche Elemente wie Zaun (→ Seite 42/43) oder Mauer (→ Seite 50/51), aber auch Pflanzen, wie Bäume und Sträucher, vor allem in Form von Hecken (→ Seite 80 bis 83).

Bevor Sie sich für die Art Ihrer Garteneinfassung entscheiden, bedenken Sie folgendes:

- Die Umrahmung muß nicht streng geschlossen sein durch hohe Mauern oder dichte Hecken, um ein Raumgefühl entstehen zu lassen. Mit transparenten Zäunen, Rankelementen, niedrigen Hecken oder einer aufgelockerten Bepflanzung erreichen Sie ebenfalls eine Raumwirkung.
- Ein streng geschlossener Rahmen kann aber auch an ein oder zwei Stellen unterbrochen werden, um aus einem Raum heraus durch Blickachsen dem Garten mehr Weite zu verschaffen. Trotzdem bleibt im übrigen Garten die Intimität gewahrt.
- Der Gartenraum wird auch bestimmt durch das Verhältnis von freier Fläche und Höhe der Begrenzung. Ein kleiner Garten wirkt zum Beispiel noch kleiner, wenn er von hohen Hecken oder Mauern umgeben ist. Dabei kann der Rahmen in Form großer Bäume auch außerhalb der eigenen Grundstücksgrenzen liegen.

GARTEN TIPS & TRICKS

Kleine, länglich-schmale Gärten
am besten mehrmals quer zur Längsrichtung unterteilen. Auf keinen Fall die räumliche Enge durch hohe Mauern, Zäune, Hecken oder Bäume an der Schmalseite noch betonen!

Verlauf und Belag des Weges strukturieren diesen formalen Garten

Sträucher und Stauden bilden hier den Rahmen für Rasen und Teich

Raumbildung innerhalb des Gartens

Sehr kleine Gärten werden gelegentlich ohne weitere Untergliederung angelegt (→ Foto, Seite 124 oben). Meist ergibt sich eine Aufteilung in Gartenräume jedoch bereits aus den verschiedenen Nutzungswünschen des Besitzers. Lassen Sie sich die Chance zur Unterteilung nicht entgehen, denn es gibt bezaubernde Möglichkeiten, die den Garten vielschichtiger und reizvoller machen.

Überlegen Sie zuerst, welche Nutzungswünsche Sie haben, und legen Sie die Bereiche dafür fest. Erst dann die Gestaltungsmöglichkeiten bedenken.

- Nutzgartenbereiche sollten in der vollen Sonne liegen.
- Spielflächen für kleine Kinder in Sichtweite des Hauses unterbringen.
- Ruhezonen können auch in abgelegeneren Teilen des Gartens geschaffen werden.
- Rasenflächen sollten der guten Proportionen wegen ein oder zwei Drittel des Gartens einnehmen.
- Kleine Gärten müssen kleinteiliger angelegt werden, große Grundstücke großflächiger.
- Die einzelnen Flächen und Räume sollten unterschiedlich groß sein, das erzeugt Spannung.

Die imposante Pergola unterteilt den Garten in zwei Räume – in einen formalen (vorne) und in einen frei gestalteten (hinten)

Damit bilden Sie Räume im Garten

Die einzelnen Raumbereiche Ihres Gartens können Sie streng durch massive Elemente umrahmen und abtrennen oder aber durch Strukturierung der Gartenfläche nur andeuten.

Raumteiler, wie Mauern, Hecken, bepflanzte Pergolen, Spaliere und Pavillons sorgen für eine starke räumliche Gliederung. Zum Markieren von sehr kleinen Räumen sind sie jedoch zu hoch.

Kleine Sträucher, Stauden und Gräser bis 2 m Höhe eignen sich gut zum lockeren Eingrenzen und als Kulisse für kleinräumige Flächen.

Solitärs, Findlinge und Schmuckelemente sind Blickfänge und signalisieren deshalb für unser Auge bereits eine Zäsur. Da sie die Vertikale betonen, kann man sie gut zur Akzentuierung verschieden strukturierter Flächen einsetzen.

Bodendecker, flächige Blumenbeete und Rasen besitzen unterschiedliche Texturen, die sich voneinander sowie von anderen Gartensituationen abheben und damit den Eindruck eines anderen Raumes erwecken.

Teiche mit ihrem Wasserspiegel haben den gleichen Effekt.

Wege und Plätze untergliedern ebenfalls die Gartenfläche. Je nachdem, wie Sie ihren Verlauf oder ihre Form anlegen, aber auch, welche Beläge Sie wählen, können Sie optisch für eine kontrastreiche oder eher für eine harmonische Untergliederung der Gartenfläche sorgen.

Bodenmodellierungen und Geländestufen sind ebenfalls geeignet, Gartenräume erlebbar zu machen und eine Gliederung in Bereiche herbeizuführen. Es genügen bereits kleine Mulden, sanfte Böschungen, ein niedriges Mäuerchen, ein abgesenkter Sitzplatz, um den Garten größer erscheinen zu lassen.

Der Senkgarten ist die ausgeprägteste Form dieser Modellierung mit seiner vertieft angelegten zentralen Fläche – die von einem Wasserbecken eingenommen werden kann – und den nach allen Seiten ansteigenden Pflanzflächen.

Blickbeziehungen vom Haus aus. Vergessen Sie nicht den Blick in den Garten. Vom Haus aus können Sie ihn räumlicher erscheinen lassen, indem Sie den Vordergrund mit einer Vertikalen betonen, zum Beispiel mit einem Solitärgehölz oder einem Schmuckelement. Der Untergrund sollte ruhig sein, wie beispielsweise Rasen oder ein niedrig bewachsenes Beet.

Gestalten mit Wuchsformen und Blättern

Unser Auge nimmt die Vielfalt der Pflanzenwelt meist nur in ihrer Gesamtwirkung wahr. Versuchen Sie einmal, Pflanzen mit dem Blick eines Malers oder Fotografen zu sehen, und Sie können eine neue, faszinierende Welt der Formen entdecken. Der Blick fürs Detail hilft, die Erscheinungsformen der Pflanzen wirkungsvoll im Garten einzusetzen.

Lindgrün-filigrane und blaugrün-rundovale Blätter

Kombination von schmal-lanzettlichen und runden Blattspreiten

Tiefgezähnte Blätter neben geschlossenen runden Formen

Gestalten mit verschiedenen Wuchsformen

Wer ist als Gärtner nicht versucht, beim Gestalten und Bepflanzen seines Gartens vor allem an die schönsten Farbkombinationen mit Blüten zu denken? Dabei ist die Blütezeit einer Pflanze oft die kürzeste Phase in ihrem Leben. Viel länger behalten Pflanzen zumeist ihre Wuchsform (→ Seite 18/19) bei. Beziehen Sie also den Habitus (Wuchscharakter) der Pflanzen in Ihr Gestaltungskonzept mit ein, denn er wird länger das Bild Ihres Gartens prägen als die Blütenkombinationen.

Mit den Wuchsformen von Pflanzen können Sie gestalten, zum Beispiel

- Gartenräume bilden. Mit hohen Pflanzen und Hecken läßt sich der Garten rahmen und unterteilen.
- Blickfänge schaffen. Hohe und markante Pflanzen (→ Solitärs, Seite 78/79) setzen Akzente.
- Kulissen errichten. Gehölze, hohe Gräser und Stauden bringen Höhe und Tiefe in den Garten.
- Kontraste und Spannungen erzeugen, indem Sie gegensätzliche Wuchsformen gruppieren.
- Ruhige, harmonische Flächen schaffen durch Zusammenpflanzen ähnlicher Wuchsformen (→ Bodendeckende Stauden, Seite 246/247).

Gehölze bilden durch ihren dauerhaften Wuchs das prägende Gerüst jedes Gartens. Vor allem sind es ihre Konturen, die den Gartenraum charakterisieren.

Nadelgehölze mit ihren architektonischen, dunklen Formen wirken strenger als Laubgehölze.

Bei Laubgehölzen lohnt es sich zu bedenken, wie sie in blattlosem Zustand aussehen. Denn fast ein halbes Jahr bestimmen sie so das Gerüst des Gartens. Unter ihnen gibt es Exemplare, die gerade dann ihre Schönheit entfalten, wie die Korkenzieherhasel (*Corylus avellana* 'Contorta') oder die Korkenzieherweide (*Salix matsudana* 'Tortuosa') mit ihren gedrehten Ästen.

Stauden sind krautige Pflanzen, die aus einem dauerhaften Wurzelstock Jahr für Jahr neu austreiben und somit im Laufe eines Gartenjahrs vor unseren Augen entstehen und vergehen. In dieser Zeit sind Erscheinungsbild und -dauer von Pflanze zu Pflanze unterschiedlich (→ Seite 18/19). Zur Einzelstellung eignen sich imposante Stauden wie die Eselsdistel (*Onopordum tauricum*), die Weidenblättrige Sonnenblume (*Helianthus salicifolius*), die Artischocke (*Cynara scolymus*) oder das Schaublatt (*Rodgersia*-Arten/Sorten).

Als Leitstauden in einem Beet geeignet sind dominante Stauden wie Pfingstrosen (*Paeonia-Lactiflora*-Hybriden) oder Rittersporn (*Delphinium*-Hybriden). Besonders schöne, markante und langlebige Wuchsformen bilden Gräser und Farne, Polster- und Rosettenpflanzen.

Pflanzen, deren Laub (und Wuchsform) schnell vergeht, wie Tulpen und Narzissen, deshalb möglichst nicht in den Vordergrund eines Beetes pflanzen, damit dort keine »Lücken« entstehen.

Gestaltung mit Wuchsformen – die behäbigen, buschigen Funkien werden von schlanken, hochwachsenden Gräsern überspielt

Gestalten mit Blättern

Blätter können auf markante Weise den Ausdruck einer Pflanzung bestimmen, sei es durch ihre Farbe, durch ihre Form oder durch ihre Oberflächenstruktur. Grobes und großflächiges Blattwerk vergrößert das Volumen der Pflanzen, so daß sie wuchtig und üppig erscheinen, zum Beispiel die ornamentalen Ligularien (*Ligularia*-Arten/Sorten). Filigranes, fiedriges Laub dagegen läßt selbst imposante Pflanzengestalten locker, leicht und zart wirken, zum Beispiel Fenchel (*Foeniculum vulgare*). Von großer Bedeutung ist auch, ob die Blattnervatur fein oder grob ist, ob die Blattoberflächen glatt, behaart, bereift, glänzend oder matt aussehen.

Die Schönheit der Blätter kommt besonders reizvoll bei Pflanzungen zur Geltung, die in Grüntönen gehalten sind. Viele Gräser (→ Seite 270/271) und Farne (→ Seite 272/273) sowie Blattschmuckstauden sind gerade für schattige Lagen (→ Seite 104/105) geeignet, in denen Blüten rar sind. Sie entfalten hier ihre Wirkung am besten. Die Kombination von kräftigen, großen runden und schmalen grasartigen Blattformen paßt am besten in den Wasser- und Uferrandbereich – dies entspricht dem natürlichen Charakter.

Gestaltungstips

- Wenn Sie mit großen Gehölzen einen Hintergrund (Kulisse) oder das Gerüst des Gartens schaffen möchten, wählen Sie nicht zu viele verschiedene Wuchsformen, sonst wird die Gestaltung unruhig.
- Beschränken Sie sich in kleinen Gärten auf wenige große Gehölze, und wählen Sie nicht zu viele grobe und großflächige Blattformen oder üppig wachsende Pflanzen.
- Stark kontrastierende Wuchsformen benötigen einen ruhigen Hintergrund, zum Beispiel Schnitthecken.
- Mit Gräsern lassen sich farbige Pflanzungen gut gliedern und strukturieren.
- Kugel- und Säulenformen ziehen den Blick auf sich und eignen sich zur Reihenpflanzung, zur Markierung sowie für formal-architektonische Gärten (→ Seite 132/133).
- Schirmartige, breit ausladende und besonders überhängende Wuchsformen nur in Einzelstellung und vor einen ruhigen Hintergrund pflanzen.
- Pflanzen mit zartem Blattwerk eignen sich gut zur Überstellung in flächigen Pflanzungen.
- Großblättrige Pflanzen mit gröberen Strukturen machen sich besser in großen Gärten.

Gestalten mit Farben

Der Form einer Pflanze kommt die tragende Funktion im Wandel der Jahreszeiten zu, aber mit den Farben werden Höhepunkte und Atmosphäre geschaffen. Farben haben genau definierte optische Eigenschaften, werden jedoch von jedem Menschen subjektiv wahrgenommen.
Überdies ist ihre Wirkung von den Lichtverhältnissen sowie von den Oberflächen und Strukturen der Blüten und Blätter abhängig.

- Intensive Farben sind bei Sonne noch kräftiger.
- Dunkle Farben wirken ohne Sonne stumpf und matt.
- Helle Farben (Weiß, Creme, Gelb, Silbergrau) erscheinen dagegen in der Dämmerung, bei trübem Licht oder im Halbdunkel einer Pflanzung leuchtender.
- Glänzende Blätter und Blüten reflektieren das Licht und wirken dadurch heller und strahlender.
- Matte Blätter und Blüten schlucken das Licht und erscheinen dunkler.

Komponieren mit Hilfe des Farbkreises

Wie aus einzelnen Tönen in der Musik lassen sich aus Farben harmonische Akkorde bilden. Der Farbkreis mit den Spektralfarben (→ Zeichnungen, rechts) kann dabei hilfreich sein, weil er die Gegensätzlichkeiten und Ähnlichkeiten der Farben demonstriert.
Primärfarben sind Rot, Gelb und Blau. Man nennt sie auch reine Farben, weil sie nicht durch Mischen zweier Farben zustande kommen.
Sekundärfarben sind Orange, Grün und Violett. Sie entstehen durch Mischen der Primärfarben untereinander.
Warme Farben sind Gelb, Orange, Rot, die auf der einen Seite des Farbkreises liegen.
Kühle Farben sind Blau, Türkis, Grün. Sie befinden sich auf der gegenüberliegenden Seite des Farbkreises.
Nichtbunte Farben sind Weiß und Schwarz. Mit ihnen kann man theoretisch alle Farben mischen. So entstehen die Farbabstufungen. Mischt man sie untereinander, ergibt sich Grau.
Pastellfarben kommen durch Mischen der Farben mit Weiß zustande.
Abschattierungen entstehen durch Mischen der Farben des Farbkreises mit Schwarz.

GARTEN TIPS & TRICKS

Farben für kleine Gärten

Kleine Gärten wirken größer, wenn Sie nur wenige Farben und keine starken Kontraste einsetzen. Günstig sind Farbverläufe oder Pastellfarben. Blautöne im Hintergrund vergrößern den Garten optisch, vor allem wenn Sie in den Vordergrund warme leuchtende Gelb- und Rottöne pflanzen.

Kombinationsmöglichkeiten
Mit Hilfe des Farbkreises läßt sich eine Vielzahl von Kombinationen bilden (→ Zeichnungen, Seite 37):

- klar gegeneinander abgesetzte Farben;
- weich aneinander anschließende Farbverläufe;
- Ton-in-Ton-Kombinationen mit verschiedenen Helligkeitsstufen einer Farbe. Sie wirken besonders ruhig und elegant;
- stark kontrastierende Töne. Solche Kombinationen lassen sich durch Zugeben einer neutralen Farbe wie Weiß oder Grün besänftigen.

Farbgestaltung im Garten

Bei dauerhaften Pflanzungen – ob Stauden, Rosen oder andere Blütensträucher – sollten Sie das Farbenspiel im vorhinein genau planen. Bei Beeten mit reinen Frühlingsblühern und Sommerblumen können Sie dagegen Jahr für Jahr etwas Neues ausprobieren. Wichtig ist immer, wie Sie die Farben verteilen und einander zuordnen. Die Natur selbst liefert mit ihren Hauptfarben Grün, Grau, Braun, Weiß und Himmelblau dezente Töne – eine Kulisse oder ein Untergrund, vor oder auf dem bunte Blüten ihre Wirkung voll entfalten können.
Umfeld beachten. Berücksichtigen Sie bei der Farbwahl auch das Umfeld der Pflanzung, also zum Beispiel das Material, aus dem Wege und Terrasse bestehen. Gartenmöbel und Schmuckelemente können ebenfalls farbliche Akzente setzen, auf die die Pflanzung abgestimmt werden sollte. Allgemein gilt:

- In kleinen Gärten weniger Farben verwenden.
- In großen Gärten und abgeschlossenen städtischen Grundstücken können Sie wesentlich großzügiger mit Farbe umgehen.
- Bei landschaftsorientierten Gärten, die sich in die umgebende Natur einfügen sollen, behutsam mit rotlaubigen und panaschierten Gehölzen umgehen!
- Bunt und farbig darf es jedoch in ländlichen Gärten nach Art der Bauerngärten sein.
- Im Eingangsbereich und im näheren Umfeld des Hauses sind farbintensive Pflanzungen immer passend.

Farbproportionen richtig gewichten. Wenn die Leitfarbe festgelegt ist, können die Begleitfarben im ausgewogenen Verhältnis dazu gewählt werden. Die Wirkung einer Farbe läßt sich durch Benachbarung mit einer oder mehreren anderen noch beträchtlich steigern. Achten Sie darauf, daß die Leitfarbe dominiert, denn gleichgroße Farbflächen nebeneinander sind meist langweilig.
Neutralfarbe Grün berücksichtigen. In der Natur treten Farben selten massiert auf; in ihrem Umfeld erscheinen sie meist als Farbtupfer. So ist die Laubfarbe Grün als Grundfarbe des sommerlichen Gartens besonders wichtig. Mit ihrem Nuancenreichtum bildet sie die Kulisse (aus Bäumen, Sträuchern, Rasen und Bodendeckern) für die verschiedenen, im Wechsel der Jahreszeiten auftretenden bunten

Die wichtigsten Farbkombinationen

Komplementärfarben
Die sich auf dem Farbkreis gegenüberliegenden Farben werden als Komplementärfarben bezeichnet. Miteinander kombiniert wirken sie sehr spannungsreich. Werden die Töne (zum Beispiel Blau-Orange) nicht rein, sondern durch Weiß aufgehellt oder durch Schwarz abgedunkelt, dann mildert dies die Härte des Kontrasts

Farbdreiklang
In den Farbkreis lassen sich ein gleichseitiges oder verschiedene gleichschenklige Dreiecke legen, deren Spitzen durch Drehen der Dreiecke immer neue Farbdreiklänge ergeben. Beim gleichseitigen Dreieck entstehen die härtesten Farbkombinationen (zum Beispiel Rot-Blau-Gelb), die sich aber in aufgehellter oder abgedunkelter Form sehr harmonisch zusammenfügen

Farbvierklang
Vorsicht vor allzu vielen Farben! Immer gut geht eine Viererkombination jedoch, wenn Sie einen Farbdreiklang mit Neutralfarben wie Weiß oder Grün kombinieren. Mögliche Dreiklänge ermitteln Sie wie oben, durch Drehen eines gleichseitigen oder gleichschenkligen Dreiecks

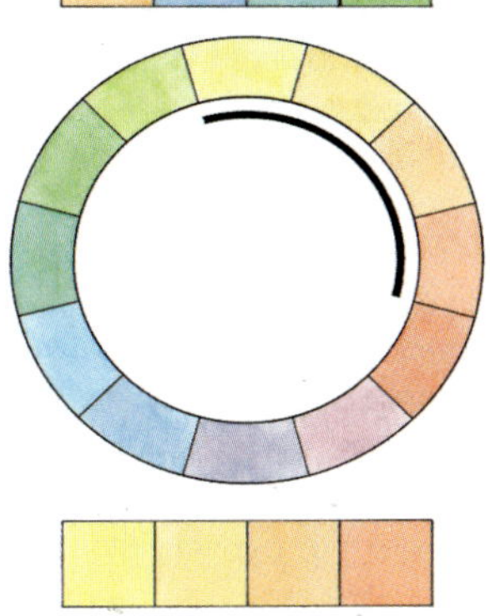

Farbverlauf
Die Nachbarfarben eines Kreissegmentes ergeben immer harmonische, schöne Kombinationen: Dabei sollte Sie jedoch kühle und warme Farben trennen! Wenn Sie dazu sparsam eine oder zwei Kontrastfarben setzen, wirkt die Komposition lebendiger

Blätter und Blüten. Das Grün ist oft so interessant, daß es gar nicht vieler Farbakzente bedarf. Je bunter der Vordergrund, desto ruhiger sollte das grüne Umfeld und der Hintergrund gehalten sein. Je mehr Grünanteile eine Pflanzung hat, desto natürlicher wirkt sie, um so mehr gegensätzliche Farbtöne verträgt sie. Daraus folgt umgekehrt: Je mehr Farbtöne Sie wählen und je kräftiger diese sind, desto größer muß der Anteil neutraler Farben sein. In der Natur kommen neben Grün und Weiß noch viele weitere Zwischentöne vor, beispielsweise das Blaugrün, Silbergrün, Bronze, Gold und Kupfer von Laub und Gräsern.

Pastellfarbene Pflanzen in den Vordergrund setzen. Pastelltöne wirken ebenso wie gedämpfte Farben nicht auf Entfernung.

Bunte Beete planen. Auch kunterbunte Beete wollen komponiert sein. Wichtig ist vor allem, daß die Fläche ausreichend von Pflanzen mit gesundem, lange haltbarem Blattwerk durchsetzt ist. Denn wenn während des Sommers einige der Blütenpflanzen zurückgeschnitten werden oder unansehnlich werden, bleibt dieses Grün des Laubes und füllt die entstandenen Lücken.

Farbspiel im Jahresverlauf planen. Die Pflanzengesellschaft verändert sich laufend während der Vegetationsperiode und mit ihr auch das Farbspiel im gesamten Garten oder auf einem Beet. Mit guter Planung können Sie durch unterschiedliche Pflanzen immer die gleiche Farbigkeit bewahren oder aber – je nach Jahreszeit – für immer neue Farbeindrücke sorgen – zum Beispiel

- im Frühling: Rot-Orange-Gelb (Farbverlauf) durch Tulpen, Kaiserkronen und Narzissen Rosa-Blau-Weiß durch rosa und weiß blühende Zierkirschen und -äpfel, passende Tulpen Ton in Ton und blaue Traubenhyazinthen und Blauglöckchen oder einfarbig Weiß durch Schneeglöckchen, Krokusse, Anemonen, Tulpen, Narzissen
- im Frühsommer: Rosa-Hellblau-Weiß (Pastell-Dreiklang) durch Rosen, Katzenminze und Rittersporn oder durch Margeriten, Iris und Feinstrahlaster
- im Hochsommer: Weiß-Pink-Violett (Ton-in-Ton) durch Phloxe und Monarden oder Gelbtöne durch Sorten der Taglilien
- im Spätsommer: Gelb-Orange (Farbverlauf) durch Sonnenauge, Sonnenbraut, Sonnenhut und Gräser oder Weiß-Rosa-Violett durch Prachtspieren
- im Herbst: Violett-Rosa-Weiß (Ton-in-Ton) durch hohe und niedrige Astern oder Gelb-Violett durch Sonnenblumen, Alant, violette Astern und verschiedene Laubfärbungen

GARTEN TIPS & TRICKS

Intensive Farben
Mit ihnen können Sie den Gartenhintergrund optisch heranrücken. Kräftig rotblühende Rhododendren oder knallgelbe Forsythien weit hinten im Garten besitzen als leuchtende Punkte Signalwirkung.

Gartenplanung Schritt für Schritt

Grundlage der Planung ist ein Lageplan des Grundstücks im Maßstab 1 : 100 oder 1 : 50. Eingänge, Fenster und Außentreppen müssen für die Planung des Gartens ersichtlich sein. Kopieren Sie den Grundrißplan auf Transparentpapier, so können Sie immer wieder neue Entwürfe machen

In dieser Phase Gelände planieren. Dann Teich, Wege, Sandkasten, Baumgruben und so weiter ausheben lassen. Den Aushub zusammen mit dem des Hauses für Modellierungen (zum Beispiel für Sichtschutzwall oder Steingarten) verwenden. Jetzt auch alle baulichen Elemente wie Pergolen, Terrassen oder Pavillon erstellen

Planung

Wird der Garten zusammen mit dem Haus geplant, können Sie Innen und Außen am besten als Einheit realisieren. Lassen Sie sich von einem Landschaftsarchitekten beraten. In dieser Phase geht es um

- Aufteilung in unterschiedliche Nutzungsflächen
- Festlegung von Wegen, Sitzplatz, Terrasse, Pergola, Alpinum, Teich, Sandkasten, Nutzgarten.
- Auch die Art der Umzäunung (Zaun, Hecke, Mauer) sollte jetzt geklärt werden.
- Ebenso alle Anschlüsse wie Licht- und Wasserleitungen.

Wichtig: Berücksichtigen Sie bei all diesen Festlegungen unbedingt die Himmelsrichtungen, den Schattenwurf von Sommer- und Wintersonne sowie vorhandenen Baumbestand – denn auch Bäume außerhalb Ihres Grundstücks werfen Schatten. Beziehen Sie ferner das Umfeld von Haus und Garten in die Gestaltung mit ein, und lassen Sie sich in Fragen zu Material, Technik und Bepflanzung beraten. Informieren Sie sich rechtzeitig und gründlich über alle in Frage kommenden Vorschriften zu Bau und Bepflanzung.

Grundausbau

Es ist ratsam, eine Landschaftsbaufirma mit der Neuanlage eines Gartens zu beauftragen. Profis verstehen sich darauf, einen Plan auf die Grundstücksmaße zu übertragen, Raumelemente, Höhen und Gefälle richtig anzulegen. Jetzt ist die Phase für alle Aushub- und Bauarbeiten. Als erstes muß der Oberboden sorgfältig abgetragen und sachgemäß gelagert werden. Dies geschieht am besten in Form einer Erdmiete, die am Fuß 2 bis 3 m breit und maximal bis zu 1,5 m hoch sein darf, sonst wird das Bodenleben darin gefährdet. Die Miete kann beliebig lang sein, sollte jedoch gegen Austrocknen und Abschwemmen abgedeckt werden. Bei längerer Lagerung empfiehlt sich eine Aussaat von Gründüngungspflanzen (→ Seite 160/161) oder Kapuzinerkresse. In dieser Phase werden auch Wege, Sitzplätze, Mauern und Zäune angelegt. Wenn allerdings später im Garten noch der Einsatz von Maschinen erforderlich ist, sollten die Wege nicht fertig – sondern vorerst nur im Unterbau – erstellt werden. Zäune erst setzen, wenn die gröbsten Arbeiten erledigt sind.

In dieser Phase den Gartenboden maschinell etwa 2 Spaten tief aufreißen. Größere Gehölze (Hausbaum und ähnliches) und Hekken pflanzen. Parallel dazu Einfahrt, Wege, Terrassen und Sitzplätze befestigen (Kies, Pflaster, Platten), Teich mit Folie ausschlagen, gegebenenfalls begehbare Randbefestigung mit Weg anlegen

Teich einlassen und bepflanzen. Oberboden von Beeten und Rasen mit Kompost oder anderen Hilfsstoffen anreichern und dabei noch einmal gründlich lockern. Beete glattrechen und pflanzen oder aussäen

Vorbereitung des Bodens

Durch die Bauarbeiten ist der Boden meist stark verdichtet. Damit Pflanzen später gedeihen können, muß der Untergrund gründlich gelockert werden. Es genügt nicht, einfach den abgelagerten Oberboden aufzutragen. Schon nach wenigen Jahren würden sich Symptome der Bodenverdichtung einstellen: Pflanzen kümmern, Wasser bleibt lange im Rasen stehen, Moos bildet sich. Falls nicht genügend Oberboden vorhanden ist, können Sie Humus zukaufen.

Für Rasenflächen Humus etwa 20 cm hoch auftragen.

Auf Pflanzflächen Oberboden/Humus etwa 30 bis 40 cm hoch verteilen.

Große Baumgruben 80 bis 100 cm tief ausheben, mit Humus füllen.

Die großen Erdmengen zunächst von einem Bagger mit langem Greifarm verteilen lassen. Dann mit dem Rechen verteilen, dabei von hinten nach vorne arbeiten, damit die fertigen Flächen möglichst wenig betreten werden.

Wege und Platzflächen sollten ein leichtes Gefälle (2 bis 3 %) aufweisen, damit das Wasser abfließen kann.

Bodenverbesserung, Pflanzung

Wenn alle größeren Baumaßnahmen abgeschlossen sind sowie die Umfriedung (Hecke, Zaun, Mauer) und Rahmenpflanzung des Gartens erfolgt ist, kann der Boden für die übrigen Beete vorbereitet werden. Günstig ist es, vor der Bepflanzung eine Gründüngung (→ Seite 160/161) vorzuschalten – vor allem bei schweren verdichteten Böden.

Vor dem Pflanzen den Oberboden noch einmal tief lockern, jedoch die Schichten nicht vermischen. Steine und Unrat absammeln und die Oberfläche glattrechen.

Beim Pflanzen immer zuerst Bäume und Sträucher setzen, dann folgen die übrigen Gewächse. Legen Sie dazu Bretter aus, die Ihr Gewicht verteilen und so eine erneute Bodenverdichtung verhindern. Beste Pflanzzeit ist Frühjahr oder Herbst. Viele Gehölze und Stauden werden jedoch im Container angeboten und können das ganze Jahr über – außer in gefrorene Böden – gepflanzt werden.

Nach dem Pflanzen den Boden noch einmal lockern und zwischen den Gehölzen mulchen (→ Seite 161).

Eine Fülle baulicher Elemente wie Weg, Durchgang und Stufen. Terrakotta-Gefäße mit Buchs setzen Akzente am Wegkreuz

GESTALTUNGS-ELEMENTE

Mit Gestaltungselementen prägen Sie den Grundcharakter Ihres Garten – meist für längere Zeit. Lassen Sie sich auf den folgenden Seiten inspirieren. Dort erwartet Sie eine repräsentative Auswahl der wichtigsten Beispiele mit unterschiedlichen Stilrichtungen.
Mit den baulichen Elementen – wie Zäune, Wege, Treppen, Terrassen, Teiche, Pavillons – gliedern und erschließen Sie den Gartenraum. Sie sollten diese vorwiegend architektonischen Einrichtungen sehr gründlich bedenken, bevor Sie sie in Angriff nehmen, denn ihr Bau ist meist mit größerem Aufwand und höheren Kosten verbunden. Bei Bau und Anlage kommt es auf dreierlei an:

- daß Sie den richtigen Standort wählen. Dadurch können Sie Akzente und überraschende Blickfänge setzen, aber auch für Behaglichkeit und Erholung sorgen. Man denke nur an den Erlebniswert eines Sitzplatzes am Teich;
- daß Sie Form und Stil passend wählen. Mit dem Stil von Eingang und Zaun, Pergola, Terrasse, Sitzplatz oder Pavillon legen Sie fest, ob Ihr Garten elegant oder eher ländlich-naturhaft wirkt. Durch geschickte Wegeführung, durch Mauern oder Treppen können Sie ihn optisch vergrößern oder verkleinern, unterschiedliche Gartenräume schaffen und ihn so vielseitig und abwechslungsreich machen.
- daß Sie das richtige Material wählen. Damit können Sie zum Beispiel eine Einheitlichkeit von Garten und Haus, aber auch von Garten und Umgebung herstellen.

Zu den beweglichen Elementen zählen Möbel für Terrasse und Garten, Gefäße, Kunstobjekte und all die anderen zierenden Gegenstände, die einem Garten ästhetischen Reiz verleihen. Sie sind sehr oft das Pünktchen auf dem »i« und der krönende Abschluß einer gelungenen Gartengestaltung.

Mit schönen Gefäßen, Schmuckelementen und Gartenplastiken können Sie – je nach Licht und Jahreszeit – unvergleichliche Stimmungen im Garten schaffen

Zäune in Variationen

Ob einfach, rustikal, gediegen oder elegant: Die Variationsmöglichkeiten von Zäunen sind fast unbegrenzt. Abgesehen von Ihrem persönlichen Geschmack gibt es eine Reihe von Kriterien, die Ihnen die Wahl erleichtern werden.

Zweck. Ein Zaun ist mehr als nur Begrenzung des Grundstücks. Er schützt vor Blicken, vierbeinigen Eindringlingen, Staub, Lärm und Wind. Wenn Sie Ihre Umzäunung mehr als optische Begrenzung denn als Schutz betrachten, können Sie einen transparenten, niedrigen Zaun wählen. Auf den straßenabgewandten Seiten genügt auch eine einfachere Variante, das begrenzt Ihre Kosten. Dort sollte der Zaun durchlässig für Kleinlebewesen sein und gewährleisten, daß Luft zirkulieren kann.

Umfeld. Der Zaun sollte sich in Art, Farbe, Material und Höhe in das Bild der Umgebung harmonisch einfügen. Ziehen Sie deshalb folgendes in Betracht: Liegt Ihr Grundstück in der Stadt oder auf dem Land, in einer Siedlung oder einer Villengegend? Orientieren Sie sich an regionalen Eigenheiten ebenso wie an der Architektur Ihres Hauses.

Bauliche Auflagen. Ein Zaun an der Straßenfront hat repräsentative Aufgaben. Bedenken Sie bei der Planung, daß er den regionalen Bauvorschriften unterliegen kann. Wie auch immer – eine individuelle Note können Sie Ihrem Zaun auch durch Pflanzen verleihen.

Materialien und Formen

Als Materialien für Zäune eignen sich vor allem Holz und Metall. Wofür Sie sich entscheiden, hängt auch davon ab, welchen Zweck der Zaun erfüllen soll. Beide Varianten bedürfen der regelmäßigen Pflege.

Weiß gestrichener, leicht geschwungener Lattenzaun

Ländlich-rustikaler Ranchzaun

Maschendrahtzaun

Pfosten im Abstand von 2 bis 2,5 m (60 cm tief) setzen. Jede 10. Stütze verstreben. Drahtgeflecht an 2 bis 3 quer verlaufenden Spanndrähten befestigen

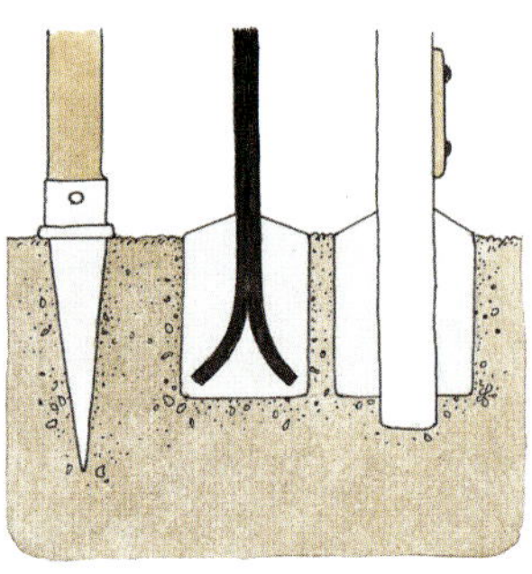

Verankerungen

① Holzpfosten in Metallschuh
② Metallpfosten mit Anker in Betonfundament
③ Holz- oder Betonpfosten in Beton

Metallzäune. Die Palette reicht von Drahtgeflecht bis zum kunstvoll geformten Schmiedeeisen. Maschendraht ist die günstigste Lösung und dann zu empfehlen, wenn Sie eine Pflanzung, etwa eine Hecke (→ Seite 80/81 und 82/83), als zusätzliche Umzäunung wählen. Er bietet Schutz, bis die Pflanzung hoch genug ist. Das Drahtgeflecht wird an Pfosten, die im Abstand von 2 bis 2,5 m gesetzt sind, befestigt und mit 2 bis 3 horizontal verlaufenden Drähten gespannt. Ecken, Endpunkte und etwa jede 10. Stütze benötigen Verstrebungen. Das Drahtgeflecht sollte 5 cm Bodenfreiheit haben (→ Zeichnung links).

Stabgitter sind stabiler als Drahtgeflechte, ebenso transparent und ideal zum Beranken mit Schlingern. Sie können sie als kunststoffummantelte oder feuerverzinkte Elemente kaufen, die leicht montierbar sind. Eisengitter bekommen Sie im Handel meist als Zaunfelder, in einen Winkel- oder Rohrrahmen geschweißt. Sie sind sehr haltbar und passen sich verschiedenen Stilrichtungen an, müssen jedoch ab und zu gestrichen werden. Schmiedeeisen ist edel; es kann schlicht, aber auch dekorativ verarbeitet sein und sehr elegant wirken.

Nahezu unverwüstlich und elegant – massiver Stabgitterzaun

Zierlicher, liebevoll bemalter Stabgitterzaun

Blauer Lattenzaun mit rautenförmigen Ausschnitten

Moderner, künstlerisch gestalteter Eisenzaun

Holzzäune. Holz bietet vielfältige und ausgefallene Gestaltungsmöglichkeiten. Holzzäune können zudem transparent, aber – im Gegensatz zu Metallzäunen – auch ganz geschlossen sein und somit optimalen Sichtschutz bieten. Entsprechend geschlossene Zaunfelder erhalten Sie als senkrecht oder waagerecht geflochtene oder lamellenförmig verbretterte Fertigteile mit Rahmen im Fachhandel. Die Lebensdauer eines Holzzaunes hängt von der Art des Holzes ab (erhältlich sind meist heimische Weich- und Hartholzarten). Ungeachtet der Holzart müssen alle Zaunteile kesseldruckimprägniert sein und regelmäßig (mit umweltverträglicher Lasur oder Farbe) nachgestrichen werden. Der am weitesten verbreitete Holzzauntyp ist der Latten- oder Bretterzaun. Hierbei sind die einzelnen Elemente aus rechteckigen oder halbrunden Latten vertikal oder horizontal nebeneinander angeordnet. Der Lattenabstand sollte ein Drittel bis die Hälfte, höchstens aber die ganze Lattenbreite betragen.

Mauer-Zaun-Kombination

Sehr schöne Umfriedungen ergeben sich durch die Kombination von Mauer- und Zaun-Elementen. Dabei werden in sich geschlossene Zaunfelder (gerahmte Holz-, einfache Metall- oder elegante Schmiedeeisengitter) zwischen gemauerten Pfosten verankert. Die Mauer sollte frostsicher fundamentiert sein (80 bis 100 cm tief). Pfosten und Mauer können aus Naturstein, aus (verputztem) Mauerwerk oder aus mit Naturstein verkleidetem Beton bestehen. Die Konstruktion wirkt wesentlich leichter als eine reine Mauer. Je höher die Basis-Mauer des Zauns, desto mehr Schutz bietet sie: Spritzschutz von der Straße her, Schutz gegen Hunde und Katzen, gegen Wind oder Blicke

Gestaltungselemente

Eingang und Eingangsbereich

Dem Eingang eines Grundstücks kommt ganz besondere Bedeutung zu; er ist so etwas wie die Visitenkarte des Hauses und seiner Besitzer. Tür und Tor sowie der angrenzende Bereich vermitteln Besuchern einen ersten Eindruck. Tore und Türen bilden den Übergang von draußen nach drinnen, vom Öffentlichen ins Private. Eine Tür oder ein Tor kann abweisend oder einladend wirken. Wer Einblicke verwehren will, muß allerdings bedenken, daß er dann auch keinen Ausblick mehr hat.
Eingangspforten und -tore sollten mit der Umfriedung eine optische Einheit bilden und sich dem Charakter und Stil des Hauses anpassen. Auch bei der heute eher einheitlichen Bauweise gibt es zahlreiche individuelle Lösungen: nicht nur die Wahl des Tores, auch die Gestaltung des gesamten Eingangsbereichs und die Bepflanzung trägt dazu bei, eine persönliche Note zu schaffen.

Praktische Überlegungen

Eine ganze Reihe von Aspekten können Ihnen bei der Entscheidung für Ihren Eingang behilflich sein.
Zweck. Zunächst sollten Sie sich fragen, welchen Zweck das Tor haben soll: Hat es rein dekorative Aufgaben oder dient es auch der Sicherheit Ihres Grundstücks? Darf es Einblicke gewähren oder soll es abschirmen? Da Ein- und Ausgänge ständig benutzt werden, müssen sie auch gewissen praktischen Anforderungen genügen.
Stabilität. Tore und Türen müssen ausreichend versteift sein, da sie – mehr als ein Zaun – durch das ständige Öffnen und Schließen starken Belastungen ausgesetzt sind. Als Halterungen für die Tore eignen sich gemauerte Pfeiler aus Naturstein, Ziegelstein oder Betonwerkstein sowie Pfosten aus Stahl und Holz. Wichtig ist, daß sie einerseits stark genug sind, um das Tor tragen zu können, andererseits aber nicht zu wuchtig wirken.
Sicherheit. Als Kindersicherung empfiehlt sich ein Schloß oder ein Riegel, der das Öffnen des Tores erschwert; die Mechanik sollte natürlich immer gut funktionieren.
Sehr praktisch sind von der Haustür aus elektrisch zu öffnende Tore. Am besten läßt man die Leitungen dafür zusammen mit einer Außenlichtanlage und der Klingel installieren. Befindet sich das Eingangstor zu Garten und Haus weit von der Eingangstür des Hauses entfernt, empfiehlt es sich, zusätzlich eine Gegensprechanlage am Gartentor einzubauen.
Schutzfunktion. Durchbrochene Tore lassen – wie manche Zäune – beispielsweise Hunde und Katzen durchschlüpfen. Es empfiehlt sich, dies vorher zu bedenken, denn im nachhinein mit Draht verspannte Tore sehen nicht sehr attraktiv aus.

Großes, schmiedeeisernes Tor zwischen gemauerten Pfeilern. Bezaubernd

Altes, schmiedeeisernes Tor

Gartentür mit Buchenbogen

Die Fotos oben zeigen unterschiedliche Lösungen zur Gestaltung von Tür, Zaun und Bepflanzung. Links das historische Beispiel einer schmiedeeisernen Tür, eingelassen in eine massive Steinmauer. Ein aparter Kontrast von Stein und Metall. Rechts daneben streng und einheitlich eine Buchenhecke, die als Buchenbogen ein weißes Holztor umrahmt

…die historischen Steinvasen

Tür mit Taubenhaus

Holztor zwischen Steinmauern

Individuell gestalteter weißer Metallzaun mit Eingangstor

Nicht vom Kontrast sondern von der entschiedenen Absicht zu Einheit von Material, Stil und Farbe ist dieser Zaun-Tor-Entwurf geprägt. Ein spannungsreicher Bezug ergibt sich hier allerdings aus der streng stilisierten Zaun-Tor-Konstruktion und dem lebendigen Grün der Gartenpflanzen

Ausreichende Breite. Die Türöffnung sollte so breit sein, daß auch noch größere Gegenstände, zum Beispiel Möbel oder Gartengeräte, hindurchtransportiert werden können. Eine Breite von 1,2 bis 1,5 m reicht aus, um bequem zu zweit oder mit dem Fahrrad passieren zu können. Ist ein zweites Tor vorhanden, etwa an einer Garageneinfahrt, genügt auch eine kleine Gartenpforte, die zur Seite hin dicht bepflanzt sein kann. Der Raum vor und hinter dem Tor sollte jedoch möglichst großzügig angelegt werden.
Vorschriften. Beachten Sie, daß Eingangstüren und -tore ebenso wie Zäune gesetzlichen Bestimmungen unterliegen, die regional unterschiedlich sein können.

Ideen für Tür und Tor

Tore gibt es in verschiedenen Materialien und Ausführungen: aus kunstvoll bearbeitetem, elegantem Schmiedeeisen, aus einfachen oder phantasievoll zusammengefügten Holzlatten.
Es wirkt sehr großzügig, wenn das Gartentor und die Umzäunung »aus demselben Holz geschnitzt« sind. Bei aller stilistischen Harmonie sollten Sie aber darauf achten, daß sich Tür und Tor deutlich von der Einfriedung abheben, damit sie auch von der Straße her sichtbar sind und Besucher sie leicht finden. Es gibt zahlreiche Möglichkeiten, ein Eingangstor optisch hervorzuheben, ohne damit Stilbruch zu begehen.
Ein Eingangstor läßt sich beispielsweise dadurch betonen, daß seine Pfosten oder Pfeiler höher oder stärker sind als die des übrigen Zaunes. Auch Portale und Bogenkonstruktionen sehen sehr attraktiv aus; sie passen jedoch nicht in jedes Umfeld.
Besteht die Einfriedung aus dichten und hohen Hecken oder Mauern, bieten sich zwei Lösungen an: Ein durchbrochenes Tor läßt den Blick ins Innere zu, eine massive, geschlossene Tür dagegen bewahrt die Intimität.
Pflanzen können aus dem Eingang einen besonderen Blickfang machen. Sie verleihen Umzäunungen und Eingängen eine lebendige und ästhetische Struktur. Auch hier gibt es reiche Variationsmöglichkeiten: angefangen vom Hausbaum (→ Seite 78/79), der seine Krone über das Eingangstor breitet, bis hin zu blühenden und duftenden Sträuchern oder Rabatten, die nicht nur den Eingang, sondern den ganzen Weg bis zum Haus säumen. Kletterpflanzen und geschnittene immergrüne Gehölze, die symmetrisch den Eingang flankieren, eignen sich ebenfalls hervorragend. Eine Pflanzung vor dem Tor, außerhalb des Gartenbereiches, wirkt besonders einladend, ist aber regional nicht immer gestattet.
Bei der Neuanlage des Eingangs und Vorgartens (→ Seite 122/123) sind Unterbringungsmöglichkeiten für Mülltonnen und Fahrräder zu berücksichtigen. Auch Briefkasten, Hausnummer, Namensschilder, Klingel und Beleuchtung sollten in die Gestaltung mit einbezogen werden.

Gestaltungselemente

Gartenwege

Wege haben innerhalb des Gartens nicht nur praktische Funktion, sie sind auch ein wichtiges gestalterisches Element und tragen zur Gliederung des Grundstücks bei. In formalen Gärten bilden sie die symmetrischen Achsen, in naturgemäßen Anlagen richtet sich ihr Verlauf nach dem Gelände und nimmt die Linien des Hauses oder der Pflanzungen auf. Legen Sie die Wege möglichst bei der Planung Ihres Gartens fest, als Verbindungselemente zu Sitz- und Spielplatz, Teich oder Nutzgarten, auch wenn Sie diese Bereiche erst nach und nach verwirklichen. Bedenken Sie bei der Planung, wohin der Blick des Betrachters gelenkt werden soll. Durch einen Weg kann der Blick auf ein Ziel gerichtet werden, oder aber es können Überraschungsmomente entstehen, wenn der Weg hinter einer Biegung verschwindet. Dabei entsteht der Eindruck von Weite. In kleinen Gärten schafft ein zu lebhaftes Wegenetz allerdings Unruhe.

Wunderschön wird dieser Kiesweg von den natürlich anmutenden Staude

Wege und Materialien

Wege sollen bequem begehbar sein, nicht zu pflegeaufwendig und darüber hinaus auch umweltgerecht. Für 2 Personen geht man von einer Wegebreite von 1,20 bis 1,50 m aus, für eine Person genügen 60 bis 75 cm. Um Wege harmonisch in das Gartenbild einzubinden, gibt es eine Vielzahl von gestalterischen Mitteln.
Wege im Eingangsbereich und in Hausnähe sowie intensiv genutzte und geneigte Flächen müssen stärker befestigt sein, weil sie sehr beansprucht und jeder Witterung ausgesetzt sind. In erster Linie kommen hier Platten-, Pflaster- oder Kiesbeläge in Frage.

Weg mit Kantensteinen

Wegbreite plus 20 cm Arbeitsspielraum rechts und links abstecken. Weg 30 cm tief ausheben. Kantensteine (4 bis 8 cm breit) in 30 bis 40 cm tiefes Magerbeton-Fundament setzen. Kante maximal 5 cm überstehen lassen.
Unterbau: 20 cm Grobschotter, 5 cm Splitt, 5 cm Kies. Beete 2 cm tiefer legen als die Wegoberkante, damit die Erde des Beetes nicht auf den Weg geschwemmt wird

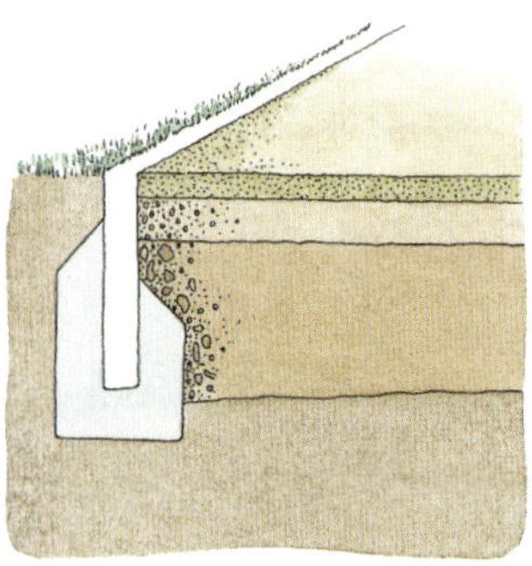

Kiesweg bündig mit Rasen

Erleichterung beim Mähen, wenn Rasen bündig an die Kante anschließt. Als Kante kann auch eine Pflasterzeile im Mörtelbett verlegt werden.
Unterbau wie oben. Wichtig: Betonfundament zur Rasen- oder Beetfläche hin höher ziehen, damit Kantensteine nicht kippen

Weg im Material-Mix

Weg aus Natursteinplatten

In Gärten mit naturhaftem Charakter passen Materialien aus Naturstein, wie Kies oder Natursteinplatten besonders gut. Links ein Weg aus großen Flußkieseln in Verbindung mit genormten Betonsteinen. Der natürliche Eindruck bleibt erhalten, weil die Kiesel dominieren, die Betonblocksteine fungieren als Kantensteine rechts und links des Weges sowie als Zäsur im Wegverlauf und verkürzen dadurch seine Länge

nzungen rechts und links gesäumt

<u>Zufahrten oder Stellplätze</u> lassen sich gut begrünen. Rasengittersteine, Lochklinker oder eine Pflasterung mit breiten Grasfugen bieten Raum für Vegetation und schaffen ein natürliches Bild. Diese Beläge sind ökologisch sehr wertvoll, denn sie sorgen für eine gleichmäßige Versickerung des Wassers.
<u>Schlichte Gartenwege</u> können auch nur aus einem (nicht zu schmalen) Rasenstreifen bestehen. In landschaftlichen Gärten werden oft auch Holz und Rinde als Belag bevorzugt. Holzpflaster kann in schattigen Lagen und bei Regen allerdings sehr rutschig sein; Rindenmulch verteilt sich leicht auf benachbarte Pflanzungen, wo er, zumindest an krautigen Pflanzen, Schäden verursachen kann (→ Mulchen, Seite 160/161). Bei Wegen mit Rindenbelag ist eine Dränageschicht als Unterbau empfehlenswert.
<u>Zwischen Pflanzungen</u> genügen Trittplatten, in Gemüsebeeten ermöglichen zum Beispiel Holzroste ein bequemes Pflegen und Ernten der Pflanzen.

Tips zum Wegebau

Die Art des Unterbaus richtet sich nach dem Klima, der Beschaffenheit des Bodens (durchlässig oder wasserbindend), der Art des Belags und der Belastung, der die Wege ausgesetzt sein werden. Grundsätzliche Unterschiede gibt es zwischen einfachen Gartenwegen und befahrenen Wegen und Plätzen. Eine frostsichere Dränage kann je nach Klima bis zu 60 cm tief sein. Achten Sie vor allem darauf, daß jede Lage des Untergrunds gut verdichtet wird (→ Mauern, Seite 50/51).

Betonplatten und Klinker

Plattenweg im Rasen

Ein Verbund aus ausschließlich großen quadratischen oder rechteckigen Platten läßt Wege und Flächen oft langweilig erscheinen. Aufgelockert und interessant werden die Flächen bei Kombination der Platten mit anderem Material und anderen Formen. Bei den in den Rasen eingelassenen Platten übernehmen die Zwischenrippen des Rasens diese Funktion

Plattenweg

Kantensteine fundamentieren (→ Zeichnung, Seite 46). Weg 30 cm tief auskoffern. <u>Unterbau:</u> 20 cm Grobschotter, 5 cm Feinschotter, 5 cm Sandbett oder Splitt, in das Platten verlegt werden. Hübsch: Bepflanzte Aussparungen in den Wegen oder Fugen. Bei Plattenwegen kann die Einfassung mit Kantensteinen auch entfallen

Rasengittersteine

Abstellplätze, Wege und Platzflächen lassen sich mit Rasengittersteinen schön begrünen. Flächen 40 cm tief ausheben. <u>Unterbau:</u> 20 cm Grob- und 5 cm Feinschotter einfüllen und festrütteln. Darauf 5 cm Splitt oder Sand verteilen. Lochklinker oder Rasengitterplatten (Höhe etwa 10 cm) dicht an dicht verlegen. Löcher mit Erde füllen und Gras einsäen

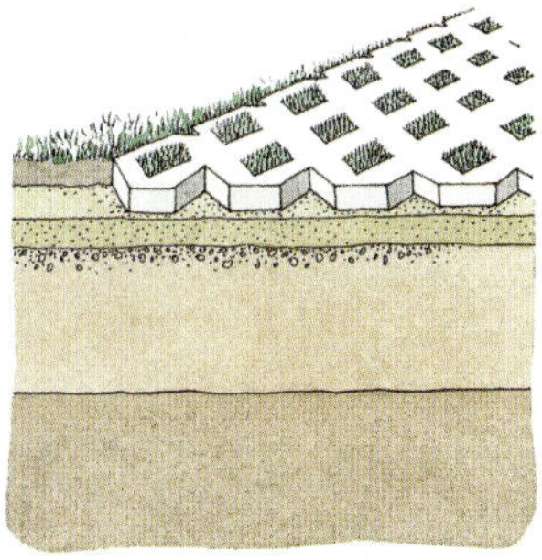

Treppen, Stufen, Rampen

Treppen erfüllen natürlich zunächst einen Zweck: Sie erleichtern das Überwinden von Höhenunterschieden. Darüber hinaus können Sie mit Stufen reizvolle Effekte erzielen. Durch besondere Wege- und Treppenführungen läßt sich der Garten aus immer neuen Blickwinkeln betrachten. Wichtig bei der Gestaltung von Treppen und Stufen ist, daß Sie das zur Umgebung – etwa zu Wegen, Terrassen und Mauern – passende Material auswählen und die Treppe zum Beispiel durch Bepflanzung harmonisch in das Gartenbild einbinden.

Natursteintreppe mit seitlicher Stützmauer

Grundsätzliche Überlegungen

Im allgemeinen geht man davon aus, daß ab einer Steigung von 8% Stufen notwendig sind. Dies ist jedoch nur ein Richtwert. Bedenken Sie bei Ihrer Planung, daß auch weniger stark geneigte Flächen bei Nässe und im Winter Gefahren bergen. Wie die Treppe verläuft, hängt von den Platzverhältnissen in Ihrem Garten ab. Sie können zwischen linearem, bogenförmig verlaufendem oder verschwenktem Verlauf wählen. Je flacher die Stufen, desto eleganter und einladender wirkt die Treppe. Für den Garten hat sich eine Stufenhöhe von 12 bis 15 cm bewährt. Am besten setzen Sie auf einem Weg mindestens drei Stufen hintereinander; eine einzelne Stufe wird leicht zur Stolperschwelle.

Bei langen Treppen sollten Sie Podeste anlegen. Sie dienen als optische Unterbrechung der Stufenabfolge, aber auch zum Ausruhen. Eine Folge von Stufen mit jeweils einem Podest ergeben eine langgezogene Treppe. Die Länge solcher Podeste sollte (ebenso wie bei den Stufen) auf das Schrittmaß abgestimmt werden. Bei längerem Treppenverlauf sollte gelten: ein Schritt auf jedem Absatz. Die Schrittlänge von 63 bis 65 cm errechnet sich aus der doppelten Stufenhöhe plus der Auftrittstiefe der Stufe. Für die Länge eines Zwischenpodests gilt die Formel: Anzahl der Schritte mal 64 cm Schrittmaß plus Auftrittstiefe.

Jede Stufe sollte – damit Regenwasser abfließen kann – ein Gefälle von 1 bis 2% haben, Podeste fallen um 2 bis 3% ab. Damit ist im Winter die Gefahr der Vereisung gebannt.

Für kleine Treppen im Garten genügt ein Untergrund aus gut gestampftem Kies (30 cm) und darauf eine 3 bis 5 cm dicke Sandschicht, in die Stufen, Platten oder Pflaster verlegt werden (→ Wege, Seite 46/47). Für stärker belastete Treppen sollten Sie zumindest für die unterste Stufe ein etwa 30 bis 40 cm tiefes Fundament aus fertigem Magerbeton anlegen (→ Zeichnung, links oben). Mit Beton-Formsteinen lassen sich Treppen sehr schnell und leicht auch ohne Fundament bauen. Praktisch ist oft eine Rampe neben der Treppe; sie erleichtert zum Beispiel den Transport von Gartengeräten, und Rollstuhlfahrer können leichter passieren.

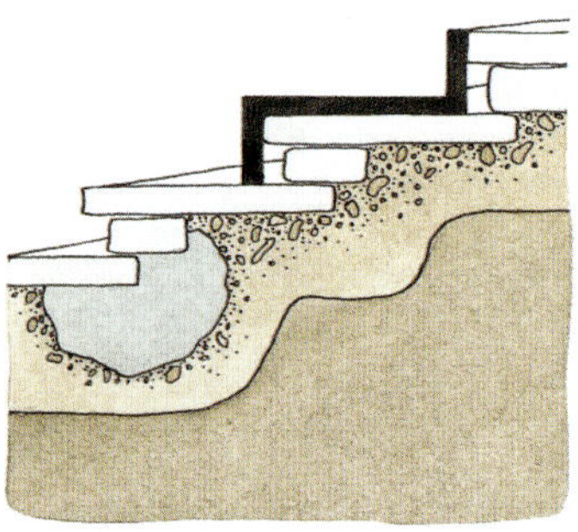

Legstufen

5 bis 10 cm starke Antrittsplatten auf Unterbau aus Steinen setzen, der verblendet sein kann. Die Platten stehen dabei etwas über. Wählen Sie bei Auflage und Unterbau verschiedene Stärken, etwa 1/3 Platte zu 2/3 Unterbau oder umgekehrt, so erzielen Sie eine gute optische Wirkung

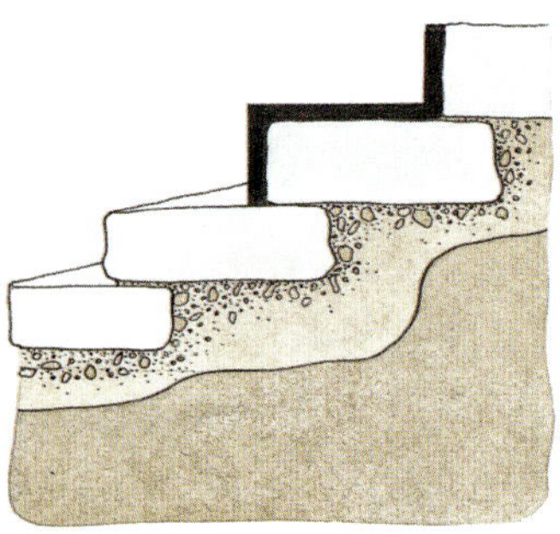

Blockstufen

Blockstufen bestehen aus einem Stück; sie sind aus Naturstein oder Beton vorgefertigt, meist 12 bis 15 cm hoch und in verschiedenen Breiten erhältlich. Die unterste Stufe sollte stärker ausgebildet oder auf Magerbeton versetzt werden. Die Stufen überdecken sich jeweils um 3 bis 5 cm

Originelle Treppe aus Betonringen mit gepflasterten Trittflächen

Flach ansteigende Treppe mit tiefen Auftrittsflächen

Treppengestaltung

Treppen lassen sich auf vielfältige Art und Weise gestalterisch in das Gartenbild einbinden. Treppen, die links und rechts von Wangen gerahmt sind oder ein Geländer haben, wirken sehr starr. Sehr charmant ist dagegen eine Treppe, die auf einer Seite von einem Mäuerchen begrenzt ist. Können die Stufen beidseitig in den Boden eingreifen, ergeben sich vielfältige Gestaltungsmöglichkeiten. Sie können die Treppe zum Beispiel mit kleinen und niedrigen Sträuchern, Stauden und Polsterpflanzen fassen; dadurch wirkt sie bewegter und natürlicher. Blockstufen, die, wenn man von ihrem Gewicht absieht, relativ leicht zu verlegen sind, eignen sich hierfür am besten. Der seitliche Bodenanschluß erfolgt so, daß die Böschungslinie einen Teil der Stufe freiläßt: An der Stirnseite jeder Stufe steht dann ein Dreieck aus dem Boden. Ist dieses Dreieck sichtbar – etwa wenn sich direkt Rasen anschließt – sollte die Stufe hier optisch ansprechend behauen werden. Den Übergang können Sie aber auch mit Pflanzen kaschieren. Bei Leg- und Stellstufen werden die Seiten meist mit Erde eingeschüttet; so verschmutzen sie allerdings leichter, und es dauert länger, bis die Pflanzen den Boden befestigt haben.

Stellstufen aus Stein

Beton- oder Natursteinplatten, Bordsteine oder hochgemauerte Ziegel senkrecht in ein Mörtelbett einlassen (etwa 30 bis 40 cm tief), oder die Hälfte bis ein Drittel der Platte in den Boden versenken. Die Auftrittsflächen feststampfen und entweder mit Kies auffüllen oder pflastern, um Auswaschungen zu verhindern

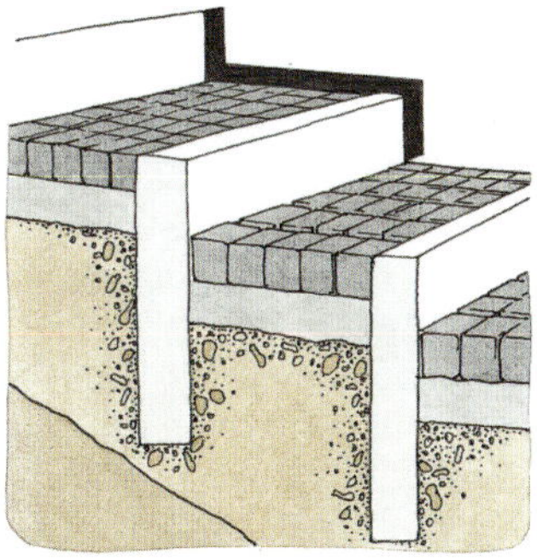

Stellstufen aus Holz

50 bis 60 cm lange Holzpflöcke am linken und rechten Ende der Stufen in den gewachsenen Boden schlagen. Hinter die Pflöcke (Überstand etwa 15 cm) Holzknüppel oder Latten nageln. Trittflächen mit grobem Kies auffüllen, verdichten, mit Rindenmulch abdecken

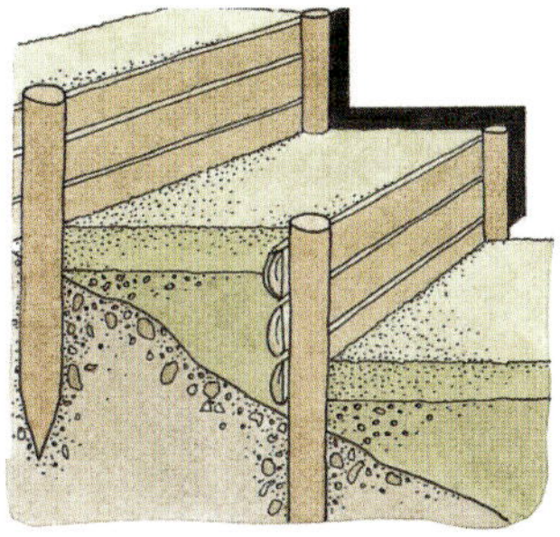

Mauern und Palisaden

Mauern und Palisaden sind zum einen wuchtige und kompakte Alternativen zu Zäunen, denn Sie können damit Ihr Grundstück einfrieden. Vor allem aber eignen sie sich dort, wo Sie Höhenunterschiede ausgleichen, Böschungen abfangen oder Gefälle abstützen wollen. Mauern haben einen besonders hohen ästhetischen Reiz und eine lange Tradition: Lassen Sie sich einfach bei einem Urlaub im Süden für Ihre Planung inspirieren, oder lehnen Sie sich an das Vorbild einer Mauer aus dem städtischen Bereich an! Beachten Sie jedoch unbedingt die örtlichen Bauvorschriften, und versuchen Sie, das Bauwerk auf die Umgebung abzustimmen. Problemlos selbst errichten können Sie eine Mauer bis zu einer Höhe von 80 cm, etwa eine Trockenmauer (→ Zeichnung, Seite 51), die ohne Beton und Mörtel auskommt. Für den Bau höherer freistehender Mauern oder Stützmauern sollten Sie einen Fachbetrieb einschalten, damit durch professionellen Bau die nötige Stabilität gewährleistet ist. Für Palisaden gilt das gleiche, auch hier müssen Fachleute anpacken, wenn die Höhe 80 bis 100 cm übersteigt.

Materialien

Zum Errichten von Mauern können Sie verschiedene Baustoffe verwenden. Neben einer Vielzahl von Natursteinen, zum Beispiel Hartgestein wie Granit oder Sedimentgestein wie Sandstein, eignen sich vor allem Klinker, aber auch Ziegel, die Sie weiß schlämmen oder verputzen können. Solche Wände können zum Beispiel eine Mauerkrone aus Dachziegeln tragen.
Sehr beliebt und wesentlich preiswerter ist Beton. Er wird auch in Form von L- oder U-Steinen verwendet; sie sind leicht zu handhaben und benötigen bis 100 cm Höhe kein frostsicheres Fundament, lediglich ein etwa 10 cm tiefes verdichtetes Kies- oder Magerbetonbett. Mauerwerk aus Beton läßt sich vielfältig gestalten: einfach gestrichen, als Waschbeton mit einer Oberfläche aus Kieseln oder mit Maserungen, die durch Verschalung und bestimmte Bearbeitung hervorgerufen werden.
Palisaden bestehen häufig aus imprägnierten Rund- oder Vierkanthölzern (→ Zeichnung, rechts); Sie können sie allerdings auch aus Betonstützen errichten, die länger haltbar sind als Holz.

Gestalten mit Mauern und Palisaden

Mauern und Palisaden lassen sich auf vielfältige Art und Weise gestalten und in das Gartenbild einbinden.
Freistehende Mauern. Mauern wirken am schönsten, wenn sie gestalterisch an die Architektur des Hauses angelehnt sind und zu dessen Charakter passen. Mauerabschnitte eignen sich beispielsweise hervorragend als Sicht- und Windschutz an Terrassen oder zur Trennung von Reihen- oder Doppelhausgrundstücken. Wichtig ist, daß die Proportionen stimmen: Für kleinere Grundstücke sind hohe

Halbhohe, geschwungene Mauer aus Klinkern in Verbindung mit einer kle

Palisaden

Sie stützen Böschungen ab. Geeignet sind kesseldruckimprägnierte Rundhölzer oder Betonpfosten. Sie sollten zu einem Drittel bis zur Hälfte aus dem Boden schauen. Dazu einen Graben von 60 bis 80 cm ausheben. Zuunterst 20 cm hoch Kies einbringen als Wasserabzug, damit Hölzer nicht faulen. Die Palisaden dicht an dicht stellen, etwa 40 cm hoch mit Magerbeton fixieren. Oben mit Draht verbinden, damit sie sich nicht verschieben. Auf der Rückseite Dachpappe oder Vlies einziehen, damit bei Regen keine Erde zwischen den Hölzern durchgeschwemmt wird. Erde einfüllen und festtreten

›e – hübsche Lösung für einen Garten mit verschiedenen Ebenen

Mauern zu wuchtig, niedrige Sitzmäuerchen (→ Foto, Seite 53 oben) etwa im Bereich der Terrasse oder als Einfassung eines vertieft angelegten Sitzplatzes im Garten lassen sich dagegen gut integrieren. Hier eignen sich auch Palisaden (→ Foto, Seite 52 unten), da sie leichter wirken.

Trockenmauern. In modernen naturgemäßen Gartenanlagen erlebt die traditionelle Trockenmauer eine Renaissance. Sie wirkt nicht nur sehr reizvoll, sondern trägt auch, da sie ohne Bindemittel errichtet ist, dem Naturschutz Rechnung: Mit ihren offenen Fugen bietet sie reichlich Lebensraum für Kleinlebewesen wie die wärmeliebenden Eidechsen, Kröten, Grillen, Hummeln und Wildbienen. Zwischen den Steinen siedeln sich oft Blumen und Kräuter von selbst an, sie können aber auch beim Aufsetzen der Steine gepflanzt werden.

Stützmauern. Die Aufgabe einer Stützmauer ist es, Erdreich oder eine Terrasse gegen den Hang abzustützen. Steilere Böschungen lassen sich bequemer bearbeiten und bepflanzen, wenn sie terrassiert sind, da durch die Stufung des Hangs ebene Flächen entstehen. Überdies wird verhindert, daß der Boden abgeschwemmt wird (→ Garten am Hang, Seite 140/141).

Wichtig: Bei aufgeschütteten Böschungen sollten Sie darauf achten, daß der Boden von vornherein sehr gut verdichtet wird. Dennoch sind hier besonders stabile Stützmauern sowie ein frostsicheres, mindestens 80 cm tiefes Fundament erforderlich, um die Terrassierung abzustützen. Bei undurchlässigen Böden nach dem Aushub des Fundaments ein Dränagerohr im hinteren Bereich des Fundaments verlegen.

Bepflanzung einer Trockenmauer

Die Trockenmauer am besten bereits beim Aufsetzen der Steine bepflanzen. Wählen Sie Steingartenpflanzen (› Seite 106/107 und 242/243) für sonnige oder schattige Lagen, je nachdem wie Ihre Mauer lokalisiert ist. Dort, wo Sie nicht bepflanzen, wird nur Erde zwischen die Steinlagen geworfen, damit sich Wildkräuter ansiedeln können. Steine grundsätzlich horizontal und breitlagernd versetzen. Mindestens ein Drittel aller Steine durch die gesamte Mauertiefe einbauen (Binder). Vermeiden Sie aus Stabilitätsgründen Kreuzfugen! Durch eine Mauerkrone (dichte Steinreihe) lassen sich die Fugen schützen

Trockenmauer als Stützmauer

Trockenmauern werden etwa 20 bis 40 cm tief auf einer Kiesschicht gegründet. Bei durchlässigem Boden genügt als Mauerbasis eine Reihe großer Steine, die je zur Hälfte im Boden eingelassen werden. Die Breite des Mauerfußes sollte einem Drittel der Mauerhöhe entsprechen, mindestens aber 30 cm betragen. Bei sehr lockeren oder schweren Böden empfiehlt sich ein 40 cm tiefes und 40 cm breites Fertigbeton-Fundament. Die Steine werden 10 bis 15% zum Hang hin geneigt aufgesetzt, damit das Wasser ablaufen kann. Die Mauer nach dem Bau mit Kies und Schotter hinterfüllen

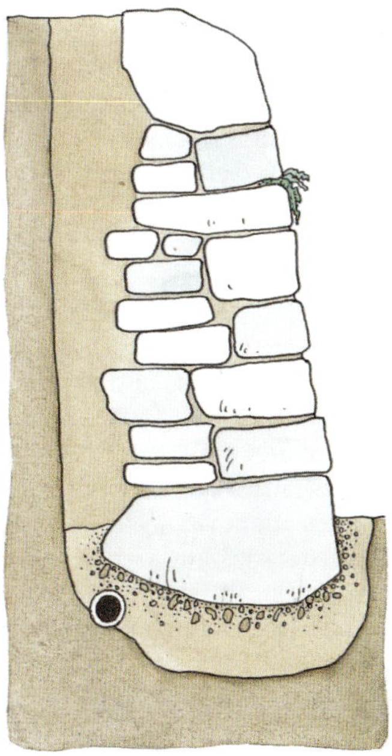

Terrasse – Lage und Anlage

Die Terrasse ist ein wichtiges Bindeglied zwischen Haus und Garten. Bei der Gestaltung kommt es darauf an, den Charakter des Grundstücks zu wahren, Innen und Außen durch die entsprechenden Materialien harmonisch aufeinander abzustimmen.
Damit eine Terrasse wohnlich wird und auch wetterunabhängig genutzt werden kann, muß sie etwas abgeschirmt sein: seitlich etwa durch eine Mauer oder Wand als Sicht-, Wind- oder Lärmschutz, nach oben durch einen Dachvorsprung oder Balkonüberstand. Wichtig ist auch der Bodenbelag: Er sollte zum Stil des Hauses passen, umwelt- und nutzungsfreundlich sowie frostbeständig und eben sein, aber eine griffige Oberfläche haben und nach einem Regen rasch abtrocknen. Achten Sie auf ein Gefälle von 2% vom Haus weg. Bei nichtüberdachten Terrassen ist eine Schwelle zwischen Wohnraum und Terrasse zu empfehlen, die das Eindringen von Schnee oder Wasser ins Haus verhindert.

Ebenerdige Terrasse mit rund verlegten Klinkern

Lage der Terrasse

Idealerweise liegen Wohnräume, Terrasse und Garten auf einer Ebene, dann kann der Rasen mitgenutzt werden.
Für andere räumliche Gegebenheiten gibt es jedoch auch gute Lösungen. Liegt das Haus zum Beispiel hoch über dem Garten, empfiehlt es sich, das Gelände aufzuschütten (→ Garten am Hang, Seite 140/141), um die Terrasse zu erweitern. So können Sie wenigstens ein Stück des Gartens in den Wohnbereich mit einbeziehen. Mauern oder Palisaden (→ Seite 50/51) stützen das Gelände ab, und das restliche Grundstück wird über Treppen (→ Seite 48/49) erschlossen. Liegt der Garten oberhalb des Hauses, sollten Sie ebenfalls für die Terrasse eine möglichst große, ebene Fläche schaffen.
Als Abgrenzung einer Terrasse zum Hang eignen sich auch niedrige Sitzmäuerchen. Wenn das Gelände flacher abfällt, können Sie eine Böschung auch so modellieren (im Verhältnis 1:3 oder 1:4, das heißt auf 3 beziehungsweise 4 m fällt das Gelände um 1 m), daß der Rasen zumindest an einer Seite direkt von der Terrasse aus begehbar ist.

Mit Bohlen eingefaßte Terrasse aus Holzplanken

Bodenbelag

Die Auswahl an Bodenbelägen für befestigte Flächen ist enorm. Lassen Sie sich bei Ihrer Wahl von Landschaft und regionalem Baustil anregen.
Natursteine aus örtlichen Vorkommen passen immer ins Bild, und die Transportkosten bleiben begrenzt. Es gibt sie als Natursteinpflaster oder Natursteinplatten, die besonders ebenmäßig sind, allerdings bei Nässe – je nach Art des Steins – leicht rutschig werden können.
Klinker-, Pflaster- oder Betonwerksteine lassen sich nahezu überall gut integrieren. Betonwerksteine sind in verschiedenen Farben und mit unterschiedlich strukturierter Oberfläche erhältlich; manche Arten sehen fast wie Natursteine aus. Es gibt sie auch mit echter Natursteinauflage – eine

Naturstein-Belag

Naturstein-Platten können aus Hartgestein wie Granit oder aus Weichgestein wie Sandstein bestehen. Sie werden häufig im sogenannten römischen Verband verlegt. Dabei liegen die unterschiedlich großen Steine so im rechten Winkel zueinander, daß keine Kreuzfugen entstehen

Betonplatten und Pflaster-Belag

Materialmix eignet sich zur Auflockerung großer Flächen. Ein reizvolles Muster ergibt sich, wenn kleine Pflastersteine (etwa 7 x 7 cm) aus grauem Granit oder rötlichem Porphyr als Umsäumung bandförmig zwischen den uniformen Betonplatten verlegt werden

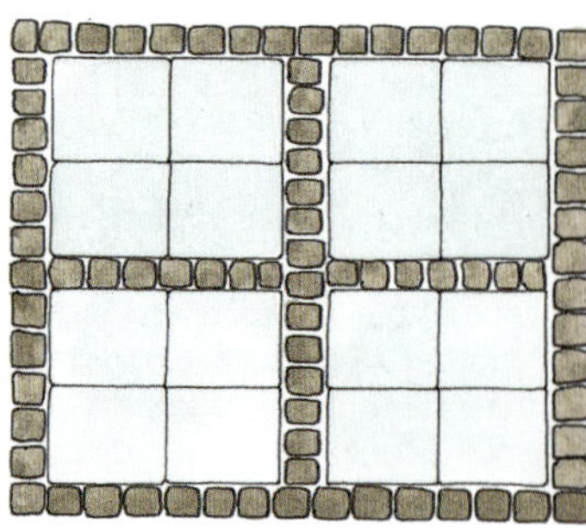

Mit Mäuerchen eingefaßte Terrasse und Kiesbelag

Ebenerdige Terrasse mit Bodenbelag im Material-Mix

preisgünstige Alternative zu echten Natursteinen. Bei Klinkern sollten Sie vor allem darauf achten, daß sie frosthart gebrannt sind. Sie lassen sich in besonders variationsreichen Mustern verlegen.

Holz in Form von Paneelen oder Pflaster eignet sich am besten für sonnige Plätze, da es bei Nässe glitschig wird. Orientieren Sie sich bei der Gestaltung Ihrer Terrasse auch an den Materialien, die auf Ihrem Grundstück sonst verwendet wurden. So erzeugen Sie optisch Ruhe und den Eindruck von Großzügigkeit.

Kombinationen verschiedener Materialien können dagegen zu lebhafteren Strukturen verhelfen und die Anlage aufwerten. Gerade bei weitläufigeren Terrassen eignet sich ein Materialgemisch hervorragend zur Gliederung der großen Fläche, zum Beispiel große Natur- oder Betonsteinplatten, die mit kleinteiligem Mosaikpflaster oder Klinkern verarbeitet sind. Sehr gut wirkt auch eine Kombination aus Stein und Kies beziehungsweise Holz. Reizvolle Effekte erzielen Sie, wenn Sie an den Randbereichen der Terrasse oder auch hier und da in die Fugen des Bodenbelags einige Steingartenpflanzen setzen. Beläge aus gemischten Materialien sind allerdings weniger ebenmäßig. Für die Fläche, auf der Sie Ihre Sitzmöbel plazieren wollen, sollten Sie deshalb einen einheitlichen Belag wählen.

Unregelmäßig verlegte Natursteinplatten mit Pflanzfugen für Steingartengewächse

Beim Bodenbelag spielen nicht nur das Material und die Art der Verarbeitung eine Rolle, sondern auch die verschiedenen Verlegemuster, die jeder Fläche eine besondere Note verleihen (→ Zeichnungen, links).

Wichtig: Terrassen benötigen wie Wege (→ Seite 46/47) einen Unterbau. Bei der Terrasse müssen Sie jedoch berücksichtigen, daß sie sich auch noch nach Jahren setzen kann, wenn der Untergrund beim Bau aufgeschüttet wurde. Deshalb ist zu empfehlen, den Platten- oder Pflasterbelag nicht einzuzementieren, sondern nur in ein etwa 3 cm hohes Sandbett zu verlegen. So können jederzeit leicht Korrekturen vorgenommen werden.

Beläge aus Klinkern und Ziegeln

Klinker und Ziegel lassen sich längs oder quer und in verschiedenen Rechteckmustern verlegen. Reizvoll sind auch Fischgrätmuster, die sich gut für Wege eignen. Hübsch sind Kombinationen mit Naturstein oder Betonplatten. Hartbrandziegel verwenden!

Beläge aus Keramik- und Tonfliesen

lassen sich wie Ziegel in bestimmten Mustern verlegen – häufig zwei und zwei als Quadrat und jeweils um 90° gedreht. Glasierte Fliesen sind gut zu pflegen, aber bei Nässe nicht rutschfest. Achten Sie bei unglasierten Fliesen darauf, daß sie frostbeständig sind

Terrassen wohnlich gestalten

An warmen Tagen wird die Terrasse zum Wohnraum im Grünen. Es gibt eine Fülle von Möglichkeiten, um aus ihr einen Ort voller Behaglichkeit und Atmosphäre zu machen. Hier eine Reihe der schönsten Gestaltungsideen.

Zwei Gartenträume Seite an Seite – weitläufige Terrasse und verwunsche

Räumliche Gliederung

Die Gestaltung einer Terrasse ist abhängig von den Platzverhältnissen, aber auch von der Himmelsrichtung, nach der sie orientiert ist. Große Terrassen von 30 bis 50 m^2 bedürfen einer Gliederung, damit sie gemütlich wirken. Sie bieten Platz für großzügige Sitzgruppen; Pflanzen in schönen Gefäßen tragen zur Wohnlichkeit bei. Damit die Terrasse auch über die Wintermonate, wenn Möbel und Pflanzen fehlen, ihre Struktur behält, empfiehlt es sich, ein dauerhaftes Gerüst anzulegen, etwa mit einem Kamin, Wasserbecken, mit Hochbeeten oder Pflanzinseln. Sitzmäuerchen können als Rahmen dienen, ebenso wie eine Pergola, die Gemütlichkeit und gleichzeitig Schutz vor Sonne, Wind und nachbarlichen Blicken bietet. Unter Pergolen lassen sich auch Möbel und andere Gegenstände, die im Garten gebraucht werden, unterbringen. Für diesen Fall ist allerdings ein wenigstens teilweise geschlossenes Dach vonnöten. Wenn Sie die Pergola begrünen wollen, wählen Sie Pflanzen aus, die im Verblühen nicht zu stark rieseln oder ihr Laub früh verlieren, wie dies etwa bei Glyzinen (*Wisteria sinensis*) der Fall ist.

Wichtig: Denken Sie an Licht- und Stromquellen sowie an einen Wasseranschluß, damit Sie ohne große Umstände die Pflanzen gießen und die Terrasse säubern können.

Zauberhafte Mehrfach-Pflanzgefäße für kleine Terrassen sind Taschen-Amphoren

Möblierung

Für den Platzbedarf einer Sitzgruppe gilt die Faustregel: Länge des Tisches + 1,50 m (für Stuhl und Spielraum) mal Breite des Tisches + 1,50 m (für Stuhl und Spielraum). Runde Tische brauchen mehr Raum als rechteckige. Für sechs Personen benötigen Sie etwa 10 m^2, mit voluminösen Möbeln noch mehr. Auch der Schnitt der Terrasse ist entscheidend: Lange, schmale oder runde Plätze lassen sich schwieriger gestalten.

Die Auswahl an Gartenmöbeln ist riesig. Wichtig ist, daß sie dem Charakter des Sitzplatzes entsprechen. Darüber hinaus gibt es eine Reihe von Kriterien, die für die Auswahl entscheidend sind: Sollen die Möbel das ganze Jahr über im Freien stehen, müssen sie witterungsbeständig sein. Außerdem sollten sie von der Größe her passen. Schwere, ausladende Möbel dürfen Sie nur aufstellen, wo ausreichend Platz ist, denn sie sind schwer zu bewegen. Gartenmöbel sollen nicht nur schön aussehen, sondern auch bequem sein; dafür sorgen Sitzkissen oder gepolsterte Auflagen. Es ist ratsam, Material, Farbe und Muster danach auszuwählen, daß die Kissen zum einen pflegeleicht und zum anderen optisch nicht zu dominant sind, damit sie den Gartenblumen nicht »die Schau stehlen«. Mit einem Stauraum (Kiste) in der Nähe haben Sie die Auflagen immer griffbereit.

Gartenmöbel werden in verschiedenen Farben und Materialien angeboten:

Holzmöbel passen fast überall, sie harmonieren mit allen Bodenbelägen und haben eine warme Sitzfläche. Einfache Varianten aus Weichholz (Fichte, Kiefer) sind vorbehandelt, müssen aber alle 2 Jahre nachimprägniert werden. Gehobenere Ausführungen aus Hartholz (Buche, Robinie, Teak aus Plantagen) besitzen auch ohne Anstrich eine hohe Lebensdauer.

rosenteich. Wichtige Aspekte dazu siehe unten

Kleine Wohnterrasse mit Korbmöbeln und Pflanzen in Gefäßen

Zum großen Foto oben
Gartenteiche enden vor Terrassen meist mit einem Steilufer. Dort wird bei Anlage des Teiches eine Mauer errichtet, über die dann Schutzvlies und Teichfolie (→ Seite 62 bis 65) gezogen werden. Vlies und Folie werden unter die Terrassenplanken über einen waagrecht liegenden Balken nach innen geschlagen. Zum Teichrand hin stehen die Holzpaneele etwas über

Metall. Metall- oder schmiedeeiserne Möbel sind stabil und witterungsbeständig, haben aber ihren Preis. Die grazilen Formen passen, je nach Stil, in romantische Gärten ebenso wie in klassische oder moderne. Es gibt sie auch mit (wärmerer) Holzsitzfläche.
Stein. Natur- und Kunststein eignen sich aufgrund ihres Gewichts nur für permanente Einrichtungen. Solche Bänke, Sitzsteine und -mäuerchen brauchen immer eine wärmende Unterlage wie Polster oder Holzroste.
Korbgeflecht. Korbmöbel zählen zur klassischen Wintergarten-Ausstattung. Ihr natürlicher Stil und ihre leichte Handhabung machen aus ihnen ideale Sitzgelegenheiten für die Terrasse. Sie sollten allerdings geschützt stehen.
Kunststoff. Kunststoffmöbel sind mühelos zu transportieren, pflegeleicht und nahezu jeder Witterung gewachsen.
Farben. Naturbelassene Materialien sowie Grau-, Grün- und Brauntöne fügen sich am besten in das Gartenbild ein. Auch gebrochene Farbtöne wie Hellgrau oder Beige passen gut dazu, helle Farben wirken freundlicher als dunkle. Hartes Weiß dagegen ist dominant und macht einen Gegenstand, etwa eine Bank vor dunklem Hintergrund, automatisch zum Blickfang. Kräftig farbige Möbel lassen sich als Stilmittel und Schmuck einsetzen, etwa um eine Pflanzung zu unterstreichen. Holz- und Metallmöbel können Sie auch ganz nach Ihren Wünschen streichen; sie brauchen dann aber regelmäßige Pflege.

Terrassenbepflanzung

Für eine wohnliche Atmosphäre auf der Terrasse sorgen letztendlich die Pflanzen. Ein Blickfang an der Seite der Terrasse oder im Vordergrund gibt dem Auge Halt. Schlinger an der Pergola, Stauden in den Plattenfugen verleihen einem Sitzplatz Charme. Schöne Gefäße mit Stauden-, Balkon- oder Kübelpflanzen auf der Terrasse und Beeteinfassungen am Rand des Sitzplatzes runden das Bild ab ebenso wie ein Hausbaum (→ Solitärs, Seite 78/79), der den Bezug zwischen Garten und Haus herstellt. Auf die Terrasse und an ihren Rand gehören besonders hübsche und duftende Pflanzen. So können Sie auch im Winter und Frühjahr Blüten genießen, etwa die Zaubernuß (*Hamamelis*-Arten/Sorten), den Winterjasmin (*Jasminum nudiflorum*), oder den Duft des winterblühenden Schneeballs (*Viburnum farreri*). Kleinere immergrüne Gehölze und Stauden im Bereich der Terrasse sorgen auch im Winter beim Blick aus dem Wohnraum für einen hübschen Rahmen. Von Frühling bis Herbst erleben Sie die Blüte von Zwiebelblumen, Rosen und Stauden. Mit Sommerflieder (*Buddleja*-Davidii-Hybriden) können Sie Schmetterlinge anlocken und beobachten. Ideal sind sonnig-geschützte Terrassen auch für eine Kräuterecke. Auf halbschattigen Terrassen hingegen können Sie auch Ihre Zimmerpflanzen zur Sommerfrische unterbringen.

Sitzplätze als Erlebnisräume

Mehrere Sitzplätze im Garten ermöglichen unterschiedliche Ausblicke und schaffen Erlebnisräume. Warum Haus und Terrasse nicht einmal vom Garten aus betrachten? Zudem können Sie von verschiedenen Sitzplätzen aus alle tages- und jahreszeitlichen Lichtverhältnisse ausnutzen.

Sitzplatz-Variationen

Die große Wohnterrasse am Haus (→ Terrassen, Seite 52 bis 55), nach Süden und Westen offen, von wärmespeichernden Wänden und einem Dach abgeschirmt, ist natürlich ideal. Doch im Sommer hat sie ihre Nachteile: Unter Markise oder Pergola kann es unerträglich heiß werden. Für diese Fälle lohnt es sich, einen schattigen Zweitsitzplatz einzurichten.

Der Schattensitzplatz am Haus. Bietet Ihr Haus die Möglichkeit, mehrere Terrassen auf verschiedenen Seiten des Gebäudes anzulegen, nutzen Sie dies aus. So können Sie je nach Himmelsrichtung und Bedürfnis Licht und Schatten genießen. Bei Hanglage sind diese Sitzplätze meist auf verschiedenen Ebenen mit reizvollen Gartenansichten.

Der einsehbare Schattensitzplatz im Garten. Wenn die Platzverhältnisse rund ums Haus beengt sind oder das Gelände stark abfällt, ist ein Sitzplatz im Garten, abseits vom Haus, die bessere Lösung. Er kann unter einem Baum, einer Pergola, unter einem Sonnensegel, in einer Laube oder in einem Pavillon angelegt werden. Gut ist immer ein Wind- und Regenschutz. Dieser Sitzplatz kann einen Gegenpol zur Terrasse bilden und von ihr aus gesehen ein idyllisches Ensemble mit Gehölzen und Blumen eingehen.

Der lauschige Platz im Garten. Mehr noch als der frei einsehbare Sitzplatz erfüllt der abgeschirmte, ganz im Grün des Gartens versteckte Sitzplatz unser Bedürfnis nach Entspannung und Eintauchen in die Natur. Solche Plätze zum Schmökern und Träumen werden am besten in eine uneinsehbare Ecke des Gartens verlegt. Besondere Entspannung schenken Sitzplätze, die an einem Teich gelegen sind. Wichtig aber auch hier: ein Schattenspender.

GARTEN TIPS & TRICKS

Sitzplatz-Befestigung

Wenn Sie einen bestimmten Platz im Garten oft aufsuchen, um sich dort allein oder mit der Familie und Freunden niederzulassen, sollten Sie ihn befestigen, denn Rasen hält dieser Belastung nicht lange stand.

Praktische Überlegungen

Sitzplätze können ebenerdig – eingebunden in die Gartenbepflanzung – angelegt werden, aber auch etwas erhöht mit freiem Blick oder im Niveau abgesenkt. Oft sind gar keine gesonderten baulichen Maßnahmen nötig: Rasenfläche oder Wiese, ein Holzsteg oder Weg bieten bereits die besten Voraussetzungen für einen Sitzplatz. Manchmal genügt es, mit ein paar Platten oder Holzbohlen den Boden zu befestigen.

Sitzgruppe in einer Rosenlaube mitten im Garten

Sitzplatz im Rasen unter einem blühenden Kirschbaum

Im übrigen können hier alle Materialien verwendet werden, die sich auch zum Bau von Terrassen und Wegen eignen. Der Bodenbelag sollte jedoch immer aus dem gleichen Material sein wie der von Terrasse oder Weg. Je kleiner der Garten, desto dringender gilt: Material-Mix strukturiert und verkleinert, einheitliches Material vermittelt Großzügigkeit. Diesen Grundsatz sollten Sie auch auf die Möblierung anwenden (→ Seite 54).

Für einen ebenerdigen Sitzplatz, der seltener genutzt wird, genügt ein natürlicher Belag, etwa Kies, Pflastersteine oder Klinker mit breiten Fugen, Rasengittersteine oder Lochziegel (→ Seite 47), die alle der Vegetation genügend Freiraum lassen. Bei Kies wächst die Fläche vom Rand her langsam zu, und der Platz zeigt nur dort Spuren, wo er stark belastet wird. Diese Lösung wirkt besonders natürlich.

Ein abgesenkter Sitzplatz besitzt eine besonders heimelige und geschützte Ausstrahlung, erfordert aber größere bauliche Maßnahmen: Eine Vertiefung muß ausgehoben, die Seitenwände müssen durch Mauern oder Palisaden (→ Seite 50/51) abgestützt werden. Für den Boden eignen sich vor allem Stein- oder Holzbeläge. Solche geschützten Sitzplätze sind wunderbare Grillstellen. Bei dieser Nutzung

Weiße Gartenmöbel ziehen sofort den Blick auf sich. Rundbänke lassen verschiedene Ausblicke und Lichtverhältnisse genießen

sollten Sie allerdings auf Holzbelag, zumindest in der Nähe des Grills, verzichten.
Je weicher der Untergrund, desto standfester müssen die Möbel sein. Wenn Sie Wert auf etwas mehr Komfort legen, lassen Sie sich eine Gartensteckdose einbauen, dann können Sie auch weiter weg vom Haus Licht und Wärme genießen.

Bepflanzung am Sitzplatz

Für die Gestaltung eines Sitzplatzes mit Pflanzen gelten die gleichen Kriterien wie bei Terrassen: Wichtig sind Duft, Schönheit der Blüten und die Möglichkeit, Schmetterlinge und andere Blütenbesucher aus der Nähe beobachten zu können. Im Gegensatz zur Terrasse, deren Bepflanzung das ganze Jahr über bezaubern soll, kommt es bei einem Gartensitzplatz primär auf eine attraktive sommerliche Bepflanzung an. Orientieren Sie sich bei der Pflanzenwahl immer an den Licht- und Bodenverhältnissen. Wohnlich wirken aber auch Kübelpflanzen oder hübsch bepflanzte Steintröge. Dafür ist ein Wasseranschluß in der Nähe von Vorteil.

Deckchair am kleinen Teich

Holzbank im Naturgarten

Mit variablen Sitzplätzen können Sie die Vorzüge Ihres Gartens am besten genießen; Sie können spontan die Plätze aufsuchen, an denen etwas blüht und duftet. Sie haben mit mobilen Sitzgelegenheiten außerdem die Möglichkeit, in Ihrem Garten dem Einfall von Sonne oder Schatten zu folgen

GESTALTUNGSELEMENTE

Pergolen, Lauben und Spaliere

Pergolen, Spaliere und Lauben sind architektonische Elemente, die Gartenteile optisch trennen oder verbinden. Schon als unbepflanzte Gerüste aus Holz oder Metall bilden sie einen Blickfang. Mit Blättern und Blüten berankt, erzielen sie aber die schönsten Effekte.

Kleines Grundwissen

Pergolen sind Laubengänge, die ganze Wege überspannen. Sie bestehen aus vielen miteinander verbundenen Torbögen. Diese Elemente lassen sich aber auch einzeln wirkungsvoll einsetzen: als Torbogen am Eingang, mit Rosen berankt, als einseitige Begleitung eines Gartenwegs, mit Kletterpflanzen bewachsen, oder als Rahmen für eine schöne Aussicht. Eine Pergola verbindet Haus und Garten, wenn sie großflächig die Terrasse überspannt; sie gliedert die Hausfassade und schafft neue Räume, etwa als Überdachung eines Gartensitzplatzes (→ Seite 56/57).

Eine einfache Laube können Sie errichten, indem Sie zwischen den senkrechten Pfosten eines Pergolengerüstes Spaliere und Gitterwände anbringen, die mit leichter Berankung Rückendeckung sowie seitlich und von oben Schutz vor Sonne und Wind bieten, aber dennoch durchlässig sind. Der Bewuchs sollte darauf abgestimmt sein, ob das Spalier oder die Rankwand einfach oder aufwendig gestaltet ist. Stark wuchernde Gewächse wie Glyzinen (*Wisteria sinensis*) oder Knöterich (*Fallopia aubertii*) bieten Schutz, verdecken aber ein kunstvolles Gittergerüst völlig. Für besonders edle Halterungen, die zum Teil sichtbar bleiben sollen, sind eher Rosen und Clematis vorzuziehen.

Hier zieht sich eine einholmige Pergola als Raumteiler großzügig durch de

Aufbau einer Pergola

Die Stützen ①. 12 – 16 cm starke imprägnierte Holzpfosten nicht weiter als 3 m voneinander anbringen, damit sich die auf ihnen aufliegenden Träger ② (Pfetten, Unterzug) nicht durchbiegen. Die Stützen sollten mindestens 2,20 – 2,30 m hoch sein. Auf der Tragkonstruktion ruhen die Auflagehölzer ③ (Reiter, Sparren) im Abstand von 40 – 60 cm. Die Stützen mit einem Metallschuh ④ in einem Betonfundament verankern (→ Zeichnung, Seite 42)

Selbstgebaute rustikale Laube aus Holz

Pergolen sind wunderbare Gestaltungselemente und geben einem Garten ein ganz besonderes Flair. Je nachdem ob Sie zwei Baukörper miteinander in Beziehung setzen oder einen großen Gartenraum in überschaubare Dimensionen bringen wollen, sind Pergolen Bindeglied oder Gliederungselement. Ihre Ausstrahlung erhält eine Pergola jedoch erst durch die geeignete Berankung. Beachten Sie: Stark wachsende Pflanzen werden schwer!

arten und verhilft Kletterrosen zu Blütenpracht in luftiger Höhe

Die Schattenwirkung einer Pergola hängt von der Dichte der Bepflanzung ab – aber auch davon, wie die aufliegenden Teile, das »Dach« der Konstruktion, beschaffen und in welchem Abstand sie angebracht sind.

Tips zum Bau von Pergola und Laube

Wie bei allen Gestaltungselementen sollten Sie auch hier darauf achten, daß Pergola oder Laube sich harmonisch in das Bild Ihres Gartens einfügt. Für kleinere Gärten eignen sich Baustoffe, die sich schmal verarbeiten lassen und damit Leichtigkeit vermitteln, wie Holz, Stahl oder Beton. Weitläufigere Gartenanlagen vertragen auch gemauerte Pfeiler aus Klinkern und Natursteinstützen.

Holz. Verwendet werden meist Kant- und Rundhölzer aus harzreichen Nadelgehölzen. Weichholz erhält durch Kesseldruckimprägnierung eine gewisse Haltbarkeit. Spaliere sollten gestrichen oder lasiert werden.

Metall. Stahlgewebe, Stahlgitter oder Rohrkonstruktionen eignen sich besonders gut für Bögen und Lauben, da sie stabil, aber dennoch grazil sind.

Stein. Stützen und Pfeiler können aus Naturstein, Beton oder Ziegel gemauert werden. Es gibt auch die Möglichkeit, einen weniger ansehnlichen Betonkern mit Naturstein oder Ziegeln zu verkleiden. Die Auflagen werden aus Holz oder Metall hergestellt.

Eine Pergola auf der Terrasse lehnt sich meist direkt an das Haus an und sollte deshalb die horizontalen Linien von Fenstern, Türen oder Dach aufnehmen. An einer Seite kann sie mit einer Mauer oder einer Rankwand geschlossen werden, damit erreichen Sie guten Sicht- und Windschutz.

Moderne asymmetrische Laube aus Metall

Lauben lassen sich mit wenigen Bauelementen verwirklichen. Auch eigenwillige und ausgefallene Lösungen sind möglich, wie das Foto oben zeigt. Hier wirkt die Laube wie eine große Gartenskulptur. Wer eine völlig überwucherte Laube im Sinn hat, sollte es einmal mit der Pfeifenweide (Aristolochia macrophylla) oder dem Wilden Wein (Parthenocissus quinquefolia) versuchen.

Einfache Pergola

Doppelholmige Pergola in Torform, an die zusätzlich Spalier- und Gitterwände angebracht sind, als Abgrenzungen, Sichtschutz oder Raumteiler. Noch einfacher ist die einholmige Pergola, die aus 2 Stützen, einem verbindenden Träger und mehreren darauf aufsitzenden Reitern besteht

Pergolen aus 2 Materialien

In große Gärten passen Pergolen und Lauben mit gemauerten Pfeilern oder Steinstützen. Träger und Auflagen sind meist aus Holz. Solche Konstruktionen brauchen stabile Fundamente und sollten nur von Fachleuten errichtet werden. Achten Sie darauf, daß die Proportionen stimmen: Die Pergola sollte immer etwas höher als breit sein

GESTALTUNGSELEMENTE

Pavillons, Gartenhäuschen

Ein Pavillon im eigenen Garten – wer wünscht sich das nicht? Der Traum ist heute durchaus in greifbare Nähe gerückt. Der einst so beliebte Gartenpavillon wurde wiederentdeckt und ist inzwischen in den unterschiedlichsten Ausführungen in Gärten zu bewundern. Kostbare Nachbildungen von barocken oder viktorianischen Pavillons stehen Ihnen ebenso zur Verfügung wie kunstvolle handwerkliche Phantasiegebilde oder rustikale Holzpavillons, die oft als Fertigteile zu bekommen sind. Das Spektrum reicht bis zur modernen kühlen Glaushausarchitektur. Wichtig ist allein, welcher Typ zum Stil Ihres Gartens und Ihres Hauses paßt.
In Renaissance- oder Barockgärten bildeten Pavillons oft den Mittelpunkt des Gartenraums. Die streng verlaufenden Wegeachsen vereinigten sich sozusagen unter ihrem Dach. Durch die Öffnungen ihrer Seitenwände erschienen, wenn man von innen nach außen blickte, die einzelne Gartenteile wie in einem Bilderrahmen, und sie wurden optisch voneinander getrennt. Eine Alternative dazu war der Pavillon als Blickfang am Ende einer Wegeachse – dort oft als Hülle für ein Kunstwerk – oder als »Ausguck« auf der Grundstücksgrenze.
In modernen Gärten werden Pavillons nicht mehr ausschließlich als architektonische Stilmittel eingesetzt. Als intime kleine Räume bieten sie Rückzugsmöglichkeit, Beschaulichkeit und Ruhe.
Wenn der Pavillon in erster Linie Schmuckfunktion haben soll, dann gehört er an einen gut sichtbaren Platz im Garten. Eine geeignete Stelle ist jedoch auch eine Ecke im entlegenen Teil des Gartens, von der aus man vielleicht einen hübschen Blick auf Haus und Garten hat.

Pavillons in vielen Formen

Die Grenze zwischen den Begriffen Pavillon, Laube und Gartenhaus ist oft verwischt. Ein Gartenpavillon hat im Gegensatz zur Laube (→ Seite 58/59) ein festes Dach. Er kann wie eine Laube nach einer oder mehreren Seiten hin offen sein. Ist er nach allen Seiten verschließbar, kann man schon von einem kleinen Gartenhaus sprechen. Der Grundriß eines Pavillons ist gewöhnlich rund, quadratisch, sechs- oder achteckig. Form und Dachkonstruktion erinnern oft an Tempelchen.
Pavillon. Der Gartenpavillon stellt eine echte Alternative zur geschützten Wohnterrasse (→ Seite 52 bis 55) dar. Sein geschlossenes Dach vermittelt ebenso wie eine dichtbewachsene Laube ein Gefühl der Geborgenheit, und der Garten ist unmittelbarer zu erleben als von der Terrasse aus. Pavillon und dichte Laube bieten den besten Schutz vor Wind, Regen und Sonne – hier können Sie Ihren Garten auch bei ungünstigem Wetter direkt genießen. Optimal ist natürlich, wenn man beides haben kann: eine offene, repräsentative Terrasse am Haus und zusätzlich einen Pavillon im Garten, in den man sich zurückziehen kann.

Sechseckiges Gartenhaus mit Flügeltüren

Gartenhaus. Ein Gartenhäuschen hat im Gegensatz zum Pavillon rundum feste Wände sowie schließbare Türen und Fenster. Es beherbergt meist ein kleines, wohnliches Gartenzimmer. Manche besitzen auch eine kleine Veranda oder Flügeltüren, die sich weit öffnen lassen. Gartenhäuschen sind oft jedoch weniger nach den Kriterien der Ästhetik als vielmehr nach Nützlichkeitserwägungen gebaut und dienen häufig auch der Unterbringung von Gartengeräten oder als Überwinterungsquartier für Kübelpflanzen.

Materialien

Pavillons, Gartenhäuser und Lauben können aus unterschiedlichen Materialien bestehen und sich vielen Stilarten anpassen. Je nach Art des Materials sind Pflege und Wartung mehr oder weniger aufwendig.
Holz. Viele Gartenrefugien bestehen zum größten Teil aus Holz; sie können aber auch ein Gerüst aus Mauerwerk oder Stein haben, das mit Holzteilen kombiniert ist. Es gibt sie in rustikalen, aber auch in eleganten Ausführungen. Besonders freundlich wirken weiß gestrichene Pavillons aus Holz. Sie sind ein deutlicher Blickfang im Garten. Naturfarbene

Pavillon mit weißen Holz-Treillagen für Kletterpflanzen

Selbstkonstruierter Pavillon mit Drehvorrichtung

Pavillon aus Weidengeflecht von Clematis umgarnt

Pavillons hingegen fügen sich unauffälliger in das Gartenbild ein. Vor allem wenn sie mit Kletterpflanzen bewachsen sind, werden sie ein Bestandteil des Gartens.
Pavillons sind häufig transparent und luftig wie Lauben. Konstruktionen aus Treillagen (Gitterwänden aus Holz) wirken besonders reizvoll. Diese Variante geht auf die Zeit der Renaissance zurück. Sie ist vor allem in den angelsächsischen Ländern sehr verbreitet, erfreut sich aber heute generell wachsender Beliebtheit. Diese Gitterelemente eignen sich hervorragend zum Begrünen von Wänden, Lauben und Pavillons, weil die Pflanzen daran Halt und Möglichkeiten zum Ranken finden. Wählen Sie jedoch die dafür vorgesehenen Kletterpflanzen sehr bewußt aus, denn die Treillagen sollten nicht zu stark überwuchert werden, da sonst ihre schöne architektonische Wirkung nicht zur Geltung kommt.
Metall. Pavillons aus Metall beziehungsweise Schmiedeeisen können ebenfalls sehr reizvoll sein. Sie wirken besonders transparent und leicht und sind zum Beranken bestens geeignet. Man kann sie in den unterschiedlichsten Farben streichen und damit sehr reizvolle Effekte erzielen.

Glas. Glaspavillons, die in der Regel auf einer Metall- oder Holzkonstruktion basieren, eignen sich auch als attraktives Gewächshaus. Besondere Pflanzensammlungen kommen auf diese Weise sehr schön zur Geltung. Da sie sich ähnlich wie Wintergärten und Treibhäuser im Sommer sehr aufheizen können, sind gute Belüftungsmöglichkeiten und Vorrichtungen zum Schattieren sehr wichtig. Zum Überwintern von Kübelpflanzen müssen sie beheizbar sein.

Tips zum Bau

Jede Art von Pavillon oder Gartenhaus braucht ein frostsicheres Fundament (also ein mindestens 80 cm tiefes Streifenfundament aus Beton oder Schotter und Kies). Bei leichteren Konstruktionen genügt ein betoniertes Punktfundament unter den Pfosten (→ Zäune, Seite 42/43). Festere Bauten benötigen noch entsprechend aufwendigere Fundamente. Manche Pavillonarten sind als vorgefertigte Elemente und Bausätze im Fachhandel erhältlich. Im übrigen sollten Sie aus Sicherheitsgründen fachmännische Hilfe zu Rate ziehen. Für individuelle Lösungen stehen Ihnen Landschaftsarchitekten zur Verfügung.

Achteckiger Holzpavillon rundum mit Glasfenstern

Moderne Stahl-Glas-Konstruktion

GESTALTUNGSELEMENTE

Lebendiger Naturteich

Teiche machen einen Garten besonders lebendig, denn sie bieten vielen Tieren und Pflanzen Lebensraum. Wenn Ihnen der Naturschutz am Herzen liegt, können Sie mit einem Teich einen Beitrag dazu leisten. Ihr Garten sollte idealerweise mindestens 500 bis 1000 m² groß sein. Um die Anlage ökologisch sinnvoll und langfristig funktionsfähig zu gestalten, müssen Sie bestimmte Kriterien beachten.

Grundsätzliches

Ein gesunder Naturteich zeichnet sich durch ein stabiles biologisches Gleichgewicht aus. Nur wenn das Verhältnis von Pflanzen, Tieren und Mikroorganismen im Wasser stimmt, können die natürlichen Stoffkreisläufe ungehindert ablaufen. In diesem empfindlichen Feuchtbiotop können die geringsten Veränderungen zum »Kippen« des Gewässers (Eutrophierung) führen. Kleine Teiche können sich weniger gut regenerieren und sind deshalb besonders labil. Hier sind oft regulierende Eingriffe notwendig. Das Wasser eines Teiches darf vor allem nicht zu nährstoffreich sein. Unterwasserpflanzen sollten gewährleisten, daß genügend Sauerstoff produziert wird. Fische setzen Sie am besten gar nicht und wenn, dann erst ab einer Teichgröße von mindestens 20 m² ein (nur heimische Arten wie Stichlinge), da diese die übrigen tierischen Lebewesen stark dezimieren.
Geeigneter Standort für einen Gartenteich ist ein heller, aber nicht ständig sonnenbeschienener Platz. Eine Abschirmung nach Süden sorgt dafür, daß sich das Wasser im Sommer nicht zu stark erwärmt; dies würde zu Algenwachstum und Sauerstoffmangel führen.
Legen Sie den Teich jedoch nicht unter großen Laubgehölzen an. Beim Aushub könnten die Wurzeln des Gehölzes Schaden nehmen, oder die Teichabdichtung gerät durch starkes Wurzelwachstum in Gefahr. Eine Baumkrone wirft überdies zuviel Schatten und belastet im Herbst den Teich mit ihrem Laub. Zuviel organisches Material aber setzt Verrottungsprozesse in Gang, die letztlich das biologische Gleichgewicht stören.
Der Teich sollte geschützt liegen, möglichst nicht in einer Kaltluftschneise. Am besten wirkt er an der tiefsten Stelle des Geländes, wo sich Wasser auch auf natürliche Weise sammeln würde. An einem abgelegenen Platz können sich Flora und Fauna ungestörter entwickeln; doch dort können Sie den Teich nicht aus nächster Nähe beobachten. Liegt der Teich in Hausnähe, können Sie Regenwasser vom Dach einspeisen, außerdem sind Strom- und Wasseranschluß bequem erreichbar.

Der Teich als Lebensraum

Entscheidend für die Stabilität des biologischen Gleichgewichts in einem Teich sind seine Größe und Tiefe. Ein Wasserspiegel von mindestens 20 m² ist für eine langfristig lebensfähige Teichanlage notwendig. Die Ausmaße hängen natürlich in erster Linie von den Platzverhältnissen in Ihrem

Dicht und vielseitig bewachsener Naturteich mit Flachwasser- und

Schema eines Folienteiches

Detaillierte Anleitung zum Bau, → Seite 64/65. Naturteiche möglichst mit sanft abfallendem Ufer gestalten. Günstig sind 3 bis 4 Ebenen.
① Die Sumpfzone am Uferrand. Bodenhöhe 20–25 cm, Wasserspiegel 0–15 cm. Damit Erde nicht in die nächste Stufe geschwemmt wird, diesen Bereich zum offenen Teich hin mit Steinen abriegeln.
② Der Flachwasserbereich reicht bis in etwa 30 bis 40 cm Tiefe.
③ Die Tiefwasserzone. Wasserhöhe 50 cm und beliebig mehr für Schwimmblattpflanzen (→ Seite 276/277)

Sumpfbereich (links)

Naturteich mit sommerlicher Bepflanzung

Herbst-Impressionen am gleichen Teich

Tips zum Bau: Auf der ausgehobenen Grube eine Sandschicht von 5 bis 10 cm aufbringen, dann ein Folienschutzvlies und erst darauf die Teichfolie auflegen. Wichtig bei einer sanft abfallenden Ufergestaltung ist die Kapillarsperre (→ linker Uferrand). Dabei wird der Folienrand senkrecht nach oben gezogen, so daß er über dem Wasserspiegel endet. Auf diese Weise wird verhindert, daß der angrenzende Boden dem Teich laufend Wasser entzieht. Der rechte Uferrand ist begehbar. Auch bei einem Naturteich können einige solcher Stellen angelegt werden

Garten ab. Wasser- und Uferbereiche sollten sich so harmonisch wie möglich in die Umgebung einfügen. Sumpf- und Verlandungszonen bereichern das Biotop zusätzlich und bieten einer Vielzahl von Tieren Unterschlupf.
Naturteiche sollten auf einer Fläche von mindestens 1 m^2 etwa 1 m tief sein. Bis in diese Tiefe wird der Teich auch im kältesten Winter nicht zufrieren. Diese frostfreie Zone garantiert auch Fischen die Überwinterung. Außerdem gleichen tiefe Teichanlagen Temperaturschwankungen besser aus, was sich auf die Qualität des Wassers auswirkt. Auch manche Pflanzen, vor allem größere Seerosen, benötigen einen höheren Wasserstand. Damit sich viele Pflanzen und Tiere in diesem Lebensraum wohl fühlen, müssen Sie für unterschiedliche Wassertiefen und Flachwasserbereiche sorgen. Für all diese Zonen gibt es speziell geeignete Pflanzen (→ Seite 274 bis 279). Wird das Teichprofil in 3 oder 4 Stufen angelegt, können Pflanzsubstrat oder Pflanzgefäße nicht so leicht abrutschen, und die Wasserbewohner gelangen leicht ins Wasser und wieder heraus. Auch für Kinder und Tiere bietet solch eine stufige Anlage einen gewissen Schutz. Für sie sind steile Uferbereiche äußerst gefährlich (→ Kinder-Sicherung, Seite 66).

Zierteich

Wünschen Sie sich einen Teich mit Goldfischen, Springbrunnen oder Sprudelstein? Dann haben Sie Zierteiche oder Wasserbecken vor Augen, unregelmäßig oder auch geometrisch geformt mit schrägen oder senkrechten Wänden. Die Bepflanzung wird weniger üppig, sondern eher dekorativ ausfallen. Bei Zierteichen steht der ästhetische Reiz im Vordergrund, im Unterschied zu Naturteichen sind sie meist zu klein, um sich selbst biologisch regulieren zu können. Je näher ein Zierteich am Haus liegt, desto strenger und klarer sollten seine Formen sein.

Anlage eines Folienteichs

Ob Zier- oder Naturteich – die Anlage eines Folienteichs ist stets die gleiche.

Unterbau. Ist der Standort (→ Seite 62/63) bestimmt, wird die Form des Teiches mit Hilfe von Pflöcken und Schnur abgesteckt. Für die Teichgröße gilt: Ein Zierteich mit Fischbesatz oder Seerosen sollte frostsicher und damit mindestens 1 m tief sein. Beginnen Sie den Aushub mit einer Grube von mindestens 1 m² für die tiefste Stelle. Kalkulieren Sie Arbeitsspielraum und Platz für Unterfütterungen mit ein. Anschließend markieren Sie die verschiedenen Wasserstände und heben das Terrain entsprechend stufig aus. Diese Abstufungen bilden Lebensbereiche für Pflanzen und Tiere. Auch eine Sumpf- und Verlandungszone (→ Zeichnung, Seite 62/63) sollte von Anfang an berücksichtigt werden. Prüfen Sie mit Hilfe einer Schlauchwaage, ob der Teichrand waagrecht ist. Nun den Untergrund sorgfältig von Unrat, Steinen und Wurzeln säubern, den Boden glätten und feststampfen. Bei besonders steinigem Untergrund empfiehlt sich eine Extraschicht aus etwa 5 cm feinem Sand. Darunter können Sie als Schutz vor Wühlmäusen ein Maschendrahtgeflecht ausbreiten, auf alle Fälle sollten Sie jedoch die Teichgrube mit einem Folienschutzvlies auskleiden. Erst darauf dann die Teichfolie ausbringen.

Teichfolie. Sie muß aus einem Stück bestehen (im Fachhandel erhältlich). Sparen Sie nicht bei der Folie: Nur qualitativ hochwertige Produkte halten auf Dauer der Beanspruchung stand. Je größer der Teich, desto stärker sollte die Folie sein. Es gibt sie in Stärken von 0,8 bis 1,5 mm.

Sobald die Folie aufgebracht ist, muß Wasser eingelassen werden. Den Pegel nur langsam steigen lassen, damit sich die Folie fest an den Untergrund pressen kann. Falten stören dabei nicht. Etwa 10 Tage warten, bis sich der Teichboden gesetzt hat. Dann erst sollten Sie die Randgestaltung vornehmen und die überschüssige Folie abschneiden.

GARTEN TIPS & TRICKS

So errechnet sich der Folienbedarf

größte Länge des Teiches
+
doppelte Tiefe
+
1 m für den Rand
x
größte Breite des Teiches
+
doppelte Tiefe
+
1 m für den Rand

Überlauf. Wichtig ist auch ein Überlauf. Am besten legen Sie neben dem Teich eine einfache Sickergrube an, die durch ein Rohr mit dem Teich verbunden wird.

Randgestaltung. Achten Sie bei der Randgestaltung darauf, daß strenge Kanten oder begehbare Randstreifen besonders gut befestigt sind. Ein Fundament aus Fertigbeton oder ein Unterbau aus Kies und Steinen gewährleistet hier die nötige Stabilität.

Die Folie läßt sich darunter auch leichter verstecken als bei einem natürlichen Ufer. Am besten wird sie zwischen Holzbohlen oder unter Platten verankert, mit denen der Teich eingefaßt ist. Wenn Sie diese noch etwa 5 cm weit nach innen überkragen lassen, sind alle unschönen Ränder der Folie – auch die eines Kunststoffbeckens – unsichtbar. Bei naturnah angelegten Teichen läßt sich der Rand sehr gut mit Kieselsteinen und großen Findlingen sowie entsprechender Pflanzung kaschieren.

Bei solchen flach auslaufenden Teichen besteht die Gefahr, daß das umgebende Erdreich Wasser zieht (Dochtwirkung) und Sie ständig neues Teichwasser nachfüllen müssen. Dem können Sie abhelfen, indem Sie die Folie mit kleinem Überstand zwischen Steinen und Pflanzen am Rand senkrecht nach oben ziehen (→ Zeichnung, Seite 62/63).

Anlage eines Fertigteichs

Wenn Sie sich für ein vorgefertigtes Becken entscheiden, müssen Sie die Teichform genau nach der Form des Beckens abstecken und mindestens 10 bis 15 cm rundherum zugeben. Dieser Platz ist wichtig als Arbeitsspielraum und für die Unterfütterung des Beckens mit Sand.

Zuerst die tiefste Stelle des Teiches ausheben – entsprechend der untersten Stufe des Beckens – dann den Untergrund feststampfen. Den Boden mit einer 5 bis 10 cm dicken Sandschicht bedecken, das Becken einsetzen und von allen Seiten sorgfältig mit Sand einschlämmen. Wichtig ist, daß das Becken gerade steht (Wasserwaage!) und sich auch nachträglich nicht neigen kann. Dies können Sie verhindern, indem Sie sofort langsam Wasser einlaufen lassen. Auch Fertigteiche brauchen einen Überlauf mit Abflußmöglichkeit.

Sehr hübsch sind auch Zierteiche, die auf einer Terrasse eingelassen sind. An Stellen mit felsigem Untergrund können Sie ein Teichbecken frei aufstellen und die Seitenwände mit Holz, Fliesen oder Naturstein verkleiden. Mit einer bequemen Sitzkante können Sie diesen Teich ganz entspannt genießen.

Zierteiche mit senkrechten Wänden

Teiche dieser Art gab es früher häufig. Ihre Wände waren gemauert oder betoniert und mit einem Spezialanstrich wasserdicht gemacht. Sie sind jedoch für Kinder und Kleintiere besonders gefährlich. Im Winter müssen diese Becken entleert werden, damit das Wasser nicht gefrieren kann

Zierteich mit gemauertem, viereckigem Becken – ideal für kleine Gärten

und durch Volumenvergrößerung für Risse im Becken sorgt. Diese Gefahr besteht bei Teichen mit schrägen Wänden oder flach auslaufendem Ufer nicht. Senkrechte oder steile Wände können gut mit Hilfe von Jutetaschen bepflanzt werden. Damit wird gleichzeitig der Beckenrand überspielt.

Fische in Teich und Becken

Für kleinere Zierteiche ab 3 m² eignen sich vor allem die exotischen bunten Goldfische. Die größeren kostbaren Kois brauchen mindestens 10 bis 15 m² Wasserfläche und auch eine größere Wassertiefe. In einem Teich mit Fischbesatz müssen Sie das Wasser regelmäßig erneuern. Unerläßlich ist auch ein Oxydator für die Luftzufuhr und eine Filteranlage zur Umwälzung, denn sauberes und sauerstoffreiches Wasser schafft günstige Lebensbedingungen für alle Zierfische. Zum Überprüfen der Wasserqualität gibt es bestimmte Reagenzien und Teststreifen im Zoofachhandel. Goldfische neigen zum »Gründeln«, das heißt, sie wühlen den Teichgrund auf. Um Wassertrübungen zu verhindern, sollten Sie Pflanzen am besten nur in Körben halten und die Erde mit Vlies oder Steinen abdecken. Wenn der Teich nicht tief genug – also nicht frostsicher – ist, müssen die

Moderner an die Architektur des Hauses angebundener Zierteich

Fische in Aquarien überwintert werden. Bei einer Tiefe von 1 m hingegen können Sie die Fische den Winter über im Becken belassen, dann muß der Teich jedoch an einer Stelle eisfrei gehalten werden (Eisfreihalter im Fachhandel). Lassen Sie sich auf jeden Fall im Zoofachhandel beraten, bevor Sie sich Fische zulegen.

Ideen rund ums Wasser

Wasser ist eines der faszinierendsten gestalterischen Elemente im Garten, das sich auf vielfältigste Weise einsetzen läßt: Als stehendes Gewässer ist es Basis für üppige Pflanzenvegetation und tierisches Leben. Als Bach, Wasserfall oder sprudelnde Quelle beeindruckt es durch die Bewegung und die dadurch entstehenden Geräusche, spendet zusätzlich Kühle und sauerstoffreiche feuchte Luft für Menschen, Tiere und Pflanzen.

Wasserspiele

Es gibt eine Vielzahl von Möglichkeiten, Wasser im Garten gestalterisch einzusetzen. Kleine Wasserspiele lassen sich in jedem Garten integrieren, dabei sind Ihrer Phantasie keine Grenzen gesetzt.

Quellsteine. Hierfür eignen sich nicht nur kostspielige Mühlsteine, sondern auch Findlinge, die Sie durchbohren lassen können.

Brunnen. Ein alter Trog, ein Schöpfbecken, ein künstlerisch gestalteter Brunnen oder ein Wasserspeier am Rand eines Wasserbeckens verleihen einem Garten besonderes Flair.

Vogeltränke. Es gibt sie in zahlreichen Formen, meist sind sie aus Stein oder Terrakotta gefertigt.

Wassertreppe. Die Einzelelemente bestehen aus stufenartig übereinander angeordneten Natursteinschalen oder Betonfertigteilen, die jeweils etwas überstehen. Das Wasser fällt als Schleier frei über diese Vorsprünge.

Fontänen liefern dem Betrachter ein reizvolles Bild. Zudem reichern sie stehende Gewässer mit Sauerstoff an. Seerosen und andere Wasserpflanzen bevorzugen allerdings ruhiges Wasser. Wenn Sie also beides verbinden wollen, sollten Sie genügend Abstand vorsehen oder nur kleine Schaumsprudler oder Wasserglocken einbauen, die ähnlich wirken wie Fontänen, aber auf der Wasseroberfläche sanfter aufkommen.

Diese Wasserspiele sind auch für kleine Kinder weniger gefährlich als ein Teich oder Wasserbecken.

Plansch- und Badebecken haben für Kinder natürlich ihren besonderen Reiz und lassen sich bei entsprechender Planung später in ein Zierbecken oder einen Teich verwandeln. Überlegen Sie von vornherein, was aus dem Becken werden soll, wenn die Kinder es nicht mehr nutzen, und berücksichtigen Sie dies bei der Wahl von Standort und Form.

Eine großzügige Variante ist die Kombination von Bade- und Pflanzenbecken und einem Bach. Das Wasser läuft aus dem Badeteich in ein bepflanztes Becken, wird dort gefiltert und im Bach mit Sauerstoff angereichert.

GARTEN TIPS & TRICKS

Kinder-Sicherung

Sind Kleinkinder im Haus, sollten Sie Teich oder Brunnen mit einem 60 cm hohen Holzzaun oder durch ein Schutzgitter etwa 10 cm unter der Wasseroberfläche sichern. Dazu an mehreren Stellen im Teich Mauersteine aufschichten und ein Baustahlgitter auflegen (→ Foto, Seite 142).

Oase im Garten mit sprudelndem Quellstein

Plätschernde Wassertreppe aus Natursteinen

Wassertechnik

Wenn Wasser in Bewegung geraten soll, ist Technik im Spiel. Wasserpumpen gibt es mit unterschiedlicher Leistung zum Abpumpen, Umwälzen und als Antrieb für Springbrunnen. Lassen Sie sich im Fachhandel beraten, welche Pumpe mit welcher Leistung für Ihren Zweck die richtige ist. Bei einem Bach ist die Förderleistung der Pumpe zum Beispiel abhängig von der Steigungshöhe und der Wassermenge, die transportiert wird. Hier kann statt einer gesonderten Pumpe auch ein Teichfilter mit integrierter Pumpe verwendet werden. Über den Winter wird der Bach stillgelegt und das Gerät herausgenommen.

Unterwasserleuchten, -scheinwerfer und Schwimmleuchten (→ Foto, Seite 143) sind hübsche technische Spielereien, mit denen Teiche oder Zierbecken abends effektvoll angestrahlt werden können. Bedenken Sie aber, daß Tiere und Pflanzen auch ihre Ruhezeiten brauchen. Machen Sie deshalb nur stundenweise Gebrauch von dieser Technik.

Wichtig: Sämtliche Installationen mit Wasser und Strom müssen aus Sicherheitsgründen von Fachleuten ausgeführt werden.

Bachlauf mit kleinen Wasserfällen

Bachlauf

Ein Bach im Garten ist eine wunderbare Ergänzung zu einem vorhandenen Teich, denn er filtert das Wasser und reichert es mit Sauerstoff an. Aber es geht auch ohne Teich, in diesem Fall versickert der Bach einfach in einem Sumpfbeet. Vorbilder für Gartenbäche liefert – wie beim Teich – die Natur. Anders als beim Teich geht es hier allerdings nicht ohne Technik.
Der Bachlauf zwischen Quelle und Mündung kann je nach Gelände leicht schlängelnd und flach verlaufen, etwa als träges Fließgewässer durch eine Wiese oder am Rande des Grundstücks – es genügt bereits ein Gefälle von 1 bis 2%. In hängigem Gelände kann er über Steine abstürzen, sich an bestimmten Stellen in Staustufen sammeln – dadurch wird der Wasserfluß immer wieder gebremst – um am Ende dann flacher dahinzufließen. Größere Höhenunterschiede können durch einen Wasserfall überbrückt werden. Er darf jedoch nicht zu hoch angelegt werden. Seine Stufen sollten anfangs steiler, dann flacher und unregelmäßig gestaltet sein. Das Wasser kann im Quellbereich ganz natürlich zwischen Steinen oder auch aus einem Sprudler heraustreten. Ist kein Teich vorhanden, muß im Bereich der Bachmündung ein unterirdisches Auffangbecken (→ Filterteich) installiert werden, von dem aus das Wasser wieder zur Quelle hinaufgepumpt wird. Den Bachlauf unterschiedlich breit und tief ausheben, wie einen Teich erst mit Sand, dann mit Folie auskleiden (→ Seite 64/65) und so natürlich wie möglich mit Steinbrocken oder in flacheren Zonen mit Kieseln und Sand auslegen. Große und kleine Steine unregelmäßig im Bachbett verteilen.

Filterteiche

Mit Filterteichen läßt sich das Teich- oder Bachwasser auf biologische Art reinigen, sie stellen eine natürliche Pflanzenkläranlage dar. Sie bestehen wie andere Teichbecken aus Kunststoff, und es gibt sie in verschiedenen Größen zu kaufen. Das Becken eines Filterteiches wird in den Boden eingegraben. Durch attraktive Bepflanzung können Sie es harmonisch in das Umfeld einbinden. Ist kein Teich vorhanden, dient es dem Bach als Auffangbecken. Mündet der Bach in einen Teich, wird das Wasser über einen Schlauchanschluß von dort aus in den Filterteich gepumpt (hierzu ist nur geringe Pumpenleistung notwendig). Das mit Algen und Schwebstoffen durchsetzte Wasser wird dann im Filterteich von unten nach oben durch je eine Schicht groben und feinen Kies gedrückt. Dabei werden die Schwebstoffe festgehalten und von Mikroorganismen abgebaut. Auch die Wurzeln der Sumpfpflanzen haben filternde Wirkung, überdies entziehen die Pflanzen dem Wasser überschüssige Nährstoffe. Das gereinigte Wasser wird anschließend direkt wieder in den Teich oder Bach eingespeist.

Anlage eines Baches

Einen Bachlauf plant man am besten mit Seil oder Sandspur. Auskleidung und Randgestaltung wie beim Teich (→ Seite 64/65). Der Bach sollte mindestens 30 cm breit und 25 cm tief sein. An der Mündung (in Teich oder Auffangbecken) eine Pumpe ① anbringen. Die Pumpe darf nicht zu stark sein, sonst fließt das Wasser zu schnell, was ungünstig für Pflanzen und Tiere ist. Eine unterirdische Leitung ② pumpt das Wasser zur Quelle ③. Den Wasserverlust gleicht ein Zulauf ④ aus dem Leitungsnetz aus

GESTALTUNGSELEMENTE

Klassischer Gartenschmuck

Schon in der Antike schmückten Statuen und Amphoren die Gärten der Villen – Objekte als Gartenschmuck haben also eine lange Tradition. An diesen Vorbildern orientierten sich die Gartenkünstler, als in Italien während der Renaissance die ersten großen europäischen Parkschöpfungen entstanden. Zunächst waren es vor allem Figuren und Vasen, mit denen Alleen, Plätze und Heckenkulissen dekoriert wurden. Mit der Zeit entwickelte sich aber eine Vielzahl anderer Schmuckelemente, etwa die der Natur nachempfundenen Pinienzapfen aus Stein oder Terrakotta.
Im barocken Versailles erlebte diese Gartenkunst ihren Höhepunkt. Eine Reihe von Ausstattungselementen geht auf diese Zeit zurück, beispielsweise die quadratischen weißen Pflanzenkübel, die heute wieder sehr in Mode sind. Erst als die Engländer in aller Welt Pflanzen sammelten, füllten sich die Gärten mit immer reichhaltigerer und farbigerer Vegetation, und die Pflanzen rückten stärker in den Vordergrund.
Schmuckelemente blieben dennoch auch weiterhin wichtige gartenkünstlerische Mittel. Mit Pflanzen und Wasser kombiniert, zierten sie über Jahrhunderte hinweg europäische Parks und Gärten. Im 19. Jahrhundert entstand eine wahre Massenproduktion von Figuren und Gefäßen aus Gußeisen und Kunststein.

Welcher Schmuck für welchen Garten?

Ein Garten ist mehr als nur eine Sammlung schöner Pflanzen. Gartenornamente wirken nicht nur in großzügigen Parks, gerade auch kleine Gärten können von solchen Elementen profitieren.
Stilrichtung. Entscheidend ist, daß diese Gegenstände zum Stil von Haus und Garten passen. Je kleiner das Grundstück, desto wichtiger ist es, sich bei der Wahl der Einzelelemente an eine bestimmte Stilrichtung zu halten. Mit einigen sorgfältig ausgewählten Schmuckstücken können Sie aus Ihrem Grundstück ein harmonisches Ganzes machen. Statuen antiker Götter oder Löwen und Jagdhunde wirken in städtischen Gärten wohl eher unpassend. Einfache klassische Zitate und moderne Gartenplastiken eignen sich dagegen sehr gut auch für kleine moderne Gärten. Mit etwas Glück erstehen Sie ein Original; im übrigen gibt es auch durchaus hochwertige und attraktive Repliken im Handel. Lassen Sie sich Zeit bei der Auswahl, und kaufen Sie nicht zu viel: In einem Garten, in dem alles klein und überschaubar ist, genügen ein oder auch zwei solcher Akzente.
Blickfang. Der Blickfang ist ein traditionelles Stilmittel der Gartenkunst. Vor allem in den streng formalen italienischen und französischen Gärten der Renaissance spielte er eine wichtige Rolle. Die Weitläufigkeit der großangelegten Parks wurde durch Objekte, die als Blickfang am Ende einer Allee oder einer Wegeachse aufgestellt waren, besonders betont.

Die geschlossene Form einer Terrakotta-Amphore wird hier zum Blickfang

Klare Formen – Pinienzapfen …

… und Steinkugel

Ein schönes Gefäß muß nicht bepflanzt werden, sondern bildet wie eine Skulptur einen hübschen Kontrast zu den lebendigen Strukturen der Vegetation. Klassisch einfache Formen zeigen dabei die größte Wirkung. Achten Sie darauf, daß Tonwaren hart genug gebrannt sind, um dem Frost zu widerstehen. Offene Gefäße sollten im Winter sicherheitshalber gekippt oder verschlossen werden

vielseitigen Staudenpflanzung

Terrakotta-Säule, Fruchtkörbe

Barock-Säule und Putte

Terrakotta-Krüge als Teil eines Stillebens mit Pflanzen

Auch verspielte Arrangements können einem Garten zusätzlich Atmosphäre verleihen oder in bestimmten Ecken und Winkeln für Überraschungsmomente sorgen, wenn kleine Steinfiguren plötzlich aus dem grünen Dschungel zwischen Bodendeckern und Blattschmuckstauden auftauchen oder am Ende eines Weges vor einer Gehölzkulisse entdeckt werden

Doch Schmuckelemente gehören nicht nur in klassische Gartenanlagen und Landschaftsparks, auch in modernen Gärten können sie wirkungsvoll eingesetzt werden. Gerade kleine, schmale und enge Gartenräume gewinnen durch solche Akzente optisch an Weite. Ein Blickfang läßt Raumgefühl entstehen, die Proportionen eines Gartens können sich dadurch optisch verändern.
Die Prinzipien der Gartenkunst, die gestalterischen Kniffe und optischen Tricks gelten für große und kleine Gärten gleichermaßen. Schmückende Gegenstände als Blickfang fallen auf, lenken das Auge auf bestimmte Schönheiten, sie beleben eintönige Stellen und bringen in das Gartenbild, das sonst vom Wachsen und Vergehen der Pflanzenwelt geprägt ist, Ruhe und Beständigkeit.

Plazierung der Schmuckelemente

Wichtig ist, daß ein Schmuckelement stilistisch zu Haus und Garten paßt. Doch auch der Standort ist entscheidend für die Wirkung, die das Objekt entfaltet. Es sollte sich möglichst natürlich in seine Umgebung einpassen. Damit es zum integralen Bestandteil des Gartens werden kann, muß es in die jeweilige Situation eingebunden werden. Das Objekt kann sowohl allein im Rasen stehen als auch vor einem farblich abgestimmten Hintergrund. Bei leichten Objekten können Sie den Platz noch einmal wechseln. Bei einem gewichtigen dagegen gilt es, den optimalen Standort gleich zu finden. Nehmen Sie sich dafür Zeit, lassen Sie verschiedene Punkte im Garten auf sich wirken, beobachten Sie sie zu verschiedenen Tages- und Jahreszeiten. Am besten prüft man die Wirkung eines Objektes mit Hilfe einer Attrappe oder eines besonders leicht transportablen Stückes. Diese Methode erweist sich auch als hilfreich, wenn ein bereits vorhandenes Stück in das Gartenbild integriert werden soll. In großen Gärten plazieren Sie die Schmuckelemente am besten so, daß immer nur eines oder höchstens zwei auf einmal im Blickfeld sind.
Wenn Sie sich länger mit der Frage des Standorts beschäftigen, wird Ihr Blick für Details in Ihrem Garten geschärft. Dies hilft Ihnen auch bei anderen Gestaltungsfragen und bei der Plazierung von Pflanzen. Solitärs (→ Seite 78/79) ergeben in Kombination mit Schmuckelementen reizvolle Gartenbilder, etwa wenn ein kleiner Baum, eine Zierkirsche (*Prunus*-Arten/Sorten) oder ein Japan-Ahorn (*Acer*-Arten) seine Zweige malerisch über eine Figur breitet.
Die gezielte Anordnung einer Gartenplastik gleicht einer Inszenierung: Einem speziellen Statisten wird ein ganz bestimmter Platz zugewiesen. Am einfachsten ist es, wenn Sie das Schmuckelement für seinen besonderen Zweck und für die Stelle im Garten kaufen, die Sie vorher dafür ausgesucht haben. So können Sie die Größenverhältnisse am besten aufeinander abstimmen. Schwieriger wird es, wenn etwas Vorhandenes richtig eingeordnet werden soll.

Moderner Gartenschmuck

Die Kunstform Garten bietet wunderbare Möglichkeiten, mit dekorativem Beiwerk zu arbeiten. Seit Jahrhunderten sind Schmuckelemente Bestandteil des Gartens. Nicht nur das antike Griechenland und Rom haben diese Tradition beeinflußt, auch Formen aus Ostasien sind in die europäische Gartenarchitektur eingegangen.
Das Spektrum an Variationen war nie so breit wie heute: von Kitsch über Kunsthandwerk bis hin zu modernen Skulpturen von hoher künstlerischer Qualität. Die Grenzen sind fließend, und jeder Gartenbesitzer dürfte etwas finden, das nach seinem Geschmack ist.

Kunstobjekte und Sammlerstücke

Achten Sie darauf, daß die Wunschobjekte in Ihrem Garten nicht nur den richtigen Standort, sondern auch den richtigen Rahmen finden. Wie bei einer Wohnungseinrichtung Antikes mit Modernem vereinbar ist, lassen sich auch bei der Gestaltung des Gartens durch die Kombination von Natürlichem mit streng Formalem, Wildnishaftem mit Klassischem schöne Effekte erzielen.
Die Form eines Kunstwerks kommt vor einem ruhigen Hintergrund sehr gut zur Geltung. Dies bedeutet jedoch nicht, daß es nicht auch vor einer kontrastreicheren Kulisse wirkt. Mit moderner, verspielter Gartenkunst können Sie ganz unkonventionell umgehen. Die Gegenstände, die über die pflanzliche Gestaltung hinaus den Garten bereichern, geben auch Aufschluß über die Vorlieben seines Besitzers. Es können repräsentative Kunstgegenstände sein, aber auch ganz alltägliche Kleinigkeiten, Sammlerstücke, Souvenirs, Selbstgemachtes; einen gewissen Stil sollten die Gegenstände jedoch immer haben, denn sie prägen den Charakter des Gartens mit. Verteilen Sie nicht zu viele davon im Garten, das schafft Unruhe und mindert ihre Wirkung.

Schmuckelemente und ihre Wirkung

Es gibt unzählige Möglichkeiten, Schmuckelemente im Garten einzusetzen. Sie können als Blickfang dienen, machen kleine Gärten interessant und geben in einem großen Garten dem Auge Halt. Wichtig ist, daß die Schmuckgegenstände mit den Pflanzen harmonieren, die für sie Rahmen und Kulisse darstellen.

- Große Skulpturen können strenge horizontale Linien – zum Beispiel Hecken – unterbrechen und auflockern. Sogar ein Pavillon kann diese Funktion erfüllen und zum Schmuckobjekt werden.
- Kleinere Objekte rücken bestimmte Teile des Gartens ins Blickfeld; paarweise sehen sie auch als Flankierung von Wegen, Treppen und Eingängen sehr stilvoll aus.

Bunt bemalte Holzvögel beleben diese grüne Heckenkulisse

Putte in ihrem Pflanzenreich

Witzige Tierplastik im Staudenbeet

- Helle Objekte bringen Licht und Abwechslung in dunkle Bereiche des Gartens, wo die Gestaltungsmöglichkeiten mit Pflanzen wegen der Lichtverhältnisse eingeschränkt sind.
- Bunte Objekte können einförmiges Heckengrün beleben oder in blütenarmen Zeiten für Farbe im Garten sorgen.

Fröhlich-bunte »Gartengeister« machen diesen verwunschenen Garten zur Galerie

Katze aus Pappmaché

Formschöne Steinarbeit

- Obelisken und Rankgerüste werden durch Bepflanzung mit Kletterpflanzen und Schlingern zu grünen Skulpturen. Sie betonen mit ihren vertikalen Linien zum Beispiel in flachen Beeten die Räumlichkeit.
- Schmuckgefäße können an mehreren Stellen im Garten eingesetzt werden, um Akzente zu setzen. Bepflanzt bringen sie Farbe und Struktur in weniger attraktive Gartenteile. Sie bewahren jedoch auch dann ihren ästhetischen Reiz, wenn die Blütenpracht ihrer Bepflanzung längst vergangen ist. Sind die Gefäße selbst kunstvoll ausgestattet, sollte die Bepflanzung nicht zu dominant sein, damit ihre gestalterische Wirkung nicht überdeckt wird.
- Säulen und Podeste erheben kleinere Objekte über die übrige Pflanzung und bringen sie damit zur Geltung.
- Sonnenuhren und Brunnen, früher Gebrauchsgegenstände, können heute als Schmuckelemente dazu dienen, das Zentrum eines Gartens in Szene zu setzen.
- Glaskugeln auf Stielen bringen Farbe und Spiegeleffekte in den Garten.
- Auch besonders schöne Findlinge oder ausgefallene Wurzeln können an geeigneter Stelle zum Schmuckobjekt werden.
- Ein geschicktes Beleuchtungskonzept kann attraktiven Pflanzen und Schmuckelementen auch bei Dunkelheit oder in der Dämmerung zu besonderer Geltung verhelfen. Sehr apart sind schwimmende Leuchten für den Gartenteich (→ Foto, Seite 143).

Gestaltung mit Wuchsformen. Aufrecht wachsendes Ziergras in Herbstfärbung vor Fetthenne mit Rauhreif

MIT PFLANZEN GESTALTEN

Pflanzen spielen in einem Garten natürlich die größte Rolle. Auf den folgenden Seiten erfahren Sie, wie vielseitig sie sich im Garten einsetzen lassen. Neben attraktiven Kombinationen für alle Jahreszeiten und Pflanzempfehlungen für die unterschiedlichsten Gartenbereiche finden Sie natürlich auch alle wichtigen Tips zum richtigen Bepflanzen eines Blumenbeetes. Dazu gehört, wie man Pflanzen geschickt gruppiert, wie man das Beet durch unterschiedliche Staffelungen auch optisch richtig aufbaut und – was immer alle wissen wollen – wie man es schaffen kann, daß es rund ums Jahr in einem Beet blüht. In brillanten Farbfotos und Beschreibungen erhalten Sie Gestaltungsbeispiele in Hülle und Fülle.
Mit hochwachsenden Pflanzen wie Bäumen, Sträuchern, Hecken und hohen Stauden können Sie Rahmen und Kulissen schaffen, aber auch Blickfänge, indem Sie diese Pflanzen betont einzeln als Solitärs setzen.
Mit niedrigen Pflanzen können Sie dichte oder lockere Teppiche in allen Farben weben, Einfassungen und Bänder schaffen oder hohe Gewächse unterpflanzen.
Mit Blütenpflanzen haben Sie die Möglichkeit, im Wechsel der Jahreszeiten für immer neue Farbkombinationen zu sorgen.
Mit Blattschmuckstauden, Gehölzen, Gräsern, Farnen, Gemüse und Kräutern eröffnet sich Ihnen ein riesiges Feld zum kreativen Spiel mit Wuchsformen sowie Blattformen und -farben. Die Gestaltung mit Pflanzen kann höchste künstlerische Vollendung sein – kein Wunder, daß Maler wie Edouard Manet oder Emil Nolde sich diesem Thema nicht nur mit Pinsel und Farbe stellten, sondern auch als Gärtner die unterschiedlichen Dimensionen einer herrlichen Bepflanzung über alles schätzten.

Gestaltung mit Farben im Kontrast der Komplementärfarben Gelb – Violett. Die zauberhafte Schafgarbe 'Feuerland' (Achillea-Hybride) vor der violettblütigen Herbstaster 'Mönch' (Aster x frikartii)

Tips zur Pflanzenverwendung

Damit Pflanzen ihre Wirkung voll entfalten können, brauchen sie die richtige Umgebung und die zu ihnen passenden Nachbarn. Nicht nur der Garten als Ganzes bedarf sorgfältiger Planung, auch einzelne Beete wollen gestaltet sein. Und dies ist eine äußerst kreative wie auch vielschichtige Aufgabe.

Grundlegendes zur Pflanzung

Nur wenn Sie Gewächse auswählen, die zueinander passen, werden Sie lange Freude an Ihrer Pflanzung haben. Pflanzen haben – wie alle Lebewesen – ganz individuelle Persönlichkeitsmerkmale. Da gibt es Einzelgänger, die eher als Solitär wirken, in großen Gruppen jedoch an Geltung verlieren, wie zum Beispiel die Palmlilie (*Yucca filamentosa*). Andere wiederum sind regelrecht gesellig. Sie brauchen ihresgleichen, um erst richtig zur Geltung zu kommen. Allein wirken sie nicht, aber um so mehr als Gruppe. Zu ihnen gehören Phlox (*Phlox*-Paniculata-Hybriden) und Lilien (*Lilium*-Arten/Hybriden). Darüber hinaus gibt es beachtliche Unterschiede im Wuchsverhalten der Pflanzen: Manche sind robust und starkwüchsig, andere empfindlich und zart. Werden zwei dieser unterschiedlichen Pflanzen nebeneinander aufs Beet gebracht, werden die starkwüchsigen sehr schnell ihre schwachwüchsigen Nachbarn verdrängen, wenn nicht die ordnende Hand des Gärtners sie regelmäßig im Zaum hält.

Gestalterisch reizvolle und gärtnerisch befriedigende Bepflanzungen entstehen dann, wenn Sie folgende Kriterien beachten:

Blütezeit der Pflanzen. Wählen Sie die Pflanzen so aus, daß sich im Beet hintereinander eine Abfolge von Blühhöhepunkten ergibt.

Blütenfarben und -formen. Sie können Ihre Pflanzung einfarbig, Ton-in-Ton, in Komplementärkontrasten, in Farbdrei- oder -vierklängen sowie in Farbverläufen halten (→ Seite 36/37).

Wuchsformen. Bedenken Sie auch, ob die Pflanzen straff aufrecht, überhängend, polsterartig oder teppichbildend wachsen (→ Seite 18/19 und 34/35). Wichtig für gute Kombinationen ist vor allem auch die Wuchshöhe.

Blattformen und -strukturen. Gerade in blütenarmen Zeiten oder an schattigen Standorten, in denen nur wenige Blütenstauden gedeihen, kommt den Formen der Blätter, ihrer Oberfläche und Farbe große Bedeutung zu (→ Seite 34/35 und 104/105).

Wuchseigenschaften. Informieren Sie sich über die Wuchskraft der Pflanzen. Wer stark- und schwachwüchsige nebeneinander setzt, muß gärtnerisch häufig eingreifen.

GARTEN TIPS & TRICKS

Pflanzabstände

Sie richten sich grundsätzlich nach dem Wuchsverhalten. Faustregel: Der Pflanzabstand entspricht etwa der Hälfte oder einem Drittel der Pflanzenhöhe. Bei weniger dichter Pflanzung können sich die Stauden gut entwickeln. Säen Sie anfangs Sommerblumen dazwischen, um Unkrautwuchs zu unterdrücken.

Muster eines bepflanzten Beetes

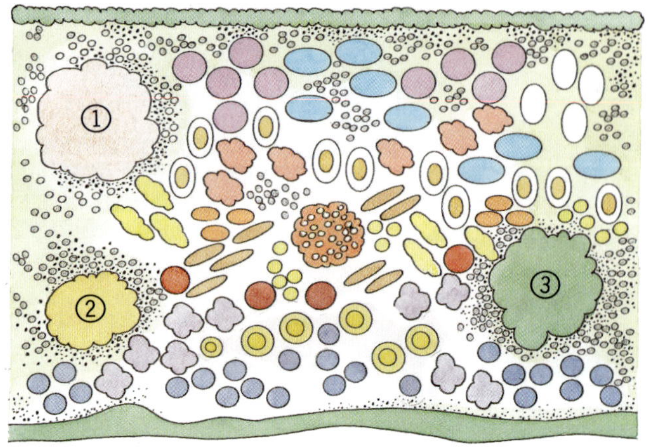

Gehölze und Leitstauden bilden das Gerüst. Hohe und niedrige Stauden sind so gruppiert, daß immer etwas blüht.

Gehölze

① Schneeball, *Viburnum farreri*
② Gelbe Strauchrose 'Lichtkönigin Lucia'
③ Buchsbaum, *Buxus sempervirens*

Stauden und Zwiebelblumen

- Pfingstrose, *Paeonia*-Lactiflora-Hybriden
- Schafgarben, *Achillea*-Arten/Sorten
- Hohe Herbstastern, *Aster-novi-belgii*-Sorten
- Kissenastern, *Aster-dumosus*-Sorten
- Sommer-Margeriten, *Leucanthemum*-Maximum-Hybriden
- Oktober-Margerite, *Leucanthemella serotina*
- Rittersporn, *Delphinium*-Hybriden
- Schwertlilien, *Iris-germanica*-Barbata-Gruppe
- Orientalischer Mohn, *Papaver-orientale*-Sorten
- Phlox, *Phlox*-Paniculata-Hybriden
- Sommer-Salbei, *Salvia-nemorosa*-Sorten
- Fetthenne, *Sedum-telephium*-Sorten
- Sonnenhut, *Rudbeckia fulgida*
- Lampenputzergras, *Pennisetum alopecuroides*
- Frühlingsblühende Zwiebelgewächse, *Narcissus, Tulipa, Fritillaria*
- *Frühlingsblühende Kleinzwiebelgewächse Galanthus, Eranthis, Scilla*
- Frühlingsblühende Kleinstauden, *Doronicum orientale, Brunnera macrophylla*

Beetplanung nach Blühphasen

Winter

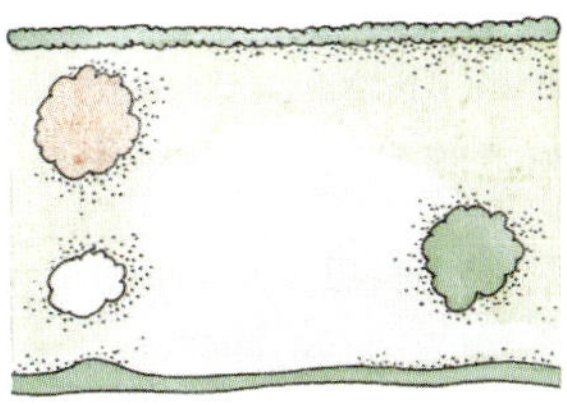

Schon wenige Gehölze tragen dazu bei, daß die Beetfläche auch in den Wintermonaten durch dauerhafte Strukturen belebt wird. Wählen Sie Gehölze mit unterschiedlichen Blütezeiten und -farben sowie sommer- und immergrüne. Sehr hübsch sind in dieser Jahreszeit auch Horste von Gräsern

Februar – April

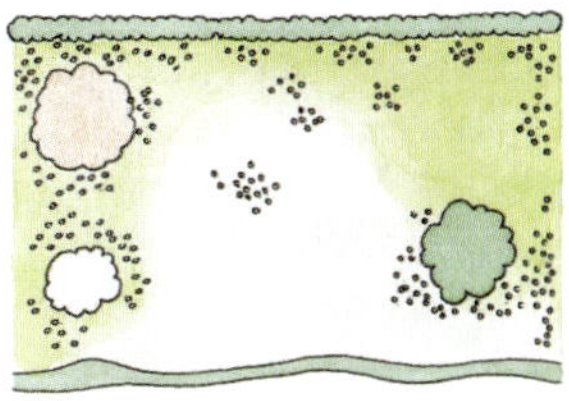

Setzen Sie die ersten kleinen Frühlingsboten (→ Seite 250/251) in den Umkreis von Gehölzen. Tulpen und Narzissen werden immer im mittleren und hinteren Bereich des Beetes angesiedelt, damit später ihr vergilbendes Laub von den anderen Stauden überdeckt wird

Mai – Juni

Erster Blühhöhepunkt des Staudenbeetes. Pfingstrosen und Rittersporn übernehmen die Leitfunktion auf dem Beet, begleitet werden sie von Mohn, Schwertlilien und Salbei. Die zeitig abblühenden Frühsommerstauden werden von den nachfolgenden Gräsern und Herbstblühern überwachsen

Juli – August

Die Gräser bilden mit ihren grünen Horsten einen hübschen Kontrast zu blauem Salbei und zu den gelben Schafgarben. Diese unermüdlichen Blüher kommen ins vordere Drittel des Beetes, während im Hintergrund die hohen Phloxe die Rolle des Rittersporns übernehmen

September – Oktober

Hohe und niedrige Astern korrespondieren mit den blühenden Gräsern im mittleren Beetbereich. Die niedrigen Kissenastern in den Vordergrund pflanzen. Im Hintergrund setzen der nachblühende Rittersporn und die weißen Oktober-Margeriten leuchtende Akzente

Elemente der Beetbepflanzung

Eine Bepflanzung, die mehrere Jahre überdauert, erreichen Sie durch Kombinationen von Gehölzen mit Stauden.

Gehölze. Sie können in Form einer Hecke den Rahmen bilden, an den sich das Staudenbeet anlehnt. Soll eine größere Beetfläche bepflanzt werden, die sich nicht an einen Gehölzbereich anschließt, sondern frei oder vor einer Mauer liegt, dann empfiehlt es sich, zur besseren Strukturierung einige wenige Sträucher ins Beet aufzunehmen. Diese dürfen weder zu groß und weitausladend noch zu klein sein. Hohe und niedrige Laub- und Nadelgehölze können sich auch ergänzen.

Immergrüne wie Buchsbaum (*Buxus sempervirens*) oder die dunkleren Eiben (*Taxus*-Arten/Sorten) eignen sich hier sehr gut, weil sie später auch geschnitten werden können, wenn die Pflanzung dicht wird. Als geformte Gehölze bilden sie aber auch bereits von Anfang an hübsche Kontraste in einem locker aufgebauten Beet.

Strauchrosen lassen sich ebenfalls gut im Staudenbeet verwenden. Sie blühen unter Umständen mehrere Monate lang und verleihen dadurch dem Beet Beständigkeit. Bei blühenden Gehölzen sollte natürlich die Blütenfarbe auf die übrigen Pflanzen abgestimmt sein. Bedenken Sie dabei den Zeitpunkt und die Dauer der Blüte. Unkompliziert sind deshalb immer weißblühende Gehölze.

Leitstauden. Dazu zählen kompakt- und hochwachsende Blütenstauden, aber auch mächtige Pflanzen mit lange anhaltendem, schönem Blattwerk sowie Gräser können diese Aufgabe übernehmen. Leitstauden prägen den Charakter eines Beetes. Die Auswahl der übrigen Pflanzen sollte sich an ihrer Wuchsform und Blütenfarbe orientieren. Sie können einzeln oder in kleinen Gruppen gepflanzt werden.

Begleitstauden sollten mittelhoch bis niedrig sein und werden in etwas größerer Stückzahl als die Leitstauden gesetzt – die größeren tuffweise, die niedrigeren eher flächig. Sie sollen in erster Linie die Wirkung der Leitstauden steigern und die Zeiten vor oder nach deren Hauptblüte durch Blattwerk oder Blüten ergänzen.

Füllpflanzen. Sie kommen auf alle übriggebliebenen Flächen im Vorder- oder Hintergrund. Hierfür eignen sich Zwiebel- und Knollenpflanzen (→ Seite 248 bis 259), die meist nur kurze Zeit blühen, vor allem aber Sommerblumen, die zum Teil von Juni bis zum ersten Frost durchhalten. Mit ihnen können Sie entweder farbliche Akzente setzen oder Ruhe in die Pflanzung bringen.

Bodendecker. Für niedrig bleibende Pflanzungen eignen sich bodendeckende Stauden, die sich zu dichten Teppichen entwickeln können. So lassen sich zum Beispiel Beetränder im schattigen Bereich mit flächig wachsenden Bodendeckern (→ Seite 246/247) gestalten, solche in sonniger Lage mit Polsterpflanzen aus dem Steingarten (→ Seite 242/243).

Beetaufbau und -gestaltung

Ein gut geplantes Beet besitzt Raumwirkung, die durch Rahmenpflanzen, Gruppierungen und Kulissen erzielt wird. Die Pflanzflächen wirken besonders natürlich, wenn die gerüstbildenden Pflanzen unregelmäßig verteilt sind. Auffällige Pflanzengestalten, die in Einzelstellung als Solitärs plaziert sind, bilden Blickfänge.

Gestalterische Prinzipien zum Beetaufbau

Zur Anlage eines Beetes gibt es keine feststehenden Regeln, nur allgemeine Grundprinzipien. Sie können zum Beispiel den hochwachsenden Rittersporn als Leitstaude im Beet einsetzen oder aber als Gruppenpflanze verwenden. Dies ist ganz Ihrem Gestaltungswillen überlassen.

Pultartige Staffelung. Lehnt sich das Beet an eine Hecke oder Mauer an, wird man die höheren Stauden in den Hintergrund setzen, so daß das Beet nach hinten ansteigend wirkt. Diese pultartige Staffelung ist der Aufbau der klassischen Rabatte. Das Beet ist so nur von einer Seite aus zu betrachten. Vor dem ruhigen Hintergrund wirken kontrastreiche Blütenfarben sehr gut, und aufrechte hochwachsende Stauden finden hier ihren besten Standplatz.

Pyramidale Staffelung. Bei freiem Stand des Beetes empfiehlt sich ein pyramidaler Aufbau. Dabei wird die Mitte des Beetes mit der höchsten Pflanze betont, während die anderen Pflanzen schräg nach allen Seiten abfallende Konturen bilden. Die hohen Pflanzen werden von den niedrigen Begleitpflanzen umgeben, die um sie herum gruppiert sind. Beete dieser Art sind meist von allen oder zumindest von mehreren Seiten aus zu betrachten.

Schwingende Konturen. Achten Sie darauf, daß der gestaffelte Beetaufbau nicht zu unorganischer, stufenartiger Anordnung führt, sondern fließende und schwingende Konturen erhält. So kommen auch die Wuchsformen der einzelnen Pflanzen am besten zur Geltung.

Rhythmisierung. Dieses Prinzip gilt vor allem für große Beetflächen. Bei kleinen Beeten läßt es sich oft nicht anwenden. Es besagt, Pflanzengruppen von Leitstauden und Begleitpflanzen in rhythmischer Wiederholung über die Beetfläche zu verteilen. Das bedeutet, die Leitstauden kehren in Abständen wieder und ebenso die Begleitstauden.

Unregelmäßigkeit. Abstände, Stückzahlen und Verteilung der Pflanzengruppen sollten unregelmäßig sein. Das bringt Spannung und Bewegung in die Pflanzung.

Akzentsetzung. Durch Farben und/oder Wuchsformen lassen sich wunderbare Kontrasteffekte erzielen. Einzelne Gewächse oder unterschiedlich hohe Pflanzengruppen, die aus flächigem Bewuchs herausragen oder sich gegen den Hintergrund abzeichnen, verleihen der Pflanzung einen großzügigen Charakter. Dafür eignen sich vor allem architektonische Pflanzen wie Zierlauch (*Allium aflatunense, A. giganteum*), Königskerzen (*Verbascum*-Arten), Palmlilie (*Yucca filamentosa*) und höhere Gräser (→ Seite 270/271). Nach diesem Prinzip lassen sich sehr gut Beete in kleinen Gärten gestalten.

Klassische Staudenrabatte mit pultartiger Staffelung

Pyramidaler Beetaufbau mit Ziergras als Höhepunkt

Pultartige Staffelung
Niedrige polsterartige oder flächig wachsende Pflanzen fassen das Beet ein oder grenzen es zu Weg oder Rasen hin ab. Kräftig- und hochwachsende Stauden bilden den Hintergrund, die Vermittlerrolle wird von den Pflanzen dazwischen übernommen

Pyramidale Staffelung
Frei im Gartenraum liegende Beete sollen von allen Seiten betrachtet werden können. Pflanzen so anordnen, daß sich das Beet von mehreren Seiten aus wie eine Pyramide oder ein Kegel aufbaut. Im mittleren Beetbereich befinden sich die höchsten Gewächse

Überstellung. Ein besonders natürlich wirkendes Gartenbild schaffen Sie, wenn Sie ein vorwiegend flächig bepflanztes Beet – mal dichter, mal weiter – mit lockerwüchsigen, höheren Pflanzen überstellen. Dafür eignen sich schmal- und hochwachsende Sommerblumen wie Schleier-Eisenkraut (*Verbena bonariensis*) und Kosmeen (*Cosmos bipinnatus*), die man am besten im zeitigen Frühjahr im Haus vorkultiviert (→ Seite 152) und ab Mai in den Garten auspflanzt.

Gruppierung. Die Pflanzen sollen je nach ihrer Größe und damit nach ihrem Stellenwert unterschiedlich gruppiert werden.

- Gerüstbildende Pflanzen einzeln oder in kleinen, ungeraden Stückzahlen (1, 3 oder 5) pflanzen. Als Richtwert gilt: 3 Pflanzen pro m^2. Diese Tuffs sollen in größeren Beeten mehrmals auftauchen.
- Bei den Begleitpflanzen unterscheidet man zwischen großen und kleinen Gruppenstauden.

Bei großen Gruppenstauden, die höher werden und auch einen weitaus größeren Pflanzenabstand untereinander brauchen, rechnet man 3 bis 5 pro m^2.

Bei kleinen Gruppenstauden setzen Sie 6 bis 9 pro m^2.

Wichtig: Je kleiner die Pflanzen und Blüten, um so großflächiger sollten Sie sie pflanzen. Von kleinen Gruppenstauden sollten Sie also mindestens 10 bis 20 Stück pflanzen, um ein Gegengewicht zu den Gerüstpflanzen zu bilden. Dann stimmen die Proportionen im Beet.

Checkliste zur Pflanzenwahl

- Ist die Pflanze standortgerecht? Das heißt, entsprechen Boden, Klima und Lichtverhältnisse am vorgesehenen Standort ihren Bedürfnissen?
- Decken sich die vorhandenen Platzverhältnisse mit dem Wuchsverhalten der Pflanze?
- Welche Pflanzen eignen sich zur Bildung eines dauerhaften Gerüsts? In welcher Farbe blühen sie?
- Welche Pflanzen eignen sich als Leitstauden in den einzelnen Jahreszeiten?
- Welche Pflanzen kommen als Begleit- und Füllpflanzen in den einzelnen Jahreszeiten in Frage?
- Wie gruppiere ich die einzelnen Leit- und Begleitpflanzen übers Jahr?
- Wie oft kann ich die einzelnen Gruppen wiederholen?
- Welche Pflanzen eignen sich als Rahmen-, Vor- und Unterpflanzung?

Tips zum Einpflanzen

Erstellen Sie als erstes einen Pflanzplan. Legen Sie dann die Pflanzen entsprechend ihrer Hierarchie auf dem Beet aus. Auf diese Weise läßt sich der Rhythmus der Pflanzung besser beurteilen und Sie können sich bereits Vorstellungen vom späteren Bild machen – und notfalls noch korrigieren. Bei großen Beeten streuen Sie am besten vorab mit Sand ein Raster von jeweils 1 m^2, um Ihre Pflanzplanung möglichst exakt nachvollziehen zu können.

Schwingende Linienführung bei gestaffelter Pflanzung

Überstellung mit Zierlauch bei einer flächigen Bepflanzung

Schwingende Konturen

Ordnen Sie die Pflanzen so an, daß jede für sich eine einheitliche Gruppe bildet, die sich durch ihre Höhe und Ausdehnung von den umliegenden unterscheidet. Pflanzen Sie diese Gruppen versetzt, so daß sich beschwingte Linien wie in einer Hügellandschaft ergeben

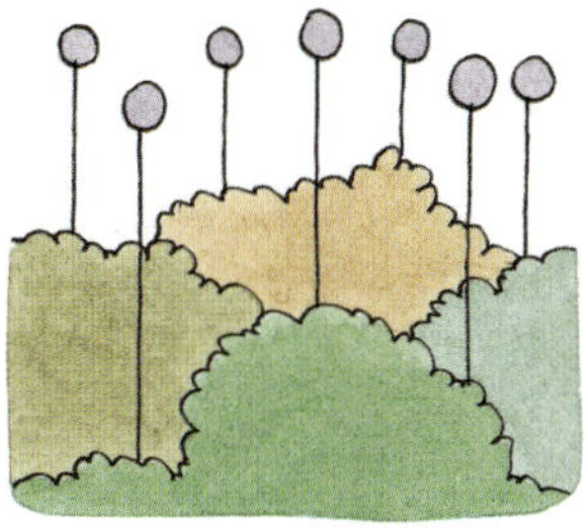

Akzentuierung, Überstellung

Mit speziellen Akzenten, beispielsweise mit Solitärs im Vordergrund oder mehreren Einzelpflanzen in Grüppchen, die Sie in lockerer Anordnung über eine flächige Bepflanzung stellen, steigern Sie die räumliche Wirkung des Beetes

Solitärs, Hausbäume

Mit Solitärpflanzen können Sie wie mit Schmuckelementen (→ Seite 68 bis 71) Blickfänge in Ihrem Garten bilden. Am besten kommen große Einzelpflanzen vor Hecken oder in Eingangsbereichen, am Fuß einer Treppe, an Wasserbecken oder Terrassen zur Geltung. Ein Hausbaum kann eine kahle Hausecke oder -wand attraktiver machen. In niedrigen Rabatten oder Steingärten sorgen Solitärs für Räumlichkeit, da sie aus dem niedrigen Pflanzenteppich des Beetes aufragen. Unter einem höheren freistehenden Obstbaum im Rasen lassen sich reizvolle Sitzgelegenheiten einrichten (→ Foto, Seite 56). Ausladend gewachsene Solitärgehölze in Hausnähe – etwa an der Terrasse – sind hervorragende Schattenspender. Als besonders schön werden auch mehrstämmige Gehölze empfunden. Verwenden Sie bei einem Hausbaum immer ein Laubgehölz (→ Seite 204 bis 207 und 282 bis 285), damit im Winterhalbjahr das Sonnenlicht in die Wohnräume fallen kann. Koniferen sollten besser vor einer fensterlosen Wand und nicht zu nah am Haus stehen.

Über und über blühende Zierkirsche als Hausbaum

Reichblühend und mit Herbstfärbung – Viburnum plicatum

Von leuchtendem Herbstrot – Acer palmatum 'Atropurpureum'

> **GARTEN TIPS & TRICKS**
>
> ***Tips zum Kauf***
> *Solitärs brauchen freien Platz um sich herum, um zu wirken. Bereits die Konkurrenz eines zweiten schönen Gehölzes mindert ihre Wirkung. Solitärs sollten deshalb noch bewußter als andere Pflanzen ausgewählt werden – und zwar nach folgenden Kriterien: schöner oder ungewöhnlicher Wuchs, prachtvolle Blüte und/oder herrliche Herbstfärbung.*

Was macht eine Pflanze zum Solitär?

Als Solitärs geeignet sind Sommerblumen, hohe Gräser und Stauden, aber vor allem Gehölze wie Rosen, schöne Blütensträucher und kleine Bäume. Was zur Solitärpflanze wird, können Sie bei der Gestaltung Ihres Gartens entscheiden. Baumschulen bieten bestimmte Gehölze unter dieser Bezeichnung an. Es sind Pflanzen, die durch ihre elegante oder bizarre Wuchsform auffallen oder besonders schöne Blüten oder Färbungen aufweisen. Aber auch einfache Sträucher werden in Baumschulkatalogen oft als Solitär ausgewiesen mit der Bezeichnung »Sol. 3x verpflanzt« hinter dem Namen. Jeder andere Baum, ein Strauch, ein hohes Gras oder eine imposante Staude kann jedoch die Funktion eines Solitärs übernehmen. Denn durch ihren freien Stand entwickelt die Pflanze ihre volle Schönheit. Ihre Wuchsform (Habitus) wird natürlich von der Art bestimmt, doch durch Standort, Klima und Boden kann sie einen ganz individuellen Charakter ausbilden. Sie können die Wirkung der Pflanze noch steigern, wenn Sie ihr Schmuckelement, beispielsweise Steinsäulen, Wasserbecken oder Findlinge zuordnen. Achten Sie darauf, daß der Solitär genügend Abstand zu umstehenden Pflanzen hat, damit sie größenmäßig nicht mit ihm konkurrieren.

Besonderes Gartenvergnügen bereiten Gehölze, die sehr früh oder sehr spät blühen oder die erlesen duften. Holen Sie sie nah ans Haus heran, um ihre Vorzüge besser genießen zu können. Setzen Sie die Pflanzen in Sichtnähe, um sie vom Fenster aus gut betrachten zu können, oder an den Eingang, so daß Sie sie sehen, wenn Sie das Haus betreten oder verlassen.

Je größer der Garten, desto mehr Solitärs verträgt er. Hier Roter Perückenstrauch, Konifere und Goldulme in Einzelstellung

Solitärs zu jeder Jahreszeit

Im Frühjahr und Sommer sind es vor allem die Blüten, die an einer Pflanze auffallen, im Herbst machen bunt gefärbtes Laub und Früchte ihre Attraktivität aus. Bei richtiger Auswahl können Sie sich das ganze Jahr über an prächtigen Solitärpflanzen erfreuen.

Winter/Frühjahr. Raritäten sind Zaubernuß (*Hamamelis*-Arten, → Foto, Seite 208) und Duftschneeball (*Viburnum x bodnantense* und *V. farreri*). Sie öffnen ihre Blüten bereits mitten im Winter, bei Schnee und Frost bleiben sie geschlossen. Die Zaubernuß sollte ganz frei stehen, ihr Wuchs ist bizarr und breitausladend. Im Herbst verfärbt sich ihr Laub orangegelb. Ein reizender Frühlingsblüher, besonders über einem Teppich aus Blausternchen (*Scilla siberica*) und rosablühender Schneeheide (*Erica carnea*), ist die nur etwa 1 m hoch werdende hellgelbe Scheinhasel (*Corylopsis pauciflora*, → Seite 209). Magnolien (*Magnolia*-Arten, → Seite 204) gehören zu den wertvollsten Solitärgehölzen, erlangen aber erst im hohen Alter ihre volle Schönheit und benötigen mildes Klima sowie einen frostgeschützten Platz. Zierkirschen (*Prunus*-Arten/Sorten) und Zieräpfel (*Malus*-Arten/Sorten) gedeihen fast überall.

Sommer. Den Übergang vom Frühjahr zum Sommer bildet die Blüte von Kolkwitzie (*Kolkwitzia amabilis*) und Weigelie (*Weigelia*-Hybriden). Besonders Kolkwitzien haben einen anmutig überhängenden Wuchs. Beide Sträucher sind genügsam und passen auch gut in große Staudenrabatten. Raritäten sind dagegen die Blumenhartriegel (*Cornus florida* und *C. kousa*). Mit ihrem malerischen Wuchs und den gefärbten Hochblättern wirken sie exotisch. Sie brauchen allerdings humose, kalkarme Böden. Später im Sommer sind es Sommerflieder (*Buddleja-Davidii*-Hybriden), Roseneibisch (*Hibiscus syriacus*) und verschiedene Hortensien (*Hydrangea*-Arten, → Seite 211), die als Solitärs geeignet sind.

Herbst. Jetzt erzielen Gehölze mit prächtiger Laubfärbung und Fruchtbildung besondere Wirkung. Es ist die Zeit für die verschiedenen japanischen Ahorn-Arten (*Acer*-Arten, → Fotos, Seite 202/203), aber auch die Korkspindel (*Euonymus alata*) mit ihrem feuerroten Laub sowie der grün- und rotlaubige Perückenstrauch (*Cotinus coggygria*, → Foto oben und Seite 211) und die mit lila Perlchen besetzte Schönfrucht (*Callicarpa bodinieri var. giraldii*) machen nun verstärkt auf sich aufmerksam.

Schnitthecken

Formhecken sind lebendige Architektur, mit der Sie Ihren Garten gestalten können. Hecken strukturieren den Garten und erfüllen die Funktion von Mauern und Zäunen, sind aber meist ökologisch wertvoller und oft günstiger als diese. Allerdings bedürfen sie der Pflege, und es dauert seine Zeit, bis sie so groß sind, daß sie ihre Aufgabe als »grüne Mauer« ganz übernehmen können.
Hecken dienen dem Schutz gegen Wind, Staub, Sicht und Lärm und eignen sich als reizvolle Kulisse für Solitärpflanzen, farbige Blüten und Schmuckelemente.
Ob Sie sich für eine immergrüne oder eine sommergrüne Hecke entscheiden, hängt von Ihren persönlichen Vorlieben ab beziehungsweise vom Zweck, den die Hecke erfüllen soll. Als Abgrenzung nach außen oder zur inneren Strukturierung des Gartens sollten Sie zum Beispiel immergrüne oder wintergrüne Pflanzen verwenden. Nadel- und immergrüne Laubgehölze gedeihen besonders gut in luftfeuchten Lagen. Eibe, Kirschlorbeer (*Prunus laurocerasus*) und Liguster (*Ligustrum vulgare* 'Atrovirens') sind zudem auch schattenverträglich.
Für niedrige Einfassungen eignen sich Buchsbaum (*Buxus sempervirens*) oder Berberitze (*Berberis*-Arten).
Für überschaubare oder hohe Hecken sind vor allem Koniferen zu empfehlen, wie Eibe (*Taxus*-Arten), Scheinzypresse (*Chamaecyparis*-Arten), Lebensbaum (*Thuja*-Arten) aber auch Hainbuche (*Carpinus betulus*) und Rotbuche (*Fagus sylvatica*).
Wichtig: Halten Sie Ausschau in Ihrer Umgebung, welche Hecken gut gedeihen. Auch viele Ziergehölze eignen sich als Schnitthecke.

Möglichkeiten des Heckenschnitts

Konische Hecken erhalten bis zum Boden gut Licht – günstig bei immergrünen Gehölzen
Rundgeschnittene Hecken wirken weniger linear und streng
Senkrechte Heckenwände sind bei Hainbuchen (*Carpinus betulus*) möglich. Sie beanspruchen weniger Platz

Buchen-Hecken als ruhiger Hintergrund einer Stauden-Rabatte

Formierte Eiben-Hecken als Raumteiler

Heckenpflanzung und -schnitt

Zum Anlegen einer Hecke müssen Sie einen 40 bis 50 cm breiten und ebenso tiefen Graben ausheben und den Untergrund lockern (→ Gehölze pflanzen und pflegen, Seite 168/169). Über den Pflanzenabstand informieren Sie sich am besten beim Kauf in der Baumschule.
Hier Tips zum Schnitt:
Schnitt im Jugendstadium: Bei jungen Heckengehölzen sollten Sie zwei- bis dreimal im Jahr (Frühjahr, Sommer und Spätsommer) die seitlichen Triebe stutzen, um die Verzweigung anzuregen. Sobald die Hecke die gewünschte Höhe erreicht hat, können Sie sie auch oben schneiden.
Formschnitt größerer Pflanzen: Hecken sollen sich möglichst nach oben verjüngen, damit sie gleichmäßig Licht bekommen und von unten nicht verkahlen. Die gewünschte Höhe halten Sie, wenn Sie den Triebzuwachs jeweils kurz über der darunterliegenden Verzweigung abschneiden. Spannen Sie dazu Schnüre als Schnitthilfe.
• Eiben sind ideal für kleine Gärten, denn sie brauchen wenig Platz und können als Schnitthecken auf eine Breite bis zu lediglich 30 cm geschnitten werden.

Schnitthecken bringen Wuchs und Blütenpracht von Rosen erst richtig zur Geltung. Hinten eine Eiben-Hecke, vorne formierter Buchs

Hainbuchen-Hecke in Herbstfärbung, davor formierter Buchs

Schnitthecken aus Hainbuchen (hinten), Eiben und Buchs (vorne)

- Hainbuchen (*Carpinus betulus*) und viele andere Laubgehölze wachsen rasch. Schneiden Sie sie deshalb zweimal im Jahr: das erste Mal aber nicht vor Ende Juni aus Gründen des Vogelschutzes, ein zweites Mal Ende August.
- Bei den Immergrünen genügt ein Schnitt vor dem Neuaustrieb im Frühjahr oder im Spätsommer.

Verjüngungsschnitt alter Pflanzen: Einen radikalen Schnitt bis in dicke, stark verholzte Teile können Sie nur bei Laubgehölzen und Eiben (*Taxus*-Arten), unter Umständen auch bei Lebensbäumen (*Thuja*-Arten) vornehmen, andere Koniferen treiben aus altem Holz nicht wieder aus.

Freiwachsende Hecken

Freiwachsende Hecken sind die natürlichste Art, etwas zu umzäunen, zu gliedern oder voneinander abzugrenzen. Sie können aus kleinen, mittleren und großen Sträuchern oder Bäumen, aus Wildgehölzen, aber auch aus Blüten- und Ziergehölzen bestehen. Größe, Form und Transparenz einer Hecke sind davon abhängig, welche Pflanzen Sie dafür wählen. Für eine freiwachsende Hecke müssen Sie bis zu 5 m in Höhe und Breite rechnen (mindestens aber 3 m), wenn sie sich in ihrer typischen Schönheit entfalten soll.

Bedeutung von Hecken

Hecken sind wichtige gestalterische Elemente, die aber auch ganz praktischen Zwecken dienen.

Rahmen- und Schutzfunktion. Hecken umrahmen und gliedern einen Garten, sie vermitteln Raumgefühl und Geborgenheit. Sie verbergen Dinge, etwa Autos, Mülltonnen oder Wäschespinnen. Bei Sitzplätzen, Blumen- und Gemüsebeeten dienen sie als Wind- und Kälteschutz. Sie wirken als Sichtschutz und Staubfilter, vor allem großblättrige Gehölzarten halten auch Lärm zurück.

Ökologische Bedeutung. Dichte Wildhecken stellen ein regelrechtes Biotop dar. Vögeln, Insekten und Kleintieren bieten sie Nahrung, Nistplatz und Unterschlupf. Je mehr heimische Gehölze Sie verwenden, desto mehr ist Ihre Hecke von Leben erfüllt.

Ganzjähriger Schmuck. Hecken, die aus verschiedenen Gehölzen bestehen, können mit ihren vielfältigen Strukturen, Höhen, Farben und Formen das ganze Jahr über attraktiv sein. Kleine Bäume, große und kleine Sträucher sowie davor gepflanzte Stauden und Wildkräuter bilden dabei eine harmonische Gemeinschaft. Im Frühling und Vorsommer stehen die Blüten im Vordergrund, dann die Beeren und Früchte, die oft bis in den Winter hinein Farbtupfer setzen. Im Herbst fällt das bunte Laub der Gehölze auf, und im Winter erhält die Hecke ihren Reiz durch Struktur oder Färbung des Geästs oder durch immergrüne Gehölze.

GARTEN TIPS & TRICKS

Blütensträucher

Sie brauchen mehr Sonne als Gehölze, bei denen der Laubschmuck im Vordergrund steht. Im Unterschied zu Wildgehölzen benötigen sie auch zusätzliche Nährstoffe. Je nach Bodenverhältnissen reicht eine Kompostgabe im Frühjahr aus.

Hecken und ihre Variationen

Aufgrund der Vielfalt der Gehölze lassen sich die unterschiedlichsten Hecken bilden.

Naturhecken. Die in der Regel anspruchslosen Wildhecken passen gut in ländliche Gegenden, wo Gärten in die Landschaft eingebunden sind. Sie sollten 3 bis 5 m breit sein, nur dann sind sie von besonderem ökologischen Wert. Die Höhe hängt davon ab, welche Bäume oder Großsträucher Sie wählen. Je mehr Platz zur Verfügung steht, desto mehr Pflanzreihen können Sie nebeneinander setzen und desto

Schön blühende Sträucher in lockerem Verband ersetzen oftmals dichte

vielfältiger und dichter wird die Hecke. Als größere heimische Gehölze eignen sich hier Feldahorn (*Acer campestre*), Hartriegel (*Cornus sanguinea*), Kornelkirsche (*Cornus mas*), Hasel (*Corylus avellana*), Hainbuche (*Carpinus betulus*), Weißdorn (*Crataegus monogyna*), Holunder (*Sambucus nigra*), Schlehe (*Prunus spinosa*) und Eberesche (*Sorbus aucuparia*). Werden diese Gehölze zu hoch, kann man den Mitteltrieb herausnehmen (etwa bei Hainbuche und Hasel) und damit den strauchigen Charakter unterstreichen. Doch Wildhecken lassen sich auch für kleinere Naturgärten verwenden, wenn größere Sträucher nur einreihig gesetzt werden und die Lücken mit kleineren Gehölzen wie Wildrosen (*Rosa rubiginosa, R. rugosa*), Heckenkirsche (*Lonicera xylosteum*) und Pfaffenhütchen (*Euonymus europaea*) gefüllt werden. Eine solche Hecke wird etwa 2 bis 3 m breit. Die Schutzfunktion ist dann zwar geringer, aber die Artenvielfalt an Vögeln und Insekten kann ebenso groß sein wie bei breiteren Hecken – vor allem, wenn davor gleichzeitig eine Krautschicht aus heimischen Stauden aufgebaut wird.

Glockenblumen (*Campanula patula, C. persicifolia*), Ehrenpreis (*Veronica chamaedrys*) und Johanniskraut (*Hypericum*

strenge Hecken – bieten dafür aber weniger Sichtschutz

perforatum) siedeln sich oft von selbst an. Sie können aber auch natürlich wirkende Stauden pflanzen oder aussäen, wie Akelei (*Aquilegia vulgaris*) und Fingerhut (*Digitalis purpurea*), die den Naturcharakter der Hecke zusätzlich unterstreichen.

Gemischte Hecken. In großen Gärten wirken auch Mischformen aus Zier- und Wildgehölzen sehr gut. Hierbei sollten Sie die heimischen Wildformen als Abgrenzung nach außen pflanzen, zur Gartenseite hin die Zierformen, damit Sie deren Farben und Blütenfülle genießen können. Auch hier macht sich eine Saumpflanzung aus Stauden gut. Nach 3 bis 5 Jahren wird jedoch der Schatten der Gehölze und die Wurzelkonkurrenz so groß, daß sie gegen schattenverträglichere Pflanzen ausgetauscht werden müssen (→ Seite 104/105).

Blütenhecken. In einem kleinen Garten können Sie zumindest auf der sonnigen Seite eine einreihige, gemischte Zierstrauchpflanzung, etwa mit Forsythien (*Forsythia x intermedia*), Zierapfel (*Malus*-Arten/Sorten) und Zierquitten (*Choenomeles japonica*), anlegen.

Eine solche Hecke wird etwa 2,5 m breit und 3 bis 5 m hoch und bietet mit ihrer lockeren Blütenpracht hohen ästhetischen Reiz. Wenn der Platz ausreicht, empfiehlt es sich, zum Beispiel immergrüne Sträucher als Füllgehölze dazwischenzupflanzen.

Rank- und Obsthecken sind auch eine Alternative bei beengten Platzverhältnissen. Viele Kletterpflanzen können Sie in beliebiger Länge und Höhe an Zäunen, Wänden und Mauern ziehen. Schwachwüchsige Apfel- und Birnen-Sorten lassen sich an waagrechten Stützgerüsten ziehen, so daß sie die gleichen Funktionen erfüllen wie eine einreihige Blütenhecke.

Einfassungen. Freiwachsende Hecken aus einer Pflanzenart eignen sich auch gut als niedrige Einfassungen – etwa für Vorgärten. Wählen Sie Pflanzen, die von unter her nicht verkahlen, wie Fingerstrauch (*Potentilla fruticosa*), Rote Sommerspiere (*Spiraea*-Bumalda-Hybride 'Anthony Waterer'), Berberitzen (*Berberis*-Arten), Wildrosen (*Rosa-rugosa*-Sorten) oder Buchs (*Buxus sempervirens*). Ein wunderschöner Anblick ist auch eine einheitliche, im Mai/Juni weißblühende Hecke aus Prachtspieren (*Spirea x vanhouttei*). Die Sträucher werden 2 bis 3 m hoch, wachsen rasch und haben einen leicht überhängenden, eleganten Wuchs.

Hecken aus immergrünen Gehölzen. Unter den immergrünen Laub- und Nadelgehölzen finden sich einige, die sich zur freiwachsenden Hecke ebenso eignen wie zur Schnitthecke. Eibe (*Taxus*-Arten) und Buchs sind wie Liguster (*Ligustrum vulgare* 'Atrovirens'), Kirschlorbeer (*Prunus laurocerasus*) und Rhododendron schattenverträglich. Scheinzypressen (*Chamaecyparis*-Arten) und Lebensbaum (*Thuja*-Arten), aber ebenso Eiben (zum Beispiel *Taxus media* 'Hicksii') wachsen von Natur aus säulenförmig und können ungeschnitten bleiben.

Freiwachsende und geschnittene Hecken lassen sich auch gut kombinieren. Zur Seite hin und dort, wo das Wachstum begrenzt werden soll, können Sie streng linear oder unregelmäßig schneiden, die anderen Teile beispielsweise die oberen Triebe sollten in ihrem natürlichen Wuchs erhalten bleiben. Auf diese Weise entstehen sehr reizvolle Strukturen. Für solch freigeformte Hecken eignen sich vor allem Laubgehölze und Blütensträucher.

Tips zu Pflanzung und Pflege

Für Heckenpflanzungen gilt das gleiche wie für alle Gehölze (→ Seite 168/169): Der Boden muß tiefgründig (50 bis 80 cm) gelockert und mit Kompost versorgt werden. Der Pflanzabstand zwischen den Gehölzen richtet sich nach ihrer Größe: Bei Sträuchern beträgt er etwa 1,5 bis 2 m. Gehölze in mehrreihigen Hecken werden auf Lücke gesetzt. Eine Pflege bei Wildhecken erübrigt sich. Bei gemischten Hecken wird ab und zu im Februar ausgelichtet und überaltertes Holz entfernt. Bei reinen Zierstrauchhecken muß dies etwas intensiver geschehen, um die regelmäßige Blütenbildung anzuregen (→ Seite 170/171).

Beete als Gartenschmuck

Diese Beete bilden eine Zäsur und unterteilen den Garten. Besonders markant werden sie durch die symmetrisch gepflanzten Gehölze

Beete sind deutliche Zäsuren im Grün des Rasens. Welche Gestaltungsmöglichkeiten sich mit ihnen auftun, soll im folgenden gezeigt werden.

Beetformen

Beete können Sie in unterschiedlichen Formen gestalten, je nach Größe und Stil Ihres Gartens.

Beete mit strengen Formen besitzen gerade Linien und eine deutlich geometrische Form. Ihren klaren Umriß können Sie noch durch Einfassungen mit Buchs, niedrigen Stauden oder Kanten aus Holz oder Stein betonen. Den Prototyp des strengen Beets finden Sie in formalen Gärten (→ Seite 132/133) und klassischen Bauerngärten (→ Seite 136/137).

Beete mit freischwingenden Formen eignen sich gut für naturhafte Gärten oder große Ziergärten, die sie oft einrahmen, um dann vielfach im Rasen oder in einer Platzfläche auszulaufen. Es ist sehr praktisch, wenn die Beete durch eine Pflasterzeile oder Kantensteine begrenzt sind. Bei ungefaßten Beeten ist ein regelmäßiges schräges Abstechen der Rasenkanten unerläßlich, damit Rasen und Unkräuter nicht hineinwuchern.

Welches Beet wofür?

Beete können Elemente in einem Garten sein oder den ganzen Garten selbst ausmachen. Letzteres ist zum Beispiel in formalen Gärten und Bauerngärten der Fall, deren Hauptelemente Wege und Beete sind.

Beete als Wegbegleiter. Meist sind es strenglinige Beete, die als Blumenband neben Wegen einherlaufen. In architektonisch gestalteten Gärten finden sich jedoch auch große quadratische oder rechteckige Beetformen, die fast immer symmetrisch zu Wegeachsen angelegt sind. Diese Beete können Sie ganz nach Belieben mit Nutz- oder Zierpflanzen begrünen. Dabei wirkt der Kontrast zwischen streng gefaßtem Rahmen und üppiger Bepflanzung besonders reizvoll.

Beete entlang von Mauern, Zäunen, Hecken sollten Sie in Form der klassischen Rabatte anlegen, das heißt einseitig von vorne nach hinten ansteigend (→ Seite 76/77).

Beete als Inseln im Garten. Beliebt waren lange Zeit zum Beispiel Rondelle oder Ovale im Rasen oder im Vorgarten links und rechts des Eingangs. Welche Form Sie für diese Blumeninseln auch immer wählen, Sie können sie als niedrige Blumenteppiche oder höhengestaffelt (→ Seite 76)

Dieses großflächig angelegte Staudenbeet zieht sich wie ein Schmuckband durch den Garten

bepflanzen. Wer dies wünscht, sollte rundum von außen nach innen zunehmend höher wachsende Pflanzen setzen, denn diese Blumeninseln sind meist von mehreren Seiten her zu betrachten.

Beete in den Ecken eines Grundstücks oder Hauses lassen sich sehr hübsch als ausgebuchtete Kreissegmente anlegen. Da diese Beete meist recht geschützt liegen, können Sie hier empfindliche Pflanzen unterbringen.

Beete als Raumteiler. Ob in geschwungenen Linien, in Tropfenform oder als Riegel, der sich in den Garten hineinschiebt, sie haben zahllose Möglichkeiten, mit Beeten Gartenbereiche abzutrennen, Durchgänge zu schaffen oder Nischen zu bauen. Dabei spielt jedoch nicht nur die Beetfläche eine wichtige Rolle, sondern auch die vertikale Betonung, das heißt die Bepflanzung der Beete durch kleine Bäume, Sträucher und Kletterpflanzen als Sichtschutz- oder Zierelemente.

Erhöht liegende Beete haben einen besonderen Reiz. Ihr Herausgehobensein macht sie zum idealen Standort für Pflanzenraritäten, die so aus der Nähe betrachtet werden können oder deren Duft auf diese Weise besser wahrnehmbar wird. Solche hochgelegten Beete lassen sich oft gut in der Nähe des Hauses am Rand eines Sitzplatzes oder einer Terrasse unterbringen.

Beete für Steingärten und Heidegärten müssen je nach Charakter der Pflanzung gestaltet werden (→ Seite 106/107 und 108/109). Dies bedeutet, die Pflanzbeete mit Sand, Schotter und Steinen zu modellieren und Steinbrokken oder Findlinge naturhaft einzubauen (→ Seite 140).

Gemüsebeete sind meist nach Nützlichkeitserwägungen angelegt. Bewährte Maße sind Beetreihen von 1,20 m Breite in möglichst geschützter, vollsonniger Lage.

Hochbeete erhalten einen festen Korpus aus Rundhölzern und Bohlen, ihr innerer Aufbau entspricht dem von Hügelbeeten (→ Seite 183). Sie sind aufwendig zu errichten, sind dann aber vor allem für ältere und behinderte Menschen leichter zu bestellen, weil alles Bücken entfällt. Nach 6 Jahren müssen sie jedoch zum Teil wieder neu gefüllt werden.

Wichtig: Legen Sie in große Beetflächen einige Trittplatten aus Kunst- oder Naturstein, damit Sie sich bei den Pflegearbeiten leichter tun.

Pflanzideen für April/Mai

Jedes Jahr wird die erste bunte Blumenpracht der Frühlingsblüher sehnsüchtig erwartet, die sich nach dem tristen Winter besonders farbenfroh präsentieren. Vor allem Zwiebelgewächse (→ Seite 112/113 und 252 bis 255) kommen jetzt zum Zug. Bis andere Pflanzen zu neuem Leben erwachen, bringen sie bereits Farbe ins Bild.

Naturnahe Pflanzungen

Eine ganze Reihe von Frühlingsblühern braucht kein Beet, sondern kann unter Gehölzen oder in Wiesen verwildern. Besonders gut eignen sich hierfür Narzissen. Zu den frühblühenden Raritäten, die in naturhaften Gartenbereichen gern verwildern, gehört der Hundszahn (*Erythronium dens-canis*, → Seite 251) mit der aparten gelben Hybridform 'Pagoda'. Im März/April blühen auch die Schachbrettblumen (*Fritillaria meleagris*, → Seite 251). Beide Pflanzen sind recht anspruchsvoll: Sie lieben frische, nahrhafte Böden, der Hundszahn etwas schattige Lagen, die Schachbrettblume feuchte Wiesen.

Gehölze und Zwiebelblumen. In Gehölznähe finden Zwiebel- und Knollengewächse optimale Bedingungen. Frühlingsblumenzwiebeln lieben die winterliche Bodenfeuchte, und das Licht vor dem Laubaustrieb der Gehölze fördert ihr Wachstum. Im Fallaub und im Wurzelbereich von Gehölzen fühlen sie sich besonders wohl. Hier gibt es keine konkurrierenden Pflanzen, zudem wird der Boden nicht regelmäßig bearbeitet. So können sie leicht durch Selbstaussaat verwildern.

Zu den spätblühenden Zwiebelpflanzen für den Gehölzrand gehören die Blauglöckchen (*Hyazinthoides*-Arten, → Seite 251), die es auch in Rosa und Weiß gibt. Sie benötigen frischen und nahrhaften Boden, ebenso wie die Narzissen (*Narcissus*-Arten/Sorten, → Seite 254/255).

Pflanztips.

- Narzissen wirken am schönsten, wenn sie in größerer Menge zu Horsten zusammenwachsen.
- Besonderen Charme entwickeln die zarten weißen Dichternarzissen (*Narcissus poeticus*) unter blühenden Obstbäumen im späten Frühling.
- Das intensiv leuchtende Gelb der Forsythie (*Forsythia*-Arten/Sorten) harmoniert gut mit Orange und dem klaren Rot der Tulpen (*Tulipa*-Sorten) sowie dem Blau von Traubenhyazinthen (*Muscari armeniacum*), weißblühenden Narzissen (*Narcissus*-Arten/Sorten) und Blütensträuchern.

Meisterlich kombiniert – Kaiserkronen, Narzissen (Sorte 'Professor Einstein') und weiße Traubenhyazinthen

• Die rosafarbenen Blütenwolken von Zierkirschen (*Prunus*-Arten) und Zieräpfeln (*Malus*-Arten) sehen dagegen sehr hübsch aus zusammen mit Pastellfarben.
• Die fröhlichen gelben, weißen und blauen Gartenkrokusse sollten Sie in kleinen Tuffs in den Rasen vor weiß- und gelbblühende Sträucher setzen.
Zwiebelblumen und Stauden. Eine Bepflanzung im Frühjahr ist mit frühblühenden Stauden erst komplett. Bodendecker sehen hübsch aus und überdecken zudem das nach der Blüte einziehende Laub der Zwiebelpflanzen. Auf kalkhaltigem und humosem Boden gedeihen im Bereich von Bäumen und Sträuchern auch Christrosen (*Helleborus*-Arten/Sorten, → Seite 244), rosa Frühlingsalpenveilchen (*Cyclamen coum*, → Seite 251) und blaue Leberblümchen (*Hepatica nobilis*), zusammen mit kleinen Zwiebelblumen (→ Seite 250/251) wie Schneeglöckchen (*Galanthus*-Arten), Märzenbecher (*Leucojum vernum*) und Winterling (*Eranthis hyemalis*). Christrosen besitzen ein sehr schönes wintergrünes Blattwerk, es gibt zahlreiche Sorten in vielen Farbtönen, von grünlich bis rot.

Beetpflanzungen

Während Sie die Wildformen der Zwiebelblumen auch unter Gehölzen oder in der Wiese verwildern lassen können, bevorzugen die hochgezüchteten Zwiebel-Sorten gut vorbereitete Beete. Zwiebel- und Knollengewächse können aber auch in Staudenbeete gesetzt werden. Bevor die Stauden austreiben, blühen dann bereits die Zwiebelblumen. Ihr Flor wird von frühen Stauden abgelöst, Sommerblumen und spätblühende Stauden folgen.
Pflanztips.
• Die zwergwüchsigen Wild-Narzissen – wie die reizende Reifrocknarzisse (*Narcissus bulbocodium*) – und Wild-Tulpen, eignen sich bestens für naturhafte Bereiche in sonniger und trockener Lage, wie etwa Steingärten.
• Auch Rosenbeeten können Zwiebelpflanzen bereits im Frühjahr Farbe verleihen. Zusammen mit dem rötlich-grünen Austrieb der Rosen sehen vor allem Tulpen gut aus. In lockeren Gruppen zwischen die Rosensträucher gepflanzt, stören sie bei der Pflege der Rosen kaum.
• Die zahlreichen früh- und spätblühenden Tulpen-Sorten (→ Seite 252/253) lassen sich so kombinieren, daß sich ihre Blütezeit von April bis Mai erstreckt. Tulpen wirken schön mit anderen Zwiebelgewächsen wie Hyazinthen (*Hyazinthus*-Arten/Sorten), Narzissen und Kaiserkronen (*Fritillaria imperialis*).
• Gartenkrokusse und Hyazinthen kommen als niedrige Randbepflanzung in bunten Beeten am besten zur Geltung. Hyazinthen wirken sonst etwas steif. Nach wenigen Jahren nehmen sie aber eine natürliche, lockere Form an, weil der Schaft dann nicht mehr so dicht mit Blütchen besetzt ist. Als Begleiter für die Zwiebelpflanzen bieten sich vor allem auch die frühlingsblühenden Zweijährigen (→ Seite 266/ 267) an, wie Primeln (*Primula*-Hybriden), Stiefmütterchen (*Viola*-Wittrockiana-Hybriden), Maßliebchen (*Bellis*-Sorten), Vergißmeinnicht (*Myosotis*-Hybriden), Goldlack (*Cheiranthus cheiri*) und Schöterich (*Erysimum x allionii*), die bereits im Herbst des Vorjahres zusammen mit den Zwiebeln gepflanzt werden können.

Weiß-Rot-Blau mit Narzissen, Tulpen, Traubenhyazinthen

Gelb-Orange mit Narzisse 'Fortissimo' und Tulpe 'Orange Emperor'

Reine Grundfarben mit Narzissen, Tulpen, Traubenhyazinthen

Pflanzideen für Mai/Juni

Der Frühling ist im vollen Gang, wenn die Apfelblüte beginnt. Jetzt entfaltet sich das Laub, die Nadelgehölze bilden ihre Maitriebe aus, Kastanien und Flieder blühen. Mitte bis Ende Mai, um die Eisheiligen herum, kommt es in manchen Gegenden noch zu Nachtfrost. Empfindliche Sommerblumen, Kübelpflanzen und viele Gemüse-Arten sollten Sie deshalb erst anschließend pflanzen oder aussäen. Im Juni herrscht die intensivste Strahlung, die Tage sind am längsten. Die ansteigenden Temperaturen und die meist noch vorhandene Frühjahrsfeuchtigkeit begünstigen Wachstum und Entwicklung.

Kombinationen mit Spätfrühlings- und Vorsommerblühern

Viele zweijährige Pflanzen und frühe Stauden, darunter auch einige kurzlebige haben jetzt ihre Hauptblütezeit und bilden damit den Übergang vom Frühling zum Sommer. Sie versamen zum Teil leicht und sind bei geeigneten Bedingungen bald an vielen Stellen im Garten zu finden.

<u>Naturhafter Standort am Gehölzrand.</u> Kurzlebige Stauden wie Fingerhut (*Digitalis purpurea*, → Seite 244/245) in Rosa, Rot oder Weiß und Akelei (*Aquilegia vulgaris*, → Seite 244/245) sowie Zweijährige wie Mondviole (*Lunaria annua*, → Seite 266/267) und Nachtviole (*Hesperis matronalis*, → Seite 266/267), beide mit violetten Blüten, kommen in einer natürlichen Umgebung sehr gut zur Geltung. Sie wachsen gern im lichten Gehölzrand zusammen mit Blütensträuchern und Stauden, wie etwa den zahlreichen Storchschnabel-Arten (*Geranium*-Arten/Sorten), mit deren meist kühlen Farben sie sehr gut harmonieren. Passende Ziersträucher (→ Seite 210) sind die weiß- oder rosablühenden Deutzien (*Deutzia*-Sorten), Pfeifenstrauch (*Philadelphus*-Sorten) oder Kolkwitze (*Kolkwitzia amabilis*).

<u>Blumen für die Wiese.</u> Im Mai/Juni erreicht die Wiesenflora ihren Höhepunkt. In zarten, aber auch in kräftigen Farben sprießen Salbei (*Salvia pratensis*), Wiesen-Margeriten (*Leucanthemum vulgare*) und an feuchteren Stellen auch Hahnenfuß (*Ranunculus acris*), Trollblume (*Trollius europaeus*), Wiesen-Iris (*Iris sibirica*) und Jakobsleiter (*Polemonium caeruleum*). Von diesen Wildblumen-Arten gibt es auch Gartenformen, die sich auf Staudenrabatten verwenden lassen.

<u>Beetpflanzung.</u> Viele Ein- und Zweijährige mögen, ebenso wie die Stauden, nährstoffreiche, gut gepflegte Gartenbeete, wie die Marien-Glockenblumen (*Campanula medium*, → Seite 264/265) in Weiß, Rosa und Blau und die in allen Rottönen samtig schimmernden Bart-Nelken (*Dianthus barbatus*, → Seite 264/265).

- Der gelb-braune, starkduftende Goldlack (*Cheiranthus cheirii*) läßt sich gut mit späten Tulpen kombinieren.
- Als Partner für leuchtend bunte Rabatten eignen sich vor allem Bauerngartenstauden (→ Seite 234/235), wie Lupinen (*Lupinus-Polyphyllus*-Hybriden), rosa, weiße und rote Pfingstrosen (*Paeonia lactiflora*), Rittersporn (*Delphinium*-Hybriden) in allen Blautönen, weiße Frühlings- und Sommer-Margeriten (*Leucanthemum vulgare* und *Leucanthemum-Maximum*-Hybriden), Orientalischer Mohn (*Papaver orientale*), gelbe Schafgarbe (*Achillea*-Arten/Sorten) und blauer Salbei (*Salvia*- Arten/ Sorten).

Blaue und violette Rittersporne bilden den Hintergrund für weiße und rot

Weiß und Violett – Schwertlilien vor Schleifenblume

gstrosen

Primeln und Storchschnabel

Goldlack und Mondviole

Wiesenhaft – Mohn, Kornblumen und gelb-weißes Bärenohr

- Auch die Ackerflora steht Pate für wunderschöne frühsommerliche Bilder: Kornblume (*Centaurea cyanus*) mit Klatschmohn (*Papaver rhoeas*) und wilder Kamille (*Chamomilla suaveolens*) ergeben eine reizvolle Farbkombination in Blau, Rot und Weiß.
- Der klassische Farbdreiklang Blau-Weiß-Rot kann jedoch auch mit dauerhaften Stauden erzielt werden, wie mit der Bergflockenblume (*Centaurea montana*), Orientalischem Mohn und Wiesen-Margeriten. Das strahlende Blau des Rittersporns (*Delphinium*-Arten), das leuchtende Rot der Brennenden Liebe (*Lychnis*-Arten) oder blaue und weiße Pfirsichblättrige Glockenblumen (*Campanula persicifolia*) ergänzen das Bild.

Iris mit passenden Begleitern

Einen besonderen Höhepunkt stellt die Irisblüte zu dieser Jahreszeit dar.

Iris-Variationen und ihre Plazierung. Die Farbschattierungen der halbhohen und hohen Sorten der Schwertlilien (*Iris germanica*), auch Bart-Iris (*Iris*-Barbata-Hybriden) genannt (→ Seite 234/235), bewegen sich von Weiß bis Dunkelblau, von Rosa bis Violett und von Hellgelb bis Braun. Viele sind mehrfarbig. Auf einem kiesigen Trockenbeet, mit ein paar größeren Steinblöcken durchsetzt oder mit Terrakotten verziert, kommen sie besonders gut zur Geltung.

Die großblumigen und vielfarbigen Sorten plazieren Sie am besten vereinzelt an ausgesuchten Stellen nahe am Haus, etwa in einem Teppich aus niedrigen Stauden. Einfarbig blaue, gelbe oder braune Sorten passen sehr gut in bunte Bauernblumenbeete.

In ihrer ursprünglichen Heimat wächst die Iris auf Mauern und zwischen Felsen. Das vielfach grau-grüne oder bläulich bereifte Laub und ihre Empfindlichkeit gegen Nässe läßt sie sehr gut auf steinigen, durchlässigen Böden in voller Sonne gedeihen. Dort fühlen sich auch viele graulaubige und kleinblättrige, niedrige Stauden und Gräser wohl. Mit ihnen zusammen ergeben sich reizvolle Kombinationen.

Begleiter vor, während und nach der Iris-Blüte. Sonnenhungrige niedrige Stauden und Halbsträucher wie Lavendel (*Lavandula angustifolia*), Heiligenkraut (*Santolina chamaecyparissus*), Sonnenröschen (*Helianthemum*-Hybriden), Perlkörbchen (*Anaphalis triplinervis*), blauer Lein (*Linum narbonense*) und niedrige Glockenblumen (*Campanula*-Arten), vorwiegend in Weiß-, Rosa- und Blauviolett blühend, unterstreichen die Irisblüte und umspielen ihr steifes und nach der Blüte etwas unansehnliches Blattwerk.

Als höhere Begleiter der Iris eignen sich in großen Gärten auch Steppenkerze (*Eremurus*-Arten/Sorten, → Seite 256/257) und Riesen-Lauch (*Allium giganteum*, → Seite 256/257). Zartblühende Rosen sind ebenfalls eine gute Ergänzung zu Irisblüten.

Vorher sorgen Blumenzwiebeln und Polsterstauden (→ Seite 106/107 und 242/243) für Abwechslung, später Sommerblumen und Gräser sowie die spätblühende Säckelblume (*Ceanothus*-Hybriden) und die Bartblume (*Caryopteris x clandonensis*) – beides niedrige Sträucher.

Pflanzideen für Juni

Der Juni ist nicht nur der sprichwörtliche Rosenmonat, sondern auch der Monat, in dem die Wiesen besonders schön blühen. Typisch für die Wiesenflora sind die locker wachsenden Wildstauden und -kräuter. Die Wildblumen mit ihren oft ungefüllten und relativ kleinen Blüten wirken meist natürlicher als hochgezüchtete Pflanzen. Die Farben einer Wiese sind bunt gemischt, erscheinen aber nie grell. Das vielfältige Grün der Gräser und Blätter mildert und dämpft einzelne kräftige Farbflächen.

Wiesenhafte Beetpflanzungen

Das Vorbild der Natur können Sie auch auf Ihren Garten übertragen. Die charakteristische Wildflora der unterschiedlichen Pflanzengesellschaften paßt auch auf Beete sehr gut und verleiht Schmuckpflanzungen mehr Natürlichkeit. Für die verschiedensten Standorte und Bodenverhältnisse gibt es geeignete Typen. Dazu gehören Wildformen oder nur wenig züchterisch veränderte Stauden wie Margeriten (*Leucanthemum vulgare*), Lichtnelken (*Lychnis*-Arten), Hahnenfuß (*Ranunculus acris*), Wiesenraute (*Thalictrum*-Arten), Wiesen- und Steppen-Iris (*Iris*-Arten), verschiedene ein-, zwei- und mehrjährige Salbei-Arten (*Salvia*-Arten) und die zahlreichen Storchschnabel-Formen (*Geranium*-Arten/Sorten), die es in vielen Farben gibt.
Daneben gibt es eine Reihe von Stauden, Sommerblumen und Zwiebelblumen, die züchterisch stark beeinflußt sind, aber dennoch naturhaft wirken, wie die meisten Rittersporne (*Delphinium*-Elatum- und *Delphinium*-Belladonna-Hybriden), Wiesen-Iris (*Iris sibirica*), Sonnenbraut (*Helenium*-Sorten), Schafgarbe (*Achillea*-Sorten) und Sommer-Salbei (*Salvia-nemorosa*-Sorten).
Eine sehr natürlich wirkende Pflanzung erreichen Sie, wenn Sie zum Beispiel hohe mit niedrigen und kräftige mit zarten Gewächsen kombinieren. Beachten Sie, daß Pflanzen sich im lockeren Verband einer Pflanzengesellschaft unterschiedlich entwickeln können; zu dichter Bewuchs hemmt ihre Entwicklung.
Am Rand einer Pflanzung sollten Sie immer niedrig beginnen, etwa mit Storchschnabel oder polsterförmig wachsenden Nelken (*Dianthus*-Arten). Flächenhaft wachsende und kompakte Pflanzen wie etwa Sommer-Salbei werden aufgelockert durch etwas höher und lockerwüchsige Schafgarben und Brennende Liebe (*Lychnis chalcedonica*). Hohe kräftige Königskerzen hingegen bilden Akzente und Kontraste in niedrigen Stauden- und Gräserteppichen mit steppenartigem Charakter.

Salbei und Frauenmantel – eine bewährte Kombination

Brandkraut – Rarität für trockene Standorte

Goldfelberich (gelb) und Storchschnabel (violett) für feuchte Plätze

Staudenkombinationen für humose Gartenböden

Für Beete mit frischen, nicht zu trockenen Böden kommen hauptsächlich Beetstauden in Frage. Im Juni blühen hier neben Rittersporn, Margeriten (*Leucanthemum vulgare* und *Leucanthemum-Maximum*-Hybriden) und Salbei, verschiedene hohe Glockenblumen (*Campanula persicifolia* und *Campanula lactiflora*), Veronica (*Veronica*-Arten) und der einfachblühende Feinstrahl (*Erigeron*-Sorten) in vielen zarten Farben. Daneben wirken auch gut kurzlebige Stauden wie hohe Lobelien (*Lobelia splendens* und *Lobelia gerardii*) und Bartfaden (*Penstemon*-Sorten).

Neutrales Grün bringt Pfingstrosen zum Leuchten

Wiesenhaft anmutende Kombination mit Gräsern

Spornblume, Salbei und Schafgarbe – wichtige Frühsommerblüher

Wenn Sie diese Stauden miteinander kombinieren, dominieren die blau-rot-violetten Töne. Sie lassen sich sehr schön durch weiße und hellrosa Blütenfarben ergänzen, die fast bei allen genannten Gattungen vorkommen. Den lockeren wiesenartigen Charakter der Pflanzung können Sie zusätzlich durch zarte Sommerblumen wie rot-violette und weiße Cosmeen (*Cosmos bipinnatus*), zartviolette Verbenen (*Verbena bonariensis*), weiße, rosa und violette Spinnenblumen (*Cleome spinosa*) und vor allem durch hohe und niedrige Gräser noch unterstreichen. Gräser haben einen weiteren Vorteil: Sie tragen die sommerliche Pflanzung auch noch im Herbst, wenn die Blüten der anderen Pflanzen vergangen sind.

Stauden für trockenere Standorte

Auf trockeneren, teilweise steinigen Standorten im Garten kommt eine spezielle Flora zur Geltung, deren Urheimat die Steppen in aller Welt sind. Hier ist auch die Pfirsichblättrige Glockenblume (*Campanula persicifolia*, → Seite 237) wieder zu finden. Sie läßt sich etwa mit der blauen und weißen Skabiose (*Scabiosa caucasica*) kombinieren, aber auch mit Königskerzen (*Verbascum*-Arten, → Seite 234/235) und Nachtkerzen (*Oenothera*-Arten, → Seite 237), mit verschiedenen Nelken-Arten (zum Beispiel *Dianthus carthusianorum*, oder der Pechnelke (*Lychnis viscaria* 'Plena'), mit der zarten Graslilie (*Anthericum liliago*) und aparten Gräsern (zum Beispiel *Stipa barbata* oder *Achnatherum x calamagrostis*, → Seite 270/271). Diese Steppenpflanzung hat einen leicht mediterranen Charakter und wirkt sehr beschwingt und duftig. Die Pflanzen sind zart im Wuchs, weniger bunt und nicht so saftig grün. Hier dominieren eher silbrige Töne.

Gerade unter den kurzlebigen Stauden befinden sich viele, die aufgrund ihrer geringen Lebenserwartung stark versamen und auf diese Weise für Nachwuchs sorgen. Dazu gehören Königskerzen, Nachtkerzen und die Vexiernelke (*Lychnis coronaria*). Die Samen keimen jedes Jahr an anderen Stellen im Garten, so entstehen ähnlich wie in der Natur ständig wechselnde Gartenbilder. Sie können die jungen Pflänzchen aber auch im Frühjahr jeweils einsammeln und dann an Plätze setzen, die Sie ihnen zugedacht haben.

Stauden für frische, feuchte Standorte

Auf feuchten Böden gedeiht eine ganz andere Wiesenflora. Im Juni findet die Hauptblüte der Wiesen-Iris (*Iris sibirica*) mit ihren vielen Sorten statt. Vom Charakter her passen die Taglilien (*Hemerocallis*-Arten) wunderbar dazu. Sie bilden ähnliche grasartige Blatthorste wie die Iris und ergänzen sich auch farblich sehr gut. Bei den Irisblüten überwiegen die blauen Farbtöne, bei den Taglilien gelbe. Im Juni beginnt die *Hemerocallis*-Blüte allerdings erst zaghaft. Es sind vor allem die Wildformen mit zartem Laub, die mit den ebenfalls zarten Irisblüten und deren schmalen Blättern harmonieren. Kontraste in der Wuchsform bilden dazu die großblättrigen gelbblühenden Ligularien (*Ligularia*-Arten/ Sorten) und die hellviolette Wiesenraute (*Thalictrum aquilegifolium*, → Seite 244) mit zartem, der Akelei ähnlichem Laub.

Pflanzideen für Juni/Juli

Nachdem Frühling und Vorsommer ihr Feuer in kräftigen Farben versprüht und ihre Üppigkeit bewiesen haben und bevor der Hochsommer mit Sommerblumen und hochsommerlichen Stauden seine ganze farbintensive Pracht entfaltet, legt die Vegetation an der einen oder anderen Stelle im Garten eine Pause ein. Diese Zeit zwischen zwei Blühhöhepunkten läßt sich recht unterschiedlich überbrücken. Rosenbeete können im Juni/Juli den Ton angeben, oder aber Sie integrieren Rosen in Staudenpflanzungen. Jetzt blühen auch eine Reihe von Pflanzen in zarten Pastelltönen, die besonders gut mit Rosen und vielen anderen Pflanzen harmonieren. In einem sonst eher bunten Garten wirkt es angenehm beruhigend, wenn eine Zeitlang an bestimmten Stellen zartere Pastelltöne anklingen. Sie können die Zeit bis zur vollen Blüte der Sommerblumen und der hochsommerlichen Stauden aber auch dadurch überbrücken, daß Sie geeignete, besonders frühe und späte Sorten einer Pflanzen-Art auswählen.

Pastellfarben blühende Pflanzen als Vermittler

Weiß und die Pastelltöne Rosa und Violett haben einen leicht nostalgischen Anklang und können wunderschön zwischen anderen Farben vermitteln. Diese gedämpften Farben sind auch besonders gut für größere Flächen geeignet. Zentrale Pflanzen sind hier Rosen für sonnige und Astilben (*Astilbe*-Arten/Hybriden) für schattige Lagen. Daneben gibt es viele andere Pflanzen in diesen Pastelltönen, wie Feinstrahl (*Erigeron*-Sorten) oder Indianernessel (*Monarda*-Hybriden). Mit dem strahlenden Weiß der Margeriten (*Leucanthemum-Maximum*-Sorten), dem leuchtenden Blau des Rittersporns (*Delphinium*-Hybriden) und kräftigen Rosa-, Rot- und Purpurtönen, wie von Rotem Sonnenhut (*Echinacea purpurea*) und intensiv gefärbten Indianernesseln, lassen sich zusätzlich Kontraste erzielen.

Zwiebelblumen. Zu den Pflanzen, die zeitlich, farblich und durch ihren straff aufrechten Wuchs eine Vermittlerrolle einnehmen, gehören die sommerblühenden Zwiebelgewächse (→ Seite 256/257) wie Lilie (*Lilium*-Arten/Sorten), Steppenkerze (*Eremurus*-Arten/Sorten) und Riesen-Lauch (*Allium giganteum*). Gerade in den Juniwochen, bevor die Sommerblumen richtig zur Blüte kommen, setzen sie dem Garten Glanzlichter auf. Riesen-Lauch und Steppenkerzen passen mit ihren Pastellfarben wunderbar zusammen, die hellen Farbtöne der Eremurus-Sorten ergänzen sich mit den violetten des Riesen-Lauches.

GARTEN TIPS & TRICKS

Pastellfarbene Pflanzen

Pflanzen Sie pastellfarbene Blumen nicht an volle Sonnenplätze. Dort wirken sie bleich und verwaschen. Sehr schön machen sie sich dagegen vor einer weißen Wand oder besser noch vor einer dunklen Hecke. Graue und silbrige Pflanzen oder die Umgebung von grauem Gestein lassen zarte Farben noch weicher erscheinen und dämpfen die kräftigen.

Pastellfarbene Kombination mit der Lilium-Hybride 'La Reve' und den kle

Sanfte Grautöne zu Blau und Purpur

Auch ihr Wuchscharakter ist ähnlich, beide lassen sich gut in Staudenbeete integrieren, besonders auf trockenen und durchlässigen Böden. Zusammen mit Schwertlilien (*Iris-Barbata*-Hybriden) und frühen Lilien, kombiniert mit graulaubigen, aromatischen Pflanzen, kommen sie dort bestens zur Geltung.

ßen Blüten der strahlenlosen Kamille (*Chamomilla suaveolens*)

Ton-in-Ton – nur zartes Weiß

Silbergrau – Stachys byzantina

Graulaubige Pflanzen. Die Schönheit graulaubiger sowie zartrosa und zartblau blühender Pflanzen erschließt sich am besten, wenn man sie aus der Nähe betrachtet. Die niedrigen unter ihnen sind besonders zur Gestaltung von Beeträndern geeignet, wie Wollziest (*Stachys byzantina*), der niedrige Ehrenpreis (*Veronica incana*), die blaugrau bereiften Nelkenpolster (zum Beispiel *Dianthus caesius*) oder die Edelraute (*Artemisia schmidtiana* 'Nana'), auch das weiß-, grau- und rosaschimmernde kriechende Schleierkraut (*Gypsophila repens*), Thymian (*Thymus serpyllum*) oder niedrige blau-grüne Gräserpolster (*Festuca*-Arten). Grau-grüner Lavendel (*Lavandula angustifolia*), Katzenminze (*Nepeta x faassenii*), weiße und hellrote Spornblumen (*Centranthus ruber*) sowie Salbei, etwa der aromatische Muskatellersalbei (*Salvia sclarea*), bieten sich als ideale Partner für alle rosa- und lilafarbenen Stauden, Sommerblumen und Rosen an (→ Rosen und Begleiter, Seite 110/111).
Solche Pflanzungen lassen sich auf vielen kleinen Flächen rund ums Haus, an der Terrasse oder am Weg vom Eingang zum Haus sowie als Vorpflanzung an einer Laube oder Pergola verwirklichen. Wichtig ist, daß es sonnige Lagen sind. Vor allem in der Verbindung mit Stein, Terrassen und Wegebelägen sind graulaubige und pastellfarben blühende Pflanzen sehr wirkungsvoll.

Früh- und spätblühende Sorten als Vermittler

Gibt es bei Ihnen im Juni/Juli einen kleinen Einbruch im Blühen, so können Sie ihn überbrücken, indem Sie bei der Auswahl der einzelnen Sorten darauf achten, daß jeweils sowohl früh- als auch spätblühende dabei sind. Gattungen, die große Sortimente umfassen, wie Rittersporn, Flammenblume (*Phlox*), Taglilie (*Hemerocallis*) und Astilbe, besitzen ein solch breites Blühspektrum. Durch die große Sortenvielfalt können Sie bestimmte Blühphasen nach vorne oder hinten verschieben, und es ergeben sich dadurch neue Kombinationsmöglichkeiten. Später Rittersporn und früher Phlox ergänzen sich zum Beispiel farblich sehr gut; ihre Blütezeiten überschneiden sich. Frühe Rittersporn-Sorten und späte Phlox-Sorten dagegen blühen nicht gemeinsam.

Ein Garten-Tagebuch hilft bei der Planung

Jahreszeitliche und klimatische Unwägbarkeiten sorgen immer für Überraschungen – zum Beispiel durch Verschiebung der Blütezeiten. Dadurch kann es auch einmal zu farblichen Mißklängen kommen, andererseits entstehen auf diese Weise manchmal durchaus gelungene Kombinationen. Mit Pflanzenkombinationen sollten Sie also äußerst vorsichtig umgehen. Planen Sie immer im Detail, wenn Sie besonders feine Farbabstimmungen wünschen. In einem Garten-Tagebuch können Sie den Verlauf der Jahreszeiten, Vegetationsentwicklungen und Blühzeitpunkte genau festhalten. Damit verschaffen Sie sich über Jahre hinweg einen guten Überblick über Ihre Gartenschätze, können ganz gezielt Nachbestellungen aufgeben, Lücken im Blühkalender füllen und vor allem mit der Zeit viele praktische Erkenntnisse gewinnen.

Pflanzideen für Juli/August

Im Juli/August ist Hochsommer, und der Garten präsentiert sich sehr farbenfroh. Die Sommerblumen (→ Seite 260 bis 265) haben jetzt ihren Höhepunkt erreicht, und bei den Stauden zeigen die Hochsommerblüher ihre Farben. Am besten gliedern Sie die Farbenfülle etwas und setzen an verschiedenen Stellen farbliche Schwerpunkte.

Farblich gliedern – aber wie?

Ein großzügiges Bild erreichen Sie, wenn Sie verschiedene Pflanzen-Arten kombinieren und dabei die gesamte Palette eines oder benachbarter Farbtöne ausschöpfen, wie dies mit Flammenblumen (*Phlox*-Arten/Sorten, → Seite 238/239), Indianernesseln (*Monarda*-Hybriden, → Seite 238/239) oder den Sonnenstauden (→ Seite 96/97 und 238/239) möglich ist. In kleinen Gärten sollten Sie sich allerdings immer auf wenige Sorten beschränken und dafür mit Sommerblumen in neutralem Weiß, etwa mit hohem und niedrigem Ziertabak (*Nicotiana sylvestris* und *Nicotiana x sanderae*), ergänzen. Andererseits können Sie einen Garten ganz monochrom anlegen, etwa in Rot oder Weiß. Dies setzt jedoch allerbeste Pflanzenkenntnis voraus, denn es genügt nicht allein, die weißblühenden Sorten der verschiedenen Pflanzen-Gattungen miteinander zu kombinieren. Blüten- und Laubfarben sowie Wuchsformen müssen harmonieren, damit keine Eintönigkeit entsteht.

Stauden für Rabatte und/oder Gehölzrand

Gerade im Hochsommer bei anhaltender Hitze und Trockenheit kann es auch für sonnenhungrige Pflanzen hilfreich sein, wenn lichter Baumbestand oder einzelne große Sträucher stundenweise etwas Schatten werfen.
Beetstauden benötigen im allgemeinen tiefgründigen, frischen, nährstoffreichen Boden, die meisten lieben einen vollsonnigen Platz. Einige Gehölzrand- oder Wiesenstauden bevorzugen dagegen lichten Schatten und etwas feuchteren Stand. Pflanzen, die in beiden Situationen zurechtkommen, sind Flammenblumen (*Phlox*-Paniculata-Hybriden) und Indianernesseln. Sie stammen aus nordamerikanischen feuchten Wiesen- und lichten Gehölzbereichen. Beide vertragen aber bei ausreichender Feuchtigkeit auch sonnigen Stand. Wesentlich schattenverträglicher sind die Prachtspieren (*Astilbe*-Hybriden, → Seite 244/245). Sie sorgen vor allem in naturhaften Anlagen in Verbindung mit Gehölzen zu dieser Jahreszeit für absolute Höhepunkte mit Farbkombinationen von Weiß bis Rot. Auf frischen Böden lassen sie sich auch gut in Staudenrabatten integrieren.

GARTEN TIPS & TRICKS

Monarda-Saatgutmischungen

Versuchen Sie die Anzucht doch einmal selbst (→ Seite 152/153). Es gibt im Handel Saatgutmischungen der Indianernesseln in sehr schönen Farben. In großzügigen Pflanzungen wirken die Monarden besonders eindrucksvoll. Am geeigneten Standort sind die Pflanzen sehr wuchsstark und können später problemlos geteilt werden.

Ton-in-Ton-Kombination mit Blutweiderich und Wiesenphlox

Hochsommerstauden mit vielen Sorten

Mit Flammenblumen und Indianernesseln läßt sich ein Teil des Gartens bunt und wiesenhaft gestalten. Viele verschiedene Sorten blühen in der Zeit von Juni bis September in den Farbtönen Weiß, Rosa, Rot, Violett. Mit ihnen können Sie farbliche Schwerpunkte bilden, sie eignen sich hervorragend als Leitstauden. Beide Pflanzen werden etwa 1 m hoch und zeichnen sich durch intensiven und würzigen Duft der Blüten beziehungsweise des Laubes aus.
Faszinierend ist bei beiden das breite Sortenspektrum und damit die möglichen Farbvariationen. Innerhalb der Sortimente existieren jeweils frühe (ab Ende Juni), mittlere (zweite Juli-Hälfte) und späte Sorten (ab Mitte August). Auf diese Weise erstrecken sich die Blütezeiten über mehrere Monate.
Die Farben der Indianernesseln umfassen das ganze Spektrum von Rottönen, einem Farbverlauf von Rosa bis Purpur. Diese eher kühle Ton-in-Ton-Malerei der Leitstauden wirkt am schönsten, wenn sie durch die Neutralfarben Weiß und Grün ergänzt wird. Die Farbpalette ist die gleiche wie beim Phlox, doch die Farbwirkung ist völlig anders, weil die Töne im Gegensatz zu den leuchtenden,

Pastellfarbene Gruppe mit Monarde (links), Phlox (rechts), hohem Kerzen-Ehrenpreis (Mitte) und cremefarbener Schafgarbe (vorne)

Feuerwerk der Astilben – robuste Farbgeber für halbschattige Plätze. Von Astilben gibt es viele Arten und Sortengruppen, die unterschiedlich hoch werden und zu unterschiedlichen Zeiten blühen, so daß Sie bei geschickter Kombination mit Prachtspieren von Juni bis September kräftige Farbtupfer an lichtschattigen Stellen setzen können. Im Foto oben die Astilbe-Arendsii-Hybriden 'Cattleya' (rosa), 'Diamant' (weiß) und 'Glut' (rot). Im Hintergrund eine Wald-Astilbe (Astilbe-Thunbergii-Hybride) mit lockeren Rispenähren

glänzenden Phloxblüten stumpf und matt sind. Sie besitzen im Gegensatz zu diesen keine Fernwirkung.
Passende Begleitpflanzen sind je nach Farbtönungen Mädchenauge (*Coreopsis*-Arten/Sorten, → Seite 239) und Schafgarbe (*Achillea*-Sorten, → Seite 236/237) in hellem Gelb. Die warmen Gelbtöne von Sonnenhut (*Rudbeckia*-Arten, → Seite 238/239) und Sonnenbraut (*Helenium*-Hybriden, → Seite 238/239) harmonieren besser mit den dunklen Farbtönen der Indianernessel. Niedrige und hohe Astern (*Aster*-Hybriden), hoher Ehrenpreis (*Veronica*-Arten/Sorten, → Seite 238/239) und Gräser sind gute Partner der spätblühenden *Monarda*-Hybriden.
Die Vorhut im Juni/Juli bilden bei den Flammenblumen die zierlichen Wiesenphloxe (*Phlox*-Maculata-Hybriden). Ihre weißen und rosa Blüten können Sie sehr wirkungsvoll mit den Blautönen von Feinstrahl (*Erigeron*-Sorten, → Seite 236/237) und Salbei (*Salvia nemorosa*, → Seite 234/235), aber auch der hübschen kontrastierenden gelben Nachtkerze (*Oenothera tetragona*, → Seite 237) kombinieren.

Pflanzideen für August/September

Wenn der Sommer seinen Zenit erreicht hat, kommt die Zeit der Sonnenstauden (→ Seite 238/239). Mit ihren warmen Farbtönen Gelb, Orange, Rot-Braun, Kupfer und Bronze kündigen sie langsam schon den Herbst an. Die Sonnenstauden sind robust und überwiegend lange blühend. Sie lassen sich gut miteinander, mit Sommerblumen und Gräsern kombinieren. Vor allem Sonnenbraut (*Helenium*-Hybriden), hoher und niedriger Sonnenhut (*Rudbeckia fulgida* 'Goldsturm' und *R. nitida*) und Sonnenauge (*Heliopsis helianthoides var. scabra*) sind wichtige Dauerblüher im spätsommerlichen Garten.

Ein Sommerbild wie ein Gemälde! Gelb in Gelb wurden hier vorwiegend einjährige Sommerblumen kombiniert. In Pulks erheben sich die Sonnenblumen (Helianthus annuus) über einem niedrigen Blütenteppich aus Studentenblumen (Tagetes tenuifolia)

Sonnenstauden und andere Stauden

Das warme Gold der Sonnenstauden harmoniert sehr schön mit den rotblauen und violetten Farbtönen der Indianernesseln (*Monarda*-Hybriden), Flammenblumen (*Phlox*-Arten/Sorten) und Herbstastern (*Aster*-Arten/Hybriden). Ergänzt wird solch ein Gartenbild ab September auch durch das sich bunt färbende Laub von Stauden und Gehölzen. Zusammen mit farblich passenden Stauden (→Seite 238/239) in dunkleren orange-gelben Tönen wie Montbretien (*Crocosmia*-Sorten), Kniphofien (*Kniphofia*-Arten/Sorten) und Taglilien (*Hemerocallis*-Sorten) entsteht ein »gelber Garten«.
Die Sonnenstauden wirken auch wunderschön, wenn sie sich von einem dunklen oder hellgrünen Hintergrund, etwa einer Hecke, abheben. Da diese Pflanzen sehr unterschiedlich im Wuchs sind, lassen sie sich auch schön miteinander kombinieren: etwa Sonnenhut als halbhohe Vorpflanzung, Goldrute (*Solidago*-Hybriden) und Sonnenbraut im Mittelfeld und hohe Stauden-Sonnenblumen (*Helianthus decapetalus*) im Hintergrund.

Sonnenbraut (Helenium-Sorten) – dankbare Sonnenstauden

Sonnenstauden und Sommerblumen

Die warmen, satten Gelbtöne der Sonnenstauden leuchten weithin und sind sehr dominierend. Innerhalb einer Pflanzengruppe gibt es oft Sorten in den verschiedensten Tönen und Schattierungen von Gelb bis Kupfer und von Bronze zu Rubinrot, so etwa bei der Sonnenbraut und den einjährigen Studentenblumen (*Tagetes*-Arten/Sorten). Zusammen mit den Orangetönen anderer Einjähriger (→ Seite 262 bis 265), wie der hohen Tithonie (*Tithonia rotundifolia*) und dem zierlichen Orangen-Schmuckkörbchen (*Cosmos sulphureus*), entstehen leuchtende Ton-in-Ton-Pflanzungen. Die dunkleren, matten Violettöne der Verbenen (*Verbena bonariensis* und *Verbena rigida*) besänftigen dagegen das intensive Sonnengelb. Reinweiße Blüten sollten Sie sparsam und nur in kleinen Tuffs in Sonnenstauden-Pflanzungen einstreuen. Cremefarbene und grüngelbe Blüten von Ziertabak-Arten (*Nicotiana x sanderae* und *Nicotiana sylvestris*) eignen sich weit besser. Weitere Sommerblumen-Beispiele finden Sie auf Seite 114/115 und 260 bis 267.

Wunderschön – Sonnenhut (*Rudbeckia fulgida*) und Goldrute (*Solidago*-Hybride)

Ganz besonders aparte Farbspiele erzielen Sie durch Kombination von Sonnenstauden mit dunkel- und karminroten Blüten oder mit dem roten Laub des wuchtigen, ornamentalen roten Rizinus (*Ricinus communis*), der hohen roten Gartenmelde (*Atriplex hortensis*), des Fuchsschwanzes (*Amaranthus caudatus*) und der Schwarznessel (*Perilla frutescens*). Die warmen Farbtöne strahlen zusammen mit den tiefdunklen Tönen sehr viel Harmonie aus. Auch dunkelrot blühende Gladiolen (*Gladiolus*-Hybriden, → Seite 258) und Dahlien (*Dahlia*-Sorten, → Seite 258), besonders die rotlaubige Dahlie 'Bishop of Llandaff', sind gelungene Ergänzungen.

Sonnenstauden und Gräser

Mit ausdauernden Gräsern (→ Seite 268/269) wie Chinaschilf (*Miscanthus sinensis*), Rutenhirse (*Panicum virgatum*) und Lampenputzergras (*Pennisetum alopecuroides*) können Sie die pflanzlichen Schwächen dieser meist hochwachsenden Beetstauden kaschieren, deren Laub um diese Zeit durch Trockenheit oder Pilzkrankheiten von unten her oft unansehnlich wird.

Pflanzideen für September/Oktober

Silbriges Pampasgras vor Purpur-Fetthenne im Herbstlicht

Herbstliche Rabatte mit Purpurdost (Eupatorium fistulosum), Kerzen-Knöterich (Polygonum amplexicaule) und Gräsern

Wenn der Herbst im Oktober seinen Höhepunkt erreicht, verlieren die Stauden nach und nach an Wirkung. Nun übernehmen die Gräser eine gewisse Führungsrolle im Garten, während sie im Sommer und Frühherbst eher als Begleiter der Stauden betrachtet werden können.

Lampenputzergras vor Chinaschilf und Verwandten

Gräser behalten noch lange in den Winter hinein ihre Gestalt und schmücken den Garten besonders bei Rauhreif. Vor allem die höheren Gräser, wie das Riesenpfeifengras (*Molinia arundinacea*, → Seite 268/269), fallen auf, wenn sich Halme, Blätter und Blütenrispen im Herbst golden verfärben. Andere Blütenstände, wie die des Silberfahnengrases (*Miscanthus sacchariflorus*) bleiben silbrig und wirken im Gegenlicht besonders attraktiv.

Wie lassen sich Gräser kombinieren?

Die neutralen Farben der Gräser beruhigen blühende Beete, und ihre Gestalt gibt Pflanzungen Halt und Struktur. Niedrige Gräser werden zusammen in Tuffs, höhere in kleine Gruppen oder einzeln gepflanzt.

Beetpflanzungen. Viele von den mittelhohen Gräsern, etwa das Pfeifengras (*Molinia caerulea*), können Sie zur Zwischenpflanzung im vorderen Beetbereich nutzen. Die blütentragenden Halme wachsen zwar hoch über die Gräserhorste hinaus, bleiben aber transparent. Mit den locker blühenden Grashalmen läßt sich im Garten eine reizvolle Schleierwirkung erzeugen, ähnlich wie sie von zartem Schleierkraut (*Gypsophila*-Paniculata-Hybriden, → Seite 238), dem Riesenschleierkraut (*Crambe cordifolia*, → Seite 237), den Wild-Astern (*Aster sedifolius* und *A. ericoides*, → Seite 240/241), die ebenfalls im Herbst blühen, oder Einjährigen wie dem Schleier-Eisenkraut (*Verbena bonariensis*, → Seite 264/265) hervorgerufen wird.

Hohe Gräser zwischen Stauden und Sommerflor können auch ein Raumgefühl vermitteln. Einzelne Horste genügen bereits; aber auch eine heckenartige, lockere Reihung von hohen, schmalen Gräsern, wie dem Reitgras (*Calamagrostis x acutiflora*, → Seite 268/269 und Foto, Seite 72) läßt Beetstauden wie blauen Rittersporn (*Delphinium*-Hybriden, → Seite 236/237), der im September ein zweites Mal blüht, die späten Sorten des roten Phlox (*Phlox*-Paniculata-Hybriden, → Seite 238/239) oder violette Herbstastern davor voll zur Wirkung kommen.

Das Reitgras als Hintergrund für herbstliche Stauden

Im September/Oktober gehen Gräser mit den letzten Blütenstauden und Sommerblumen noch einmal hübsche Verbindungen ein. Die warmen Goldtöne des reifen Grases harmonieren hervorragend mit dem intensiven Gelb der späten Sonnenstauden (→ Seite 96/97 und 238/239) und mit den Rot-, Violett- und Blautönen der verschiedenen Herbstastern (*Aster dumosus*, *Aster novi-belgii* und *Aster novae-angliae*, → Seite 240/241) und den verschiedenfarbigen Winter-Astern (*Dendranthema*-Hybriden, → Seite 240), aber auch mit den hohen späten Dahlien (*Dahlia*-Sorten, → Seite 258/259). Groß ist auch die Anzahl weiß- oder gelbbunter Gräser, wie das Stachelschweingras (*Miscanthus sinensis* 'Zebrinus'). Sie machen sich in bunten Staudenrabatten gut.

Naturnahe Pflanzungen. Weitere reizvolle Aspekte ergeben sich durch den Zusammenklang von Gräsern mit herbstlichem Laub- und Fruchtschmuck von Bäumen, Sträuchern und Stauden. Ideale Partner finden die Gräser in den Spätblühern (→ Seite 240/241) wie Fetthenne (*Sedum telephium* und *S. spectabile*), Eisenhut (*Aconitum carmichaelii*), Herbst-Anemone (*Anemone*-Japonica-Hybriden), weiße Oktober-Margerite (*Leucanthemella serotina*) sowie dem hohen Knöterich (*Polygonum amplexicaule*) oder der Lampionblume (*Physalis alkekengi var. franchettii*). Als besonders attraktiv erweist sich hier der ab September leuchtend rot werdende Spindelstrauch (*Euonymus alata*) mit seiner korkigen Rinde.

Gräser als Solitärpflanzen

Mit Gräsern lassen sich einem Garten gut grafische Strukturen und Akzente verleihen. Die linearen Formen der Gräser kontrastieren hervorragend mit runden und flächenhaften. Als Solitärs können sie die Wirkung besonderer Gartensituationen steigern und wie eine Skulptur oder ein Gehölz plaziert werden. Allerdings sollten Sie sie nie ganz freistellen. Herrliche Pampasgräser (*Cortaderia selloana*, → Seite 268/269) allein im Vorgarten wirken einsam und verloren. Kombiniert mit kleinen Sträuchern, Koniferen oder Heidekräutern kommen sie besser zur Geltung. Nach dem Rückschnitt der Gräser im Frühjahr bleibt in solchen Kombinationen immer noch das Gerüst aus Gehölzen bestehen.

Purpur-Fetthenne mit violetten Kissenastern

Die Blüten der Fackellilien (Kniphofia-Hybriden) vermischen sich mit der von Prachtkerzen (Gaura lindheimeri) und Kissenastern

Pflanzideen für den Winter

Ein winterlicher Garten muß nicht eintönig und kahl sein. Er verändert nur seinen Charakter, wenn alles Bunte und leuchtend Grüne verblaßt ist. Nun treten die Strukturen der Gehölze und Gräser in den Vordergrund, jetzt zeigt sich, ob Sie sorgfältig geplant haben. Bedenken Sie schon bei der Wahl der Gehölze, daß sie fast ein halbes Jahr lang – meist in unbelaubtem Zustand – den Charakter des Gartens prägen.

Strukturen durch Wuchs- und Blattformen

Viele Blätter sind in der ersten Winterhälfte noch vorhanden, bevor sie verrotten. Den ganzen Winter über kommen hingegen die vielfältigen Wuchsformen zum Tragen: lineare, elegante und kompakte, straff aufrechte und bogig überhängende Wuchsformen, flächiger und hoher Wuchs. Vor allem wo größere gerüstbildende Gehölze fehlen, ist es wichtig, Pflanzen mit kontrastierenden und lange haltbaren Wuchsformen zu kombinieren, um dauerhafte Konturen, Linien und Strukturen im Garten zu erhalten. Pflanzengruppen, die auch im Winter zur Geltung kommen, sind vor allem Gehölze wie Bäume und Sträucher. Dazu kommen Gräser und die dekorativen trockenen Blüten und Samenstände von Stauden, wie der Herbst-Anemonen (*Anemone*-Japonica-Hybriden) oder der Prachtspieren (*Astilbe*-Arten/Hybriden), und Wildkräuter, wie Wilde Karde (*Dipsacus sylvestris*) oder Johanniskraut (*Hypericum perforatum*). Sie nehmen bei Rauhreif oder Schnee teilweise eine neue Gestalt an, wobei ihre grazilen Konturen betont werden.

Winterliche Grafik am Wasser mit Seerosenblättern im Rauhreif

Strukturen durch immergrüne Pflanzen

Während der Vegetationsruhe gibt es einige immergrüne Pflanzen, die in den winterlichen Garten belebendes Grün bringen. Immer- und wintergrüne Gehölze (→ Seite 102/103 und 212 bis 213), niedrige Bodendecker, immergrüne Blattschmuckstauden, wie Bergenien (*Bergenia*-Hybriden), Kletterpflanzen (→ Seite 216 bis 221), wie Efeu (*Hedera-helix*-Sorten, → Seite 216 bis 221) und Geißblatt (*Lonicera henryi*) sowie wintergrüne Farne – sie alle verleihen dem winterlichen Garten Farbe und abwechslungsreiche Formen. Am deutlichsten

kommen die Strukturen immergrüner Gehölze in einem winterlichen, formal gestalteten Garten zur Geltung. Immergrüne geschnittene Hecken, etwa aus Buchs (*Buxus sempervirens*) oder Eibe (*Taxus baccata*), und die verschiedenen Formgehölze gliedern einen Garten nicht nur im Sommer, sondern gerade im Winterhalbjahr, wenn das Umfeld bunter Blüten und Blätter fehlt.

Früchte, Rinde und Äste

Nicht nur die grünen Pflanzenteile der Immergrünen schmücken den winterlichen Garten, auch fruchttragende Gehölze wie Zieräpfel (*Malus*-Arten), Feuerdorn (*Pyracantha-coccinea*-Sorten) mit hell- und dunkelorangen Beeren, die Schönfrucht mit ihren lila Perlchen (*Callicarpa bodinieri*) oder verschiedene rote Mispeln (*Cotoneaster*-Arten/ Sorten) bringen vereinzelte Farbtupfer in das winterliche Gartenbild. Die Früchte verschwinden allerdings mit der Zeit, denn sie sind ein beliebtes Vogelfutter. Im übrigen werden sie mit der Zeit unansehnlich oder fallen ab.
Einige Pflanzen lenken im Winter durch besondere Rindenfärbung den Blick auf sich, wie Birken (*Betula*-Arten) und der Purpur-Hartriegel (*Cornus alba* 'Sibirica') mit roten Zweigen oder der Hartriegel (*Cornus sericea* 'Flaviramea') mit gelb-grünen Ästen. Die jüngsten Triebe sind immer am intensivsten gefärbt.
Andere macht die Stellung oder Form der Äste zum Blickfang, wie bei der bizarren Aralie (*Aralia elata*), dem Etagen-Hartriegel (*Cornus controversa*), der Korkenzieherhasel (*Corylus avellana* 'Contorta') oder der Korkenzieherweide (*Salix matsudana* 'Tortuosa').

Die Wasservegetation verliert auch im Winter nicht an Reiz

Feine lineare Strukturen wechseln sich mit kompakteren Formen ab – beides bringt der Rauhreif verstärkt zum Ausdruck. Vor den filigranen Grasrispen die überzuckerten Trugdolden der Pracht-Fetthenne (Sedum spectabilis)

Immergrüne Bepflanzungen

Für Gartenfreunde, die ihren Garten vor allem als Oase der Entspannung genießen möchten, ohne sich in Pflegearbeiten zu erschöpfen, ist der Garten mit immergrünen Gehölzen (→ Seite 212 bis 215) ohne viele, pflegeaufwendige Blütenpflanzen eine interessante Alternative. Natürlich gibt es den absolut pflegefreien Garten nicht. Auch ein Garten mit immergrünen Gehölzen muß gepflegt und getrimmt werden. Andererseits kann ein geometrisch geformter immergrüner Garten, der aus kunstvoll geschnittenen Laub- und Nadelgehölzen besteht, zur faszinierenden grünen Architektur werden. In solchen Gärten ist allerdings der Wechsel der Jahreszeiten mit ihren Farbvariationen von Blüten und Blättern kaum spürbar.

Heidebepflanzung mit Immergrünen

Immergrüne Gehölze als Kulisse

Wem ein ausschließlich immergrüner Garten auf die Dauer zu eintönig ist, kann immergrüne Gehölze immerhin als Rahmen oder als dauerhafte Kulisse für Blütenpflanzen im Wechsel der Jahreszeiten benutzen.

- Die immergrünen Gehölze bilden im Winter in den Gärten dauerhafte Strukturen und bringen Farbe.
- Ob frei wachsend oder geschnitten, Immergrüne lassen sich hervorragend als gliedernde, struktur- und raumbildende Elemente verwenden.
- Weil Immergrüne sich im Laufe des Jahres kaum verändern, bringen sie Ruhe in den Garten und dienen als dunkle Kulisse, vor der hellere und bunte Laubtönungen oder helle und bunte Blütenfarben erst richtig zur Geltung kommen. Gleichzeitig sind sie ein ausgleichender Hintergrund für unruhige Wuchsformen (→ Foto, Seite 81).

GARTEN TIPS & TRICKS

Warnung

Einige Immergrüne wie Eibe, Schneeball und Seidelbast, Efeu, Spindelstrauch, Kirschlorbeer, Heckenkirsche und Ysander sind zur Gänze giftig oder haben giftige Früchte. Wer Kleinkinder oder Haustiere hat, sollte diese Pflanzen meiden.

Welches Gehölz für welchen Garten?

Für den durchschnittlich großen Garten von etwa 300 m^2 ist die Auswahl an immergrünen Gehölzen nicht allzu groß. Denn viele baumartige Nadelgehölze wachsen zwar relativ langsam, werden aber sehr hoch und – abgesehen von den säulenförmig wachsenden – auch sehr breit. Die erwünschte Höhe erreichen sie erst nach Jahrzehnten, doch oft sprengen sie schon lange vorher den Gartenraum. Mit einem kritischen Blick in Nachbargärten können Sie die Schwierigkeiten rasch erkennen. Die große Kunst besteht darin, die Art zu finden, die auch nach Jahren noch zur Größe des Gartens paßt. Den reizenden Pflänzchen sieht man in der Baumschule nicht an, welche Wuchskraft in ihnen steckt. Im Gegenteil, anfangs wachsen sie viel zu langsam für die Wünsche des Gartenbesitzers, denn er möchte ja möglichst rasch eine Kulisse, einen Raum oder Markierungspunkte im Garten schaffen. Lassen Sie sich also beim Kauf gut beraten, und informieren Sie sich vorab. Andernfalls kann es passieren, daß der Garten völlig verschattet wird oder daß eines Tages ein schönes altes Gehölz gefällt werden muß, was gewisse Schwierigkeiten birgt (→ Seite 22).

Bei den immergrünen Laubgehölzen besteht dagegen diese Gefahr kaum. Sie werden längst nicht so groß und lassen sich mit einem Formschnitt ebenso wie die Koniferen Eibe (*Taxus*-Arten), Lebensbaum (*Thuja*-Arten) oder Scheinzypresse (*Chamaecyparis*-Arten) gut im Zaum halten.

Immergrüne Nadelgehölze (→ Seite 214/215). Es gibt sie in sehr interessanten und vielgestaltigen Formen. Ihre Farben variieren zwischen Hellgelb, Hellgrün, silbrigem, goldenem, bläulichem und dunklem Grün. Verschiedene Wacholder (*Juniperus*-Arten), Scheinzypressen (*Chamaecyparis*-Arten) oder Kiefern (*Pinus*-Arten) lassen sich zu reizvollen Gruppen zusammenstellen. Von einer Kombination mit großen Laubgehölzen sollten Sie dagegen absehen, da diese die Koniferen über kurz oder lang, je nach Abstand der Pflanzen, bedrängen.

Säulenförmig wachsende Nadelgehölze eignen sich besonders für formal gestaltete Gärten, als Begleiter für Heide-

Moderner formaler Garten mit flächig geschnittenem Buchs

Immergrüne als Kulisse (Eibe) und Beeteinfassung (Buchs)

kräuter, für Gärten mit südlichem Flair und für parkartige Anlagen.

In anderen Fällen – besonders in einem Naturgarten – wirken säulen- und pyramidenförmige Koniferen etwas befremdlich. Hier sollten Sie abgesehen vom Säulenwacholder möglichst nur Eibe (*Taxus baccata*), Kiefern (*Pinus sylvestris* und *P. mugo*) sowie heimische Wacholder (*Juniperus communis*) pflanzen.

Eine Sonderstellung nehmen Zwergkoniferen ein. Sie wachsen extrem langsam und kommen am besten in Steingärten zusammen mit kleinen immergrünen Blütengehölzen wie Sonnenröschen (*Helianthemum*-Sorten), Schleifenblume (*Iberis sempervirens*), Seidelbast (*Daphne cneorum*) und Johanniskraut (*Hypericum calycinum*) sowie niedrigen Steingartenstauden zur Geltung. Auch für Heidegärten (→ Seite 108/109) sind sie gut geeignet.

Immergrüne Laubgehölze (→ Seite 212/213). In unseren nördlichen Breiten finden sich nur wenige winter- und immergrüne Laubgehölze. Heimisch sind lediglich Stechpalme (*Ilex*-Arten/Sorten), Wacholder und Efeu (*Hedera-helix*-Sorten). Sie sind klimatisch weniger anpassungsfähig als Koniferen und sollten einen geschützten Standort erhalten, zum Beispiel unter Baumkronen, in Gebäudenähe, vor Hecken oder Mauern. Immergrüne Laubgehölze sind – im Gegensatz zu den Koniferen mit Ausnahme der Eibe – meist schattenverträglich. Im Winter besteht für sie wie für die Nadelgehölze die Gefahr des Vertrocknens, wenn der Boden über längere Zeit gefroren ist, Sonne und Wind die Verdunstung aber fördern. Ihr Vorteil gegenüber den Koniferen: Sie wirken im Garten lebendiger und natürlicher. Für naturnahe Gärten besonders zu empfehlen sind Buchsbaum in freiwachsender Form, Stechpalme, Spindelstrauch (*Euonymus-fortunei*-Sorten), Berberitzen (*Berberis*-Arten), Kirschlorbeer (*Prunus laurocerasus*), Mispel-Arten (*Cotoneaster*-Arten), Schneeball (*Viburnum rhytidophyllum*) und Heckenkirsche (*Lonicera*-Arten/Sorten) sowie Feuerdorn (*Pyracantha coccinea*) und Efeu. Rhododendron und seine Verwandten gedeihen nur in leicht sauren, also kalkarmen Böden. Auch als Bodendecker sind einige Wintergrüne wie Ysander (*Pachysandra terminalis*), Johanniskraut, Immergrün (*Vinca minor*) und Gamander (*Teucrium chamaedrys*) sehr gut geeignet.

Pflanzideen für schattige Gärten

Ein schattiger Garten muß kein Nachteil sein. Es gibt eine Fülle attraktiver Pflanzengesellschaften, die im Schatten gedeihen, und reiche Gestaltungsvarianten. Pflanzen in schattigen Lagen haben ihren eigenen Reiz, besonders im Zusammenspiel mit Licht und Schatten.
Fast jeder ältere Garten ist mehr oder minder stark beschattet. Besonders schattig sind Standorte unter Gehölzen oder vor einer Hecke, die mit den Jahren zu wuchern begann, sowie Plätze bei Gebäuden und Mauern. Auch ein einzelner breit ausladender Obstbaum läßt im Sommer oft kaum Licht durchdringen. Die Nordseite eines Hauses oder ein Innenhof erhalten ebenfalls wenig Sonne. Aufgabe jedes Gärtners ist es, mit entsprechender Bepflanzung die unterschiedlichen Lichtverhältnisse auf seinem Grundstück aufzufangen.

Tiefer und lichter Schatten

Ausschlaggebend für die Wahl der passenden Pflanzen sind Boden, Klima und Feuchtigkeit sowie die speziellen Lichtverhältnisse. Hier unterscheidet man zwischen tiefem und lichtem Schatten. Die reizvollsten Gartenbilder entstehen im Halbschatten, an Stellen, die einige Stunden am Tag Sonne bekommen, oder im Schattenwurf eines Blätterdaches, das Licht nur filtert und nicht ganz abschirmt. Für diese Lichtverhältnisse ist die Auswahl an Pflanzen am größten. Hier gedeihen auch noch solche Pflanzen, die sonst eine offene, sonnige Lage vorziehen, wie die Indianernessel (*Monarda*-Hybriden, → Seite 238/239) oder hohe *Veronica*-Arten (→ Seite 239). Im lichten Schatten halten Blüten meist länger als in der Sonne. Günstig sind Nordost- und Ostlagen: Viele Pflanzen mögen Morgenlicht mehr als die Nachmittagssonne, die mit ihren Strahlen den Boden stärker austrocknet.
Trockenheit ist überhaupt die größte Gefahr für Pflanzungen. Solange der Boden mit einer Humusschicht bedeckt ist und Feuchtigkeit und Luftfeuchtigkeit vorhanden sind, fühlen sich schattenliebende Pflanzen, wie die Trugerdbeere (*Duchesnea indica*) oder das Immergrün (*Vinca*-Arten) wohl, auch wenn im Sommer das Blattwerk über ihnen dichter wird.
Echte Problemzonen, die sich nur schwer gestalten lassen, entstehen dort, wo tiefer Schatten und Trockenheit zusammenkommen: im Regenschatten von Gehölzen oder Gebäuden, wenn die Wurzelkonkurrenz großer Bäume und unverträgliche Laub- und Nadelstreu den Pflanzenwuchs erschweren. An solchen Stellen gedeihen nur noch einige Gräser und Moose sowie die wuchernde Goldnessel (*Lamiastrum galeobdolon*) oder die robuste Kaukasus-Wallwurz (*Symphytum grandiflorum*).
Wichtig: Durch ständiges Mulchen und zusätzliches Bewässern sowie Kompostgaben können Sie auch an solchen Stellen eine Humusschicht aufbauen, auf der sich schattenliebende Pflanzen wohl fühlen.

Ideale Schattenbepflanzung – Funkie, Farn und Efeu

Gestalten mit Pflanzen in schattigen Lagen

Die Pflanzen, die mit wenig Sonne auskommen, haben von der Natur oft kleinere Blüten, dafür aber andere Mitgift erhalten: ornamentales Blattwerk oder eine ausdrucksvolle Struktur, etwa das Schaublatt (*Rodgersia*-Arten, → Seite 244/245) oder die Ligularie (*Ligularia*-Arten) – beides hochwachsende, imposante Stauden. In schattigen Lagen erzielen vor allem diese großblättrigen Pflanzen gute Wirkung sowie die beliebten Funkien (*Hosta*-Arten/Sorten) mit ihrem interessant geformten und gefärbten Laub. Es gibt aber auch einige hübsche Blütenstauden für halbschattige und schattige Standorte, wie Glockenblumen (*Campanula latifolia*, → Seite 244/245) oder Geißbart (*Aruncus dioicus*, → Seite 244). Zwischen dem Austrieb im Frühjahr und der Laubfärbung im Spätherbst erstreckt sich das meist dezente Farbenspiel dieser Schattenpflanzen-Blüten. Besonders die dezenten Blüten in Weiß, Creme, Gelb und Rosa bringen Licht in dunkle Gartenteile. Ausnahmen bilden Astilben (*Astilbe-Arendsii*-Hybriden, → Seite 244/245), Fingerhut (*Digitalis*-Arten, → Seite 244/245) und Primeln (*Primula*-Arten, → Seite 278/279) mit kräftigeren Farben.

Garten im lichten Schatten hoher Bäume. Solche Lagen sind bei kalkarmem Boden genau richtig für Rhododendron

Eisenhut, großblumiger Ziest, Frauenmantel und andere

Vogeltränke zwischen Hortensien und Funkien

Neben den ornamentalen Blattschmuckstauden eignen sich für schattige Gartenteile die filigranen Farne (→ Seite 272/273), aber auch viele Waldgräser (→ Seite 270/271) und bodendeckende Stauden (→ Seite 246/247). Zusammen bilden sie einen dichten grünen Teppich, wenn der Boden feucht und humos genug ist.

Einen ganz besonderen Zauber entwickeln halbschattige Bereiche unter frisch austreibenden Laubgehölzen, wenn kleine frühlingsblühende Zwiebelgewächse, Narzissen (→ Seite 112/113, 250/251 und 254/255) und frühe Stauden in der Zeit von Februar bis Mai einen zartbunten Blütenteppich bilden.

Pflanzideen für Steingärten

Ein Steingarten ist eine kleine Welt für sich. Seine Flora kann das ganze Pflanzenspektrum umfassen: Laub- und Nadelgehölze, Halbsträucher, Stauden, Gräser, Farne, Zwiebel- und Knollengewächse. Die Pflanzen kommen aus alpinen Gebieten rund um den Erdball, aus der Felssteppe, aus Wiesen und Wäldern. Alle Mitglieder dieser multikulturellen Gesellschaft zeichnen sich durch niedrigen, langsamen Wuchs aus; Polster- und Rosettenformen sind häufig vertreten (→ Seite 242/243). Typisch für die sonnenliebende Steingartenflora ist auch silbrig-graues, bläulich-bereiftes oder sukkulentes Blattwerk. Der Blütenhöhepunkt eines Steingartens liegt vor allem im Frühjahr. Aber mit etwas Geschick bei der Pflanzenauswahl können Sie hier auch noch im Spätherbst Blüten genießen.

In ihrer natürlichen Umgebung sind diese Pflanzen stark vom umliegenden Gestein geprägt, es beeinflußt ihr Wachstum und ist für das Mikroklima unverzichtbar. Im Flachland benötigen die Pflanzen diesen Schutz in der Regel nicht, hier dient das Gestein mehr als naturhafte Kulisse. Der Boden muß jedoch in seiner Zusammensetzung auf die entsprechenden Pflanzen abgestimmt werden.

Die besten Voraussetzungen für einen Steingarten bietet ein nach Süden orientiertes Grundstück mit natürlichem oder künstlichem Gefälle. Oft genügt schon ein Höhenunterschied von einem halben bis zu 1 m. Einen Steingarteneffekt erzielen Sie auch, indem Sie kleine Trockenmauern (→ Seite 50/51) oder einen Steinwall anlegen.

In großen Gärten oder in ländlicher Umgebung wirken naturhafte Steinanlagen am schönsten, auch in Kombination mit einem Bach. Im städtischen Umfeld empfiehlt sich dagegen ein streng angelegter Steingarten, der zum Stil des Hauses paßt und auch vom Material her eine harmonische Ergänzung zu Terrasse, Wegen oder Treppen bildet. Es sind eigentlich in Stein gefaßte Beete, die einen ganz anderen dekorativen Charakter haben als natürliche Steinanlagen. Wenn Ihnen nur wenig Platz zur Verfügung steht, können Sie auf Troggärtchen zurückgreifen. Besonders Gefäße aus Naturstein eignen sich für Miniatur-Steingärten – vor allem für Raritäten.

Steine – Funktion und Wirkung

Steine bilden das Gerüst einer Steingartenanlage, sie gliedern die Fläche und verhindern, daß der Boden abrutscht. Die große Kunst besteht darin, die Steine so in einer

Felssteppenähnliche Bepflanzung mit hellblauem/weißem Lein (hinten), davor Sonnenröschen, Junkerlilie und Goldwolfsmilch

Böschung zu verlegen, daß der Eindruck entsteht, sie seien dort auf natürliche Weise hingelangt. Dazu gibt es einige praktische wie gestalterische Kriterien, die Sie beachten sollten (Seite 140/141).

• Bevor Sie die Steine versetzen, sollten Sie die Fläche von Wurzelunkräutern wie Giersch (*Aegopodium podagraria*), Quecke (*Agropyron repens*), Schachtelhalm (*Equisetum arvense*) und Ackerwinde (*Convolvulus arvensis*) säubern; sie können schnell zur Plage werden.

• Das Größenverhältnis zwischen Steinen und Fläche muß stimmen. Nehmen Sie für kleinere Flächen keine übergroßen Steinbrocken. Verwenden Sie außerdem lieber wenige größere als zu viele kleine Steine und möglichst durchgehend einheitliches Material.

• Die schönsten und größten Brocken sollten einzeln arrangiert werden, kleinere wirken am besten, wenn sie in Gruppen verlegt sind.

• Gleichförmigkeit vermeiden Sie, indem Sie die Gesteinsbrocken unregelmäßig verteilen. Blockartiges Material macht sich jedoch in gleichmäßiger Schichtung und Neigung besser, Vorsprünge sowie unregelmäßige Höhen und Stufen lassen den Einbau natürlicher wirken.

Mauern mit Hornkraut, Spornblume und gelbem Lerchensporn

Sternmoos, Steinnelke und Hafer

• Besonders große und interessante Einzelstücke können auch hochkant versetzt werden. Sie sollten dann aber am Fuß des Hanges frei stehen. Mit niedrigen Pflanzen umgeben oder kombiniert mit einem Solitär, etwa einer kleinen Bergkiefer (*Pinus mugo*) oder Wildrose (*Rosa glauca* oder *Rosa rubiginosa*), wirken sie am besten.

• Legen Sie zwischen den Steinen möglichst ebene Flächen für die Bepflanzung an, und glätten Sie das gesamte Erdreich um die Steine herum mit dem Rechen.

• Verlegen Sie zusätzlich Trittplatten und Stufen (möglichst aus dem gleichen Gesteinsmaterial), sie erleichtern die Pflege der Anlage.

• Mit kleineren Steinen und Schotter kann der Boden zwischen den Pflanzen abgedeckt werden. Das sieht schön aus und ist gut für nässeempfindliche Pflanzen.

Bodenvorbereitung und Pflanzung

Die beste Voraussetzung für einen Steingarten ist eine vollsonnige Lage und lockerer, wasserdurchlässiger, humoser Untergrund, der jedoch nicht zu nährstoffreich sein darf. Fast alle Gebirgspflanzen brauchen Feuchtigkeit, vertragen aber keine stauende Nässe. Je nach Bodenverhältnissen und Bepflanzung ist eine 20 bis 30 cm tiefe Dränageschicht aus Sand und Schotter zu empfehlen.

Wenn die Steine liegen (→ Seite 140), sollten Sie den Boden gründlich lockern und auf die Pflanzung vorbereiten. Viele Steingartengewächse verhalten sich Kalk im Boden gegenüber neutral oder sind sogar kalkliebend. Den kalkfliehenden müssen Sie getrennte Standorte zuweisen. Unter den Steingartenpflanzen gibt es auch einige schattenverträgliche, die es im Wurzelbereich kühl und feucht lieben. Sie kommen besser in den Schatten eines Steins.

Die Stirnseiten der Steine sollten nicht durch hohe Pflanzen verstellt werden, hierher gehören niedrige rasenbildende Stauden wie Nelken (*Dianthus*-Arten) und Polster-Phlox (*Phlox subulata*, → Seite 242/ 243) sowie Zwiebelblumen, zum Beispiel Tulpen- und Narzissen-Wildformen oder niedriger Zierlauch (*Allium moly*).

Auf die Kuppe über einem Steinblock können hingegen auch kleinere Gehölze und etwas höhere Pflanzen gesetzt werden; sie geben der Anlage Raumwirkung. Koniferen und Immergrüne bilden neben den Steinen die beständige, den Winter überdauernde Struktur des Steingartens.

GARTEN TIPS & TRICKS

Steine richtig setzen

Jeder Stein braucht einen festen Untergrund aus Schotter. Der Boden muß vorher festgestampft werden, damit die Steine nicht wackeln oder absacken können. Versetzen Sie das Gestein immer mit der breiten Seite nach unten; es sollte zur Hälfte oder zu einem Drittel im Boden stecken, wobei die Vorderfront gut sichtbar sein sollte (→ Seite 140). Damit das Wasser ablaufen kann, müssen die Steine leicht hangwärts geneigt sein.

Pflanzideen für Heidegärten

Heidegärten brauchen Raum, um wirken zu können. Die Natur beweist dies hinreichend mit den weiten rosaroten Blütenteppichen etwa der Lüneburger Heide. Wenn Sie sich für eine Bepflanzung mit Heidekräutern entscheiden, sollten Sie Ihren Garten ganz oder zumindest teilweise darauf abstimmen. Voraussetzung für einen Heidegarten ist ein vollsonniger Platz sowie ein nährstoffarmer, möglichst kalkfreier, durchlässiger und sandig-humoser Boden und hohe Luftfeuchtigkeit, entweder in mildem Seeklima oder dort, wo winterliche Schneedecken Schutz bieten. Heidekräuter müssen regelmäßig zurückgeschnitten werden, damit sie nicht von unten verkalken und blühfaul werden. Winter- und Frühjahrsblüher nach der Blüte, Sommer- und Herbstblüher im Frühling schneiden!

Heidekräuter im Garten

Heidekräuter bestechen nicht nur durch das Farbspiel ihrer Blüten in Weiß, Rosa-, Lila- und Rottönen, sondern auch durch ihre vielfältige Laubfärbung. Neben der Besenheide (*Calluna vulgaris*-Sorten) finden vor allem die Schneeheide (*Erica carnea*), Irische Heide (*Daboecia cantabrica*) und Cornwallheide (*Erica vagans*) im Heidegarten Verwendung. Die Zwergsträucher blühen zu unterschiedlichen Zeiten – Sie können sich also bei geschickter Anpflanzung das ganze Jahr über an Ihrem Heidebeet erfreuen. Im Winter, Frühling und Spätsommer besitzt es großen farblichen Reiz, zu anderen Zeiten können Begleitpflanzen Akzente setzen. Hier eignen sich andere Erikagewächse, Koniferen und Ziersträucher.

Die Schneeheide (Erica carnea) blüht von Dezember bis April

Begleiter für trockenere Standorte. Einen naturhaften Heidegarten sollten Sie leicht modelliert anlegen und durch unterschiedlich hohe Bepflanzung auflockern, damit die Fläche nicht eintönig wirkt. Als Nachbarn eignen sich hier Birken (*Betula*-Arten, → Seite 206/207), Ebereschen (*Sorbus*-Arten, → Seite 214/215), größere und kleinere Kiefern-Arten (*Pinus sylvestris*, *P. mugo*, *P. parviflora*, → Seite 214/215) sowie verschiedene

Gelungene Heidegarten-Bepflanzung mit gerüstbildenden Gehölzen wie Eibe, Wacholder und Scheinzypresse

Wacholder (*Juniperus*-Arten, → Seite 214/215), aber auch Blütensträucher, wie Wild- und andere Strauchrosen (→ Seite 228/229), Ginster (*Cytisus*-Arten, → Seite 210), Goldregen (*Laburnum*-Hybriden, → Seite 206/207) und Feuerdorn (*Pyracantha coccinea*, → Seite 212/213). Vor dieser Kulisse wirken die niedrig bleibenden Heidekräuter am besten, wenn sie in verschieden großen Tuffs von mindestens 20 bis 25 Stück gepflanzt werden. Die Proportionen der Flächen, die Blütezeiten der Pflanzen, ihre Farben und ihr Wuchscharakter müssen aufeinander abgestimmt sein. Kleine Gruppen von polsterartig wachsenden, aber auch höher wachsenden grünen und graublauen Gräsern lokkern diese Pflanzflächen auf. Niedrige Ziergehölze, wie Bartblume (*Caryopteris*-Hybriden, → Seite 210) oder Silberstrauch (*Perovskia*-Arten), sind hübsche Partner. Zum Charakter eines Heidegartens passen auch einige trockenheitsliebende und rasenbildende Stauden. Nelken (*Dianthus*-Arten, → Seite 243), Thymian (*Thymus*-Arten, → Seite 243), und Wollziest (*Stachys byzantina*, → Seite 237) sowie flach wachsende Sorten von Astern (*Aster dumosus*, → Seite 240/241) und Nachtkerze (*Oenothera missouriensis*) eignen sich gut für die Randgestaltung. Zwischen den

Die Besenheide (Calluna vulgaris) blüht von Juni bis Oktober

Heideflächen kommen höhere Solitärstauden wie Königskerze (*Verbascum*-Arten, → Seite 234/235), Distel-Arten (*Eryngium*-Arten) und einige Zwiebelgewächse, etwa Lilien (*Lilium*-Arten/Sorten, → Seite 256/257) und Zierlauch (*Allium*-Arten, → Seite 256/257) gut zur Geltung.

Begleiter für feuchtere Regionen. Heidegärten in luftfeuchten Gebieten können ganz eigenen Charakter haben. Hier spielen Nadelgehölze als Begleiter die Hauptrolle (→ Seite 214/215). Sie erweitern die Palette der Grünschattierungen. Dieser Typ Heidegarten ist im Winter besonders attraktiv. Hier eignet sich vor allem die kalkverträgliche Schneeheide. Bei sauren Bodenverhältnissen und in leicht schattigen Lagen läßt sich das Heidethema durch andere Mitglieder der Heidekraut-Familie (*Ericaceae*) erweitern.

Rosen und Begleiter

Rosen sind etwas Besonderes – die Schönheit ihrer Blüten, ihre teils lange Blütezeit und die Sortenvielfalt machen sie so beliebt. In den vergangenen Jahrzehnten verloren sie etwas von ihrer Sonderstellung, wurden dafür aber immer mehr in die Gemeinschaft der übrigen Gartenpflanzen aufgenommen. Neue reich- und öfterblühende Sorten und die zahlreichen kleinen Zierstrauchrosen lassen sich so vielseitig wie noch nie verwenden. Sie passen in jede Art von Garten, in kleine, in große, in formale und in frei gestaltete. Sie lassen sich überall gut integrieren und brauchen kein Extrabeet, wie es früher üblich war. Es hat sich gezeigt, daß Rosen in Rosenbeeten, also in Monokultur, anfälliger für Krankheiten und Schädlinge sind als in Kombinationspflanzungen. Rosen wollen generell gut gepflegt werden; sie brauchen offenen Boden sowie freien, luftigen und sonnigen Stand. Durch geschickte Verbindung von Rosen und anderen Pflanzen entstehen schöne Gartenbilder. Passende Begleiter können die Wirkung der Rosen noch steigern.

Treffpunkt der optimalen Rosen-Begleiter – Schleierkraut, Frauenmantel,

Tips zum Pflanzen

Rosen nehmen die Konkurrenz von anderen Pflanzen im Wurzelbereich übel, können aber problemlos Gemeinschaften bilden, wenn Sie bestimmte Regeln beachten:

- Unterpflanzen Sie Rosen nicht gänzlich, sondern pflanzen Sie sie immer tuffweise, Strauchrosen auch einzeln.
- Zwischen den Gruppen sollten Sie größere Abstände halten und die Lücken mit geeigneten Partnern oder Begleitern füllen, besonders auch mit solchen, die im Frühling und Herbst blühen, wie frühe Polsterstauden, Zwiebelgewächse und späte Sedum- und Aster-Arten.
- Setzen Sie die Begleitpflanzen immer mit Abstand zu den Rosen ein. Diese Lösung sieht nicht nur gut aus, sondern ist obendrein auch gesund für die Rosen und praktisch hinsichtlich der Pflege: Wenn Beete so gegliedert sind, lassen sich Arbeiten wie Lockern, Düngen, Mulchen, An- und Abhäufeln bequem erledigen.

Zur Kombination eignen sich vor allem Beetrosen – die einfachen, halbgefüllten und manchmal edelrosengleichen büschelblütigen Polyantha- und Floribunda-Rosen; aber auch die modernen öfterblühenden Strauchrosen können mit Stauden, Sommerblumen, Gräsern und Gehölzen gut vergesellschaftet werden.

Moschata-Hybride 'Cornelia' und Jakobsleiter

Englische Rose 'The Miller' mit Katzenminze

Farbrezepte

Je kleiner eine Beetfläche ist, um so wichtiger ist die Beschränkung auf wenige Farben und eine klare Zuordnung. Rosen in warmen Rottönen, in Rosa, Gelb und Weiß können kombiniert werden mit zurückhaltendem Blau, gelben und weißen Blüten sowie mit grün-grauem und grün-blauem Laub. Vorsicht bei Kombinationen von Lachs-Orange mit kühlem Rosa. Diese Farben müssen sehr sensibel durch Begleitpflanzen in Blau-, Grau- und Weißtönen miteinander verbunden werden. Keinen Fehler begehen Sie, wenn Sie Rosen in ausschließlich warmen Tönen (Sonnengelb, Orange, Scharlachrot) oder in rein kühlen Tönen (Weiß, Rosa, Karminrot) kombinieren.

Rittersporn und Gräser

Rosen und Storchschnabel

Rose mit Clematis 'The President'

Die robuste, gelbblühende Strauchrose 'Lichtkönigin Lucia' unterpflanzt mit Hornkraut

Eine Kulisse für Rosen

Immergrüne Nadelgehölze eignen sich hervorragend als Rahmen für helle und farbintensive Rosen. Von dunklen Eiben (*Taxus*-Arten) oder Hecken aus blaugrünen oder grauen Zypressen (*Chamaecyparis*-Arten) und Lebensbäumen (*Thuja*-Arten) heben sie sich gut ab. Wacholder (*Juniperus*-Arten) und Kiefern (*Pinus*-Arten) eignen sich besonders für naturnahe Pflanzungen. Strauchrosen kommen vor geschnittenen Hecken aus Laubgehölzen oder vor einer neutralen Strauchkulisse gut zur Geltung. Weißblühende Ziergehölze wie Pfeifenstrauch (*Philadelphus*-Sorten) oder sommerblühende Schneeball-Arten (*Viburnum*-Arten) unterstreichen die Farbe der Rosen.

Rosen in Dominanz

Hier einige Pflanzideen, bei denen die Rosen immer bestimmend für das Beet bleiben. Schön wirken Rosenblüten, wenn sie sich über einen niedrigen Pflanzenteppich erheben. Als Einfassung oder zur Vernetzung zwischen einzelnen Rosen und Rosengruppen eignen sich

- niedrige Stauden, Gräser und Polsterstauden (→ Seite 106/107), wie Schleierkraut (*Gypsophila repens*) oder Schleifenblume (*Iberis sempervirens*)
- flachwachsende Koniferen (→ Seite 214/215)
- Zwergsträucher, wie Lavendel (*Lavandula*-Arten) oder Bartblume (*Caryopteris*-Sorten)
- einjährige Sommerblumen wie Steinkraut (*Lobularia maritima*) und einjähriger Salbei (*Salvia*-Arten/Sorten).

Achten Sie allerdings darauf, daß Sie keine stark wuchernden Pflanzen wählen. Bei großen Flächen und langen Rabatten können niedrige bis halbhohe Begleitpflanzen auch so gesetzt werden, daß sie wie ein Band wirken, das sich zwischen den Roseninseln hindurchschlängelt.

Rosen in Partnerschaft

Stauden und Gehölze können auch gleichberechtigte Partner der Rosen sein. In ihrer Hauptblütezeit sticht die Rose natürlich besonders hervor, im übrigen Jahr sorgen ihre Nachbarn für Beständigkeit – dies ist der große Vorteil von Pflanzungen in gemischten Rabatten. Wenn die Rosenstöcke im Herbst unattraktiv werden, übernehmen Begleitpflanzen noch einmal die Führung.

Außerhalb der Blütezeit der Rosen sollten Sie frühblühende Verwandte aus der Rosenfamilie wie Zierkirsche (*Prunus*-Arten/Sorten, → Seite 206/207), Zierquitte (*Choenomeles*-Hybriden, → Seite 208/209) und Zierapfel (*Malus*-Arten, → Seite 218/219), Spierstrauch (*Spiraea*-Hybriden, → Seite 210/211), Eberesche (*Sorbus*-Arten, → Seite 204/205) sowie Weiß- und Rotdorn (*Crataegus*-Arten) einsetzen, um das jahreszeitliche Spektrum zu ergänzen. Schöne Gartenbilder ergeben sich bei der Kombination von Rosen mit *Clematis* (→ Seite 218/219). Sehr reizvoll sind leichte freistehende Klettergerüste aus Holz oder Metall in den Rosenbeeten oder Rosenbögen an Eingängen, an denen Rosen und Clematis gemeinsam ranken. Wählen Sie dafür jedoch keine starkwüchsigen Clematis-Arten, sondern die großblütigen sommerblühenden Clematis-Hybriden, deren Blütezeit sich mit der der Rosen deckt.

Mit Pflanzen gestalten

Zwiebelblumen und Begleiter

Wenn andere Pflanzen im Frühjahr gerade zu neuem Leben erwachen, sorgen die Zwiebel- und Knollengewächse (→ Seite 248 bis 259) für Farbe im Gartenbild. Sie können Blumenzwiebeln und -knollen in Ihrem Garten vielseitig verwenden. Wichtig ist, daß sie ihrem Charakter gemäß plaziert sind. Nur so erzielen Sie gute Effekte.

Die Wildformen, wie die frühblühenden Kleinzwiebeln, aber auch die frühen Botanischen Tulpen (*Tulipa*-Arten/Sorten) und Wildnarzissen (*Narcissus*-Arten/Sorten), gehören in naturnahe Gartenbereiche, je nach Art etwa an den Gehölzrand oder in den Steingarten.

Die gezüchteten Formen von Tulpen (*Tulipa*-Sorten), Lilien (*Lilium*-Arten/Sorten) und Dahlien (*Dahlia*-Hybriden) wirken in Beeten und Rabatten am schönsten.

Zwiebel- und Knollengewächse kommen am besten zur Geltung, wenn sie in größeren Pulks zusammengepflanzt werden. Je kleiner die Pflanze, desto wichtiger ist die Gesamtwirkung, und diese wird durch die Fülle der Pflanzen bestimmt. Zwiebelgewächse sterben oberirdisch nach der Blüte ab, ihr Laub vergilbt. Sie brauchen also Nachbarn im Beet, die sie überwachsen.

Tulpen mit Gelb von Goldlack, Gemswurz und Stiefmütterchen

Blauglöckchen mit gelbem Scheinmohn und Gold-Wolfsmilch

Frühlingsblüher und ihre Partner

Mit Zwiebelgewächsen lassen sich fast das ganze Jahr über leuchtend bunte Akzente setzen. Den Reigen eröffnen kleine Vorfrühlings- und Frühjahrsblüher (→ Seite 250/251) bereits im Januar/Februar. Die ersten Blüten sollten vom Haus aus zu bewundern sein. Sie können etwa aus der Laubdecke unter noch kahlen Sträuchern hervorlugen oder aus dem Gehölzrand heraus in den Rasen hineinwachsen. Schneeglöckchen (*Galanthus*-Arten), Winterling (*Eranthis hyemalis*), Blausternchen (*Scilla*-Arten), Schneestolz (*Chionodoxa luciliae*) und Wildkrokusse (wie beispielsweise *Crocus tommasinianus*) versamen sich leicht und bilden mit der Zeit Teppiche, wenn sie sich an einem Ort wohl fühlen.

Gehölze als Partner. Frühblühende Ziergehölze eignen sich gut als Partner für Zwiebelgewächse, zusammen bilden sie schöne Gartenbilder: Zaubernuß (*Hamamelis*-Arten) und Scheinhasel (*Corylopsis pauciflora*) mit ihren gelben Blütchen und ihrem malerischen Wuchs breiten sich über Massen von Blausternchen (*Scilla siberica*) aus. Zwischen immergrünen Zwergkoniferen und leuchtenden Azaleen (*Rhododendron*-Arten/Sorten) strahlen die bunten Blütensternchen der Strahlenanemone (*Anemone blanda*). Auch die Schneeheide (*Erica carnea*) ist ein idealer Partner für Zwiebelgewächse. Sie blüht sehr lange und kann später auch Traubenhyazinthen (*Muscari*-Arten), Botanischen Tulpen und Narzissen als Begleiter dienen.

Wildstauden als Partner. Narzissen und kleine Frühlingsblüher eignen sich für Stellen, die im Sommer schattig sind, im Frühjahr aber durch das helle Grün des Laubaustriebs noch genügend Licht bekommen. Dort erhalten sie eine lebendige Ergänzung von flächig wachsenden Wildstauden, wie der gelben Golderdbeere (*Waldsteinia ternata*, → Seite 246/247), dem leuchtendblauen Gedenkemein (*Omphalodes verna*, → Seite 246/247) oder den blauvioletten Lungenkräutern (*Pulmonaria*-Arten, → Seite 246/247) und Frühlingsplatterbsen (*Lathyrus vernus*).

Frühlingsblüher im Steingarten. In trockeneren Bereichen, in Stein-, Fels- und Terrassengärten, gedeihen die frühen Zwiebeliris (*Iris reticulata* und *I. danfordiae*), die kleinen Wildnarzissen und unzählige Wildtulpen gut. Sie lassen sich hervorragend mit frühblühenden bunten Steingartenstauden (→ Seite 242/243) kombinieren, wie Schleifenblume (*Iberis sempervirens*), Teppichphlox (*Phlox douglasii* und *Ph. subulata*) und Blaukissen (*Aubrieta*-Sorten). Die Farben sollten allerdings nicht zu intensiv sein, damit sich die Pflanzen nicht gegenseitig übertrumpfen. Am besten wirken die Zwiebelgewächse zusammen mit weiß- und blaublühenden oder graulaubigen niedrigen Stauden.

Frühlingsblüher im Bauerngarten. Als Partner für Bauerngartenblumen eignen sich auch Zwiebelgewächse hervorragend. Wenn Sie Tränendes Herz (*Dicentra spectabilis*), Goldlack (*Cheiranthus cheiri*) und Vergißmeinnicht (*Myo-*

Tulpe 'Sweet Harmony' mit schwarzroter 'Queen of Night'

Pinkfarbene Tulpen über violetten Stiefmütterchen

sotis sylvatica, → Seite 266/267) mit Kaiserkronen (*Fritillaria imperialis*, → Seite 254) oder Tulpen kombinieren, entsteht eine Mischung aus naturhafter Pflanzung und Schmuckbeet. Sie können sie in ein Beet, aber auch an den Rand von Strauchergruppen pflanzen, die so lebendiger wirken. Gelbe Gemswurz (*Doronicum orientale*) und violette Mondviole (*Lunaria annua*, → Seite 266/267) passen dazu gut.

Schmuckbeete. Die großblütigen Züchtungen von Tulpen, Hyazinthen und Narzissen passen gut auf Beete. Als Partner eignen sich hier die zweijährigen Frühlingsblumen (→ Seite 266/267) wie Stiefmütterchen (*Viola*-Wittrockiana-Hybriden), Maßliebchen (*Bellis perennis*) und Vergißmeinnicht. In solchen Beeten lassen sich intensive Farbenspiele arrangieren. Über einem Teppich aus diesen Zweijährigen können Tulpen ihre volle Pracht entfalten. Tulpen, Narzissen, Hyazinthen und Kaiserkronen lassen sich auch sehr gut in vorhandene Staudenpflanzungen tuffweise einbinden. Nach dem Abblühen sollten sie allerdings von anderen Pflanzen verdeckt werden.

Sommerblüher und ihre Partner

Wenn das Laub der Frühjahrsblüher langsam vergilbt, übernehmen andere Zwiebelgewächse ihre Rolle. Im Mai/Juni treiben verschiedene Zierlauch-Arten (*Allium*-Arten, → Seite 256/257) ihre oft stattlichen violetten Blütenbälle. Die attraktiven Blüten, die auf teils meterhohem Schaft stehen, lockern Staudenbeete auf; vor allem aber wirken sie zusammen mit graulaubigen Pflanzen sowie rosa- und gelbblühenden Polsterstauden, etwa Pfingstnelken-Sorten (*Dianthus gratianopolitanus*) und Sedum-Arten auf schottrigem Untergrund. Als Begleiter können Sie zum Beispiel farblich abgestimmte Schwertlilien (*Iris-Barbata*-Hybriden, → Seite 234/235) verwenden.

Auch Präriekerzen (*Camassia*-Arten) übernehmen eine Vermittlerrolle zwischen Frühlings- und Sommerblühern. Sie benötigen ähnliche Partner wie der Zierlauch. Steppenkerzen (*Eremurus*-Arten) mit ihren weißen, gelben und rosafarbenen Blütenkerzen sind imposante Gestalten. Zusammen mit Rittersporn (*Delphinium*-Hybriden, → Seite 236/237) können sie auf einer Staudenrabatte für Aufsehen sorgen. Trockenere Felssteppenvegetation sagt ihnen jedoch mehr zu.

Die oft als heikel eingeschätzten Lilien zählen zu den größten Schönheiten, die ein Garten zu bieten hat. Voraussetzung für ihr Gedeihen ist jedoch ein gut durchlässiger Gartenboden. Die meisten Hybriden mit leuchtenden Schalenblüten und gedrungenem Wuchs passen gut in Staudenrabatten und runden, je nach Sorte, schon früh im Jahr bis in den Spätsommer hinein das Farbenspiel der Beetbepflanzung ab. Im Juni ergänzen sich zum Beispiel die weiße Madonnenlilie (*Lilium candidum*, → Seite 258/ 259) und Rittersporn (*Delphinium*-Hybriden, → Seite 236/237) ideal; aber auch die gelben und orangefarbenen Abkömmlinge der Feuerlilie (*Lilium bulbiferum*, → Seite 258/259) erzielen in bunten Rabatten wunderschöne Effekte.

Lilien fühlen sich auch in der Nähe von Gehölzen sehr wohl. Dort finden sie Halt, einen beschatteten Fuß sowie Sonne im Blütenbereich. In dieser Umgebung kommen die aparten Blüten voll zur Geltung. Goldband- und Prachtlilien (*Lilium auratum* und *L. speciosum*) sowie die Orientalischen Hybriden haben mit Azaleen und Rhododendren die Vorliebe für saure und feuchte Standorte gemein und gedeihen gut nebeneinander.

Herbstblüher

Herbstzeitlose (*Colchicum autumnale*) und Herbstkrokusse (*Crocus speciosus*) schließen den Reigen der Zwiebel- und Knollengewächse. Die herbstblühenden Krokusse entfalten ihre Wirkung am besten in warmen Steingärten, die Herbstzeitlose dagegen im feuchten Wiesenbereich. Gepflanzt werden diese Herbstblüher im Juli/August.

Stauden und Sommerblumen

Wer üppig blühende, sommerlich bunte Blumenbeete liebt, sollte Stauden und Sommerblumen miteinander kombinieren.

Kombinationsmöglichkeiten

Achten Sie bei der Auswahl auf Wuchs, Farbe und Bedürfnisse der Pflanzen.

• Stauden können den Schwerpunkt einer Pflanzung bilden, in der die Sommerblumen nur eingestreut sind.

• Pflanzungen, in denen Sommerblumen in der Überzahl sind, sollten Sie mit Zweijährigen und mit einzelnen Staudengruppen einen Halt geben. Das macht sich vor allem im Frühsommer oder späten Herbst bezahlt, wenn die Einjährigen noch nicht oder nicht mehr auf ihrem Höhepunkt sind.

• Manche Stauden, wie Schleifenblume (*Iberis sempervirens*) oder Kissenastern (*Aster-dumosus*) können als Beet-Einfassung für Sommerblumen dienen.

• Umgekehrt haben Sie aber auch die Möglichkeit, Sommerblumen für Einfassungen und Vorpflanzungen in Staudenbeeten zu nutzen. Beliebt sind dafür niedere Sommerblumen wie Duftsteinrich (*Lobularia maritima*), Husarenknopf (*Sanvitalia procumbens*), Lobelien (*Lobelia erinus*), Portulak-Röschen (*Portulaca grandiflora*) und einjähriger Phlox (*Phlox drummondii*).

• Manche Sommerblumen sind von hohem oder imposantem Wuchs, so daß Sie Stauden besser untergeordnet beipflanzen. Solche Einjährige sind zum Beispiel Rizinus (*Ricinus communis*), Spinnenblume (*Cleome spinosa*), Kosmeen (*Cosmos bipinnatus*), hohe Sonnenblumen (*Helianthus annuus*), Tithonien (*Tithonia rotundifolia*) und hoher Ziertabak (*Nicotiana sylvestris*). Sie können die Funktion von Solitärs oder Leitstauden übernehmen, zur Akzentuierung dienen sowie im Mittel- oder Hintergrund als Rahmen fungieren.

GARTEN TIPS & TRICKS

Abstand halten!

Achten Sie darauf, daß die Sommerblumen die Stauden nicht bedrängen. Die Ein- und Zweijährigen müssen einen gewissen Abstand zu den Stauden einhalten, damit sie ihnen nicht Licht und Nährstoffe entziehen. Notfalls zu dicht wachsende oder ausufernde Sommerblumen ausreißen und in der Vase genießen.

Praktische Vorzüge

Kombinationen von Stauden und Sommerblumen sehen nicht nur hübsch aus, sie haben auch praktische Vorzüge:

• Sie können die ausdauernden Staudengruppen in weitem Abstand pflanzen und die Lücken mit Sommerblumen überbrücken. Die Stauden wachsen dadurch kräftiger heran und müssen nicht so rasch geteilt und umgepflanzt werden.

Mit Sommerblumen lassen sich die Wunschvorstellungen vom dauerblühenden Beet am besten verwirklichen. Sie ergänzen die Rabatten von Juli bis zum Frost durch ihren langanhaltenden Flor

• Der Sommerblumenschmuck kann jedes Jahr neu ausgewählt werden und sollte Wachstum und Platzbedarf der Stauden berücksichtigen.
• Mit zweijährigen Sommerblumen können Sie die Zeit im Juni überbrücken, in der frühblühende Stauden bereits unansehnlich, die Zwiebelblumen abgeblüht und die Einjährigen noch nicht weit genug entwickelt sind.
• Einjährige hingegen können in den blütenschwachen Monaten von Juli bis September Höhepunkte bilden.

Unterschiedliche Standorte

Sommerblumen haben – auch wenn sie nur kurzlebig sind – unterschiedliche Ansprüche. Manche haben ähnliche Bedürfnisse wie Beetstauden, andere sind eher wildstaudenähnlich und an trockene oder feuchte Plätze gebunden.
Auf sonnigen Prachtstaudenrabatten mit nährstoffreichen, frischen Böden sind die meisten farbenprächtigen Einjährigen am richtigen Ort. Manche, wie einjähriger Rittersporn (*Consolida ajacis*, *C. orientalis* und *C. regalis*), Islandmohn (*Papaver nudicaule*) oder die Marienglockenblume (*Campanula medium*) haben Verwandte unter den Beetstauden (*Delphinium* und *Papaver*, → Seite 238/239 sowie *Campanula*, → Seite 238/239 und 244/245), zu denen sie gut passen.
In lichtärmeren Beeten vor Gehölzen, die teilweise auch etwas feuchter sind, gedeihen Zweijährige wie die Mondviole (*Lunaria annua*, → Seite 266/267). Ihr wildblumenhafter Charakter paßt gut zu kurzlebigen Stauden wie Fingerhut (*Digitalis purpurea*, → Seite 244/245), Akelei (*Aquilegia vulgaris* oder *Aquilegia*-Hybriden, → Seite 244/245) und Nachtviole (*Hesperis matronalis*). All diese Pflanzen versamen sich stark und tragen damit zum natürlichen Ausdruck des Gartens bei.
Ebenfalls für halbschattige Beete eignen sich Fuchsien (*Fuchsia*-Hybriden), Fleißige Lieschen (*Impatiens walleriana*) und Knollenbegonien (*Begonia*-Knollenbegonien-Hybriden). Sie sollten aber eher flächig gepflanzt werden, dann bringen sie leuchtende Farben in schattige Gartenpartien.
In Wassernähe können Sie zu den Uferrandstauden (→ Seite 278/279) Gauklerblume (*Mimulus*-Hybriden), Orientalischen Knöterich (*Polygonum orientale*) und das hohe Springkraut (*Impatiens glandulifera*) gesellen.
Im trockenen, steinigen Boden gedeihen zusammen mit wärmeliebenden Stauden wie Palmlilie (*Yucca filamentosa*), Edeldisteln (*Eryngium*- und *Echinops*-Arten), Salbei (*Salvia*-Arten), Schafgarbe (*Achillea*-Arten) und mehrjährigen Gräsern (→ Seite 270/271) vorwiegend Zweijährige, wie Königskerze (*Verbascum*-Arten), Nachtkerze (*Oenothera biennis*) und Eselsdistel (*Onopordum acanthium*). Zu den echten Einjährigen für diese Standorte zählen Mittagsblume (*Dorotheanthus bellidiformis*), Lein (*Linum grandiflorum* und *L. usitatissimum*), Kornblume (*Centaurea cyanus*) und Flockenblume (*Centaurea americana*).

Pflanzideen mit Gemüse und Kräutern

Nutzgärten werden oft mit anderen gärtnerischen Augen betrachtet als Ziergärten. Doch Schönheit und Zweckmäßigkeit müssen sich nicht ausschließen. Mit bunten Gemüsesorten, unterschiedlichen Wuchs- und Blattformen lassen sich wunderschöne Mischkulturen pflanzen, deren Wirkung Sie mit zwischengepflanzten Kräutern und Blumen noch steigern können.

Vorplanung

Überlegen Sie vorab, ob Sie einen reinen Nutzgarten, zum Beispiel nach klassisch bäuerlichem Muster (→ Bauerngarten, Seite 136/137) oder einen Zier- und Nutzgarten möchten, in dem nur einige Beetreihen für Obst, Gemüse und Kräuter reserviert sind. Gemüsebeete sollten einen vollsonnigen, geschützten Platz erhalten und so angelegt werden, daß sie bequem zu bearbeiten sind (→ Seite 84/85 und 182 bis 185).

Beziehen Sie in Ihre Vorplanung auch den optischen Eindruck mit ein, den Sie durch gelungene Beeteinfassungen erwecken können. Reizvoll wirken Beeteinfassungen aus Buchs (*Buxus sempervirens*) oder Monatserdbeeren (*Fragaria var. semperflorens*). Gut eignen sich hier auch Küchenkräuter wie Petersilie und vor allem Schnittlauch, der sehr attraktiv blüht. Den gesamten Nutzbereich kann eine Rahmenpflanzung aus Obstbäumen, Beerensträuchern, Schnittblumen und Kräutern umgeben.

Schöne Gemüsebeete

Bei der Planung der Gemüsebeete gibt es eine ganze Reihe von Faktoren, wie Kulturfolge, Nährstoffbedarf der Pflanzen und jährlicher Fruchtwechsel (→ Seite 182 bis 185), die zu berücksichtigen sind. Doch parallel dazu sollten gestalterische Überlegungen mit einfließen (→ Seite 28 bis 39 und 76/77), denn Wuchs- und Blattformen sowie Farbkombinationen bestimmen das Gesamtbild.

In Mischkulturen und Hügelbeeten lassen sich diese Planungskriterien am besten umsetzen. Hier einige Beispiele für attraktive Mischpflanzungen:

• Zwiebeln/Lauch mit ihrem schlanken blaugrünen Laub und breitausladende saftiggrüne kopfbildende Salate.
• Hohe Tomaten über niedrigen Salaten oder Petersilie.
• Filigranes Möhrenlaub neben großblättrigem Mangold.

Eine immer größere Auswahl an verschiedenfarbigen Sorten erweitert das Spektrum. So wie es grüne und blaue Kohlrabi gibt, gibt es auch weiß- und rotstieligen Mangold, grün- und rotblättrige Salate, gelbe und blauviolette Bohnen, rosavioletten und grünen Blumenkohl oder gelbe Tomaten und Zucchini. Hinzu kommen die verschiedenen Grüntöne des Gemüse- und Kräuterlaubs. Weiße bis silbergraue, goldene und purpurne Tönungen des Blattwerks finden sich bei vielen Kräutern, zum Beispiel der silberblättrige Beifuß (*Artemisia vulgaris*) oder das rotblättrige Basilikum (*Ocimum basilicum* 'Dark Opal'). Noch bunter

Rotblättriger Kopfsalat zwischen italienischem Romana-Salat

Lanzettliche Schwarzwurzel-Blätter zwischen filigranem Dill

Derbe Blumenkohl-Blätter neben zartem Kümmel-Grün

wird das Gartenbild, wenn Sie mit einjährigen Blumen, etwa Ringelblumen (*Calendula officinalis*), Studentenblumen (*Tagetes*-Sorten), Kapuzinerkresse (*Tropaeolum majus*) oder dem unvergleichlich blaublühenden Borretsch (*Borago officinalis*, → Seite 302/303) weitere kräftige Farbtupfer setzen.

Im Vordergrund Sellerie und rotblättriger Eichblattsalat, dahinter die dekorativen Pyramiden von geschossenem Pflücksalat

Niedere, kleinblütige Tagetes zwischen Möhren

Große Rotkohl-Blätter neben gekraustem Pflücksalat

Neben den Farben spielen im Nutzgarten auch die verschiedenen Blattformen und -strukturen eine Rolle, das zarte Laub bei Dill und Fenchel, gekräuseltes, gekerbtes, gewelltes, eichenlaubähnliches bei Salaten, robuste und derbe Kohlblätter. Unter den Nutzpflanzen gibt es auch imposante Gestalten, wie Liebstöckel (*Levisticum officinale*), Wermut (*Artemisia absinthium*), Baldrian (*Valeriana officinalis*), Cardy (*Cynara cardunculus*) oder Artischocken (*Cynara scolymus*). Zu ebenso schönen wie nützlichen Blickfängen im Beet werden auch an hübschen Rankgerüsten gezogene Stangenbohnen und Erbsen oder Hochstämmchen von Johannis- oder Stachelbeeren.

Blumenwiese und Rasen

Ob Sie sich für eine duftende Blumenwiese oder für einen strapazierfähigen Rasen in Ihrem Garten entscheiden, hängt vor allem davon ab, wie Sie die Fläche nutzen wollen. Wiesen eignen sich nicht als Spielfläche, ihre empfindliche Flora muß geschont werden. Ein Rasen bedarf jedoch regelmäßiger Pflege und sieht, im Gegensatz zur Wiese, das ganze Jahr über attraktiv aus.

Blumenwiese

Blumenwiesen bestehen aus Wildkräutern und Gräsern, wobei die Zusammensetzung des Pflanzenbestands von Boden, Klima und Feuchtigkeitsgehalt abhängig ist. Je trockener und nährstoffärmer (magerer) ein Boden ist, desto mehr Wildkräuter-Arten sind vertreten, um so blütenreicher und ökologisch wertvoller ist die Wiese. Andererseits verlieren aber bei steigenden Temperaturen die Gräser rasch ihr saftiges Grün. Eine Wiese besteht zum größten Teil aus Gräsern. Ist deren Wachstum zu stark, werden die Wildkräuter verdrängt oder können erst gar nicht Fuß fassen. Während es beim Rasen darauf ankommt, daß sich ein gleichmäßiger, dichter Teppich bildet, sollte bei der Wiese der Pflanzenbestand möglichst locker sein, damit Kräuter auch die Chance zum Keimen haben. Die meisten Wildkräuter bevorzugen magere Standorte, Düngen und Wässern begünstigt wiederum das Wachstum der Gräser. Sie können Ihren Gartenboden nicht grundsätzlich verändern, aber Sie können die Gräser etwas »aushungern«.

Rasen in eine Wiese umwandeln. Zunächst reduzieren Sie den Mährhythmus auf 5 Mal pro Saison. Dann stellen Sie Wässern und Düngen ein. In den folgenden Jahren nur noch einmal im Sommer (anfangs erst im Juli wegen der Samenreife) und einmal im Herbst mähen. Wenn Sie das Schnittgut auf den Stoppeln trocknen lassen, können die Samen gut ausfallen. Am besten Boden und Grasnarbe an einigen Stellen aufkratzen, damit herbeifliegende Samen besser keimen können. Sie können die Samen aber auch sammeln oder kaufen. Wildkräutermischungen, die auf die jeweiligen Bodenverhältnisse abgestimmt sind, gibt es im Handel. Achten Sie darauf, daß Arten dabei sind, die sich immer wieder versamen, wie Margeriten (*Leucanthemum vulgare*), Glockenblumen (*Campanula patula* und *C. rotundifolia*), Salbei (*Salvia pratensis*), Wiesenflockenblumen (*Centaurea jacea*) und Nelken-Arten (*Dianthus carthusianorum* und *D. deltoides*). Nur so kann mit der Zeit eine echte Blumenwiese entstehen.

GARTEN TIPS & TRICKS

Wiesen richtig mähen
Blumenwiesen sollten Sie nur zweimal im Jahr mähen. Damit sich die Wiese entfalten kann, darf die Samenreife der Wildkräuter nicht zu früh unterbrochen werden. Beste Mähtermine sind deshalb Ende Juni und Herbst. Dann Schnittgut etwas liegen lassen, damit die Samen gut ausfallen.

Blumenwiese in einem ländlich-naturhaften Garten

Schneller ans Ziel kommt, wer Wiesenblumen aus Samen in Schalen oder Töpfen heranzieht und dann in kleinen Gruppen pflanzt – auch Spezialgärtnereien ziehen Wildblumen heran. Ausgepflanzte Wiesenkräuter entwickeln sich besser. Welche Arten sich speziell für Ihre Gegend eignen, weiß der Naturschutzbund oder ein Gartenfachberater.

Eine Wiese neu ansäen. Als erstes den Boden mit körnigem Sand vermischen, um ihn abzumagern. Die Aussaat erfolgt wie beim Rasen (→ Seite 166/167), nur mit viel weniger Saatgut (etwa 5 g pro m^2 statt 20 bis 30 g). Achten Sie bei Saatgut aus dem Handel darauf, daß es vor allem schwachwachsende Gräser wie Rot- und Schafschwingel (*Festuca rubra* und *F. ovina*) und weniger Weidelgras (*Lolium perenne*) enthält. Wer in ländlichen Gegenden Schnittgut von Wiesen erhalten kann, sollte dies dünn auf der Fläche verteilen und die Samen ausfallen lassen. Wichtig ist, daß im Bestand Lücken sind, damit die Kräuter sich gegen die Gräser durchsetzen und bestocken können. Kräuter keimen weniger gleichmäßig als Gräser, eine Wiese entwickelt sich also viel langsamer als ein Rasen.

Rasen unter Bäumen neigt zum Vermoosen und muß besonders sorgfältig gepflegt werden

Rasen

Rasen wird im Gegensatz zur Wiese kurz gehalten. Seine Gräser kommen nicht zur Blüte, dadurch wachsen sie buschiger und bilden einen dichten Teppich, der keinen Raum für Kräuter läßt. Dieser Idealtypus eines Rasens ist trittfest, äußerst strapazierfähig und sieht zudem wunderbar frisch aus.

In einen gepflegten Garten mit Rabatten und Schmuckbeeten gehört ein schöner Rasen. Rosen, Stauden, Solitärpflanzen und Pflanzenraritäten aller Art kommen durch das beruhigende Grün erst voll zur Geltung. Auch ein formaler Garten kommt nicht ohne Rasen aus. Selbst in naturnahen Anlagen, die für Wiesen prädestiniert sind, sind belastbare Grünflächen unverzichtbar, vor allem am Haus, wo gespielt und gewohnt wird. In entlegeneren Teilen des Gartens können Sie Rasenstücke zur Wiese machen. Um Sträucher herum, vor größeren Gehölzen oder im Umfeld eines Teiches entsteht dadurch ein besonders natürlicher Eindruck.

Der Idealtyp des Rasens, der kurzgeschorene, feine englische Zierrasen, ist zwar eine Augenweide, aber extrem aufwendig in der Pflege und sehr klimaabhängig. In den meisten Gärten in unseren Breiten findet sich deshalb ein mittelprächtiger Gebrauchsrasen oder der noch gröbere Spiel- und Sportrasen, der wöchentlich gemäht, mindestens zweimal im Jahr gedüngt, ab und zu vertikutiert (→ Seite 166/167) und nach Bedarf gewässert wird. Wenn regelmäßig gemäht wird, haben zwar die anfliegenden Wildkräutersamen kaum eine Chance aufzugehen, doch die rosettenbildenden und kriechenden Kräuter sowie diejenigen, die Pfahlwurzeln bilden, können sich übermäßig ausbreiten und die Gräser stellenweise ganz verdrängen, indem sie zu Inseln zusammenwachsen. Hand anlegen müssen Sie vor allem bei Weißklee (*Trifolium repens*), Schafgarbe (*Achillea millefolium*), Wegerich (*Plantago media*) oder Löwenzahn (*Taraxacum officinale*). Andere Kräuter wiederum lockern einen einförmigen Rasen mit ihren hübschen Blüten auf: Gänseblümchen (*Bellis perennis*), Ehrenpreis (*Veronica chamaedrys*), Günsel (*Ajuga reptans*) und Braunelle (*Prunella vulgaris*). Solch ein bunter Kräutergarten ist überdies pflegeleicht, trittfest und sehr strapazierfähig.

Lauschiges Plätzchen zwischen wildnishaften Blumen. Im naturnahen Garten dürfen Pflanzen sich frei versamen

GARTENTYPEN

Gartentypen sind Gestalt gewordene Gartenwünsche. Bevor Sie in Details der Gartenplanung einsteigen, sollten Sie deshalb für sich klären, welche Kriterien für Sie vorrangige Bedeutung haben. Dabei haben Sie die Möglichkeit, jeden Gartentyp streng umzusetzen oder nur Elemente davon zu verwirklichen. Sehr abwechslungsreich sind auch Gärten, wo in verschiedenen Bereichen unterschiedliche Gartentypen zum Tragen kommen. Hier die wichtigsten Aspekte:

Nutzung. Danach unterscheidet man Zier-, Nutz- und Freizeitgarten. Die meisten Gartenliebhaber wünschen sich von jedem etwas.

Art der Gestaltung. Polar stehen sich hier formale (→ Seite 132/133) und naturnahe Gärten (→ Seite 134/135) gegenüber. Eine Variante des formalen Gartens ist der auf Nützlichkeit ausgerichtete Bauerngarten (→ Seite 136/137).

Der Wunsch nach umweltbewußtem Gärtnern wird immer aktueller. Wer möglichst im Einklang mit der Natur seinen Garten bestellen möchte, wird auf reiche Artenvielfalt und naturnahe Methoden Wert legen, wie sie im naturnahen Garten (→ Seite 134/135), im Biogarten (→ Seite 138/139) und im Bauerngarten (→ Seite 136/137) zu finden sind.

Die Lage eines Gartens empfiehlt oft ganz bestimmte Gestaltungsmittel. Vorgärten (→ Seite 123/124) haben meist eine andere Aufgabe zu erfüllen als Gärten hinter dem Haus. Wer einen Garten am Hang (→ Seite 140/141) besitzt, muß zu anderen Gestaltungsmitteln greifen als bei einem ebenen Grundstück.

Die Größe. Haben Sie das Glück und die Zeit, einen großen Garten bewirtschaften zu können? Dann können Sie sich fast alle Gartenwünsche erfüllen. Aber auch die vielen Besitzer kleiner Gärten haben meist eine Fülle von Wünschen an ihren Garten. Tips hierzu finden Sie auf Seite 124 bis 129.

Formaler Garten – typisch die axiale, symmetrische Anordnung von Wegen und Beeten. Geschnittene Hecken und Einfassungen sowie ornamentale Blickfänge und Bögen verstärken den Eindruck einer durch und durch konzipierten Ordnung

Vorgärten

Der Vorgarten ist die Visitenkarte des Hauses, er sollte einladend und freundlich wirken und ein Blickfang für Passanten sein. Vorgärten bestimmen auch den Gesamtcharakter einer Straße.

Grundsatz-Überlegungen

Hier eine kleine Checkliste, was Sie bei der Gestaltung des Vorgartens und der Pflanzenwahl in Betracht ziehen sollten:

- Ist das Umfeld des Grundstücks städtisch oder ländlich geprägt?
- Wie ist die Architektur des Hauses? Die Elemente des Vorgartens sollten darauf abgestimmt werden.
- Wie soll der Vorgarten genutzt werden? Als Aufenthaltsort, Repräsentationsfläche oder nur als Autoauffahrt und Zugang zur Haustür?
- Wollen Sie sich gegen Lärm, Staub und Blicke abschirmen? Dann können Sie den Vorgarten durch Mauern oder hohe Hecken einfrieden.
- Ist der Vorgarten klein oder groß? Schmale Vorgärten besser nicht mit hohen Zäunen, Mauern oder Hecken umgeben. Die Fläche wirkt sonst noch kleiner und wird stark beschattet.
- Wie sind die Boden-, Licht- und Klimaverhältnisse? Liegt die Fläche vorwiegend in der Sonne oder im Schatten? Dies sind wichtige Kriterien für die Pflanzenwahl.
- Sind von der Straße her hohe Schadstoff- und Salzbelastungen (im Winter) zu erwarten? Dann müssen Sie sogenannte industriefeste Pflanzen wählen.

Moderner Vorgarten mit Kiesbett und immergrünen Gehölzen

Gestaltungstips

Je weniger unterschiedliche Baustoffe Sie verwenden, desto großzügiger und harmonischer wird die Anlage (→ Eingang und Eingangsbereich, Seite 44/45).

Der offen gestaltete Vorgarten ohne Umzäunung, Mauer oder Einfassung durch eine hohe Hecke wirkt großzügig und einladend. Steht genug Platz zur Verfügung, können Sie eine Rasenfläche anlegen, die durch einen Baum und Strauchgruppen untergliedert wird. Zu modernen Bauten passen auch gut Kies- oder Schotterflächen mit trockenheitsliebenden Gräsern, graulaubigen Stauden sowie Iris und Zwiebelgewächsen. Auf sandigen, leicht sauren

Böden können Sie einen Heidegarten (→ Seite 108/109) anlegen. Große Findlinge an den Eckpunkten sehen attraktiv aus und schützen die Pflanzen vor rangierenden Autos. Für Sichtschutz sorgt eine dichtere Bepflanzung direkt am Haus.

- Besonders schön ist ein offener Vorgarten, wenn das Gelände großflächig und modelliert ist.
- Offene Vorgärten sind außerdem sehr zu empfehlen in Reihenhaus-Siedlungen, wo sie für mehr Großzügigkeit sorgen. Klären Sie dies bereits bei der Planung mit den Nachbarn.

Beim eingefriedeten Vorgarten schirmen Mauern, Zäune oder Hecken das Haus gegen Lärm, Staub, Hunde und neugierige Blicke ab. Je kleiner und schmaler die Fläche, desto niedriger und durchsichtiger sollte die Umzäunung sein. Besonders hübsch sind hier Gitterzäune aus Holz oder Metall, die mit Kletterpflanzen begrünt werden.

Weitere Tips.

- Mehr Grün zaubern Sie in Vorgärten durch Kletterpflanzen, die an der Fassade hochwachsen.
- Ein freundlicher Willkommensgruß sind immer Pflanzen in Gefäßen, die als Türsteherbäumchen wenig Platz brauchen. Dazu eignen sich immergrüne Gehölze mit Formschnitt oder sommerblühende Hochstämmchen, wie Rosen oder viele mediterrane Kübelpflanzen.
- Ein größerer Baum verleiht jedem Vorgarten einen besonderen Akzent. Wählen Sie bei geringer Fläche einen kleinkronigen Baum oder einen Großstrauch (→ Seite 204 bis 207). Nadelgehölze nicht zu dicht ans Haus pflanzen, damit sie den Wohnräumen im Winter nicht das Licht nehmen.

Bäuerlicher Vorgarten mit zentralem Weg, der von Dahlien-Rabatten gesäumt wird. Zu beiden Seiten am Haus Birnenspaliere

Sehr eleganter, formal gestalteter Vorgarten mit immergrünen, formierten Gehölzen und Efeu-Bewuchs rund um den Eingang

Gestalten kleiner Gärten

Auch der kleinste Garten läßt sich mit ein wenig Phantasie zur grünen Oase machen. Die Gestaltung kleiner Gärten erfordert allerdings gute Planung, denn es geht darum, den knapp bemessenen Raum geschickt zu nutzen und durch die Gestaltung optisch zu vergrößern. Versuchen Sie nicht, alle möglichen Garten-Ideen zu realisieren. Beschränken Sie sich, und setzen Sie Schwerpunkte. Nur so kann die Gestaltung großzügig wirken.

Tips zur Planung

Grundsätzlich gelten auch für kleine Gärten die üblichen Gestaltungsrichtlinien (→ Seite 28 bis 39). Während jedoch bei großen Gärten Fehlplanungen und falsche Pflanzenwahl nicht immer massive Auswirkungen haben, fallen sie in kleinen Gärten sofort ins Auge. Deshalb hier einige spezielle Tips für kleine und/oder schmale Gärten:

Mit Bedacht strukturieren. Bereiche einteilen. Bevor Sie Sitzplätze, Spielbereich und Pflanzflächen festlegen, beobachten Sie die Lichtverhältnisse. Blumen- und Gemüsebeete brauchen viel Sonne, Sitz- und Spielbereiche können auch im Halbschatten plaziert werden.

Länge untergliedern. Vermeiden Sie bei sehr schmalen Grundstücken alles, was die Länge betont. Unterteilen Sie den Garten mit Raumteilern (→ Zeichnungen, rechts sowie Seite 32/33) in die gewünschten verschiedenen Bereiche.

Boden-Modellierungen. Bereits kleine Höhenunterschiede lassen kleine Gärten größer wirken. Möglich sind zum Beispiel Absenken des Sitzbereichs oder Aufschütten eines flachen Hügels. Auch leicht ansteigendes Gelände zur Gartengrenze hin vergrößert das Grundstück optisch.

Zentral angelegter, kleiner Garten mit umlaufendem Weg

Weg aus Naturstein-Platten

Weg mit Klinkern

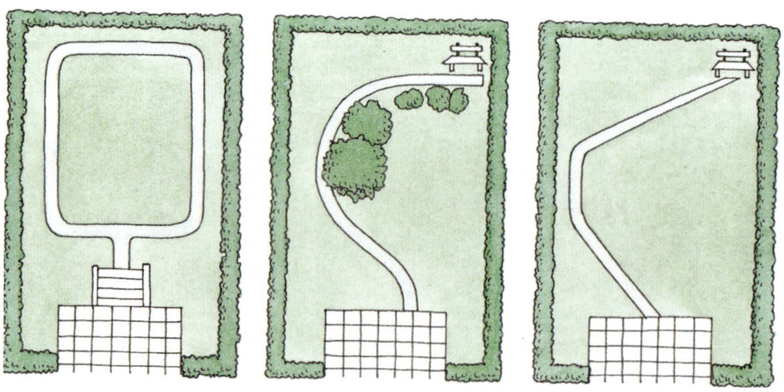

Wegeführung für kleine Gärten

① Formale Gestaltung mit umlaufendem Weg, der von Staudenpflanzungen gesäumt werden kann. Zentrale, großzügige Anlage (→ Foto, oben)

② Naturnahe Gestaltung mit Wegbiegungen um Gehölzgruppen herum, die den Blick auf die Sitzbank erst spät freigeben

③ Moderne Gestaltung mit leicht diagonaler Wegeführung. Das Auge wird dabei auf die verschiedenen Bereiche und Seiten des Gartens gelenkt

Wegeführung. Wege sind besonders wichtige raumgliedernde Elemente und machen darüber hinaus den Garten erlebbar. Geschwungene Wege um höhere Pflanzungen herum erzeugen beim Betrachter eine gewisse Spannung, wie es wohl hinter der Biegung weitergeht. Für den Gartenliebhaber entsteht dadurch auch die Möglichkeit, diese kleinen lauschigen Nischen durch unterschiedliche Pflanzen zu akzentuieren und damit für immer neue Eindrücke zu sorgen. Allerdings sollten Sie eine zu verschlungene Wegeführung vermeiden. Sie verführt zum Abkürzen über den Rasen oder quer durch die Pflanzung. Legen Sie die Wege auch nicht zu breit und dominant an. In kleinen Gärten fügen sich schmale Pfade oder schlichte Wege mit Trittplatten besser ein.

Den Garten größer und wohnlicher gestalten

Ein kleiner Garten kann sehr viel Intimität ausstrahlen und die Atmosphäre eines Wohnzimmers im Grünen besitzen.

Einheitliches Material wählen. Sorgen Sie für einen harmonischen Übergang von innen nach außen durch möglichst einheitliche und aufeinander abgestimmte Materialien und Möbel.

Rund angelegter, kleiner Garten mit formalen Elementen wie formiertem Buchs, Lorbeerbäumchen und Rondell in der Mitte

Umfeld beleuchten. Der Garten läßt sich auch am Abend als Wohnraum erleben durch geschicktes Inszenieren mit Licht, etwa durch Anstrahlen von Bäumen, von kleinen Pflanzengruppen oder durch Lichteffekte am Gartenteich.
Umgebung zur Kulisse gestalten. Sei es das eigene Haus oder eine den Garten begrenzende Mauer – beides können Sie mit Kletterpflanzen begrünen und dadurch den Eindruck vermitteln, daß das Grün viel weiter reicht.
Für Überraschungen sorgen. Der Garten wirkt größer, wenn er nicht auf einen Blick überschaubar ist. Eine Verengung durch eine torartige Situation oder schon eine niedrige Pflanzung läßt das Auge im unklaren über die tatsächlichen Größenverhältnisse des Gartens. Vor allem die Wege (→ Seite 46/47) haben hierbei eine wichtige Funktion. Erst beim Durchwandern sollte der Garten alle seine Details nach und nach offenbaren.
Blickfänge und Illusionen schaffen. Eine Laube oder Skulptur am Ende eines langen, schmalen Gartens gaukelt dem Auge Nähe vor. Ein Torbogen kurz vor der Grundstücksgrenze läßt vermuten, daß es dahinter noch weiter geht. Ein bogenförmiger Spiegel an einer Mauer erweckt die Illusion eines Durchgangs.

Pergola als Raumteiler

Sie bringt Höhe und Tiefe in den Garten, trennt deutlich Gartenteile voneinander ab, besitzt aber ein hohes Maß an Transparenz (→ Foto, Seite 33)

Unterbrochene Formhecke als Raumteiler

bildet dichtere Abgrenzungen als eine Pergola, gewährt aber trotzdem noch Durchblicke. Sie verleiht dem Garten besondere Intimität, kann aber leicht zu massiv wirken

Obst-Spaliere als Raumteiler

Transparente und nützliche Trennwände. Besonders schön mit kombinierter Rosen- und Clematis-Bepflanzung

Pflanzideen für kleine Gärten

Bei der Bepflanzung kleiner Gärten gibt es einige Besonderheiten. Achten Sie vor allem darauf, daß die Pflanzen den wenigen Platz, den Sie haben, nicht gänzlich verschatten. Als hübsche Kulisse kann auch ein Baum aus Nachbars Garten dienen.

Gehölze für kleine Gärten

Generell machen sich lichte Laubgehölze besser in kleinen Gärten als dunkle Koniferen. Informieren Sie sich vor dem Kauf von Gehölzen in der Baumschule über deren endgültige Höhen und Breiten. In sehr kleinen Gärten sollten Sie auf einen Hausbaum oder größere Gehölzgruppen ganz verzichten und dafür nur einige wenige Großsträucher setzen. Als Sichtschutz eignen sich auch kleinere Sträucher, wenn sie nahe an das Haus gepflanzt werden.

Laub- und Nadelgehölze (→ Seite 102/103 sowie 202 bis 215). Grundsätzlich sollten Sie in kleinen Gärten mehr Laub- als Nadelgehölze pflanzen. Koniferen bilden allerdings, wenn sie als Zwergformen oder Hecken verwendet werden, auch im Winter dauerhafte Strukturen. Einen guten Kompromiß stellen die locker wachsenden immergrünen Laubgehölze dar, wie Stechpalme (*Ilex*-Arten/Sorten), Buchsbaum (*Buxus sempervirens*), Liguster (*Ligustrum ovalifolium*) und Kirschlorbeer (*Prunus laurocerasus*). Sie lassen sich aber auch gut beschneiden (und damit klein halten), ohne dabei ihre Attraktivität zu verlieren, und bilden dann schöne Kontraste zu den freiwachsenden Pflanzen.

Kletterpflanzen (→ Seite 216 bis 221). Raumwirkung in kleinen Gärten erzielen Sie am besten mit geschnittenen Hecken und Kletterpflanzen. Diese finden auch in schmalen Beetstreifen oder punktuell auf engem Raum gepflanzt Platz zum Leben. An Spalieren oder Rankgerüsten hochkletternd, betonen sie ähnlich wie Bäume die Höhe, ohne aber deren Ausmaße zu erreichen. An Toren, Bögen, Pergolen und Lauben, an (unschönen) Mauern, Zäunen, Drähten bilden sie reizvolle Motive, bieten Schutz und trennen Gartenteile voneinander. Als Solitärs an Gerüsten, Säulen, Pyramiden in niedrigen Beeten setzen sie Akzente. Kletterpflanzen können auch in alte Bäume hineinranken und ihnen neuen ästhetischen Reiz verleihen. Hierfür eignen sich Kletterrosen (→ Seite 224/225), die sich locker an die Zweige anlehnen, aber auch Kletterhortensien (*Hydrangea petiolaris*), Knöterich (*Fallopia aubertii*), Efeu (*Hedera helix*) und besonders *Clematis*-Arten.

Hecken (→ Seite 80/81 und 82/83). Auf freiwachsende Hecken sollten Sie im kleinen Garten verzichten, sie benötigen zuviel Raum. Als Sichtschutz dient am besten eine schmale Schnitthecke oder ein begrünter Zaun. Sehr reizvoll machen sich davor einzelne Ziersträucher (→ Seite 208 bis 211). Wer eine lockere Abgrenzung wünscht, kann auf kleinere Sträucher zurückgreifen, wie Berberitze (*Berberis*-Arten), Hortensie (*Hydrangea macrophylla*, → Seite 210/211) und Zierquitte (*Choenomeles*-Hybriden, → Seite 208/209), oder Rosen wählen, zum Beispiel *Rosa-Rugosa*-Sorten. Schmal geschnittene Hecken aus immer- und sommergrünen sowie blühenden Gehölzen sind als Schutz gegen die Straße gut geeignet und wesentlich platzsparender als freie Pflanzungen. Dunkle Koniferenhecken,

Platz zum Sitzen bleibt, wenn die Blüten hinaufklettern. Hier Gelbe Rose

Kleiner Atriumgarten mit überschäumender Glyzinen-Blüte

Kleiner Sitzplatz unter Kletterrosen an einer Pergola

ifenwinde, wilder Wein und Geißblatt an einer großen Pergola

Schön und nützlich – Stachelbeer-Hochstämmchen im Rotkohl

Blüten oben und unten – Rosen-Hochstamm und Glockenblumen

zum Beispiel aus Eiben (*Taxus*-Arten), sollten nur etwa Augenhöhe erreichen, um den Gartenraum optisch nicht zu sehr einzuengen und unnötig zu beschatten. Hecken als Raumteiler können auch mit Toren und Fenstern versehen werden (→ Zeichnung, Seite 125).

Obstgehölze (→ Seite 280 bis 289) eignen sich besonders gut für kleine Gärten. Äpfel und Birnen gibt es zum Beispiel in zahlreichen Miniatur-Formen, von speziell für Kübel geeigneten Pflanzen über Spindeln, die nicht höher werden als 2,50 m, bis zur Buschform, die auch als kleiner Hausbaum oder als Solitär im Rasen verwendet werden kann. Auch Sauerkirschen (*Prunus cerasus*), Pflaumenbäume (*Prunus domestica*) und Quittenbäume (*Cydonia oblonga*) bleiben relativ klein.
Beeren, wie Johannisbeeren (*Ribes-Rubrum-* und *Ribes-Nigrum*-Hybriden) und Stachelbeeren (*Ribes uva-crispa var. sativum*), können Sie als Sträucher, Hecke und als Hochstämmchen in Zier- und Gemüsebeeten unterbringen.

Blumen für kleine Gärten

Auch Stauden sowie ein- und zweijährige Pflanzen lassen sich in kleinen Gärten vielfältig einsetzen.
Stauden (→ Seite 232 bis 247). Einzeln oder in Gruppen frei im Raum oder vor Hecken und Wänden plaziert, können Stauden und Gräser in kleinen Gärten teilweise sogar die strukturgebende Funktion von Gehölzen übernehmen. Manche Stauden eignen sich auch gut zur Abgrenzung innerhalb des Gartens, etwa hohe *Phlox*-Paniculata-Hybriden, Sonnenhut (*Rudbeckia*-Arten/Sorten), Fackellilie (*Kniphofia*-Hybriden) und Schwertlilien (*Iris germanica* und *Iris sibirica*). Niedrige Stauden eignen sich als Rasenersatz.
Frühlings- und Sommerblumen (→ Seite 249 bis 267). Für kleine Schmuckbeete findet sich meist direkt am Haus ein Platz. Dort können Sie die Frühlingsblüher auch am besten betrachten.
Schmale Beetstreifen mit Kletterpflanzen und Zwergsträuchern lassen sich mit Stauden, ein- oder zweijährigen Sommerblühern sowie Zwiebel- und Knollengewächsen ideal ergänzen und dem jahreszeitlichen Wechsel anpassen. Einjährige Sommerblüher und Kletterpflanzen eignen sich auch gut zur Raumtrennung.

GARTEN TIPS & TRICKS

Bepflanzen kleiner Teich- und Wasserbecken

Auch in kleinen Gärten brauchen Sie auf Wasser nicht zu verzichten. Das Becken sollte aber größenmäßig zum Garten passen. Da Wasserpflanzen rasch wuchern, empfiehlt sich sparsame Bepflanzung: eine einzelne Seerose, etwa die Zwergseerose (Nymphaea tetragona), oder kleine Rohrkolben (Typha minima und T. stenophylla) genügen bereits. (→ Wasserpflanzen, Seite 276/277).

Rasen

Ein gepflegter grüner Zierrasen oder ein kurzgehaltener Blumen- und Kräuterrasen vermitteln in kleinen Gärten den Eindruck von Großflächigkeit und bieten auch hier vielfältige Nutzungsmöglichkeiten. Besonders großzügig wirkt es, wenn der Rasen den Garten fast ausfüllt und nur von einer sparsamen Randbepflanzung gerahmt wird. Andererseits kann ein kleines Stück Rasen, eingefaßt von Natursteinen oder Klinkern, auch als Ruhepol oder Schmuckelement beziehungsweise als Blickfang dienen.

Mobile Gärten

Pflanzen in Töpfen bunt gemischt als Terrassenbegrenzung

Rund-Etagere für Pflanzen in kleinen bis mittelgroßen Gefäßen

Etageren sind ein Geheimtip bei knappem Platzangebot. Viertelteilige Segmente bieten ideale Ecklösungen für kleine Terrassen und Balkon, halbkreisförmige Segmente sind schöne Anlehnregale für Wände. Die oben abgebildete Rund-Etagere ist ein zauberhafter Blickfang an Wegbegrenzungen oder auch mitten im Beet oder Rasen. Alle Etageren sind dreistöckig und machen sich auch sehr reizvoll mit Hänge- oder Kletterpflanzen in Gefäßen

Blumen-Arrangement – Ton in Ton zum Stilleben gestaltet

Bepflanzte Töpfe, Kübel, Tröge und Schalen bieten bei beengten Platzverhältnissen oder an Stellen mit verschlossenem Böden oft die einzige Möglichkeit, mit Pflanzen zu gestalten. Sie können Blickfang, Raumteiler und Sichtschutz oder belebender Farbakzent im Grün sein. In Einzeltöpfen lassen sich auch Pflanzensammlungen anlegen, die, dicht an dicht gestellt, einen Platz im Garten oder auf der Terrasse ausfüllen.

Welche Pflanzen eignen sich?

Sie können fast alle Pflanzen in Gefäßen ziehen. Wählen Sie aber bei Gehölzen kleinbleibende Formen.

- Frühlings- und Sommerblumen für jahreszeitlich wechselnde Bepflanzungen.
- Kübelpflanzen schmücken von Mai bis Oktober den Garten, danach müssen Sie ihnen im Haus ein frostfreies Winterquartier bieten können.
- Nutzpflanzen – vor allem Kräuter und Gemüse, Erdbeeren oder kleine Obstgehölze.
- Wasserpflanzen und andere ausdauernde Stauden, die jedoch den Winter im Freien meist nicht überstehen.
- Kleinbleibende Solitärgehölze – Rosen, Ziersträucher, immergrüne Laub- und Nadelgehölze.
- Formgehölze – geschnittener Buchs (*Buxus*-Arten), Eibe (*Taxus*-Arten) und Liguster (*Ligustrum*-Arten).

Welche Gefäße eignen sich?

Wichtig ist, daß Sie sich vorab überlegen, ob die Materialien Ihrer Wahl winterfest sind. Die Gefäße sollten außerdem gut auf die Umgebung abgestimmt sein und in Material, Form und Größe mit den Pflanzen harmonieren.
Tongefäße (Terrakotta) wirken sehr natürlich und lassen sich gut in Pflanzungen integrieren. Achtung: Nicht alle sind hart genug gebrannt, um winterfest zu sein!
Steingut und Keramik. Dazu zählen auch die edlen glasierten chinesischen Gefäße. Achten Sie auch hier auf Frostbeständigkeit.

Mediterranes Flair durch Kübelpflanzen auf der Terrasse

Natur- und Kunststeintröge, etwa alte Futtertröge aus Granit oder Sandstein, sollten einen dauerhaften Standort erhalten, da sie sehr schwer sind.
Holz ist ein vielseitig verwendbares Naturmaterial. Neben schlichten Kästen gibt es teuere Ausführungen aus Eiche, die wesentlich haltbarer sind. Alte Holzfässer eignen sich auch für Wasserpflanzen, weißlackierte Viereckgefäße (Versailles-Kübel) passen besonders gut in formale Gärten.
Weidenkörbe sind eine reizvolle Variante für Naturgärten. Sie halten sich allerdings nur einige Jahre und müssen im Haus überwintert werden.
Kunststoff- und Betongefäße können Sie farbig streichen. Sie sind eine preiswerte Alternative.
Fundstücke, etwa ein alter Waschzuber, können als Pflanzgefäß dienen. Sie müssen nur mit einer Dränage oder einem Wasserabfluß im Boden versehen werden.

Pflanzenkübel aufstellen – aber wo?

Pflanzgefäße finden an vielen Stellen Verwendung.
- Im Eingangsbereich. Der Weg zum Haus kann mit einer Reihe gleichartiger Gefäße gesäumt sein. Eine Haustür erhält durch Gefäße links und rechts einen Rahmen.
- Für Kübelpflanzen ist die Terrasse der richtige Standort. Aber auch ein sonniger Sitzplatz im Garten oder Treppenstufen eignen sich als Topfgarten.
- Schattigen Stellen können Sie durch Topfpflanzen wie Fuchsien (*Fuchsia*-Arten/Sorten), Hortensien (*Hydrangea*-Arten/Sorten) oder Knollenbegonien (*Begonia x tuberhybrida*) Farbe verleihen.
- Solange ein Garten nicht eingewachsen ist, können mobile Rank- und Mooswände als Sichtschutz dienen. Oder Sie kaschieren mit einem bepflanzten Gefäß kahle Stellen.
- Praktisch ist es, direkt an Haus oder Terrasse Gefäße mit Küchenkräutern zu plazieren.
- Auf einem kleinen Platz, an einem Wegekreuz oder Wasserbecken wird der Pflanzkübel zum Blickfang.

Blumen im Container als Willkommensgruß am Eingang

Blickfang und Erntesegen – Taschenamphore mit Erdbeeren

Taschen-Amphoren sind in verschiedenen Höhen im Fachhandel erhältlich. Sie werden mit guter Balkonblumenerde gefüllt, in ihre Taschen können Sie neben Erdbeeren auch Kräuter, hängende Balkonpflanzen oder kleinbleibende Sommerblumen pflanzen. Mit farbig bepflanzten Amphoren lassen sich auf grünen Gemüse- oder Kräuterbeeten, vor halbschattigen Efeuwänden oder auf Terrasse und Balkon fröhliche Farbakzente setzen

Gärten für Kinder

Auch wenn der eigene Garten klein ist, sollte er soweit wie möglich auf die Bedürfnisse der Kinder ausgerichtet werden. Darüber hinaus können Kinder im spielerischen Umgang mit Pflanzen und Tieren mit der Natur vertraut werden.

Planung eines »Kinder-Gartens«

Bei der Planung eines kindgerechten Gartens kommt es darauf an, den unterschiedlichen Entwicklungsphasen der Kinder und Jugendlichen Rechnung zu tragen.
• Zunächst genügt ein Sandkasten direkt in Hausnähe, weil Kleinkinder immer unter Aufsicht bleiben müssen.
• Etwas später sollten Sie den Bewegungsdrang Ihrer Kinder berücksichtigen. Eine strapazierfähige Rasenfläche, die vom Haus aus beobachtbar bleibt, ist jetzt wichtig.
• Die Älteren brauchen Rückzugsmöglichkeiten: geheimnisvolle wilde Ecken, Nischen, Schlupflöcher, Unterholz zum Verstecken und Beobachten.
Teilen Sie den Garten so ein, daß genügend Spiel-Raum für die Kinder bleibt. Bewegliche Materialien jeder Art (Steine, Kies, Sand, Holzstücke und Bretter) sind reizvolle Spielmaterialien, aus denen sich immer wieder neue Objekte herstellen lassen. Auch durch Modellierung der Fläche, durch Bäume, Sträucher und Hecken können Freiräume für Kinder entstehen.
Im Grundschulalter wird bei vielen Kindern der Wunsch nach einem eigenen Gartenbeet wach, das sie dann mit Hingabe bestellen und mit Begeisterung abernten. Andere wünschen sich ein Haustier; auch dafür muß Raum geschaffen werden.

Kinderwelt im Garten mit Häuschen und Sandkasten

Das steht auf der Wunschliste

Spieleinrichtungen sollten vielseitig sein, das Gruppenspiel ermöglichen und die Kreativität fördern.
• Sandkasten, Planschbecken und Krabbelwiese für Kleinkinder gehören in unmittelbare Nähe des Hauses und sollten nicht in der prallen Sonne liegen.

Baumhaus mit Strickleiter und robust angelegtem Sitzplatz

• Rasen oder eine kurzgehaltene Wiese laden zum Ballspielen oder Toben ein.
• Ein Hof mit einer ebenen Hartfläche eignet sich zum Rollschuhfahren und Ballspielen.
• Wasser und Sand bieten wunderbare Möglichkeiten zum Matschen und Bauen. Der Sand sollte bindig sein (ungewaschen).
• Wasser im Garten ist für jedes Alter faszinierend: Von Planschbecken und Wasserschlauch über Rinnsale und selbstgebaute Wasserleitungen bis zum Fischteich reicht die Palette. Der Verbrauch des kostbaren Gutes kann zum Beispiel durch absperrbare und automatisch stoppende Zuläufe in Grenzen gehalten werden.
• Klettern ist bei Kindern besonders beliebt. Bäume müssen aber mindestens 10 Jahre alt sein und entsprechende Festigkeit besitzen, bevor sie dazu taugen. Klettergerüste können aber auch gebaut und eingegrünt werden. Die Äste von Weiden können zum Beispiel so miteinander verflochten werden, daß nach wenigen Jahren stabile Sprossenwände daraus entstehen.
• Schaukeln, Wippen und Rutschen sind ebenfalls beliebte Spielgeräte. Schaukeln können in Bäumen befestigt wer-

Stabile Schaukel vor wunderschönem Ziergartenteil. Wichtig zur Sicherheit – der weiche Rasen im Schaukelbereich

den, zum Wippen eignen sich Bretter, und balancieren kann man auf Baumstämmen.

• Heiße Kinderwünsche ranken sich auch um Baumhäuser, Lauben und Hütten. Vor allem Hütten und Zelte lassen sich zum Beispiel aus Holz, aber auch mit Lehm (am besten unter Anleitung) leicht selbst bauen. Für jeden machbar sind Hütten aus Sträuchern. Im Abstand von 50 cm werden Wildsträucher (ohne Stacheln und Dornen) im Kreis, Rechteck oder Oval gesetzt. Der Durchmesser sollte etwa 2,5 bis 3 m betragen. An einer Stelle wird eine Öffnung als Eingang vorgesehen. Im kommenden Jahr beginnen sich die Wände schon zu schließen.

Eine Hängeulme bildet nach geraumer Zeit ebenfalls eine dichte Laube bis zum Boden. Rascher geht es mit Weiden als lebendem Baumaterial. Wenn die biegsamen Ruten die nötige Höhe erreicht haben, können sie oben und an den Seiten miteinander verknüpft werden.

Auch Bambus ist ein lebendiges und robustes Material, das viel aushält. Ein Bambus-Wäldchen – einige Pflanzen des nicht wuchernden *Sinarundinaria nitida* genügen – erscheint Kindern schon als Dschungel.

Für Erwachsene und Kinder gleichermaßen attraktiv sind dicht bewachsene Lauben, einfache Holzgerüste, die mit Pfeifenwinde (*Aristolochia macrophylla*) oder wildem Wein (*Parthenocissus quinquefolia*) berankt werden.

• An einer Feuerstelle – dem Grillplatz der Familie, in Form eines Lagerfeuerplatzes angelegt – lernen Kinder den Umgang mit Feuer. Achten Sie darauf, daß der Platz nicht unter Bäumen und in der Nähe brennbarer Objekte liegt.

Sicherheit für Kinder

Verbannen Sie alle Giftpflanzen so lange aus dem Garten, bis Sie der Meinung sind, daß Ihre Kinder diese Gefahren erkennen. Auch harmlose Pflanzen eignen sich oft nicht zum Verzehr. Sie können den Anknüpfungspunkt bilden, von dem aus Kinder spielerisch lernen, welche Pflanzen zu meiden sind.

Auch seichtes Wasser sollte durch einen Zaun, der den Zutritt nur unter Aufsicht ermöglicht und später wieder entfernt wird, unzugänglich gemacht werden. Runden Sie an Spielgeräten, Treppen und Geländern Ecken und Kanten möglichst ab. Bewahren Sie unbedingt alle Gartengeräte, Düngemittel und Pflanzenschutzpräparate außer Reichweite von Kindern auf (→ Seite 187).

Formale Gärten

Mehr oder weniger streng formal gestaltete Gärten und klassische Elemente erleben heute eine Renaissance. Mit ihren klaren architektonischen Strukturen eignen sie sich besonders für kleine Grundstücke. Grundsätzlich gelten auch hier die bekannten Gestaltungsprinzipien (→ Seite 29 bis 39). Wichtig sind Raumbildung, also der Rahmen des Gartens und seine Gliederung, sowie die richtigen Proportionen der einzelnen Elemente untereinander. In formalen ebenso wie in kleinen Gärten sollten Sie diese Ordnungsprinzipien in besonderem Maß berücksichtigen: Sie bewahren den Garten vor Überfrachtung und Unruhe.

Stilelemente im formalen Garten

Den formal gestalteten Garten kennzeichnen Geometrie und Symmetrie. Zu ihm gehören klassische Stilmittel, die einzeln ebenso in einer freigestalteten Anlage Verwendung finden können. Erst durch die Kombination der Elemente und ihre grafische Anordnung bekommt ein formaler Garten seinen typischen Charakter, sein architektonisches Grundmuster. Dies kann zeitlos klassisch, verspielt oder modern sein.

- Den Rahmen des Gartens bilden meist grüne Wände, wie Mauern, Zäune oder Schnitthecken.
- Der Gartenraum selbst wird durch Schnitthecken oder Raumteiler wie Spaliere oder Rankgerüste gegliedert. Hohe Elemente trennen einzelne Gartenteile, niedrige strukturieren die Fläche.
- Streng abgegrenzte Wege tragen außerdem zur Gliederung bei. Sie bilden geometrische Muster oder Symmetrie-Achsen.
- Unverzichtbar sind grafische Elemente, wie zu geometrischen Formen geschnittene Bäume, Tore, Pyramiden, Hochstämmchen und Skulpturen. Sie alle tragen zur weiteren vertikalen Strukturierung des Gartens bei.
- Rasen wird nur in Form von kurzgeschnittenem, gepflegtem Zierrasen eingesetzt.
- Wege und Beete erhalten klare Einfassungen aus Buchs (*Buxus sempervirens*), Blumenbordüren oder Rasenstreifen.
- Blickfänge – etwa runde oder rechteckige Zierbecken, Pflanzgefäße, Skulpturen oder ein Pavillon – werden zentral am Ende von Achsen und Durchblicken plaziert, aber auch symmetrisch oder nach geometrischen Grundmustern angeordnet.
- Gehölze, vorwiegend Eibe (*Taxus*-Arten) und Buchs, sind alleenartig aufgereiht und/oder in Form geschnitten.
- Charakteristisch für formale Gärten sind ferner Rankgerüste als Gitterwände (Treillagen).
- Bänke und Lauben sind unverzichtbar und werden wie die oben genannten Blickfänge behandelt.
- Ornamentale Schmuckbeete mit diffizilen geometrischen Mustern vervollkommnen die grafische Strenge. Sie beanspruchen jedoch großen Arbeitsaufwand.

Symmetrisch angelegter Renaissance-Garten mit Buchs-Einfassungen

Moderner, formaler Garten mit getrimmten Gehölzen

Variationsmöglichkeiten

Die strengen Grundmuster eines formalen Gartens lassen jedoch genügend Spielraum für persönliche Vorlieben und jahreszeitliche Akzente. Sie können die klassisch zeitlosen und harmonischen Linienführungen des formalen Gartens durchaus mit nostalgischen Ausstattungselementen wie

Formale Ordnung bewährt sich immer in Kräutergärten mit ihren kleinblättrigen, oft wirr durcheinanderwachsenden Pflanzen

Kleiner formaler Garten mit ornamentalem Schmuckbeet

Freie Beetgestaltung mit strukturgebenden Buchskugeln

Skulpturen oder mit in Form – Tierformen, Kugel, Kegel – geschnittenen Gehölzen (vorwiegend Buchs oder Eibe), ergänzen. Streng geometrisch eingefaßte Beete können mit üppigen, bunten Blumen bepflanzt werden. Besonders hübsch ist es, wenn die Pflanzen sich frei entfalten können und die strenge Form rasch überspielen.

Freie Pflanzungen gewinnen oft an Struktur, wenn sie nur mit formalen Elementen (etwa Buchs-Kugeln oder -Kegeln, → Foto oben) kombiniert werden.
Vorteil: Im Winter, wenn der größte Teil des Pflanzengerüsts fehlt, treten die grafischen Strukturen hervor und geben dem Gartenbild Halt.

Natur-, Wildgärten

Längst gilt eine naturnahe Anlage nicht mehr als verwahrlost, sondern wird vielmehr als ein Garten betrachtet, der im Einklang mit der Natur steht. Viele Gartenbesitzer haben inzwischen auch den ästhetischen Reiz eines Naturgartens entdeckt. Früher wurde oft nur gepflanzt, was attraktiv und pflegeleicht war.
Das in den letzten Jahren stark zunehmende Wissen um ökologische Zusammenhänge hat zu einem sensibleren Umgang mit Pflanzen und Tieren auch im Gartenbereich geführt. Wer naturgemäß gärtnert, leistet seinen kleinen Beitrag zum großen Naturhaushalt, braucht allerdings viel Geduld. Er muß spontane Entwicklungen zulassen und sollte nur ab und zu lenkend eingreifen. Darum ist es vor allem wichtig, einen Naturgarten landschaftsbezogen anzulegen und die Pflanzen standortgerecht auszuwählen.

Naturgärten gestalten

Auch Naturgärten sollten bewußt gestaltet werden (→ Seite 28 bis 39). Die einzelnen Elemente und die Wahl der Pflanzen orientieren sich jedoch stärker an der Natur. Von der Neuanlage bis zum eingewachsenen Naturgarten vergeht viel Zeit. Auch ein älterer Garten verändert sich nur langsam zum naturnahen Garten. Hier gilt es jedoch, die vorhandenen Pflanzen zu nutzen und den Bestand nicht unnötig auszudünnen. Es versteht sich von selbst, daß in einem Naturgarten möglichst keine chemischen Pflanzenschutzmittel eingesetzt werden sollen. Wer jedoch primär heimische Pflanzen wählt, wird diese Radikalkuren auch kaum benötigen.

Lebensräume und Nischen schaffen. Der Naturgarten lebt von einem ausbalancierten Gleichgewicht zwischen Tieren und Pflanzen. Dies gelingt nur, indem die Artenvielfalt erhöht wird. Schaffen Sie Lebensräume und Nischen für Tiere. Kleinbiotope sind zum Beispiel Trockenmauern (→ Seite 50/51), Blumenwiesen (→ Seite 118) oder Naturteiche (→ Seite 62/63). Ökologisch besonders wertvoll sind Übergangsbereiche wie Sumpfzonen oder Gehölzränder mit ihren Saumgesellschaften.
Den Garten zugängig machen. Damit Tiere in Ihren Garten zu- und abwandern können, sollten die Grenzen zur Nachbarschaft durchlässig sein. Pflanzen Sie deshalb Naturhecken (→ Seite 82/83), oder wählen Sie eine Umzäunung aus Draht oder Holz, die sich als Stütze für Kletterpflanzen eignet.
Heimische Pflanzen verwenden. In einem Naturgarten werden vorzugsweise heimische Pflanzen verwendet, die Kleintieren, Vögeln und Insekten als Nahrungsquelle und Lebensraum dienen. Viele Insekten naschen zwar gerne auch an exotischen Blüten, für ihren Entwicklungsprozeß brauchen sie jedoch ganz spezielle Wildpflanzen.
Der vorhandene Pflanzenbestand eines Garten entspricht selten dem Idealbild eines Naturgartens. Für den Anfang genügt es aber bereits, wenn Sie einfach an bestimmten Stellen im Garten Wildkräuter ansiedeln und sprießen lassen. Ersetzen Sie in Blumenbeeten und Rabatten gegebenenfalls hochgezüchtete, oft sterile Arten durch Wildformen, deren Blüten Nektar, Früchte und Samen liefern, und integrieren Sie in möglichst alle Gartenbereiche Wildstauden. Es gibt für jeden im Naturgarten zu verwirklichenden

Frühlingswiese mit Narzissen und Wiesenschaumkraut

Naturteich mit angrenzender Wiese und Sumpf-Schwertlilien

Lebensraum Wiese und Blumenrasen

Wiese und Blumenrasen sind reiche Reviere für Bienen und Insekten, weil sie eine große Vielfalt an Wildkräutern enthalten. Darauf ideal sind alte (Obst-)Bäume oder hohe einheimische Sträucher. Sie bieten optimale Voraussetzungen für Vögel und Insekten.

Lebensraum Wasser

Wasser ist eines der wichtigsten Lebenselemente für Tiere und Pflanzen. Im und am Wasser ist die Artenvielfalt am größten. Ein Naturgarten sollte unbedingt Wasser enthalten, ob als Teich oder wenigstens als Tränke für Vögel, Insekten und Kleintiere (→ Seite 64/65).

Lebensraum die passenden Pflanzen-Arten: schattenverträgliche Pflanzen (→ Seite 244/245), auch viele Zwiebel- und Knollengewächse (→ Seite 112/113 und 242/243) für den Gehölzbereich, sonnen- und trockenheitsliebende Vegetation für Steingartenanlagen (→ Seite 106/107) sowie Pflanzen für Feuchtzonen am Wasser (→ Seite 276/277). Jede dieser Pflanzengesellschaften zieht bestimmte tierische Bewohner an.
Natürliche Materialien verwenden. Verwenden Sie vor allem bei der Neuanlage eines Naturgartens nur natürliche Materialien wie Holz, Ziegel und Naturstein. Befestigte Flächen für Sitzplätze oder Wege müssen wasserdurchlässig sein, um das Bodenleben darunter zu erhalten.

Pflege im Naturgarten

Ein naturhafter und freizügig angelegter Garten bedarf besonders einfühlsamer – deshalb aber nicht aufwendigerer – Pflege. Damit ein Garten seinen natürlichen Charakter entwickeln kann, sollten Sie bestimmte Dinge beachten. Schneiden Sie nicht gleich jeden trockenen Ast heraus, lassen Sie Samenstände und trockene Halme stehen, lassen Sie auch das Laub liegen, es dient als Nahrung und Unterschlupf für Insekten. Zur speziellen Pflege des Naturgartens gehören auch sanfte Methoden der Bodenlockerung (→ Seite 150/151), Mulchen (→ Seite 160/161) und organisches Düngen (→ Seite 156 bis 159). Verwenden Sie keine chemischen Pflanzenschutzmittel, sondern fördern Sie nützliche Helfer wie Vögel und Insekten durch Nisthilfen, Tränken, reichliche Nahrungs- und Unterschlupfangebote (→ Seite 188/189).

Zauberhafte, verwilderte Nische mit blühender Hundsrose

Naturgarten und Wäschetrockenplatz in einem

Frühling am Gehölzrand mit Eberesche und Waldhyazinthen

Trockenmauer und Reisighaufen

Auf den wärmespeichernden Steinen fühlen sich Eidechsen wohl, und zwischen den Fugen entstehen Lebensräume für Wildbienen und andere Insekten. Auch abgestorbenes Holz und aufgeschichtetes Reisig ist für viele Lebewesen im Garten Unterschlupf und Nahrungsquelle.

Lebensraum Hecke

Wenn möglich, sollte das Grundstück ganz oder teilweise von einer freiwachsenden Hecke umgeben sein (Seite 82/83). Blüten, Wildobst, Dornen und dichtes Geäst bieten Vögeln und Kleinsäugetieren Lebensraum. Eine dichte Hecke wirkt sich auch günstig auf das Klima im Garten aus.

Bauerngärten

Der Bauerngarten, ein Gartentyp, der sich aus den mittelalterlichen Klostergärten entwickelte, ist die ursprünglichste Form des Gartens. Er ist heute wieder sehr beliebt, denn in ihm läßt sich traditionelle Gartenkultur mit modernem ökologischen Gedankengut verknüpfen. Bunte Bauerngärten finden sich nicht mehr nur auf dem Land wieder. Gerade auf kleinen Stadt-Grundstücken läßt sich das Grundprinzip dieser Gartenform – das Schöne mit dem Nützlichen zu verbinden und Zier- und Nutzpflanzen nicht streng zu trennen – ideal umsetzen. Die klassisch-klare Beetform ist hier besonders gut geeignet. Auch Vorgärten oder nur Teile eines Gartens können so gestaltet werden.

Elemente des Bauerngartens

Einen Bauerngarten kennzeichnen vor allem klare Gliederung durch Wege und schlichte Materialien. Die Wege bestehen meist aus Kies, Ziegelsteinen oder Pflaster. Das Zentrum des Gartens wird oft mit einen Blickfang betont (→ Zeichnung, links unten). Typisch sind auch niedrige Beeteinfassungen (→ Zeichnung, links oben). Sie sorgen für Ruhe und Ordnung bei all der bunten, ständig wechselnden Pflanzengesellschaft innerhalb des Beetes. In Bauerngärten wird jeder Winkel sinnvoll ausgenutzt.

- Schlichte Drahtzäune lassen sich mit Erbsen und Bohnen oder Wicken beranken. Die Einfriedungen eines Bauerngartens bestehen immer aus einfachen Materialien, meist ist es ein Zaun aus senkrechten Holzlatten (Staketenzaun). Auch Hecken passen gut in einen Bauerngarten. Sie dienen zudem als Sicht- und Windschutz, brauchen allerdings mehr Platz als Zäune.

Buntes Miteinander von Blumen, Gemüse und Kräutern – Kennzeichen e

Kreuzform

Die klare axiale Gliederung des Bauerngartens wird besonders durch niedrige Beeteinfassungen betont, zum Beispiel aus Buchsbaum (der regelmäßig geschnitten wird und dem Garten auch im Winter Struktur verleiht) oder aus Sommerblumen

Kreuzform mit Rondell

Der traditionelle Bauerngarten ist in Kreuzform angelegt. Das Zentrum des Wegekreuzes wird oft durch einen Brunnen oder durch ein praktisches Schöpfbecken betont. Aber auch ein Rondell, etwa mit Rosen bepflanzt, kann diesen Mittelpunkt einnehmen

Dauerblüher Katzenminze

Schlichter Plattenweg

- Rosen, Brombeeren oder andere Kletterpflanzen lassen sich an Pergolen ziehen, die zum Beispiel den Eingang, eine Sitzbank oder Sitzecke umrahmen können. Eine dicht bewachsene Laube sorgt für willkommenen Schatten.
- Beerensträucher oder -hochstämmchen und kleine Obstspaliere können einen Weg oder Zaun begleiten und

'ichen Gartens

Taubenhaus zwischen Rosen

Pfingstrosen im Buchsbeet

Typische Bauerngarten-Blumen

Bestimmte Pflanzen unterstreichen den speziellen üppigen Charakter des Bauerngartens besonders.

Beeteinfassungen. Buchs (*Buxus sempervirens*), Lavendel (*Lavandula angustifolia*), Mauerpfeffer (*Sedum acre*), Heiligenkraut (*Santolina chamaecyparissus*), Monatserdbeeren (*Fragaria vesca var. semperflorens*).

Typische Gehölze. Buchs, Holunder (*Sambucus nigra*), Hortensien (*Hydrangea macrophylla*), Flieder (*Syringa vulgaris*), Geißblatt (*Lonicera*-Arten), Rosen (vor allem Zentifolien, Essigrose und Damaszenerrose).

Stauden. Pfingstrose (*Paeonia officinalis* und *P. lactiflora*), Fingerhut (*Digitalis*-Sorten), Rittersporn (*Delphinium*-Arten/Hybriden), Phlox (*Phlox*-Paniculata-Hybriden), Tränendes Herz (*Dicentra spectabilis*), Mohn (*Papaver orientale*), Astern-Arten/Sorten, Schafgarbe (*Achillea*-Sorten), Schwertlilien (*Iris*-Barbata-Gruppen), Katzenminze (*Nepeta faassenii*), Sonnenhut (*Rudbeckia fulgida*).

Ein- und Zweijährige Pflanzen. Bechermalve (*Lavatera trimestris*), Löwenmaul (*Antirrhinum majus*), Tagetes (*Tagetes*-Hybriden), Ringelblume (*Calendula officinalis*), Sonnenblume (*Helianthus annuus*), Stockrose (*Alcea rosea*), Bartnelke (*Dianthus barbatus*), Goldlack (*Cheiranthus cheiri*), Stiefmütterchen (*Viola x wittrockiana*), Vergißmeinnicht (*Myosotis sylvatica*), Duftwicke (*Lathyrus odoratus*), Zinnie (*Zinnia elegans*), Kapuzinerkresse (*Tropaeolum*-Hybriden).

Zwiebel- und Knollengewächse. Dahlien (*Dahlia*-Sorten), Gladiolen (*Gladiolus*-Hybriden), Lilien (*Lilium*-Arten/Sorten), Kaiserkronen (*Fritillaria*-Arten/Sorten), Narzissen (*Narcissus*-Arten/Sorten).

Muße im Bauerngarten – ein schattiger Sitzplatz mit Erntekorb

mit Kräutern und Sommerblumen unterpflanzt werden. Sie eignen sich auch als Raumteiler.

• Typisch für einen Bauerngarten ist das enge Miteinander von üppigen Prachtstauden und einfachen Pflanzen mit Wildcharakter. Kräuter und Gewürzpflanzen, Duft- und Heilpflanzen gehörten von jeher zu diesem Gartentyp.

Eingangsvariante mit 2 Beeten

Die eingefaßten Schmuckbeete können in einen Rasen oder in mit Bodendeckern bepflanzte Flächen übergehen. Auf kurzgeschnittenem Rasen kommen die Ornamente besonders gut zur Geltung

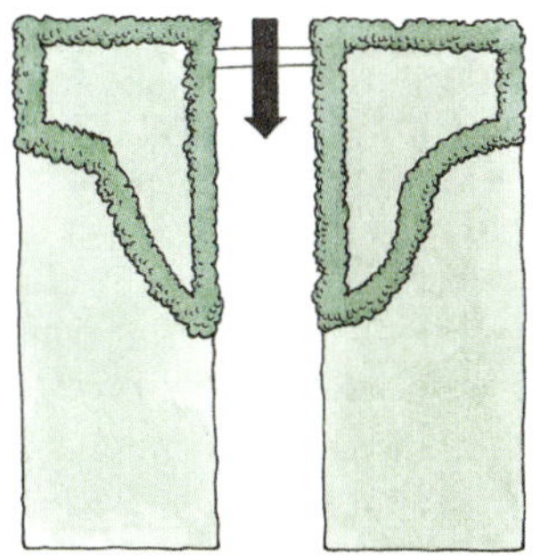

Eingangsvariante mit 4 Beeten

Symmetrisch zur Hauptwegeachse sind die Beete angelegt. Eine Unterteilung und Erschließung durch kleine Nebenwege lockert die Anlage auf und betont die Bordüren

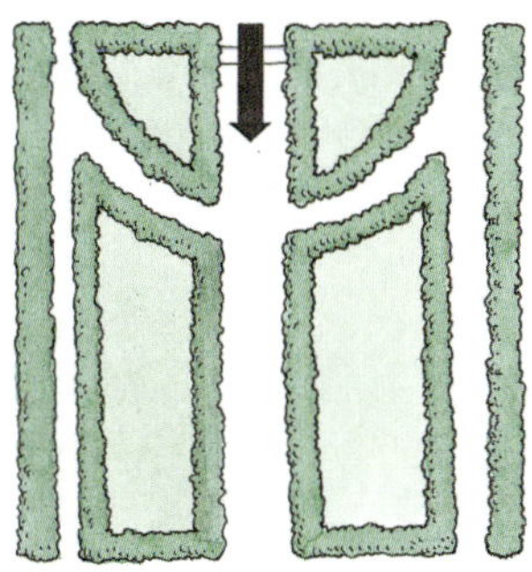

Biogärten

Biologische und ökologische Aspekte haben in den vergangenen Jahren in vielen Bereichen an Bedeutung gewonnen, so auch in der Gartenbewirtschaftung.
Wer seinen Garten biologisch bestellen will, muß über natürliche Vorgänge und Regelkreisläufe genau Bescheid wissen. Denn im Biogarten gilt es, die Natur und ihre Gesetzmäßigkeiten nachzuahmen mit dem großen Ziel, ein ökologisches Gleichgewicht zu erreichen. Der Biogärtner versucht nicht, mit »Kunstdüngern« das Letzte aus dem Boden herauszuholen. Er fördert Boden und Pflanzen ihren Bedürfnissen entsprechend und bekommt dafür einen langfristig fruchtbaren Boden, gesunde Pflanzen und gute Ernten. Bis sich allerdings diese Harmonie zwischen Boden, Pflanzen und Lebewesen wieder eingestellt hat, brauchen Sie Geduld, denn die Natur kann sich nicht von heute auf morgen regenerieren. Bleiben Sie konsequent bei naturgemäßen Methoden, auch bei kleinen Rückschlägen.

Gestaltung eines Biogartens

Jeder Garten läßt sich biologisch bestellen. Ob naturnaher oder formaler Garten, Zier- oder Nutzgarten – die Gestaltung liegt bei Ihnen. Meist ist ein Biogarten jedoch ein Nutzgarten, in dem es darum geht, gesundes und schadstofffreies Obst und Gemüse anzubauen.
Ein Biogarten muß keineswegs unordentlich aussehen. Er kann ebenso schön gestaltet sein wie jeder andere Garten – etwa mit (schützenden) Einfassungen aus geschnittenem Buchs und mit üppigen bunten Blumenrabatten, zwischen denen sich Kräuter, Beeren und Gemüse wohl fühlen.
Freilich – die zum Schutz des Bodens gemulchten Beete sind am Anfang vielleicht ein ungewohnter Anblick, doch sie entsprechen dem Vorbild der Natur, wo fruchtbarer Boden immer mit einer Schutzschicht aus lebenden und toten Pflanzen bedeckt ist. Unverzichtbarer Bestandteil jedes Biogartens ist der Kompostplatz (→ Seite 163), wo Pflanzenreste gesammelt und recycelt werden.
Der Natur abgeschaut ist auch die große Pflanzenvielfalt auf engem Raum. Sie ist nicht nur hübsch anzusehen, sondern fördert auch die Gesundheit der Pflanzen. Darum passen auch Hügel- und Hochbeete (→ Seite 183) oder Kräuterspiralen in den Biogarten.
Freiwachsende Hecken aus heimischen Wildgehölzen, Trockenmauern und Teiche bieten zusätzliche Lebensräume für Pflanzen und Nützlinge. So ist die ökologische Vielfalt gewährleistet – die erste Voraussetzung dafür, daß sich ein biologisches Gleichgewicht und ein ausgewogenes Verhältnis zwischen Schädlingen und Nützlingen einpendeln kann.

Wege zum Biogarten

Einen herkömmlichen Garten in einen Biogarten zu verwandeln, erfordert Zeit: Ein durch Monokulturen und synthetische Dünger ausgelaugter Boden braucht Jahre, bis er sich regeneriert hat. Lassen Sie sich von schlechten Ernten und Invasionen von Schädlingen nicht entmutigen! Bei der Umstellung auf naturgemäßes Gärtnern gibt es bestimmte Kriterien zu beachten.

Wunderschön und biologisch. Pflanzenvielfalt von Obst und buntem Ge

Bodenpflege (→ Seite 150/151). Der Boden ist die Grundlage für die Fruchtbarkeit der Pflanzen. Seine behutsame Pflege und Verbesserung mit natürlichen Mitteln bildet die Grundlage alles gärtnerischen Tuns.
Lassen Sie zunächst eine Bodenuntersuchung vornehmen (→ Seite 148/149), bei der Bodenart, Nährstoffgehalte, pH-Wert, aber auch Humusanteile, biologische Aktivität und eventuell Schwermetallgehalt bestimmt werden.
Bei schweren, verdichteten Gartenböden sorgen Sie für eine tiefgreifende Lockerung des verdichteten Untergrunds, ohne aber die Erdschichten dabei zu vermischen. Auf leichten sandigen Böden genügt meist ein Lockern mit Grabegabel oder Sauzahn. Anschließend die oberste Bodenschicht etwas mit organischen Substanzen (Kompost, verrottetem Stallmist, organischen Düngern, Gesteinsmehl und Algenkalk) anreichern.
Gründüngung und Mulchen (→ Seite 160/161). Am Beginn oder zum Abschluß einer neuen Gartensaison emp-

ngstem Raum in Mischkultur angebaut

fiehlt es sich, eine Gründüngung auszusäen. Je nach Bodenart kommen entsprechend der Jahreszeit unterschiedliche Pflanzen in Frage (→ Seite 161). Mit Gründüngung können Sie schwere Böden lockern oder leichte Böden mit organischer Masse anreichern, so daß nach und nach das Bodenleben aktiviert wird und ein geregelter Wasser- und Lufthaushalt sowie eine natürliche Nährstoffversorgung der Pflanzen gewährleistet sind.

Im Biogarten wird darauf geachtet, daß bloßer Boden nie offen daliegt. Auch bepflanzte Beete erhalten zusätzlich eine Mulchschicht aus Laub, Stroh oder getrocknetem Grasschnitt, die verhindert, daß der Boden austrocknet oder verschlämmt, und ihn gegen Frost schützt. Auf diese Weise werden auch die Bodenlebewesen geschützt.

Kompostieren (→ Seite 162/163). Die Rückführung aller in Haus und Garten anfallenden geeigneten organischen Materialien und ihre Wiederverwertung über den Kompost ist ein Muß im Biogarten. Vom Kompost ernähren sich die Mikroorganismen im Boden, die den Pflanzen durch ihre Ausscheidungen eine ständige Nährstoffquelle erschließen. Der Biogärtner gibt so dem Boden zurück, was er ihm beim Ernten an anderer Stelle wegnimmt.

Sie können auch Abfallprodukte aus Landwirtschaft, Gartenbau und Forst kompostieren. Achten Sie dann aber darauf, daß sie keine Schadstoffe enthalten.

Düngung. Kompost, Gründüngung und andere organische Dünger (→ Seite 156/157) werden nicht wie synthetische Dünger direkt von den Pflanzen aufgenommen. Sie unterstützen das Pflanzenwachstum, indem sie die Bodenlebewesen ernähren. Diese stellen den Pflanzen die Nährstoffe ihrem Bedarf entsprechend zur Verfügung. Wo nötig, hilft der Biogärtner mit zusätzlichen Präparaten nach – neben den organischen Düngern sind dies vor allem Pflanzenauszüge (Jauchen und Brühen), natürliche Minerale (Gestein- und Tonmehle) und Algenpräparate.

Mischkultur und Fruchtwechsel (→ Seite 182/183). Diese Anbauverfahren sind wichtige Elemente eines Biogartens. Mit ihnen macht sich der Gärtner zunutze, daß Pflanzen dem Boden verschieden stark Nährstoff entziehen.

- Beim Fruchtwechsel werden schwach- und starkzehrende Pflanzen im Wechsel angebaut, um den Boden nicht einseitig auszulaugen.
- Bei der Mischkultur werden nach dem Vorbild der Natur verschiedene Pflanzen nebeneinander angebaut, die sich gegenseitig durch ihre Stoffwechselprodukte (Ausscheidungen aus Blättern, Blüten, Wurzeln) schützen und begünstigen oder einander Schädlinge abwehren. Möhren und Zwiebeln zusammengepflanzt halten sich zum Beispiel gegenseitig Zwiebel- und Möhrenfliege fern. Wie schön Sie auch mit Nutzpflanzen gestalten können, zeigen die Beispiele auf Seite 116/117.

Beide Methoden lassen sich auch kombinieren. In jedem Fall ist exakte Planung erforderlich. Beim Gemüseanbau helfen Ihnen die Tabellen auf Seite 183 und 185.

Giftfreier Pflanzenschutz. Gesunder Boden, gute Standortbedingungen und sorgfältige Pflege machen Pflanzen widerstandsfähiger und fördern ihre Abwehrkräfte gegen Schädlinge. Achten Sie schon beim Kauf darauf, daß die Pflanzen gesund sind! Vor allem vorbeugend läßt sich sehr viel tun. Da gibt es Jauchen und Brühen gegen Schädlinge und Pilzkrankheiten (→ Seite 189) und zur allgemeinen Stärkung der Pflanzen (→ Seite 158). Eine Gründüngung mit Tagetes oder Kur-Mischungen (Fachhandel) können gegen Bodenmüdigkeit und Nematoden (Wurzelälchen) helfen. Pflanzenvielfalt im Garten, also auch Blumen und Wildsträucher, gute Ernährung und Pflege der Gewächse haben sich als vorbeugende Maßnahmen bewährt, um Schädlinge und Krankheiten in Schach zu halten. Vor allem gilt es, Nützlinge zu fördern und den Pflanzenbestand ständig zu beobachten. Im Notfall können Sie auf natürliche und mechanische Abwehrmechanismen zurückgreifen (→ Seite 186/ 187). Einige Pflanzen (→ Seite 189), wie Ringelblumen (*Calendula officinalis*) und Tagetes (*Tagetes erecta*), helfen gegen Bodenmüdigkeit, vertreiben Nematoden – und sehen überdies schön aus.

Gärten am Hang

Methoden der Hangbegradigung und -bepflanzung

Steingarten durch sanfte Stufung
Dazu mit unterschiedlich großen und hohen Steinblöcken den Hang abfangen. Sie dienen bei Pflanzung und Pflege auch als Trittsteine. Besonders gut wirkt diese Variante bei einem Untergrund aus gewachsenem Fels. Es ist die ideale Voraussetzung für einen Steingarten. Sehr reizvoll ist in solchen Gärten auch ein kleiner Bachlauf mit Wassertreppe, der unten in einen Teich mündet.
Wichtig: Steine immer mit der breiten Seite nach unten verlegen

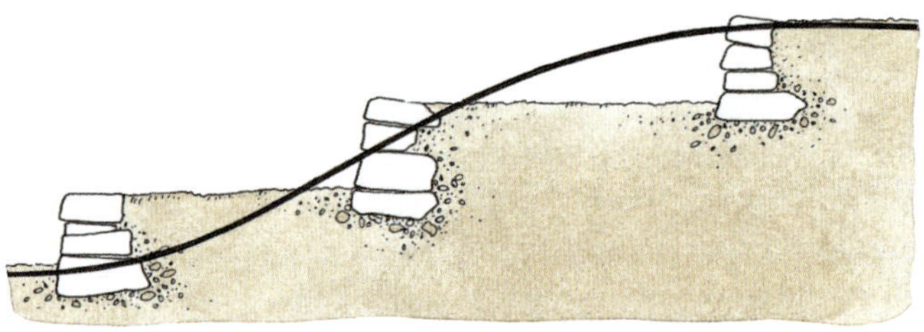

Beete durch leichte Terrassierung
Ein Hang kann auch durch mehrere kleine Mauern terrassiert werden. Auf diese Weise entstehen richtige Beete für eine Vielzahl von Pflanzen: Sträucher, Rosen, Stauden oder auch Gemüse. Mehrere niedrige Abstufungen dieser Art können Sie auch noch problemlos ohne die Hilfe von Fachleuten selbst errichten

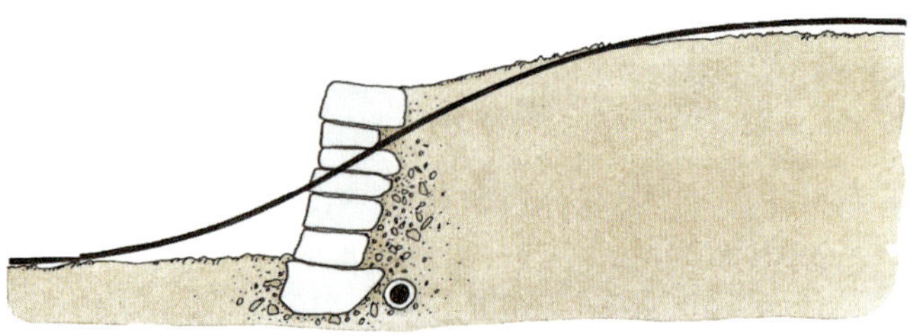

Zwei Ebenen durch Stützmauer
Als dritte Variante bietet sich eine einzelne höhere Stützmauer an, die zwei fast ebene Flächen schafft. Als echte Trockenmauer (→ Seite 50/51) sollte sie nicht höher als 1 m sein. Über einer Höhe von 80 cm empfiehlt es sich, die Mauer sicherheitshalber mit einem Beton-Fundament sowie einem Dränagerohr zu versehen. Höhere Geländeabstufungen sollten unbedingt von Fachleuten ausgeführt werden

Ein Hanggrundstück zu gestalten ist meist relativ kostenintensiv und schwierig, bietet aber auch zusätzlichen Reiz und viele Möglichkeiten, gestalterisch Phantasie einzusetzen. Gärten am Hang können eine besonders schöne Aussicht bieten, wenn der Blick von den Wohnräumen und der Terrasse auf einen gegenüberliegenden ansteigenden Hang fällt. Fällt die Böschung dagegen unter das Niveau des Hauses ab, schweift der Blick – je nach Steilheitsgrad – über einen Teil des Gartens hinweg.

Voraussetzungen

Die Art der Gestaltung hängt in erster Linie von der Hangneigung und der Größe des Gesamtgrundstücks ab. Eine weitläufige Anlage bietet mehr Möglichkeiten für eine natürliche Ausformung und Einbindung in die Umgebung. Ein kleineres Grundstück läßt weniger Spielraum. In jedem Fall ist es notwendig, Treppen, Podeste und eventuell Rampen anzulegen, um die Höhenunterschiede überwinden zu können.
Bei der Planung kommt es auch darauf an, um das Haus herum eine möglichst große ebene Fläche anzulegen. Damit wird ein Stück des Gartens, etwa im Bereich der Terrasse, auf die Wohnebene angehoben. Weiterhin können die einzelnen Nutzungsbereiche des Gartens auf verschiedenen Ebenen angelegt werden, es entstehen Beetflächen für Bäume, Sträucher, Blumen und Nutzpflanzen sowie Plätze zum Spielen und Ruhen.
Darüber hinaus spielen Bodenverhältnisse und Sonneneinstrahlung sowie die Neigung des Hanges eine wichtige Rolle. Diese Punkte entscheiden maßgeblich über Nutzung und Begehbarkeit des Hanggartens sowie die Pflanzenauswahl.
Die Gestaltung eines Hanggrundstücks hat ihren Preis, denn bauliche Veränderungen wie Modellierungen, Terrassen oder Abstützungen, Treppen, Podeste, Mauern und Palisaden sind meist recht aufwendig. Wichtig ist es bei all diesen baulichen Maßnahmen, für eine gute Entwässerung zu sorgen.

Bepflanzungstips

Ein Hang läßt sich auf verschiedene Arten »bändigen« (→ Zeichnungen, links). Nach den Modellierungsarbeiten sollte die Böschung so schnell wie möglich von einem Pflanzenteppich überzogen sein, damit das Erdreich nicht abgeschwemmt wird.
Die meisten Gärten am Hang sind nach Süden, also zur Sonne hin ausgerichtet, die Erde trocknet hier schneller aus, das Wasser fließt leicht ab, und der Boden ist oft durch felsigen Untergrund oder durch Aufschüttungen recht mager. In diesem Fall eignen sich vor allem wärme- und trockenheitsliebende Pflanzen, die den Boden rasch mit ihren Wurzeln durchziehen und halten. Wenn der Garten dagegen zur Nordseite hin abfällt und wenig bis

Mit Palisaden abgefangenes, dicht bepflanztes Blumenbeet in steiler Hanglage

Großzügige Terrassierung für Sitzplatz und Beete

Wunderschön und reich bepflanzte Stützmauer

gar keine Sonne bekommt, müssen Sie schattenverträgliche Pflanzen (→ Seite 104/105 und 244/245) einsetzen. Grundsätzlich bieten sich für Hanglagen Pflanzen an, die gerne wuchern und kriechen; vorzugsweise mittelhohe Sträucher als Solitärpflanzen in einer Bodendecke aus Zwergsträuchern, niedrigen Rosen, Heidekräutern, Gräsern, vor allem aber Steingartenstauden (→ Seite 106/107 und 242/243).

An Mauern und Böschungen wirken auch Kletterpflanzen und Pflanzen mit überhängendem Wuchs besonders schön. Hier können sie sich ohne Stütze, ihrem natürlichen Wuchscharakter entsprechend, entfalten.

Wassergärten

Wasser läßt sich in vielen Formen als gestalterisches Element im Garten einsetzen. Oft wird ein Natur- oder Zierteich (→ Seite 62/63 und 64/65) angelegt. Sie können aber auch den ganzen Garten in ein Wasser-Paradies verwandeln: mit ruhigem Wasser für Seerosen, einem anderen Teil für Fische – das Ganze eventuell mit einem Bachlauf (→ Seite 66/67) verknüpft.

Wichtig: Bei allen Wasseranlagen sollte es begehbare Bereiche geben. Große Flußkiesel, Natursteinplatten sowie Holz eignen sich als Trittmöglichkeit.

Bepflanzungstips

Eine grobe Regel besagt, daß nur etwa ein Drittel des Teiches mit Pflanzen bedeckt sein soll. Biologische Gründe sprechen dafür, die Wasserfläche durch Schwimmblattpflanzen teilweise zu beschatten, aus ästhetischen Gründen soll der Wasserspiegel sichtbar bleiben. Eine schöne Pflanzenauswahl für Wasser- und Sumpfbereiche finden Sie auf Seite 274 bis 279.

- Seerosen benötigen je nach Art/Sorte verschiedene Wassertiefen und sind sehr unterschiedlich im Wuchs. Eine starkwüchsige Seerose kann 2 bis 3 m^2 Wasserfläche bedecken.
- Pro m^2 Wasseroberfläche sollten Sie 2 bis 3 Unterwasserpflanzen vorsehen. Für Flachwasserzonen rechnet man 3 bis 4, für Sumpfbeete etwa 4 bis 6 Pflanzen pro m^2.
- Teiche mit natürlich geformten Randzonen sind besonders reizvoll. Pflanzen Sie auch hier alle Stauden in Gruppen.
- Streng geometrische Wasserbecken wirken am schönsten mit sparsamer Bepflanzung, zum Beispiel nur wenigen Schwimmblattpflanzen und einigen kontrastierenden hochaufragenden Binsen (*Juncus*-Arten) und der heimischen Sumpfiris (*Iris pseudacorus*, → Seite 278/279).

Regelmäßige Pflegemaßnahmen

- Auslichten stark wuchernder Pflanzen.
- Kontrolle des Wassers (pH 6–7,5; Fachhandel); zu hoher Kalkgehalt fördert Algenwachstum.
- Nachfüllen des Wassers, möglichst mit Regenwasser oder mit weichem Leitungswasser (etwa 10° dH), und regelmäßiges Erneuern, vor allem bei Fischbesatz (→ Seite 65).
- Naturteiche alle 2 bis 3 Jahre behutsam und nur teilweise von Pflanzenresten und Schlamm befreien.

Algen – Vorsorge und Bekämpfung

Bei der Neuanlage eines Teiches kommt es häufig zu Algenproblemen; das Wasser färbt sich grünlich und wird trüb. Nach 2 Jahren etwa stellt sich aber in der Regel das biologische Gleichgewicht ein. Unangenehmer sind die grünen Fadenalgen, die sich watteartig im Wasser ausbreiten und auch Pflanzen ersticken. Sie müssen mit dem Rechen herausgefischt werden. Verzichten Sie auf chemische Mittel. Sie schaffen keine langfristige Abhilfe gegen Algen.

Glückliche Kinderspiele am Naturteich

Kinder-Schutzgitter, von Hechtkraut und Tannenwedel überwachsen

Holzpaneelen als Weg durch den Wassergarten

Auch hohe Wassertemperaturen (über 22 bis 23 °C) können eine Algenvermehrung auslösen. Darum vollsonnige Lagen vermeiden und Wasserpflanzen zum Beschatten einsetzen. Wichtig ist, daß keine Nährstoffe in den Teich gelangen, zum Beispiel Düngemittel, absterbende Pflanzen oder herabfallendes Laub. Dadurch kommen Verrottungs-

Kleiner Garten – angelegt als Wassergarten mit Goldfelberich, Bambus und jeder Menge Seerosen

Wassergarten mit Holzdeck und schwimmenden Lichtkugeln

Quellsteine im Gartenteich reichern das Wasser mit Sauerstoff an

prozesse in Gang, die Sauerstoff verbrauchen und die Algenvermehrung begünstigen.

Feinde der Algen sind Schnecken, Wasserflöhe und andere Kleinlebewesen. Unterwasserpflanzen sind zum einen wichtig für die Sauerstoffproduktion, zum anderen sind sie Nahrungskonkurrenten der Algen. Auch ein Bachlauf oder eine Umwälzpumpe fördern die Sauerstoffanreicherung und helfen so gegen Algen.

Das für einen algenfreien, gesunden Teich wichtige biologische Gleichgewicht hängt von Teichgröße und -tiefe ab. Je größer und tiefer Teich oder Becken sind, desto geringer ist die Gefahr einer Algenplage.

GARTEN PRAXIS

Optimale Pflege von Boden und Pflanzen heißt das Geheimnis, das prachtvolle Blüten sowie gesundes Obst und Gemüse hervorbringt. Was immer Sie über gärtnerisches Know-how wissen möchten – auf den folgenden Seiten finden Sie das ganze Grundwissen der Gartenpraxis

Gartengeräte

Ohne technische Hilfsmittel geht es auch im Garten nicht. Hat man die richtigen Gerätschaften, dann artet selbst die härteste Gartenarbeit nicht aus.

Grundausstattung

Als Gartenbesitzer brauchen Sie ein Grundsortiment an Gartengeräten (→ Zeichnungen, rechts). Dazu gehören:

- Spaten, Grabegabel und Rechen (Harke) zur Vorbereitung der Beete. Haltbarer sind Modelle aus Edelstahl, bei denen Blatt und Schaft aus einem Stück geschmiedet sind und der Schaft den Stiel ganz umfaßt.
- Hacke, Kultivator (Grubber) oder Sauzahn zur regelmäßigen Bodenpflege (Lockern und Jäten).
- Handgeräte wie Handspaten und Handgrubber zum Pflanzen und Säubern.
- Gartenscheren und Säge (Ast-, Hecken-, Rosenschere je nach Bedarf).
- Gießkanne mit Brause, Eimer und Schlauch.
- Geräte zur Rasenpflege (→ Seite 166/167).

Ein Häcksler sorgt dafür, daß Schnittgut von Bäumen, Sträuchern und Stauden kompostierbar wird

Tips zum Kauf

Bevor Sie sich ein Gartengerät anschaffen, sollten Sie genau überlegen, wofür Sie welches Gerät brauchen, denn jedes Werkzeug beansprucht Platz, Wartung – und kostet Geld.
Die richtige Auswahl richtet sich auch nach Art, Größe und Bodenbeschaffenheit des Gartens.

- Gartengeräte gibt es in leichter und schwerer Ausführung, zum Beispiel spezielle Damenspaten. Auch Griffe und Stiele gibt es in verschiedenen Varianten.
- Mehrzweckgeräte (Stecksysteme) sind platzsparend und eignen sich deshalb vor allem für kleinere Gärten. Für einen Stiel gibt es mehrere Werkzeugaufsätze.
- Bei größeren Gärten werden Geräte stärker beansprucht. Entscheiden Sie sich deshalb lieber für qualitativ hochwertige Einzelgeräte.
- Für große Gärten lohnt sich die Anschaffung von motorbetriebenen Geräten, für kleine Gärten genügen meist Handgeräte.
- Wichtig ist auch die Bodenbeschaffenheit des Gartens: Auf schweren Böden braucht man stabilere Werkzeuge.

Gartenzubehör

① Obstpflücker zum Ernten
② Gartenhandschuhe
③ Gießkanne zum Angießen einzelner Pflanzen
④ Eimer zum Transportieren kleiner Mengen Kompost
⑤ Korb zum Einsammeln von Gartenabfällen und zum Ernten

Häcksler

Mit einem Häcksler (engl. Shredder) lassen sich holzige oder sperrige Gartenabfälle mühelos zerkleinern. Vor dem Kauf überlegen:

- Elektro- oder Benzinmotor? Elektromotoren sind leiser, aber ohne Drehstrom nicht so leistungsstark wie Benzinmotoren. Diese kommen bei großen Gartenanlagen zum Einsatz, wenn keine Steckdose vorhanden ist.
- Achten Sie auf eine gute Lärmdämmung.
- Der Häcksler sollte rollbar sein und einen Auffangsack besitzen.
- Er sollte möglichst auch Äste, die stärker als 3 cm sind, und feuchtes, krautiges Material zerkleinern können. Hammerwerke sind in diesem Fall reinen Messerwerken überlegen.

Wichtig: Gründen Sie mit Nachbarn eine Gerätegemeinschaft, um ein leistungsfähigeres Modell anschaffen zu können.

Geräte zur Bodenbearbeitung

① Schaufel
② Grabegabel zum Lockern des Bodens, zum Herausnehmen von Stauden, Gehölzen, Knollen- und Wurzelgemüsen
③ Sauzahn zur Bodenlockerung
④ Pickel zum Aufreißen verdichteter, schwerer und steiniger Böden
⑤ Spaten zum Umstechen und Pflanzen

Geräte zum Säen und Pflanzen

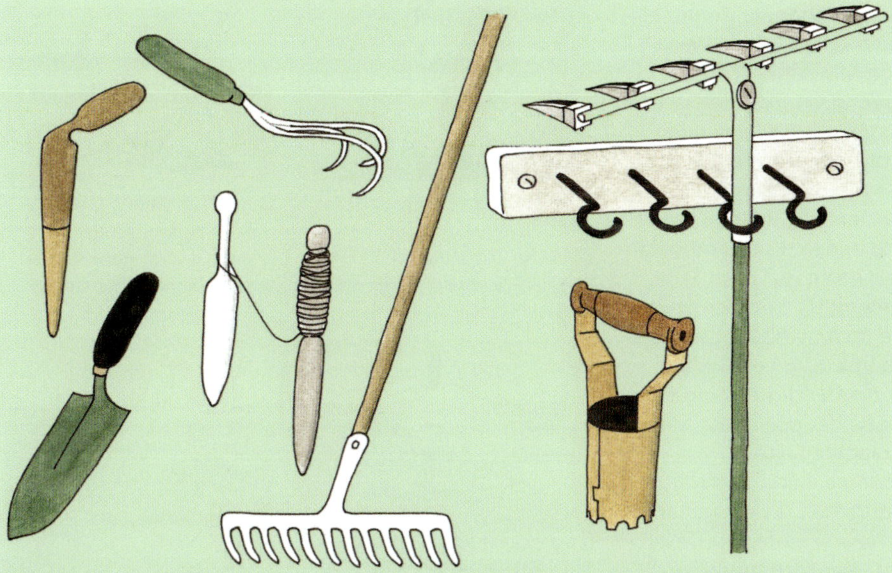

① Pflanzholz zum Ziehen von Saatrillen und Anlegen von Pflanzlöchern
② Pflanzkelle zum Einpflanzen und Umtopfen
③ Pflanzschnur zum Markieren von Beeten, zum Anlegen von Saatrillen, für Reihenpflanzung von Gemüse
④ Handgrubber zum Lockern und Jäten zwischen Gemüsereihen und Zierpflanzen
⑤ Rechen (Harke) zum Krümeln und Glätten des Bodens und zum Zusammenrechen
⑥ Hohlpflanzer zum Pflanzen von Blumenzwiebeln
⑦ Rillenzieher zur Saatbeetvorbereitung
⑧ Wandhalterung für Gartengeräte

Schneidegeräte

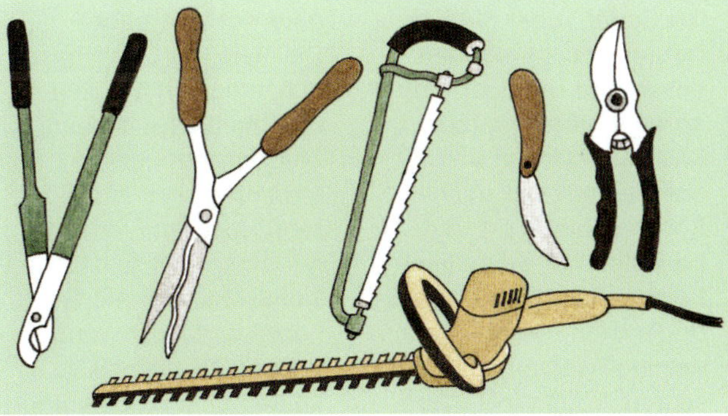

① Astschere mit langen Hebelgriffen
② Heckenschere
③ Baumsäge mit verstellbarem Sägeblatt
④ Hippe zum Glätten von Schnitträndern an Gehölzen
⑤ Gartenschere
⑥ Elektro-Heckenschere

Umgang mit Geräten

Die richtige Handhabung der Gartengeräte kann Sie vor Verletzungen und gesundheitlichen Beschwerden bewahren.

- Umgraben, Hacken, Rechen immer mit geradem Rücken. Dazu müssen die Geräte Ihrer Körperlänge angepaßt sein (Spatenstiel sollte in Taillenhöhe enden).
- Bei Motorgeräten Gebrauchsanweisung und Sicherheitsvorschriften genau studieren.
- Tragen Sie bei Arbeiten wie Häckseln und Heckenschneiden feste Kleidung, Handschuhe und Brille.

Pflege der Geräte

Damit Gartengeräte lange intakt bleiben, muß man sie regelmäßig säubern und an einem trockenen Ort aufbewahren.

- Bewährt haben sich Gerätehalter für die Wand mit Clips oder Haken, die meist auch einzeln erhältlich sind. Dort sind alle Werkzeuge mit Stiel gut unterzubringen. Geräte so aufhängen, daß Zinken und Schneiden zur Wand stehen und das Stielende zum Boden zeigt.
- Stiele regelmäßig überprüfen, damit sie nicht wackeln oder durch Unebenheiten die Hände verletzen.
- Klingen von Schneidewerkzeugen, die mit kranken Pflanzen in Berührung kamen, mit Alkohol oder über einer Flamme desinfizieren.
- Vor der Winterpause alle Geräte sorgfältig säubern, Metallteile ölen und Schneiden schärfen.
- Defekte Teile zur Reparatur bringen, damit im zeitigen Frühjahr alles wieder einsatzbereit ist.

Eine stabile Schubkarre – unentbehrliche Hilfe bei allen Transportarbeiten

Bodentests

Der Boden bildet die wichtigste Grundlage fürs Gärtnern. Daher ist es wichtig, daß er sich in gutem Zustand befindet und den jeweiligen Ansprüchen der Pflanzen genügt. Dabei kommt es sowohl auf die physikalische Struktur als auch auf das chemische Verhalten des Bodens an.

Den Boden kennenlernen

Durch genaues Anschauen und Befühlen lassen sich schon rein äußerlich Schlüsse über die Art des Bodens ziehen.

Farbe. Gräbt man ein 2 Spaten tiefes Loch, dann kann man bereits an der Farbe des Profils Unterschiede erkennen. Meistens hat die Oberbodenschicht (15 bis 30 cm) eine dunklere Färbung als der Unterboden. Die dunkle Farbe spricht für einen hohen Gehalt an organischer Masse (Humus). Moorböden sind beispielsweise fast schwarz.

Struktur. Die einzelnen Partikel eines Bodens können sehr unterschiedlich sein. Bei reinen Sandböden sind sie grob und gut zwischen den Fingern spürbar.

Eine Reihe von Bodentests kann mit Hilfe eines Minilabors oder mit Teststäbchen und Farbtafeln selbst durchgeführt werden

Je klebriger der Boden, desto feiner die Partikel und um so höher der Tonanteil. Die meisten Böden weisen eine Mischstruktur auf.

Idealzustand. Guter Gartenboden besitzt feine und grobe Partikel, zerfällt in der Hand in lockere Krümel, enthält Regenwürmer und andere Kleinlebewesen und riecht gut nach Erde.

Bodentests. Um sich über die Bodenverhältnisse einen Überblick zu verschaffen, ist die Hand- und Fingerprobe das geeignete Mittel (→ rechte Seite).

Bodenreaktion und Nährstoffgehalt lassen sich anhand von einfachen Tests aus dem Fachhandel zumindest grob prüfen. Genauere Ergebnisse liefern nur labormäßige Bodenanalysen.

Der pH-Wert des Bodens

Die meisten Pflanzen fühlen sich im schwach-sauren Milieu wohl (pH-Wert 6 bis 7). Der pH-Wert ist der Gradmesser für den Säuregehalt des Bodens (gemessen wird die Wasserstoffionenkonzentration). Auf einer Skala von 1 bis 14 nimmt 7 den Neutralpunkt ein. Die Werte darunter zeigen eine saure Reaktion des Bodens an, die darüber eine alkalische.

Der pH-Wert spielt eine wichtige Rolle, denn von ihm hängt es ab, in welchem Maße die Pflanzen die Nährstoffe aufnehmen können. Ist der pH-Wert extrem hoch (sehr kalkhaltiger Boden) oder niedrig (saurer Boden), können bestimmte Nährstoffe nicht aufgenommen werden. Manche Pflanzen sind jedoch gerade auf solche Böden spezialisiert und gedeihen nur darin. Ein Beispiel hierfür ist der Rhododendron, der bis auf wenige Ausnahmen nur in saurem Boden (pH-Wert: 4,5 bis 6) gut wächst.

Bodenproben entnehmen

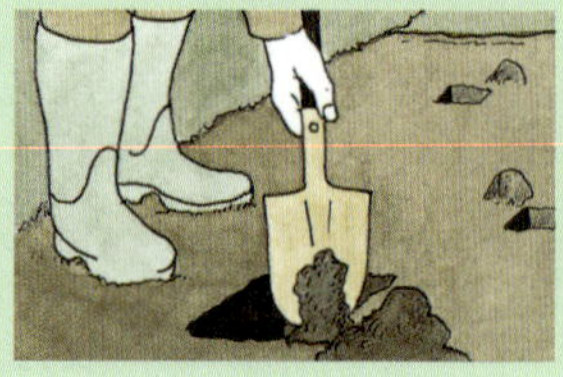

① Nehmen Sie etwa 10 bis 15 Einzelproben pro Bodenfläche. Die jeweiligen Einstiche gleichmäßig über die gesamte Fläche verteilen.

② Loch ausheben (Einstichtiefe → unten). An der Seitenwand mit dem Handspaten von unten nach oben eine Schicht abstreifen.

③ Die Proben von jeder Einstichstelle in einem Eimer sammeln und alles gut durchmischen.

④ Etwa 500 g dieser Probe in einen Plastikbeutel abfüllen und beschriften (Name, Adresse, Bezeichnung der Fläche und Art der Nutzung).

Bei der Bodenprobeentnahme beachten

Wichtig sind der Zeitpunkt, an dem Sie die Bodenproben vornehmen, und die Tiefe des Einstichs.

Zeitpunkt. Bodenproben am besten im Frühjahr oder Herbst entnehmen, also vor oder nach einer Vegetationsperiode. Auf jeden Fall immer vor einer Dünger- oder Kompostgabe.

Die Tiefe des Einstichs ist abhängig von der jeweils künftigen Bepflanzung. Meistens genügt ein 1 Spaten tiefer Einstich. Bei Rasenflächen muß er sogar nur 10 cm tief sein. Sollen Tiefwurzler (Rosen, Gehölze) gepflanzt werden, müssen Sie eine bis zu 2 Spaten tiefe Probe entnehmen und dabei die obere und untere Schicht getrennt sammeln.

Wichtig: Unterschiedlich bepflanzte und genutzte Gartenflächen (Rasen, Nutzgarten, Obst, Stauden) erfordern auch getrennte Probeentnahmen. Leihen Sie sich bei dem Labor, bei dem Sie die Bodenprobe

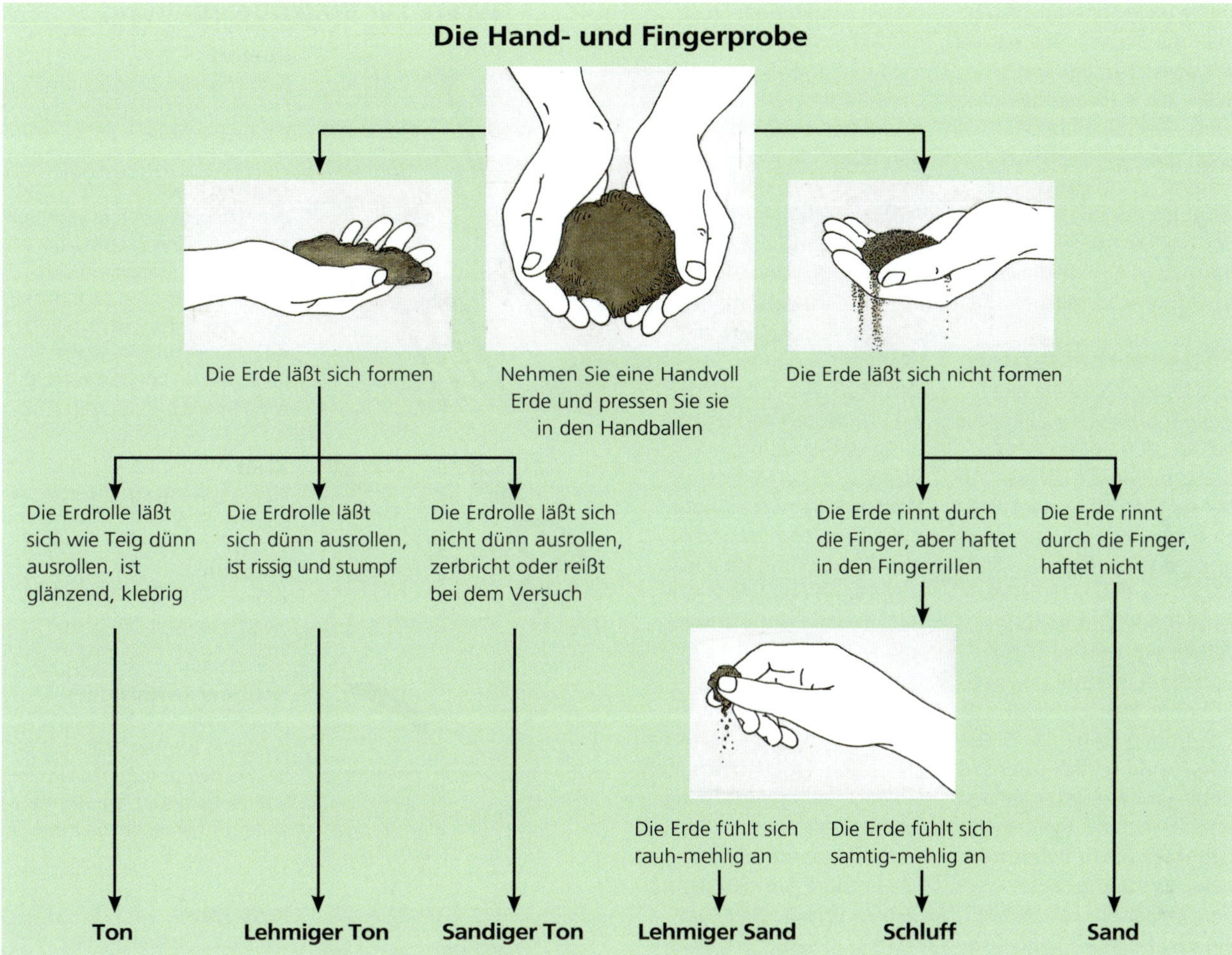

prüfen lassen, einen Bohrstock aus. Mit diesem Spezialgerät sind die Probeentnahmen einfacher vorzunehmen.
In dem Begleitschreiben, das Sie der Bodenprobe beifügen, sollten Sie auch Angaben über die Art der Bewirtschaftung Ihres Gartenbodens machen (ob biologische oder konventionelle Wirtschaftsweise, intensiv, extensiv, Art der Düngung und so weiter). Damit können die Düngeempfehlungen individueller gestaltet werden. Bei biologischen Verfahren ist es empfehlenswert, die Schwermetalle im Boden bestimmen zu lassen (teuer!).

Bodenanalyse

Exakte Ergebnisse über die Bodenverhältnisse liefert allein die labormäßige Bodenanalyse. Wichtig ist solch eine Untersuchung vor allem bei Garten-Neuanlagen oder bei Neuanlagen von bestimmten Flächen im Nutzgarten und bei Anzeichen von Nährstoff-Mangelerscheinungen (→ Seite 157).

Wichtig: Speziell im Nutzgarten sollten Sie alle 2 bis 3 Jahre eine Bodenanalyse durchführen lassen, um falsche Düngemaßnahmen zu vermeiden.

Eine Standard-Bodenuntersuchung umfaßt in der Regel folgende Punkte:

- Bodenart
- pH-Wert
- Kalium- und Phosphatgehalt.

Zusätzlich werden auf Wunsch untersucht:

- Spurenelemente
- Magnesiumgehalt
- Kalkgehalt
- Humusgehalt
- Gesamtstickstoff
- Bodenstruktur
- Biologische Aktivität
- Schwermetalle.

Düngeempfehlungen sind dem Untersuchungsergebnis meist beigefügt oder werden auf Anfrage genannt.
Bodenanalysen werden von öffentlichen und privaten Instituten durchgeführt. Die Kosten sind sehr unterschiedlich, je nach Umfang der Untersuchung. Spezialuntersuchungen sind wesentlich teurer.

Bodenpflege

Unter Bodenpflege versteht man die Bodenvorbereitung vor dem Pflanzen und Säen, die Bodenverbesserung – vor allem bei Flächen, die neu bepflanzt werden – und die Behandlung des Bodens während des ganzen Jahres. All das trägt dazu bei, den Boden fruchtbarer zu machen.

Bodenverbesserung

Es gibt verschiedene Methoden und Materialien, die helfen, den Boden zu verbessern, wie die Tabelle auf der rechten Seite zeigt. Dazu gehören auch Gründüngung und Mulchen (→ Seite 160/161). Auf welche Weise Sie Ihren Gartenboden verbessern sollten, hängt von der Art des Bodens ab. Schwere ton- und lehmhaltige Böden neigen zu Staunässe, sind schlecht durchlüftet und arm an organischer Substanz. Sie müssen daher vor allem tiefgründig gelockert und belüftet werden. In diesem Fall sollten Sie den Boden 2 Spaten tief umgraben. Achten Sie beim Umgraben darauf, daß obere und untere Bodenschicht nicht gemischt werden, da die wichtigen Bodenorganismen jeweils nur in einer bestimmten Bodenschicht leben können. Beim Umgraben können zusätzlich Kompost, Gesteinsmehle, Sand oder auch Flockengemische (→ Tabelle, rechts) zur Bodenlockerung und Lüftung in die obere Bodenschicht eingebracht werden. Die beste Zeit für diese etwas mühevolle Arbeit ist der Herbst. Anschließend überläßt man den grobschollig umgegrabenen Boden dem Frost, der ihn noch mehr zerkrümelt (Frostgare).
Die Alternative zum tiefgründigen Umgraben ist, den Boden nur oberflächlich zu lockern und im Frühjahr oder Herbst eine Gründüngung mit tiefwurzelnden Pflanzen wie Lupinen, Kleearten oder Ölrettich auszusäen, die eventuell wiederholt werden muß. Auch Kalk, den Sie am besten im Herbst ausstreuen, kann die Bodenstruktur verbessern.
Wichtig: Schwere Böden nicht bei Nässe betreten, sonst verdichten sie zusätzlich. Wenn nötig, vor dem Betreten ein Brett unterlegen.
Leichte Böden sind gut durchlüftet, trocknen schneller ab und erwärmen sich rasch. Dadurch können sie auch zeitiger im Frühjahr bestellt werden. Ihre Bearbeitung ist in jedem Fall leichter. Sie sind jedoch arm an organischer Substanz und speichern Wasser und Nährstoffe nur schlecht. Alle Pflegemaßnahmen müssen daher vor allem zum Ziel haben, den Humusanteil zu erhöhen. Das ist möglich durch Gründüngung, Kompostgaben und Mulchen. Das Einarbeiten von Tonmehl und Kalk erhöht gleichzeitig die Wasserhaltekraft des Bodens.
Wichtig: Lassen Sie alle 3 bis 5 Jahre den Kalkgehalt des Bodens durch eine Bodenanalyse überprüfen.

Geräte zur Bodenbearbeitung

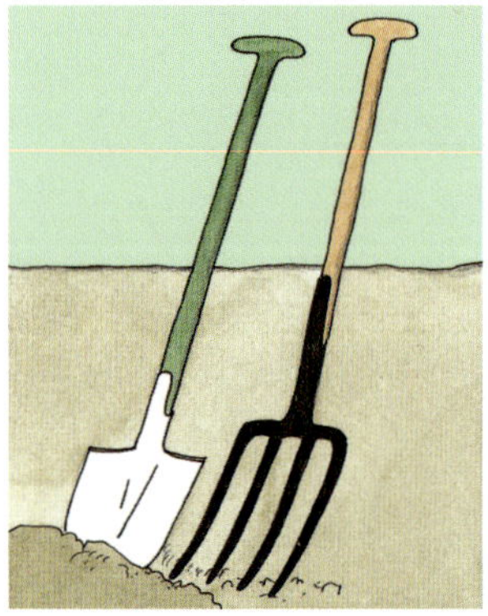

Spaten
Zum Pflanzen, Umpflanzen, Lockern und Umgraben von schweren Böden.

Grabegabel
Zum Lockern von mittleren und leichten Böden. Grabegabel bis zum Ansatz einstechen und mehrmals vor- und rückwärts bewegen. Dabei werden auch Wurzelunkräuter gelockert, ohne daß sie unnötig zerteilt werden.

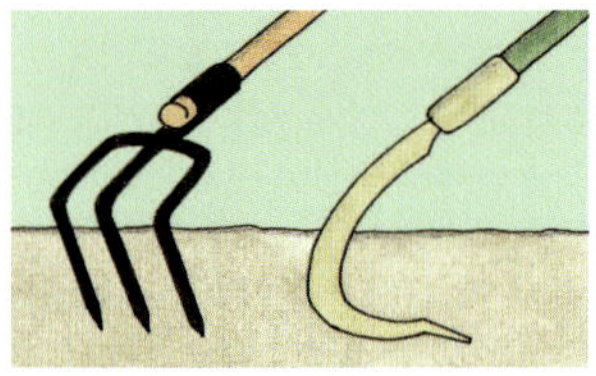

Krail
Zum Bearbeiten grobscholliger Böden.

Sauzahn
Zum Lockern des Bodens und Einarbeiten von Düngern.

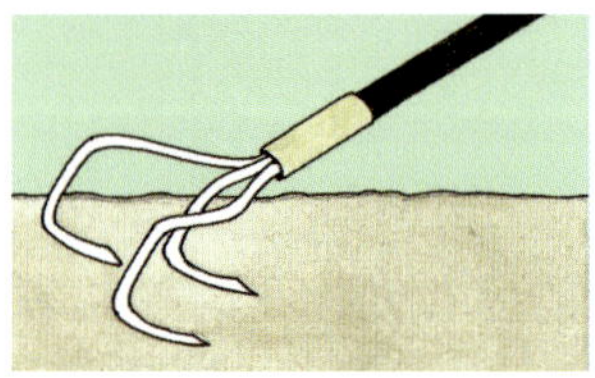

Grubber (Krümmer)
Für oberflächliches Lockern zwischen den Beetreihen. Dabei werden gleichzeitig Unkräuter gelockert, so daß man sie leicht herausziehen kann.

Kultivator
Die »Gänsefüßchen« des Kultivators werden wie kleine Pflugschare durch die oberste Bodenschicht gezogen. Die Bearbeitungsbreite läßt sich verändern.

Doppel- oder Kreuzhacke
Diese kombinierte Zieh- und Schlaghacke ist sehr hilfreich beim Unkrautjäten. Da sie schmal ist, eignet sie sich auch zum Lockern und Jäten zwischen Reihenkulturen.

Rechen (Harke)
Damit können grobschollige Böden krümelig gemacht und große Flächen geglättet werden. Beete werden mit dem Rechen saat- und pflanzfertig gemacht.

Vorbereitung zum Pflanzen und Säen

Bevor Sie mit dem Aussäen oder Pflanzen beginnen, müssen die Beete vorbereitet werden.Den leicht durchfeuchteten Boden mit Grabegabel oder Spaten lockern.

- Unkräuter entfernen.
- Kompost, organische Dünger, Gesteinsmehl und Kalk oberflächlich in den Boden einarbeiten.
- Beetflächen mit dem Rechen glätten.
- Samen aussäen oder Pflanzen setzen.

Wichtig: Bodenverbesserungsmittel (→ Tabelle, rechts) immer nur oberflächlich in den Boden einarbeiten, denn das aktive Bodenleben spielt sich nur in der obersten Bodenschicht ab.

Bodenpflege rund ums Jahr

Die Pflege des Bodens ist abhängig von der Jahreszeit, der Witterung, der Nutzung und der Bepflanzung des Gartens.

Frühjahr. Ist die Frostperiode vorbei (März/April), beginnt das Gartenjahr. Vor den ersten Arbeiten muß der Boden auf jeden Fall oberflächlich abtrocknen.

- Beete und Rasen von winterlichen Überresten befreien. Laub, Mulchreste oder anderes Abdeckungsmaterial verzögern die Erwärmung des Bodens und damit das Wachstum der Pflanzen.
- Bepflanzte Flächen vorsichtig auflockern, dabei die verborgenen Zwiebeln der Frühlingsblüher nicht verletzen.
- Im Nutzgarten Beete lockern und eventuell eine Gründüngung einsäen.
- Überall im Garten Kompost, organischen Dünger und Gesteinsmehle leicht einarbeiten.

Sommer. Während der Sommermonate trocknet der Boden leicht aus. Daher ist es wichtig, regelmäßig zu lockern oder zu mulchen.

- Offene Böden, zum Beispiel zwischen Gemüse, Prachtstauden oder Rosen, in Abständen von 2 bis 3 Wochen – vor allem nach heftigen Regengüssen – oberflächlich lockern (Luftaustausch, Bodenfeuchtigkeit, Unkrautbildung).
- Zwischen Bepflanzungen verkrustet der Boden nicht so leicht, weil er durch Zweige und Blätter beschattet wird. Hier genügt es, ab und zu mit schmalen Geräten zu lüften und große Unkräuter herauszuziehen.

Alternative: Offene Böden mit einer dünnen Mulchschicht bedecken (→ Seite 161), da sie dann Witterungseinflüssen nicht so stark ausgesetzt sind. Rasch verrottenden Mulch (Grasschnitt) öfter erneuern.

Im Herbst/Spätherbst reifen Kompost und Gesteinsmehl dünn auf den Beeten verteilen. Eventuell Kalk, Kalium und Phosphat zugeben, wenn eine Bodenanalyse dies empfohlen hat. Anschließend den offenen Boden mit einer Mulchdecke aus Stroh oder Laub schützen.

Damit sind die Beete winterfest gemacht.

Was Lockern und Krümeln bewirken

Sonne, Wind und Regen bewirken, daß offener Boden austrocknet, verkrustet oder verschlämmt. Es dringt keine Luft mehr in den Wurzelraum, Regenwasser läuft zum Teil oberflächlich ab und verdunstet. Andererseits steigt Bodenwasser nach oben und verdampft (Kapillarwirkung). Durch Lockern und Krümeln (hier mit einem Gartenwiesel/Gartenfräse) wird die oberste Bodenschicht aufgebrochen. Die feinen Haarröhren verlieren die Verbindung nach außen, und die Feuchtigkeit bleibt im Boden. Auch Luft und Wasser können wieder ungehindert eindringen. Lockern und Krümeln regulieren also den Wasserhaushalt im Boden, ermöglichen den Luftaustausch und verhindern Unkrautwachstum.

Wichtige Bodenverbesserungsmittel

Organisches Material	
Stallmist/tierischer Dung, Kompost, organischer Dünger, Gründüngungs- und Mulchmaterial, Fertigsubstrate (Rinde oder Holz als Torfersatz)	Für alle Böden! Fördern die Humusbildung und die Speicherfähigkeit für Wasser, Nährstoffe und Wärme. Lockern, belüften und düngen den Boden
Mineralisches Material	
Gesteinsmehle	Verbessern die Nährstoffbindung bei allen Böden
Tonmehl	Verbessert Wasser- und Nährstoffbindung bei leichten Böden
Kalk	Verbessert saure Böden
Sand/Kies	Drainage bei schweren Böden
Lehm/Ton	Verbessert Wasser- und Nährstoffbindung leichter Böden
Synthetisches Material	
Verschiedene Flockengemische	Verbessern die Struktur schwerer Böden, erhöhen Wasserbindung bei leichten Böden

Aussaat

Auszusäen und das Keimen und Heranwachsen von Pflanzen zu beobachten, gehört sicher zu den schönsten gärtnerischen Tätigkeiten. Es ist immer wieder ein kleines Wunder, wenn aus einem winzigen Samenkorn oftmals schon im Laufe einer Vegetationsperiode eine kräftig blühende und fruchtende Pflanze heranwächst. Doch bevor Sie sich im Laden von den bunten Samentütchen verführen lassen, sollten Sie genau überlegen, für welchen Zweck Sie wie viele Pflanzen benötigen.

Vorkultur

Frostempfindliche Pflanzen müssen Sie im Haus vorziehen, bevor sie ins Freiland gesetzt werden können. Für die Anzucht benötigen Sie einen hellen, aber nicht der prallen Sonne ausgesetzten Platz (Wintergarten, Fensterbank). Die Keimlinge mögen »warme Füße«, das heißt auch im Wurzelbereich eine Temperatur zwischen 16 und 20 °C.
Ab Januar kann ausgesät werden. Die Jungpflänzchen müssen in rauheren Gegenden aber bis zu den Eisheiligen (12. bis 15. Mai) im Raum bleiben. In den letzten Wochen davor brauchen sie jedoch einen hellen, kühleren und luftigen Stand um 15 °C (Diele, Gästezimmer), damit sie vor dem Auspflanzen etwas abgehärtet werden.
Alternative: Haben Sie nicht genügend Platz für eine Vorkultur, können Sie im Mai auch Jungpflanzen kaufen.

Einzelsaat in Töpfe

Größere oder pillierte Samenkörner können einzeln oder als Dreiergruppe direkt in einen Topf gesät werden. Vorteil: Das Pikieren (Vereinzeln) entfällt.
Substrat. Zur Aussaat nur Spezialerde (Fachhandel) verwenden. Sie ist keimfrei und nicht gedüngt.
Gefäße. Die Töpfe dürfen nicht zu groß sein, damit der Ballen gut durchwurzeln kann. Ideale Anzuchtgefäße sind Torfpreßtöpfe ①, damit entfällt ein nochmaliges Umtopfen. Geeignet sind aber auch Einzeltöpfe, zusammenhängende Paletten oder Torfquelltöpfe ②, die bei Wasserzugabe aufquellen.
Alle Töpfchen können zunächst dicht beieinanderstehen, mit zunehmendem Wachstum müssen sie auseinandergerückt oder auseinandergezogen werden. Die Blätter der Jungpflanzen sollen sich nicht berühren. Im Frühjahr werden die durchwurzelten Töpfe ③ dann direkt ins Beet ausgepflanzt.
Wichtig: Jungpflanzen wünschen möglichst gleichmäßige Bedingungen und einen zugfreien, hellen Stand mit hoher Luftfeuchtigkeit. Ideal: ein Kleingewächshaus mit Belüftung und Schattierung.

Aussaat Schritt für Schritt

① Saatkistchen mit Erde füllen, glätten, Ränder andrücken. Gleichmäßig, nicht zu dicht aussäen.

② Mit Händen oder Brettchen Samen ins Substrat drücken, etwas Erde darüberstreuen oder -sieben.

③ Erde und Samen mit einer feinen Brause angießen oder mit der Sprühflasche befeuchten.

④ Saatschale mit Haube oder Glasscheibe abdecken. Sobald sich Keimblätter zeigen, lüften.

Pikieren Schritt für Schritt

① Keimlinge pikieren, wenn sich nach den beiden Keimblättern die ersten Laubblätter zu bilden beginnen.

② Wurzeln des Keimlings mit der Hand um 1/3 bis zur Hälfte einkürzen, damit sie sich gut verzweigen.

③ Pflänzchen einzeln oder in Büscheln in möglichst kleinen Topf setzen (bessere Wurzelbildung).

④ Pflänzchen gut anfeuchten, warm und hell stellen. Nach Durchwurzelung luftig und kühler stellen.

Saatgut in verschiedenen Formen

Es lohnt sich, Qualitätssaatgut zu kaufen, auch wenn es teurer ist. Vielfach werden Keimschutzpackungen angeboten. Bei entsprechender Lagerung kann man angebrochene Packungen auch noch im nächsten Jahr verwenden. Die Samen müssen dann luftdicht verschlossen in einem beschrifteten Behälter dunkel, trocken und kühl gelagert werden.
Qualitätssaatgut ist entsprechend gekennzeichnet, enthält genaue Arten- und Sortenbezeichnungen, detaillierte Kulturanweisungen sowie das Verfallsdatum.
Pilliertes Saatgut. Dies sind kleine Samen, die durch eine Umhüllung Pillengröße besitzen und dadurch gezielt auszusäen sind. Die Hülle löst sich im feuchten Boden auf.
Pillierte Samen sind teurer, müssen jedoch kaum mehr pikiert werden und lassen sich auch in Spezialsägeräten (Saatroller, Sämaschinen) verwenden.
Saatbänder, -vliese, -teppiche und -sticks. Darauf oder darin sind die Samen bereits im richtigen Pflanzabstand befestigt, so daß Sie die Jungpflänzchen später nicht mehr pikieren müssen. Diese Saathilfen aber unbedingt mit der richtigen Seite nach unten in die Erde legen.
Samen aus dem Garten. Manche Gartenblumen versamen sich von selbst direkt an Ort und Stelle. In diesen Fällen müssen die Jungpflänzchen später nur noch vereinzelt oder umgepflanzt werden. Bei anderen Blumen lassen sich die Samen absammeln und wieder neu aussäen. Bei besonders hochgezüchteten Sorten empfiehlt es sich jedoch, die Samen jeweils neu zu kaufen, damit eine sortenechte Vermehrung garantiert ist.

Keimeigenschaften

Pflanzen verhalten sich beim Keimen sehr unterschiedlich.
Keimfähigkeit. Sie reicht je nach Pflanze von einem Jahr bis zu vielen Jahrzehnten. Die meisten Samen bleiben jedoch 2 bis 3 Jahre keimfähig.
Keimprobe. Eine abgezählte Menge Samenkörner aussäen (Erde, Sand, Vlies), anfeuchten, mit Folie oder Glasscheibe abdecken und warm stellen. Nach einiger Zeit sieht man, wie viele Samen gekeimt haben und ob sich eine Aussaat noch lohnt.
Keimzeit. Sie schwankt zwischen wenigen Tagen und Wochen. Durch Vorkeimen oder Vorquellen (→ Keimprobe) kann der Vorgang beschleunigt werden.
Keimbedingungen. Das Saatgut der meisten Gartenpflanzen braucht zum Keimen eine Temperatur zwischen 16 und 20 °C. Je nach Herkunft der Pflanzen benötigt es aber auch Kälte oder Frost als Keimimpuls. Fast alle Pflanzen sind Dunkelkeimer. Es gibt aber auch einige Lichtkeimer, die nicht mit Erde abgedeckt werden dürfen (Kulturanweisungen beachten).

Direktsaat

Die Samen vieler Gartenpflanzen werden von März bis Mai direkt ins Freiland ausgesät.
Vor der Aussaat muß der Boden gut gelockert, mit Kompost und organischem Dünger verbessert werden. Auf keinen Fall Mineraldünger verwenden, da sie ätzende Wirkung haben. Dann die Oberfläche mit dem Rechen glätten, sie soll feinkrümelig sein.
Alles Saatgut flach einarbeiten und leicht andrükken, eventuell noch mit Kompost abdecken. Beete gut anfeuchten und nach dem Keimen zu dicht stehende Sämlinge vorsichtig ausdünnen. Nach dem Ausdünnen gießen, damit der Bodenkontakt wiederhergestellt wird.

Aussaat ins Freiland

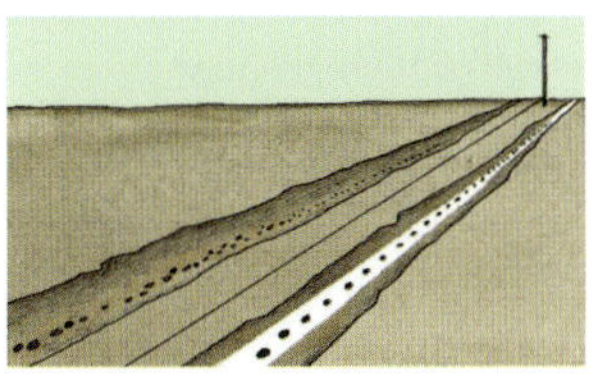

Reihensaat

Im Nutzgarten ist dies die sinnvollste Methode der Aussaat, die auch die Pflegearbeiten erleichtert. Mit Hilfe eines Rillenziehers entlang einer Pflanzschnur Reihen ziehen (Saattiefe: 2- bis 3fache Korngröße). Die Abstände der Reihen richten sich in etwa nach dem Umfang der ausgewachsenen Pflanzen (20 bis 40 cm Abstand). Die Samenkörner in der Reihe möglichst einzeln legen oder mit einem Saatroller ausbringen.
Alternative: Saatbänder in die Rillen legen (→ Zeichnung oben, rechte Reihe).

Breitsaat

Für größere Flächen, die mit Grassamen, Sommerblumen oder Gründüngung eingesät werden, eignet sich die Breitsaat. Dabei werden die Samen mit der Hand großflächig ausgestreut. Damit das Saatgut gleichmäßig verteilt wird, kann es auch mit dem Streuwagen (Düngerstreuer) ausgebracht werden.
Wichtig: Grassamen zur gleichmäßigeren Verteilung mit feinem Sand mischen.

Horstsaat

Jeweils 3 bis 5 Samenkörner von rankenden Pflanzen (Busch- und Stangenbohnen, Wicken, Winden) im Umkreis einer Halterung in eine handtellergroße Mulde legen und mit Erde bedecken.

In Horsten gesäte Stangenbohnen klettern hier an einem zeltförmigen Gerüst

Vegetative Vermehrung

Neben der Aussaat (generative Vermehrung) werden Pflanzen häufig durch vegetative Methoden vermehrt. Dabei zieht man aus Sproßteilen oder Wurzeln der Mutterpflanze neue Pflanzen heran, wodurch sortenechte Nachkommen garantiert sind.
Unter den verschiedenen vegetativen Vermehrungsmethoden erfordert die Stecklingsvermehrung insgesamt das meiste Fingerspitzengefühl und die aufwendigsten Pflegemaßnahmen (hohe Luftfeuchtigkeit und Wärme), während sich bei den anderen vegetativen Methoden neue Wurzeln problemloser bilden. Doch nicht immer eignen sich alle Vermehrungsmethoden für eine bestimmte Pflanzenart. Welche Pflanze wie vermehrt wird, lesen Sie in der Tabelle auf der rechten Seite.

Vermehrung durch Stecklinge

Zur Stecklingsgewinnung eignen sich die verschiedenen Sproßteile (Triebspitzen = Kopfsteckling, Triebteile = Teilsteckling) einer Pflanze. So wird's gemacht:

- Steckling direkt unter einem Blattknoten abschneiden. Dort bildet sich am schnellsten Kallusgewebe, aus dem die neuen Wurzeln entstehen. Der Steckling soll etwa 5 bis 10 cm lang sein und 2 bis 4 Blätter besitzen. Zu weiche Triebspitzen entfernen.
- Die beste Zeit, um Stecklinge zu schneiden, ist der Sommer. Wichtig ist, daß der Steckling den richtigen Reifezustand hat.

Vermehrung durch Stecklinge

① Kopf- oder Teilstecklinge direkt unter einem Blattansatz von der Mutterpflanze abschneiden.
② Untere Blätter entfernen und in Bewurzelungshormon (im Fachhandel) tauchen.
③ Stecklinge in kleinen Topf mit spezieller Anzuchterde setzen und gleichmäßig feucht halten.
④ Wärmeliebende Pflanzen mit Folie oder Glashaube abdecken und bewurzeln lassen.

Vermehrung durch Steckhölzer

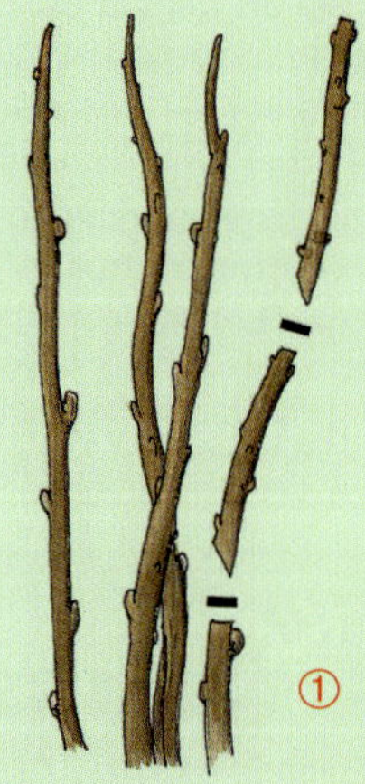

① Im Herbst/Winter einjährige Triebe von der Mutterpflanze abnehmen und oben über und unten unter einem Auge in etwa 20 cm lange Teilstücke zerlegen.
② Oben mit geradem, unten mit schrägem Schnitt markieren.
③ Bündelweise in einem Gefäß oder direkt im Boden einschlagen.
④ Im Frühjahr reihenweise aufpflanzen (10 cm Abstand, 1 bis 2 Augen herausschauen lassen).

Vermehrung durch Wurzelschnittlinge

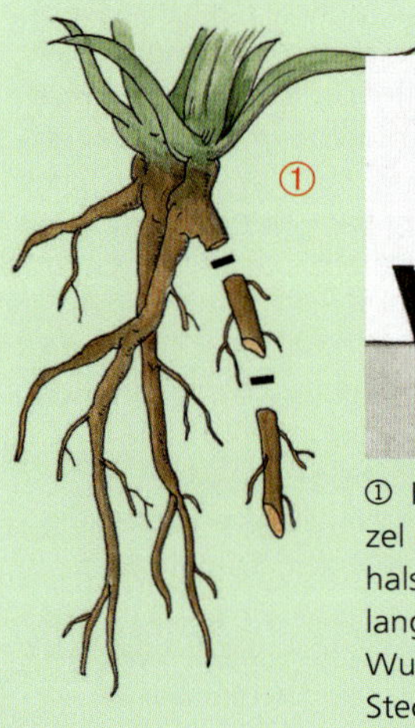

① Im Frühherbst eine Hauptwurzel der Mutterpflanze am Wurzelhals abtrennen, in 5 bis 10 cm lange, fingerdicke Stücke teilen. Wuchsrichtung beibehalten (wie Steckhölzer markieren).
② Stücke in Kistchen stecken, mit Sand bedecken, feucht halten und geschützt überwintern.
③ Die Wurzelschnittlinge treiben im Frühjahr aus.
④ Alternative: Stücke legen.

Spezielle Vermehrungsmethoden

Absenker
Geeignet für Gehölze mit bodennahen, elastischen Zweigen wie Rhododendron. Trieb dort anritzen, wo er Bodenkontakt hat. Mit Haken verankern und mit Kompost abdecken.

Sproßausläufer
Erdbeeren und viele Bodendecker entwickeln lange, oberirdische Triebe, die sich bei Kontakt mit der Erde bewurzeln und neue Pflanzen bilden. Sie lassen sich leicht abnehmen.

Wurzelausläufer
Manche Pflanzen, wie zum Beispiel Himbeeren, entwickeln Bodentriebe, die man am besten im Frühjahr oder Herbst einfach mit dem Spaten absticht und neu einpflanzt.

Abrisse
Stachelbeeren und Johannisbeeren anhäufeln. Im aufgeschütteten Substrat bilden sich an den jüngeren Trieben neue Wurzeln. Diese Triebe kann man im Herbst abschneiden.

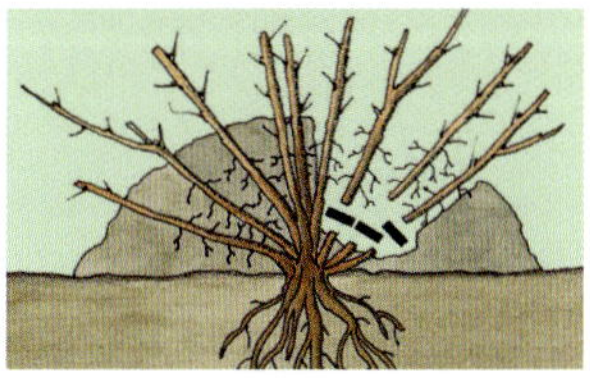

Zwiebelschuppen
Äußere Schuppen im Spätsommer abtrennen, mit feuchtem Sand in Folienbeutel geben. Dunkel und warm (um 20 °C) stellen. Brutzwiebeln gibt es in 2 bis 3 Monaten.

Dahlienknollen
Sie werden direkt am Stengelansatz abgeteilt, und zwar dort, wo das Speicherorgan eine Knospe besitzt. Nur aus solchen Teilstücken bildet sich eine neue Pflanze.

Brutzwiebeln
Narzissen und andere Zwiebelgewächse bilden Brutzwiebeln aus, die sich leicht abtrennen lassen und neu eingepflanzt werden können. Je nach Größe blühen sie nach 2 bis 3 Jahren.

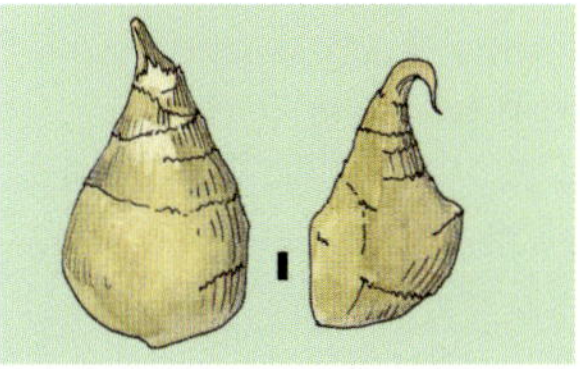

Gehölzstecklinge dürfen weder zu weich (ganz frischer Trieb) noch zu sehr verholzt sein. Auch Triebe von krautigen Pflanzen sollen nicht ganz jung sein.

• Bei der Stecklingsvermehrung ist besonders auf Hygiene zu achten. Führen Sie den Schnitt am besten mit einer desinfizierten Klinge aus (Alkohol, Flamme). Gefäße, Geräte und das Umfeld sollten vorher gründlich gereinigt werden. Spezielle keimfreie Anzuchterden gibt es im Fachhandel. Eigene Mischungen (zum Beispiel Torf/ Sand im Verhältnis 1:1) sollten Sie immer frisch zubereiten, keinesfalls gedüngte Erde oder Kompost verwenden.

• Die Wurzelbildung können Sie durch ein Bewurzelungshormon (ebenfalls im Fachhandel erhältlich) fördern und durch Luftfeuchtigkeit (Glas- oder Folienabdeckung) und Wärme unterstützen (Kübelpflanzen auch über einer Heizung bei maximal 20 °C oder auf Styropor-Unterlage).

Welche Pflanze wie vermehren?

Vermehrung durch Stecklinge
Kübelpflanzen wie Oleander (*Nerium*), Engelstrompete (*Brugmansia*). Immergrüne Laubgehölze wie Stechpalme (*Ilex*), Kirschlorbeer (*Prunus laurocerasus*), Efeu (*Hedera*), Buchsbaum (*Buxus*). Nadelgehölze wie Lebensbaum (*Thuja*), Wacholder (*Juniperus*). Außerdem Wein (*Vitis*), Rosen (*Rosa*), Glyzine (*Wisteria*), Schmetterlingsstrauch (*Buddleja*), Hortensie (*Hydrangea*), Heidekraut (*Calluna, Erica*), Lavendel (*Lavandula*). Stauden wie Chrysanthemen (*Chrysanthemum*), Rittersporn (*Delphinium*), Sonnenröschen (*Helianthemum*), Gamander (*Teucrium*), Katzenminze (*Nepeta*), Bartfaden (*Penstemon*), Brandkraut (*Phlomis*), Eisenkraut (*Verbena*), Steinkraut (*Alyssum*), Gauklerblume (*Mimulus*).

Vermehrung durch Steckhölzer
Obst- und Blütensträucher wie Himbeeren (*Rubus*), Johannisbeeren (*Ribes*), Haselnuß (*Corylus*), Holunder (*Sambucus*), Wein (*Vitis*), Deutzie (*Deutzia*), Pfeifenstrauch/Sommerjasmin (*Philadelphus*), Flieder (*Syringa*), Forsythie/Goldglöckchen (*Forsythia*), Kornelkirsche (*Cornus*), Liguster/Rainweide (*Ligustrum*), Perückenstrauch (*Cotinus*), Schneeball (*Viburnum*), Zaubernuß (*Hamamelis*).

Vermehrung durch Wurzelschnittlinge
Stauden wie Distel-Arten (*Eryngium*), Japan-Anemone (*Anemone japonica*), Königskerze (*Verbascum*), Kokardenblume (*Gaillandia*), Küchenschelle (*Anemone pulsatilla*), Primel (*Primula*), Orientalischer Mohn (*Papaver orientale*), Schleierkraut (*Gypsophila*), Storchschnabel (*Geranium*), Tränendes Herz (*Dicentra*). Gehölze wie Wildrosen (Rosa), Japanische Quitte (*Choenomeles*).

Vermehrung durch Ausläufer
Erdbeeren (*Fragaria*), Goldnessel (*Lamium*), Günsel (*Ajuga*), Knöterich (*Polygonum*), Schaumblüte (*Tiarella*), Goldfelberich (*Lysimachia*).

Grundlagen des Düngens

Düngung, Pflanzenernährung, Bodenzustand und Bodenpflege stehen in engem Verhältnis zueinander. Mehr über dieses Zusammenspiel erfahren Sie in Teil 1 (→ Seite 14/15). Grundvoraussetzung für eine boden- und pflanzengerechte Düngung ist eine Bodenuntersuchung (→ Seite 148/149). Aufgrund dieser Ergebnisse kommen unterschiedliche Düngemittel in Frage.

Art der Düngung

Die Art der Düngung ist vor allem für die Bodenstruktur und das Bodenleben entscheidend. Eine Düngung auf rein mineralischer Basis schadet dem Boden auf Dauer gesehen. Organische Düngemittel hingegen machen den Boden dauerhaft fruchtbar, weil sie die Mikroorganismen im Boden ernähren, die die Nährstoffe wiederum für die Pflanzen verfügbar machen. Organisch-mineralische Düngemittel verbinden die Vorteile beider Bestandteile.

Große Rasenflächen lassen sich bequem mit dem Streuwagen düngen

Mineralische Dünger
Diese Dünger basieren auf anorganischen Ausgangsstoffen. Sie werden synthetisch hergestellt oder stammen aus natürlichen Vorkommen. Die Nährstoffe liegen in Form von leicht löslichen Mineralsalzen vor und können rasch von den Pflanzen aufgenommen werden. Das hat den Vorteil, erkannte Mangelzustände schnell beheben zu können. Es besteht jedoch auch die Gefahr, durch zu hohe Gaben die Pflanzen zu überdüngen und das Bodenleben zu schädigen.
Wichtig: Für Pflanzen im Hausgarten sollten Sie nur chloridfreie mineralische (blaue) Dünger verwenden, da viele Pflanzen chlorempfindlich sind.

Organische Dünger
Sie bestehen aus tierischen und pflanzlichen Abfallprodukten in frischer, getrockneter oder verrotteter Form. Unterschieden werden den Natur- und Handelsdünger.
Da organische Dünger zuerst von den Mikroorganismen im Boden aufgeschlossen werden müssen, um für die Pflanzen verfügbar zu sein, entsteht eine Anlaufzeit der Düngewirkung von mehreren Wochen. Hohe Temperaturen, Feuchtigkeit und humusreicher Boden beschleunigen den Prozeß. Fein vermahlene Produkte sind rascher wirksam als grobe; auch Jauchen wirken schneller.
Die organische Düngung ist eine stetige, langsamfließende Nährstoffquelle.

Die wichtigsten Düngemittel

Mineralische Dünger	
Stickstoffdünger	
Ammonsulfatsalpeter	wirkt rasch und langsam (Rasen)
Schwefelsaures Ammoniak	wirkt sauer (Rhododendron)
Kalksalpeter (Chilesalpeter)	N + Ca, basisch wirkend
Phosphordünger	
Superphosphat	Kopfdüngung
Thomasmehl	P + Ca, Vorratsdüngung (Herbst)
Kaliumdünger	
Patentkali (Kalimagnesia)	K + Mg + Spurenelemente, Vorratsdüngung (Herbst)
Magnesiumdünger	
Magnesiumsulfat (Bittersalz)	Kopfdüngung (Koniferen)
Calciumdünger	
Kohlensaurer Kalk	Ca + Mg, Vorratsdüngung
Blau-Volldünger	N, P, K, Mg + Spurenelemente, chloridfrei
Organische Dünger	
Stallmist (abgelagert)	N-betont + Spurenelemente
Geflügelmist (getrocknet)	N, P, K, frisch: ätzend
Guano	alle wichtigen Nährstoffe, rasch wirkend
Gartenkompost	roh: N, rasch wirkend, reif: langsam wirkend
Hornspäne/Hornmehl	N-betont, Grunddüngung
Blutmehl	N-betont, Kopfdüngung
Knochenmehl	P-betont, Grunddüngung
Horn-Blut-Knochenmehl	N, P, K*, Ca, Grunddüngung
Rizinusschrot	N, P, K*, langsam wirkend
Meeresalgenkalk	Ca- + Mg-haltig + Spurenelemente (Kompostzusatz)
Algendünger	N, P, K* + Spurenelemente
Organische Volldünger	N, P, K*, Ca
Organisch-mineralische Dünger	
Volldünger	N, P, K, Ca, Mg + Spurenelemente, langsam und rasch wirkend

K* : enthält sehr wenig Kalium

Organisch-mineralische Dünger. Diese im Fachhandel erhältlichen Dünger bieten dem Gartenbesitzer die Nährstoffe in einem ausgewogenen Verhältnis. Diese Dünger sind zwar teurer, vereinen aber langfristige und kurzfristige Wirkung mit der Zufuhr organischer Stoffe.

Düngerformen

Düngemittel gibt es gekörnt als Granulat, pulverisiert als Mehl oder Salz und in flüssiger Form.

Einzel- oder Mehrnährstoffdünger. Diese Mineraldünger enthalten ein oder zwei Komponenten der Hauptnährstoffe N, P, K, Ca und Mg.

Volldünger. Mineralische und organisch-mineralische Volldünger sind Mehrnährstoffdünger mit den Hauptnährstoffen N, P, K, Ca, Mg. Häufig sind sie mit Spurenelementen angereichert. Organische Volldünger werden ebenfalls angeboten, der Kaliumanteil ist hier jedoch gering.

Langzeit- oder Depotdünger. Diese mineralischen Volldünger enthalten langsam fließende Nährstoffe, werden in speziellen Verfahren aufbereitet und sind deshalb teurer. Sie versorgen die Pflanzen bis zu einem halben Jahr gleichmäßig mit Nährstoffen, die nicht ausgewaschen werden. Meist genügt daher eine Düngung im Frühjahr.

Flüssigdünger. Sie enthalten die Nährstoffe bereits in gelöster Form, wirken dadurch rascher bei akuten Mangelerscheinungen, lassen sich gut dosieren und einfach anwenden (vor allem für Kübelpflanzen geeignet).

Spezialdünger. Für Pflanzen mit besonderen Ansprüchen wie Koniferen, Rhododendron, Rosen und Erdbeeren werden Düngemittel in spezieller Zusammensetzung und mit bestimmten Nährstoffverhältnissen angeboten.

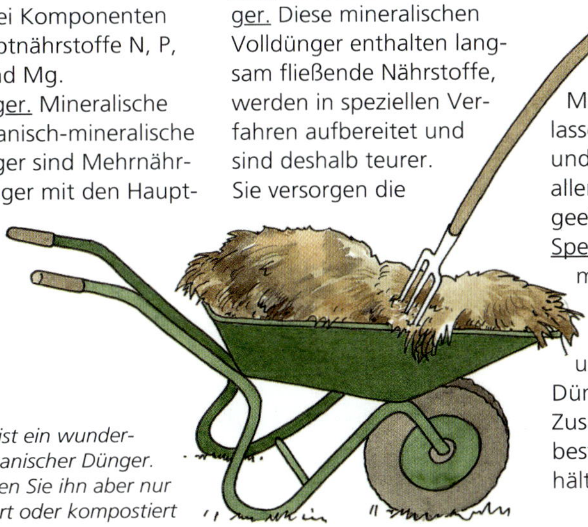

Stallmist ist ein wunderbarer organischer Dünger. Verwenden Sie ihn aber nur abgelagert oder kompostiert

Vor- und Nachteile der Düngemittel

Mineralische Dünger
- Sofortwirkung (Langzeitwirkung nur in Ausnahmen)
- Nährstoffgehalt wählbar

Organische Dünger
- Keine Sofortwirkung
- Langzeitwirkung
- Nährstoffgehalt begrenzt
- Aktivierung des Bodenlebens
- Förderung der Humusbildung.

Organisch-mineralische Dünger
- Sofortwirkung
- Auch Langzeitwirkung
- Nährstoffgehalt wählbar
- Ausgewogenes Nährstoffangebot
- Aktivierung des Bodenlebens
- Förderung der Humusbildung.

Pflanzennährstoffe und ihre Wirkung

Nährstoffe	Wirkung	Mangelerscheinung	Überdüngung
Stickstoff (N)	Wuchskraft wird gesteigert, Blattentwicklung gefördert	Pflanzen kümmern, zuerst vergilben ältere Blätter, Notreife tritt ein	Pflanzen wachsen übermäßig, dunkelgrüne Verfärbung, Gewebe ist aufgeschwemmt und anfällig für Schädlinge, frostanfällig, schlechte Lagerfähigkeit
Phosphor (P)	Blüten- und Fruchtbildung werden gefördert, Reife wird beschleunigt	Wurzelbildung und damit Wachstum gehemmt, wenig Blüten- und Fruchtansatz, bläuliche Verfärbung der älteren Blätter	Anreicherung im Boden und damit Festlegung der anderen Nährstoffe, bewirkt zum Beispiel Eisenmangel (Chlorose)
Kalium (K)	Widerstandskraft des Gewebes wird gegenüber Trockenheit, Frost, Krankheiten gesteigert, Reife und Haltbarkeit, Standfestigkeit, Wurzel- und Knollenbildung werden gefördert	Wachstum insgesamt geschwächt, Welkeerscheinungen, Absterben der Blätter vom Rand her, frostempfindlich	Durch Anreicherung im Boden Calcium- und Magnesiummangel, weil deren Aufnahme behindert wird
Magnesium (Mg)	Bildung von Blattgrün wird gefördert, dadurch besseres Wachstum	Aufhellung der älteren Blätter zwischen den Blattadern	Durch Überschuß wird die Aufnahme von Kalium behindert
Calcium (Ca)	Triebkraft und Gewebefestigkeit wird gefördert. Bewirkt im Boden Umsetzung der organischen Substanzen, bindet Säuren	Wuchs- und Keimhemmung, Schäden zuerst an jungen Pflanzenteilen und Früchten. Stippigkeit an Äpfeln, Boden versauert	Überschuß behindert die Aufnahme von Spurenelementen. pH-Wert des Bodens wird erhöht

Praxis des Düngens

Beim Düngen kommt es darauf an, die richtige Nährstoffkombination und -dosierung für die jeweiligen Pflanzen festzulegen. Dabei ist Bodenart und -zustand sowie der Zeitpunkt des Düngens zu berücksichtigen.

Die 10 goldenen Düngeregeln

① Düngen Sie gezielt. Es ist ratsam, bei Garten-Neuanlagen und danach – vor allem im Nutzgartenbereich – alle 2 bis 3 Jahre eine Bodenanalyse vorzunehmen (→ Bodentests, Seite 148/149).
② Altes Mulchmaterial vor dem Düngen entfernen. Im Anschluß daran erneut mulchen.
③ Am besten nur an trüben Tagen düngen, wenn möglich, bevor oder nachdem es geregnet hat. Mineraldünger nur auf feuchte Böden streuen.
④ Feste Düngemittel gleichmäßig mit der Hand oder mit dem Streuwagen ausbringen (zum Beispiel bei Rasenflächen).
⑤ Stäubende Düngemittel nur bei Windstille ausbringen.
⑥ Achten Sie darauf, daß Düngemittel (speziell Mineralsalze und Jauchen) nicht auf grüne Pflanzenteile gelangen. Sie verursachen Verbrennungen (ätzend). Falls nötig, Pflanzen nach dem Düngen mit Wasser absprühen.
⑦ Feste Düngemittel immer nur flach in den Boden einarbeiten.
⑧ Auf leichten Böden werden Nährstoffe (besonders Stickstoff) rasch ausgewaschen, deshalb mehrere kleine Düngergaben übers Jahr verteilen und zusätzlich Kompost, Gesteinsmehle und Algenkalk zur Bodenverbesserung einarbeiten.
⑨ Gründüngung, speziell mit Leguminosen, dient der Stickstoffanreicherung.
⑩ Im Herbst keinen Stickstoffdünger mehr geben (dazu gehören auch Rohkompost und frischer Stallmist). Das darin enthaltene Nitrat wird leicht ausgewaschen und gefährdet das Grundwasser.

Tips zum Düngen

Pflanzen haben einen sehr unterschiedlichen Nährstoffbedarf. Es gibt jedoch einige Richtlinien, um den jeweiligen Nährstoffbedarf richtig einzustufen:
Hochgezüchtete Pflanzen, die üppig wachsen und blühen (Rosen, Prachtstauden), und solche, die bereits in einer Vegetationsperiode bis zur Reife heranwachsen und hohen Ertrag bringen sollen wie Gemüse, brauchen mehr Nährstoffe als Pflanzen mit Wildcharakter (Ziersträucher, Wasserpflanzen, Steingartenstauden).

Dünge-Jauchen aus Brennesseln und/oder Comfrey

① 1 kg frische Pflanzenteile oder 150 bis 200 g getrocknetes Kraut zerkleinern.
② Pflanzenteile in 10 l abgestandenem Wasser oder Regenwasser ansetzen.
③ Täglich mindestens einmal umrühren, damit Sauerstoff aus der Luft den Gärungsprozeß unterstützt. Zur Geruchsbindung ab und zu eine Handvoll Gesteinsmehl zufügen. Nach 2 bis 3 Wochen ist die Gärung abgeschlossen. Die Jauche schäumt nicht mehr, wird klar und dunkel.
④ Jauche durch ein Sieb gießen und mindestens im Verhältnis 1:10 mit Wasser verdünnen (für Jungpflanzen und Schwachzehrer 1:20). Blätter beim Gießen nicht benetzen, falls nötig, danach mit Wasser absprühen.

Brennesseln (Urtica dioica, U. urens) sind sehr stickstoffhaltig. Sie dürfen jedoch nur vor dem Samenansatz geerntet werden.

Pflanzen auf mageren Böden müssen häufiger gedüngt werden (vor allem mit organischen Düngern) als Pflanzen auf guten Gartenböden.
Laubgehölze. Bäume und Sträucher erhalten beim Einpflanzen so viel Humus und Nährstoffe, daß es für die ersten 2 bis 3 Jahre ausreicht. In den folgenden Jahren genügt jeweils im Herbst eine Mulchschicht aus Kompost und Laub. Lassen Gehölze jedoch in Trieb und Blüte nach (Hekken), erhalten sie im zeitigen Frühjahr und Frühsommer je 1 Volldüngung. **Wichtig:** Gehölze dürfen auf keinen Fall mehr nach Juli mit Stickstoff gedüngt werden. Ihre Jungtriebe würden nicht mehr ausreifen und wären damit frostanfälliger. Phosphor-, Kali- und Kalkdünger werden am besten im Spätherbst ausgebracht. Setzen Sie diese Düngemittel jedoch nur gezielt nach einer Bodenuntersuchung ein

Richtig düngen rund ums Jahr

Sie können sich viel Mühe ersparen, wenn Sie neben dem Düngen gleichzeitig den Boden bearbeiten.

Im zeitigen Frühjahr (März/April) und beim Einpflanzen erfolgt die Grund- und Vorratsdüngung. Dafür eignet sich reifer Kompost, auch kombiniert mit organischen und mineralischen Handelspräparaten.
Richtwert für Gartenpflanzen: 10 l Kompost und je 1 Handvoll Horn-Blut-Knochenmehl und Gesteinsmehl. Diese Menge entspricht einer Kompostschicht von etwa 1 cm pro m^2.
Gartenpflanzen mit höheren Ansprüchen oder schlechteren Standortbedingungen erhalten zusätzlich rasch wirksame Düngemittel wie Volldünger oder Guano.

Während der Wachstums- und Blühphase erfolgt die sogenannte Kopfdüngung. Kopfdünger sollen sofort wirken. Das heißt, daß nährstoffbedürftige Pflanzen zusätzlich schnell wirkende Dünger erhalten. Dazu eignen sich leicht lösliche Mineralsalze in fester oder flüssiger Form. Je nach Bedarf können Volldünger oder bestimmte Einzelnährstoffe verabreicht werden. Geht es hauptsächlich um die Zufuhr von Stickstoff, können Sie auch pflanzliche und tierische Jauchen (Brennessel- oder Mistjauchen) ausbringen.
Obst und Gemüse, Schnittstauden, Rosen und Rasenflächen müssen je nach Bodenqualität häufiger mit Nährstoffen versorgt werden als die übrigen Gartenpflanzen (→ Praxis-Seiten). Starkzehrer erhalten zum Beispiel 3- bis 4mal pro Vegetationszeit Kopfdüngungen.

Eine Düngung im Herbst ist bei intakten Gärten mit guter Bodenstruktur nicht notwendig. Humus- und nährstoffarme Böden hingegen können im Herbst zusätzlich mit reifem Kompost oder verrottetem Stallmist gedüngt werden. Hat eine Bodenuntersuchung ergeben, daß Kalk, Kalium oder Phosphor fehlen, ist der Herbst der richtige Zeitpunkt, um diese Nährstoffe auszubringen. Dies ist allerdings nur alle 2 bis 3 Jahre notwendig. Die gebräuchlichen Düngemittel sind:

- Kalk in kohlensaurer Form. Im Gegensatz zu anderen Düngemitteln Kalk immer auf den trockenen Boden geben,
- Patentkali (Kalimagnesia) zur Unterstützung der Frosthärte,
- Thomasmehl, das sowohl Phosphat als auch Kalk enthält.

(→ Seite 148/149), da die meisten Böden (auch Kompost) reichlich mit Kalium, Phosphor (zum Teil auch mit Kalk) versorgt sind.
Obstgehölze. Pflanzen, die reichliche Ernte bringen sollen, brauchen regelmäßig Nährstoffgaben. Unterstützen Sie Triebwachstum und Blütenknospenbildung, Förderung von Fruchtansatz und Fruchtholzentwicklung fürs kommende Jahr durch gezielte Düngung (→ Obstgehölze, Seite 175).
Wichtig: Obstbäume, die im Gras stehen, im Wurzelbereich noch etwas über die Kronentraufe hinaus düngen, da das Gras von den Nährstoffen zehrt.
Koniferen und immergrüne Laubgehölze. Diese Pflanzengruppe hat auch im Winterhalbjahr keine ausgesprochene Ruhezeit, nimmt also das ganze Jahr über Wasser und Nährstoffe auf. Deshalb entweder im Frühjahr und Herbst Kompostgaben verabreichen oder im Frühjahr (bei Bedarf auch im Sommer) eine magnesiumhaltige Volldüngung. Bei kalkfeindlichen Pflanzen wie Rhododendron sind Spezialdünger angebracht.
Rosen sind sehr nährstoffbedürftig und werden entsprechend ihrer Blühphasen zusätzlich im März/April und Juni/Juli mit Nährstoffen versorgt (→ Rosen pflanzen und pflegen, Seite 176/177).
Stauden. Die Pflanzen dieser Gruppe haben einen sehr unterschiedlichen Nährstoffbedarf (→ Pflanzenporträts, Seite 232 bis 247). Im Frühjahr und/oder Herbst sollten Sie Kompost oder organischen Dünger verabreichen. Prachtstauden erhalten zusätzlich Volldüngergaben, bevor sie blühen oder zur Anregung einer Nachblüte.
Gemüse. Nutzpflanzen bekommen entsprechend ihres Ernteguts spezielle Nährstoffkombinationen. (Blätter: Stickstoff; Wurzeln/Knollen: Kalium; Frucht/Blüte: Phosphor und Kalium).
Bei Gemüsen unterscheidet man Stark-, Mittel- und Schwachzehrer, bezogen auf den Stickstoffbedarf der Pflanze. Starkzehrer benötigen in ihrer Wachstumsphase zusätzliche Kopfdüngungen, während Schwachzehrer nur eine Grunddüngung brauchen (→ Gemüse, Seite 182).
Rasen. Rasenflächen werden ab April bis zum Herbst etwa alle 4 Wochen nach einem Schnitt mit einem stickstoffbetonten Dünger versorgt. Spezial-Rasendünger mit Langzeitwirkung müssen nur einmal im Frühjahr und im Sommer ausgebracht werden.

Überdüngung

Ergibt eine Bodenuntersuchung bei Ihrem Gartenboden zu hohe Nährstoffgehalte, muß er abgemagert werden. Dies ist möglich mit Hilfe von stark zehrenden Pflanzen wie Sonnenblumen. Pflanzen Sie jedoch kein Gemüse an, denn es speichert Nitrat (Ausnahme: Kartoffeln). Nach der Reife müssen alle Pflanzenteile entfernt werden. Diese Maßnahme kann wiederholt werden.

Comfrey (Symphytum peregrinum) wird bis zu 1,5 m hoch

Gründüngung und Mulchen

Gründüngung und Mulchen sind altbewährte Methoden, den Boden zu verbessern. Pflanzen oder Pflanzenreste bedecken den nackten Boden, verrotten oder werden gleich eingearbeitet und aktivieren so das Bodenleben. Ob schwere, leichte oder müde Böden, ob Obst-, Gemüse- oder Zierpflanzen – alle profitieren von diesen alten, heute wieder modernen Kulturmethoden.

Gründüngung

Gründüngung nennt man den zeitweiligen Anbau ganz bestimmter Pflanzen. Diese bilden zum einen in relativ kurzer Zeit reichlich Wurzeln, die den Boden auf natürliche Weise lokkern, zum anderen viel Grünmasse, die den Boden – wenn sie eingearbeitet wird – verbessert. Wichtige Gründüngungspflanzen sind die Schmetterlingsblütler (Leguminosen). Sie sind darüber hinaus in der Lage, Stickstoff aus der Luft zu binden, ihn im Boden anzureichern und damit auch für andere Pflanzen verfügbar zu machen.

Ringelblumen (Calendula officinalis) sorgen für eine gute Bodengare und vertreiben Bodenälchen (Nematoden)

Der Anbau von Gründüngungspflanzen kann ganz gezielt auf jahreszeitliche Verhältnisse und spezielle Bodenarten abgestimmt werden (→ Tabelle, rechts). Im Handel sind auch bereits fertige Gründüngungsmischungen erhältlich.

Was Gründüngung bewirkt,

- Boden wird tief gelockert und verbessert
- Nährstoffe werden für Pflanzen verfügbar gemacht
- Unkräuter werden unterdrückt
- Boden bleibt feucht und verschlämmt nicht.

Gründüngung als Nachkultur ist geeignet

- vor Gartenneuanlagen
- vor Neupflanzungen
- bei Bodenmüdigkeit.

Gründüngung als Vor- und Zwischenkultur ist geeignet

- vor und nach Gemüse- oder Blumenpflanzungen.

Gründüngung als Vor- und Zwischenkultur

Zeitpunkt: Vor Neupflanzung/Aussaat im zeitigen Frühjahr oder zwischen 1. und 2. Ernte.
① Boden lockern, glattrechen, Gründüngersamen breitwürfig aussäen.
② Pflanzen spätestens zur Blütezeit abschneiden oder mähen. Schnittgut zum Mulchen oder Kompostieren verwenden oder mit dem Spaten zerkleinern und flach eingraben.
③ Boden anschließend mit Kompost und/ oder organischem Dünger anreichern, wieder glattrechen, säen oder pflanzen.
④ Nächste Kultur wächst heran.
Wichtig: Wer sich das Abschneiden und Zerkleinern ersparen möchte, hebt die Gründüngungspflanzen unter, solange sie noch klein sind. Allerdings ist die Gründüngungswirkung dann geringer.

Gründüngung als Nachkultur

Zeitpunkt: Nach dem Abernten/Abräumen eines Beetes im Spätsommer/Herbst als intensive Bodenkur über den Winter.
① Boden lockern, Gründüngung breitwürfig aussäen.
② Pflanzen den ganzen Winter über als Schutz auf dem Beet lassen. Zusätzlich mit Laub oder Stroh abdecken, dann verrotten sie bis zum Frühjahr fast gänzlich.
③ Im zeitigen Frühjahr, wenn der Boden abgetrocknet ist, Reste abrechen.
④ Boden lockern, reifen Kompost oder organischen Dünger und Steinmehl einarbeiten. Anschließend Beet glattrechen und erneut pflanzen oder säen.
Wichtig: Sie können auch winterharte Gründüngungspflanzen verwenden (→ Tabelle) und im zeitigen Frühjahr abernten.

Mulchen

Mulchen nennt man das Abdecken des Bodens mit organischem Material wie Laub, Grasschnitt oder anderen Pflanzenteilen. Dadurch wird verhindert, daß der Boden austrocknet und Unkraut nachwächst.

Durch das Mulchen ersparen Sie sich weitgehend Pflegearbeiten wie Gießen, Hacken und Unkrautjäten. Gemulcht werden kann jederzeit, auch parallel zum Pflanzenanbau. Ausnahme: frisch angesäte oder bepflanzte Beete.

Mulchmaterial fällt meist im eigenen Garten an:

- Kompost
- Laub
- Grasschnitt
- gesunde Pflanzenreste.

Im Handel gibt es auch Stroh, Mulchfolien, Holz- und Rindenprodukte.

Wichtig: Mischen Sie Rindenmulch, der nicht kompostiert ist, und selbstgehäckselten, holzigen Abfällen immer organischen Dünger bei, denn beim Zersetzungsprozeß wird dem Boden und damit den Pflanzen Stickstoff entzogen. Verwenden Sie Holz- und Rindenmulch unter Sträuchern und auf Wegen, nicht fürs Mulchen von Gemüse und Stauden.

Beim Mulchen beachten:

- Vor dem Mulchen Boden lockern, Unkraut jäten, Kompost und organischen Dünger leicht einarbeiten.
- Feines und grobes Mulchmaterial mischen (Luftzufuhr verhindert Fäulnis).
- Mulchmaterial leicht antrocknen lassen (vor allem Grasschnitt). Ist dies nicht möglich, geschnittenes Gras nur dünn auftragen.
- Die Mulchdecke sollte etwa 5 cm hoch sein.
- Im Frühjahr Mulchschicht rechtzeitig abräumen, damit sich der Boden erwärmen kann (Ausnahme: schwarze Mulchfolie).
- Nachteil: Gemulchte Flächen können Wühlmäuse anziehen.

Gründüngungspflanzen

Pflanzenart	Verwendung	Bodenart	Aussaat	Bemerkung
Gelbe Lupine *Lupinus luteus*	ganzjährige Kultur, Tiefenlockerung, Stickstoffanreicherung	leicht	IV – IX	langsam wachsend
Blaue Lupine *Lupinus angustifolius*	Vorkultur, ganzjährige Kultur, Tiefenlockerung, Stickstoffanreicherung	leicht – mittelschwer	IV – IX	rasch wachsend
Inkarnatklee *Trifolium incarnatum*	Zwischen-, Nachkultur, Untersaat, Tiefenlockerung, Stickstoffanreicherung	mittelschwer	IV – V VII – VIII	rasch wachsend, bedingt winterhart
Ackerbohne *Vicia faba*	Vorkultur, Tiefenlockerung, Stickstoffanreicherung	alle Böden	II – VII	bedingt winterhart
Luzerne *Medicago sativa*	Tiefenlockerung, Stickstoffanreicherung	mittelschwer	III – VIII	winterhart, Bienenweide
Esparsette *Onobrychis viciifolia*	Stickstoffanreicherung	mittelschwer	IV – VIII	winterhart, Bienenweide
Ölrettich *Raphanus sativus*	Tiefenlockerung	alle Böden	IV – IX	rasch wachsend, winterhart
Gelbsenf *Sinapis alba*	ganzjährige Kultur	leicht – mittelschwer	IV – VIII	rasch wachsend, Lichtkeimer, Kreuzblütler!
Winterraps *Brassica napus*	ganzjährige Kultur, Tiefenlockerung	mittelschwer	IV – IX	winterhart, Kreuzblütler!
Bienenfreund *Phacelia tanacetifolia*	ganzjährige Kultur, Vorkultur	alle Böden	III – IX	rasch wachsend, Bienenweide
Buchweizen *Fagopyrum esculentum*	Vorkultur	leicht	III – IV	rasch wachsend
Spinat *Spinacia oleracea*	Vor-, Zwischen-, Nachkultur	alle Böden	III – V VIII – X	rasch wachsend, winterhart
Feldsalat *Valerianella locusta*	Nachkultur	alle Böden	VIII – X	winterhart
Ringelblume *Calendula officinalis*	ganzjährige Kultur, Vorkultur, Untersaat	alle Böden	IV – VIII	gegen Nematoden
Sonnenblume *Helianthus annuus*	ganzjährige Kultur	leicht – mittelschwer	IV – VII	Bienenweide

Phacelia tanacetifolia, ist eine wunderschön zartblau blühende Bienenweide

Kompostieren

Kompost – ein Zauberwort in den Ohren des Gärtners und der Schlüssel zu dauerhaft fruchtbarem Boden. Beim Kompostieren verwandeln sich organische Abfälle bereits nach wenigen Monaten in wertvollen Humus. Ein Vorgang, ganz nach dem Vorbild der Natur, nur gezielt eingesetzt und dadurch beschleunigt. Organische Abfälle zu kompostieren, anstatt sie in die Mülltonne zu werfen, ist außerdem umweltbewußt und kostengünstig.

Was im Komposthaufen passiert

Organische Masse wird mit Hilfe von Sauerstoff, Feuchtigkeit, Wärme und unzähligen Mikroorganismen aus dem Boden zersetzt. Dieser Rotteprozeß läuft in mehreren Phasen ab:
1. Phase: In den ersten 2 Wochen sind hauptsächlich Bakterien am Werk, die durch ihre gesteigerte Aktivität kurzzeitig hohe Temperaturen bis zu 70 °C erzeugen. Dabei werden fast alle Krankheitskeime und Samen abgetötet. Danach übernehmen Pilze, Würmer und viele andere Insekten und Kleinstlebewesen die Zersetzung der organischen Masse. Äußeres Zeichen: der Komposthaufen sackt zusammen.
2. Phase: Nach 2 bis 3 Monaten ist die 1. Stufe der Reife erreicht: der stark stickstoffhaltige und noch grobfaserige Roh- oder Frischkompost. Er kann bereits zur gezielten Düngung und zum Mulchen verwendet werden (→ rechte Seite).
3. Phase: Nach weiteren 2 bis 3 Monaten bildet sich mit Hilfe der Regenwürmer dunkler, duftender, reifer Kompost, der überall im Garten eingesetzt werden kann. Langfristig entsteht aus reifem Kompost der strukturstabile Dauerhumus, der die Böden fruchtbar macht.
Reifetest: Ob der Kompost reif ist, können Sie ganz einfach feststellen: Kressesamen auf gesiebte Komposterde streuen, leicht andrücken und befeuchten. Nach 3 bis 4 Tagen muß ein Großteil der Samen gekeimt sein. Kräftige, grüne Kresseblättchen sind ein Zeichen für reifen Kompost.

Eine Kompostmiete benötigt zwar viel Platz, ist jedoch kostengünstiger als ein Silo und ermöglicht ein bequemes Arbeiten

Das Umsetzen

Der Verrottungsprozeß kann beschleunigt werden, indem der Kompost nach etwa 4 Wochen umgesetzt wird. Dabei kommt inneres Material nach außen und oberes nach unten, da in der Mitte des Komposthaufens der Hauptprozeß abläuft. Das Umsetzen ist besonders im Sommerhalbjahr wirksam.

Miete oder Silo?

Ob Miete oder Silo, hängt vor allem von den Platzverhältnissen ab. Eine Miete nimmt mehr Platz in Anspruch als ein Silo.
Miete: Für eine trapezförmige Miete (→ Zeichnung, unten) hat sich folgende Größe bewährt: 120 cm breit, maximal 150 cm hoch, Länge beliebig.
Silo: Standardmaße: 1 x 1 x 1 m. Silos können Sie aus Backsteinen oder Holzlatten selbst bauen. Im Handel gibt es Fertigteile aus Holz, Kunststoff, Drahtgitter oder Metall. Das Material spielt eine untergeordnete Rolle, wichtig ist die einfache Handhabung beim Füllen und Leeren. Achten Sie darauf, daß mindestens ein Seitenteil abnehmbar ist.
Wichtig: Der Kompostbehälter muß mindestens 1 m^3 beinhalten, da sonst kein Rotteprozeß ablaufen kann. Er soll nach unten offen sein, damit Mikroorganismen und Würmer leicht zu- und abwandern können. Das Kompostmaterial muß von den Seiten her gut belüftet werden und sich leicht erwärmen können.

Kompostierer

Silo aus Rundhölzern

Silo aus Recyclingmaterial

Silo aus Ziegeln

Thermokomposter

Anlage eines Kompostplatzes

Ein warmer Platz, windgeschützt und leicht beschattet – das sind ideale Voraussetzungen, damit der Kompost gut reifen kann.

Bedenken Sie bei der Planung, daß Sie reichlich Platz brauchen, um Abfälle trennen, zerkleinern und sammeln zu können.

Außerdem sollen frische, grüne Abfälle (Pflanzenreste, Gras und Laub) erst an der Luft antrocknen, bevor sie aufgeschichtet werden, sonst besteht Fäulnisgefahr.

Ein dreigeteiltes Silo ist sicher eine optimale Lösung, sofern genügend Raum im Garten vorhanden ist.

Frisch aufgesetzter, halbreifer und reifer Kompost haben hier nebeneinander Platz. Ist der Kompost verbraucht, kann um- und neu aufgesetzt werden.

Ein Zugangsweg empfiehlt sich, damit die Füße trocken bleiben.

Als Sicht- und Windschutz zum Nachbarn und zum Haus sind unempfindliche Pflanzen wie Sonnenblumen, Kürbis oder Holunder hübsch anzusehen.

Wie wird kompostiert?

Vor dem Aufschichten des Komposts müssen Sie den Kompostplatz vorbereiten.

- Boden lockern.
- 10 cm Boden ausheben (wird später zum Abdecken gebraucht).
- Bei normalen bis schweren Böden grob geschnittene Äste als Drainage einfüllen. Bei leichten, sandigen Böden lehmige Erde oder fertigen Kompost.
- Alternative: Leichte Überhöhung des Platzes, damit überflüssige Sickerwässer ablaufen können.
- In Schichten von 15 bis 20 cm die gesammelten, gut zerkleinerten und durchmischten Abfälle aufsetzen.
- Dazwischen mit Kompostzusätzen »impfen« (→ rechte Spalte).
- Oberste Schicht des Komposthaufens mit Gartenerde oder anderem frischen Pflanzenmaterial abdecken.
- Als Licht-, Wasser- und Regenschutz bieten sich Holzbretter, Stroh oder Schilfmatten an.

Wichtig: In heißen, trockenen Sommern den aufgesetzten Kompost ab und zu übergießen. Er soll sich wie ein ausgedrückter Schwamm anfühlen.

Was wird kompostiert?

Stickstoffreiches organisches Material: Frische Pflanzenteile, Mulchreste, angetrockneter Grasschnitt, Rasensoden, Baum- und Heckenschnitt, tierische Dünger (Stallmist), Küchenabfälle (Gemüsereste).

Stickstoffarmes organisches Material: Trockenes Laub, Stroh, Holzabfälle, Papier und Pappe (zerkleinert).

Was wird nicht kompostiert?

Kranke Pflanzenteile, Wurzeln und Wurzelunkräuter, samentragende Kräuter, chemisch belastete Substanzen (Zitrusfrüchte, Holz), buntbedrucktes Papier, schwer verrottbare organische Substanzen (Knochen, Leder), gekochte Küchenabfälle, die Ungeziefer anziehen und stinken.

Wichtige Kompostzusätze

Jede einzelne Kompostschicht wird mit Erde, Kompost oder Kompoststarter »geimpft« und zusätzlich dünn mit Kompostzusätzen bestreut. Das fördert den Verrottungsprozeß und reichert das Material mit Nährstoffen an.

Folgende Kompostzusätze aufbringen:

- Reifer Kompost oder lehmige Erde (2 bis 3 Schaufeln pro m^2) oder Kompoststarter (nach Gebrauchsanweisung).
- Tonmehl (Bentonit) und Gesteinsmehle (etwa 500 g pro m^2).
- Organische Mischdünger wie Horn-Blut-Knochen-Mehl (etwa 200 g pro m^2) oder Stallmist (2 bis 3 Schaufeln pro m^2).
- Algenkalk (etwa 100 g pro m^2). Auf keinen Fall gleichzeitig mit Stallmist verwenden!

Kompost richtig verwenden

Reifer Kompost: Eine Schicht von etwa 1 cm pro Jahr kann für alle Beetarten verwendet werden. Gemüse, Sträucher und Bäume erhalten – wenn möglich – etwa die doppelte Menge. Bei nährstoffbedürftigen Pflanzen je eine Gabe im Frühjahr und Herbst aufbringen. Reifen Kompost flach in den Boden einarbeiten.

Rohkompost: Zum Düngen (sehr stickstoffhaltig) und zum Mulchen. Bei Obst- und Gemüsekulturen am besten im Frühsommer 1 bis 2 cm auftragen und sofort mit einer Mulchschicht (Stroh, Gras) abdecken.

Gießen und Bewässern

Neben der Art des Bodens und den Düngemaßnahmen hängt es vor allem vom richtigen Gießen ab, ob Ihre Pflanzen gesund und kräftig sind und reichen Ertrag bringen.

Die 10 goldenen Gießregeln

Beim Gießen der Gartenpflanzen sollten Sie ein paar wichtige Regeln beachten.

① Gießen Sie frühmorgens oder spätabends – auf keinen Fall bei praller Sonne und in der Mittagshitze.

② Generell gilt: Besser einmal gründlich wässern als mehrmals nur wenig.

③ Stark ausgetrocknete Flächen hingegen mehrmals in kurzen Abständen langsam gießen. Dafür sind Regner und Sprühschläuche (→ rechte Seite) besonders geeignet.

④ Kaltes Wasser aus der Leitung vertragen Pflanzen nicht gut. Mit dem Regner oder Sprühschlauch wird das Wasser in der Luft fein verwirbelt und erwärmt sich leicht, bevor es auf die Pflanzen kommt. Ideal ist Wasser aus der Regentonne.

⑤ Wird mit Gießkanne oder Schlauch bewässert, möglichst direkt auf den Boden gießen, nicht auf die Blätter. Der Strahl darf nicht zu hart sein, damit die Erde nicht abschwemmt.

⑥ Frisch gesetzte Pflanzen nicht mit hartem Strahl angießen, lieber mehrmals um die Pflanzen herumgießen.

⑦ Neue Pflanzen nicht zu naß halten (Fäulnisgefahr), weil sich erst Wurzeln bilden müssen, die das Wasser aufnehmen können.

⑧ Um frisch gepflanzte Gehölze immer einen Gießrand von mindestens 5 cm Höhe ziehen, damit das Wasser nicht zu schnell abfließt. Alternative: Schlauch direkt an den Wurzelbereich legen und Wasser einige Zeit langsam einsickern lassen.

⑨ Nach dem Wässern, wenn der Boden wieder abgetrocknet ist, Boden lockern, das erspart ein- bis zweimaliges Gießen.

⑩ Immergrüne Gewächse noch einmal im Spätherbst gründlich wässern – unbedingt an frostfreien Wintertagen, an denen der Boden nicht gefroren ist – und dann wieder gut im zeitigen Frühjahr gießen.

Wasserbedarf – eine relative Größe

Pflanzen bestehen zum größten Teil aus Wasser, ohne das sie nicht leben könnten (Gemüsepflanzen zum Beispiel bestehen zu fast 95% aus Wasser). Niederschläge allein reichen meistens nicht aus, um den Gartenpflanzen die nötige Wassermenge zuzuführen. Im Frühjahr und Frühsommer, während der Hauptwachstumszeit und während die Pflanzen Früchte und neue Knospen ausbilden sowie bei längeren Trockenzeiten benötigen sie zusätzlich Wasser. Der Wasserbedarf ist dabei von unterschiedlichen Faktoren abhängig.

<u>Abhängigkeit von den Pflanzen.</u> Wie stark und wieviel Wasser eine Pflanze aufnimmt, hängt von ihrem Wurzelwerk und der Blattmasse ab. Zum Beispiel brauchen flachwurzelnde, krautige Gemüsepflanzen mit großen, weichen Blättern, über die viel Wasser verdunstet wird, öfter und mehr Wasser als tiefwurzelnde Bäume, Sträucher oder Rosen. Aber auch ältere Gehölze können empfindlich auf Trockenzeiten reagieren. Trockenschäden (verzögerter Austrieb, schlechtes Wachstum, Mangelerscheinungen an den Blättern) zeigen sich oft erst nach ein, zwei Jahren und werden dann kaum mehr als solche erkannt.

<u>Abhängigkeit vom Boden.</u> Je günstiger die Bodenverhältnisse – Untergrund, Höhe des Grundwasserspiegels, Bodenart und Bodenstruktur sowie Wasserhaltekraft –, um so besser sind die Voraussetzungen für einen gleichmäßigen Wassernachschub.

- Mittelschwere Lehmböden liefern die besten Bedingungen für einen gleichmäßigen Wassernachschub. Sie enthalten große und kleine Bodenpartikel (Teilchen aus Sand, Ton und Schluff) im ausgewogenen Verhältnis. Daher können sie Wasser gut speichern, und überschüssiges Gießwasser kann leicht wieder abfließen. Sie sind auch gut durchlüftet und erwärmen sich ausreichend.
- Sandböden bieten zwar eine ausgezeichnete Drainage, aber ihre Speicherkraft läßt zu wünschen übrig. Sie müssen mit reichlich Humus (Kompost, Stallmist oder Gründüngung, → Seite 160) angereichert werden, um Wasser und Nährstoffe besser speichern zu können.

Ein Schlauchwagen als mobile Wasserleitung ist vor allem in größeren Gärten sehr hilfreich

Regentonne mit Wassersammler

Regenwasser ist weicher als Leitungswasser, erwärmt sich beim Abstehen und ist daher das ideale Gießwasser. Am besten läßt es sich in einer Regentonne auffangen. Dazu wird ein Regensammler mit Überlaufstopp ins Fallrohr eingebaut. Wichtig: Nach einer Trockenzeit erstes, verschmutztes Wasser vom Dach nicht auffangen, erst etwa nach 1/2 Stunde. Tonne zur Sicherheit (Kinder, Tiere) verschließen.

Die wichtigsten Regnertypen

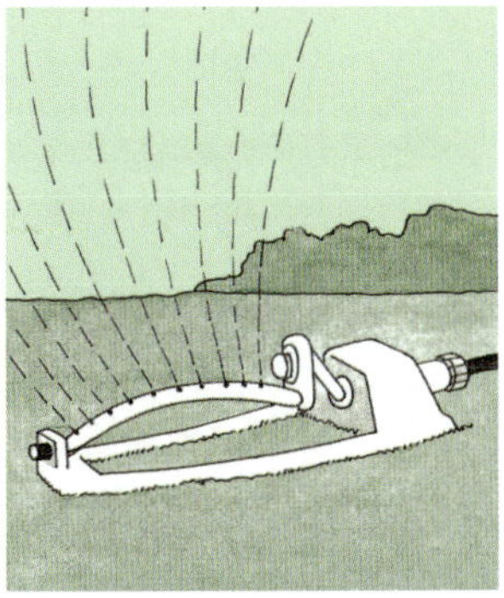

Viereck- /Pendelregner
Gerät führt Schwingbewegungen nach rechts und links aus. Das Wasser tritt durch eine Reihe von Düsen auf dem Schwenkarm nach außen. Beregnet werden rechteckige Flächen.

Kreisregner
Dieser Regnertyp verteilt das Wasser gleichmäßig auf unterschiedlich große, kreisförmige Flächen. Die Düse auf dem Drehgelenk bewegt sich durch den Wasserdruck.

Impulsregner
Auch Sektorenregner genannt. Gerät zur gleichmäßigen Bewässerung großer, kreisförmiger Flächen. Regnerkopf rotiert impulsartig. Es können auch nur bestimmte Teilbereiche (Sektoren) bewässert werden.

- Schwere, tonige Böden dagegen halten das Wasser zu fest. Es entstehen Staunässe und damit verbundene Kälte. Sie müssen tiefgründig gelockert und mit Sand oder einem synthetisch hergestellten Flockengemisch (→ Tabelle, Seite 161) versetzt werden, damit Hohlräume entstehen, Luft in den Boden dringt und Wasser wieder abfließen kann.

Wichtig: Bei besonders schweren, verdichteten und nassen Böden muß eventuell sogar eine Drainage verlegt werden. Diesen Auftrag vergibt man jedoch am besten an eine professionelle Landschaftsbaufirma.

Bewässern – womit?

Das Spektrum der Gießmöglichkeiten reicht von der einfachen Gießkanne bis zur computergesteuerten Bewässerungsanlage.

Gießkanne. Geeignet für kleine Flächen und zarte Pflanzen (Aussaaten, Jungpflanzen). Sie sollte nicht schwer sein und eine Brause besitzen. Zum Ausbringen von Jauchen keine Metallkannen verwenden, da sie korrodieren.

Wasserschlauch/Schlauchwagen. Für entlegene Gartenpartien und größere Gärten sehr hilfreich. Es gibt unterschiedliche Qualitäten und Zollstärken je nach Bedarf. Doppelwandige, flexible Schläuche sind teurer, dafür aber haltbarer und knickfest (schwerer Gummi oder PVC). Für Wasserschläuche gibt es verschiedene Steckarmaturen aus Kunststoff zum Anschließen. Schlauchgleitrollen schonen die Bepflanzung.

Sprühschlauch. Besonders geeignet für rechteckige Flächen wie Rabatten, Hecken, Reihenkulturen, aber auch Rasen. Sprühschläuche sind auf einer Seite durchgehend perforiert. Das Wasser tritt in sehr feinem Strahl aus und versickert sanft im Boden.

Sickerschlauch. Das Wasser sickert durch einen perforierten Schlauch direkt in den Boden. Ein Sickerschlauch kann auch als einfaches Bewässerungssystem 10 bis 15 cm tief im Boden verlegt werden.

Bewässerungssysteme. Die Möglichkeiten reichen von einfachen Schlauchverbindungen, die über Kupplungen und Stecksysteme gekoppelt werden, bis zu unterirdisch verlegten Rohrnetzen mit Unterflurregnern und -steckdosen für alle erdenklichen Anschlüsse: von der Gartendusche bis zur wassersparenden Tröpfchenbewässerung für Spezialkulturen – wenn gewünscht, über Zeitschaltuhren geregelt, halb- und vollautomatisch oder computergesteuert.

Das langsame, sanfte Beregnen mit einem Sprühschlauch ist für blühende Pflanzen die angenehmste Art der Bewässerung

Rasen anlegen und pflegen

Rasen ist nicht gleich Rasen. Die Vorstellungen der Gartenbesitzer gehen oft weit auseinander. Die Wunsch-Palette reicht von kurzgeschorenem, feinem englischen Rasen bis zum strapazierfähigen Spiel- und Sportrasen.
Bevor Sie sich entscheiden, lassen Sie sich im Fachhandel beraten, und geben Sie genaue Auskunft über folgende Voraussetzungen:

- Wie soll der Rasen genutzt werden?
- Wie ist die Lage der Rasenfläche (sonnig oder schattig)?
- Wie ist der Boden beschaffen (sandig bis trokken, lehmig bis feucht)?

Wichtig: Lieber zu einer teuren Qualitätsrasenmischung greifen, es zahlt sich immer aus. Je strapazierfähiger und trittfester eine Rasenfläche sein soll, um so breitere und gröbere Gräser muß sie enthalten.

Neuanlage eines Rasens

Der Rasen soll ein langes Leben vor sich haben, darum lohnt sich eine besonders sorgfältige Bodenvorbereitung.
Bei Neuanlagen kommt es darauf an, Verdichtungen im Untergrund zu beseitigen und möglicherweise auch Bauschutt zu entfernen. Deshalb ist es bei großen Flächen ratsam, eine Garten- und Landschaftsbaufirma zu beauftragen, die gleichzeitig eine gründliche Bodenlockerung und -verbesserung vornimmt oder, wenn nötig, auch Mutterboden aufbringen kann. Die obere Bodenschicht (Mutterboden) soll mindestens 15 cm hoch sein – so weit reichen die Wurzeln der Gräser.
Damit sich nirgends Wasser ansammeln kann, muß die Oberfläche des Bodens ganz eben sein, die Fläche insgesamt jedoch möglichst ein leichtes Gefälle besitzen.
Die besten Aussaatzeiten für Rasen sind spätes Frühjahr, wenn der Boden bereits abgetrocknet und etwas erwärmt ist, und Spätsommer oder früher Herbst (die Keimtemperatur für Gräser liegt bei 8 °C).
Wichtig ist, daß die Saat gleichmäßig keimt, deshalb gegebenenfalls so lange wässern, bis sie aufgegangen ist.

Unterschiedliche Rasenmäher-Systeme

Walzen-, Zylinder- oder Spindelmäher
Dieser Mähertyp liefert den saubersten Schnitt. Er ist besonders geeignet für trockenes, niedriges Gras auf ebenem Gelände, speziell für gepflegte Zierrasen.

Rotations- oder Sichelmäher
Ein oder mehrere Messer rotieren horizontal um eine Achse und sicheln die Halme ab. Vor allem für größere Flächen und langes, rauhes Gras geeignet.

Luftkissenmäher
Das Gerät bewegt sich auf einem Luftkissen. Geeignet für Hanglagen und feuchte Böden. Auch für Ecken und Kanten sowie für überständiges Gras und unter Sträuchern gut nutzbar.

Geräte zur Rasenpflege

① Kantenschneider mit langen Griffen.
② Düngerstreuer (auch zur Rasenaussaat geeignet).
③ Aerifiziergerät zum Belüften des Rasens.
④ Rasentrimmer schneidet Gras mit einem Nylonfaden.
⑤ Vertikutiergerät entfilzt die Grasnarbe mit Hilfe scharfer Messerchen.
⑥ Elektrische Rasenschere für Kanten und Ecken.
⑦ Fächerbesen zum Fegen von Schnittgut und Laub.

Rasen einsäen

① Den Boden mit Spaten oder Grabegabel lockern. Größere Flächen am besten fräsen. Unrat, Steine und Wurzeln gründlich entfernen.

② Fläche sorgfältig mit dem Rechen einebnen. Schlecht planierte Rasenflächen erschweren später die laufende Pflege.

③ Die eingeebnete Fläche anschließend mit Tretbrettern verdichten. Bei größeren Flächen empfiehlt es sich, eine Walze auszuleihen.

④ Nun die Oberfläche wieder leicht mit einem Rechen aufrauhen, damit der Rasensamen leichter keimen und einwurzeln kann.

⑤ Saatgut mit der Hand oder mit einem Streuwagen (Düngerstreuer) gleichmäßig aussäen. Zur besseren Verteilung feinen Sand beimischen.

⑥ Samen leicht einharken und mit Tretbrettern oder Walze dafür sorgen, daß die Saat guten Bodenkontakt erhält. Anschließend wässern.

Rasenpflege rund ums Jahr

Wenn das angesäte Gras eine Länge von mehr als 5 cm hat, wird zum ersten Mal gemäht.

Der erste Schnitt. Hierfür sind alle Mähertypen geeignet, sie dürfen nur nicht schwer sein. Wichtig: frisch geschärfte Messer. Die Schnitthöhe mindestens auf 3 cm einstellen, es kommt beim ersten Schnitt nur darauf an, das Wurzelwachstum anzuregen. Je schneller sich die Grasnarbe schließt, um so weniger Chancen haben Wildkräuter, sich anzusiedeln. Anschließend das Mähgut vorsichtig zusammenrechen und dabei keine Pflänzchen ausreißen. In der Anfangsphase nochmals walzen oder Bodenoberfläche festtreten.

Bewässerung. Fürs Bewässern eines Rasens gelten die allgemeinen Gießregeln (→ Seite 164/165).

Düngen. Wie oft Sie düngen müssen, hängt davon ab, wie regelmäßig Sie Ihren Rasen schneiden und wässern. Geht man von wöchentlich gemähtem Zierrasen aus, dann sind jährlich mindestens zwei Düngergaben erforderlich:

- Im späten Frühjahr, nach dem Vertikutieren.
- Im Sommer (jedoch nicht bei großer Trockenheit).

Bewährt haben sich Langzeitdünger. Sie beinhalten mineralischen Stickstoff in verschiedenen Formen: solche, die von Pflanzen sofort und solche, die nach und nach aufgenommen werden. Vorteil: es muß nicht nachgedüngt werden.

Wichtig: Dünger immer gleichmäßig, möglichst mit dem Streuwagen ausbringen – die Streifen dürfen jedoch nicht überlappen wie beim Mähen.

Mähen. Die Frage, wie oft gemäht wird, wie hoch die Schnitthöhe eingestellt wird und was mit dem Schnittgut geschieht, wird von der Art des Rasens bestimmt. Bei Gebrauchsflächen hat sich das wöchentliche Mähen bewährt. Die Schnitthöhe beträgt 3 bis 4 cm. Mähgut am besten mit Hilfe eines Grasfangkorbs sammeln (zur Kompostbereitung oder als Mulchdecke verwenden). Häufigeres Mähen fördert die Dichte der Grasnarbe und damit die Belastbarkeit des Rasens.

Wichtig: Bei Hitzeperioden sollten Sie nicht so kurz wie sonst mähen, um Verbrennungen zu vermeiden.

Vertikutieren. Das Vertikutieren dient der Gesunderhaltung des Rasens. Vertikutiert wird in der Zeit von Mai bis September – am besten vor einem Schnitt. Durch senkrechtes Einschneiden der Messerchen am Vertikutiergerät in die Grasnarbe wird der Filz herausgeschnitten. So kommt Luft in den Boden und an die Wurzeln, der Wasserabzug wird gefördert und Pilzinfektionen vermieden.

Belüften (Aerifizieren). Zum Belüften des Rasens gibt es verschiedene Spezialgeräte. Alle funktionieren nach dem gleichen Prinzip, sie arbeiten ähnlich wie ein Regenwurm. Im Boden entstehen Hohlräume, die eine Durchlüftung und besseren Wasserabzug gewährleisten.

Viel schneller nutzbar als angesäter Rasen ist Rollrasen

Gehölze pflanzen und pflegen

Bevor Sie Gehölze pflanzen, sollten Sie sich über die genauen Standortansprüche und endgültigen Wuchshöhen und -formen informieren. Ob die neuen Bäume und Sträucher in Ihrem Garten gedeihen werden, hängt auch von ihrem qualitativen Zustand beim Kauf ab.

Beim Kauf beachten

Achten Sie beim Kauf darauf, daß die Gehölze gut verzweigt sind, kräftige Wurzeln besitzen und keine Verletzungen oder Krankheitszeichen (→ Seite 190 bis 195) aufweisen.
Machen Sie sich auch mit den Begriffen der Baumschulkataloge vertraut:

- Bei allen Gehölzen sind Verkaufsgrößen (Höhe, Breite oder Stammumfang) angegeben.
- Es wird genannt, ob das Gehölz einen Ballen oder nackte Wurzeln besitzt.
- Hochstämme (H) haben einen geraden Stamm, die Krone setzt oberhalb 180 cm an. Die Größen werden nach dem Stammumfang (StU) in 100 cm Höhe unterschieden.
- Ein Stammbusch (StBu) besitzt im Gegensatz zum Hochstamm auf der vollen Stammlänge Zweige und ist natürlich gewachsen. Er wird ebenfalls nach dem Stammumfang klassifiziert.
- »Heister« (Hei) ist ein baumartiges, junges Gehölz noch ohne Krone. Es wird nach Höhen gestaffelt angeboten.
- Sträucher (Str) sind Gehölze mit mehreren Trieben, jedoch ohne stammartige Mitte.
- Solitärgehölz (Sol) bedeutet bei allen Arten: mehrfach verpflanzt, mit Ballen und von gleichmäßigem Wuchs – also höchste Qualitätsstufe.

Laubgehölze pflanzen

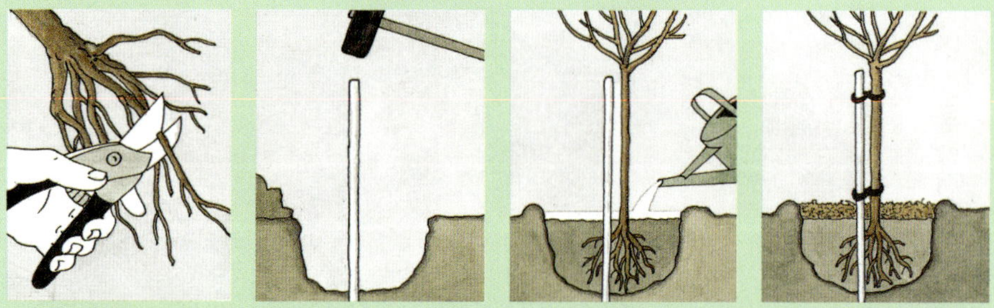

① Bäume und Sträucher mit nackten Wurzeln vor dem Pflanzen einige Stunden lang wässern, beschädigte und zu lange Wurzeln abschneiden.
② Bei Hochstammformen Stützpfahl immer vor der Pflanzung einschlagen. Er soll 40 bis 50 cm unter die Grubensohle reichen, um eine feste Verankerung zu gewährleisten.
③ Baum einsetzen (aber nicht tiefer, als er zuvor in der Erde gestanden hat). Mit Kompost und organischem Dünger vermischten Erdaushub einfüllen, rütteln, damit keine Hohlräume entstehen. Baum kräftig einschlämmen und restliche Erde auffüllen.
④ Stamm zunächst nur locker anbinden, bis sich die Erde gesetzt hat.

Koniferen einpflanzen

① Pflanzloch doppelt so breit wie Ballen ausheben. Erdaushub mit Kompost, organischem Dünger und Gesteinsmehl mischen und teilweise wieder einfüllen.
② Pflanze mit Ballen so einsetzen, daß ihre schönste Seite zum Hauptausblick hin gerichtet ist. Dann Ballentuch oder Draht lösen, aber nicht ganz entfernen.
③ Rundum Erde einfüllen, leicht antreten, aber Boden nicht verdichten.
④ Baumpfahl schräg am Ballen vorbei, gegen die Hauptwindrichtung, einschlagen. Erst fest verankern, wenn sich der Boden gesetzt hat. Gießrand anlegen, gut angießen. Im ersten Jahr immer wieder nachwässern.

Stroh ist ein guter Stammschutz für neu gepflanzte Hochstämme mit dünner Rinde

Gehölze einschlagen

① Werden Gehölze nicht gleich eingepflanzt, Graben entsprechend Wurzellänge/Ballengröße ausheben. Pflanzen schräg hineinlegen.

② Erde darüberschaufeln, fest antreten und wässern. Auch die Triebansätze überdecken. So können die Pflanzen mehrere Wochen liegen.

Gehölze umpflanzen

① Zuerst das Gehölz mit der Grabegabel rundherum lockern. Der Ballen soll mindestens halb so groß sein wie der Kronendurchmesser.

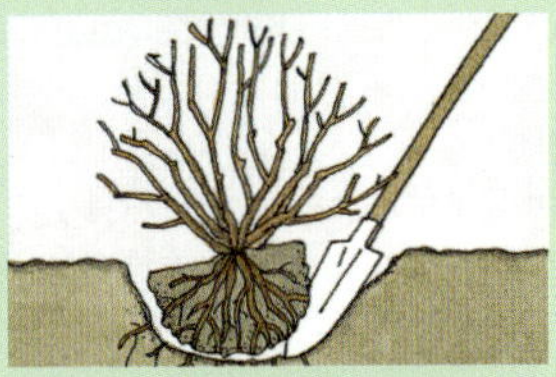

② Wurzeln rundum kappen und dann mit schrägen Spatenstichen den ganzen Ballen vom Boden lösen.

③ Wurzelstock auf eine Plane ziehen, verletzte Wurzeln glatt nachschneiden. Mit der Plane läßt sich die Pflanze leicht transportieren.

④ Gehölz in das neue, gut vorbereitete Pflanzloch setzen und einschlämmen. Krone – wenn möglich – etwas zurückschneiden.

Beste Pflanzzeiten

Gehölze können Sie im Herbst und im Frühjahr pflanzen. Im Herbst ist die Pflanzenauswahl jedoch größer. Grundsätzlich gilt:

• Nicht bei Hitze, starkem Regen oder Nässe pflanzen.

• Laubgehölze nach dem Blattfall, also im Spätherbst pflanzen.

• Bei nassen und schweren Böden oder in Gegenden mit strengen Wintern empfindliche Gehölze lieber im Frühjahr pflanzen.

• Koniferen und Immergrüne im frühen Herbst oder im späteren Frühjahr setzen. Regelmäßig wässern und vor Sonne schützen.

Gehölze richtig einpflanzen

Bereiten Sie den Boden schon einige Wochen oder Monate vor dem Pflanzen vor, indem Sie ihn tiefgründig lockern und mit Humus versorgen.

Die Gehölze werden dann wie folgt eingepflanzt:

• Pflanzloch breiter als tief ausheben (doppelte Ballenbreite), damit die Wurzeln sich seitlich gut ausdehnen können.

• Mit Kompost und Dünger gemischten Erdaushub teilweise wieder einfüllen und Gehölz einsetzen.

• Pflanzgrube etappenweise mit Erde auffüllen und wieder einschlämmen.

• 5 cm hohen Gießrand im Bereich der Pflanzgrube anlegen.

• Bäume mit Stamm oder Gehölze mit großem Ballen müssen gestützt werden. Stützpfahl jedoch erst dann fest verankern, wenn sich der Boden gesetzt hat.

• Als Bindematerial bewährt haben sich Kokosband oder -strick, in Achterschlingen um Stamm und Pfahl gelegt, oder spezielle Baumgurte aus Gummi.

Pflege der Gehölze

Besonders während der Zeit des Anwachsens brauchen Gehölze intensive Pflege. Nach wenigen Jahren ist der Pflegeaufwand nur noch gering, jedoch von Art zu Art verschieden (→ Pflanzenporträts, Seite 202 bis 221).

Wässern. Junge Gehölze bei langanhaltender Trokkenheit oder kurzfristiger Hitzeperiode wässern. Am besten stundenweise einen Schlauch anlegen und Wasser langsam einsickern lassen.

Boden lockern. Nur in den ersten Jahren notwendig, am besten im Herbst. Boden nur leicht und oberflächlich lockern, um die feinen Faserwurzeln nicht zu beschädigen.

Düngen. Bei guter Bodenvorbereitung, regelmäßigen Kompostgaben und Mulchen ist auf normalen Böden und bei neu gepflanzten Gehölzen eine ausreichende Nährstoffversorgung garantiert. Ausnahmen bilden ältere Pflanzen, die in Trieb und/oder Blüte nachlassen, oder Gehölze auf sehr mageren Böden.

• Im Frühjahr zur Triebanregung Stickstoff verabreichen – nicht mehr nach Ende Juni, damit das Holz gut ausreifen kann.

• Gut geeignet sind Volldünger (50 g pro m^2 im Jahr) oder organische Dünger (100 g pro m^2 im Jahr).

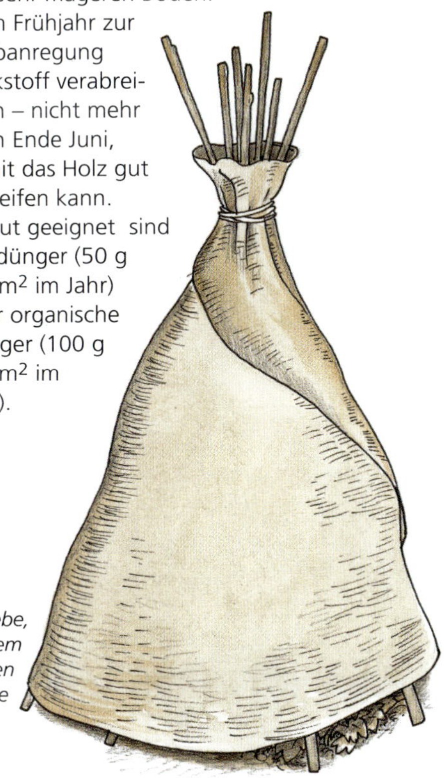

Wind- und Sonnenschutz aus Jutegewebe, Schilfmatte oder ähnlich durchlässigem Material für frisch gepflanzte Koniferen und immergrüne Laubgehölze

Gehölze schneiden

Viele Gehölze haben von Natur aus und wenn sie allein stehen einen harmonischen, malerischen oder bizarren Wuchs. Trotzdem geht es nicht ganz ohne formgebendes Schneiden.

Vorüberlegungen

Bei neu gekauften Jungpflanzen ist noch nicht der arttypische Wuchs erkennbar. Beachten Sie daher schon beim Pflanzen, wie hoch und vor allem wie breit die Gehölze werden können. Wird zu dicht gepflanzt, entwickeln sich Sträucher und Bäume erst gar nicht zu ihrer vollen Schönheit und müssen immer wieder zurechtgestutzt werden. Aber auch Sträucher, die sich zum Schnitt eignen, wirken schöner, wenn sie sich frei entfalten können und nur ab und zu ausgelichtet werden (→ Solitärgehölze, Seite 78/79).

Der Sommerflieder (Buddleja davidii) ist ein Zierstrauch, der jedes Frühjahr kräftig zurückgeschnitten wird

Warum geschnitten wird

Der Schnitt eines Baumes oder Strauches sollte die spezielle Wuchsform der Pflanze weiter unterstützen (bereits in der Baumschule wird das Pflanzengerüst fachgerecht entwickelt). Außerdem kann man durch das Schneiden dem schnellen Altern der Pflanze vorbeugen und ihre Wuchsfreudigkeit über lange Zeit erhalten.

Das sollten Sie beim Schneiden beachten

Wer glaubt, daß er durch einen Rückschnitt die Wuchskraft von Gehölzen begrenzt, der irrt. Denn ein starker Rückschnitt fördert immer den Neutrieb und ist daher kaum geeignet, den Wuchs der Pflanzen einzudämmen.
Wie allerdings die jeweiligen Gehölze geschnitten werden, ist von Fall zu Fall verschieden. Es gibt jedoch einige Grundregeln:

- Nur scharfe Scheren und Sägen benutzen, glatte Schnitte verheilen besser.
- Große Schnittflächen mit Wundverschlußmittel bestreichen. Besser: große Wunden vermeiden.
- Große Seitenäste besser auf zweimal absägen, damit sie nicht ausreißen.
- Äste bis zur Ansatzstelle oder bis zur nächsttieferen Verzweigung abschneiden.
- Abgestorbene Triebe bis ins gesunde Holz hinein abschneiden.
- Wildtriebe und Wasserschosse direkt an ihrer Ansatzstelle entfernen.
- Zu dicht stehendes, nach innen wachsendes, schwaches und überaltertes Holz jährlich entfernen.
- Nach dem Erziehungsschnitt Pflanzen erst wieder schneiden, wenn sie ihre Grundform erreicht haben.

Blütensträucher

Bei Blütensträuchern richtet sich der Zeitpunkt des Schneidens auch nach dem Zeitpunkt der Blüte (→ rechte Seite). Bei Fliederbüschen zum Beispiel soll Verblühtes immer entfernt werden, denn darunter entstehen die Blütenansätze für das nächste Jahr, und die Samenausbildung kostet die Pflanzen unnötig Kraft.

Solitärgehölze

Solitärgehölze (wie zum Beispiel Zaubernuß, Magnolie, Goldregen, Perückenstrauch und Japanischer Ahorn) nur alle paar Jahre vorsichtig auslichten, ein Rückschnitt wirkt sich negativ auf Schönheit und Wuchscharakter aus (→ Solitärgehölze, Seite 78/79).

Wintergrüne Laubgehölze

Dazu gehören zum Beispiel Buchs, Liguster, Rhododendron und Kirschlorbeer. Sie brauchen eigentlich keinen Schnitt, vertragen aber einen Form- oder Heckenschnitt meist sehr gut. Ausnahme: die wintergrünen *Cotoneaster*-Arten.

Koniferen (Nadelgehölze)

Bei dieser Pflanzengruppe werden die regelmäßig, meist pyramidal wachsenden Formen (Fichte, Tanne, Zeder) nicht geschnitten. Zum einen, weil der charakteristische Wuchs verloren ginge, zum anderen, weil diese Pflanzen bei einem Rückschnitt ins alte Holz nicht wieder neu austreiben können. Zypresse, Thuja und Eibe dagegen vertragen einen Rückschnitt gut, treiben auch aus altem Holz wieder aus und eignen sich daher bestens für Schnitthecken (→ Seite 80/81).

- Bei unregelmäßig wachsenden Nadelhölzern, einigen Wacholder-Arten und Zwergkiefern, läßt sich das Wachstum beeinflussen, indem Seitentriebe eingekürzt werden.
- Bei Zwergkiefern kann man die Maitriebe etwa um die Hälfte einkürzen, um die Pflanzen zu einem verzweigten und buschigeren Wuchs anzuregen.

Der richtige Schnitt

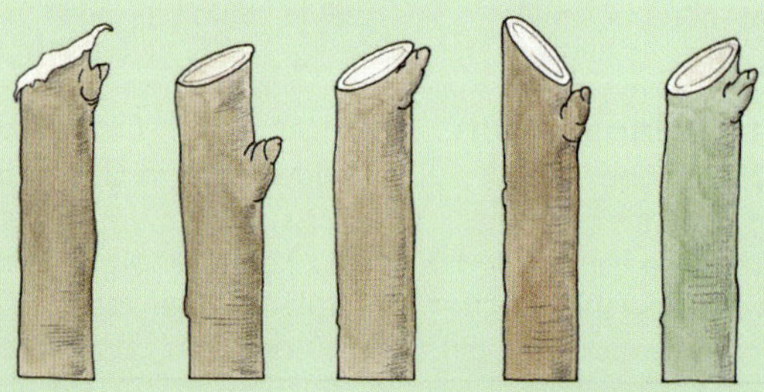

Falscher Schnitt: ① Zerfranst. ② Schnitt zu hoch. ③ Schnitt zu tief. ④ Zu schräg zur Triebknospe hin.

Richtiger Schnitt: ⑤ Leicht schräg 5 bis 10 mm über einer nach außen gerichteten Triebknospe.

Pflanz-, Erziehungsschnitt

Zeitpunkt. Nur im Frühjahr, selbst wenn bereits im Herbst gepflanzt wurde.
Grund. Gehölze ohne Ballen nach dem Einpflanzen zurückschneiden, um das Gleichgewicht zwischen beschnittenen Wurzeln und oberirdischen Teilen wiederherzustellen.
So wird geschnitten. Die Triebe um ein Drittel oder bis zur Hälfte einkürzen. Die Seitentriebe pyramidal abstufen und gleichmäßig um einen Mitteltrieb gruppieren (Saftwaage). Ältere Pflanzen schwächer, jüngere stärker schneiden, damit sie sich besser verzweigen.
Wichtig: Gehölze mit wenigen kräftigen Trieben und solche mit besonders großen Endknospen (Ahorn, Magnolie, Eberesche, Strauchpaeonie) sowie Bäume und Sträucher mit Ballen werden nach dem Pflanzen nicht oder nur kaum geschnitten.

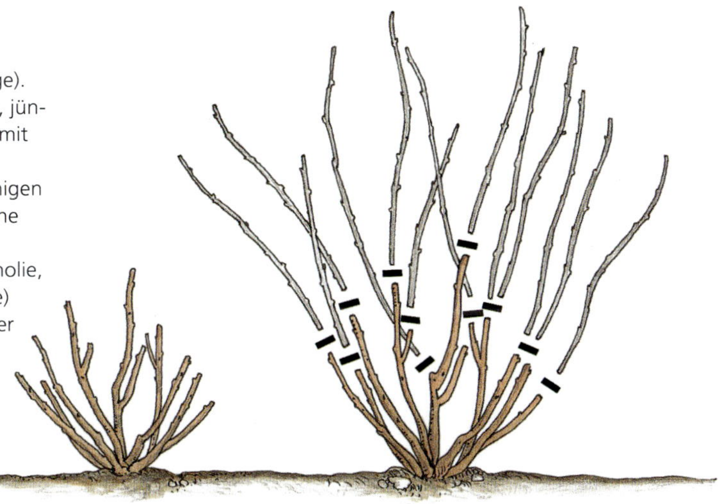

Erhaltungsschnitt

Zeitpunkt. Alle 2 bis 3 Jahre im zeitigen Frühjahr oder Herbst. Ziergehölze, die im Frühling und Sommer blühen, bilden gleich nach dem Abblühen neue Blütentriebe für das kommende Jahr aus. Diese dürfen auf keinen Fall abgeschnitten werden. Damit dies nicht geschieht, ist es ratsam, hier den Rückschnitt gleich nach der Blüte vorzunehmen.
Grund. Der Erhaltungsschnitt dient dazu, daß Gehölze ihre Wuchs- und/oder Blühkraft beibehalten. In erster Linie werden sie dabei ausgelichtet.
So wird geschnitten. Altes und schwaches Holz entfernen, abgeblühte ältere Triebe an der Basis oder über der Ansatzstelle junger Triebe ganz herausnehmen. Überalterte Äste erkennt man an der dunkleren Farbe, sie neigen sich meist zur Erde oder verkahlen von unten her.

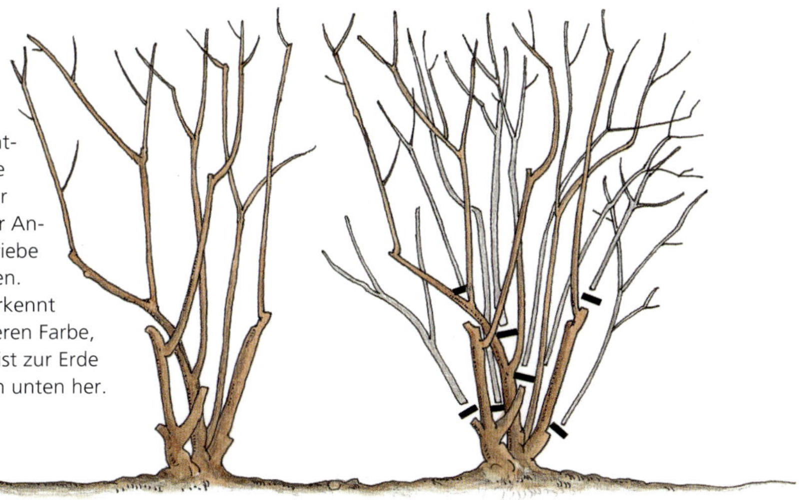

Verjüngungsschnitt

Zeitpunkt. Zeitiges Frühjahr oder Herbst.
Sträucher, die jedes Jahr geschnitten werden. Zu ihnen zählen Halbsträucher wie Johanniskraut, Fuchsie, Silberstrauch, niedrige Ziersträucher wie Säkkelblume, Fingerstrauch und Spätsommerblüher (Sommerflieder, Bartblume, Buschklee).
Grund. Sie blühen nur an diesjährigen Trieben reichlich. Daher am besten im März bis auf wenige Augen zurückschneiden.
So werden überalterte Gehölze geschnitten. Bei Gehölzen, die keinen regelmäßigen Erhaltungsschnitt bekommen haben und eines Tages überaltert sind, können die Äste auf 30 bis 50 cm gekürzt werden. Altes Holz ganz an der Basis entfernen. Aus den verbleibenden Ästen entstehen dann neue Sprosse, die sich verzweigen und dem Strauch allmählich wieder seine natürliche Wuchsform verleihen.

Obstgehölze pflanzen

Obstgehölze bringen mit ihrer herrlichen Blüte und ihren vielfältigen Wuchsformen nicht nur ein neues gestalterisches Element in den Garten, sondern auch den Genuß von eigenen, aromatischen und unbehandelten Früchten.
Die Möglichkeiten bei der Auswahl sind schier unerschöpflich. Es gibt nicht nur unzählige Obstarten und -sorten, sondern auch unterschiedliche Kronen- und Stammformen, Obsthekken, Spaliere und Büsche.

Vor dem Kauf bedenken

Obstbäume können oft Jahrzehnte alt werden, deshalb müssen Sie bei der Planung sorgfältig vorgehen. Folgendes sollten Sie vor dem Kauf bedenken:

- Hoch- und Halbstämme werden sehr groß, sind schwer zu pflegen und bringen reichliche Ernten, die verarbeitet werden müssen.
- Mit Busch- und Spindelformen oder Beerensträuchern kann man Teile des Gartens voneinander abgrenzen, wie den Nutzgarten von Blumengarten.
- Spaliere und rankende Obstgehölze eignen sich zur Begrünung von Wänden und Pergolen.
- Die Ansprüche der Arten und Sorten ans Klima sind verschieden. Manche gedeihen nur in mildem Weinbauklima (→ Pflanzenporträts, Seite 280 bis 289).
- Obstbäume werden auf Wurzelunterlagen veredelt, die Wachstum und Ertragsbeginn beeinflussen und auf die Bodenart abgestimmt sind. Büsche und Spindeln haben schwach wachsende Unterlagen.
- Es empfiehlt sich, eine Bodenuntersuchung vom ausgewählten Standort machen zu lassen (→ Bodentests, Seite 148/149).
- Alle Obstarten brauchen humusreichen, tief gelockerten Gartenboden, der feucht, aber nicht naß und kalt sein soll.

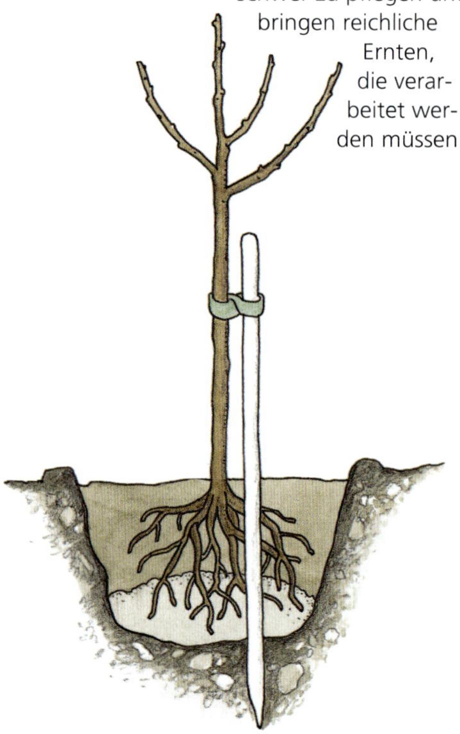

<u>Obstbäume richtig pflanzen</u>
Boden sorgsam vorbereiten:.
- *Pflanzgrube doppelt so breit wie Wurzelstock ausheben (→ Gehölze pflanzen und pflegen, Seite 168/169).*
- *Verdichteten Untergrund gründlich lockern.*
- *Veredelungsstelle soll etwa 10 cm über dem Boden liegen.*
- *Hoch- und Halbstämme brauchen nur in den ersten Jahren einen Stützpfahl, Spindeln dagegen zeitlebens, da sie ein schwaches Wurzelwerk haben. Der Stützpfahl sollte so hoch wie die Spindel sein*

Halterungen für Beerensträucher

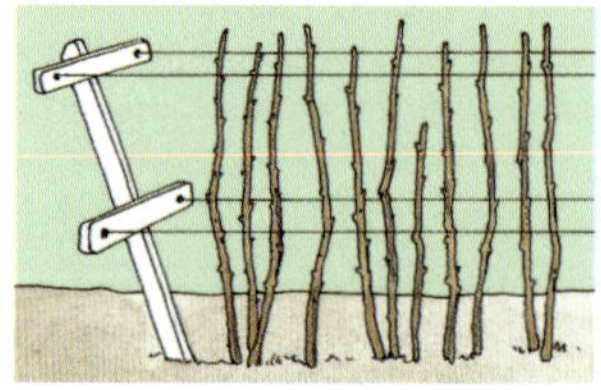

Spalier für Himbeeren
Dazu je 1 Pfosten schräg einschlagen. Oben und mittig 2 Querlatten mit Ösen befestigen und Drähte durchziehen.

Brombeer-Spalier
Brombeeren benötigen starke Gerüste aus festen, zwischen Pfosten gespannten Drähten. Die äußeren Pfosten zur Stabilisierung nochmals mit Erdankern verspannen.

Reihen-Halterung
Stachel- und Johannisbeerhochstämmchen können im Kronenansatz leicht knicken. Hier ein Gerüst, auf dem die Krone aufliegen kann.

Einzelstütze
Einzelne Hochstämmchen mit einem dreieckigen Holzgerüst stützen. Jeder Winkel liegt auf einem Pfosten auf. Latten und Halterung werden vernagelt.

- Frostgefährdete Gebiete sind immer ungünstig.
- Lassen Sie sich bei der Sortenwahl von einem Fachmann beraten. Grundsätzlich zu empfehlen sind Lokalsorten. Wichtig sind auch Krankheitsresistenz und bei Äpfeln und Birnen Lagerfähigkeit.
- Es gibt selbstfruchtbare Obstarten (Sauerkirschen, Pfirsich, Aprikose, Quitte, Mirabelle) und selbstunfruchtbare (Apfel, Birne, Süßkirschen, Renekloden, manche Pflaumen und Zwetschgen). Selbstunfruchtbare Sorten brauchen einen Pollenspender in der Nähe (im eigenen oder im nachbarlichen Garten), wenn sie Früchte tragen sollen. Bei Platzproblemen besteht die Möglichkeit, Sorten, die sich gegenseitig befruchten, auf einem Baum zu veredeln.
- Obstbäume, die sich gegenseitig befruchten sollen, müssen auch zur selben Zeit blühen.
- Obstgehölze brauchen eine intensive Pflege. Besonders der Obstbaumschnitt (→ Seite 174/175) erfordert Zeit und Können.
- Für die Grenzabstände zum Nachbarn gibt es in den jeweiligen Bundesländern unterschiedliche gesetzliche Vorschriften.

Obstbaumformen

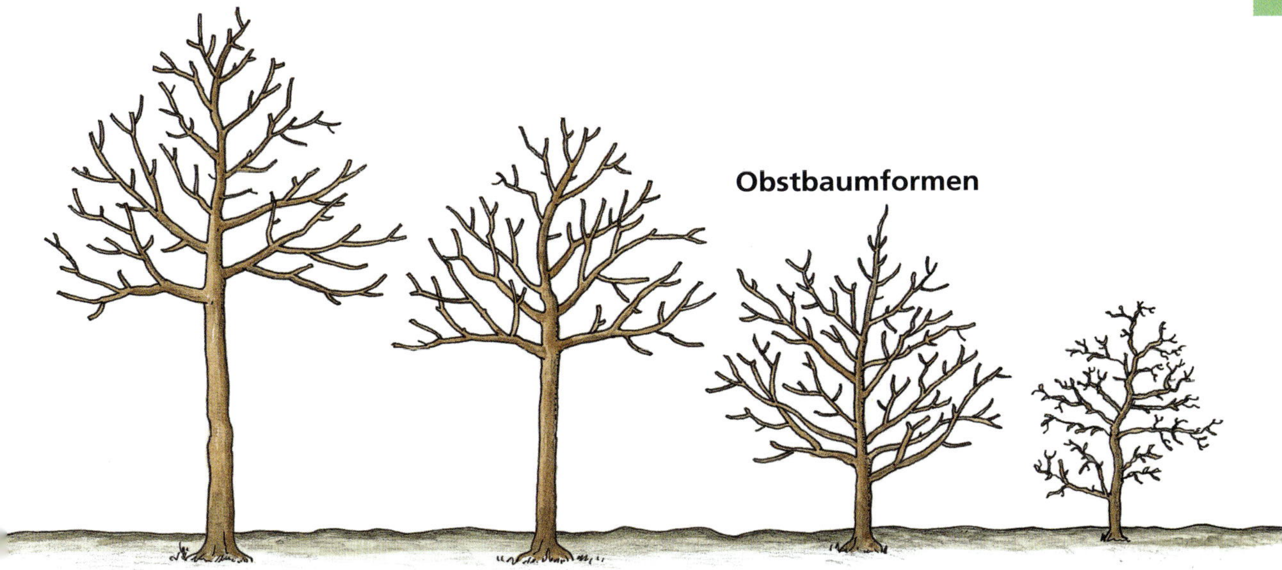

Hochstamm

Hochstämme können sehr groß und viele Jahrzehnte alt werden. Wie Halbstämme werden sie auf wuchsfreudige Sämlingsunterlagen veredelt. Die Stammhöhe liegt bei 180 cm aufwärts. Sie spenden viel Schatten und sind in größeren Gärten prachtvolle Solitär- oder Hausbäume. Hochstämme tragen etwa nach 8 bis 10 Jahren Früchte (Vollertragsstadium).

Halbstamm

Ein Halbstamm unterscheidet sich vom Hochstamm nur in der Stammhöhe. Sie beträgt bis zu 150 cm. Die Krone kann im ausgewachsenen Zustand, zum Beispiel bei Apfel, Birne und Süßkirsche, eine Breite von 8 bis 10 m einnehmen. Die Ernte fällt entsprechend hoch aus. Pflaume und Aprikose bleiben kleiner. Nach 6 bis 8 Jahren tragen Halbstämme Früchte.

Buschbaum

Buschbäume haben eine ausladende Krone von 4 bis 5 m, aber eine Stammhöhe von nur 60 cm. Geeignet für Apfel und Birne, Sauerkirsche, Aprikose, Pfirsich und Quitte. In kleinen Gärten sind sie auch reizvoll als Solitärbäume. Ernte- und Schnittmaßnahmen sind relativ leicht durchzuführen. Buschbäume tragen nach etwa 4 bis 5 Jahren regelmäßig Früchte.

Spindelbusch

Der Spindelbusch und die schlanke Spindel (Pillar) sind die kleinsten Formen eines frei wachsenden Obstbaumes (nur bei Kernobst). Ernte und Schnitt sind bei einer Stammlänge von 40 bis 60 cm ohne Leiter möglich. Die ausgewachsene Krone wird beim Spindelbusch nicht breiter als 2 bis 3 m. Spindeln tragen bereits im 3. Jahr Früchte.

Spalierformen

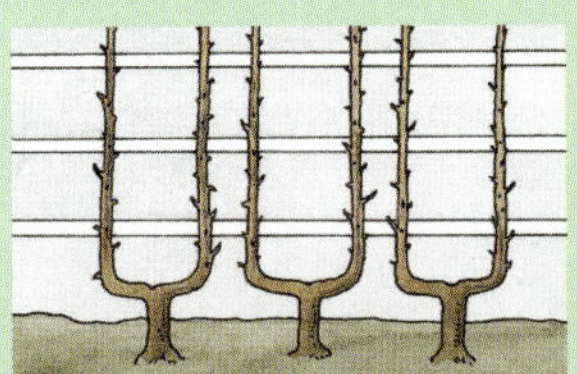

U-förmiges Spalier

Apfel- und Birnbäume eignen sich gut für einen Formschnitt. Der zweimalige Fruchtholzschnitt im Sommer ist dabei das wichtigste. Alle Seitentriebe werden im Juni und im August (nach dem Neuaustrieb) auf 3 bis 5 Blätter entspitzt. Der Winterschnitt wird wie üblich ausgeführt (→ Seite 174/175). U-förmige Spaliere eignen sich als Hecken und Trennelemente. Dazu werden sie an waagerecht zwischen Pfosten gespannten Drähten oder Latten befestigt.

Verrier-Palmette

Ein Apfel- oder Birnbaum kann durch einen aufwendigen Schnitt (Baumschule) so erzogen werden, daß er zwei oder mehrere parallele Triebe ausbildet, die an Drähten oder Holzleisten zuerst waagerecht und dann in regelmäßigen Abständen senkrecht geleitet werden. Geschnitten wird solch eine Verrier-Palmette wie das U-förmige Spalier. Mit dieser Spalierform können Hausfassaden begrünt werden. Die Hauswand dient als Wärmespeicher, weshalb früher geerntet werden kann.

Formloses Spalier

Obstbäume können an Hauswänden und Mauern auch natürlicher gezogen werden – als lockeres oder fächerartiges Spalier. Neben Apfel und Birne sind dafür auch die Steinobst-Arten geeignet. Der unregelmäßige Wuchs beim formlosen Spalier beansprucht jedoch eine größere Fläche, und die Äste stehen etwas stärker von der Wand ab. Man kann den Mitteltrieb wegnehmen oder ihn immer wieder seitwärts ziehen. Die Seitenäste werden an der Wand verteilt.

Beerenobst

Die meisten Beerensträucher sind selbstfruchtbar. Der Fruchtansatz ist jedoch oft besser, wenn Sie 2 oder 3 Sorten nebeneinanderpflanzen. Unterschiedliche Sorten bieten zudem geschmackliche Varianten und leicht versetzte Erntetermine.
Pflanztermine: September/Oktober; März/ April.
Pflanzabstände: Heidel-, Johannis-, Stachelbeeren: 1,5 m; Himbeeren: 0,5 m; Brombeeren: 3 bis 4 m.
Boden: humus- und nährstoffreich, nicht zu naß.
Wichtig: Kulturheidelbeeren gedeihen nur in saurem Substrat (pH-Wert unter 5) . Pflanzloch daher etwa 1 m^2 groß anlegen und Substrat reichlich mit Torf vermischen.

Obstgehölze schneiden und pflegen

Der Schnitt von Obstgehölzen ist nicht ganz einfach und abhängig von Obstart, Sorte, oftmals sogar von Unterlage oder Kronenform. Am besten lassen Sie sich von einem Fachmann in der Baumschule beraten oder besuchen einen Kurs über Obstbaumschnitt, den Obst- und Gartenbauvereine oder auch Volkshochschulen anbieten.

Grundlagen des Obstbaumschnitts

Werden Bäume nicht geschnitten, wachsen sie quasi »in den Himmel«. Das möchte man aber gerade bei Obstbäumen vermeiden, denn die Früchte sollen gut erreichbar bleiben. Mit Schnittmaßnahmen ist es möglich, das Wachstum zu begrenzen, den Blütenansatz zu fördern, Krankheitsbefall zu verhindern sowie das Wachsen, Blühen und Fruchten harmonisch aufeinander abzustimmen.

Im Jugendstadium wird die Krone aufgebaut, meist eine Pyramide aus Mitteltrieb und 3 oder 4 Leitästen. Diese sollen möglichst etagenförmig im 45° Winkel um den Stamm stehen. Zu steile Äste reißen leicht aus, während flacher stehende mehr Licht in die Krone dringen lassen und mehr Fruchtholz bringen. Mindestens 5 Jahre lang wird regelmäßig ein Erziehungsschnitt der Krone vorgenommen, so lange, bis sie ihre endgültige Form erreicht hat. Wichtiger Grundsatz dabei: zu dicht, zu steil und nach innen wachsende Triebe, schwach wachsendes Holz und solches, das auf der Oberseite der Äste senkrecht nach oben steht, wird entfernt. Bei älteren Bäumen wird in mehrjährigem Abstand nur noch ausgelichtet mit dem Ziel, daß Licht und Luft in die Krone dringen und durch den Rückschnitt ein Neutrieb angeregt wird. Eine radikale Verjüngung ist nur dann nötig, wenn nicht regelmäßig geschnitten oder ausgelichtet wurde und der Ertrag rapide nachläßt. Dabei wird die Baumkrone um ein Drittel verkleinert.

Fruchtholzerneuerung bei der schlanken Spindel

1. Jahr: Holztriebbildung (nicht schneiden).
2. Jahr: Fruchtholzbildung, (Spitze einkürzen).
3. Jahr: Ernte. Danach Rückschnitt bis auf den Triebansatz (Zapfen mit 2 Augen).

Aufbau eines Obstbaumes

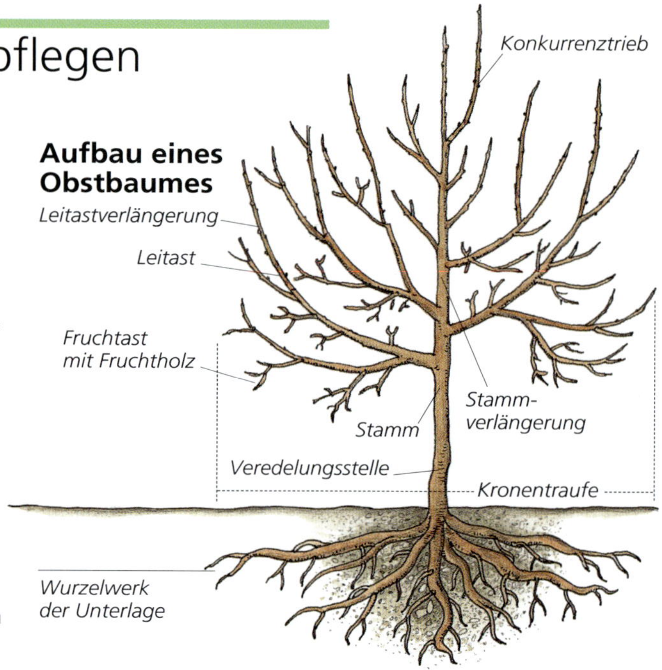

Ein Obstbaum baut sich aus Wurzel, Stamm und Krone auf. Ist der Baum veredelt, so muß sich diese Stelle etwa 10 cm über dem Boden befinden. Die Veredelungsstelle darf nicht mit der Erde in Berührung kommen. Die Unterlage beeinflußt das Wachstum des Baumes. Die Wurzeln wandern direkt unter der Erdoberfläche entlang (Vorsicht beim Hacken) und reichen noch bis über die Kronentraufe hinaus (beim Düngen und Anlegen einer Baumscheibe beachten).

Schnitt einer schlanken Spindel (Pillar)

Schlanke Spindel (Pillar) und Spindelbusch (→ rechte Seite) unterscheiden sich im Schnitt von den übrigen Obstbäumen. Sie haben keine Leitäste, sondern nur einen durchgehenden Mitteltrieb und rundum locker verteilte Fruchtäste.
Bei der schlanken Spindel wird das Fruchtholz ständig erneuert, Schnitt → Zeichnung links. Auf diese Weise können sich keine stärkeren Äste entwickeln. Vom Mitteltrieb aus entstehen immer wieder junge Triebe, die im 2. Jahr Blütenknospen ansetzen, im 3. Jahr Früchte tragen und im darauffolgenden Winter bis auf den Triebansatz (Zapfen mit 2 Augen) abgeschnitten werden.
So wird kein Holz älter als 3 Jahre. Da auch die Triebverlängerungen an den 2jährigen Zweigen regelmäßig geschnitten werden, bleibt das Bäumchen immer schmal.
Ausgangsbasis für die schlanke Spindel ist eine einjährige Veredelung.

- 4 bis 5 Seitentriebe (im Abstand von 40 bis 50 cm) belassen, sie tragen zuerst Früchte. Alle anderen, auch den obersten Seitentrieb, auf Zapfen abschneiden.
- Daraus bilden sich meist 2 Neutriebe, von denen der steiler stehende oder der schwächere wieder bis zum Ansatz abgeschnitten wird.
- Der verbleibende Trieb bildet im 2. Jahr Knospen, im 3. Jahr Früchte, danach wieder auf Zapfen schneiden. Inzwischen hat sich wieder neues Fruchtholz gebildet.

Schnittmaßnahmen im Leben eines Obstbaumes

Pflanzschnitt
Der Pflanzschnitt wird vielfach bereits in der Baumschule ausgeführt. Falls nicht, dann die 3 Leitäste um die Hälfte oder um zwei Drittel auf eine Höhe kürzen (Saftwaage), wobei die Endknospen nach außen weisen müssen (→ Gehölze schneiden, Seite 170). Der Leit- oder Mitteltrieb, die Stammverlängerung, soll die Leitäste etwa um 20 cm überragen.

Erziehungsschnitt
Ab dem 2. Standjahr sollten Sie Leittrieb und Leitastverlängerungen wiederum nach dem Schema des Pflanzschnittes (Saftwaage) einkürzen, jedoch nur noch um ein Drittel oder maximal die Hälfte. Alle Konkurrenztriebe (zu den Leitästen) direkt an der Ansatzstelle oder am Stamm (auf Astring) entfernen, ebenso die nach innen wachsenden Triebe.

Instandhaltungsschnitt
Die Kronenentwicklung wird auch im Ertragsstadium kontrolliert. Ziel des Schnitts sind ein ausgewogenes Grundgerüst, Belichtung und Belüftung der Krone.
Steile, schwache und dicht stehende Seitentriebe können bereits ab dem 2. Standjahr, des früheren Ertrags wegen, waagerecht gebunden werden. Nach der Ernte ganz entfernen.

Verjüngungsschnitt
Den Alterungsprozeß eines Obstbaumes können Sie durch einen starken Rückschnitt bis ins alte Holz aufhalten. Ein äußeres Zeichen des Alters sind die weit nach unten hängenden, äußeren Triebe. Sie müssen radikal entfernt werden, die Krone wird zusätzlich stark ausgelichtet und nach den früheren Erziehungsprinzipien wieder neu aufgebaut.

Schnitt eines Spindelbusches

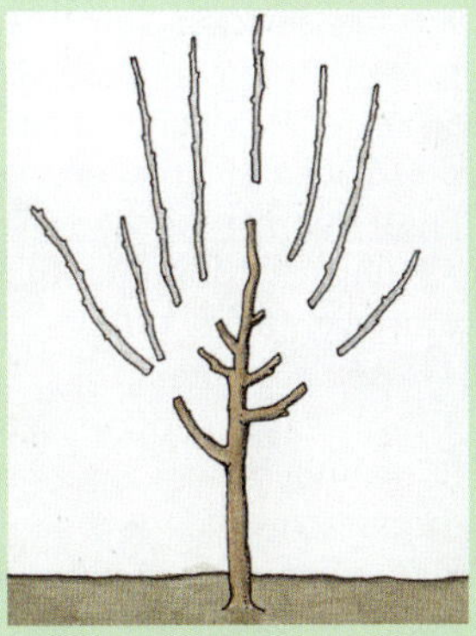

Ausgangsbasis ist ein 2 Jahre alter, veredelter Spindelbusch aus der Baumschule.

- Zum Aufbau der Krone benötigen Sie 4 bis 5 Triebe. Zusammen mit dem Mitteltrieb werden diese stark zurückgeschnitten, so daß eine Pyramidenform entsteht. Dazwischen stehende Äste am Ansatz entfernen oder auch waagerecht binden, damit sie bereits 2 Jahre später Früchte liefern. Diese Äste sollten Sie nach der Ernte vollständig entfernen.
- Nach dem 1. Standjahr haben sich neue Triebe gebildet. Nun schneiden Sie alle Konkurrenztriebe und steil stehenden Äste bis zum Ansatz zurück. Alle übrigen, flach nach außen weisenden Fruchtäste bleiben ungekürzt.
- Nach 3 bis 4 Jahren werden abgetragene, nach unten neigende Triebteile weggeschnitten.
- Bei älteren Spindelbüschen (etwa ab dem 7. Standjahr) regelmäßig die Neutriebe um die Hälfte einkürzen, um das Wachstum wieder anzuregen.

Obstbaumpflege

Schnitttechniken allein genügen nicht, um reichlich Obst zu ernten. Gezielte Düngung, Bodenbearbeitung und Pflanzenschutzmaßnahmen ergänzen die Pflege.

Düngung. Im Hausgarten geht es nicht um Massenertrag, daher genügen bei älteren, großen Obstbäumen 1 bis 2 jährliche Kompostgaben. Den Kompost auf der Baumscheibe verteilen, im Herbst bis zu 10 cm hoch, darüber eine Schicht Laub. Falls kein Kompost vorhanden ist, organische Mischdünger (Horn-Blut-Knochenmehl) oder organisch-mineralischen Volldünger verwenden. Sie sollten im März/April flach in die Baumscheibe eingearbeitet werden.

Die kleinen Obstbaumformen mit schwachem Wurzelwerk erhalten eine dreimalige Düngung:

- Im Herbst eine Schicht reifen Kompost aufbringen, die mit Laub oder Stroh abgedeckt wird.
- Im März vor Blütenbeginn und im Sommer (Juni/Juli) zur Blütenknospen-Entwicklung fürs kommende Jahr und zur Förderung des diesjährigen Fruchtbehangs organischen oder organisch-mineralischen Dünger (→ Grundlagen des Düngens, Seite 156/157) verabreichen.

Wichtig: Obstbäumen, die im Rasen stehen, Flüssigdünger geben. Dazu mit der Grabegabel etwa 2 Einstiche pro m^2 im Bereich der Kronentraufe machen.

Rosen pflanzen und pflegen

Rosen stellen hohe Ansprüche an Standort, Boden und Pflege, die Sie unbedingt beachten sollten, damit ihrem guten Gedeihen nichts im Wege steht.

Optimaler Standort

Rosen lieben offene, luftige Flächen, Sonne und Wärme. Schlecht vertragen sie

- Hitzestau durch zu engen Stand an der Hauswand oder an geschützter Stelle (Süd-Terrasse)
- starke Beengung durch andere Pflanzen
- Kalt- und Zugluft
- starke Temperaturschwankungen (vor allem im zeitigen Frühjahr zwischen Tag und Nacht).

Kurz – Rosen schätzen keine extremen, sondern möglichst gleichmäßige Lebensbedingungen.

Boden und Bodenvorbereitung

Der beste Gartenboden (tiefgründig, locker, luftig und nährstoffreich) ist für Rosen gerade gut genug. Meist sind dies die mittelschweren, sandigen Lehm- oder lehmigen Sandböden. Die Bodenreaktion soll schwachsauer bis neutral sein (pH-Wert 6,5 – 7,0). Vor größeren Rosenpflanzungen lohnt es sich, eine Bodenanalyse mit Düngeempfehlungen einzuholen. Vor dem Einpflanzen ist es wichtig, den Boden 2 Spaten tief zu lockern und zu verbessern. Rechnen Sie einen Eimer reifen Kompost pro Pflanzloch. Setzen Sie außerdem der Pflanzerde ein Gemisch aus Horn-Blut-Knochenmehl, Steinmehl und Algenkalk zu.

Tips zum Düngen

Nach dem Einpflanzen Rosen im 1. Jahr nicht düngen. Sie erhalten genügend Nährstoffe durch die Vorratsdüngung beim Einpflanzen. Danach aber brauchen Rosen reichlich Nährstoffe. Am besten sogenannten Rosendünger aus dem Fachhandel oder organisch-mineralischen Dünger verwenden (→ Seite 156/157). Vorteil: Den Pflanzen stehen die mineralisch gebundenen Nährstoffe sofort zur Verfügung, während die organisch gebundenen erst langsam erschlossen werden. Dieser Nährstoff-Schub erfolgt dann zeitlich richtig zur Knospenbildung. Akute Nährstoffmängel können hingegen mit rein mineralischen Düngern aufgefangen werden.

Angebotsformen und Güteklassen

Angebotsformen
① Rosen mit blanken Wurzeln im Herbst oder Frühjahr pflanzen.
② Rosen im Container können zu jeder Zeit gepflanzt werden.
③ Rosen in Beuteln kritisch prüfen, sie trocknen leicht ein oder treiben vorzeitig aus. Rosen mit Ballen kann man direkt pflanzen.
Güteklassen (→ Zeichnung ①)
Veredelte Rosen der Klasse B besitzen mindestens 2 gut ausgebildete Triebe. Rosen der Klasse A weisen mindestens 3 kräftige Triebe und gut verzweigtes Wurzelwerk auf.

Wichtig: Abgelagerten Pferde- oder Rindermist oder getrockneten Dung einige Wochen vor dem Pflanzen einarbeiten.

Aufbau einer Rose

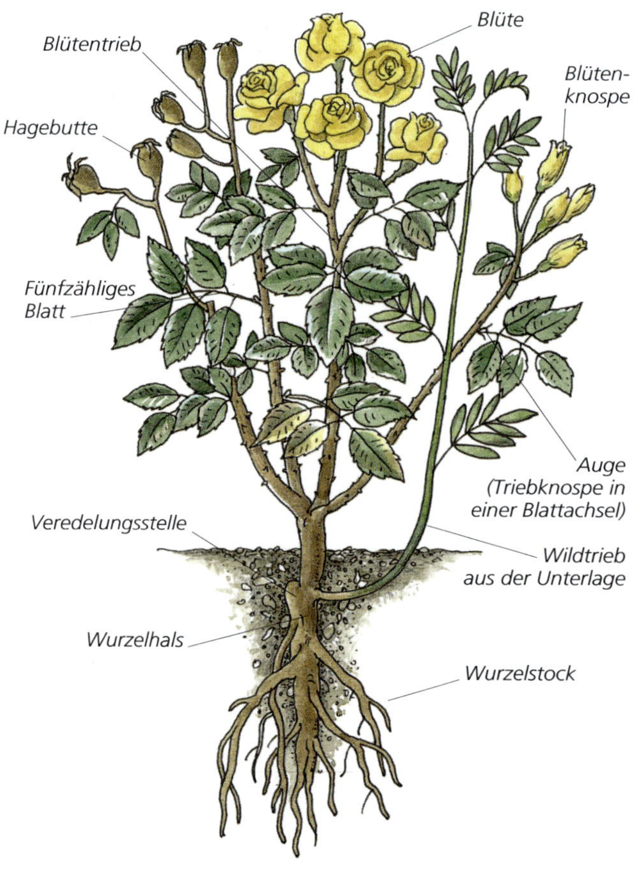

Rosenpflege übers Jahr

Schaffen Sie beim Einpflanzen möglichst günstige Startbedingungen, dann hält sich der Pflegeaufwand in Grenzen.

Anfang März

- Erstes Düngen. Am besten organisch-mineralischen Volldünger leicht in den Boden einarbeiten.

Ende März/Anfang April

- Frühjahrsschnitt durchführen (→ Seite 178).
- Rosen abhäufeln.
- Leichte, nährstoffarme Böden noch einmal düngen (organischer Dünger).
- Mulchen, sobald sich der Boden erwärmt hat. Dazu eine etwa 1 bis 2 cm hohe Schicht Kompost auf der Pflanzstelle verteilen, darüber das Mulchmaterial (→ Seite 161) ausbreiten.
- Alternative: Statt Mulchen nach jedem stärkeren Regen Boden oberflächlich lockern und Unkraut jäten.

Rosen einpflanzen

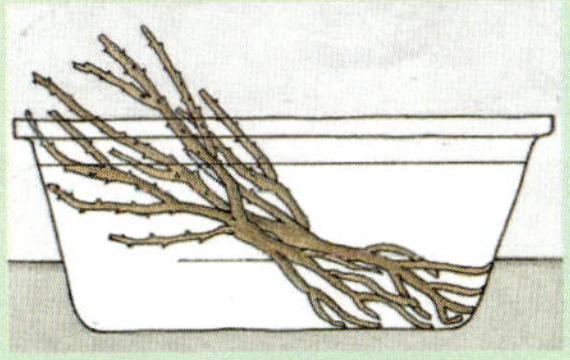

① Beste Pflanzzeit: Oktober/November. Rosen ohne Ballen vor dem Pflanzen immer wässern (bei Frühjahrspflanzung 24 Stunden lang tauchen).

② Verletzte Wurzeln abschneiden, zu lange Wurzeln auf etwa 15 bis 20 cm einkürzen. Günstig: Direkt vor dem Pflanzen in Lehmbrei tauchen.

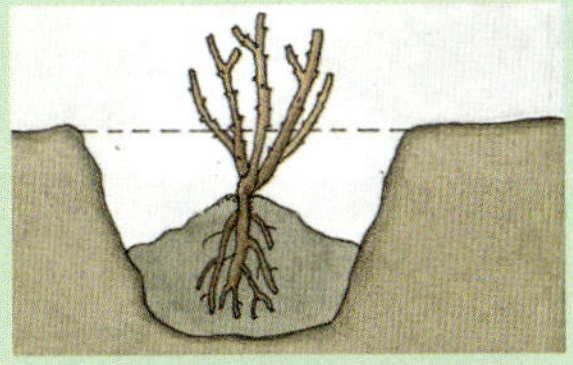

③ Pflanzloch etwa doppelt so groß wie Wurzelwerk ausheben. Rose so einsetzen, daß Veredelungsstelle etwa 5 cm unter Erdoberfläche kommt.

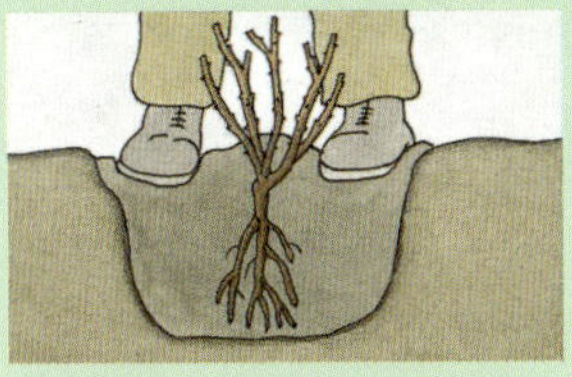

④ Pflanzgrube mit Gartenerde (gemischt mit reifem Kompost, organischem Volldünger, Algenkalk, Steinmehl und Lehm) auffüllen und leicht antreten.

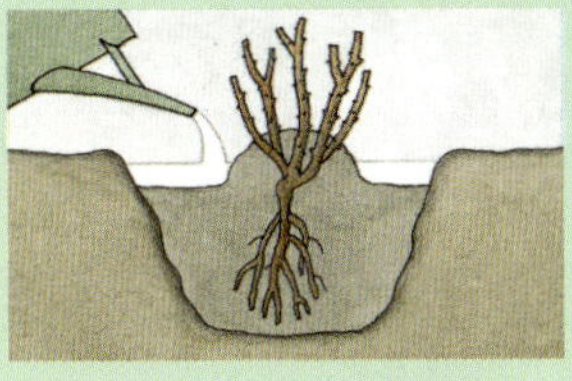

⑤ Vor dem vollständigen Auffüllen mehrmals kräftig angießen. Wurzeln richtig einschlämmen, damit keine Hohlräume zurückbleiben.

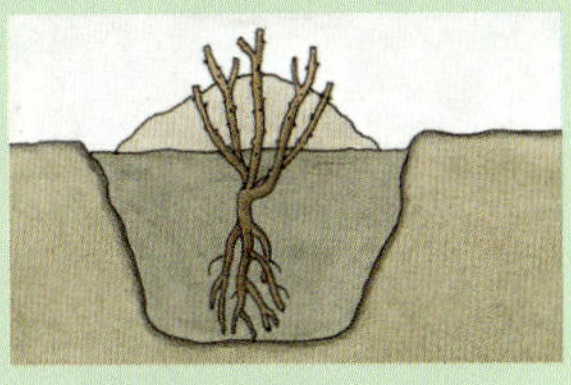

⑥ Rosen mit der restlichen Pflanzenerde etwa 15 bis 20 cm hoch anhäufeln. Auch bei Frühjahrspflanzung etwa 4 Wochen lang anhäufeln.

Rosen überwintern

Hochstämmchen und Kaskadenrosen

① Jüngere Hochstämmchen sind biegsam. Sie werden über den Zapfen gebogen, damit sie nicht ausreißen. Stämmchen mit Sackleinen oder Reisig bis in die Krone umwickeln. Restliche Blätter entfernen, bevor die Stämmchen mit Haken im Boden verankert werden. Krone mit lockerer Erde überdecken, aber nicht antreten.
② Ältere Hochstämme entblättern, Holzwolle oder Stroh zwischen den Zweigen verteilen, vor allem den Kronenansatz schützen. Mit Sackleinen oder dachziegelartig mit Fichtenreisig bedecken.
③ Kaskadenrosen werden ebenso geschützt, jedoch sollten die langen Triebe zuvor am Stamm zusammengebunden werden. Dies schützt auch die Veredelungsstelle am Kronenansatz.

Edel- und Beetrosen

In strengen Wintern können Rosen stark zurückfrieren. Deshalb Edel-, Beet- und Zwergrosen sowie öfterblühende Strauchrosen anhäufeln und zusätzlich mit Reisig schützen. Schutzmaßnahmen jedoch nicht vor Dezember anbringen, sonst verweichlichen die Pflanzen.

Kletterrosen

Rosen an Bögen, Pergolen und Spalieren mit Fichtenzweigen oder Sackleinen schützen. Die Zweige dachziegelartig übereinanderschichten, um sie vor Kälte, austrocknenden Winden, gefährlicher Wintersonne und vor allem im zeitigen Frühjahr vor Temperaturschwankungen zu schützen.

Mai bis Oktober

- Regelmäßig verwelkte Blüten und kränkelnde Triebe abschneiden.
- Abgefallenes (krankes) Laub aufsammeln und in die Mülltonne geben. Nicht kompostieren, um Pilzkrankheiten nicht zu verbreiten.
- Anfang Juni zweites Düngen. Organisch-mineralischen Volldünger leicht in den Boden einharken und gründlich wässern.
- Ab Mitte Juli nicht mehr düngen, damit die Triebe noch gut vor dem Winter ausreifen können.
- Rosen regelmäßig auf Schädlinge hin untersuchen. Notfalls Gegenmaßnahmen ergreifen (→ Seite 190/191).
- Im Juli/August Mulchschicht flach in den Boden einarbeiten und erneuern.
- Alternative: alle 2 bis 3 Wochen Boden lockern.
- Wässern muß man nur Neupflanzungen im 1. Jahr oder bei langer Trockenheit. Wichtig: Rosen von unten, nicht über Blätter gießen (Pilzkrankheiten)!
- Im Oktober eine halbe Handvoll Patentkali (Kalimagnesia) pro m^2 in den Boden einarbeiten (fördert die Frosthärte). Bei Bedarf auch alle 2 bis 3 Jahre eine Handvoll kohlensauren Kalk pro m^2 dazugeben.

November/Dezember

- Rosen so lange wie möglich blühen lassen und nur die Triebe einkürzen, die die Wintervorbereitung erschweren.
- Rosen etwa 20 cm hoch mit reifem Kompost, Erde oder gut abgelagertem Pferde- oder Rinderdung anhäufeln.

Rosen schneiden

Der Rosenschnitt ist gar nicht so schwierig, wie oft angenommen wird. Man muß die Pflanzen nur gut beobachten, um die unterschiedliche Wuchskraft der verschiedenen Rosensorten und ihr Blühverhalten kennenzulernen.
Alle aufgeführten Regeln sind nur Richtlinien.

Wann und wie geschnitten wird

Der grundlegende Rosenschnitt wird im Frühjahr durchgeführt. Im Sommer werden nur bei den öfterblühenden Rosen verwelkte Blüten zurückgeschnitten (→ Zeichnung, unten), um die Nachblüte zu fördern.
Der richtige Zeitpunkt: Im Frühjahr (März/April), wenn die Knospen zu schwellen beginnen, erfolgt der Hauptschnitt (→ Zeichnung, oben). Grundsätzlich gilt: Je weniger geschnitten wird, desto rascher treiben die Rosenstöcke aus und blühen. Je stärker geschnitten wird, umso länger müssen Sie auf Blüten warten, aber um so kräftiger sind die Neutriebe. Schwachwachsende Sorten können auf diese Weise zum Wuchs angeregt werden.
Einmalblühende Rosen blühen an Kurztrieben, die sich am alten Holz entwickeln. Sie erhalten keinen regelmäßigen Frühjahrsschnitt, sondern werden nur alle paar Jahre ausgelichtet. Auch nach der Blüte wird nicht geschnitten, da diese Rosen oft schöne Hagebutten ausbilden.

Grundregeln des Rosenschnitts

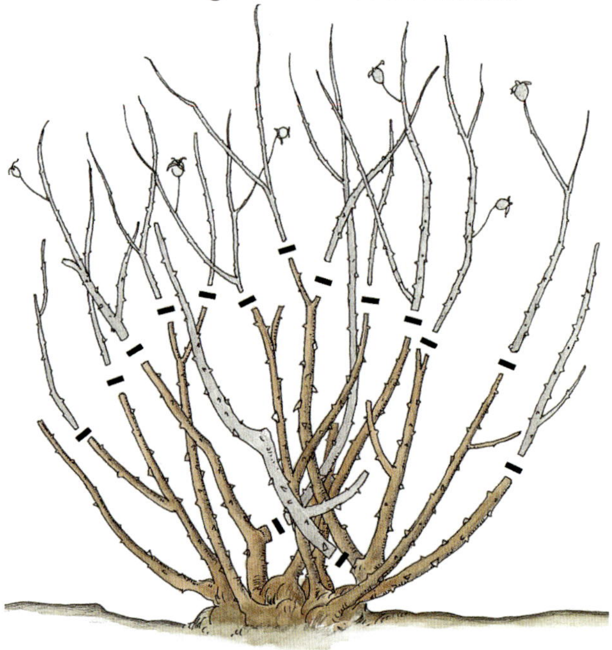

- Geschnitten wird immer leicht schräg über einem nach außen gerichteten Auge (→ Zeichnung, Seite 170).
- Scharfe Scheren verwenden, damit das Holz nicht gequetscht wird.
- Totes, krankes Holz (dunkles Mark) bis ins gesunde (weißes Mark) hinein schneiden.
- Alte Triebe direkt am Boden wegnehmen.
- Schwache, zu dicht stehende, sich überkreuzende und nach innen gerichtete Triebe auslichten.

Sommerschnitt

① Edelrosen nach dem Abblühen über einem fünfteiligen Blatt abschneiden. Wünschen Sie lange Stiele, entsprechend tiefer schneiden.

② Bei büschelblütigen Rosen den Blütenstand auch über einem darunterstehenden, voll ausgebildeten, fünfteiligen Blatt abschneiden.

Öfterblühende Rosen blühen zuerst an den diesjährigen Trieben, später an den aus den abgeblühten Trieben sich laufend entwickelnden Seitenzweigen – so entsteht ein zweiter und dritter Flor. Sie müssen sie außer im Frühjahr auch während des Sommers regelmäßig schneiden (→ Zeichnung, unten), um den neuen Blütenansatz anzuregen. Werden Rosen im Frühjahr nur wenig geschnitten, verzweigen sie sich stärker und blühen reicher. Schwache und alte Triebe müssen jedoch regelmäßig ausgeputzt werden.
Verjüngen: Alle 3 bis 5 Jahre ist im Frühjahr ein radikalerer Rückschnitt der Rosenstöcke zu empfehlen, um die Pflanzen zu verjüngen.

Hochstämmchen, Kaskadenrosen

Edel- und Beetrosen lassen sich gut auf Stämmchen veredeln, man nennt sie dann Hochstammrosen. Kaskadenrosen (Trauerrosen) sind hingegen auf Stämmchen veredelte Kletterrosen.
Hochstämmchen werden wie Beet- oder Edelrosen geschnitten (→ Zeichnung, Seite 179 oben). Achten Sie beim Schneiden außerdem darauf, daß eine gleichmäßige runde Krone entsteht.
Bei Kaskadenrosen müssen Sie nur die äußeren Verzweigungen leicht zurückschneiden und zu dicht wachsende und ältere Triebe von innen her ab und zu auslichten.

Schnitt von Beet-, Edel-, Zwergrosen

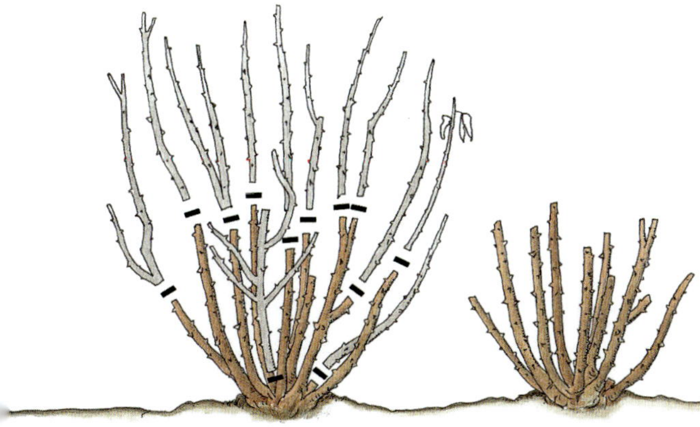

Beetrosen blühen in Büscheln, während die Blüten der Edelrosen meist einzeln am Triebende stehen. Zwergrosen sind kleinblütige und kleinwüchsige, büschelblütige Rosen.
Alle 3 Gruppen werden durch einen regelmäßigen Sommerschnitt zum ständigen Nachblühen angeregt (→ Zeichnung, Seite 178).

Der Grundschnitt im Frühjahr:
- Anzahl der Triebe – je nach Alter der Pflanzen – auf 3 bis 8 kräftige Triebe begrenzen.
- Dünnere Triebe stärker, auf 3 bis 4 Augen, kräftigere, ältere Triebe nur auf 4 bis 6 Augen kürzen.
- Edelrosen, die auf längeren Stielen blühen sollen, können stärker geschnitten werden, maximal jedoch auf 2 bis 3 Augen je Trieb.

Schnitt von Kletterrosen

Kletterrosen blühen an Seitenzweigen des ein- und/oder mehrjährigen Holzes. Die jungen Langtriebe, die aus dem Wurzelstock oder aus älteren Seitentrieben entstehen, werden nicht geschnitten, sondern bogenförmig verteilt.
Im Frühjahr wird vor allem das alte Holz bis kurz über dem Boden herausgeschnitten.
Bei einmalblühenden Kletterrosen Seitenzweige direkt nach der Blüte um die Hälfte kürzen.
Bei öfterblühenden Kletterrosen die Seitenzweige im Frühjahr auf 2 bis 4 Augen kürzen und im Sommer die verwelkten Blüten abschneiden.

Schnitt von Strauch-, Bodendeckerrosen

Einmalblühende Strauchrosen (Wild-, Park- und Moosrosen) sind meist sehr stark verzweigt. Sie werden mit zunehmendem Alter immer stattlicher und reichblütiger.
Aus den Blüten entwickeln sich über den Sommer meist sehr zierende Hagebutten, darum werden sie auch nicht geschnitten, lediglich ab und zu altes Holz von unten entfernt.
Öfterblühende Strauchrosen (Zierstrauchrosen) ähneln den Beetrosen. Nach dem ersten üppigen Flor blühen sie noch ein- oder mehrmals nach. Die abgeblühten Blütenbüschel werden kurz unter ihrer Verzweigung entfernt, um neuen Blütenansatz zu fördern. Bei diesen Sorten sind wie bei den Beetrosen intensivere Pflegemaßnahmen notwendig (→ Düngen und Wässern, Seite 156 bis 159 und 164/165.
Bodendeckerrosen ist die moderne Bezeichnung für mehr flächig wachsende Strauchrosen, die in kurzer Zeit üppige Blütenteppiche bilden. Bei diesen Typen unterscheidet man 5 verschiedene Wuchsformen und Wuchsstärken. Sie werden üblicherweise überhaupt nicht geschnitten.

Stauden pflanzen und pflegen

Stauden sind winterharte Pflanzen mit sehr unterschiedlichen Ansprüchen. Ihre oberirdischen, krautigen Teile sterben im Herbst meist ab. Aus den unterirdischen Organen treiben sie im Frühjahr wieder aus. Zu den Stauden zählen neben den Beet- und Wildstauden, Wasserpflanzen, Gräsern und Farnen auch Zwiebel- und Knollengewächse.

Auswahl und Bodenvorbereitung

Bevor Sie Stauden kaufen, sollten Sie Ihre vorhandenen Standortmöglichkeiten, den Boden und die klimatischen Verhältnisse prüfen. Stauden haben sehr unterschiedliche Standortansprüche entsprechend ihren verschiedenen Lebensbereichen (→ Seite 20/21).

Stauden pflanzen

Stauden werden meist in Plastiktöpfen (Containern) angeboten. Vorteil: Die Wurzeln sind geschützt, und das Anwachsen wird erleichtert. Deshalb müssen Sie sich nicht gar so streng an die Pflanzzeiten halten.

① Stauden eine Weile vor dem Pflanzen noch einmal gründlich gießen. Dann vorsichtig austopfen, es sollen keine Triebe abbrechen. Die oberste Erdschicht des Ballens entfernen, denn dort siedeln sich leicht Unkräuter und Moose an, die sich nach dem Einpflanzen weiterentwickeln würden.

② Den vorbereiteten, lockeren Boden (→ unten) so weit ausheben, daß der Wurzelballen genügend Platz findet.

③ Wurzelballen mit der Hand etwas auflokkern, beschädigte Wurzeln glattschneiden und sofort einpflanzen, damit die Wurzeln nicht unnötig austrocknen.

Am besten an trüben Tagen oder bei leicht regnerischem Wetter pflanzen, nie bei Hitze und Trockenheit.

④ Staude nicht tiefer pflanzen, als sie vorher im Topf gestanden hat. Dies ist besonders wichtig bei Pflanzen, deren Knospen unmittelbar an der Erdoberfläche liegen (Pfingstrosen, Phlox). Staude also zuerst etwas höher einsetzen, dann mit den Händen andrücken und mehrmals vorsichtig angießen (Pflanzabstände, → Pflanzenporträts, Seite 232 bis 247).

Hoch- und breitwachsende Stauden wie Rittersporne und Pfingstrosen sollte man stützen. Das Auseinanderfallen läßt sich durch Ringhalterungen oder ineinandergreifende Steckhalter vermeiden

Bodenvorbereitung. Vor dem Einpflanzen muß der Boden tiefgründig gelokkert und alles Unkraut entfernt werden. Anschließend wird Kompost sowie Horn-Blut-Knochen- und Gesteinsmehl eingearbeitet. Je nach den Lebensbereichen der Stauden sollten Sie auch weitere Zusätze wie Sand, Kies oder Lehm beimengen (→ Bodenpflege, Seite 150/151).

Einpflanzen spezieller Stauden

Schwertlilien
Beste Pflanzzeit: Juli/August. Wurzelstock (Rhizom) so einpflanzen, daß er waagerecht auf dem Boden aufliegt und nur so weit mit Erde bedecken, daß das obere Drittel herausschaut (empfindlich gegen Nässe). Fest andrücken und Oberfläche mit Kies oder grobem Kalkschotter abdecken.

Seerosen
Beste Pflanzzeit: Mai bis August. Seerosen in einen mit Spezialvlies (Fachhandel) ausgekleideten Korb pflanzen. 10 cm Kies einfüllen, Rhizom schräg in lehmige Erde setzen (Spezialteicherde im Handel), mit Haken befestigen und mit Kies oder Sand abdecken. Korb ins Wasser stellen.

Pflanztiefe von Blumenzwiebeln/Knollen

① Winterling (*Eranthis hyemalis*), ② Anemone (*Anemone blanda*), ③ Krokus (*Crocus*-Wildformen und Hybriden), ④ Iris (*Iris danfordiae, I. reticulata*), ⑤ Schneeglöckchen (*Galanthus elwesii, G. nivalis*), ⑥ Traubenhyazinthe (*Muscari*-Arten), ⑦ Blaustern (*Scilla sibirica, S. bifolia*), ⑧ Narzisse (*Narcissus*-Wildformen), ⑨ Wildtulpe (*Tulipa*-Arten und -Sorten), ⑩ Zierlauch (*Allium*-Arten), ⑪ Gartentulpe (*Tulipa*-Sorten), ⑫ Herbstzeitlose (*Colchicum*-Hybriden), ⑬ Hyazinthe (*Hyacinthus*-Sorten), ⑭ Narzisse (*Narcissus*-Sorten), ⑮ Lilie (*Lilium*-Arten und -Sorten), ⑯ Steppenkerze (*Eremurus*-Arten), ⑰ Kaiserkrone (*Fritillaria imperialis*)

Stauden verjüngen

Wurzelballen teilen

Auch bei langlebigen Stauden ist es ratsam, alle paar Jahre die Pflanzen zu verjüngen. Vor allem, wenn die Blühkraft nachläßt oder der Ballen verfilzt und von innen heraus verkahlt, wird es Zeit, alte Pflanzen herauszunehmen. Zum Beispiel lassen sich bei Astern und Margeriten nach dem Herausnehmen einzelne bewurzelte Triebe mit der Hand auseinanderziehen. Die kräftigsten werden neu eingepflanzt, nach 2 bis 3 Jahren haben sie sich wieder zu üppig blühenden Stauden entwickelt.

Rhizome teilen

Stauden verjüngen und Stauden vermehren geht Hand in Hand. Dickfleischige Wurzelstöcke (Rhizome) werden mit einem Messer an den dünnsten Stellen glatt durchgetrennt. Beschädigte Wurzelteile glattschneiden. Die Wunden verheilen von selbst.

Wichtig: Stauden mit pfahlartigen Wurzeln lassen sich aufgrund ihrer Wurzelform nur schlecht teilen. Einfacher ist es, die Pflanzen durch Wurzelschnittlinge zu vermehren (→ Vegetative Vermehrung, Seite 154) oder neu auszusäen.

Große Wurzelstöcke teilen

Die einfachste Art der Verjüngung ist das Teilen des Wurzelstocks mit Spaten oder Grabegabel. Vorher den Wurzelballen rundherum lockern und abstechen, in handliche Teilstücke zerlegen, verfilzte und alte Wurzelteile entfernen und wieder neu einpflanzen.

Wann gepflanzt wird

Günstigste Pflanzzeiten für Stauden sind Frühjahr und Herbst. Als Regel gilt auch: Ge- oder verpflanzt wird nach der Blütezeit. Das bedeutet: Frühjahr und Frühsommer für zeitig blühende Stauden und früher Herbst oder auch noch Frühjahr für die, die in der zweiten Jahreshälfte blühen. Gräser und Farne werden am besten im Frühjahr gesetzt. Manche Pflanzen haben auch speziellere Ansprüche. Zum Beispiel werden Wasserpflanzen erst eingesetzt, wenn sich das Wasser etwas erwärmt hat, also nicht vor Ende April. Staudenpflanzungen entwickeln sich rasch und sind meist schon im zweiten Jahr nach dem Einpflanzen gut eingewachsen.

Staudenpflege

Alle Stauden brauchen ein gewisses Maß an Pflege, am pflegebedürftigsten sind jedoch Beetstauden.

Gießen. Nur bei frisch gepflanzten und feuchtigkeitsliebenden Stauden und während längerer Trockenzeiten nötig.

Lockern. Vor allem nach heftigen Regengüssen und Trockenzeiten Boden oberflächlich lockern.

Unkrautjäten. Wichtig bei Neupflanzungen. Wurzelunkräuter (Quecke, Giersch) beeinträchtigen die Entwicklung der Pflanzen.

Düngen. Auf humosen Gartenböden genügt ein- bis zweimal im Jahr eine dünne Kompostschicht. Nährstoffarme Böden werden zusätzlich gedüngt (→ Seite 150), jedoch abhängig von der Art der Staude (→ Pflanzenporträts, Seite 234 bis 257 und 268 bis 277).

Der günstigste Zeitpunkt fürs Düngen: entweder vor dem Austrieb, vor der ersten Blütezeit oder nach einem kräftigen Rückschnitt. Nach August nicht mehr düngen, sonst ist die Winterhärte gefährdet.

Mulchen. Grasschnitt als Verdunstungsschutz im Sommer und Laub als Winterschutz aufbringen.

Stützen. Wachsen Stauden stark in die Höhe oder Breite, muß man sie stützen (→ Zeichnung, Seite 180).

Rückschnitt. Abgeblühtes sofort entfernen, das regt die Pflanze zum Neutrieb an, die Blütezeit wird verlängert oder eine Nachblüte ermöglicht. Abgestorbene Pflanzenteile im zeitigen Frühjahr entfernen.

Gemüse-Anbau planen

Gemüse – frisch vom Beet geerntet – ist reich an lebenswichtigen Inhaltsstoffen und besonders aromatisch. Kaum ein Gärtner, der ganz darauf verzichten möchte. Für eine einträgliche und gesunde Ernte ist es jedoch wichtig, Reihenfolge und Kombinationen der verschiedenen Gemüsearten rechtzeitig zu planen.

Planung des Anbaus

Am besten nutzen Sie dazu die Wintermonate, denn es gibt folgendes zu bedenken:

Einteilung der Beete. Optimal sind 2 oder 3 unterschiedlich mit Nährstoffen versorgte Bereiche, die in verschiedene Beete eingeteilt werden. So kann einmal zwischen Stark- und Schwachzehrern, andererseits zwischen den einzelnen Gemüsearten abgewechselt werden (rotierende Fruchtfolge, → rechts).

Kulturfolge innerhalb eines Jahres. Das heißt, was baue ich als kurze Vorkultur, als Hauptkultur und was als Nachkultur an, damit die Beete das ganze Jahr über optimal genutzt werden (→ Tips zum Pflanzen, Seite 184 und Tabelle, Seite 185).

Mischkultur. Zu überlegen ist auch, welche Gemüse man gut (welche man nicht) miteinander kombinieren sollte (→ rechts und Tabelle, Seite 183).

Fruchtfolge

Grundgedanke ist es, den Boden durch jährlich wechselnde Bepflanzung nicht einseitig auszulaugen. Dieser wechselnde Anbau-Rhythmus verhindert,

- daß dem Boden einseitig Nährstoffe entzogen werden,
- daß er durch Wurzelausscheidungen bestimmter Pflanzen einseitig belastet wird,
- daß sich Krankheiten und Schädlinge, die auf bestimmte Pflanzen spezialisiert sind, ausbreiten können. So sollten Sie nie Kreuzblütler (*Cruciferae*) nacheinander auf derselben Fläche anbauen, da gefürchtete Krankheiten (→ Kohlhernie, Seite 193) und Schädlinge (→ Kohlfliege, Seite 191) auf diese Pflanzenfamilie spezialisiert sind. Zu ihr zählen alle Kohlarten, Rettiche, Radieschen und einige Gründüngungspflanzen wie Gelbsenf und Winterraps.

Wichtig: Bewährt haben sich gesonderte Beete für Dauerkulturen wie Spargel, Rhabarber oder Erdbeeren, die nicht in den jährlichen Fruchtwechsel mit einbezogen sind.

Mischkultur

Dabei werden Gemüsearten, die sich fördern (→ Tabelle, Seite 183), miteinander kombiniert. Außerdem sollten sich kopfbildende Arten wie Kohl und Salat mit schmalwachsenden, tiefwurzelnden Gemüsen abwechseln und knollenbildende Arten mit flachwurzelnden. So entsteht weder ober- noch unterirdisch Konkurrenzverhalten um Licht, Wasser und Nährstoffe.

Bei der Mischkultur können Sie dichter pflanzen und mehr ernten.

Nährstoffbedarf von Gemüse

Der Nährstoffbedarf der einzelnen Gemüse-Arten ist unterschiedlich hoch.

Bezogen auf den jeweiligen Stickstoffbedarf der Pflanze unterscheidet man bei Gemüse Stark-, Mittel- und Schwachzehrer. Die jeweiligen Ansprüche müssen bei der Vorbereitung und Düngung der Beete berücksichtigt werden.

Starkzehrer
(hoher Nährstoffbedarf):
Grün-, Weiß-, Rotkohl, Chinakohl, Wirsing, Rosen- und Blumenkohl, Brokkoli, Sellerie, Lauch, Mangold, Tomaten, Gurken, Paprika, Zucchini, Kürbis.

Mittelzehrer
(mittlerer Nährstoffbedarf):
Möhren, Rote Bete, Rettich, Schwarzwurzeln, Kohlrabi, Zwiebeln, Kartoffeln, Fenchel, Auberginen, Spinat, Feldsalat, Kopfsalate, Zichoriensalate.

Schwachzehrer
(niedriger Nährstoffbedarf):
Erbsen, Bohnen, Radieschen, Kresse, Küchenkräuter.

Fruchtfolge

1. Jahr **2. Jahr**

1. Jahr: Fläche teilen. Einen Teil durch Stallmist- und Kompostgaben (auch Gründüngung) im Herbst oder Frühjahr für die Stark- und einige Mittelzehrer vorbereiten. Auf dem zweiten Beet die Schwachzehrer anbauen.
2. Jahr: Nun wird gewechselt. Frühestens nach 3 Jahren kommt die gleiche Gemüse-Art auf dasselbe Beet.

Mischkultur – Gemüse-Arten und ihre Verträglichkeiten untereinander

Gemüse	Paßt gut zu	Paßt schlecht zu
Bohnen (*Leguminosae*)	Bohnenkraut, Gurken, Salate, Kartoffeln, Kohl, Sellerie, Spinat, Tomaten, Radieschen, Rettich, Rote Bete, Kohlrabi, Möhren	Erbsen, Knoblauch, Fenchel, Lauch, Zwiebeln
Erbsen (*Leguminosae*)	Gurken, Fenchel, Kohl, Kohlrabi, Möhren, Radieschen, Rettich, Salate, Zucchini	Bohnen, Kartoffeln, Lauch, Tomaten, Zwiebeln
Fenchel (*Umbelliferae*)	Erbsen, Salate	Bohnen, Tomaten
Gurken (*Cucurbitaceae*)	Dill, Bohnen, Erbsen, Knoblauch, Kohl, Lauch, Rote Bete, Salate, Sellerie, Zwiebeln	Kartoffeln, Tomaten, Radieschen, Rettich
Kartoffeln (*Solanaceae*)	Bohnen, Kohl, Kohlrabi, Spinat	Rote Bete, Sellerie, Tomaten, Gurken
Kohl-Arten (*Cruciferae*)	Dill, Bohnen, Erbsen, Gurken, Radieschen, Rettich, Rote Bete, Salate, Sellerie, Spinat, Tomaten	Knoblauch, Lauch, Zwiebeln
Kohlrabi (*Cruciferae*)	Erbsen, Kartoffeln, Lauch, Radieschen, Rettich, Rote Bete, Schwarzwurzeln, Sellerie, Spinat, Salate	Kohl
Lauch, Knoblauch (*Liliaceae*)	Gurken, Kohlrabi, Möhren, Schwarzwurzeln, Tomaten, Sellerie	Bohnen, Erbsen, Rote Bete
Möhren (*Umbelliferae*)	Erbsen, Knoblauch, Lauch, Tomaten, Radieschen, Rettich, Salate, Schwarzwurzeln, Zwiebeln	Sellerie
Paprika (*Solanaceae*)	Gurken, Kohlrabi	Bohnen, Tomaten
Radieschen/Rettich (*Cruciferae*)	Bohnen, Erbsen, Salate, Möhren, Spinat, Tomaten	Gurken, Zwiebeln, Kohl
Rote Bete (*Chenopodiaceae*)	Bohnen, Gurken, Knoblauch, Kohlrabi, Salate, Zucchini, Zwiebeln	Kartoffeln, Lauch, Spinat
Salate (*Compositae*)	Erbsen, Gurken, Kohl, Kohlrabi, Fenchel, Möhren, Radieschen, Rettich, Tomaten, Zwiebeln	Sellerie
Schwarzwurzeln (*Compositae*)	Kohlrabi, Möhren, Lauch, Zwiebeln	Salate
Sellerie (*Umbelliferae*)	Bohnen, Gurken, Kohl, Kohlrabi, Lauch, Spinat, Tomaten	Möhren, Kartoffeln, Salate
Spinat (*Chenopodiaceae*)	Bohnen, Kartoffeln, Kohl, Kohlrabi, Radieschen, Sellerie, Tomaten	Rote Bete
Tomaten (*Solanaceae*)	Bohnen, Knoblauch, Lauch, Möhren, Radieschen, Rettich, Sellerie, Spinat, Zwiebeln	Erbsen, Gurken, Kartoffeln, Fenchel, Paprika
Zucchini (*Cucurbitaceae*)	Bohnen, Erbsen, Rote Bete, Zwiebeln	Gurken
Zwiebeln (*Liliaceae*)	Gurken, Möhren, Rote Bete, Salate, Tomaten, Zucchini	Bohnen, Erbsen, Kohl, Radieschen, Rettich

Hügelbeet

Wie im Komposthaufen laufen auch im Inneren eines Hügelbeetes Verrottungsprozesse ab, die Nährstoffe für die Pflanzen freisetzen.

Durch die Wärme, die bei dieser Rotte im Substrat entsteht, wird die Vegetationszeit insgesamt verlängert. Ein Hügelbeet kann bis zu 4 Ernten im Jahr bringen. Durch die gewölbte Form erwärmt sich der Boden außerdem schneller, die Pflanzen erhalten mehr Licht und die Nutzfläche vergrößert sich um etwa ein Drittel.

Tips zur Anlage

Wegen der gleichmäßigeren Besonnung Hügelbeete am besten in Nord-Süd-Richtung ausrichten.

Maße: 1,5 m breit, 1 m hoch, beliebige Länge.

Und so wird's gemacht:

- Boden 20 cm ausheben.
- Maschendraht zum Schutz gegen Wühlmäuse auslegen, später nach oben einschlagen.
- In der Mitte grobes Reisigmaterial 50 cm aufschichten. Nun folgendes Material schichten:
- Frischen Kompost oder Rasensoden (15 cm hoch).
- Laub und Gartenabfälle (etwa 20 cm hoch).
- Rohkompost oder Stallmist (etwa 15 cm hoch).
- Abschließend Erdaushub, vermischt mit reifem Kompost, übers Hügelbeet verteilen.
- Beet im 1. Jahr wegen des hohen Nährstoffgehaltes nur mit Starkzehrern bepflanzen.

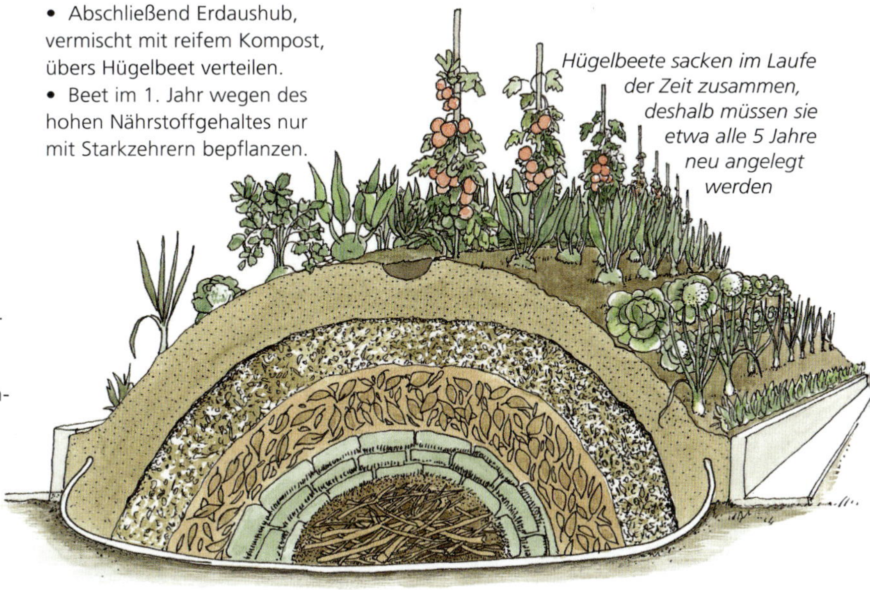

Hügelbeete sacken im Laufe der Zeit zusammen, deshalb müssen sie etwa alle 5 Jahre neu angelegt werden

Gemüse pflanzen, pflegen, ernten

Reservieren Sie Ihren Gemüsebeeten eine sonnig-warme und windgeschützte Stelle in Ihrem Garten, denn die meisten Gemüsearten sind ursprünglich in wärmeren Klimazonen beheimatet.

Beetvorbereitung

Grundvoraussetzung für das Gedeihen aller Nutzpflanzen ist eine optimale Bodenvorbereitung und tiefgründige, humos-lockere, nährstoffreiche Erde. Teilen Sie die Gemüsebeete in 2 oder 3 Bereiche ein (→ Fruchtfolge, Seite 182). Im Herbst können Sie alle freien Beete mit einer Gründüngung versehen (→ Seite 160/161).

Fläche für Stark- und Mittelzehrer jeweils im Herbst oder zeitigen Frühjahr reichlich mit Kompost oder abgelagertem Stallmist und etwas Horn-Blut-Knochenmehl als Grunddüngung versorgen. Vor dem Bepflanzen oder Säen Boden lockern und glattrechen.

Fläche für Schwachzehrer wurde im Jahr zuvor für Starkzehrer aufgedüngt und erhält außer etwas Kompost keine Nährstoffe, wird aber gut gelockert.

Fläche für Dauerkulturen erhält eine Grunddüngung – je nach Pflanzenart.

Tips zum Pflanzen

Gemüse haben unterschiedlich lange Kulturzeiten. Wer diese geschickt nutzt, kann 3- bis 4mal hintereinander von einem Beet ernten.

Als Hauptkulturen werden Gemüsearten bezeichnet, die die Beetflächen fast die gesamte Vegetationsperiode über belegen, wie Tomaten, Gurken, Kohl.

Als Zwischenkultur eignet sich Gemüse mit kurzer Kulturzeit wie Salat und Kohlrabi, die gleichzeitig mit den Hauptkulturen angebaut werden können, jedoch früher reifen und so zur besseren Flächennutzung beitragen.

Als Vorkultur geeignet ist schnellwüchsiges Gemüse wie Radieschen und Spinat.

Zur Nachkultur bieten sich vor allem die winterharten Gemüse an wie Endivien, Spinat, Lauch, und Feldsalat, die im Spätsommer noch ausgepflanzt werden können.

Als Dauerkulturen pflegt man Pflanzen, die mehrere Jahre über auf einem Beet bleiben, wie Spargel, Artischocken, Erdbeeren und Rhabarber.

Wichtig: Pflanzen Sie Ihr Gemüse möglichst bunt gemischt (→ Tabelle, Seite 183). Dies ist die beste Vorbeugung gegen Krankheiten und Schädlinge!

Richtig düngen

Mittel- und Starkzehrer erhalten im Laufe ihrer Vegetationszeit zusätzlich eine oder mehrere Kopfdüngungen (→ Seite 159) – je nach ihrer Nährstoffbedürftigkeit (→ Tabelle, Seite 182).

Die Schwachzehrer werden nicht gedüngt.

Um eine Überdüngung oder Nitratanreicherung zu verhindern, ist es ratsam, alle 3 Jahre eine Bodenuntersuchung der Gemüsebeete vorzunehmen (→ Bodentests, Seite 148/149).

Gemüse pflegen

Gemüse will gehätschelt werden und dankt gute Pflege mit prächtiger Ernte. Das bedeutet:

- Boden nicht austrocknen lassen, bei Trockenheit regelmäßig gießen (→ Seite 164/165).

Besonders viel Wasser brauchen Tomaten, Gurken und Zucchini.

- Flächen zwischen den Pflanzen mulchen.
- Unkraut regelmäßig entfernen und Boden lockern.
- Tomaten ausgeizen, das heißt die Triebe regelmäßig abknipsen, die sich zwischen Haupttrieb und Blättern laufend neu bilden.
- 10 cm hohe Bohnen, Erbsen und Tomaten anhäufeln; sie werden dann kräftiger. Angehäufelte Kartoffeln und Möhren bekommen keine grünen Oberseiten.
- Manche Gemüsearten werden durch Bleichen besonders fein: Endivien zusammenbinden oder mit Bleichschalen abdecken. Stangensellerie und Knollenfenchel bis zum Blattansatz mit Erde anhäufeln. Bei Cardy die langen Stengel mit schwarzer Folie umwickeln.

Spezielle Erntetips

Ernten Sie möglichst abends, der Nitratgehalt ist dann geringer.

- Kohlrabi und Zucchini möglichst frühzeitig ernten, sie sind dann zarter.
- Kartoffeln sind reif, wenn ihr Laub gelb wird.
- Zwiebeln herausziehen, wenn ihr Laub gelb wird und umknickt. 2 bis 3 Tage bei Sonne auf dem Beet trocknen lassen.
- Wurzelgemüse an sonnigen Vormittagen mit leichtem Ruck anreißen, so daß die Haarwurzeln abreißen, abends ernten. Dadurch senkt sich der Nitratgehalt.

Kohlgemüse – die Palette reicht vom zarten Kohlräbchen bis zum deftigen Kraut. Auch der gesunde Brokkoli gehört dazu

Kulturzeiten für Gemüse

Gemüse	Vorkultur im Raum	Aussaat im Freiland	Pflanzung	Ernte-Termin	Pflanzenportraits und Pflegehinweise
Blumenkohl	Februar – März	Mitte April–Mai	Anfang Mai – Mitte Juli	Anfang August – Oktober	→ Seite 298/299
Bohnen	–	ab Mitte Mai – Juni/juli	–	Juli – Anfang Oktober	→ Seite 294/295
Brokkoli	Februar – April	Mitte April – Mitte Juni	ab Mai ab April (Folie)	ab Juni – Oktober	→ Seite 298/299
Erbsen	–	Mitte April – Anfang Juni	–	Juli – Mitte September	→ Seite 294/295
Feldsalat	–	Mitte August – Mitte September	–	Oktober – März	→ Seite 296/297
Fenchel	ab März	Mitte April – Mitte Juli	ab Mai ab April (Folie)	ab August	→ Seite 300/301
Grünkohl	–	ab Mai	ab Mitte Juni	Ende Oktober – Anfang März	→ Seite 298/299
Gurken	April	Mitte Mai – Mitte Juni	ab Mitte Mai	ab Ende Juli	→ Seite 292/293
Kartoffeln	–	–	ab Mitte April – Ende Mai	ab Mitte Juni	→ Seite 300/301
Knoblauch	–	–	April	ab August	→ Seite 294/295
Kohlrabi	Februar – März	April – Juni	ab Mitte April	ab Juni – Ende Oktober	→ Seite 298/299
Lauch/Porree	Mitte Februar	April/Mai	Anfang Mai – Mitte Juni	Mitte September – Februar	→ Seite 294/295
Möhren	–	März – Mai	–	Mitte Juni – September	→ Seite 300/301
Paprika	März	–	Mitte Mai – Mitte Juni	ab Ende Juli	→ Seite 292/293
Radieschen, Rettich	–	Anfang März – August	–	Mitte April – Ende September	→ Seite 300/301
Rosenkohl	–	Mitte April – Mitte Mai	Mitte Mai – Ende Juni	Anfang Oktober – Ende Februar	→ Seite 298/299
Rote Bete	–	Mitte Mai – Mitte Juni	–	August – Mitte November	→ Seite 300/301
Rot- und Weißkohl	Februar – März	Mitte April – Mitte Mai	ab April	Juli – November	→ Seite 298/299
Salate	ab Februar	ab April – Ende Juli	März – April (Folie)	ab Juni – Oktober	→ Seite 296/297
Schwarzwurzeln	–	März – April	–	Oktober – März	→ Seite 300/301
Sellerie	Mitte/Ende März	–	Mitte/EndeMai – Anfang Juni	September/ Oktober	→ Seite 300/301
Spinat	–	März oder August/September	–	ab April oder ab September	→ Seite 296/297
Tomaten	Anfang März – Anfang April	–	ab Mitte – Ende Mai	ab Juli – Ende Oktober	→ Seite 292/293
Wirsing	Januar – Ende März	Ende April – Ende Mai	ab April	Mitte Juli – Oktober	→ Seite 298/299
Zucchini	April	ab Mitte Mai	Mitte Mai	Juli – Oktober	→ Seite 292/293
Zwiebeln	Februar – März	Mitte März – April	–	Juli – September	→ Seite 294/295

Einmaleins des Pflanzenschutzes

Der konventionelle Pflanzenschutz wird heute sehr kritisch betrachtet. Zukunftsweisend sind dagegen die Methoden des naturgemäßen Pflanzenschutzes, die im Hausgarten mit immer größerem Erfolg Fuß fassen. Hier müssen keine Rekordernten eingebracht werden. Es gibt auch keine großflächigen Monokulturen, auf denen sich Schädlingen stark verbreiten können. Naturgemäße Anbaumethoden (→ Gemüse, Seite 182 bis 185), gute Pflege aller Gartenpflanzen und eine große Artenvielfalt sind die Voraussetzungen dafür, daß sich ein Gleichgewicht zwischen erwünschten und unerwünschten Lebewesen einstellt. Trotzdem ergeben sich immer wieder Situationen, in denen Sie sich vor Übergriffen schädlicher Erreger schützen müssen. Dazu stehen Ihnen viele Hilfsmittel zur Verfügung, aber nur in allerletzter Konsequenz sollten Sie zu synthetischen Pflanzenschutzmitteln greifen.

Praktisch für größere Gärten: eine Rückenspritze zum Ausbringen von Pflanzenschutzmitteln, Jauchen und Brühen. Sie sollte 5 bis 10 l fassen und ein Verlängerungsrohr besitzen

Integrierter Pflanzenschutz

Der integrierte Pflanzenschutz kombiniert vorbeugende und direkte Maßnahmen, um Pflanzen vor Krankheiten und Schädlingen zu schützen. Dabei gilt der Grundsatz: Vorbeugen ist besser als heilen. Hier die wichtigsten Tips aus der Praxis:

- Wählen Sie nur Pflanzen aus, die zum vorgegebenen Standort, zu Boden und Klima passen.
- Kaufen Sie krankheitsresistentes Saatgut und Sorten und vor allem gesunde Qualitätspflanzen.
- Pflegen und ernähren (düngen) Sie die Pflanzen artgerecht, denn kräftige, gesunde Pflanzen sind widerstandsfähiger. Vermeiden Sie Nährstoffmangel ebenso wie Überdüngung – beides macht Pflanzen anfällig.
- Achten Sie darauf, die Pflanzen nicht zu verletzen, damit keine Krankheitskeime eindringen können.
- Kontrollieren Sie Zier- und Nutzpflanzen regelmäßig. So lassen sich Epidemien schon im Anfangsstadium abwehren. Häufig spielen bei einem Befall auch Witterungsverhältnisse eine große Rolle.
- Wenden Sie immer zuerst mechanische, biotechnische oder biologische Maßnahmen (→ Seite 187) an.
- Greifen Sie nur im Notfall zu synthetischen Mitteln, und verwenden Sie dann nur gezielt wirkende und biologisch vertretbare Präparate, die anderen Tieren keinen Schaden zufügen.

Hilfsmittel zur Schädlingsabwehr

Schneckenzäune
Abgekantet aus Weißblech oder Kunststoff, für Schnecken unüberwindbar. Keine hochwachsenden Pflanzen direkt davorsetzen, sie können den Tieren als Brücke dienen.

Leimringe
Zur Bekämpfung des Frostspanners Anfang Oktober am Baumstamm befestigen, im Frühjahr wieder abnehmen. Das hindert die ungeflügelten Weibchen an der Eiablage.

Vliese und Netze
Wirksame Mittel gegen Fraß und Eiablage von Gemüsefliegen und Kohlweißling. Sie sind luft- und wasserdurchlässig, speichern die Wärme und fördern so auch das Wachstum.

Kohlkragen
Aus Pappe (leicht selbst herzustellen) oder Kunststoff eng um die Stengel des frisch gepflanzten Kohls anbringen. Verhindert die Eiablage von Insekten an der Stengelbasis.

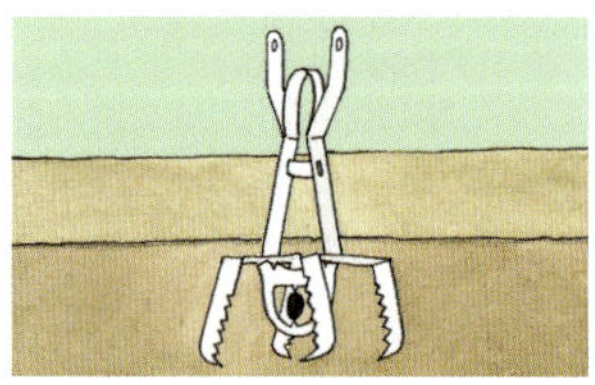

Wühlmausfallen
Im Handel sind verschiedenste Konstruktionen, die Wühlmäuse fangen oder töten. Beim Aufstellen der Fallen Handschuhe tragen, die Tiere sind äußerst geruchsempfindlich.

Gelbtafeln
Beleimte, gelbe Tafeln, die Insekten anlocken. Sie dienen vorwiegend der Befallskontrolle. Im Gewächshaus auch gegen Weiße Fliege und Trauermücken.

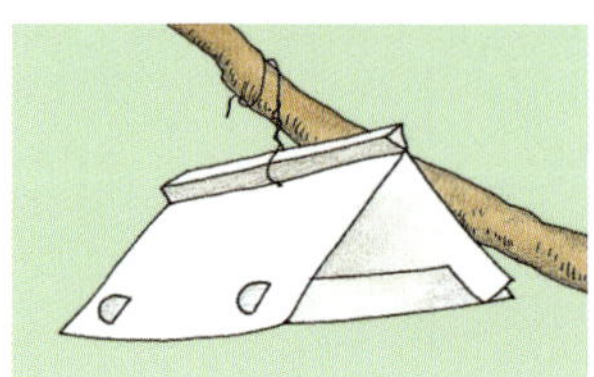

Pheromon-Fallen
Lockstoff-Fallen, die in größeren Obstgärten zur Kontrolle des Befalls von Apfel- und Pflaumenwickler dienen, helfen den optimalen Bekämpfungszeitpunkt festzulegen.

Mechanische Maßnahmen

Darunter versteht man die Abwehr von Schädlingen mit Händen und Werkzeugen – nicht mit Präparaten.

Absammeln. Gut durchzuführen bei Insektenbefall im Anfangsstadium. Gefährdete Stellen sind Blattunterseiten, junge Triebe, Rinde und der Wurzelhals. Suchen Sie auch den Boden um die Pflanzen herum nach Eiablagen (vor allem bei Gemüse), nach kranken Blättern und Früchten (bei Obst und Gehölzen) ab.

In dunklen, feuchten Verstecken, unter Brettern, Steinen und großen Blättern lassen sich Schnecken aufsammeln.

Abschneiden. Befallene Pflanzenteile jeweils sofort entfernen.

Abschütteln. Hilft der Befallskontrolle von Bäumen. Dazu vor dem Schütteln Tücher unter dem Baum ausbreiten.

Abspritzen. Mit einem Wasserstrahl lassen sich Blattläuse abspritzen. Dies ist aber nur bei robusten Pflanzen möglich.

Abkratzen, abbürsten. Behandlungsmethode für Obstbaum-Stämme im Herbst. Unter der Rinde versteckt sich mancher Schädling oder legt dort seine Eier ab.

Fangen mit Fanggürteln. Diese bestehen aus Wellpappe oder Holzwolle und bieten bestimmten Schädlingen wie dem Apfelblütenstecher Unterschlupf. Dort lassen sie sich bequem absammeln.

Nachteil: Sie müssen öfter erneuert werden und sind auch für andere Insekten eine Gefahr.

Abwehr mit Vogelnetzen. Netze schützen die Obsternte vor Vögeln. Sie müssen auch unten ganz zugebunden werden, damit Vögel sich nicht darin verfangen können.

Abwehr mit Drahthosen. Engmaschiger Draht wird 80 cm hoch an 3 oder 4 Pfählen um den Stamm von Obstbäumen befestigt, um sie vor Kaninchenverbiß zu schützen.

Synthetische Pflanzenschutzmittel und der Umgang damit

Pflanzenschutzmittel werden in Fachgeschäften von speziell ausgebildeten Fachkräften nur nach entsprechender Beratung verkauft. Sie sind großenteils auch für den Menschen sehr gefährlich. Verwenden Sie auf keinen Fall hochgiftige Mittel, die mit T oder T+ gekennzeichnet sind.

Insektizide wirken gegen Insekten. Die Bezeichnung »nützlingsschonend« besagt lediglich, daß dieses Präparat die jeweils getesteten Nützlinge schont.

- Im Garten nur Mittel verwenden, denen ausdrücklich Bienenungefährlichkeit bescheinigt wird.
- Etliche Insektizide sind giftig für Fische und dürfen deshalb nicht in der Nähe eines Teichs oder Gewässers benutzt werden.
- Pyrethrumhaltige Mittel sind auch für den Menschen giftig, wenn der Stoff in die Blutbahn gelangt. Die Mittel dürfen nicht angewendet werden bei offenen Wunden oder Schleimhaut-Entzündungen. Sie wirken außerdem auf alle Insekten und Fische tödlich.
- Gegen Schadinsekten wirken auch Mittel auf Seifenbasis oder Paraffinöl-Produkte. Paraffinölhaltige Präparate sind besonders wirksam gegen Schildläuse, jedoch nur bei robusten und hartlaubigen Pflanzen und für Winter- und Austriebsspritzungen an Obst- und Ziergehölzen einsetzen.

Fungizide gegen Pilzerkrankungen sind generell ungefährlich für Menschen und Haustiere – auch für Bienen – nicht jedoch für Fische.

Akarizide töten Milben und Nematizide Nematoden ab. Herbizide wirken gegen Unkräuter.

Darauf sollten Sie achten:

- Halten Sie sich genau an die Gebrauchsanweisungen und die Dosierungsvorschriften auf der Verpackung.
- Halten Sie die empfohlenen Spritzintervalle ein, um auch die nachfolgende Schädlingsgeneration zu vernichten.
- Verwenden Sie keine FCKW-haltigen Sprays.
- Bewahren Sie die Mittel in der Originalverpackung festverschlossen, außer Reichweite von Kindern und Haustieren und nicht zusammen mit Lebensmitteln auf.
- Atmen Sie die Sprühnebel nicht ein.
- Tragen Sie Handschuhe beim Umgang mit diesen Mitteln.
- Geben Sie die Reste in den Sondermüll.

Biotechnische Maßnahmen

Diese Verfahren nutzen chemische Stoffe oder physikalische Reize, um Schädlinge zu ködern oder abzuwehren.

Lockstoffe. Dazu zählen die Sexualduftstoffe bestimmter Falter-Weibchen, mit deren Hilfe die männlichen Falter angelockt und gefangen werden (→ Pheromon-Fallen, Seite 186), aber auch das Bier, dessen Aroma Schnecken unwiderstehlich anzieht. Man nutzt deshalb auch in den Boden eingegrabene Becher mit Bier als Schneckenfallen. Sie müssen allerdings täglich neu gefüllt werden.

Lichtfallen. Sie locken nachtaktive Falter (Wickler-Arten) an, sind jedoch nicht empfehlenswert, da sie auch nützliche Insekten fangen.

Farbfallen. Dies sind auf bestimmte Insekten abgestimmte Köder. Weiß, Gelb, Rot und Blau üben auf die einzelnen Arten eine unterschiedliche Anziehungskraft aus (→ Gelbtafeln, Seite 186).

Akustische Reize. Zur Abwehr von Vögeln und Wühlmäusen führt der Fachhandel etliche Geräte, deren Geräusche diese Tiere mit mehr oder weniger Erfolg vertreiben.

Wichtig: Wenn Sie Fragen zum Thema Pflanzenschutz haben oder sich nicht sicher sind, um welchen Schädling oder um welche Krankheit es sich handelt, können Sie sich an ein zuständiges Pflanzenschutz- oder Gartenamt in Ihrem Regierungsbezirk wenden.

Tiere und Pflanzen, die helfen

Pflanzenschäden können viele Ursachen haben, die nicht immer nur durch Parasiten hervorgerufen wurden. Die Schädigungen sind oft physiologisch bedingt, also auf Pflegefehler, schlechte Standort- und Klimabedingungen zurückzuführen. Zu erkennen, was einer Pflanze jeweils fehlt, ist für den Anfänger sehr schwierig. Aber durch Beobachten, Kontrollieren, Vergleichen und Erfahrungen sammeln kann man zur richtigen Diagnose gelangen und daraufhin die richtige Therapie ergreifen. Besser aber als Heilen und Bekämpfen der Schädlinge ist Vorbeugen, indem Sie die natürlichen Abwehrkräfte der Pflanzen und die natürlichen Gegenspieler der Schädlinge fördern. Dazu gehört auch eine gewisse Toleranz den Schädlingen gegenüber. Denn ohne Schädlinge können Nützlinge nicht leben.

Die Kaiserkrone (Fritillaria imperialis) ist nicht nur ein imposanter Frühjahrsblüher, sondern vertreibt durch den knoblauchartigen Geruch ihrer Knollen Wühlmäuse

Hilfreiche Kleinlebewesen

Neben den vielen bekannten Nützlingen im Garten (→ Zeichnungen, rechts) gibt es eine Menge von Klein- und Kleinstlebewesen im Boden, wie beispielsweise Asseln, Springschwänze und Tausendfüßer, die mit den organischen Abfällen auch die Schaderreger auf kranken Pflanzenteilen vertilgen. Nützlinge sind aber auch Insekten wie Käfer, Fliegen, Wanzen und deren Larven. Viele von ihnen jagen ihresgleichen. Die Larve des Marienkäfers zum Beispiel frißt (je nach Art) in den nur 4 bis 8 Wochen ihres Lebens etwa 500 Läuse. Andere Insekten wie die verschiedenen Schlupfwespenarten legen ihre Eier direkt in lebende Blattläuse, in Larven der Weißen Fliege und in Kohlweißlingspuppen ab. Diese dienen den Nützlingslarven als Nahrung.
Die Beurteilung als »Nützling« oder »Schädling« erfolgt immer aus der Sicht des Menschen und orientiert sich an seinen Interessen. Oft sind die Abgrenzungen fließend. Der Einsatz von Gift trifft Schädling wie Nützling und stört gleichzeitig das biologische Gleichgewicht. Als Gartenbesitzer können Sie eine Menge tun, um die Artenvielfalt zu fördern: Sorgen Sie für einen natürlichen Gartenraum mit vielfältiger Bepflanzung, der auch etwas Wildwuchs zuläßt, Früchte, Samen und Unterschlupf bietet und irgendwo Wasser enthält.

Nützlinge und ihre Behausungen

Vögel
Sie sind die traditionellen Insekten-Vertilger im Garten. Sie stöbern Eier und Larven auch in Verstecken auf. Schaffen Sie zusätzliche Brutplätze durch Nistkästen und Nisthilfen.

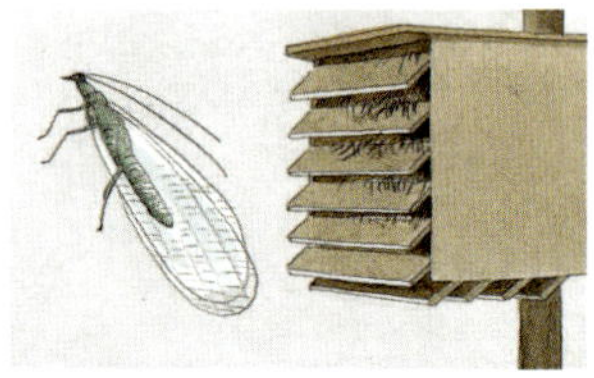

Florfliegen
(»Blattlauslöwen«) betätigen sich als Räuber, vor allem ihre Larven. Bieten Sie den hübschen Insekten als Überwinterungsschutz mit Stroh gefüllte Florfliegenkästen an.

Schwebfliegen
Sehen ähnlich aus wie Wespen, sind aber keine. Sie legen ihre Eier in Blattlauskolonien ab, die dann den Larven als Nahrung dienen. Gut zum Überwintern: angebohrte Holzstücke.

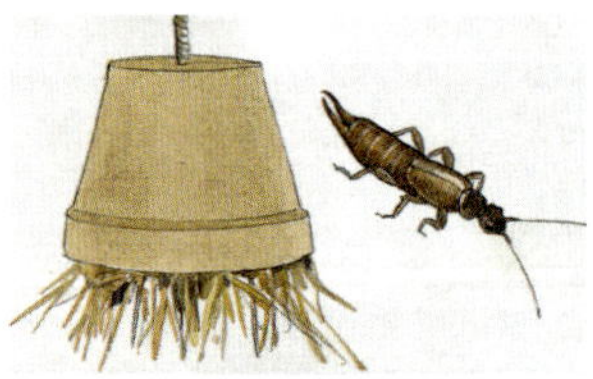

Ohrwürmer
Vertilgen Blattläuse, Milben, Eiablagen und sogar Pilzsporen. Unterkunft finden sie zum Beispiel in mit Stroh ausgestopften Blumentöpfen, die an Äste gehängt werden.

Blindschleichen
Wichtig sind diese ungefährlichen Echsen als Nacktschnecken-Vertilger. Als Lebensraum brauchen sie kleine, feuchte Höhlungen, wie abseits gelegene Steinhaufen im Schatten.

Kröten und Frösche
Rasch halten diese Insekten- und Nacktschnecken-Vertilger Einzug im Garten, wenn er ihnen Feuchtbiotope (Naturteich) und Schlupfwinkel unter Steinen, Laub oder Holz bietet.

Igel
Verzehren Insekten und Nacktschnecken. Zum Wohnen und Überwintern brauchen sie Reisighaufen oder unter einem Busch angehäuftes Herbstlaub oder Igelkuppeln (Fachhandel).

Pflanzen, die helfen

Pflanzen sind in der Lage, mit Hilfe spezifischer Stoffe anderes Wachstum zu fördern oder zu hemmen. Dies macht sich der Gärtner zunutze. Manche Pflanzen können so zum Beispiel als förderliche Nachbarn direkt neben andere gesetzt werden – wie bei der Mischkultur (→ Seite 184 und Tabelle, Seite 183).
Pflanzen geben jedoch ihre heilenden Stoffe auch an Tees, Brühen, Auszüge oder Jauchen ab (→ Tabelle, rechts).
Einige wehren Schädlinge und Krankheiten ab und sind deshalb als Abwehrpflanzen gern gesehene Gäste im Garten.
Kaiserkronen wirken durch den stark knoblauchartigen Geruch ihrer Zwiebeln abschreckend auf Wühlmäuse.
Knoblauch sollte überall im Garten zwischengepflanzt werden, wenn Pflanzen mehltau- oder rostgefährdet sind. Auch für Rosen!
Kapuzinerkresse auf die Baumscheibe unter Obstbäume gepflanzt, hält Läuse und Blutläuse ab.
Wermut riecht sehr streng und wird zur Abwehr des Säulchenrosts vorbeugend zwischen Johannisbeeren gepflanzt. Seine Bitterstoffe vertreiben Erdflöhe.
Bohnenkraut ist stark duftend. Es schützt Bohnen vor den schwarzen Bohnenläusen und der Bohnenfliege.
Lavendel bewahrt Rosen vor Blattläusen und sieht obendrein hübsch aus.
Ringelblume und Tagetes vertreiben Nematoden und werden deshalb auch als Bodenkur ausgesät.

Erste Hilfe – selbst gemacht

Wermut-Kaltwasserauszug
Gegen Läuse, Raupen und Ameisen im Frühjahr unverdünnt spritzen, hilft im Sommer auch gegen Kohlweißlinge.
300 g frischen oder 30 g getrockneten Wermut einige Stunden lang in 10 l Wasser ansetzen, absieben und unverdünnt spritzen.

Schmierseifen-Spiritus-Brühe
Gegen Läuse.
200 g Schmierseife in 10 l heißem Wasser auflösen, abkühlen lassen und 1/2 l Brennspiritus zugeben. Unverdünnt auf befallene Pflanzenteile spritzen.
Wichtig: Nicht bei Pflanzen einsetzen, die man in den nächsten 14 Tage ernten will.

Rainfarn-Brühe
Gegen Blattwespen, Erdbeerblütenstecher, Erdbeer- und Brombeermilben, Himbeerkäfer. Vorbeugend auch gegen Mehltau und Rost.
500 g frischen oder 50 g getrockneten Rainfarn 24 Stunden lang in 10 l Wasser ansetzen. Danach 1/2 Stunde lang kochen, abseihen und abkühlen lassen. Unverdünnt auf den Boden spritzen.
Warnung: Rainfarn ist giftig. Pflanzen und Brühe sicher aufbewahren.

Beißender Brennessel-Auszug
Gegen Blattläuse.
1 kg frische Brennesseln einige Stunden lang in 10 l Wasser einweichen, absieben und anschließend sofort unverdünnt spritzen.

Ackerschachtelhalm-Brühe
Wirkt vorbeugend gegen Pilzkrankheiten (→ Seite 194/195).
1 kg frische oder 100 g getrocknete Pflanzen 24 Stunden in 10 l Wasser ansetzen. Anschließend 1/2 Stunde lang kochen, abseihen und abkühlen lassen. Von Frühjahr bis Sommer die Brühe regelmäßig bei gutem Wetter 1:5 verdünnt auf die Pflanzen spritzen.

Hinweis: Die angegebenen Mengen können je nach Bedarf abgewandelt werden. Die Spritzmittel sollten Sie jedoch nicht länger als 1 Woche aufheben.

Biologische Handelspräparate

Hierbei geht es um den Einsatz von Krankheitserregern, die auf Schädlinge übertragen werden und bei ihnen tödliche Infektionskrankheiten hervorrufen oder sie aufzehren.
Bacillus thuringiensis. Ein Spritzpulver zur Bekämpfung schädlicher Schmetterlingsraupen an Obst, Gemüse und Zierpflanzen.
Granulose-Virus. Spritzt man speziell gegen Obstmaden (Apfelwickler-Raupen) an Birnen und Äpfeln. Wichtig ist es, den genauen Zeitpunkt zum Spritzen einzuhalten.
Parasitäre Nematoden. Einzig wirksames Präparat gegen Larven des Dickmaulrüßlers. Es wird auf den befallenen Boden gegossen. Voraussetzung für den Erfolg ist jedoch eine Mindestbodentemperatur von 13 °C und gleichmäßige Feuchtigkeit. Käfer nachts absammeln.

Ein buntes Sortiment heilsamer Gartenpflanzen: Wermut, Bohnenkraut und Lavendel (hinten von links nach rechts) mit Knoblauch und Kapuzinerkresse im Vordergrund

Tierische Schädlinge

Läuse

Diese Insekten bilden in kürzester Zeit ganze Kolonien und vermehren sich besonders bei Wärme mit gleichzeitiger Trockenheit. Einige Arten sind spezialisiert auf nur wenige Pflanzen, andere nutzen viele Wirte.
Sie schwächen die Pflanzen, indem sie sie ansaugen. Dies kann zu Mißbildungen und Wachstumsstörungen führen. Dabei können auch Viruskrankheiten übertragen werden. Darüber hinaus siedeln sich auf den klebrigen Ausscheidungen (Honigtau) der Schädlinge oft schwärzliche Rußpilze an.
Bekämpfung. Blattläuse haben viele natürliche Feinde wie Vögel, Marienkäfer, Schwebfliegen, Schlupfwespen. Wichtig ist es vor allem, den Anfangsbefall einzudämmen. Entfernen Sie befallene Blätter und Triebe ganz.

Milben

Typisch ist ihr massenhaftes Auftreten bei Wärme und Trockenheit. Diese ebenfalls saugenden Schädlinge können ganze Pflanzenbestände zum Absterben bringen.
Bekämpfung. Regelmäßiges Wässern und hohe Luftfeuchtigkeit helfen die weitere Ausbreitung einzudämmen. Natürliche Feinde sind Raubmilben und -wanzen. Im Notfall Spezialpräparate (Akarizide) einsetzen. Bei Obstgehölzen kann eine Winterspritzung auf Paraffinöl-Basis helfen.

Nematoden

(Fadenwürmer, Älchen)
Die winzigen Würmchen können viele unterschiedliche Pflanzen und Pflanzenteile (innen und außen) befallen. Oft sind sie schwer zu diagnostizieren. Kranke Pflanzen mit Verdacht auf Nematoden ganz entfernen. Die Älchen werden leicht übertragen und können ungünstige Perioden lange überdauern.
Bekämpfung. Im Hausgarten sind nur vorbeugende und hygienische Maßnahmen möglich. Das heißt vor allem häufiger Fruchtwechsel, Mischkultur, Bodenkuren mit »Feindpflanzen« wie Tagetes und Ringelblumen als Zwischenkultur aussäen.

Beißende Schädlinge

Viele Käfer, Falter, Fliegen und Blattwespen gehören dazu, doch vorwiegend schädigen die Larven (Raupen, Maden) durch ihre Fraßtätigkeit. Nach der Verpuppung entstehen die jeweiligen Vollinsekten. Es ist wichtig, die einzelnen Entwicklungsstadien zu kennen, um nach Flugphase, Eiablage und Larvenschlüpfen (oft mehrerer Generationen) die richtigen Abwehrmaßnahmen zu ergreifen.
Bekämpfung. Mechanische, biotechnische und pflanzliche Abwehrmaßnahmen. Weitere Möglichkeiten: Verlegen der Aussaat bei Gemüsen vor oder nach den jeweiligen Flugphasen der Insekten, frühe oder späte Sorten wählen! Stäuben mit Algenpräparaten und Steinmehl.

Schadbilder tierischer Schädlinge

Blattläuse
Grünliche oder schwarze Läuse vorwiegend an jungen Pflanzenteilen. Junge Blätter/Triebe rollen sich ein, verkrüppeln oder kräuseln sich. Primär im Frühling und Frühsommer.

Wolläuse
Weiße Wachsausscheidungen lassen sie wollig erscheinen. Spezielle Arten befallen Koniferen wie Fichte, Lärche, Zeder, Kiefer. Vorwiegend an jungen Bäumen im Frühjahr.

Weiße Fliege
(Mottenschildläuse). Sie sitzen auf Blattunterseiten und fliegen bei Berührung auf. Häufig an Gewächshaus-Pflanzen und Fuchsien. Bei Frost sterben erwachsene Tiere ab.

Schildläuse
Unbewegliche Tiere, getarnt unter einem festen Deckel. Nur im Jugendstadium ungeschützt und beweglich. An hartlaubigen Pflanzen und Obstgehölzen.

Rosenzikade
Etwa 4 mm großes, blasses Insekt auf Blattunterseiten. Blätter bei Befall hell gesprenkelt, ähnlich wie bei Spinnmilben. Tiere bewegen sich ruckartig bei Berührung.

Rosenblattrollwespe
Schwarz, 3 bis 4 mm groß. Eiablage im Mai/Juni an Rändern von Rosenblättern. Durch Larvenfraß bedingt hängen die Blätter später röhrenförmig eingerollt nach unten.

Rosenblattwespe
Schwarz, etwa 5 mm groß. Eiablage an Blattunterseiten. Larve bis 1 cm lang, frißt den Sommer über fensterartige Löcher in Rosenblätter.

Schadbilder tierischer Schädlinge

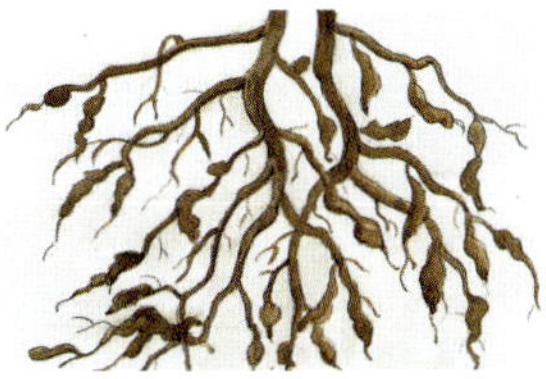

Nematoden (Älchen)
Bis 1 mm lange, durchsichtige Fadenwürmer. Verursachen Mißbildungen und Wachstumsstörungen an Pflanzen. Primär an Wurzeln, Stengeln, Blättern von Rosen, Stauden, Erdbeeren.

Spinnmilben (Rote Spinne)
0,5 mm große, achtbeinige, gelbliche bis rötliche Milben. Zuerst auf Blattunterseiten, bei starkem Befall feine Gespinste am ganzen Trieb. Besonders an Gurken, Bohnen, Obstgehölzen.

Johannisbeergallmilbe
Unnatürlich angeschwollene, runde Knospen – sichtbar vor allem im Winter. An Johannisbeeren und Stachelbeeren. Ab Frühjahr massenhafte Verbreitung.

Kirschfruchtfliege
5 mm großes, schwarz-gelbes Insekt. Liebt Sonne und Wärme. Eiablage an den reifenden Früchten von Kirschen und Pflaumen. Die Maden entwickeln sich im Fruchtfleisch.

Zwiebelfliege
Grau-schwarzes Insekt mit 2 bis 3 Generationen pro Sommer. Eiablage ab Mai an der Basis junger Zwiebel- und Lauchpflanzen. Trockenheit behindert die Entwicklung.

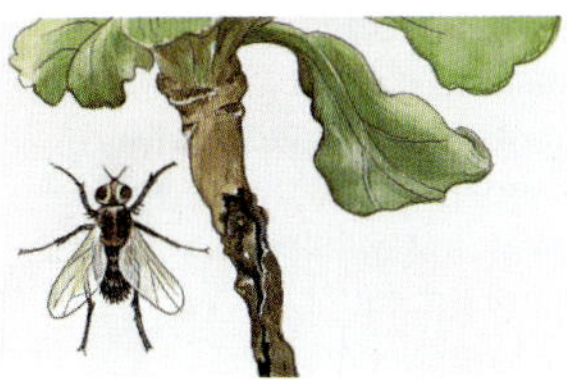

Kohlfliege
Mit Beginn der Kastanienblüte Eiablage am Wurzelhals oder daneben in der Erde. Schäden durch Madenfraß an jungen Kohlpflanzen, Rettichen und Radieschen.

Möhrenfliege
Kleine Fliege mit gelben Beinen. Ab Ende Mai und Juni Eiablage am Wurzelhals und in der Erde. Madenfraß außen von der Spitze her bei Möhren und Sellerie.

Apfelwickler (Obstmade)
Kleiner, graubrauner Falter. Eiablage im Juni/Juli primär an Äpfeln und Birnen. Larven machen die Früchte madig. Befall führt zu Notreife und vorzeitigem Fruchtfall.

Frostspanner
Weibchen sind flugunfähig, krabbeln im Herbst/Winter an Baumstämmen hoch. Eiablage in der Rinde. Die hellgrünen Raupen mit typischem Buckel sind im Frühjahr sehr gefräßig.

Erdbeerblütenstecher
Käfer legt Eier in die Knospen und sticht den Blütenstiel an. Larven verpuppen sich vor Ort. Die neuen Generationen sind jedoch unschädlich. Gefährdet: vor allem großfrüchtige Sorten.

Dickmaulrüßler
Eiablage Ende Juni in Erde. Nach 3 Wochen sind die Larven entwickelt. Starker Wurzelfraß! Käfer nachts abfangen! Nematoden gegen Larven. Symptome: Buchtenfraß an Blättern.

Erdfloh
Kleiner schwarz-glänzender Käfer, legt Eier im Mai in den Boden. Larven schädigen durch Fraß an Keimlingen und jungen Blättern. 2. Generation ist weniger gefährlich.

Kohlweißling
Kleiner Schmetterling, der seine Eier in typischer Kegelform an den Blattunterseiten von Kohlgewächsen ablegt. Es gibt je eine Generation im Frühjahr und im Sommer. Raupen fressen Kohlblätter

Pilzkrankheiten

Schadbilder von Pilzkrankheiten

Echter Mehltau
Auf verschiedene Pflanzen spezialisierte Pilze. Symptome: Oberseite der Blätter, Triebe, Blüten sind mit weißlichem Belag überzogen. An Rosen, Gemüsen, Beeren und Stauden.

Schorf
Infektion beginnt an den Blättern und greift auf Früchte über. Es entstehen runde, dunkle Flecken. Sie überziehen wie Narben hauptsächlich Äpfel und Birnen (sortenabhängig!).

Falscher Mehltau
Weißgrauer Belag auf der Blattunterseite. Oberseits zeigen sich gelbe bis rotbraune Flecken. Pilze sind spezialisiert auf Wein und verschiedene Gemüse.

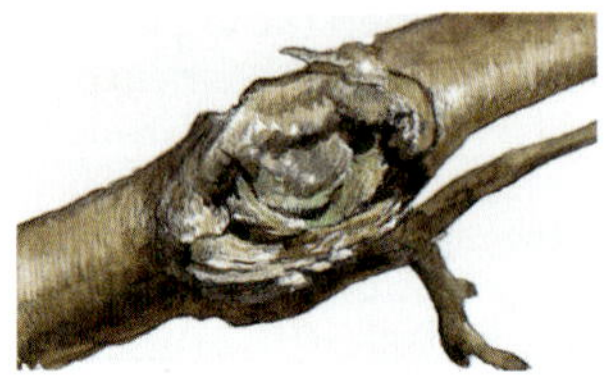

Obstbaumkrebs
Infiziert werden junge Zweige und alte Stämme – meist durch Verletzungen. Das Gewebe sinkt ein oder wuchert. Besonders gefährdet sind Apfel- und Birnbäume.

Rußtau
Verschiedene Pilzarten, die sich gern auf den Honigtau-Ausscheidungen von Läusen ansiedeln. Sie bilden einen schmutzigen, schwärzlichen Belag, der die Blätter erstickt.

Birnengitterrost
Orangefarbene Flecken auf den Blattoberseiten, unterseits knorpelige Pusteln. Den Zwischenwirt des Pilzes entfernen (Zierwacholder, *Juniperus sabina*).

Sternrußtau
Runde, am Rand sternförmig auslaufende Flecken auf der Blattoberseite. Blätter vergilben und fallen vorzeitig ab. Primär bei Rosen – vor allem in regenreicheren, kühlen Sommern.

Kräuselkrankheit
Blasenförmig aufgetriebene Blätter sind typisch für diesen Pilz, der auf Pfirsichbäume spezialisiert ist. Infektionen können Triebe und Früchte zum Absterben bringen.

Rost
Typisch sind die zuerst hellen, dann dunklen Pusteln auf der Blattunterseite. Fast alle Malven-Arten sind damit infiziert. Ein ähnlicher Rostpilz tritt auch bei Rosen auf.

Himbeerrutenkrankheit
Beginnt mit weißlichen Flecken auf jungen Trieben. Später typische violette Tönung der Ruten und zuletzt Silbrigwerden der Rinde. Führt zum Absterben.

Monilia-Spitzendürre
Der Pilz überdauert im Holz. Infektion beginnt in der Blüte. Kurze Zeit später verdorren die Triebspitzen. Die Blätter bleiben hängen. Überwiegend bei Steinobst und Ziergehölzen.

Rotpustelkrankheit
Hellrote Pusteln auf der Rinde abgestorbener Laubgehölze werden im 2. Jahr stecknadelgroß und dunkelrot. Ansteckung erfolgt über Wunden (Schwächeparasit).

Monilia-Fruchtfäule
Um Verletzungen an der Frucht bilden sich Schimmelringe. Die Faulstellen vergrößern sich rasch. Endstadien sind Fruchtmumien. Entfernen! An Kernobstarten und Kirschen.

Grauschimmel
Botrytis-Pilze überziehen mit grauem Schimmelrasen Blätter, Knollen und Früchte vieler Obstarten und Gemüse wie Gurken, Salate sowie Zwiebelblumen und Stauden.

Schadbilder von Pilzkrankheiten

Kraut- und Knollenfäule

Phytophthora-Pilze infizieren und zerstören zuerst die Blätter, dann die Früchte von Kartoffeln und Tomaten. Verbreitung besonders im Sommer bei Wärme und hoher Luftfeuchte.

Asternwelke

Verschiedene Fusarium- und Verticillium-Pilze können Gartenpflanzen befallen. Der Stengelgrund wird schwarz, die Pflanzen fallen plötzlich zusammen.

Schwarzbeinigkeit

Typische Keimlingskrankheiten. Pflänzchen sterben an der Basis ab. Der Pilz breitet sich im Saatbeet aus. Betrifft Zierpflanzen und Gemüse. Hauptursache: mangelnde Hygiene.

Kohlhernie

Knollenförmige Wucherungen an Haupt- und Nebenwurzeln. Äußerlich Ähnlichkeit mit Schadbild des Kohlgallenrüßlers. Gefährdet sind Kohlarten und andere Kreuzblütler.

Blatt- und Brennflecken

Verschiedene Pilze aber auch Bakterien rufen unterschiedlich farbige Flecken auf Zierpflanzen, Gemüsen und Obstarten hervor. Erkennbar nur an den rötlich-gelben Pilzsporen.

Narrentaschen

Unverkennbar verformte Zwetschgen und Pflaumen deuten auf diese Krankheit hin. Die Infektion beginnt mit der Blüte. Im Spätsommer werden die Früchte braun und trocken.

Pilzkrankheiten

Pilze, die Pflanzen gefährlich werden können, sind in erster Linie Schwächeparasiten. Sie greifen da an, wo bereits Schädigungen vorliegen, zum Beispiel durch Verletzungen oder durch Pflegefehler wie Überdüngung oder Trockenheit.
Im Gegensatz zu Bakterien und Viren können Pilze direkt in das Pflanzengewebe eindringen.
Pilze vermehren sich durch mikroskopisch kleine Sporen. Wasser und Wind tragen sie über weite Strecken hinweg. An Pflanzen und im Boden sind sie besonders lange lebensfähig. Bei Feuchtigkeit, verbunden mit viel Wärme, keimen und entwickeln sie sich. Entweder dringen die Sporen über Boden und Wurzeln in die Pflanze ein oder von außen her über die Luft. Die über den Boden angreifenden Pilze (bodenbürtige Pilze) sind wesentlich schwerer zu bekämpfen (Fußkrankheit, Sämlingssterben, Kohlhernie, Himbeerrutenkrankheit) als beispielsweise oberirdisch angreifende Pilze (wie Echter Mehltau oder Monilia).
Die meisten Pilze befallen vorwiegend Blätter und junge Triebe, andere verstopfen die Leitungsbahnen. Das führt oft zu plötzlichem Umfallen, wie bei der Asternwelke. Von Pilzen können alle Pflanzenteile betroffen werden – Wurzeln, Wurzelhals, Blätter, Stämme, Triebe, Blüten und Früchte. Entsprechend unterschiedlich sind die Abwehrmöglichkeiten.

Bekämpfung.

- Bei den bodenbürtigen Pilzen, die meist zu spät erkannt werden, können nur vorbeugende Maßnahmen helfen, wie Hygiene bei Aussaat und Vermehrung, Wahl gesunder Sorten, Beizen von Saatgut und gleichmäßig gute Kulturbedingungen.
- Bei oberirdisch angreifenden Pilzen sind die Symptome besser erkennbar. Ratsam ist es, speziell bei gefährlichen feucht-warmen Witterungsverhältnissen die Pflanzen genau zu beobachten, um eine starke Ausbreitung der Krankheiten zu verhindern. Oft werden die Blattunterseiten zuerst befallen. Die Anzeichen sind häufig gelbliche Verfärbungen, die später braun und schwarz werden. Vorbeugende Maßnahmen: Weite Saat- und Pflanzabstände, engstehende Gehölze auslichten. Luftbewegung sorgt für rasches Abtrocknen der Pflanzenteile.

Wichtig: Kranke Blätter und Früchte regelmäßig aufsammeln sowie infizierte Pflanzenteile abschneiden. Die pilzlichen Sporen überwintern meist an Ort und Stelle und greifen die Pflanzen im nächsten Frühjahr erneut an.
Pflanzenstärkende Mittel – wie zum Beispiel Ackerschachtelhalm-Brühe (→ Seite 189), deren Kieselsäuregehalt das Zellgewebe festigt – und optimale Kulturmaßnahmen fördern die Abwehrkräfte der Pflanzen. Nur im Notfall Fungizide (→ Seite 187) einsetzen.

Bakteriosen, Virosen und Pflegefehler

Bakterienerkrankungen

Bakterien sind Einzeller, die überall in der Natur vorkommen, bei Pflanzen aber spielen nur bestimmte Arten als Krankheitserreger eine Rolle. Kommt es zur Infektion, gibt es kaum Hilfe für die Pflanze.

Übertragung. Bakterien werden durch Wind, Wasser, saugende Schädlinge, verseuchte Werkzeuge und verseuchten Boden übertragen. Die Erreger dringen durch Wunden und Spaltöffnungen in die Pflanze ein.

Symptome. Sie sind leicht mit Pilzerkrankungen zu verwechseln: An allen Pflanzenteilen können Welke, krebsartige Wucherungen oder Fäulniserscheinungen auftreten. Blattflecken sind besonders schwer einzuordnen. Typische Anzeichen einer Bakteriose sind hier die schleimigen, naßfaulen und braunschwarzen Stellen.

Die gefährlichste Bakterienerkrankung ist der Feuerbrand (meldepflichtig beim Pflanzenschutzamt).

Er befällt hauptsächlich Rosengewächse (Birnen, Quitten), viele Ziergehölze, vor allem immergrüne, hohe *Cotoneaster*-Arten, Felsenbirne, Eberesche, Weiß- und Rotdorn.

Vorbeugende Maßnahmen.

- Gesunde Pflanzen und resistentes Saatgut verwenden.
- Konstant für gute Kulturbedingungen sorgen.
- Schädlinge nicht überhandnehmen lassen.
- Befallene Pflanzen verbrennen (nicht in Kompost).

Viruserkrankungen

Viren sind die kleinsten und gefürchtetsten Krankheitserreger – sie können auch Pflanzen befallen. Dabei gibt es harmlose, aber auch gefährliche Formen. Kommt es zu einer Infektion, gibt es keinerlei Hilfe, die Pflanzen müssen vernichtet werden (Verbrennen, Mülltonne).

Übertragung. Hauptsächlich durch Blattläuse und andere saugende tierische Schädlinge. Aber auch im Boden und über Saatgut werden Virosen verbreitet. Allein der Umgang mit den Pflanzen beim Bearbeiten, Vermehren, Pflegen, die Berührung mit dem Pflanzensaft trägt Viren weiter.

Symptome. Viren können sehr unterschiedliche Mißbildungen, Wachstumshemmungen oder Ringbildungen verursachen, die oft mit anderen Krankheiten und Mangelerscheinungen zu verwechseln sind. Andere Viren wiederum rufen positive Erscheinungsformen hervor. So geht die Buntblättrigkeit bei manchen Zierpflanzen ebenso wie die Buntstreifigkeit bei manchen Blüten (zum Beispiel bei geflammten Tulpen) auf den Mosaikvirus zurück. Symptome wie diese müssen nicht behandelt oder bekämpft werden. Die Pflanzen können damit sehr gut und lang leben.

Vorbeugende Maßnahmen. Wie bei Bakteriosen, jedoch Pflanzen immer komplett vernichten. Hygiene ist sehr wichtig.

Schadbilder von Bakteriosen und Virosen

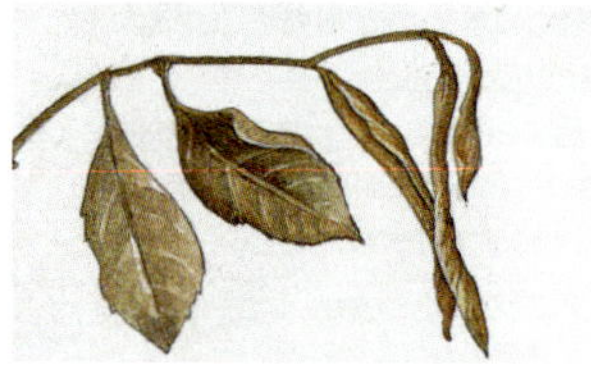

Feuerbrand
Bakteriose. Gekrümmte Triebe, die sich im Frühling von Braun zu Schwarz verfärben, wirken wie verbrannt. Gefährdet: Kernobst und einige Ziergehölze. Meldepflichtig!

Bakterienbrand
Runde Flecken an Blättern, die zu Löchern werden. Blüten/Früchte trocknen ein. Harzfluß und Absterben der Äste möglich. Vorwiegend an jungen Steinobstbäumen.

Fettfleckenkrankheit
Bakteriose. Auf Blättern von Busch- und Feuerbohnen zuerst wäßrige Flecken mit gelbem Hof, auf den Hülsen dann runde, glasige Fettflecken mit schleimigem Sekret.

Bakterielle Blattfleckenkrankheiten
Eine Bakteriose liegt vor, wenn die Blattflecken mit Bakterien-Schleimspuren gekoppelt sind (im Gegensatz zu den pilzlichen Blattflecken).

Mosaik-Krankheiten
Virose. Typisch sind die hell-dunkel-marmorierten Blätter. Besonders an Gurken, Bohnen und Tomaten, Obstbäumen und Beerensträuchern.

Steinfrüchtigkeit
Virose. Gelbgrüne Blattflecken. Früchte haben Buckel und Dellen. Das Fruchtfleisch ist teilweise stippig mit verhärteten, körnigen Stellen. Hauptsächlich an Birnen und Quitten.

Scharkakrankheit
Virose. Überträger: Blattläuse. Früchte von Pflaumen und Zwetschgen fallen teils unreif vom Baum, teils werden sie narbig und gummiartig. Meldepflichtig!

Schadbilder von Pflegefehlern

Stickstoffmangel

Das Laub ist durchgehend aufgehellt, der Wuchs insgesamt schwach und klein. Als erstes vergilben ältere Blätter, werden braun und fallen ab. Die Pflanzen blühen oft vorzeitig.

Kaliummangel

Absterben des Laubes. Der Rand älterer Blätter wird zuerst gelb, dann braun, trocknet ein und rollt sich zusammen. Pflanzen erscheinen insgesamt welk.

Phosphormangel

Äußert sich vorwiegend bei jüngeren Trieben und Blättern in tief dunkelgrüner bis ins Blauviolett gehender Farbe. Der Wuchs ist insgesamt etwas gebremst.

Magnesiummangel

Zeigt sich zuerst an den unteren älteren Blättern. Die Blattränder bleiben anfangs grün. Die Felder zwischen den Blattnerven werden braun und trocknen ein.

Eisenmangel

Beginnt zunächst an den jüngeren Trieben. Das Netz der Blattnerven bleibt typisch grün umgrenzt, während die Zwischenräume hellgelb bis weißlich erscheinen können.

Überdüngung/Trockenheit

Hoher Gehalt an Mineralsalzen im Boden wirkt sich wie Wassermangel aus. Pflanzen kümmern und welken. Blätter werden vom Rand her braun und sterben ab.

Kiefernschütte

Koniferen reagieren auf anhaltende Trockenheit mit dem Abwerfen der älteren, inneren Nadeln. Typisch sind dabei die frischen Neutriebe.

Pflegefehler

Durch mangelhafte Ernährung oder Pflege der Pflanzen können Schadbilder entstehen, die einem Schädlings- und Pilzbefall sehr ähnlich sehen (→ Zeichnungen, links). Nur gründliche Kenntnisse über die Ansprüche der unterschiedlichen Pflanzen sowie genaues Beobachten und das Überdenken der Pflegemaßnahmen können die Ursache klären.

Problemfall: Schnecken

Schneckenfraß ist eine der gefürchtetsten Plagen im Garten. Besonders in regenreichen Jahren entstehen große Schäden an nahezu allen frischgrünen Pflanzen – seien es Gemüse, Stauden oder Sommerblumen.
Verursacher sind in erster Linie die großen und kleinen Nacktschnecken. Tagsüber leben die Tiere in feucht-dunklen Verstecken, nachts sind sie aktiv. Dies kann man sich zunutze machen und Holzbretter, Pappe oder große Blätter auslegen, unter denen man die Schnecken dann tagsüber absammelt.
Bekämpfung. Schneckenzäune sind vor allem für Saatbeete geeignet. Bierfallen lassen die Tiere darin ertrinken.
Wichtig: Schneckenkorn auf keinen Fall verwenden! Es gefährdet Kinder, Haustiere und Nützlinge.

Problemfall: Wühlmäuse

Wühlmäuse unterminieren den Boden mit einem ausgedehnten Gangsystem, das durch flache Aufwerfungen meist gut sichtbar ist. Wühlmäuse fressen im Gegensatz zum Maulwurf die Wurzeln.
Bekämpfung. Bewährt haben sich vor allem Fallen (möglichst mehrere gleichzeitig im Gangsystem verteilen). Überprüfen Sie aber zuvor, ob der Gang noch benutzt wird. Dazu den Gang an einigen Stellen nach oben öffnen. Wenn die Wühlmaus ihn benutzt, wird sie die Öffnung in kurzer Zeit mit Erde verschließen.
Spezielle Wühlmausköder sollten in den tieferen bewohnten Gängen ausgelegt werden, um andere Tiere nicht zu gefährden.
Wichtig: Tragen Sie bei all diesen Maßnahmen Handschuhe, Wühlmäuse sind sehr geruchssensible Tiere! Da ihre Reviere oft über die Grenzen des eigenen Gartens hinausreichen, ist es sinnvoll, die Bekämpfung gleichzeitig mit den Nachbarn durchzuführen.

Schnecken haben eine Vorliebe für zarten Salat

Gartenkalender

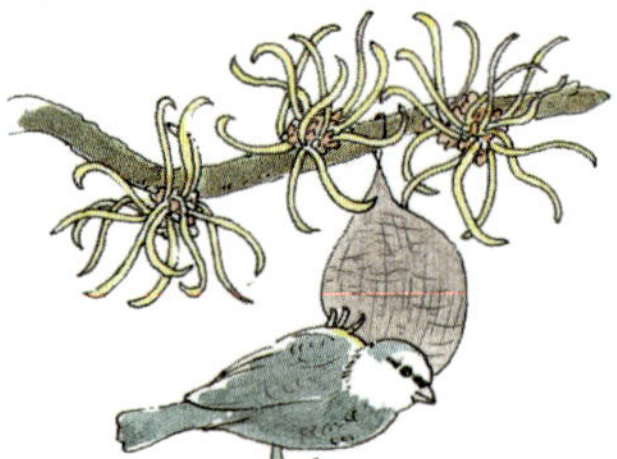

Januar

Der Winter ist die beste Zeit, um die ab Herbst erscheinenden, neuen Gartenkataloge zu studieren und sich mit schönen Gartenbüchern zu beschäftigen. So können Sie in Muße Anregungen für die kommende Saison sammeln.
Ziergarten. Nach dem Rechten sehen und Gehölze von schweren Schneelasten befreien. Vögel füttern. Sind Fische im Gartenteich, ein Loch in der Eisdecke freihalten.
Nutzgarten. Anbauplan für Gemüse fürs laufende und folgende Jahr fertigen. Mischkulturen und Fruchtfolge dabei berücksichtigen. Bäume auslichten, kranke und zu dicht stehende Äste entfernen.

Februar

Nun ist es an der Zeit, die Gartengeräte zu überholen, bei Bedarf reparieren zu lassen oder neues Werkzeug anzuschaffen.
Ziergarten. Sie können nun sommerblühende Sträucher auslichten. Gehölze, die im Frühjahr blühen jedoch erst nach der Blüte schneiden. Alte und zu dicht stehende Triebe direkt über dem Boden abschneiden. Hecken bei Bedarf verjüngen. Empfindliche Gehölze und Immergrüne bei Frost vor Sonne und Wind schützen.
Nutzgarten. Gegen Ende des Monats erste Aussaaten von Frühgemüsen und Sommerblumen im Haus. Beerensträucher schneiden. Obstbaumstämme zum Schutz vor Frösten kalken.

März

Der Garten wird lebendig. Kleine Zwiebelgewächse blühen und erste grüne Blättchen erscheinen. Winterschutz und Mulchschichten entfernen Jetzt alle Pflanzen im Garten mit Nährstoffen versehen (Grunddüngung). Dazu Kompost und Dünger verteilen und oberflächlich einarbeiten.
Ziergarten. Den Boden abtrocknen lassen und für Neupflanzungen vorbereiten. In rauhem Klima erhalten empfindliche Pflanzen weiterhin Schutz.
Nutzgarten. Aussaat von Gemüse im Haus und Jungpflanzenanzucht. Erste Pflanzungen von Frühgemüse unter Folie. Ende März beginnt die Freilandaussaat mancher Gemüse.

April

Nun sollten Sie den letzten Winterschutz entfernen, um den Austrieb nicht zu behindern.
Ziergarten. Spätestens jetzt auch Rosen abhäufeln, düngen und schneiden. Günstige Pflanzzeit für Gehölze und Stauden (vor allem für Immergrüne). Robuste Einjährige nun an Ort und Stelle, empfindliche unter Folie aussäen.
Nutzgarten. Pflanzzeit für viele Gemüsejungpflanzen und Salat. Wärmebedürftige Gemüse (Gurken, Zucchini, Tomaten) können immer noch im Haus ausgesät werden. Erbsen, Radieschen und andere robuste Gemüse können Sie direkt ins Freiland aussäen.

Mai

Hochblüte der Zwiebelpflanzen und zweijährigen Frühjahrsblüher. Blüte von Birnen- und Apfelbäumen. Die Eisheiligen (12.–15. Mai) können noch einmal Frost bringen. Erst danach wärmebedüftige Gemüse, Blumen und Kübelpflanzen ins Freie bringen.
Ziergarten. Noch immer gute Pflanzmöglichkeiten,. vor allem für Stauden, Gräser und Wasserpflanzen. Günstige Zeit für die Rasenaussaat. Samenansatz bei Zwiebelblumen entfernen.
Nutzgarten. Empfindliche Gemüsearten kommen erst nach den Eisheiligen ins Freie. Folgekulturen von Gemüse pflanzen. Offene Beetflächen mulchen.

Juni

Übergangszeit von Frühjahr zu Sommer. Viele Ziergehölze und Frühsommerstauden blühen. Erster und üppiger Rosenflor.
Ziergarten. Abgeblühte Ziergehölze gleich nach der Blüte auslichten. Einjährige Sommerblumen können noch gesät und gepflanzt werden. Zweijährige jetzt aussäen. Bei Rhododendron nach der Blüte Samenansätze ausbrechen. Wichtige Wachstumsperiode, nochmals düngen! Bei Trockenheit wässern. Weitere Pflegearbeiten: Stäben, Anbinden, Mulchen, Rasen mähen.
Nutzgarten. Beerenernte! Pflegearbeiten wie Lockern, Vereinzeln, Mulchen, Starkzehrer erhalten eine Kopfdüngung über das Gießwasser.

Juli

Vor dem Urlaub Abgeblühtes entfernen, Boden lockern, Unkraut jäten. Pflanzen auf Schädlinge und Krankheiten hin untersuchen, notfalls behandeln. Ziergarten. Kopfdüngung bei Sommerblumen. Letzte Düngung für Gehölze und Rosen. Anfang des Monats Hecken schneiden, die Vögel haben bis dahin ihre Nachzucht aufgezogen. Blumenwiesen erst jetzt nach dem Versamen mähen. Nutzgarten. Abgeerntete Beete mit Nachkultur bestellen. Bei Langzeitkulturen wie Tomaten, Gurken, Kohl Kopfdüngung vornehmen. Kleinbleibende Obstbäume erhalten den Sommerschnitt. Bei Erdbeeren nach der Ernte den Boden lockern und düngen.

August

Im Spätsommer reifen Pfirsich, Pflaumen und frühe Birnen. Bei Trockenperioden gezielt wässern, lockern und mulchen. Ziergarten. Ende des Monats können Hecken geschnitten werden (1. oder 2. Schnitt). Im Juni ausgesäte zweijährige Sommerblumen nun vereinzeln und an ihren künftigen Standort verpflanzen. Pflanzzeit für Madonnenlilien. Nutzgarten. Wintergemüse (Feldsalat, Spinat) aussäen. Kopfsalat und Kohlrabi können noch gepflanzt werden. Sauerkirschen, Johannis- und Stachelbeeren schneiden, abgetragene Himbeerruten entfernen. Brombeertriebe anheften, Erdbeeren auslichten.

September

Der Frühherbst ist Haupterntezeit für Birnen. Witterungs- und lagebedingt können erste Nachtfröste auftreten. Der Garten beginnt sich zu verfärben. Es ist wieder frischer und feuchter – gute Pflanzzeit (Wurzelbildung), da der Boden noch warm ist. Ziergarten. Günstiger Zeitpunkt fürs Pflanzen von Stauden und Immergrünen sowie für die Aussaat eines Rasens. Beginn der Zwiebelpflanzung von Frühlingsblühern fürs kommende Jahr. Nutzgarten. Letzter Termin für Aussaat von Wintergemüsen und Gründüngerpflanzen. Obst- und Gemüseernte. Erdbeeren nochmals düngen.

Oktober

Im Herbst kann jederzeit nachts Frost auftreten. Die Laubfärbung erreicht ihren Höhepunkt. Die Apfelernte ist in Gang. Ziergarten. Jetzt ist es an der Zeit, möglichst alle Blumenzwiebeln in den Boden zu bringen. Hauptpflanzzeit für Gehölze. Fallaub zum Mulchen benutzen. Rasen/ Wiese nochmals schneiden und vertikutieren. Nicht frostharte Gewächse (Kübelpflanzen, Gladiolen, Dahlien) Ende des Monats ins Winterquartier bringen. Nutzgarten. Lagergemüse gegen Monatsende einwintern. Beete abräumen, lockern, düngen und mulchen. Laub und Pflanzenreste kompostieren. Obstbäume und Beerensträucher pflanzen.

November

Häufig wird der Monat naßkalt, und jeder ist froh, wenn die notwendigen Gartenarbeiten erledigt sind. Ziergarten. Solange der Boden offen ist, kann gepflanzt werden. Laubgehölze und Rosen sind oft gar nicht eher lieferbar. Rosen anhäufeln, zuvor aber alle kranken Blätter entfernen – auch vom Boden. Rasen vom Laub befreien. Wenn nötig, Wasserpflanzen einwintern. Gehölze und Stauden zurückschneiden. Nutzgarten. Spätgemüse ernten und einlagern. Rosen- und Grünkohl solange auf dem Beet lassen, bis sie Frost erhalten haben. Das bessert ihr Aroma. Leimringe an Obstbäumen anbringen.

Dezember

Der Winter hält langsam Einzug – Zeit, um mit der Vogelfütterung zu beginnen. Auch im Garten gibt es noch genug zu tun. Ziergarten. Fichtenreisig wird vor der strengen Frostperiode in rauhen Lagen über alle Rosen, Rhododendron und frisch gepflanzte Immergrüne gelegt, um sie vor Wintersonne und austrocknenden Winden zu schützen. Pampasgras zusammenbinden, eventuell mit Laub einschütten und dieses mit Reisig befestigen. Nutzgarten. Erntezeit für Feldsalat beginnt. Schnittlauch ausgraben, eintopfen und ins Haus bringen. So kann er auch im Winter geerntet werden. Baumscheiben mulchen.

GARTEN PFLANZEN

Ob farbenfroh und voller Duft, grün und pflegeleicht oder reich an Obst und Gemüse – welches Vergnügen Ihr Garten bereitet, hängt von seinen Pflanzen ab. Eine Auswahl der schönsten Zier- und Nutzpflanzen stellt Ihnen der folgende Teil vor.

Pflanzennamen und Symbole

Hobbygärtnern will es nicht recht einleuchten, warum Fachleute die Pflanzen nicht bei ihren deutschen Namen nennen. Aber allein schon in den Regionen Deutschlands gibt es für die gleiche Pflanze verschiedene Bezeichnungen, außerdem wird für Handel und Wissenschaft ein für die ganze Welt einheitlicher Name benötigt.

Die Einteilung der Pflanzen

Berühmter Begründer der weltweit gültigen Pflanzensystematik war der schwedische Naturforscher Carl von Linné (1707–1778). Er führte zur eindeutigen Kennzeichnung der Organismen die binäre Nomenklatur mit einem großgeschriebenen Gattungs- und einem kleingeschriebenen Artnamen ein. Er hat selbst viele Pflanzen beschrieben. Noch heute findet man häufig hinter Pflanzennamen sein Kürzel »L.«.

Die systematische Einordnung der Pflanzen erfolgt aufgrund ihrer Gemeinsamkeiten im inneren und äußeren Bau, an erster Stelle wird jedoch der Blütenaufbau berücksichtigt. Diese verwandschaftlichen Beziehungen sind für Laien aber nicht immer auf Anhieb nachzuvollziehen.

Die Einteilung der Pflanzen basiert auf verschiedenen Rangstufen:

Arten stimmen in ihren wesentlichsten Merkmalen überein. Innerhalb einer Art gibt es auch Kreuzungen. Zwischen zwei verschiedenen Arten ist auf natürlichem Wege jedoch im allgemeinen keine Fortpflanzung möglich. Züchter entwickelten aber Methoden, mit der auch solche Kreuzungen möglich wurden.

Gattungen bilden innerhalb der Systematik die nächsthöhere Rangstufe. Nahe verwandte Arten gehören einer Gattung an.

Familien fassen wiederum mehrere Gattungen zusammen.

Ordnungen, Klassen und Abteilungen als weitere Rangstufen spielen nur für die Wissenschaft eine Rolle.

Die Nomenklatur der Hundsrose sieht als Beispiel folgendermaßen aus:

Abteilung: Bedecktsamer (*Angiospermae*)
Klasse: Zweikeimblättrige (*Dikotyledonae*)
Ordnung: Rosenartige (*Rosales*)
Familie: Rosengewächse (*Rosaceae*)
Gattung: *Rosa*
Art: *canina*

Die Familienzugehörigkeit zu kennen ist auch für den Hobbygärtner durchaus von praktischem Wert, denn Krankheiten und Schädlinge sind oft auf bestimmte Pflanzenfamilien beschränkt wie beispielsweise die Kreuzblütler (*Cruciferae*), zu der nicht nur die Kohlgemüse zählen sondern auch Rettich (*Raphanus sativus* var. *niger*), Gründüngungspflanzen wie Senf (*Sinapis alba*), Zierpflanzen wie Levkojen (*Matthiola incana*) und Unkräuter wie Hirtentäschel (*Capsella bursa-pastoris*). Kohlfliegen, Kohlweißling und Kohlhernie können all diese Pflanzen befallen,

Pflanzenvielfalt auf einen Blick – die giftigen Früchte des Aronstabs (Arun

schaden dagegen anderen Gemüsen oder Blumen nicht. Familiäre Bande lassen oftmals auch Schlüsse auf eine ähnliche Pflanzenpflege zu.

Zur korrekten wissenschaftlichen Benennung einer Pflanze sind also immer zwei Begriffe erforderlich. So heißt die Gemeine Kiefer oder Föhre *Pinus sylvestris*. Neben dieser gibt es jedoch eine Vielzahl unterschiedlicher Kiefern: Die Zirbelkiefer (*Pinus cembra*), die Grannenkiefer (*Pinus aristata*), die Drehkiefer (*Pinus contorta*), die Schlangenhautkiefer (*Pinus leucodermis*), die Zwergkiefer (*Pinus mugo*) und viele viele mehr. Es genügt also nicht, in der Baumschule nur nach einer Kiefer zu fragen, denn jede einzelne Art hat ein ganz verschiedenes Wuchsverhalten und das ist entscheidend für den jeweiligen Standort im Garten.

Gärtnerischer Sprachgebrauch

Für die gärtnerische Praxis gibt es noch weitere wichtige Bezeichnungen, die eine Pflanze näher umschreiben. In der Natur kommen häufig innerhalb einer Art geringe Abweichungen vor, diese erhalten dann einen dritten Namen mit vorangesteller Abkürzung, entweder:

culatum) zwischen den silbrigen Blättern von Artemisia ludoviciana*

- ssp. = Subspezies oder Unterart
- var. = Varietät
- f. = Form
- cv. = Cultivar
- Sorten entstehen, wenn aus einer Wild- oder Gartenform solche mit besonderen Merkmalen selektiert werden, die bei geschlechtlicher oder ungeschlechtlicher Vermehrung beibehalten werden. Solche Veränderungen entstehen durch Veränderungen im Erbgut (Mutationen). Der Gärtner macht sich diese gern zunutze, um die Sortenvielfalt zu vergrößern. Interessant sind vor allem Farb- und Formmutationen, etwa gefüllte oder andersartig gezeichnete Blüten oder Blätter. In der Züchtung spielen aber ebenso Qualitätsmerkmale wie Größe, Ertrag, Standfestigkeit, Gesundheit und Frosthärte eine Rolle.
- Hybriden sind die Nachkommen aus Kreuzungen genetisch verschiedenartiger Eltern – entweder zwischen verschiedenen Arten oder zwischen nahe verwandten Gattungen, früher nannte man sie auch Bastarde. Als F_1-Hybriden bezeichnet man die erste Generation aus der Kreuzung zweier Elternpflanzen. Hier sind einheitliche Nachkommen mit hoher Qualität entstanden, deren Samen aber nicht die arttypischen Merkmale aufweist. Die nächste F_2-Generation fällt nicht mehr einheitlich aus. Das Kennzeichen für einen Bastard ist das x zwischen Gattungs- und Artnamen wie *Lobelia x gerardii*. Gibt es eine Vielzahl von Hybriden, werden sie in Gruppen eingeteilt, etwa *Delphinium*-Belladonna-Hybriden oder *Phlox*-Paniculata-Hybriden.

Herkunft der Namen

Bereits in der Antike hat man den Pflanzen Namen gegeben. Deshalb sind die meisten botanischen Bezeichnungen griechischen oder lateinischen Ursprungs. Oft haben sie ganz bestimmte Bedeutungen, beziehen sich auf die Herkunft der Pflanzen, geben eine morphologische Eigenart wieder oder ehren auch bestimmte Personen.
Hier einige Beispiele:
- Gemeiner Beinwell – *Symphytum officinale* – (*symphein* = griechisch für zusammenwachsen – Bezug auf Heilwirkung bei Knochenbrüchen)
- Eberesche, Vogelbeere – *Sorbus aucuparia* (*aucuparia* = lateinisch für Vogelfangen)
- Fenchel – *Foeniculum vulgare* – (*foenum* = lateinisch für Heu oder *feniculatus* = fadenförmig – Hinweis auf feines Laub)
- Scheinakazie, Robinie – *Robinia pseudoacacia* (Robin war derjenige, der die Pflanze um 1600 nach Europa einführte)

Viele botanische Namen wurden eingedeutscht, beispielsweise Fuchsie, Aster, Iris, Magnolie, Primel, Rose und viele mehr. Da sich hinter diesen Bezeichnungen aber jeweils ganz unterschiedliche Individuen verbergen, sind die dazugehörigen Artnamen unverzichtbar, um beispielsweise einen Pflanzplan zu erstellen. Die botanischen Namen sind darüber hinaus einem ständigen Wandel unterworfen. Die Wissenschaftler erkennen immer wieder andere Zugehörigkeiten und systematisieren neu. Gerade in jüngster Zeit gibt es häufig Irritationen, wenn die bekannten Margeriten beispielsweise nicht mehr unter *Chrysanthemum*, sondern ununter *Leucanthemum* geführt werden. Bei Obst, Gemüse und Rosen haben die wissenschaftlichen Namen kaum eine Bedeutung, hier zählen nur die Sortennamen. Allerdings können diese von Land zu Land wiederum wechseln – es gibt nicht immer eine korrekte Übersetzung dafür. Die Rose 'Gloria Dei' heißt im englischsprachigen Raum beispielsweise 'Peace'. So kann es zwischen Gartenliebhabern leicht wieder zu Verständigungsschwierigkeiten kommen.

GARTEN TIPS & TRICKS

Die Symbole und ihre Bedeutung

☠ kennzeichnet im folgenden Teil, daß eine Pflanze oder Teile von ihr giftig sind.
! kennzeichnet Pflanzen, die hautreizende Stoffe absondern. Wer empfindliche Haut hat oder an Kontaktallergien leidet, sollte vor der Berührung dieser Gewächse Handschuhe überstreifen.
I–XII *mit römischen Ziffern werden die Blütenmonate bezeichnet, I steht für Januar, II für Februar, und so weiter.*
H *bezeichnet die Wuchshöhe der Pflanze*
B *bezeichnet die Breite*

Ein lauschiger Sitzplatz inmitten blühender Gehölze

GEHÖLZE IM GARTEN

Gehölze erfüllen wichtige Aufgaben in einem Garten: Sie bilden das Gerüst und den Rahmen, prägen damit den Garten als Raum, grenzen ihn nach außen ab und bieten so Wind-, Sicht- und Lärmschutz. Bäume und Sträucher sind die wesentlichen grünen Elemente, mit denen ein Garten strukturiert wird. In Form von Hecken – ob freiwachsend oder geschnitten, immergrün oder auch blühend – rahmen Gehölze den Garten ein. Niedrige Sträucher fassen Beete, säumen Wege oder grenzen Gartenteile voneinander ab, höhere Sträucher sind Sichtschutz oder Blickfang. Viele Gehölze eignen sich aufgrund ihres prägnanten Wuchses besonders als Solitärgehölze, andere lassen sich schön gruppieren, und wieder andere bilden eine gute Kulisse für Solitärs, Rosen, Stauden und Sommerblumen.
Vor allem im Winterhalbjahr spielen Gehölze eine besondere Rolle im Garten, wenn ihre Wuchsform, das Geäst, der Rinden- und Fruchtschmuck stärker hervortreten. Ein Grund dafür, gerade in kleinen Gärten, wo nur wenige größere Gehölze Platz finden, die richtigen auszuwählen, die ganzjährig Attraktivität garantieren. So können Sie zum Beispiel Sträucher mit gestaffelten Blütezeiten pflanzen oder Gehölze wählen, deren Fruchtbehang und Herbstfärbung zusätzliche Gartenhöhepunkte schaffen. Immergrüne sind zur Zwischenpflanzung geeignet und bilden mit ihrem dauerhaften Grün im Winter weitere schöne Kontraste. Zwerggehölze verleihen mancher Gartenpartie Struktur, und auch bodendeckende Sträucher haben als Unterpflanzung wichtige Funktionen.

Diese Variante des Echten Fächerahorns (Acer palmatum 'Dissectum') wechselt ihre Farbe im Herbst von Frischgrün nach Leuchtendgelb

GEHÖLZE

Laubbäume und Großsträucher

Bäume und Sträucher sind die prägenden, pflanzlichen Gestaltungselemente eines Gartens. Bereits ein einziger Baum kann das Erscheinungsbild und den Charakter des Gartens völlig verändern. Folgendes sollten Sie bei der Auswahl beachten:

• In erster Linie sind die zur Verfügung stehenden Platzverhältnisse im Garten entscheidend. Krone und Wurzeln brauchen einen angemessenen Raum, damit die Gehölze sich zu voller Schönheit entwickeln können. In guten Katalogen finden Sie die nötigen Hinweise.

• Bevor Sie zu planen beginnen, erkundigen Sie sich bei der örtlichen Behörde über den Mindestabstand, der bei der Pflanzung zu Nachbargrundstücken einzuhalten ist (→ Seite 22/23), sowie nach Richtlinien über die Verwendung bestimmter Gehölze im Garten.

• Orientieren Sie sich anhand von Baumschulkatalogen vorab über Arten und Sorten. Dort werden Angaben über Wuchsformen und durchschnittliche Endgrößen der Gehölze gemacht. Die volle Wuchskraft setzt in manchen Fällen frühzeitig, manchmal jedoch erst nach Jahren ein. Ihren charakteristischen Habitus erreichen Bäume oft erst nach Jahrzehnten. Der jeweilige Standort übt jedoch entscheidenden Einfluß auf die Wuchskraft eines Gehölzes aus. Lassen Sie sich bei der Wahl beraten, denn große Gehölze kann man später kaum mehr verpflanzen.

• Ebenfalls wichtig ist die seitliche Ausdehnung eines Baumes oder großen Strauches. Sie entscheidet über die Beschattung des Bodens und die Möglichkeiten der Unterpflanzung (→ Seite 104/105). Durch zu enge Pflanzung können benachbarte Gewächse beeinträchtigt oder verdrängt, aber auch das Gehölz in seiner Entwicklung gehemmt werden. Keinesfalls sollten Sie das Platzproblem durch ständigen Rückschnitt zu lösen versuchen. Besser nehmen Sie eines der Gehölze ganz heraus.

• Sollen Baum oder Strauch ihre ganz charakteristische Wuchsform entfalten können, dann müssen Sie diese entweder einzeln stellen oder ihnen schwächere Partner zugesellen. Mit einem stufenförmigen Aufbau der Pflanzung, der Kombination von höheren und niedrigeren Sträuchern, schaffen Sie eine Überleitung zu flächiger Bepflanzung. Sie können sich jedoch auch von Anfang an für eine Gehölzgruppe entscheiden, bei der die Individualität der einzelnen Gehölze zugunsten der Gesamtwirkung aufgehoben wird.

GARTEN TIPS & TRICKS

__Japanischer Ahorn__
__Acer palmatum__
(→ Foto S.202)
Dekorativer Großstrauch, viele Sorten · Blüte rote Trauben, V–VI · Laub gelappt, frischgrün, Sorten zum Teil rotlaubig, im Herbst orangerot · Wuchs mehrstämmig, H: 4–6 m; B: 2–5 m, langsam wachsend · Standort lichter Schatten, windgeschützt, wintermild, schwach saure, durchlässige Böden

Die Tulpen-Magnolie macht ihrem Namen alle Ehre

Tulpen-Magnolie
Magnolia x soulangiana
Sehr langsam und strauchartig wachsender Baum, die Stern-Magnolie (*Magnolia stellata*) blüht bereits ab März reinweiß und bleibt kleiner · Blüte ab dem Alter von etwa 10 Jahren aufrechte tulpenähnliche Blütenglocken, weiß bis rosa, IV – V, vor dem Laubaustrieb · Laub große dickliche Blätter, elliptisch, hellgrün · Wuchs kurzer Stamm, im Alter breitausladend, H: bis 6 m, B: bis 4 m · Standort sonnig, warm, spätfrostgeschützt, saure bis neutrale Böden, feucht, nährstoffreich, keine Oberflächenverdichtung oder Trockenheit

• Der Habitus einer Pflanze und speziell eines Baumes ist ein wesentlicher Gestaltungsfaktor in Ihrem Garten (→ Seite 18). Einzeln stehende Hochstämme lassen beispielsweise den Blick weiterschweifen, der Garten wirkt größer. Ein freistehender Baum mit einer malerischen Beastung bis zum Boden kann in einem großen Garten dagegen Halt und Blickfang sein.

• Wenn Sie einen Baum in die Nähe des Hauses pflanzen, bedenken Sie die Schattenwirkung für die Wohnräume. Es gibt Laubgehölze mit frühem und spätem Austrieb und Laubfall. Aber auch Fruchtfall und Samenflug könnten im Wohnbereich stören.

Zierapfel

Der Trompetenbaum in voller Blüte

Zierapfel
Malus purpurea
Viele Sorten, auch weitere Arten · Blüte einfach, rubinrot, später verblassend, IV–V, rundliche, rote Zieräpfel · Laub oval, im Frühling zunächst rötlich, später grün · Wuchs ausladend, H: 8 m, B: 10 m · Standort sonnig, feucht, saure bis neutrale Böden

Trompetenbaum
Catalpa bignoniodes
Großer sommerblühender Zierbaum mit auffälligem Fruchtschmuck · Blüte bis zu 30 cm lange, weiße Blütenrispen, schöne Einzelblüte, trompetenförmig mit gelbem Schlund und purpurnen Flecken, süßlich duftend, VI–VII, Früchte lange, bohnenähnliche, nach unten hängende Kapseln · Laub große herzförmige Blätter, hellgrün, Austrieb erst Ende V bis Anfang VI · Wuchs breitkronig, H: bis 15 m, B: bis 10 m · Standort sonnig bis halbschattig, geschützt

Katsurabaum

Die Kupfer-Felsenbirne besticht durch ihre Herbstfärbung

Eberesche

Katsurabaum, *Cercidiphyllum japonicum*
Rotbraune Äste · Blüte karminrot, IV · Laub duftend, herzförmig, im Austrieb rot, später frischgrün, im Herbst gelb oder orange · Wuchs mehrstämmig, H: 8–10 m, B: 3–5 m · Standort sonnig bis halbschattig, geschützt, empfindlich gegen Trockenheit

Kupfer-Felsenbirne
Amelanchier lamarckii
Anspruchsloser Großstrauch mit rötlicher Rinde und bezaubernder Herbstfärbung · Blüte ab dem Alter von etwa 5 Jahren cremeweiße Blütentrauben, IV–V, kleine, kugelige, purpurfarbene bis schwarze, eßbare Früchte, VIII–IX · Laub Austrieb rötlich, elliptische, zunächst silbrig behaarte Blätter, grün; ab X gelb bis orangerot, früher Laubfall, schnell verrottend · Wuchs mehrstämmig, malerisch, H: 5–8 m, B: 3–5 m · Standort sonnig bis halbschattig, kalkhaltige Böden

Eberesche, Vogelbeere ☠
Sorbus aucuparia
Mittelhoher Baum · Blüte weiße Doldentrauben, V, duftend, ab IX rote, runde Beeren, gekocht genießbar · Laub gefiedert, grün, im Herbst gelb bis orange · Wuchs baum- oder strauchartig, H: 10–15 m · Standort sonnig bis halbschattig, mäßig trocken

Gehölze

Laubbäume und Großsträucher

Größere Gehölze bilden das Gerüst eines Gartens, schaffen Atmosphäre und gleichzeitig die richtigen Standortbedingungen für schattenliebende Pflanzen. Das Wachstum von blühenden und sonnenhungrigen Ziergehölzen, Stauden und Sommerblumen wird durch Schatten und Wurzeldruck von Gehölzen jedoch beeinträchtigt. In älteren Gärten sind die Gehölze oft bereits so groß, daß umgestaltet werden muß (→ Seite 26/27).
Darum sollten Sie vor allem auf kleineren Grundstücken bei Ihrer Gartenplanung überlegen, ob nicht ein einziger größerer Baum als herausragendes Gestaltungselement ausreicht und sonst besser Sträucher verwendet werden. In sehr kleinen Gärten kann ein Strauch mit einer Höhe von 5 bis 7 m einen kleinen bis mittelgroßen Baum (etwa 10 bis 15 m Höhe) auch regelrecht ersetzen.
Die Farben spielen bei der Gehölzauswahl eine wichtige Rolle. Nicht allein die verschiedenen Grünschattierungen beleben den Garten, auch goldfarbenes, rotes oder panaschiertes Laub trägt zur gestalterischen Vielfalt im Garten bei. Werden allerdings zu viele Farben kombiniert, wirkt dies meist unruhig. In einem kleineren Garten genügt bereits ein einziges farblich außergewöhnliches Exemplar als Kontrast. Das weiß-bunte Laub des Eschenahorn (*Acer negundo* 'Variegatum') oder das gelbe Blätterkleid der Robinie (*Robinia pseudoacacia* 'Frisia') steht in seiner Fernwirkung einem blühenden Gehölz in keiner Weise nach. Auch Form und Farbe der Blüten und Früchte sowie die Herbstfärbung sollten Sie als zusätzliches Schmuckelement in Ihre Gartenüberlegungen einbeziehen. Viele Gehölze, wie die Zieräpfel, schmücken sich im Frühjahr mit Blüten, entwickeln dann Früchte, die lange Zeit zierend an den Zweigen haften, und bereichern das Gartenbild durch ihr attraktives Herbstlaub.
Gleichzeitig sollten Sie auch die Möglichkeiten der farblichen Ergänzung des Gehölzbestandes durch passende Stauden im Auge behalten. Gerade im Frühjahr zur Hauptblütezeit ergeben sich im Vorfeld der Gehölze wunderbare Kombinationen mit Zwiebelblumen. Und zum Ausklang der Saison führt die Laubfärbung im Zusammenklang mit den Gelb- oder Violettönen später Stauden noch einmal zu einer Steigerung des herbstlichen Gartenbildes.
Die Wuchseigenschaften der Gehölze werden ebenfalls als gestalterisches Mittel eingesetzt. Viele kleine Bäume sind mehr stämmig, andere wachsen bizarr oder ausgesprochen malerisch.
Wichtig sind bei der Wahl der gerüstbildenden Gehölze auch die richtigen Proportionen: Sehr harmonisch wirkt es, wenn ausgewachsene Bäume oder Großsträucher das Haus um ein Drittel überragen oder um ein Drittel unter dessen Höhe bleiben.

Japanische Zierkirsche – ein Blütenmeer

Japanische Zierkirsche,
Prunus serrulata

Viele Sorten · Blüte weiß bis rosa, teils gefüllt, IV – VI · Laub im Austrieb bronzefarben, dann grün, im Herbst orange bis gelb · Wuchs je nach Sorte säulenförmig, baumartig, hängend oder buschig · Standort sonnig, luftfeucht, durch lässige, humose Böden kalkliebend · Wichtig: Viele frühblühende Sorten stammen von *Prunus sargentii* und *Prunus subhirtella* ab, wie 'Accolade' mit rosa Blüten. Die weiß und gefüllt blühende Vogelkirsche *Prunus avium* 'Plena' kann bis 10 m hoch werden.

Goldregen 'Vossii'

Goldregen ☠
Laburnum anagyroides

Anspruchsloser, reichblühender Baum · Blüte hellgelbe bis 20 cm lange Trauben, V–VI, bohnenähnliche Früchte, IX, sehr giftig · Laub mittelgrün, dreigeteilt · Wuchs mehrstämmig, H: 5–7 m, B: 3–4) · Standort sonnig bis halbschattig · Wichtig: Nicht schneiden

Trauer-Birke 'Youngii'

Trauer-Birke
Betula pendula

Schirmförmige Krone · Blüte gelbe Kätzchen, III – IV · Laub rundlich bis herzförmig, gesägt, im Austrieb frischgrün, später dunkler, im Herbst gelb · Wuchs mähnenartig hängende Zweige, H: 5–7 m, B: 4 m · Standort sonnig bis halbschattig, durchlässiger Boden

Scheinakazie 'Umbraculifera'

Gold-Ulme

Scheinakazie ☠
Robinia pseudoacacia
Kleiner Kugelbaum · Blüte keine · Laub gefiedert, hellgrün, gelbe Herbstfärbung · Wuchs Hochstamm mit dichtverzweigter Kugelkrone, langsam wachsend, H: 4–6 m, B: 4 m · Standort sonnig, trockene bis frische Böden, kalkhaltig

Gold-Ulme
Ulmus x hollandica
Kleiner Baum · Blüte unauffällig, III · Laub dicht, gekraust, gelbgrün · Wuchs schmalaufrecht, H: 8–10 m · Standort sonnig bis halbschattig, kühl, frische Böden · Wichtig: Für innerstädtisches Klima ungeeignet

Blutpflaume

Essigbaum

Blut-Pflaume
***Prunus cerasifera* 'Nigra'**
Auffällig dunkelrotes Laub · Blüte reichblühend, rosa, einfach, IV–V, pflaumenähnliche Früchte. · Laub eiförmig, schwarzrot, glänzend · Wuchs Krone kegelförmig, H: 5–7 m, B: bis 4 m · Standort sonnig bis halbschattig, möglichst warm, alle Böden

Essigbaum ☠
Rhus typhina
Anspruchslos · Blüte kerzenartige grüne Rispen, VI–VII, ab VIII rötliche Fruchtstände · Laub gefiedert, im Herbst orange · Wuchs im Alter schirmförmig, H: bis 4 m, B: bis 6 m · Standort sonnig, trocken bis feucht · Wichtig: Wurzeln nicht verletzen, um Ausläufer zu vermeiden

Weitere Laubgehölze

Feld-Ahorn,
Acer campestre
Wildgehölz, Blüte unscheinbar, Laub fünflappig, dunkelgrün, ab X gelb, Wuchs strauchig, H: 3 –15 m, B: 8 –12 m, Standort sonnig bis halbschattig

Feuer-Ahorn, Amur-Ahorn,
Acer ginnala
Anspruchslos, Blüte grünweiß, V, Laub dreilappig, dunkelgrün, ab X leuchtend orange, Wuchs H: 5–6 m, B: 4 –10 m, Standort sonnig bis halbschattig

Strauch-Kastanie,
Aesculus parviflora
Strauch, Blüte weiß, Kerzen, VII – VIII, Laub gefiedert, Austrieb bronzefarben, Herbstfärbung, Wuchs H: 3–6 m, B: 5–8 m, Standort sonnig

Japanische Aralie,
Aralia mandshurica
Großstrauch, Blüte weiß, Rispen, VIII – IX, Früchte kugelig, Laub gefiedert, Herbstfärbung, Wuchs schirmförmig, H: 3–5 m, B: 3 m, Standort sonnig, warm

Hainbuche, Weißbuche,
Carpinus betulus
Heckengehölz, Blüte unauffällig, V, Laub dunkelgrün, ab X gelb, Abwurf im Frühjahr, Wuchs H: bis 15 m, B: bis 8 m, Standort sonnig bis halbschattig

Judasbaum,
Cercis siliquastrum
Auffallend, Blüte vor Austrieb, purpurrosa, IV, Laub stumpfgrün, Wuchs H: 4–6 m, B: bis 3 m, Standort sonnig, Weinbauklima

Japanischer Blumen-Hartriegel, *Cornus kousa*
Dekorativ, Blüte klein, große weiße Hochblätter, VI, rote Früchte ab IX, Laub grün, ab X leuchtend gelb bis rot, Wuchs H: 4–7 m, B: 3–4 m, Standort sonnig bis halbschattig, kein Kalk

Kornelkirsche,
Cornus mas
Wildgehölz, Blüte gelb, II–III, rote Früchte ab VIII, Laub ab X gelborange, Wuchs H: bis 8 m, B: bis 5 m, Standort sonnig bis halbschattig

Haselnuß,
Corylus avellana
Wildstrauch, Blüte gelbe Kätzchen, II–III, Nüsse ab IX, Laub herzförmig, Wuchs H: 4–6 m, B: 4–6 m, Standort sonnig bis halbschattig

Blumen-Esche, Manna-Esche,
Fraxinus ornus
Anspruchslos, Blüte weiß, duftende Trauben, V, Laub tiefgrün, Wuchs H: bis 10 m, B: 4–6 m, Standort sonnig, warm, alkalische Böden

Amberbaum,
Liquidambar styraciflua
Baum, Blüte unscheinbar, Laub ahornartig, ab IX feuerrot, Wuchs H: bis 15 m, B: 4–8 m, Standort sonnig, saure, frisch-humose Böden

Pfennigbuche, Scheinbuche,
Nothofagus antarctica
Bizarrer Baum, Blüte unscheinbar, Laub glänzend grün, gewellter Rand, Wuchs H: 4–6 m, B: 3–4 m, Standort sonnig, kein Kalk

Kätzchen-Weide,
Salix caprea mas
Bienenweide, Blüte silbrig, später goldgelb, III–IV, Laub mattgrün, Wuchs H: bis 5 m, B: bis 3 m, Standort sonnig bis halbschattig

Schnurbaum,
Sophora japonica
Dekorativ, Blüte cremeweiß, Rispen, VIII, Laub bläulichgrün, Wuchs H: 15 m, B: 12–15, Standort sonnig

Weidenblättrige Birne,
Pyrus salicifolia
Malerischer Baum, Blüte weiß, Trauben, IV–V, Laub graugrün, Wuchs H: 4–6 m, B: 3–4 m, Standort sonnig, trocken, keine sauren Böden

GEHÖLZE

Ziersträucher

Generell wachsen Sträucher anders als die stammbildenden Bäume. Sie verzweigen sich meist von der Basis aus oder bilden mehrere gleichwertige Grundtriebe, die sich dann stammartig entwickeln. In winzigen Gärten kann ein großer Strauch aber durchaus die Funktion eines Hausbaumes übernehmen. Von sehr vielen Ziersträuchern gibt es Sorten, die nur schwach wachsen und deshalb auch für kleinere Gärten geeignet sind. In der Baumschule oder einem guten Katalog erhalten Sie darüber Auskunft.
Besonderheiten der Ziersträucher. Ziersträucher zeichnen sich durch besonders üppige Blüten aus oder sie schmücken sich mit mehrfarbigen Blättern. Oft zeigen sie auch eine besondere Wuchsform.
Selbst für extreme Standorte im Garten gibt es geeignete Ziersträucher. Manche tolerieren Hitze und Trockenheit – wie sie in städtischen Bereichen häufig vorkommen – und auch Temperaturschwankungen, weil sie in ihrer Heimat gelernt haben, sich daran anzupassen. Zu ihnen gehören die Ölweide *(Elaeagnus angustifolia)*, der Erbsenstrauch *(Caragana arborescens)* und viele Berberitzen *(Berberis*-Arten). Manche sind auch etwas empfindlicher und besitzen bei uns keine ausreichende Frosthärte. Ihre Triebe frieren zurück und müssen jedes Jahr zurückgeschnitten werden. Dies ist der Fall beim Schmetterlingsstrauch *(Buddleja*-Davidii-Hybriden), bei der Bartblume *(Caryopteris x clandonensis)* und beim Buschklee *(Lespedeza thunbergii)*, einem Herbstblüher. Etliche sind auch sogenannte Halbsträucher, deren untere Sproßteile verholzen, während die oberen krautig bleiben und am Ende der Vegetationszeit absterben, wie der Lavendel *(Lavandula*-Arten).

Blüten der Forsythie

Bei Ziersträuchern werden manche Zuchtformen – ähnlich wie bei den Rosen – auf eine Wurzelunterlage veredelt. Aus dieser können sich Wildlinge bilden, wie beispielsweise beim Flieder. Diese müssen möglichst nah an ihrer Entstehungsstelle abgeschnitten werden. Läßt man die Wildtriebe wachsen, wird die Pflanze geschwächt.
Heimische Wildsträucher. Viele unserer einheimischen Sträucher können im Garten die Funktion von Ziersträuchern übernehmen, denn sie stehen in Blütenfülle, Fruchtschmuck und Laubfärbung ihren fremdländischen Verwandten kaum nach. Darüber hinaus sind sie winterhart und bieten Vögeln und Insekten Unterschlupf und Nahrung. Darum sollten Sie für freien Stand oder Hecken zumindest einige Wildgehölze auswählen, zum Beispiel das heimische Pfaffenhütchen (*Euonymus europaea*) oder die frühblühende Kornelkirsche (*Cornus mas*, → Seite 82/83).

Die Zaubernuß, ein kostbarer Winterblüher

Großblütige Zaubernuß
Hamamelis x intermedia
Wertvoller Winterblüher, Solitärstrauch · Blüte fadenförmig, spinnenartig, gelb, orange, rot; II–IV, frostverträglich bis –10 °C · Laub breiteiförmig, dunkelgrün, ab X gelbe, orange oder rote Herbstfärbung · Wuchs H: bis 4 m, B: bis 3 m, trichterförmig, kurzstämmig, schräg aufrechtstrebende Äste, langsamwüchsig · Standort Sonne bis Halbschatten, nährstoffreiche, schwach saure Böden, frisch bis feucht · Wichtig: Möglichst nicht schneiden mit Ausnahme kleiner Zweige für die Vase; zahlreiche großblumige Sorten in unterschiedlichen Blütenfarben

Von Zierquitten gibt es zahlreiche Sorten

Forsythie
Forsythia x intermedia
(→ Foto links)
Verbreiteter Frühlingsblüher, viele Sorten · Blüte goldgelbe Glöckchen; IV · Laub eiförmig bis lanzettlich, mattgrün · Wuchs H: bis 4 m, B: bis 3 m Standort Sonne, frisch, nahrhaft · Pflege ältere Zweige alle 2 bis 3 Jahre auslichten

Zierquitte
***Choenomeles*-Hybride**
Auffälliger Frühlingsblüher · Blüte rot, rosa, weiß; III–IV · Laub eiförmig, dunkelgrün Wuchs H: bis 2 m, B: bis 1,5 m · Standort Sonne bis Halbschatten, warme, durchlässige, nährstoffreiche, mäßig trockene bis feuchte Böden, sauer bis neutral

Die Glockenhasel – ein reizender Vorfrühlingsblüher

Glockenhasel
Corylopsis spicata
Duftender Frühlingsblüher · Blüte hellgelbe Blütenähren; IV · Laub herzförmig, bläulichgrün, auffällige gelbe bis orangerote Herbstfärbung · Wuchs H: 2 m, B: bis 1,5 m, mehrere, aufrechte Grundtriebe, im Alter breiter als hoch, langsam wachsend · Standort Halbschatten, Hitze und Trockenheit vermeiden, frische bis feuchte Böden, durchlässig, schwach alkalisch bis sauer, nährstoffreich · Wichtig: *Corylopsis pauciflora* blüht früher (III) und bleibt mit etwa 1,5 m Höhe deutlich kleiner

Der Federbuschstrauch – eine Rarität unter den Ziergehölzen

Federbuschstrauch
Fothergilla major
Ungewöhnlich schöner, kleiner Solitärstrauch · Blüte cremeweiße, bis zu 8 cm lange flaschenbürstenähnliche Blütenähren; V · Laub eiförmig, frischgrün, ab IX goldgelb bis orangerot gefärbt · Wuchs H: bis 2 m, B: bis 1,5 m, breitbuschig, aufrecht, kegelförmig, langsam wachsend · Standort Sonne bis Halbschatten, geschützt, humose frische bis feuchte Böden, sauer bis neutral · keine vollsonnig-heißen Plätze mit trockenem Boden · Wichtig: Gut kombinierbar mit Azaleen und Fächerahorn, die ähnliche Kulturansprüche haben

Dankbar und anspruchslos – der Ranunkelstrauch

Ranunkelstrauch
Kerria japonica 'Plena'
Vieltriebiger, sehr anspruchsloser Blütenstrauch für Blütenhecken · Blüte dicht gefüllte, goldgelbe Blütenbälle; V, bei der ungefüllten Wildart schalenförmig · Laub oval-lanzettlich, zugespitzt, frischgrün · Wuchs H: bis 2 m, B: bis 1,5 m, wenig verzweigte Grundtriebe, breitet sich durch Wurzelausläufer aus, dickichtartig · Standort Sonne bis Schatten, feuchte, mäßig nährstoffreiche Böden, sauer bis schwach alkalisch · Wichtig: Alle 2 bis 3 Jahre ältere Triebe an der Basis entfernen. Bei zu hoher Düngung breiten sich die Sträucher stark aus, bilden aber wenig Blüten

Mit wunderschöner Herbstfärbung – das Pfaffenhütchen

Pfaffenhütchen ☠
Euonymus europaea
Wildgehölz mit auffälligem Fruchtschmuck · Blüte unauffällig, gelbgrün; V, ab VIII korallenrote Pfaffenkäppchen mit orangefarbener Samenhülle · Laub eiförmig hellgrün, im Herbst gelb bis karminrot · Wuchs breit aufrecht, H: bis 6 m, B: bis 4 m · Standort sonnig bis halbschattig, Boden kalkhaltig, trocken bis frisch, nährstoffreich · Wichtig: Der Korkflügelstrauch *Euonymus alata* wird nur 2 m hoch, aber sehr breit; er besticht durch seine leuchtend rote Herbstfärbung und fällt durch vier flügelartige Korkleisten an den Zweigen besonders auf

Ziersträucher

In erster Linie entscheidet die Wuchsform eines Strauches – sein Habitus – darüber, ob er besser als Solitär- oder Gruppengehölz wirkt. Sträucher mit auffallenden Formen oder solche, die eigenwillig geformte Äste ausbilden, können im Garten als markante Einzelgestalten verwendet werden. Andere würden allein gestellt kaum auffallen, kommen am besten in kleinen Gruppen zur Geltung oder eignen sich auch für Hecken.

Strauchgruppen. Aus der Vielzahl der Ziergehölze können Sie solche heraussuchen, die – zu einer Gruppe gepflanzt – interessante Wirkungen erzielen. Hier können Sie mit Blütenfarben- und -formen spielen. Wenn Sie Sträucher mit einheitlicher Blütezeit auswählen, werden diese einmal im Jahr ein ganzes Blüten-Feuerwerk entfalten. Natürlich können Sie genausogut die Arten und Sorten so auswählen, daß fast das ganze Jahr über etwas blüht. Außerhalb der Blütezeit sorgen verschiedene Blattfarben und -formen für Spannung. Auch durch verschiedene Wuchsformen lassen sich interessante Kontraste erzielen, etwa wenn Sie schlank und hoch wachsende Sträucher mit kugeligen oder kissenförmigen zusammenpflanzen.

Kombination mit Stauden. Sträucher schaffen einen hübschen Hintergrund für blühende Stauden, hierfür eignen sich vor allem aufrecht wachsende Arten. An Wegen oder Beeten sollten Sie die Ziergehölze so pflanzen, daß sie für ihre Entwicklung genügend Platz haben, aber keine schwachwüchsigeren Pflanzen verdrängen.

Blütenpracht übers Jahr. Wenn Sie Arten und Sorten geschickt auswählen, können Sie vom Vorfrühling bis zum Spätherbst blühende Ziergehölze im Garten haben. Die Winter- und Vorfrühlingsblüher sind seltener und weniger farbenprächtig, aber aus der Nähe betrachtet zaubern sie bereits Frühlingsstimmung herbei. Leuchtend und bunt wird es ab April, wenn Forsythien *(Forsythia x intermedia)* wie gelbe Flammen in vielen Vorgärten erscheinen. Im Mai kommen die bunten Schmetterlingsblüten des Besenginsters *(Cytisus scoparius)* hinzu, der Flieder in allen Farben *(Syringa vulgaris)*, der Schneeball (*Viburnum*-Arten) und die weißen Blütenkaskaden der Spiersträucher (*Spiraea*-Arten).

Im Juni blüht eine Fülle von Ziersträuchern, es herrschen die Weiß- und Rosatöne vor. Im Hoch- und Spätsommer läßt die Blütenpracht nach. Nur der Schmetterlingsstrauch (*Buddleja*-Davidii-Hybriden) zeigt je nach Sorte weiße bis dunkelviolette Blüten, ebenso der Roseneibisch *(Hibiscus syriacus)* der in vielen schönen Weiß-, Rosa- und Blautönen blüht, sowie die Hortensien (*Hydrangea*-Arten) mit ihren aparten Scheinblüten in Weiß, Blau oder Rot.

Empfehlenswerte Ziersträucher

Sommerflieder, *Buddleja alternifolia*
Pflegeleichter Blütenstrauch, Blüte hellila, duftend, VI, Laub stumpfgrün, Wuchs H/B: 2–4 m, Standort sonnig, geschützt, mäßig trocken

Schmetterlingsstrauch, *Buddleja*-Davidii-Hybriden
Lockpflanze für Schmetterlinge, Blüte lange Rispen in Lila, Rot, Weiß, ab VII, Laub lanzettlich, graugrün, Wuchs H: bis 4 m, B bis 2 m, Standort sonnig, warm

Bartblume, *Caryopteris x clandonensis*
Kleiner Spätsommerblüher, Blüte blaue Rispen, VIII–IX, an einjährigen Trieben, Laub lanzettlich, graugrün, duftend, Wuchs H/B: 1 m, Standort sonnig, geschützt

Ginster, ☠ *Cytisus*-Arten und -Sorten
Farbenprächtige Schmetterlingsblüten in Gelb, Weiß, Rosa, Rot, IV–V, Laub länglich, Wuchs H/B: bis 2 m, breit, Standort sonnig, warm

Seidelbast, ☠ *Daphne mezereum*
Duftender Frühlingsblüher, Blüte karminrot, II–III, Laub lanzettlich, mattgrün, Wuchs H/B: bis 1,5 m, aufrecht, Standort halbschattig, humose, alkalische Böden

Deutzie, *Deutzia*-Arten und -Sorten
Beliebte Sommerblüher, Blüte weiß oder rosa, teils gefüllt, V–VI, Laub lanzettlich, mattgrün, Wuchs H: bis 4 m, B: bis 2 m, Standort sonnig bis halbschattig

Ölweide, *Elaeagnus angustifolia*
Hitzeverträglicher Großstrauch, Blüte gelb, duftend, V–VI, ab IX olivenartige Früchte, Laub lanzettlich, silbriggrün, Wuchs H: bis 7 m, B: bis 3 m, Standort sonnig, trocken, kalkliebend

Roseneibisch, *Hibiscus syriacus*
Attraktiver Spätsommerblüher, viele Sorten, Blüte schalenförmig, weiß, rosa, rot, violett, VI–IX, Laub eiförmig, dunkelgrün, Wuchs H: bis 3 m, B: bis 1,5 m, aufrecht, Standort sonnig, warm, geschützt · Wichtig: In den ersten Jahren mit Reisig vor Frost schützen

Kolkwitzie, *Kolkwitzia amabilis*
Weigelienähnlicher, anspruchsloser Strauch, Blüte rosa bis hellrosa Glöckchen in überschäumender Fülle, V–VI, Laub oval, mattgrün, Wuchs H/B: bis 3 m, überhängend, Standort sonnig bis halbschattig

Lavendel, *Lavandula angustifolia*
Kleinstrauch, paßt gut zu Rosen, violettblaue Blütenrispen, ab VI, duftend, Laub länglich, silbriggrau, immergrün, Wuchs H/B: bis 1 m, Standort sonnig, warm

Strauchpfingstrose, *Paeonia suffruticosa*
Prachtvoller Frühlingsblüher, Blüte sehr groß, weiß, gelb, rosa, rot, zum Teil gefüllt, IV–V, Laub geschlitzt, mittelgrün, Wuchs H/B: bis 2 m, Standort sonnig, nährstoffreiche, neutrale Böden

Pfeifenstrauch, Falscher Jasmin, *Philadelphus*-Hybriden
Reichblühender, duftender Strauch, Blüte weiß bis creme, teils gefüllt, V–VI, Laub eiförmig, dunkelgrün, Wuchs H: bis 4 m, B: bis 3 m, Standort sonnig bis halbschattig

Fünffingerstrauch, *Potentilla fruticosa*
Blühfreudiger Kleinstrauch, Blüte gelb, weiß, orange, rot, V–X, Laub gefingert, Wuchs H: bis 1,2 m, B: bis 1,3 m, Standort sonnig bis halbschattig

Ball-Hortensie 'Annabelle'

Strauchhortensie
Hydrangea arborescens
Großblumiger Strauch für schattige Bereiche · Blüte weiß in breiten, rundlichen Doldenrispen; VI–VIII · Laub eiförmig, grün · Wuchs H: und B: bis 2 m, leicht überhängend · Standort Halbschatten bis Schatten, humose, frische bis feuchte, leicht saure Böden

Verschiedene Hortensien – rechts ein roter Perückenstrauch

Samthortensie
Hydrangea aspera
Wichtiger Spätsommerblüher · Blüte flache Blütenstände bis 30 cm Durchmesser, kleine fertile Innenblüten in Rosa, Violett oder Blau, außen sterile Randblüten in Weiß oder Rosa, VII–IX · Laub groß, oval, samtig, mattgrün · Wuchs H: bis 3 m, B: bis 1 m, aufrecht, wenig verzweigt · Standort Halbschatten, humose, nährstoffreiche, frische bis feuchte Böden, sauer bis neutral · Wichtig: Weit verbreitet ist auch *Hydrangea macrophylla* mit rosa Blüten auf neutralem bis alkalischem oder blauen auf saurem Boden, alle Hortensien sind empfindlich gegen Wintertrockenheit

Blühender Perückenstrauch

Perückenstrauch
Cotinus coggygria
Großstrauch mit perückenartigen Fruchtständen · Blüte weißlich, fedrige Rispen; VI – VII · Laub eiförmig, im Herbst orange bis rot · Wuchs H: bis 5 m, B: bis 4 m · Standort Sonne, trockene bis frische Böden · Sorte 'Royal Purple' hat schwarzrotes Laub

Bekannte Sorte 'Charles Joly'

Edelflieder
***Syringa*-Vulgaris-Hybride**
Klassiker unter den späten Frühjahrsblühern · Blüte aufrechte, lockere Rispen, gefüllt oder einfach, lila, purpur, rosa, weiß; V · Laub herzförmig, frischgrün · Wuchs H: bis 6 m, B: bis 5 m, vielstämmig, ausläufertreibend · Standort Sonne bis Halbschatten, kalkliebend

Tellerblühende Sorte 'Mariesii'

Etagenschneeball
Viburnum plicatum
Extravaganter Blütenstrauch · Blüte Trugdolden mit weißen Randblüten; V–VI · Laub breit elliptisch, im Herbst dunkelrot bis orange · Wuchs H: bis 2 m, B: bis 3 m, etagenförmig übereinanderstehende, waagerechte Zweige · Standort Sonne bis Halbschatten

Glockenförmige Blüten

Weigelie
***Weigela*-Hybride**
Beliebter Heckenstrauch · Blüte glockenförmig in Trugdolden, rosa, rot; V–VIII · Laub elliptisch, hellgrün · Wuchs H: und B: bis 3 m, vieltriebig, aufrecht bis bogig überhängend, raschwüchsig · Standort Sonne bis Halbschatten · Wichtig: Viele Sorten

Blütenwunder – Schneespiere

Schneespiere
Spiraea x arguta
Robuster Blütenstrauch mit üppiger Blütenfülle · Blüte kleine, weiße Doldentrauben auf der Oberseite der Zweige; ab IV · Laub schmal lanzettlich, frischgrün · Wuchs H und B: 1,5–2 m, im Alter bogig übergeneigt · Standort Sonne bis Halbschatten, jeder Boden

Immergrüne Laubgehölze

Die Immergrünen werfen ihr Laub nicht im Herbst ab, sondern ersetzen überalterte Blätter während der ganzen Vegetationsperiode durch junge. Als wintergrün werden jene Pflanzen bezeichnet, die beim Austrieb im Frühjahr ihr Laub wechseln.

Heimische Immergrüne sind der Efeu (*Hedera helix*), die Stechpalme (*Ilex aquifolium*), das Immergrün (*Vinca minor*) und einige Heidekräuter. Sie gedeihen vorwiegend in schattigem Unterholz und schützen ihre Blätter mit einer Wachsschicht vor übermäßiger Wasserverdunstung.

Die Mehrzahl der Immergrünen kommt in küstennahen, wintermilden und luftfeuchten Regionen vor. Bei uns eingeführte Arten benötigen einen warmen Standort mit Schutz vor starker Sonneneinstrahlung, austrocknenden Winden und extremen Klimaschwankungen zwischen Tag und Nacht – vor allem im zeitigen Frühjahr. Besonders der Winter macht diesen Pflanzen zu schaffen: Wenn der Boden gefroren ist, können die Wurzeln kein Wasser aufnehmen, die Blätter geben aber weiterhin Feuchtigkeit ab. Der fehlende Flüssigkeitsnachschub läßt die immergrünen Laubgehölze dann vertrocknen, wobei Laien diese Trockenschäden oft mit Frostschäden verwechseln. Halten Sie den Frost durch Laubmulch und Reisig so gut und solange es geht aus dem Boden fern, und bringen Sie eventuell einen Sonnenschutz an – etwa aus Jutegewebe –, damit die Verdunstung nicht übermäßig gefördert wird. Auch sollten Sie Ihre Immergrünen an frostfreien Tagen regelmäßig wässern. Je höher die Boden- und Luftfeuchtigkeit ist, um so besser werden ungünstige Bedingungen toleriert. Kommt es trotzdem einmal zu Schäden, sollten Sie die vertrockneten Triebe entfernen. Die meisten dieser Gehölze vertragen einen Rückschnitt. In unseren Gärten eignen sich die Immergrünen besonders zum Unterpflanzen von lichten Baumbeständen. Am liebsten ist ihnen allen ein humoser, lockerer und frisch-feuchter Boden.

Rhododendron. Eine wichtige Stellung unter den immergrünen Laubgehölzen nehmen die Rhododendren und die mit ihnen verwandten Heidekrautgewächse ein. Diese attraktiven Blütengehölze wollen aber ein wintermildes und luftfeuchtes Klima sowie einen sauren Boden mit niedrigem pH-Wert (→ Seite 148/149). Allerdings ist die Züchtung heute auf dem Weg zu »kalktoleranten« Rhododendren. Die neuen Sorten bieten nicht nur viele Farben, dazu wurde vor allem die Eignung für sonnige Plätze zum Zuchtziel erklärt. Generell haben Rhododendren und die Heidekrautgewächse jedoch nach wie vor besondere Pflegeansprüche. Deshalb ist es in vielen Regionen kaum möglich, sie unter natürlichen Bedingungen wachsen zu lassen.

Rhododendron
***Rhododendron*-Hybriden**
(→ Foto oben)
Beliebte Blütensträuche für wintermilde Regionen, zahlreiche Sorten im Handel · Blüte trichterförmig bis glockig, in dichten Büscheln, weiß, gelb, orange, rosa, rot und violett, IV–VI · Laub länglich, oval bis rundlich, dunkelgrün, ledrig · Wuchs breitbuschig bis kugelig H: bis 4 m · Standort lichter Schatten, humusreiche, durchlässige Böden, neutral bis sauer · Pflege im Wurzelbereich nicht graben, Blätter, die sich im Winter einrollen, sind ein Zeichen für Trockenheit, bei frostfreiem Wetter unbedingt gießen; Verblühtes ausknipsen, dabei die neuen Triebknospen nicht beschädigen

Skimmie

Skimmie
Skimmia japonica
Schöne Früchte · Blüte gelblichweiße Rispen, V, zweihäusig, duftend, ab X glänzend rote Früchte, sofern männliche und weibliche Pflanzen vorhanden · Laub loorbeerartig, immergrün · Wuchs halbrund, kompakt, H: 0,8–1 m, B: 1,5 m · Standort halbschattig bis schattig

Lorbeerkirsche – die ausladend wachsende Sorte 'Otto Luyken'

Stechpalme

Lorbeerkirsche ☠
Prunus laurocerasus
Dichtverzweigter, wenig frostgefährdeter Kleinstrauch · Blüte weiße, kerzenförmige Trauben, V – VI, Nachblüte ab VIII, strenger Geruch, schwarze Kirschen · Laub dickledrig, lanzettlich, aufrecht · Wuchs breitwüchsig bis halbrund, H: 1 bis 1,5 m, B: 2–3 m, langsamwüchsig · Standort Sonnig, bis schattig, mäßig trocken bis feucht, keine schweren Böden · Sorten 'Otto Luyken' (→ Foto oben), dicht und gedrungen wachsend, H: 1 m, sehr frosthart, 'Herbergii' kegelförmig, H: 2 m, 'Schipkaensis Macrophylla', großblättrig, reichblühend, 'Zabeliana', flach wachsend, sehr frosthart, H: 1 m

Stechpalme ☠
Ilex aquifolium
Schnittverträglich; nur weibliche Pflanzen setzen Früchte an · Blüte unscheinbar, weiß, V, ab IX rote Früchte · Laub oval, dunkelgrün, auch panaschiert, Blattränder gewellt, dornig gezahnt · Wuchs H: 2–5 m, B: bis 4 m · Standort sonnig bis schattig, feucht

Weidenblättrige Mispel

'Emerald'n Gold'

'Orange Glow' ist schorfresistent

Weidenblättrige Mispel
Cotoneaster salicifolius* var. *floccosus
Anspruchsloser Strauch mit giftigen Früchten · Blüte dichte, weiße Dolden, VI–VII, stark duftend, ab IX zahlreiche hellrote, runde Früchte, lang haftend · Laub lanzettlich, glänzend dunkelgrün, runzelig · Wuchs mehrstämmig, breit ausladend; H: 3–4 m. B: bis 3 m · Standort sonnig bis schattig, auch heiß · Sorten *Cotoneaster*-Zwergformen können bodendeckend gepflanzt werden, Sorten wie 'Herbstfeuer', 'Parkteppich', 'Repens' wachsen kissenförmig und kompakt

Kriechspindel
Euonymus fortunei
Kann mit Hilfe von Haftwurzeln klettern · Blüte nur an Altersform, gelbgrüne Dolden, VI · Laub elliptisch, auch bunt, ab X rötlich · Wuchs H: 0,4 m bis 0,7 m, B: 1 m, mattenförmig · Standort sonnig bis halbschattig, frische Böden, keine Trockenheit bei gleichzeitiger Hitze

Feuerdorn
Pyracantha coccinea
Schnittverträglich · Blüte weiße Doldenrispen, V bis VI, Früchte ab VIII in Gelb, Orange, Rot, langhaftend · Laub glänzend dunkelgrün, zum Teil nur wintergrün · Wuchs sparrig, H/B: 1,5–2 m · Standort sonnig bis halbschattig · Wichtig: Gesunde Sorten wählen

Nadelgehölze, Koniferen

Die Koniferen tragen nadelförmige Blättchen. Einige wenige Arten werfen diese im Herbst ab, die meisten sind jedoch immergrün. Auch deren Nadeln haben nur eine begrenzte Lebensdauer, sie werden aber während der ganzen Vegetationsperiode ausgetauscht. Bei ungünstigen Bedingungen und Trockenheit ist dies sogar verstärkt der Fall. Die so entstehende Nadelstreu ist jedoch als Mulch nur für bestimmte Pflanzengruppen wie die säureliebenden Erikagewächse von Vorteil.
Immergrüne Nadelgehölze sind unentbehrlich, wenn es darum geht, im winterlichen Garten bleibende grüne Strukturen und Sichtschutz zu schaffen. Doch häufig verkehrt sich Positives in Negatives, wenn Proportionen nicht gewahrt werden und im Verhältnis zu viele oder zu große Koniferen den Garten beherrschen (→ Seite 98/99). Bei den Immergrünen bemerken Sie den jahreszeitlichen Wandel nicht und das Licht spielt nicht in ihrem »Laub«. Sie werfen ganzjährig Schatten, und Unterwuchs ist nur in wenigen Fällen möglich. Fehlendes Fallaub im Garten hat auch einen Mangel an Humus zur Folge, der wiederum Stauden und Zwiebelgewächse kaum gedeihen läßt.
Schnitt. Scheinzypresse (*Chamaecyparis*-Arten), Lebensbaum (*Thuja*-Arten) und Eibe (*Taxus*-Arten) lassen sich hervorragend schneiden und eignen sich für Schnitthecken (→ Seite 80/81), lassen sich aber auch in andere Formen schneiden. Die übrigen Arten treiben nach einem Rückschnitt aus altem Holz nicht mehr aus. Viele Koniferen wachsen jedoch von Natur aus kugel-, kegel- oder auch säulenförmig.
Verwendung. Koniferen bilden einen schönen, ruhigen Hintergrund für blühende und ausgefallene Pflanzen. In großen Gärten lassen sich auch reizvolle Gruppen aus niedrigen und höheren Koniferen bilden. Ungünstig ist jedoch eine Kombination mit höheren Laubgehölzen, deren breite Kronen die Nadelgehölze bedrängen. Eine Ausnahme bildet die schattenverträgliche Eibe, die noch unter größeren Bäumen gedeiht.
Nadelbäume passen nicht in jedes Landschaftsbild. Oft wirken sie fremd, und die meisten unter ihnen sprengen im Alter die Dimensionen eines Hausgartens. Von vielen Arten wurden jedoch auch schwachwüchsige Sorten gezüchtet. Hier sind an erster Stelle Kiefer (*Pinus*-Arten) und Wacholder (*Juniperus*-Arten) zu nennen, letzterer vor allem für sonnige Standorte.
Zwergwuchs. Gehölze mit Zwergwuchs gibt es in großer Farben- und Formenvielfalt, in Grün-, Grau-, Blau-, Silber- und Goldtönen. Sie eignen sich besonders für Steingärten und Böschungen, zur Einrahmung von Rosen- und Staudenbeeten sowie für die Pflanzung im Kübel auf Balkon, Terrasse und im Eingangsbereich. Aber auch Zwerggehölze sollten nicht wahllos kombiniert werden, selbst bei ihnen wirkt ein Zuviel leicht monoton.

Koreatanne

Lebensbaum

Koreatanne
Abies koreana
Langsamwachsend, robust · Frucht zuerst violett, dann braun, aufrechtstehend · Laub dunkelgrün, helle Unterseite, quirlig angeordnet · Wuchs H: maximal 8–10 m, im Alter kegelförmig, Äste waagerecht · Standort sonnig bis halbschattig, nahrhafter frischer Boden

Lebensbaum ☠
Thuja occidentalis
Sehr variable Art mit vielen Sorten · Frucht kleine braune Zapfen · Laub mattgrün, dicht anliegende schuppenförmige Blätter · Wuchs H: je nach Sorte 2–8 m, säulen-, kegel- und kugelförmig · Standort sonnig bis halbschattig, nahezu alle Böden

Bergkiefern passen in fast jeden Garten

Bergkiefer (Latsche)
Pinus mugo
Universell verwendbar · Frucht eiförmig, dunkelbraun, Zapfen bereits im Jugendstadium · Nadeln zweinadelig, mittelgroß und dichtstehend, starr · Wuchs H: bis 3 m, B: bis 4 m im Alter Stamm niederliegend, teils bogig aufstrebend · Standort sonnig, im Schatten leicht verkahlend, sehr tolerant allen Klima- und Bodenverhältnissen gegenüber · Wichtig: Vorsicht beim Kauf, es gibt Sorten mit sehr viel verschiedenen Wuchstypen und Höhen zwischen 15 cm und 3 m, auch solche, die wirklich zwergig bleiben; im Jugendstadium wirken sie aber alle ähnlich

Säulenwacholder

Zuckerhutfichte

Wacholder
Juniperus communis
Heimisch und anspruchslos · Frucht ohne Bedeutung · Nadeln blaugrau bis blaugrün, spitz, aber nicht stechend · Wuchs je nach Sorte flachkugelig bis säulenförmig H: 0,2 bis 4 m · Standort vollsonnig, mäßig trocken · Sorte 'Hibernica' wächst säulenförmig

Zuckerhutfichte
***Picea glauca* 'Conica'**
Regelmäßige, dicht geschlossene Kegel bildende Konifere · Frucht ohne Bedeutung · Nadeln kurz und stechend, im Austrieb hellgrün und weich, später bläulichgrün · Wuchs H: 2–3 m B: bis 1,5 m im Alter · Standort sonnig und kühl, nahrhafter frischer Boden

Die Blaue Igelfichte fruchtet schon als junge Pflanze

Blaue Igelfichte *Picea glauca* 'Echiniformis'
In die Breite wachsende Zwergkonifere mit lebhafter Nadelfärbung · Frucht ohne Bedeutung · Nadeln kurz, blaugrün, unterseits hell · Wuchs H: bis 50 cm, B: bis 1 m, kissenförmig bis flachkugelig · Standort halbschattig, kühl, luftfeucht, saure bis alkalische, durchlässige feuchte Böden · Sorten 'Alberta Globe' ist eine Mutation aus der Zuckerhutfichte, sie wächst locker kugelig bis kegelförmig nur etwa 50 cm hoch und hat grüne, dünne Nadeln; 'Laurin' ähnelt im Habitus der Zuckerhutfichte, wächst aber viel schwächer, im Jahr nur etwa 2 bis 3 cm, ideal fürs Alpinum

Kleinbleibende Koniferen

Zwergige Balsam-Tanne, *Abies balsamea* 'Nana'
Kompakte Zwergform, Nadeln dunkelgrün, dicht, Wuchs H: bis 1 m, B: bis 2 m, flachkugelig, Standort sonnig bis halbschattig, feucht

Muschelzypresse, *Chamaecyparis obtusa* 'Nana Gracilis'
Gedrungen, sattgrüne, glänzende Schuppen, Wuchs H: 1,5–3 m, B: 1 bis 2 m, rundlich bis kegelförmig, Standort halbschattig bis schattig

Zwerg-Fadenzypresse, *Chamaecyparis pisifera* 'Filifera Nana'
Überhängend, Laub dunkelgrün, glänzend, nadelartig, Wuchs H: bis 2 m, B: bis 3 m, Standort sonnig bis halbschattig

Kriechender Heide-Wacholder, *Juniperus communis* 'Hornibrookii'
Flach wachsend, mattgrüne, Nadeln, Wuchs H: 0,5, B: 1,5–2 m, Mitte gewölbt, Standort sonnig

Nestfichte, *Picea abies* 'Nidiformis'
Halbrunder Strauch, Nadeln dunkelgrün, spitz, Wuchs H: 1–1,5 m, B: 2–3 m, nestförmige Vertiefung, Standort sonnig

Kleine blaue Stechfichte, *Picea pungens* 'Glauca Globosa'
Flachkugelig bis kegelig, silberblaue Nadeln, Wuchs H: bis 2 m, B: bis 3 m, Standort sonnig

Krummholzkiefer, *Pinus mugo var. mughus*
Breitwuchsig, dunkelgrüne Nadeln, Wuchs H: bis 3 m, B: bis 5 m, Standort sonnig

Mädchenkiefer
Pinus parviflora 'Glauca'
Reizender kleiner Baum, Frucht mittelgroße braune eiförmige Zapfen, blaugrünsilbrige Nadeln, Wuchs H: 3–5 m, sehr langsamwüchsig, Standort sonnig, sandighumose Böden

Blaue Kriechkiefer, *Pinus pumila* 'Glauca'
Breitbuschig, auffallend rote Blüten, eiförmige violettbraune Zapfen, silbrigblaue Nadeln, Wuchs H: bis 1 m, B: bis 3 m, Standort sonnig, luftfeucht

Silber-Kiefer, *Pinus sylvestris* 'Watereri'
Halbrund, kegelförmige, braune Zapfen, stahlblaue Nadeln, Wuchs H/B: bis 4 m, Standort sonnig

Zwerg-Weymonthskiefer, *Pinus strobus* 'Radiata'
Kugelig, blaugrüne Nadeln, Wuchs H: 1–1,5 m, B: 2–3 m, Standort sonnig bis halbschattig

Tafel-Eibe, ☠
Taxus baccata 'Repandens'
Flach wachsend, runde, rote, giftige Früchte, Nadeln dunkelgrün, Wuchs H: bis 0,8 m, B: bis 3 m, Standort sonnig bis schattig

Japanische Zwergeibe, *Taxus cuspidata* 'Nana'
Unregelmäßig wachsend, frischgrüne Nadeln, Wuchs H: bis 2 m, B: bis 5 m, Standort sonnig bis halbschattig

Zwerg-Hemlocktanne, *Tsuga canadensis* 'Nana'
Flachwachsend, bogig überhängend, dunkelgrüne Nadeln, Wuchs H: bis 1 m, B: bis 2 m, Mitte nestförmig vertieft, Standort halbschattig bis schattig

Unterschiedliche Efeusorten begrünen hier eine Laube für neckische Putten

KLETTER-PFLANZEN

Es gibt sie in einer großen Vielfalt – einjährige Pflanzen (→ Seite 265) zählen ebenso dazu wie Stauden und Gehölze. Die einen lieben die Sonne, die anderen den Schatten, dazu wachsen, blühen und fruchten sie sehr unterschiedlich. Allen gemeinsam ist die Fähigkeit, zu Klettern und mit sehr wenig Bodenfläche auszukommen. Entweder wachsen sie aus eigener Kraft (Selbstklimmer) oder mit Hilfe einer Stütze in die Höhe. Kletterpflanzen sind, gestalterisch betrachtet, die am vielseitigsten verwendbaren Gewächse (→ Seite 126/127). Bestens geeignet sind sie zum Begrünen von Raumteilern. Als lebender Zaun können sie für Sicht-, Wind- und Sonnenschutz sorgen. An Gittern, Säulen, Bögen und Pergolen lassen sie sich zauberhaft ziehen, wobei die Kombination von verschiedenen Kletterern besonders hübsch ist. Kletterpflanzen bilden sogar grüne Dächer, sei es als »Bohnenzelt«, dichtbewachsene Laube oder phantasievolles Pflanzenhaus.

Unter einem Geflecht von Kletterpflanzen läßt sich einerseits manches Unschöne verstecken, andererseits kann auch das Besondere hervorgehoben werden. Kletterpflanzen werden überdies zu attraktiven Hängegewächsen, wenn sie über Mauern und Böschungen hinabwuchern.

Nicht zu vergessen: Im Schutz ihres dichten Blättermantels finden viele Tiere Unterschlupf. Ein »grüner Pelz« am Haus wirkt überdies isolierend. Starkwüchsige Pflanzen sollten jedoch regelmäßig kontrolliert und im Zaum gehalten werden, weil sie Dach, Fallrohre und Regenrinne in Mitleidenschaft ziehen können.

Vom heimischen Waldgeißblatt (Lonicera periclymenum) gibt es einige schöne, duftende Sorten

Clematis

Der deutsche Name Waldrebe weist bereits auf deren natürlichen Standort hin. Sie bevorzugt einen humosen, frischen Boden (→ Seite 14/15). Neben den etwa 250 Wildformen sind bis heute über 500 Sorten und Hybriden bekannt. Blütenform und -größe können sehr unterschiedlich sein. Clematis sind Blattstielranker, die klettern, indem sie ihre Blattstiele um dünne Zweige oder andere Kletterhilfen winden. Sie lassen sich in folgende Gruppen einteilen:

- Kletternde Wildarten und ihre Sorten. Fast alle sind robust, starkwüchsig, und blühen überreich. Viele Wildarten bilden nach der Blüte hübsche fedrige Fruchtstände aus.
- Großblumige Hybriden. Ihre großen Blüten erreichen Durchmesser von bis zu 15 cm.
- Staudig wachsende Clematis. Die meisten Arten klettern nicht, viele eignen sich als Bodendecker. Staudenclematis bilden Triebe bis zu 2 m Länge und sind überwiegend kleinblütig.

Gestaltungsideen. Clematis sind Glanzlichter im Garten, die unterschiedlichste Kletterhilfen – auch Sträucher und Bäume – zauberhaft umspielen, aber auch über Mauern hängend oder über Böschungen kriechend verwendet werden. Kombiniert mit Rosen schaffen sie zaubervolle Gartenbilder.

Schnittregeln. Der Schnitt ist abhängig von der Blütezeit.

- Im April/Mai blühende Sorten brauchen keinen Rückschnitt. Nach der Blüte lediglich Abgestorbenes entfernen.
- Im Mai/Juni blühende Clematis kürzen Sie im Spätherbst nur um etwa 10 – 20 cm ein, denn sie blühen an den Trieben des Vorjahres.
- Im Juni/Juli oder später blühende Pflanzen bilden ihre Blüten an den jeweils neuen Trieben. Sie werden deshalb im Herbst stark zurückgeschnitten (maximal bis auf 20 cm).
- Staudenclematis schneiden Sie im Herbst oder Frühjahr bis zum Boden zurück.
- Clematis, deren Blühfreudigkeit nachgelassen hat, werden zum Verjüngen im März/April stark zurückgeschnitten.

Pflanzung. Ein großes Pflanzloch (40 x 40 cm) ausheben und den Wurzelballen 10 – 15 cm unter Erdniveau und schräg zur Kletterhilfe geneigt einsetzen. Die Pflanzerde mit Kompost oder Humus anreichern. Den Fuß der Waldrebe schattieren oder aber Stauden oder kleine Gehölze davorsetzen.

Clematis-Welke. Diese Pilzkrankheit befällt besonders häufig die großblumigen Zuchtformen. In kürzester Zeit werden die Triebe welk und braun. Alle befallenen Teile müssen abgeschnitten und vernichtet werden (nicht kompostieren!). Vermeiden Sie zur Vorbeugung alle Verletzungen der Pflanzen, durch welche Pilzsporen eindringen können.

Bergwaldreben-Sorte 'Rubens'

Bergwaldrebe !
Clematis montana

Sehr starkwüchsige, beliebte Wildart mit vielen Sorten, ideal zum Begrünen von alten Bäumen, Zäunen oder Gartenhäusern · Blüte 4 Blütenblätter, Durchmesser 2 bis 6 cm, ursprünglich weiß, viele rosafarbene Sorten, einige duftend; V – VI · Laub dunkelgrün, rötlicher Austrieb, Herbstfärbung braunrot · Wuchs H: bis 10 m, auch schleppenartig überhängend mit lockeren Blütenkaskaden · Standort Sonne bis Schatten, Jungpflanzen brauchen Schutz vor Spätfrösten · Sorten 'Rubens' zartrosa Blüten mit gelben Staubgefäßen; 'Tetrarose' intensiver rosa als 'Rubens'; 'Grandiflora' weiß

Clematisarten und -sorten !

Alpenwaldrebe, *Clematis alpina* 'Frances Rivis'
Blaßblaue glockig hängende Blüten, IV–V, fedrige Fruchtstände, H: 2,5 m, schattenverträglich

Großblütige Alpenwaldrebe, *Clematis macropetala* 'Markham's Pink'
Rosarote glockig hängende Blüten, V–VI, H: 3 m, Standort sonnig bis halbschattig

Goldwaldrebe, *Clematis tangutica* 'Aureolin'
Goldgelbe glockenförmige Blüten, VI–X, fedrige Samenstände, H: 6 m, sonnige Standorte

'Gipsy Queen', Hybride,
Purpurblüten, rote Staubgefäße, Durchmesser 12 cm, VIII–IX, H: 3,5 m, sonnige bis halbschattige Standorte

'Huldine', Hybride
Weiße, lila überhauchte Blüten, Durchmesser 8 cm, VIII–IX, H: 5 m, sonnige Standorte

'Lasurstern', Hybride
Lavendelblaue Blüten mit weißen Staubgefäßen, Durchmesser 18 cm, V–VI, Nachblüte IX, H: 2,5 m, sonnige bis halbschattige Standorte

'Nelly Moser', Hybride
Zartrosa Blüten mit violetten Mittelstreifen, rote Staubgefäße, Durchmesser 18 cm, VI, Nachblüte IX, H: 3 m, halbschattige Standorte

'The President', Hybride
Blauviolette Blüte, rötlichbraune Staubgefäße, Durchmesser 18 cm, V, H: 3 m, alle Standorte

Hybride 'Jackmanii'

Clematis-Hybride ! 'Jackmanii'
Clematis-Hybride, klassische Clematis-Züchtung, die ähnliche Sorte 'Jackmanii Superba' ist etwas dunkler gefärbt. · Blüte blaupurpur, grüne Staubgefäße, Durchmesser 10 cm, VII – VIII · Laub gefiedert, mittelgrün · Wuchs H: 3 m · Standort Sonne bis Schatten

'Marie Boisselot' ist auch als 'Mme Le Coultre' im Handel

Clematis-Hybride ! 'Marie Boisselot
Großblumiger Frühsommerblüher, häufig auch als 'Mme Le Coultre' angeboten; diese ausgesprochen schöne Sorte gedeiht sehr gut an einem schattigen Platz, ihre Blüten leuchten dort besonders intensiv · Blüte reinweiß, sehr ebenmäßig, Staubgefäße gelb, im Aufblühen hellgrüne Streifen auf den Blütenblättern, Durchmesser bis 18 cm, VI, Nachblüte IX · Laub gefiedert, mittelgrün · Wuchs H: 3 m, auch für die Kultur im Kübel geeignet · Standort Sonne bis Schatten

'Ville de Lyon'

Clematis-Hybride ! 'Ville de Lyon'
Rundblumige Gartensorte, reichliche Dünger- und Wassergaben fördern die Blütenfülle · Blüte karminrot, Staubgefäße gelb, Durchmesser 12 cm, VII–IX · Laub gefiedert, frischgrün · Wuchs H: 4 m · Standort Sonne bis Halbschatten

'Etoile Violette' und 'Abundance

Italienische Waldrebe ! C. viticella 'Etoile Violette'
Gesund, reichblühend · Blüte dunkelviolett, flach; VII – IX · Laub mittelgrün · Wuchs H: 4 m · Standort Sonne bis Schatten, windgeschützt · Weitere Sorten 'Abundance' malvenrot (→ Foto oben); 'Alba Luxurians' weiß; 'Minuet' weiße Blüten mit rosa Rand; 'Rubra' leuchtend rot

'Perle d'Azur'

Clematis-Hybride ! 'Perle d'Azur'
Hochwertige Gartensorte · Blüte hellblau, Staubgefäße cremeweiß bis grün, Blütenränder leicht nach hinten gebogen, Durchmesser 10 cm, VII bis IX · Laub gefiedert, frischgrün · Wuchs H: 4,5 m · Standort Sonne bis Schatten

'Rouge Cardinal'

Clematis-Hybride ! 'Rouge Cardinal'
Reichblühende gesunde Gartensorte mit kompaktem Wuchs und langer Blütezeit · Blüte karmesinrot, Staubgefäße rötlichbraun, VII – IX · Laub gefiedert, frischgrün · Wuchs H: 3 m · Standort Sonne bis Halbschatten, keine reine Nordlage

Gefüllte Sorte 'Vyvyan Pennell'

Clematis-Hybride ! 'Vyvyan Pennell'
Beste gefüllte Sorte · Blüte lavendelblau, dichtgefüllt, Staubgefäße gelb, Durchmesser 15 cm; VI, Nachblüte VIII/IX, aber ungefüllt · Laub gefiedert, frischgrün · Wuchs H: 3 m · Standort Sonne bis Halbschatten, windgeschützt

Weitere kletternde Gehölze

Den Kletterpflanzen fehlt das tragende Gerüst, sie brauchen eine geeignete Unterlage oder künstliche Stütze, um zum Licht wachsen zu können. Die Art und Weise, mit der diese Pflanzen an Höhe gewinnen, ist ganz unterschiedlich: Selbstklimmer können ohne Kletterhilfe selbst Wände erklettern. Zu ihnen zählen Wurzelkletterer wie der Efeu (*Hedera helix* und Haftscheibenkletterer wie einige Arten des Wilden Weins *Parthenocissus).*
Schlinger winden sich mit ihrem ganzen Sproß an einer Stütze empor. Es ist die am weitesten verbreitete Klettertechnik. Schlinger sind meist starkwüchsig, sie umschlingen sich anfangs sogar selbst und bilden eine Art Stamm, wenn Halterungen fehlen. Als Kletterhilfen eignen sich Gerüste aller Art, oft genügen auch kräftige Spanndrähte.
Ranker haben Kletterorgane, die auf Umwandlungen von Sproß, Blatt oder Blattstiel zurückzuführen sind. Als Kletterhilfen eignen sich Drähte, Gitter und Spaliere mit kleinem Querschnitt.
Spreizklimmer besitzen lange, biegsame, teils bedornte oder bestachelte Triebe, mit denen sie sich an Stützen festhalten. Als Kletterhilfe kommen Säulen und Spaliere in Frage, die möglichst viele waagerechte Sprossen besitzen, an denen die weichen Triebe verteilt und befestigt werden.
Wichtig: Spaliere, Gitter und Drähte sollten immer mindestens 10 cm Abstand von einer Wand haben (Abstandshalter), damit die Luft zirkulieren kann.

Klettergehölze

Akebie, Klettergurke
Akebia quinata
Rotbraune, duftende Blütentrauben, IV–V, H: bis 6 m, sonnig bis schattig

Trompetenblume
Campsis radicans
Orangefarbene Blüten in Büscheln, VII–IX, H: bis 10 m, Standort sonnig, geschützt

Baumwürger
Celastrus orbiculatus
Zweihäusig, Blüten unscheinbar, VI, Früchte gelb-orange X–II, H: bis 12 m, Standort sonnig bis absonnig

Jelängerjelieber ☠
Lonicera caprifolium
Gelblich-weiße, duftende Blütendolden, V, H: bis 4 m, Standort halbschattig

Jungfernrebe
Parthenocissus tricuspidata
Blüte gelbgrün, VI–VII, Früchte schwarzblau, ab IX, H: bis 12 m, Standort sonnig bis halbschattig

Passionsblume
Passiflora caerulea
Rankpflanze, weiß-blaue Blüten, Laub gelappt, H: 2–4 m, Standort sonnig, geschützt; im Winter frieren auch die holzigen Teile bis zum Boden zurück; nur in Weinbauklima mit Winterschutz mehrjährig

Kletterbrombeere
Rubus henryi
Immergrün, Spreizklimmer, Blüte unscheinbar, Laub gelappt, H: bis 3 m, Standort warm, geschützt

Glyzine, Blauregen ☠
Wisteria sinensis
(→ Foto oben)
Attraktive Schlingpflanze · Blüte lange, hellblaue bis blauviolette Trauben vor dem Laubaustrieb; IV–V, duftend, schotenförmige, lange Hülsen ab VIII · Laub lang gefiedert, mittelgrün · Wuchs H: bis 15 m, B: bis 10 m, sehr stark windend · Standort sonnig, warm, kein Kalk, frische, nahrhafte Böden ·
Wichtig: Nur an sehr starke Stützen pflanzen, da sich die Triebe sonst selbst strangulieren! Nie an kleinere Bäume oder Regenfallrohre pflanzen! Regelmäßiger Schnitt nach der Blüte sowie des Kürzen der Jungtriebe im Sommer verstärkt den Blütenansatz

Winterjasmin

Winterjasmin
Jasminum nudiflorum
Wertvoller Vorfrühjahrsblüher, Spreizklimmer, braucht Kletterhilfe · Blüte gelb, sternförmig; XII oder II – III · Laub sattgrün, klein · Wuchs H: bis 3 m · Standort sonnig bis halbschattig, warm und geschützt · Wichtig: Vor Frostbeginn gut wässern

Efeu-Sorte 'Cathedral'

Die Blüten der Kiwi sind etwa 3 cm groß und duften zart

Kletterhortensie

Efeu ☠
Hedera helix
Immergrüner Selbstklimmer · Blüte nur an alten Pflanzen grüngelbe Dolden, IX, später schwarze Früchte (giftig!) · Laub drei- bis fünflappig, ledrig, dunkelgrün, glänzend, Altersform eiförmig · Wuchs H: bis 20 m, B: bis 15 m · Standort Sonne bis Schatten

Kiwi, Strahlengriffel
Actinidia chinensis
Fruchtet nur in geschützten Lagen eines Weinbauklimas · Blüte weiße Scheindolden, männliche und weibliche Blüten an getrennten Pflanzen, V–VI, eßbare stachelbeerähnliche Früchte, braun, behaart, für Fruchtbildung sind männliche und weibliche Pflanzen nötig, 1 männliche reicht für 4 bis 5 weibliche, Erntereife erst im November · Laub herzförmig, behaart, bis 15 cm lang · Wuchs schnell wachsend, H: bis 10 m · Standort sonnig, warm, geschützt, durchlässiger, nahrhafter Boden, nicht austrocknend · Pflege ständiger Rückschnitt auf Jungtriebe

Kletterhortensie
Hydrangea anomala ssp. petiolaris
Attraktiver Selbstklimmer · Blüte flache, weiße Dolden mit großen, sterilen Randblüten, bis 20 cm, VI–VII · Laub herzförmig · Wuchs H: bis 10 m, B: bis 6 m · Standort Sonne bis Schatten, kühl-feuchte Lage, kein Kalk

Wilder Wein in Herbstfärbung

Blüten des Schlingknöterich

Pfeifenwinde

Waldgeißblatt

Wilder Wein
Parthenocissus quinquefolia
Selbstklimmer mit auffälliger Herbstfärbung · Blüte unscheinbar; VI – VII, schwarze, blaubereifte Früchte ab IX · Laub handförmig, fünfzählig, dunkelgrün glänzend, ab IX rotfärbend · Wuchs H: bis 15 m · Standort Sonne bis Schatten

Schlingknöterich
Fallopia aubertii
Rasch- und dichtwachsende Schlingpflanze ohne besondere Ansprüche · Blüte weiße, lockere Rispen, VII – IX · Laub eiförmig, grün · Wuchs H: bis 15 m, Jahreszuwachs mehrere Meter, Triebe schleppenartig überhängend · Standort Sonne bis Schatten

Pfeifenwinde
Aristolochia macrophylla
Großblättrige Schlingpflanze · Blüte grünbraun, pfeifenartig, unscheinbar; VI–VIII · Laub groß, herzfömig, dunkelgrün, schuppenartig übereinanderliegend, haftet lange am Holz · Wuchs H: 8–10 m B: 1–8 m · Standort Sonne bis Schatten, keine Trockenheit

Waldgeißblatt ☠
Lonicera periclymenum
Windende Kletterpflanze mit intensiv duftendem Flor · Blüte langröhrig, je nach Sorte gelb-weiß oder dunkelpurpur, innen rosa; V–VII · Laub oval bis länglich, graugrün · Wuchs H: bis 7 m · Standort Sonne bis Halbschatten, durchlässige, nährstoffreiche Böden

Bis zu 6 m hoch klettert die Ramblerrose 'Paul's Himalayan Musk' in Bäume

ROSEN

Die Rose ist noch immer der Inbegriff einer schönen Blume, ein Symbol für Formenfülle, Farbenpracht und Duft. Es gibt zauberhafte Rosenarten und alte Sorten, die intensiv duften. Auch bei vielen Neuzüchtungen ist dies wieder der Fall. Wildrosen und fast alle alten Rosen blühen üppig, aber nur einmal. Die meisten modernen Züchtungen hingegen vereinen Schönheit mit der Eigenschaft, mehrmals im Jahr zu blühen.

Urahnen aller modernen Arten und Sorten sind die Wildrosen. Sie stehen auf eigener Wurzel und bilden im Herbst wunderschöne Hagebutten aus. Heimische Wildrosen sind ausgesprochen robust und winterhart. Zuchtrosen werden jedoch meist veredelt und sind deshalb empfindlicher.

Rosen wachsen in unterschiedlichsten Formen, manche können sogar klettern und kriechen. Folglich eignen sie sich auch für vielfältige Gestaltungsmöglichkeiten. An diesen Nutzungsvarianten orientiert sich die folgende Einteilung der Rosen:

- Kletterrosen, → Seite 224/225
- Alte und Englische Rosen, → Seite 226/227
- Strauchrosen, → Seite 228/229
- Beetrosen, → Seite 230/231.

Bevor Sie sich für eine Sorte entscheiden, erkundigen Sie sich nach ihrer Gesundheit. Denn kränkelnde Rosen sind ein Joch für jeden Gärtner und erfordern regelmäßigen Einsatz von Spritzmitteln. In Gegenden mit rauhem Klima sollten Sie unbedingt besonders frostharte Sorten wählen. Ausschlaggebend für ein prächtiges Gedeihen Ihrer Rosen sind aber auch richtiges Pflanzen und Pflegen. Im Praxis-Teil (→ Seite 176 bis 179) erfahren Sie alles hierüber.

Die Kletterrose 'Raubritter' schmückt sich mit ihren nostalgischen Blütenbällen nur einmal im Jahr – dafür aber überreich. Die Rose ist starkwüchsig und frosthart, leider aber anfällig für Mehltau

Kletterrosen

Kletterrosen besitzen ein ausgeprägtes Längenwachstum. Es gibt einmal- und öfterblühende Sorten, duftende und nichtduftende, stark- und schwachwüchsige, büschelblütige und solche mit großen, mehr einzelstehenden Blüten. Ideale Standorte für Kletterrosen sind vor scharfen Winden etwas geschützte Südost- und Südwestwände. An heißen Südwänden verbrennen die Blätter leicht, die Blüten bleichen aus. Wenn keine Luftzirkulation möglich ist, wird auch der Befall mit Spinnmilben und Pilzkrankheiten gefördert. Kletterrosen werden umso reichblütiger, je mehr Verzweigungen die Pflanzen bilden.
Alles über Pflanzung und Pflege der Rosen finden Sie auf den Seiten 176 bis 177. Der Schnitt richtet sich danach, ob es sich um einmal- oder öfterblühende Rosen handelt (→ Seite 179). Im Gegensatz zu Beetrosen, die jährlich stark zurückgeschnitten werden, lichtet man Kletterrosen nur aus. Es ist jedoch wichtig, immer wieder für ausreichend Nachwuchs an jungen Trieben zu sorgen.
Rambler-Rosen besitzen weiche, hängende oder kriechende Triebe. Sie blühen fast alle nur einmal, haben meist kleine Blüten, die aber in üppigen Büscheln stehen. Rambler-Rosen wirken besonders schön, wenn sie einige Meter nach oben geleitet werden – zum Beispiel an Pfeilern, Säulen, Mauern, aber auch in Baumkronen – und von dort kaskadenartig überhängen können. Sie werden auch auf etwa 1,40 m hohe Stämmchen veredelt. Diese »Kaskadenrosen« eignen sich als reizvolle und elegante Solitärpflanzen.
Climber-Rosen. Diese starktriebigen Kletterrosen sind straff aufrecht wachsende Spreizklimmer, die ohne Stütze 2–4 m hoch werden können. Sie sind ausgesprochen vielseitig verwendbar und eignen sich hervorragend für Rosenbögen und Pergolen.
Kletterrosen brauchen einen Halt oder eine Stütze, da sie keine Rankorgane ausbilden. Wunderbar bekleiden sie Hauswände, Mauern, Spaliere aller Art, besonders die hübschen, nostalgischen Gitterwände aus Holz. Eine billigere Lösung sind Baustahlmatten oder schlichte Drähte. Als einfache Gerüste oder Raumteiler eignen sich Holzpfosten, die mit Querlatten oben und mittig oder auch durch waagerecht gespannte Drähte miteinander verbunden werden.
Etwas schwächer wachsende Climber-Rosen bilden auch einen hübschen Blickfang, wenn man sie frei wachsen läßt.

GARTEN TIPS & TRICKS

Kletterrose 'Raubritter'
→ Foto Seite 222/223
Reizende, altmodisch wirkende, nur einmalblühende Rambler-Rose · Blüte intensiv rosa, später hellrosa werdend, kleinblumig, etwa 5 cm Blütendurchmesser, gut gefüllt, kugelig, einzeln oder in Büscheln, mittelspät, aber sehr reichblühend, nicht ganz regenfest, zarter Duft · Laub mittelgrün, klein, derb · Wuchs H: bis 2 m, weich überhängend

'New Dawn' ist von bezauberndem Liebreiz

Kletterrose 'New Dawn'
Eine der bekanntesten und dankbarsten Kletterrosen mit nostalgischem Flair, vielseitig verwendbar, robust und frosthart · Blüte zartrosa-weißlich, mittelgroß, locker gefüllt, in Büscheln, selbstreinigend, wetterfest, Nachblüte bis zum Frost · Laub glänzend dunkelgrün, lange haftend, resistent gegen Mehltau und Sternrußtau · Wuchs H: bis 4 m, zuerst steif aufrecht, dann bogig ausladend und überhängend, Rambler · Wichtig: Aufgrund der lang überhängenden Triebe schön für Mauern, Zäune, Spaliere und Bögen

Empfehlenswerte Rambler-Rosen

'Bobbie James'
Wüchsig, reichblühend, Blüte rahmweiß, schalenförmig in Büscheln, eiförmige, dunkelrote Hagebutten, Laub hell- bis mittelgrün, glänzend, Wuchs H: bis 7 m, starkwüchsig, Standort sonnig bis halbschattig, geschützt

'Madeleine Seltzer'
Frosthart, gefülltblühend, Blüte zitronengelb bis weiß, mittelgroß, duftend, dichte Büschel, früh, Laub bronzegrün, Wuchs H: bis 3 m, mittelstark, Standort sonnig

'Paul's Himalayan Musk'
Nostalgische, zarte Sorte von starker Wuchskraft, Blüte blaßrosa, gefüllt, leicht duftend, rosettenförmig, öfterblühend, dichte große Büschel, Laub mittelgrün, Wuchs H: bis 10 m, hängend, Standort sonnig

'Paul Noel'
Gesunde, reichblühende Sorte, Blüte aprikosenrosa, großblumig, gefüllt, öfterblühend, leicht duftend, Laub sattgrün, glänzend, Wuchs H: bis 3 m, buschig, Standort sonnig

'Super Excelsa'
Pomponblütige Sorte, Blüte karminrosarot mit weißem Mittelstreifen, nachblühend, Laub mittelgrün, glänzend, Wuchs H: 1,5 – 2,5 m, Standort sonnig, auch als Bodendecker

'Veilchenblau'
Starkwachsend, heißt auch 'Blue Rambler', Blüte purpurviolett mit weißen Streifen, einfach oder halbgefüllt, in großen Doldenrispen, fruchtiger Duft, früh, Laub hellgrün, gesund, Wuchs H: bis 5 m, Standort sonnig

'Santana'

'Compassion' mit betörendem Duft

'Golden Showers'

Kletterrose 'Santana'
Robuste und frostharte Kletterrose · Blüte leuchtend dunkelblutrot, groß, gefüllt, lange haltbar, wetterfest, schwach duftend · Laub glänzend grün, ledrig, groß · Wuchs H: bis 2 m dichtbuschig aufrecht, kräftige Neutriebbildung

Kletterrose 'Compassion'
Herrlich duftende Kletterrose, robust und frosthart · Blüte lachsorange, leicht silbrig, rosa changierend, edelrosengleiche schön geformte Knospe – gelb mit rotem Rand – großblumig, locker gefüllt, wetterfest, blüht gut nach, intensiver Duft · Laub glänzend dunkelgrün, ledrig derb · Wuchs H: bis zu 2,5 m dicht und breitbuschig, kräftig und steif aufrecht · Wichtig: Zum Beranken von Spalieren und Säulen, aber auch als Solitärstrauch und Heckenpflanze

Kletterrose 'Golden Showers'
Dankbare frühblühende Sorte · Blüte zitronengelb, im Verblühen aufhellend, großblumig, schalenförmig, locker gefüllt, einzeln oder in Büscheln stehend, lange bis in den Herbst blühend, leichter Duft · Laub glänzend grün, derb · Wuchs H: 2 – 3 m

'Lawinia'

'Ilse Krohn Superior'

'Rosarium Uetersen', eine der dankbarsten Sorten

Kletterrose 'Lawinia'
Sehr reichblühende Kletterrose · Blüte intensives Rosa, später hellrosa, groß, locker gefüllt, schalenförmig, sehr gut durchblühend, stark duftend · Laub dunkelgrün, mattglänzend, groß · Wuchs H: 2–3 m breitbuschig, mittelstark, leicht überhängend

Kletterrose 'Ilse Krohn Superior'
Wunderbar duftend und robust · Blüte weiß, edle Knospenform, mittelgroß, schalenförmig, stark gefüllt, blüht gut nach, wetterfest · Laub leuchtend grün, aber matt · Wuchs H: bis 3 m, langtriebig, kräftig buschig aufrecht bis leicht bogig

Kletterrose 'Rosarium Uetersen'
Reichblühende dankbare und robuste Rose · Blüte leuchtendrosa, Knospe hellrot, mittelgroß, dicht gefüllt, etwas rosettig, in Büscheln stehend, reichlich und gut durchblühend, leichter Duft · Laub glänzend grün, mittelgroß, dicht · Wuchs H: 2 – 3 m mittelstark, sperrig, buschig aufrecht · Wichtig: Verwendbar für Säulen, Pyramiden und Wandbegrünung, aber auch freistehend und als Hochstämmchen mit kugelig geschnittener Krone

Alte Rosen und Englische Rosen

Die Beschäftigung mit Alten und Englischen Rosen kann zur echten Liebhaberei werden, wenn Sie die Stammbäume der einzelnen Sorten bis in ihre Anfänge zurückverfolgen, wenn auch die Herkunft bei manchen im Ungewissen bleibt. Freude am Sammeln rufen auch die unterschiedlichen Blütenformen hervor. Bei harmonischer Abstimmung von Farben, Formen und Wuchs lassen sich Alte und moderne Rosen aber auch gut miteinander kombinieren.
Alte Rosen. So bezeichnet man heute Sorten der Gallica-, Damaszener-, Alba- und Zentifolien-Rosen. Bei ihnen faszinieren die dicht gefüllten und typisch »altmodisch« geformten Blüten, die feinen Farben und schließlich ihr unvergleichlicher Duft. Alles zusammen macht den Reiz Alter Rosen aus. Daß viele von ihnen nur einmal blühen oder lediglich im Spätsommer ein wenig nachblühen, wird von Liebhabern nicht als Nachteil empfunden. Bei geschickter Sortenwahl lassen sich früh-, spät- und nachblühende Sorten so kombinieren, daß trotzdem von Mai an den ganzen Sommer über Rosen blühen. Die einmalblühenden Rosen imponieren durch ihre verschwenderische Blütenfülle, viele auch durch langanhaltenden Flor. Häufig bilden sie hübsche Hagebutten aus und besitzen schönes, gesundes Laub. Gerade die einmalblühenden Sorten sind sehr robust. Viele Alte Rosen vertragen im Gegensatz zu modernen Züchtungen auch einen halbschattigen Standort, etwa unter Bäumen. Je nach Sorte wachsen sie aufrecht oder leicht überhängend. Meistens entwickeln sie sich zu kräftigen und breitausladenden Sträuchern.
Zu den Alten Rosen zählen auch die Remontant-Rosen (remontierend = öfterblühend). Sie entstanden durch Kreuzungen mit Portland-, Bourbon-, Noisette- und Teerosen, besitzen einen robusten Wuchs und haben kräftige Farben. Im Spätsommer blühen sie etwas nach. Sie sind allerdings etwas weniger widerstandsfähig gegen Krankheiten als ihre einmalblühenden Verwandten.
Englische Rosen. Die Grenzen zwischen alten und neuen Rosensorten sind fließend. 1961 gelang es David Austin, mit 'Constance Spry' die erste Englische Rose zu züchten. Diese stammen von alten Gallica-, Damaszener-Rosen und Zentifolien ab und vereinen das Flair Alter Rosen mit den guten Eigenschaften der modernen Rosen: Die meisten blühen öfter, sind von guter Gesundheit, haben dicht gefüllte Blüten und einen hinreißenden Duft. Viele Englische Rosen haben die edlen Pastelltöne der Alten Rosen, wobei ihre Farbpalette jedoch durch zauberhafte Gelb-, Orange- und Rottöne erweitert wurde.
Wichtig: Klima und Standort üben generell großen Einfluß auf die Widerstandsfähigkeit der Rosen aus. Günstig ist immer ein luftiger, freier Stand und lockerer, tiefgründiger Boden. Alles über Pflanzung, Pflege und Schnitt erfahren Sie auf den Seiten 176 bis 178.

Die Hundertblättrige Rosa centifolia 'Minor'

Zentifolie
Rosa centifolia
Die hundertblättrige Rose ist eine aus mehreren Wildarten entstandene Hybride. Vermutlich wurde sie schon im 16. Jahrhundert in Holland kultiviert. Inzwischen existiert eine Vielzahl von Sorten. Aus den Zentifolien entstanden die Moosrosen (*Rosa centifolia muscosa*). Bei ihnen sind Stiele, Fruchtknoten und Kelchblätter mit einem moosartigen Gewebe überzogen · Blüte weiß, rosa oder rot, dicht gefüllt, oft gefältelt, kugelig, einmalblühend, starker Zentifolienduft, nur selten Hagebutten · Laub frischgrün · Wuchs mittelkräftig, locker, bogig überhängend, H: bis 2 m

Zartrosa – 'Maiden's Blush'

Rosa alba
'Maiden's Blush'
Langlebige Strauchrose, Klassiker unter den Alten Rosen, bekannt seit dem Mittelalter · Blüte hellrosa, großblumig, prall gefüllt, in Büscheln, duftend, einmalblühend, wetterfest · Laub blaugrün, groß, locker · Wuchs H: bis 2 m, überhängend, wüchsig

Tiefrot – 'Rose de Resht'

Damaszener-Rose
'Rose de Resht'
Alte Rose, die schon vor 1880 in Persien kultiviert wurde · Blüte fuchsienrot, im Verblühen lila, kleinblumig, dicht rosettenförmig gefüllt, in Büscheln, stark duftend, öfterblühend · Laub dunkelgrün, groß, dicht · Wuchs H: bis 1 m, aufrecht, gut verzweigt, kompakt, kräftig

Rosa gallica 'Versicolor'

Rosa gallica 'Versicolor'
Alte Rose mit interessantem Farbenspiel, auch als *Rosa mundi* bekannt · Blüte hellrosa mit karminroten Streifen, goldgelbe Staubfäden, mittelgroß, locker gefüllt, reichblühend, stark duftend · Laub mittelgrün, matt, dicht, groß · Wuchs H: bis 1,5 m, aufrecht, buschig

'La Reine Victoria'

Bourbon-Rose 'La Reine Victoria'
Besonders prachtvolle Sorte mit viel Charme · Blüte seidige Rosa-Schattierungen, großblumig, rundlich, dicht gefüllt, öfterblühend · Laub hellgrün, groß, locker · Wuchs H: bis 1,5 m, aufrecht, schlanke Triebe · Wichtig: Braucht eine Stütze, schön an Säulen oder Zäunen

'Constance Spry'

Englische Rose 'Constance Spry'
Robuste Strauch- und Kletterrose · Blüte kräftig rosa, bis 12 cm Durchmesser, gut gefüllt, zuerst rund, dann schalenförmig weit geöffnet, Myrrhenduft, lang- aber einmalblühend · Laub groß, hellgrün · Wuchs kräftig, H: bis 2 m

'Charles Austin'

Englische Rose 'Charles Austin'
Nostalgisch wirkend · Blüte aprikosenfarbig mit rosa Hauch, großblumig, stark gefüllt, becherförmig, reichblühend, stark duftend, vereinzelte Nachblüte · Laub lichtgrün, glänzend, groß · Wuchs H: bis 1,5 m, buschig, aufrecht, starkwüchsig

Alte Rosen

Remontant-Rose 'Ferdinand Pichard'
Blüte rot und rosa gestreift auf weißem Grund, großblumig, gefüllt, stark duftend, Laub dunkelgrün, Wuchs H: bis 1,2 m

Noisette- oder Teerose 'Gloire de Dijon'
Winterharte, frühblühende Kletterrose, Blüte hellorangegelb, groß, gefüllt, starker Duft, Laub dunkelgrün, Wuchs H: bis 5 m

Portland-Rose 'Jacques Cartier'
Pflegeleicht, Blüte intensiv rosa, großblumig, gefüllt, in der Mitte mit »Damaszener-Knopf«, duftend, zweimalblühend, Laub hellgrün, Wuchs H: bis 1 m

Bourbon-Rose 'Mme Pierre Oger'
Romantische Sorte, Blüte perlmuttrosa, kugelig, mittelgroß, locker gefüllt, in Büscheln, zweimalblühend, duftend, Laub dunkelgrün, Wuchs H: bis 1,5 m, gedeiht auch noch im Halbschatten

Remontant-Rose 'Mrs John Laing'
Langblühend, Blüte reinrosa, großblumig, gefüllt, in Büscheln, duftend, Laub hellgrün, Wuchs H: bis 1,5 m, für Hochlagen geeignet

Bourbon-Rose 'Souvenir de la Malmaison'
Berühmte Sorte, Blüte zartrosa bis weiß, stark gefüllt, großblumig, duftend, öfter blühend, Laub hellgrün, Wuchs H: bis 0,7 m

Pimpinellifolia-x Damaszener-Rose 'Stanwell Perpetual'
Pflegeleicht, Blüte hellrosa bis weiß, mittelgroß, dichtgefüllt, flach mit »Damaszener-Knopf«, lang anhaltend, duftend, Laub graugrün, Wuchs H: bis 1,5 m

Englische Rosen

'Abraham Darby'
Sehr gesund, Blüte aprikosengelb mit Rosa, großblumig, gefüllt, duftend, Laub mittelgrün, glänzend, Wuchs H: 1,5 – 2m

'Heritage'
Reichblühende Strauchrose, Blüte reinrosa, mittelgroß, dicht gefüllt, gefältelt, duftend, regenfest, Laub dunkelgrün, Wuchs kräftig, H: 1,2 m

'Lilian Austin'
Bogig überhängende Sorte, Blüte lachsfarben, in der Mitte orange, großblumig, rosettenförmig gefüllt, duftend, in Büscheln, Laub dunkelgrün, Wuchs H: bis 1,25 m

'Mary Rose'
Buschige, reichblühende Sorte, Blüte rosa, becherförmig, dicht gefüllt, schwach duftend, Laub mittelgrün, Wuchs breitbuschig, H: bis 1,2 m

'The Squire'
Nicht verblassend, Blüte karmesinrot, kelchförmig, sehr groß, stark gefüllt, duftend, Laub im Austrieb rostbraun, dann dunkelgrün, Wuchs kräftig, H: bis 1,2 m

'The Yeoman'
Strauchrose, Blüte groß, lachsrosa mit Orange und Gelb, rosettenförmig, starker Myrrhenduft, Laub dunkelgrün, Wuchs H: bis 0,9 m

'William Shakespeare'
Strauchrose, Rarität, Blüte dunkelkarminrot bis purpur, gefaltete Blütenblätter, duftend, Laub hellgrün, Wuchs H: bis 1,2 m

'Graham Thomas'
Aufrecht wachsend, Blüte bernsteinfarben, rundlich, gefüllt, schwach duftend, Laub leuchtend grün, glänzend, Wuchs H: bis 1,5 m

Strauchrosen

Unter dem Begriff Strauchrosen werden alle hoch und buschig wachsenden Rosen zusammengefaßt, die sich außerdem in einmal- und öfterblühende einteilen lassen. Zu ihnen zählen die meisten Alten und Englischen Rosen (→ Seite 226/227) und die Wildrosen. Zu den Strauchrosen gehören auch die sogenannten Parkrosen. So werden manche alten, einmalblühenden Kultursorten bezeichnet.
Der Wuchs der Strauchrosen ist recht unterschiedlich. Viele – besonders die Wild- und Parkrosen – sind vom Platzbedarf her für kleine Gärten ungeeignet, weil sie ebenso breit wie hoch werden. Alte Rosen und moderne Züchtungen hingegen passen in jeden Garten.
Moderne Strauchrosen oder Zierstrauchrosen entstanden in den letzten 100 Jahren durch Einkreuzung von Teehybriden. Zierstrauchrosen sind vom Wuchs her kleiner und zierlicher, ihre Größe schwankt zwischen 1 und 2 Metern. Sie blühen den ganzen Sommer über, das macht sie zu idealen und attraktiven Ziergehölzen auch für kleinere Gärten.
Kleinstrauchrosen oder Bodendeckende Rosen schützen durch ihren dichten Bewuchs Böschungen vor Erosion und lassen Unkräuter nicht hochkommen. Bodendeckende Rosen können bis zu 80 cm hoch und 2 m breit werden. Entsprechend unterschiedlich werden die Pflanzabstände gewählt. Sie lassen sich selbstverständlich auch einzeln und in kleinen Gruppen pflanzen.

Die Strauchrose 'Red Yesterday' eignet sich auch als Bodendecker

Strauchrose 'Red Yesterday'
Kleine, breitbuschig wachsende Strauchrose, die sich auch als Bodendecker verwenden läßt · Blüte leuchtend dunkelrot mit weißer Mitte, kleinblumig, Blütendurchmesser 2 – 3 cm, einfach, in großen Büscheln, Knospen klein und kirschrot · Laub hellgrün, im Austrieb kupfrig, glänzend, klein, locker · Wuchs H: bis 0,8 m, mittelkräftig, teils aufrecht, teils locker überhängend · Wichtig: Bei der Verwendung als Bodendecker rechnen Sie 3–4 Pflanzen pro qm bei einem Pflanzabstand von 60 cm

Wildrosen

Rosa hugonis
Sehr frühe Blüte, goldgelb, klein, einfach, V, schwarzrote Hagebutten, Laub hellgrün, gefiedert, Wuchs H: bis 2 m, breitbuschig, überhängend

Rosa moyesii
Aparte Wildrose aus China, Blüte blutrot, reichblühend, VI, flaschenförmige Hagebutten, Laub gefiedert, Wuchs H: bis 2 m breitausladend

Kartoffelrose, *Rosa rugosa*
Robuste Wildart, Blüte lila bis rosa, groß, einfach, duftend, V – VI, orange Hagebutten, Laub dunkelgrün, Wuchs H: bis 1,8 m, straff aufrecht, Ausläufer bildend, kein Kalk

Rosa sweginzowii 'Macrocarpa'
Alte chinesische Gartenrose, Blüte karminrot, mittelgroß, einfach, reichblühend, VI, orange Hagebutten, Laub farngrün, gefiedert, Wuchs H: bis 2, 5 m, bogig überhägend

Öfterblühende Strauchrosen

'Bischofsstadt Paderborn'
Klassische Strauchrose, Blüte scharlachrot mit heller Mitte, halbgefüllt, Laub dunkelgrün, Wuchs H: bis 1,5 m, aufrecht, reich verzweigt

'Centenaire de Lourdes'
Robust und frosthart, Blüte leuchtend rosa mit heller Mitte, gefüllt, duftend, blüht im Herbst noch einmal sehr reich, Laub mittelgrün, Wuchs H: bis 1,5 m, bogig überhängend

'Iga 83 München'
Frosthart, auch als Beet- oder Bodendeckerrose geeignet, Blüte karminrosa, groß, halbgefüllt, Laub farngrün, Wuchs H: bis 1,2 m, breitbuschig

'Vogelpark Walsrode'
Gesunder Dauerblüher, Blüte rosa, später weiß, groß, locker gefüllt, duftend, Laub frischgrün, Wuchs H: bis 1,5 m, breitbuschig, locker

'Marguerite Hilling'
Solitärstrauch mit Wildrosencharakter, Blüte dunkelrosa, zur Mitte hin aufgehellt, einfach, reichblühend, Laub leuchtendgrün, Wuchs H: bis 2 m, kräftig

'Elmshorn'
Breit ausladender Strauch für Einzelstellung, Blüte kräftig rosa, gefüllt, in dichten Büscheln bis zum Frost blühend, Wuchs H: bis 2 m, ebenso breit

'Mozart'
Kleiner Busch, Blüte dunkelrosa mit weißem Auge, einfach und sehr klein, aber in vielblütigen Dolden, Laub kräftig grün, Wuchs H: 80 – 100 cm

'Mountbatten'
Leicht duftende Sorte auch für Gruppenpflanzung, Blüte gelb mit rosa Schimmer, edelrosenähnlich, gefüllt, reicher Flor, Laub dicht, Wuchs H: bis 1,2 m, kräftig aufrecht

Bodendeckerrosen

'Ballerina'
Buschig, Blüte zartrosa mit weißem Auge, klein, einfach, aber große Dolden, reiche Nachblüte, Laub hellgrün, Wuchs H: 0,6–1 m, ausladend, bogig überhängend

'Heidetraum'
Gesund und frosthart, Blüte rosarot, mittelgroß, halbgefüllt, öfterblühend, Laub mittelgrün, Wuchs H: 1 m, breitbuschig

'Weiße Immensee'
Starkwüchsig, Blüte reinweiß, gelbe Staubgefäße, klein, einfach, einmalblühend, Laub dunkel- und wintergrün, Wuchs H: bis 0,4 m, Triebe dicht und flach niederliegend, bis 2 m lang

'Mainaufeuer' Breitwachsend, Blüte blutrot, mittelgroß, gefüllt, öfterblühend, Laub sattgrün, Wuchs H: bis 0,5 m, durch Blütenfülle überhängend

'Lichtkönigin Lucia' ist sehr robust und frosthart

Strauchrose 'Lichtkönigin Lucia'
Lang anhaltende Blüte · Blüte leuchtend zitronengelb mit roten Staubfäden in der Mitte, im Verblühen verblassend, großblumig, Blütendurchmesser bis 10 cm, gefüllt, duftend, reichblühend, früher Blühbeginn · Laub farngrün, im Austrieb etwas heller, groß, ledrig, glänzend · Wuchs H: bis 1,5 m, starkwüchsig, straff aufrecht, buschig · Wichtig: Sie eignet sich auch für kleinere Gartenräume. Gut zu kombinieren mit Stauden. Idealer Hintergrund sind dunkelgrüne Gehölze

'Westerland' blüht bis zum Frost mit faszinierendem Farbenspiel

Strauchrose 'Westerland'
Robuste Strauchrose mit interessanter Blütenfarbe, blüht vom Sommer bis zum Herbst· Blüte leuchtendes Kupferorange mit Gelb, großblumig, Blütendurchmesser 10 – 12 cm, locker gefüllt, offene Mitte, duftend, in großen Büscheln, oft überhängend, früh- und reichblühend, orangefarbene flachkugelige Hagebutten · Laub tiefgrün, im Austrieb rötlich, ledrig, glänzend, dicht · Wuchs H: bis 2 m, gut verzweigt, zunächst aufrecht, später breitbuschig und ausladend · Wichtig: Verblühtes regelmäßig ausschneiden, um die Blütenbildung zu fördern

'Schneewittchen' blüht sehr ausdauernd

Strauchrose 'Schneewittchen'
Unermüdlich blühende Strauchrose, eine der besten weißen Sorten · Blüte weiß, nach niedrigen Temperaturen leicht rosa überhaucht, gelbe Staubgefäße in der Mitte gut sichtbar, duftend, mittelgroß, Blütendurchmesser 7 – 8 cm, locker gefüllt, schalenförmig, in lockeren Büscheln, reichblühend, regenfest, selbstreinigend · Laub farngrün, matt glänzend, mittelgroß, schlank · Wuchs H: bis 1,5 m, buschig, aufrecht, locker, Blütentriebe bogig überhängend · Wichtig: Verwendung auch als Hecke oder als Solitär. Bei Pflanzung ins Beet die Rose jährlich stark zurückschneiden

'Grandhotel'

Strauchrose 'Grandhotel'
Robust, reichblühend · Blüte scharlachrot, groß, gefüllt, edelrosenartig, in Büscheln, öfterblühend, wetterbeständig · Laub dunkelgrün, junge Blätter zunächst rötlich, stark glänzend · Wuchs H: über 2 m, B: bis 1,5 m, starkwüchsig, breitbuschig

'Sommerwind'

Bodendeckerrose 'Sommerwind'
Reich- und langblühende Sorte · Blüte leuchtendrosa, mittelgroß, Blütendurchmesser 6 cm, locker gefüllt, gekerbte Blütenblattränder, in lockeren Dolden · Laub mittelgrün, leicht glänzend, klein · Wuchs H: bis 0,6 m, gut verzweigt, breitbuschig

Beetrosen

Mit dem Begriff Beetrosen werden die unterschiedlichsten buschig wachsenden Rosen zusammengefaßt, die sich gruppenweise oder großflächig anpflanzen lassen.
Großblumige Edelrosen, Teehybriden. Diese Rosen tragen ihre großen, gefüllten und oft duftenden Blüten meist einzeln auf langen Stielen. Sie wirken am schönsten in kleinen Gruppen, sind jedoch auch geeignet für die Kombination mit zarten, lockeren Pflanzen wie Stauden, Gräsern und Sommerblumen. Edelrosen besitzen meist besonders schön geformte Knospen und elegante Blüten. Sie sind mehr auf Betrachtung aus der Nähe und weniger auf Fernwirkung ausgerichtet.
Büschelblütige Rosen. Ihre Züchtung begann – ebenso wie bei den Teehybriden – erstmals vor etwa 100 Jahren. Typisch ist ihre Vielblütigkeit. Mehrere Einzelblüten, ob groß, ob klein, ob einfach, halbgefüllt oder gefüllt, stehen in dichten oder lockeren Büscheln beieinander. Hier wird unterschieden zwischen:

- Polyantha-Rosen, die den ganzen Sommer blühen und kleine Blüten an großen Doldenrispen bilden.
- Floribunda-Rosen oder Polyantha-Hybriden, die durch Kreuzung mit großblumigen Sorten entstanden. Sie bieten eine breite Farbpalette bis hin zum Gelb.
- Grandiflora-Rosen, die durch Kreuzungen von büschelblütigen Sorten mit Teehybriden entstanden.

Die Reichblütigkeit dieser Rosengruppen über Monate hinweg macht sie zu idealen Farbträgern im Garten. An sonnigen Plätzen lassen sie sich – je nach Größe, Farbe und Wuchs – entweder als einheitliche Rabattenpflanze verwenden oder gemeinsam mit Stauden kombinieren. Wenn erwünscht, können diese Rosen durch gleichmäßigen Schnitt auch auf einer Höhe gehalten werden.
Zwergrosen. Diese zierlichen Rosen werden ebenfalls zu den Beetrosen gerechnet. Sie haben kleine, gefüllte Blüten, feines Laub, und werden etwa 30 cm hoch. Sie eignen sich besonders für Trogbeete, Stein- und Heidegärten.
Viele der Beetrosen unterscheiden sich kaum von kleineren Strauchrosen, vor allem, wenn sie nur wenig geschnitten werden. Edel- und Floribunda-Rosen können dann Höhen von 2 m erreichen. Wichtig ist, von Zeit zu Zeit altes Holz an der Basis zu entfernen und die Büsche zu verjüngen (→ Seite 178), um ihre Blühfähigkeit dauerhaft zu erhalten.
Hochstämmchen. Edelrosen werden auch auf Stämmen veredelt angeboten, als Fußstamm mit einer Höhe bis 40 cm, als Halb- (60 cm) oder Hochstämmchen (90 cm). Stammrosen sind ideal für kleine Gärten, sie können wunderbar unterpflanzt werden. In architektonischen Gärten markieren sie Beete und Wege und setzen hübsche Akzente.

Beetrosen

'Bella Rosa'
Floribunda-Rose, Blüte rosa, gelbe Staubgefäße, dicht gefüllt, in dichten Büscheln, wetterfest, Dauerblüher, Laub mittelgrün, Wuchs H: 0,6 m

'Bernstein Rose'
Nostalgische Floribunda - Rose, Blüte bernsteingelb, gefüllt, wetterfest, Laub dunkelgrün, Wuchs H: 0,6 m

'Duftwolke'
Teehybride, gute Schnittblume, Blüte korallenrot, gut gefüllt, duftend, haltbar, Laub dunkelgrün, Wuchs H: 0,6–0,8 m, kräftig

'Escapade'
Bewährte Floribunda-Rose, Blüte lilarosa, halbgefüllt, duftend, öfterblühend, Laub hellgrün, Wuchs H: bis 0,8 m, aufrecht

'Gloria Dei'
Beliebteste Teehybride, Blüte lichtgelb mit rosa Rand, später rosa, locker gefüllt, wetterfest, duftend, dauerblühend, Laub dunkelgrün, Wuchs H: bis 1 m, buschig

'Gruß an Bayern'
Floribunda-Rose, Blüte blutrot mit samtigem Schimmer, halbgefüllt, leicht duftend, Laub dunkelgrün, Wuchs H: bis 0,7 m, stark verzweigt

'La Sevillana'
Floribunda-Rose, Blüte leuchtendrot, gelbe Staubgefäße, halbgefüllt, öfterblühend, Laub dunkelgrün, Wuchs H: bis 0,8 m

'Märchenland'
Floribunda-Rose, Blüte lachsrosa, halbgefüllt, duftend, nachblühend, Laub grün, anfangs rötlich, Wuchs H: 0,8–1,2 m, Triebe überhängend

'Margret Merill'
Floribunda-Rose, Blüte perlweiß-rosa, groß, halbgefüllt, duftend, wetterfest, Laub grün, im Austrieb rötlich, Wuchs H: bis 0,8 m

'Mildred Scheel'
Duftende Teehybride, Blüte karminrot, samtig, im Aufblühen heller, gefüllt, Laub dunkelgrün, im Austrieb rötlich, Wuchs H: bis 0,8 m

'Pascali'
Teehybride, Blüte reinweiß, mittelgroß, edel, reichblütig, locker gefüllt, Laub tiefgrün, im Austrieb heller, Wuchs H: bis 0,7 m

'Sarabande'
Floribunda-Rose, Blüte geranienrot, goldgelbe Staubfäden, leicht gefüllt, regenfest, Laub hellgrün, Wuchs H: 0,5 m,

'Sutters Gold'
Teehybride mit edler Knospe, Blüte hell orangegelb mit rötlichem Schimmer im Rand, locker gefüllt, stark duftend, Laub dunkelgrün, glänzend, Austrieb hellgrün, Wuchs H: bis 1 m

'The McCartney Rose'
Stark duftende Teehybride, Blüte rosa, locker gefüllt, Laub kräftig grün, Wuchs H: bis 0,7 m

'Vatertag'
Zwergige Polyantha-Rose, Blüte orange, ballförmig, locker gefüllt, reichblühend, Nachblüte, Laub hellgrün, Wuchs H: bis 0,35 m

'Whisky'
Bis in den Herbst blühende Teehybride, Blüte bernsteingelb, gefüllt, stark duftend, Laub dunkelgrün, Wuchs H: bis 0,9 m, buschig, schnell nachtreibend

'Bonica '82'

Floribunda-Rose 'Bonica '82'
Sehr charmant und reichblühend · Blüte dunkelrosa, später aufhellend, mittelgroß, gut gefüllt, in dichten Büscheln, lange haltbar · Laub dunkelgrün, im Austrieb rötlich, klein, ledrig, glänzend · Wuchs H: bis 0,7 m, buschig, locker verzweigt.· Wichtig: Auch für Halbschatten

'Blue River'

Teehybride 'Blue River'
Robust, wundervoll duftend · Blüte magenta-lila mit dunklerem Blattrand, zur Mitte hin weiß überpudert, mittelgroß, stark gefüllt, in lockeren Dolden · Laub dunkelgrün, glänzend, dicht · Wuchs H: bis 0,7 m buschig, verzweigt

'Gruß an Aachen'

Floribunda-Rose 'Gruß an Aachen'
Erste Floribunda-Rose, nostalgisch wirkende Sorte für nicht zu sonnige Standorte · Blüte rahmweiß, im Inneren gelblichrosa, groß, dicht gefüllt, blühwillig, leicht duftend · Laub dunkelgrün, derb · Wuchs mittelstark, kompakt, buschig, H: bis 0,5 m

'Friesia'

Floribunda-Rose 'Friesia'
Lang- und reichblühend · Blüte leuchtend goldgelb, mittelgroß, dicht gefüllt, in Büscheln, angenehm duftend, nachblühend, selbstreinigend, wetterbeständig · Laub mittelgrün, glänzend, ledrig · Wuchs H: bis 0,6 m, aufrecht, gut verzweigt

'Queen Elizabeth'

Floribunda-Rose 'Queen Elizabeth'
Sehr gesund · Blüte im Aufblühen lachsrosa, dann aufhellend, großblumig, locker gefüllt, in Büscheln auf langen Stielen, lang anhaltende Blüte · Laub rötlich bis dunkelgrün glänzend, derb, groß, locker · Wuchs H: 1–1,8 m, aufrecht, kräftig

Edelweiß'

Floribunda-Rose 'Edelweiß'
Robust, reichblühend · Blüte cremeweiß, mittelgroß, gefüllt, äußere Blütenblätter waagerecht abstehend, innere rundlich zur Mitte gewölbt, in großen Dolden · Laub dunkelgrün, im Austrieb rötlich, glänzend · Wuchs H: bis 0,4 m, breitbuschig, kompakt

'Erotika'

Teehybride 'Erotika'
Langstielig, gesund und frosthart · Blüte samtig, dunkelrot, sehr groß, gut gefüllt, reichblühend, stark duftend, regen- und sonnenfest · Laub tiefgrün, im Austrieb rötlich, glänzend · Wuchs H: bis 0,8 m, stark, aufrecht · Wichtig: Gute Schnittblume

'Montana'

Floribunda-Rose 'Montana'
Robust und frosthart · Blüte leuchtendrot, mittelgroß, schalenförmig mit offener Mitte, in dichten Dolden, wetterfest, farbbeständig · Laub dunkelgrün, glänzend, im Austrieb rötlich, groß, ledrig · Wuchs H: bis 0,9 m, straff aufrecht, kompakt, kräftig

Kleinwüchsige Stauden gedeihen auch in Gefäßen, wie hier in Körben

STAUDEN

Zu den Stauden werden alle ausdauernden krautigen Gewächse gezählt, deren oberirdische Teile im Winter absterben. Die unterirdischen Organe – Wurzelstöcke, Rhizome, Zwiebeln und Knollen – besitzen Überwinterungsknospen, aus denen sie im Frühjahr neu austreiben.

Zu den Stauden zählen außer den bekannten Beetstauden auch Steingarten-, Sumpf-, und Wasserpflanzen, Gräser, Farne sowie Zwiebel- und Knollengewächse. Die Pflanzen haben eine sehr unterschiedliche Lebensdauer. Nur wenige, wie die Pfingstrose *(Paeonia*-Arten), gedeihen jahrelang am selben Platz. Die meisten wollen regelmäßig verpflanzt werden.

Im Gegensatz zu den Einjährigen sind viele Stauden nicht allein durch Aussaat zu vermehren, sie bilden Ausläufer oder lassen sich teilen (→ Seite 154/155 und 180/181).

Das Reich der Stauden ist riesig, man unterscheidet:

Beetstauden, auch Pracht- oder Schmuckstauden genannt. Dies sind züchterisch stark bearbeitete Pflanzen. Üppiger Wuchs und prächtige Blüte zeichnen sie aus, und entsprechend hoch sind ihre Ansprüche an Boden, Klima und Ernährung. Man pflanzt sie auf Beete oder Rabatten, die gut gepflegt werden müssen.

Wildstauden sind wesentlich anspruchsloser und robuster, oft aber auf besondere Standorte spezialisiert. Die Gebirgsflora, die Wasser- und Sumpfpflanzen gehören dazu, auch Gräser und Farne, viele Zwiebelpflanzen und die schattenliebenden Waldpflanzen. Gerade wenn naturnahe Gärten entstehen sollen, ist der Wildstaudencharakter einer Pflanzengesellschaft wichtig. Dabei werden aber nicht nur reine Wildarten verwendet, sondern auch Auslesen und Sorten, die sich den Charme der Wildformen bewahren konnten. Wie überall in der Natur gibt es auch bei den Stauden fließende Übergänge.

Die Wieseniris (hier die Sorte 'Blue Burgee') ist eine formenreiche Art mit duftenden Blüten in Violettblau und auffallender Musterung

Beetstauden für den Frühsommer

Der Übergang vom Frühling zum Sommer ist eine sehr spannende Periode: Noch blühen die späten Tulpen, die Zweijahresblumen und die Ziersträucher haben Hochsaison. Nun treten auch die ersten Beetstauden in den Blütenreigen ein.

Schwertlilien (Bartiris) und andere Iris-Arten sind die herausragenden Stauden dieser Jahreszeit. Die Gattung ist in Herkunft und Lebensweise ausgesprochen unterschiedlich, hat aber trotzdem sehr ähnliche Blütenformen. Es gibt Iris aus Gebirgsregionen und für Trockenstandorte, für normale Bodenverhältnisse, aber auch welche für Feucht- und Sumpfzonen. Entsprechend unterschiedlich sind ihr Wuchsverhalten, ihre Ansprüche und Verwendung im Garten. Bei richtiger Sortenwahl kann ein Iris-Liebhaber von Februar bis Ende Juli Freude an diesen aparten Blumen haben.

Die Blüte setzt sich aus je 3 inneren und äußeren Blättern zusammen. Bei der Bartiris sind die inneren hochaufgeschlagen und geschlossen – sie bilden den sogenannten Dom. Die 3 äußeren hängen nach unten und tragen oben kleine bürstenähnliche Gebilde – den Bart, der ihnen den Namen verleiht. Der Dom ist bei anderen Arten, wie der japanischen Sumpfiris *(Iris kaempferi,* → Seite 278/279) weniger typisch ausgebildet, häufig sogar verkümmert oder ganz nach außen gebogen. Besonders bei modernen Züchtungen sind die Hängeblätter oft auch waagrecht abgespreizt und damit wichtige Lockmittel und Anflugflächen für Insekten.

Bartiris mit orangem Bart

Bei der Bartiris *(Iris germanica* var. *germanica)* ist die Anzahl der Züchtungen inzwischen unüberschaubar. Ganz grob wird jedoch nach Größe und Blütezeit in drei Gruppen unterschieden:

- *Iris*-Barbata-Nana-Hybriden blühen bereits ab Mitte April und werden 20 – 30 cm hoch. Sie eignen sich besonders gut als Vorpflanzung in Rabatten.
- *Iris*-Barbata-Media-Hybriden sind mittelhoch (40 – 60 cm) und blühen im Mai.
- *Iris*-Barbata-Elatior-Hybriden, die hohen Schwertlilien werden 60 – 120 cm hoch und blühen von Ende Mai bis in den Juni hinein.

Mittelhohe und hohe Hybriden werden auf Staudenrabatten am besten immer in Gruppen von 3 bis 5 in 2 bis 3 Farbtönen gepflanzt. Am reizvollsten wirken sie, wenn ihre aufstrebenden Gestalten sich aus einem niedrigeren Pflanzenteppich erheben. Weitere wichtige Arten sind:

Die Steppeniris *(Iris spuria)* kann gut mit der Bartiris kombiniert werden. Die weniger bekannte, aber prächtige Iris wird bis zu 140 cm hoch und liebt volle Sonne sowie nährstoffreichen Boden. Leider ist sie nicht vollständig frosthart.

Hohe Bartiris, *Iris*-Barbata-Elatior-Hybriden

(→ Foto oben und links)

Klassiker mit reichem Sortenspektrum · Blüte alle Blütenfarben außer reinem Rot, Hängeblätter und Domblätter oft unterschiedlich gefärbt, auf den Hängeblättern eine bartartige 'Bürste', duftend, auf kräftigen Stielen jeweils mehrere Blüten, V–VI · Laub blaugrau, schwertförmig fest, steif, fächerförmig flach nebeneinander stehend, teilweise wintergrün · Wuchs H: 60–120 cm, horstartig, kriechende, dicke Rhizome · Standort vollsonnig, warm, trockene bis frische durchlässige, nährstoffreiche, kalkhaltige, humusarme, auch sandig-steinige Böden · Wichtig: Bartiris flach pflanzen, damit die Rhizome rasch abtrocknen können, nicht faulen und gut ausreifen (→ Seite 180). Wenn Sie eine größere Gruppe pflanzen möchten, so legen Sie die Rhizone in einem größeren Kreis aus.

Die hohen Zwiebeliris *(Iris* -Hollandica-Hybriden) sind sehr schlank im Wuchs und gute Schnittblumen. Sie blühen im Mai und müssen jährlich neu gepflanzt werden.

Zu den niederen Zwiebeliris zählen *Iris reticulata,* eine blauviolette, bis 15 cm hohe Art für den Frühlingsgarten. Sie blüht im Februar/März, ebenso wie die zierliche, gelbblühende *Iris danfordiae* .

Sumpf- und Wieseniris *(Iris pseudacorus, Iris kaempferi* und *Iris sibirica)* finden Sie auf den Seiten 278/279.

Königskerze

Katzenminze 'Six Hill's Giant'

Königskerze
***Verbascum*-Hybride**
Kurzlebig, dekorativ · Blüte gelb, schalenförmig, hohe Blütenkerzen, VI - VIII · Laub gräulich, filzig, breitoval · Wuchs H: 120–180 cm, grundständige Blattrosette · Standort sonnig, warm bis heiß, trockene, durchlässige, nährstoffarme Böden

Katzenminze
Nepeta x faassenii
Aromatische Staude. Nach der ersten Blüte im Juli zurückschneiden, dadurch wird noch eine – allerdings schwächere – Nachblüte erreicht · Blüte lilablaue Lippenblüten, in lockeren Quirlen, V–IX · Laub grau, breit eiförmig, gezahnt, aromatisch duftend · Wuchs H: 30–50 cm, lockere Horste · Standort sonnig, warm, trockene bis frische, aber keine schweren Böden · Wichtig: Katzen werden, wie der Name schon sagt, vom Duft magisch angezogen. Sie können die Polster zerwühlen oder sich auch darauf wälzen

Junkerlilie

Sommer-Salbei 'Blauhügel'

Silberimmortelle

Ehrenpreis

Junkerlilie
Asphodeline lutea
Dekoratives Liliengewächs · Blüte goldgelb, sternförmig in dichter Blütentrauben, V–VI · Laub graugrün, grasartig in dichten Büscheln · Wuchs H: 100 cm, horstartig, kurze Ausläufer · Standort sonnig, warm, durchlässige, nährstoffreiche Böden

Sommer-Salbei
Salvia nemorosa
Langblühend · Blüte blau bis violett, Lippenblüten in dichten kerzenartigen Ähren, V–VIII · Laub stumpfgrün, runzelig, länglich eiförmig · Wuchs H: 40–80 cm, horstartig · Standort sonnig, warm, mäßig trockene bis frische, durchlässige, nährstoffreiche Böden

Silberimmortelle
Anaphalis margeritacea
Anspruchslose Polsterstaude · Blüte silbrigweiß, kleine kugelige Blüten in dichten doldenartigen Trauben, VII–IX · Laub graufilzig, lanzettlich · Wuchs H: 20–50 cm, teppichartig ausbreitend durch kriechende Triebe · Standort sonnig, warm, durchlässige Böden

Silbergrauer Ehrenpreis
Veronica spicata* ssp. *incana
Dichte, graue Teppiche · Blüte dunkelblau, sternförmig, klein, in dichten endständigen Ähren, VI–VIII · Laub lanzettlich, silbergrau · Wuchs H: 20–40 cm, Ausläufer · Standort sonnig, warm, mäßig trockene bis frische, durchlässige Böden.

STAUDEN

Beetstauden für den Frühsommer

Ab Juni haben die Pfingstrosen *(Paeonia*-Arten und -Hybriden) und der Rittersporn *(Delphinium*-Hybriden) ihren Auftritt. Beide können im Staudenbeet als Leitpflanzen fungieren. Ideale Begleiter sind weitere auf dieser Seite vorgestellten Stauden.
Pfingstrosen. Sie entwickeln erst nach Jahren ihre volle Schönheit und sollten an ihrem Platz ungestört bleiben. Folgende Paeonien sind von Bedeutung:

- Die Bauerngarten-Pfingstrose *(Paeonia officinalis)* mit einfachen bis gefüllten Blüten ab Ende Mai in Weiß, Rosa und Rot. Die dichtgefüllten Blüten hängen bei Regen oft schwer nach unten.
- Die 2 Wochen später blühenden Edel-Pfingstrosen *(Paeonia*-Lactiflora-Hybriden) mit vielen einfachen bis gefüllten Sorten der gleichen Farbpalette.
- Die Pracht-Pfingstrosen *(Paeonia*-Hybriden) mit sehr großen Blüten in ungewöhnlichen Farbtönen wie Gelb.
- Die herrlichen Strauchpaeonien *(Paeonia*-Suffruticosa-Hybriden), die einen geschützten Platz benötigen.
- Wildarten wie die zierliche Netzblattpaeonie *(Paeonia tenuifolia)* für warme Plätze und die ungefüllte gelbe *Paeonia mlokosewitschii* mit bläulichgrünem Laub.

Wichtig: Pfingstrosen enthalten giftige Stoffe.
Rittersporn: Er ist mit seiner majestätischen Gestalt und der reichen Palette an Blautönen eine der beliebtesten Gartenblumen für sonnige, aber nicht zu heiße Plätze. Er blüht drei Wochen lang und nach einem Rückschnitt im September noch einmal. Pflanzen Sie am besten mehrere Sorten mit unterschiedlichen Blütezeiten, Höhen und Farben. Es lassen sich folgende Gruppen unterscheiden:

- *Delphinium*-Belladonna-Hybriden (0,8 – 1,2 m) gibt es in Weiß und Blau. Blüten und Wuchs sind etwas lockerer und zierlicher als bei den anderen Hybriden.
- *Delphinium*-Elatum-Hybriden mit verschiedenen Blautönen (auch zweifarbig), sie werden 1,2 – 2 m hoch.
- *Delphinium*-Pacific-Hybriden in Weiß, Rosa und Blau (auch zweifarbig) sind am großblütigsten, aber wenig standfest, und erreichen Höhen von 1,5 – 1,8 m.

Wichtig: Die gesamte Pflanze ist giftig.
Rittersporn paßt gut zu Rosen (→ Seite 110/111), aber auch in den Bauerngarten (→ Seite 136/137) oder zu Wildstauden (→ Seite 90/91). Reizvoll ist auch eine Staudengemeinschaft in Blau und Weiß mit dem sehr ähnlichen Eisenhut *(Aconitum napellus,* Achtung, sehr giftig!) Weitere ideale Begleiter sind Mohn *(Papaver orientale)* und Brennende Liebe *(Lychnis chalcedonica)*, die das aufregende Scharlachrot besitzen, das zu Blau so kontrastreich wirkt. Lupinen *(Lupinus polyphyllus)*, Feinstrahlaster *(Erigeron*-Hybriden) und Schafgarbe *(Achillea filipendula)* können wie Rittersporn durch Rückschnitt zu einer Nachblüte veranlaßt werden.

Rittersporn blüht in intensiven Tönen

Rittersporn ☠
***Delphinium*-Elatum-Hybriden**
Prachtstaude von einzigartigem Blau · Blüte blau bis lila, weiß, Auge weiß oder schwarz, kerzenartige, dichte Blütentrauben, selten verzweigt, VI–VII, durch Rückschnitt nach der Blüte kann eine Nachblüte von VIII–X angeregt werden · Laub frischgrün, handförmig geteilt bis gelappt · Wuchs H: 120–200 cm, horstartig · Standort sonnig bis halbschattig, kühl, frische, nährstoffreiche, tiefgründige, lehmige Böden ·
Wichtig: Es gibt zahlreiche Sorten, die vor allem in der Blütenfarbe variieren; informieren Sie sich vor dem Kauf

Rosafarbene Sorte 'Holbein'

Edel-Pfingstrose ☠
Paeonia lactiflora
Langlebig · Blüte rot, rosa, weiß, einfach bis gefüllt, teils duftend, V–VI · Laub dunkelgrün, kräftig, doppelt dreizählig, Einzelblätter · Wuchs H: 50–110 cm, breitbuschig · Standort sonnig, mäßig trockene bis frische, nährstoffreiche, tiefgründige Böden

Lupine 'My Castle'

Lupine
Lupinus polyphyllus
Beliebte Staude · Blüte blau, weiß, gelb, rosa, karminrot, zum Teil zweifarbig in langen aufrechten, walzenförmigen Trauben, VI–VII · Laub blaugrün, handförmig geteilt · Wuchs H: 80–100 cm, horstartig · Standort sonnig, warm, mäßig trocken

Goldgarbe 'Parker'

Goldgarbe
Achillea filipendulina
Beliebter Dauerblüher · Blüte goldgelb, schirmartige, kompakte Dolden, VII–IX· Laub graugrün, gefiedert, streng aromatisch duftend · Wuchs H: 70–130 cm, horstartig, Ausläufer bildend· Standort sonnig, warm, mäßig trockene, durchlässige Böden

Türkischer Mohn 'Frührot'

Türkischer Mohn ☠ !
Papaver orientale
Auffällig · Blüte rot, rosa, lachs mit dichtbuschigen schwarzen Staubfäden und dicker Narbe, schalenförmig, V–VI · Laub stumpfgrün, dicht behaart, groß, zieht früh ein · Wuchs H: 40–100 cm, horstartig · Standort sonnig, warm, mäßig trocken

Brennende Liebe

Brennende Liebe
Lychnis chalcedonica
Lichtnelke · Blüte feuerrot, sternförmig, in endständigen, schirmartigen Dolden, VI–VII · Laub dunkelgrün, eiförmig · Wuchs H: 80–100 cm, horstartig · Standort sonnig, frische, humose, nährstoffreiche Böden · Wichtig das leuchtende Rot ist oft schwer zu kombinieren

'Weiße Sorte Sommer-

Feinstrahl
***Erigeron*-Hybride**
Asternähnlich · Blüte rosa, purpur, lila, blau-violett, weiß mit goldgelber Mitte, margeritenähnlich auf dicht verzweigten Stielen, VI–VII · Laub stumpfgrün, lanzettlich · Wuchs H: 50–80 cm, horstartig · Standort sonnig, warm, nährstoffreiche Böden

Beetstauden für den Frühsommer

Ochsenzunge, *Anchusa azurea*
Kurzlebig, Blüte enzianblau, V–VI, Laub lanzettlich, stumpfgrün, Wuchs H: bis 150 cm, horstartig, Standort sonnig, warm, keine Winternässe

Pfirsichblättrige Glockenblume, *Campanula persicifolia*
Heimisch, Blüte blau oder weiß, VI–VIII, Laub länglich, Wuchs H: 50–100 cm, Standort sonnig bis halbschattig, frische Böden

Rote Flockenblume, *Centaurea dealbata*
Blüte rosa bis purpur, innen weiß, VI–VII, Nachblüte im IX, Laub länglich, fiederlappig, grün, Wuchs H: 50–80 cm horstartig, Standort sonnig, frische Böden

Meerkohl, *Crambe cordifolia*
Solitärstaude, Blüte weiß, VI, strenger Duft, Laub grün, rundlich, Wuchs H: bis 2 m, dichte Horste, Standort sonnig, kalkhaltige Böden

Feuer-Wolfsmilch, ☠ *Euphorbia griffithii*
Hochblätter leuchtend orangerot, V–VI, Laub stumpfgrün, lanzettlich, Wuchs H: 50–80 cm, horstartig, Ausläufer, Standort sonnig bis halbschattig

Nelkenwurz, *Geum*-Hybriden
Langblühend, Blüte orangerot, lachs, gelb, V–VIII, Laub rundlich, wintergrün, Wuchs H: 20–40 cm, oberirdisch kriechend, Standort sonnig bis halbschattig

Taglilie, *Hemerocallis*-Arten
Pflegeleicht, Blüte gelb, orange und rot, V–VI, Laub, zum Teil wintergrün, Wuchs H: 40 bis 110 cm, horstartig, Standort sonnig bis halbschattig

Sommermargerite, ! *Leucanthemum-Maximum-Hybriden*
Klassiker, Blüte weiß mit gelber Mitte, teils gefüllt, VI–VII, Laub dunkelgrün, lanzettlich, Wuchs H: 50 bis 90 cm, Standort sonnig

Nachtkerze, *Oenothera tetragona*
Blüte goldgelb, schalenförmig, duftend, VI–VIII, Laub blaugrün, oval, Wuchs H: 40–70 cm, horstartig, Standort sonnig, warm

Brandkraut, *Phlomis russeliana*
Bodendecker, Blüte hellgelb VI–VIII, Laub stumpfgrün, lanzettlich, Wuchs H: 60–80 cm, langsam ausbreitend, Standort sonnig, warm

Scharfer Hahnenfuß, ☠ *Ranunculus acris*
Heimisch, Blüte goldgelb, V–VII, Laub frischgrün, geteilt, Wuchs H: bis 100 cm, Standort sonnig, frische bis feuchte, humose Böden

Skabiose, *Scabiosa caucasica*
Schnittstaude, mehrere Sorten, Blüte hellblau bis lila, auch weiß, VII–IX, Laub längliche Grundblätter, fiederartige Stengelblätter, Wuchs H: 50–80 cm, horstartig, Standort sonnig, mäßig trocken

Ziest, *Stachys grandiflora*
Auffällig, purpurrosa Blütenkerzen, VI–VII, Laub mattgrün, herzförmig, Wuchs H: 40–60 cm, horstartig, Standort sonnig bis halbschattig

Bunte Margerite, ! *Tanacetum coccineum*
Blüte rosa, weinrot, purpur oder weiß, teils gefüllt, V–VII, Laub stumpfgrün, feingeschlitzt, Wuchs H: 50–80 cm, horstartig, Standort sonnig, warm

Beetstauden für den Hochsommer

Juli und August sind die hohe Zeit der Korbblütler und der Taglilien.
Korbblütler. Sie sind alle recht anspruchslos, blühen etwa zur selben Zeit und meist in warmen Gelbtönen. Kombinieren Sie sie deshalb am besten mit Stauden, die andere Farben bieten. Es gibt bei den Korbblütlern zahlreiche Gattungen und Arten und mancher sieht man die Familienzugehörigkeit nicht gleich auf den ersten Blick an:

- Goldruten *(Solidago*-Hybriden) sind sehr dankbare Sommerstauden. Es gibt sehr wertvolle, auch zierliche Züchtungen mit langer Blütezeit.
- Unverzichtbar für den sommerlichen Garten sind die typischen Korbblütler wie Sonnenhut *(Rudbeckia*-Arten), Sonnenauge *(Heliopsis helianthoides* var. *scabra)* und Sonnenbraut *(Helenium*-Hybriden). Besonders das Sonnenauge blüht nach einem Rückschnitt sehr gut nach.
- Zu den weniger bekannten Arten gehören die Färberkamille *(Anthemis tinctoria)*, das Ochsenauge *(Buphthalmum salicifolium)* und der anspruchslose, unermüdlich blühende Alant *(Inula ensifolia)*. Sie bleiben niedrig und eignen sich zur teppichartigen Vorpflanzung im Staudenbeet.
- Das Gegengewicht dazu können so imposante Großstauden bilden wie Riesen-Alant *(Inula magnifica,* → Tabelle), Sonnenblume *(Helianthus salicifolius)*, Mädchenauge *(Coreopsis tripteris)* und hohe Sonnenhüte *(Rudbeckia*-Arten, → Tabelle). Alle sind zum Verwildern geeignet und reizvoll im Hintergrund von Rabatten oder vor dunklen Gehölzen.
- Auch Kugeldistel *(Echinops bannaticus)* und Alpen-Edeldistel *(Eryngium alpinum)* gehören zu den Korbblütlern. Mit ihrer stahlblau-grauen Farbe wirken sie extravagant und bilden einen schönen Kontrast. Ebenfalls eine Ergänzung zu den Gelbtönen der Korbblütler sind Beetstauden in allen Rotschattierungen wie Phlox *(Phlox paniculata)* und die Indianernessel *(Monarda*-Hybriden) sowie blaue und weiße hohe Glockenblumen *(Campanula lactiflora)* und die Taglilien *(Hemerocallis*-Hybriden).

Taglilien. Ihre sternförmigen, lilienähnlichen Blüten gibt es in vielen Gelb- und Rottönen, oft auch zweifarbig oder gebändert. Die pflegeleichten Pflanzen bilden mit der Zeit dekorative grasartige Horste. Viele hochgezüchtete Hybriden sind jedoch nicht langlebig, Sie sollten sich deshalb vor dem Kauf gut beraten lassen. Taglilien bevorzugen sonnige bis halbschattige Plätze. Sie wirken schön mit anderen Wildstauden wie der Wiesen-Iris *(Iris sibirica)*, auch am Teich oder sonnigen Gehölzrand und natürlich in den Rabatten. Am besten werden sie in kleinen Gruppen gepflanzt. Durch die große Sortenauswahl kann man einen Flor von Mai bis Oktober erzielen.

Sonnenauge 'Venus' und Sonnenbraut 'Moerheim Beauty' (vorne)

Sonnenauge, *Heliopsis helianthoides* var. *scabra*
Dauerblüher · Blüte goldgelb, zum Teil grünlich oder orange, margeritenähnlich, einfach, halbgefüllt oder gefüllt, VII–IX · Laub dunkelgrün, rauh, spitz eiförmig · Wuchs H: 80–150 cm, horstartig, starkwüchsig · Standort wie *Helenium*

Sonnenbraut *Helenium*-Hybride
Viele Sorten · Blüte gelb, orange, braunrot mit schwarzer oder brauner Mitte, VI–IX · Laub frischgrün, lanzettlich · Wuchs H: 60–150 cm, horstartig, sich langsam ausbreitend · Standort sonnig, warm, frische bis feuchte, nährstoffreiche, lehmige Böden

Taglilie 'Turned on'

Taglilie *Hemerocallis*-Hybride
Viele Sorten · Blüte Gelb- und Rottöne, trompeten- bis sternförmig, VI–IX · Laub frischgrün, zum Teil auch wintergrün, schmal, riemenartig, überhängend · Wuchs H: 40–110 cm, horstartig, langsam ausbreitend · Standort sonnig bis halbschattig, frische Böden

Bekannte Sorte 'Goldsturm'

Sonnenhut. *Rudbeckia fulgida* var. *sullivantii*
Bis in den Herbst blühend · Blüte goldgelb mit schwarzbrauner knopfartig hochgewölbter Mitte, margeritenähnlich, VII–IX · Laub dunkelgrün, eiförmig · Wuchs H: 50–80 cm, horstartig, breit · Standort sonnig, warm, frische, nährstoffreiche, lehmige Böden

Beetstauden für den Hochsommer

Akanthus,
Acanthus hungaricus
Dekorativ, rosaweiße Ähren, VI–VIII, Laub blaugrün, eiförmig, Wuchs H: bis 100 cm, Standort sonnig bis halbschattig, Winterschutz

Schlangenkopf,
Chelone obliqua
Wildpflanzencharakter, dunkelrosa Ähren, VII–IX, Laub lanzettlich, Wuchs H: 40 bis 60 cm, Standort sonnig bis halbschattig, frische bis feuchte Böden

Mädchenauge,
Coreopsis-Arten
Dauerblüher, äußerst pflegeleicht, goldgelbe Körbchenblüten, VI–IX, Laub frischgrün gefiedert oder lanzettlich, Wuchs H: 30–90 cm, horstartig, Standort sonnig, frische Böden

Roter Sonnenhut, !
Echinaea purpurea
Schmetterlingspflanze, Blüte rosarot mit braunroter Mitte, VII–IX, Laub dunkelgrün, spitz eiförmig, Wuchs H: 70–100 cm, horstartig, Standort sonnig, warm

Kugeldistel,
Echinops bannaticus
Schnittstaude, Blüte lilablau, kugelig, VII–IX, Laub stumpfgrün, tiefgelappt, stacheliger Rand, Wuchs H: 80–120 cm, horstartig, Standort sonnig, warm, kalkhaltige Böden

Kokardenblume,
Gaillardia-Hybriden
Kurzlebig, Blüte gelb, rotbraun, VII–IX, Laub dunkelgrün, länglich, Wuchs H: bis 60 cm, horstartig, Standort sonnig

Hohes Schleierkraut
Gypsophila paniculata,
Gute Begleitstaude, Blüte weiß, teils gefüllt, VI–VIII, Laub graugrün, Wuchs H: 80–120 cm, buschig, Standort sonnig, trockene, kalkhaltige Böden

Riesen-Alant,
Inula magnifica
Solitär, Blüte goldgelb, VII bis VIII, Laub eiförmig, groß, Wuchs H: 140–180 cm, breitbuschig, Standort sonnig

Fackellilie,
Kniphofia-Hybriden
Dekorative gelb-orange Ähren, VII–IX, Laub graugrün, wintergrün, Wuchs H: 60–140 cm, horstartig, Standort sonnig, warm

Bartfaden,
Penstemon-Barbatus-Hybride
Attraktiv, Blüte weiß, rosa, violett, rot, VII–IX, Laub frischgrün, Wuchs H: bis 100 cm, horstartig, Standort sonnig, Winterschutz

Kaffernlilie,
Phygelius capensis
Blüte orangerot, röhrenförmig, VII–X, Laub dunkelgrün, Wuchs H: bis 120 cm, Standort sonnig, Winterschutz

Ballonblume,
Platycodon grandiflorus
Blüte violett, blau, rosa, weiß, glockenförmig, VII/VIII Laub blaugrün, ledrig, Wuchs H: 20–70 cm, horstartig, Standort sonnig

Hoher Sonnenhut,
Rudbeckia laciniata
Imposant, Blüte goldgelb, teils gefüllt, VII–X, Laub grün, geteilt, Wuchs H: 160 bis 200 cm, Standort sonnig, warm

Goldrute,
Solidago-Hybriden
Robust, gelbe Blütenrispen, VII–IX, Laub weidenartig, Wuchs H: bis 80 cm, Standort sonnig bis halbschattig, alle Böden

Langblättriger Kerzen-Ehrenpreis,
Veronica longifolia
Elegante Blütenkerzen, lilablau, VII–VIII, Laub dunkelgrün, lanzettlich, Wuchs H: 50–120 cm, horstartig, Standort sonnig, warm

Phlox-Blüten – hier die Sorten 'Flamingo' und 'Rosa Pastell'

Hohe Flammenblume
***Phlox*-Paniculata-Hybride**
Beliebte, duftende Prachtstaude mit zahlreichen Sorten. · Blüte weiß, rosa, lachs, purpurrot, karmin, violett, zum Teil mit andersfarbigem Auge, rundlich mit langer Röhre, dicht in kuppelförmigen Doldentrauben, VI–IX, Nachblüte aus den Seitenachseln · Laub grün, fest, lanzettlich · Wuchs H: 70–150 cm, horstartig · Standort sonnig, kühl, frische bis feuchte, durchlässige, nährstoffreiche, humose Böden · Wichtig: Pflanzen Sie in den ersten Jahren *Tagetes* dazu, um einen Befall mit Nematoden, der häufig auftritt, zu vermeiden

'Loddon Anne' wird 90 cm hoch

Indinaernessel 'Mohawk'

Riesen-Glockenblume
Campanula lactiflora
Prachtvolle Glockenblume · Blüte hellblau, weiß, violett oder lilarosa, sternförmig nach oben geöffnete Glocken in dichten Rispen, VI–VII, Laub frischgrün, lanzettlich bis eiförmig · Wuchs H: 80–150 cm, horstartig · Standort sonnig bis halbschattig, luftfeucht

Indianernessel
***Monarda*-Hybride**
Bienen- und Schmetterlingspflanze · Blüte karmin, purpur, scharlach, violett, rosa, weiß, lippenblütig, VII–IX · Laub sattgrün bis dunkelgrün, breit lanzettlich, grob gezähnt, aromatisch duftend · Wuchs H: 70 bis 130 cm, horstartig · Standort sonnig bis halbschattig, warm

STAUDEN

Beetstauden für den Herbst

Die Farben des Herbstes glühen im sanften Licht der niedrig stehenden Sonne. Das Rosa, Blau und Karmin der Blumen sticht hervor, es wird begleitet vom warmen Ocker der Gräser und vom Gelb und Rot des langsam sich verfärbenden Laubes.

Beetstauden wie die hohen und niedrigen Herbst-Astern (*Aster*-Arten und -Sorten) und die Gelenkblumen (*Physostegia virginiana)* dominieren in dieser Jahreszeit. Wenn Sie Ihren Rittersporn (*Delphinium*-Hybriden, → Seite 236/237) nach der Blüte im Juni/Juli auf Handbreite zurückgeschnitten haben, liefert er jetzt noch einen zweiten Flor.

Naturnahe Gestaltung. Zur herbstlichen Atmosphäre tragen sehr viele Pflanzen bei, die einen ausgeprägten Wildcharakter haben wie der sehr giftige Eisenhut (*Aconitum carmichaelii)*, die Herbstanemonen (*Anemone hupehensis* und *Anemone*-Arten und -Hybriden) sowie die zahlreichen, viel zu wenig bekannten Wildastern wie *Aster cordifolius* und *Aster sedifolius*. Sie legen mit ihren zarten Blüten und ihrem lockeren Wuchs – vor allem, wenn sie mit Gräsern zusammengepflanzt sind – einen leichten Schleier über den Garten. Durch die Luft flirrende Spinnweben, der Tau und erste Morgennebel verstärken diese herbstliche Atmosphäre. Eine hübsche Kombination ergibt sich auch aus *Aster linosyris* in Gelb, *Aster laevis* in Lila, der Goldrute (*Solidago*-Hybriden) und der steif aufrechten Prachtscharte (*Liatris spicata)* in Violett und Weiß, deren Blüten lange halten und – ganz ungewöhnlich – von oben nach unten aufblühen.

Arten- und Sortenvielfalt. Neben der hier vorgestellten *Anemone hupehensis* sind auch die *Anemone*-Japonica-Hybriden von Bedeutung mit vielen bekannten guten Sorten wie der weißen, einfachblühenden 'Honorine Jobert', der lilarosa 'Königin Charlotte' und der roten 'Prinz Heinrich', beide halbgefüllt. Eine einfache rosablühende Sorte ist *Anemone tomentosa* 'Robustissima'.

Bis in den Herbst hinein blüht die Fackellilie (*Kniphofia*-Hybride) mit vielen schönen Sorten, die jedoch zum Winterschutz zusammengebunden und mit Laub bedeckt werden müssen. Am Ende der Vegetationszeit sind auch die dankbaren Fetthennen (*Sedum*-Arten, → Tabelle) nicht mehr aus dem Garten wegzudenken. Sie haben kleine verdickte Blättchen, in denen sie Wasser speichern können. Deshalb kommen sie auch an sehr trockenen Standorten gut zurecht. Sie verleihen den Pflanzungen noch saftig frisches Aussehen, wenn andere Stauden bereits Anzeichen von Vergänglichkeit aufweisen. Viele Arten wie die Pracht-Fetthenne (*Sedum spectabile)* bilden überdies sehr schöne Blütendolden, die sich purpurrot verfärben und wie Trockensträuße noch bis zu den ersten Frösten halten.

Gelenkblume – hier die Sorte 'Vivid'

Gelenkblume
Physostegia virginiana

Schnittblume mit kerzenförmigen Blütenständen; die Einzelblüten sind beweglich, daher kommt der deutsche Name; standschwache Triebe stäben · Blüte rosa, violettrot, weiß, röhrenförmige Lippenblüten, regelmäßige, endständige Ähren, VII–IX · Laub grasgrün glänzend, schmal lanzettlich, gesägt · Wuchs H: 60 bis 120 cm, bildet durch Ausläufer große Horste · Standort sonnig bis halbschattig, frische bis feuchte, nährstoffreiche Böden · Wichtig: Ideal für das Bepflanzen von Teichrändern und sonnigen Bachläufen

Herbst-Anemone 'Ouverture'

Herbst-Anemone
Anemone hupehensis

Malerisch · Blüte rosa bis weiß, gelbe Staubgefäße, schalenförmig, VIII–X · Laub stumpfgrün, dreiteilig · Wuchs H: 80–100 cm, horstartig, im Alter breit buschig · Standort halbschattig, kühl, frische bis feuchte, nährstoff- und humusreiche Böden, Winterschutz

Herbst-Eisenhut 'Arendsii'

Herbst-Eisenhut ☠
Aconitum carmichaelii

Leuchtend blaue Gehölzrandstaude · Blüte mittelblau bis lila, helmartig, groß in dichten langen Rispen, IX–X · Laub sattgrün, glänzend, 3- bis 5-teilig · Wuchs H: 100–140 cm, horstartig · Standort halbschattig, kühl, frische, nährstoffreiche Böden

'Mönch'

Frikart-Aster
Aster x frikartii
Wertvolle Hybride · Blüte blau, lila, gelbe Mitte, bis 7 cm Durchmesser, VIII–IX · Laub dunkelgrün, lanzettlich · Wuchs H: 60 bis 80 cm, horstartig · Standort sonnig, warm, trockene bis frische, kalkhaltige, durchlässige Böden · Wichtig: Nur im Frühjahr pflanzen

'Veilchenkönigin'

Bergaster
Aster amellus
Heimische Wildstaude · Blüte rosa, lila, violett, gelbe Mitte, margeritenähnlich, VII–IX · Laub stumpfgrün, breit lanzettlich · Wuchs H: 40–60 cm, horstartig · Standort sonnig, warm, trockene bis frische, durchlässige, kalkhaltige Böden, nicht zu nährstoffreich

'Herbstgruß vom Bresserhof'

Kissenaster
Aster dumosus
Viele Sorten · Blüte lila, weiß, rosa, karminrot, Mitte gelb, zum Teil dicht gefüllt, VIII–X · Laub dunkelgrün, lanzettlich · Wuchs H: 15–50 cm, horstartig mit mehr oder weniger starker Ausläuferbildung · Standort sonnig, kühl, frische, nährstoffreiche, humose Böden

'Rubinkuppel'

Glattblatt-Aster
Aster novi-belgii
Beliebte Art · Blüte weiß, rosa, lila, violett, karminrot, purpur, blau, mit gelber Mitte, zum Teil gefüllt, in lockeren Rispen, dicht, IX–X · Laub dunkelgrün, glatt, lanzettlich · Wuchs H: 80–140 cm, horstartig, kurze Ausläufer · Standort wie *Aster dumosus*

Beetstauden für den Herbst

Herbstaster, *Aster divaricatus*
Rarität, Blüte weiß mit braungelber Mitte, IX–X, Laub dunkelgrün, Wuchs H: bis 75 cm, horstartig, Standort sonnig bis halbschattig

Rauhblatt-Aster, *Aster novae-angliae*
Robust, viele Sorten, Blüte weiß, rosa, violett, blau, purpurrot, teils gefüllt, IX–X, Laub stumpfgrün, Wuchs H: 100–160 cm, horstartig, Standort sonnig, warm

Scheinaster, *Boltonia asteroides*
Anspruchslos, Blüte weiß mit gelber Mitte, VIII–X, Laub stumpfgrün, Wuchs H: bis 180 cm, Standort sonnig

Herbst-Chrysantheme, ! *Dendranthema-Grandiflorum-Hybriden*
Blüte weiß, rosa, gelb, orange, rot, einfach bis gefüllt, VIII–XI, Laub stumpfgrün, Wuchs H: 40–100 cm, horstartig, Standort sonnig, warm

Stauden-Sonnenblume, *Helianthus*-Arten
Großstauden, Blüte goldgelb, groß, VII–X, Laub dunkelgrün, Wuchs H:120–200 cm, Standort sonnig, warm

Oktobermargerite, ! *Leucanthemella serotina*
Blüte weiß mit gelber Mitte, Laub frischgrün, lanzettlich, gezähnt, Wuchs H: 130 bis 160 cm, horstartig, Standort sonnig bis halbschattig

Purpur-Fetthenne, *Sedum telephium*
Auffällig, Blüte rosa, purpurrot, sternförmig, Laub blaugrün, fleischig, oval, Wuchs H: 40–60 cm, horstartig, Standort sonnig

Die Sorte 'Erlkönig' blüht zartviolett und überschäumend

Myrten-Aster
Aster ericoides
Bildet schleierkrautartige Blütenwolken · Blüte weiß bis zartrosa oder blaßviolett, gelbe bis braune Mitte, margeritenähnlich, in reich verzweigten Rispen, IX–X · Laub schmal lanzettlich, zum Teil fast nadelförmig, dunkelgrün · Wuchs H: 80–120 cm, horstartig · Standort sonnig, warm, mäßig trockene bis frische, nährstoffreiche Böden, keine Staunässe · Wichtig: Wunderschön und bis November blüht die weiße *Aster pringlei* 'Monte Cassino' (H: 120 cm). Sie wird als Schnittblume verwendet und ist das »Septemberkraut« der Floristen

Stauden für den Steingarten

Den überwiegenden Teil einer Steingartenflora machen diejenigen Stauden aus, die warmen, trockenen und neutralen bis kalkhaltigen Boden bevorzugen.

Polster- und Rosettenpflanzen. Sie schmiegen sich dem Boden an, um Wind und Regenfällen besser trotzen zu können, es sind typische Steingartengewächse. Oftmals besitzen sie lange Pfahlwurzeln, damit sie zwischen dem anstehenden Gestein Halt und Nahrung finden können. Unter den zahlreichen Steingartenstauden befinden sich besonders robuste und anspruchslose, die im Frühling Garten oder Trockenmauer verzaubern. Es sind dies vor allem die leuchtenden Blütenpolster von Blaukissen *(Aubrieta*-Hybriden), Polster-Phlox *(Phlox*-Subulata-Hybriden), Schleifenblume *(Iberis sempervirens)* und Zwergglockenblumen *(Campanula carpatica)*. Zu empfehlen sind auch die pflegeleichten und hübschen Fetthennen *(Sedum*-Arten). Für schattigere Bereiche eignen sich Teppich-Primeln *(Primula*-Juliae-Hybriden), Moos-Steinbrech *(Saxifraga*-Arten und -Hybriden) und Lerchensporn *(Corydalis lutea)*. Steingarten-Einsteiger beginnen am besten mit anspruchslosen Pflanzen. Enzian und Edelweiß sind zwar in Spezialgärtnereien zu kaufen, gedeihen aber meist nicht über längere Zeit, weil sie als alpine Raritäten spezielle Ansprüche stellen.

Weitere Steingartengewächse. Neben den Stauden, die sich so malerisch an das Gestein anlehnen oder es überwachsen, gehören auch Zwerggehölze in einen Steingarten. Es eignen sich vor allem Kiefer *(Pinus mugo*-Zwergformen) oder kriechender Wacholder *(Juniperus*-Arten), aber auch Rosmarinseidelbast *(Daphne cneorum)*, polsterbildende Ginsterarten *(Genista lydia* und *Cytisus x kewensis)* und winzige Zwergsträucher wie die Sonnenröschen *(Helianthemum*-Hybriden).

Als Blickfang eignen sich auch einige höher wachsende Gehölze wie die Zuckerhutfichte *(Picea glauca* 'Conica') und der kleine Fingerstrauch *(Potentilla fruticosa)*. Niedrige Gräser (→ Seite 270/271) und kleine Farne (→ Seite 272/ 273) können die Pflanzung ergänzen und abrunden.

Die Steingartenanlage. »Steingarten« ist ein weitreichender Begriff. Außer dem eigentlichen Alpinum umfaßt er Steinanlagen an Böschungen, aufgeschüttete kleine Hügel, aber auch ebene Flächen, die mit Findlingen durchsetzt sind (→ Seite 106/107 und 140/141). Prädestiniert sind trockene und heiße Lagen, denn die meisten Steingartenpflanzen stammen aus Regionen mit hoher UV-Einstrahlung und starken Temperaturunterschieden. Aber im Gebirge gibt es nicht nur Geröll, sondern auch schattige und feuchte Partien und Waldbereiche. Mit etwas Geschick können Sie sich einen vielfältigen Steingarten anlegen.

Grasnelke

Grasnelke
Armeria maritima
Trockenheitsliebende Polsterstaude · Blüte rot, rosa, weiß, klein, ballförmig, V–VI · Laub dunkelgrün, länglich, grasartige Büschel · Wuchs H: 20 bis 30 cm, kugelig, dicht · Standort sonnig, trockene bis frische, durchlässige Böden, bevorzugt sandig

Karpaten-Glockenblume

Karpaten-Glockenblume
Campanula carpatica
Dauerblüher, sät sich gerne selbst aus · Blüte violett, blau, auch weiß, große Glocken oder Schalen, VI–VIII · Laub herzförmig, frischgrün, dicht · Wuchs H: 20–30 cm, halbrunde, horstartige Polster · Standort sonnig bis halbschattig, durchlässige Böden

Schleifenblume

Schleifenblume
Iberis sempervirens
Reichblühend, Halbstrauch · Blüte weiß, endständige Trugdolden, IV–V · Laub dunkelgrün, immergrün, länglich · Wuchs H: 15–30 cm, breitbuschig bis polsterförmig, langlebig · Standort sonnig, warm, trockene bis frische, durchlässige, humusarme Böden

Teppich-Phlox

Teppich-Phlox
Phlox subulata
Reichblühend · Blüte lila, violett, weiß, rosa, karminrot, zum Teil mit Auge, sternförmig, IV–V · Laub mattgrün, schmal, nadelförmig · Wuchs H: 5–15 cm, polsterförmig, starkwüchsig · Standort sonnig, warm, trockene bis frische, durchlässige, nährstoffreiche Böden

Sorte 'Huntercombe Purple'

Hornveilchen *Viola cornuta*

Langblühende Kleinstaude · Blüte gelb, violett, blau, weiß, zum Teil zweifarbig, stiefmütterchenähnlich, V–X · Laub dunkelgrün, länglich · Wuchs H: 10–25 cm, horstartig, kriechender Wurzelstock · Standort sonnig bis halbschattig, kühl, frische Böden

Hauswurz-Hybriden

Hauswurz, Dachwurz *Sempervivum*-Hybride

Pflegeleicht · Blüte rosa bis rot, sternförmig, dichte Dolden, VI–VII · Laub graugrün, fleischig, in Rosetten · Wuchs langsam, H: 10–25 cm, bildet Tochterrosetten · Standort sonnig, heiß, trockene bis mäßig frische, nährstoffarme, durchlässige, steinige Böden

Blaukissen 'Moerheimii'

Blaukissen *Aubrieta deltoidea*

Polsterpflanze · Blüte lilablau, violett, samtrot, rosa, rundlich, IV–V · Laub graugrün, immergrün, klein, oval-lanzettlich · Wuchs H: 5–15 cm, bewurzelnde Triebe · Standort sonnig, warm, mäßig trocken bis frisch, nährstoffreiche, durchlässige, kalkhaltige Böden

Steinbrech

Steinbrech *Saxifraga-Arendsii*-Hybriden

Frühlingsblüher · Blüte rosa, rot, gelb, weiß, in Büscheln, III–VI · Laub schmal, lanzettlich, frischgrün, immergrün · Wuchs H: 5–15 cm, rosettenartige, dichte Polster · Standort sonnig bis halbschattig, kühl, luftfeucht, durchlässige Böden

Stauden für den Steingarten

Steinkraut, *Alyssum saxatile*
Polsterpflanze, Blüte leuchtendgelb, IV–V, Laub graugrün, spatelförmig, Wuchs H: 25–40 cm, Standort sonnig, warm, trocken

Gänsekresse, *Arabis caucasica*
Polsterpflanze, Blüte weiß oder rosa, IV–V, Laub graufilzig, Wuchs H: 15–20 cm, kriechend, Standort sonnig

Alpenaster, *Aster alpinus*
Reichblühend, kurzlebig, Blüte weiß, violett, rosa, V–VI, Laub stumpfgrün, oval, Wuchs H: 20–30 cm, kleine Polster, Standort sonnig, durchlässige Böden

Sternglocke, *Campanula garganica*
Polsterförmig, Blüte klein, lila, VI–VII, Laub sattgrün, klein, Wuchs H: 15 cm, Standort sonnig bis halbschattig, kalkhaltig

Lerchensporn, *Corydalis lutea*
Selbstaussäend, Blüte gelb, IV–IX, Laub blaugrün, Wuchs H: 30 cm, Standort sonnig bis halbschattig

Federnelke, *Dianthus plumarius*
Duftend, Blüte rosa, rot, weiß, teils gefüllt, V–VI, Laub graugrün, Wuchs H: 20–30 cm, polsterförmig, Standort sonnig

Silberwurz, *Dryas x suendermannii*
Blüte cremefarben, V–VI, ab VII fedrige Samenschöpfe, Laub dunkelgrün, immergrün, Wuchs stark, H: 15 cm, Standort sonnig

Dalmatiner Storchschnabel, *Geranium dalmaticum*
Reichblühend, Blüte leuchtend rosa, VII–VIII, Laub frischgrün, zum Teil wintergrün, Wuchs H: 10–15 cm, Polster, Standort sonnig

Schleierkraut, *Gypsophila repens*
Blüte weiß bis rosa, V–IX, Laub graugrün, lanzettlich, Wuchs H: 10–30 cm, Polster, Standort sonnig, kalkhaltig

Sonnenröschen, *Helianthemum*-Hybriden
Halbsträucher, Blüte rosa, rot, gelb, orange, weiß, teils gefüllt, V–IX, Laub graugrün, linealisch bis eiförmig, wintergrün, Wuchs H: 15–30 cm, polsterförmig bis strauchig, Standort sonnig, kalkhaltige Böden

Purpurglöckchen, *Heuchera x brizoides*
Wintergrün, Blüte rosa, rot, weiß, glockenförmig, V–VII, Laub herzförmig, dunkelgrün, Wuchs H: 40–50 cm, Standort sonnig bis halbschattig, luftfeucht

Islandmohn, *Papaver nudicaule*
Zierlich, Blüte rot, rosa, orange, gelb, weiß, V–VIII, Laub blaugrau, Wuchs H: 20–40 cm, Standort sonnig

Teppich -Seifenkraut, *Saponaria ocymoides*
Anspruchslos, Blüte rosarot, duftend, V–VII, Laub stumpfgrün, Wuchs H: 10–20 cm, Polster, Standort sonnig, kalkhaltige Böden

Gold-Fetthenne, *Sedum floriferum* 'Weihenstephaner Gold'
Bodendecker, pflegeleicht, Blüte goldgelbe Sternchen, VII–IX, Laub dunkelgrün, Wuchs H: 10–15 cm, Standort sonnig, warm

Feldthymian, *Thymus serpyllum*
Heimisch, Blüte klein, purpurrot, V–X, Laub dunkelgrün, duftend, Wuchs H: 5 cm, flache Teppiche, Standort sonnig, kalkarme Sandböden

Stauden für den Gehölzrand

Wenn hier immer wieder vom Gehölzrand gesprochen wird, ist damit kein Waldrand wie in freier Natur gemeint, denn der existiert wirklich nur in ganz wenigen Gärten. Aber es gibt genügend Gehölzgruppen oder Einzelgehölze, in deren Schatten Stauden gedeihen, die kühlere und frischere Standorte bevorzugen im Gegensatz zu jenen, die möglichst ganztags einen sonnigen Platz wünschen. Oft ergeben sich auf engstem Raum, im Umkreis eines einzigen Gehölzes, schon erhebliche Unterschiede in den Lichtverhältnissen, verursacht durch den tages- und jahreszeitlichen Wechsel des Sonnenstandes und gegebenenfalls auch durch den laublosen Zustand im Winterhalbjahr. Entsprechend variationsreich wird sich die Bepflanzung im Umfeld dieser Gehölze gestalten.

Sonnenlagen. Auf der Sonnenseite einer Hecke oder Strauchgruppe erwärmen sich Boden und Luft besonders stark, da die Pflanzung Winde abhält und damit Schutz vor Kälte bietet. Damit verbunden ist auch ein stärkeres Austrocknen des Bodens. Hier fühlen sich viele Blütenstauden wohl, die in der Natur gerne an warmen, offenen Säumen zwischen Wald und Feld oder Wiese stehen, gleichzeitig aber den locker-durchlässigen Laub-Humus-Boden lieben. Dazu gehören der Fingerhut *(Digitalis purpurea)*, die Glockenblume *(Campanula latifolia)* und die Silberkerze *(Cimicifuga racemosa)*. Oder es handelt sich um Pflanzen, die es zwar sonnig, aber zusätzlich einen etwas frisch-feuchten Standplatz wünschen, wie der sehr giftige Eisenhut *(Aconitum napellus,* → Tabelle) und die Wiesenraute *(Thalictrum aquilegifolium)*.

Schattenlagen. Dort, wo die Sonne kaum oder nur wenige Stunden am Tag hingelangt – zwischen immergrünen Gehölzen etwa oder im lichten Schatten größerer Bäume – gedeihen Blattschmuck-Stauden wie die Funkie *(Hosta*-Arten und -Sorten). Akzente setzen an solchen Stellen die farbenprächtigen Prachtspieren *(Astilbe*-Arten und -Hybriden). Sie sind Blüten- und Blattstauden in einem und bereichern in den Sommermonaten mit ihrem außergewöhnlichen Farbenreichtum auch schattige Partien. Bei richtiger Sortenwahl reicht der Flor von Juni bis Oktober.

Flauschige Blüten der Wiesenraute

Prachtspieren – hier die Sorte 'Hyazinth' und 'Augustfeuer'

Wiesenraute, *Thalictrum aquilegifolium*
(→ Foto links)
Heimisch · Blüte rosa, hellviolett, feinstrahlig, in lockeren Trugdolden, V–VII · Laub blaugrün, akeleiähnlich, zart · Wuchs H: 80–120 cm, horstartig, Selbstaussaat · Standort halbschattig, frische bis nasse, humose Böden

Prachtspiere, *Astilbe*-Arendsii-Hybriden
Viele Arten, Hybriden und Sorten · Blüte weiß, rosa, rot, purpur, kerzenartige Rispen, VIII–IX · Laub dunkelgrün, · Wuchs H: 60–120 cm, horstartig · Standort halbschattig, kühl, luftfeucht, frische bis feuchte, nährstoffreiche, humose Böden

Stauden für den Gehölzrand

Blauer Eisenhut, *Aconitum napellus* ☠ Für Halbschatten, Blüte dunkelblau, helmartig, VI–VII, Laub dunkelgrün, Wuchs H: 90–150 cm, horstartig, Standort kühl, frische Böden	Christrose, *Helleborus niger* ☠ Winterblüher, Blüte weiß, XII–III, Laub immergrün, Wuchs H: 30 cm, horstartig, Standort halbschattig bis schattig, Boden kalkhaltig
Frühlingsanemone, *Anemone sylvestris* Kriechend, Blüte weiß, schalenförmig, leicht duftend, V–VI, Laub frischgrün, Wuchs H: 30–50 cm, Standort halbschattig	Wachsglocke, *Kirengeshoma palmata* Blattschmuckstaude, Blüte gelb, VIII–IX, Laub frischgrün, Wuchs H: 60–90 cm, horstartig, Standort halbschattig
Geißbart, *Aruncus dioicus* Solitär, cremefarbene Rispen, VI–VII, Laub frischgrün, Wuchs H: 150–200 cm, horstartig, Standort halbschattig	Salomonssiegel, *Polygonatum*-Hybriden ☠ Heimisch, Blüte milchweiß, glockig, V–VI, Laub oval, Wuchs H: 60–100 cm, Standort halbschattig
Waldrebe, *Clematis recta* ! Wildstaude, Blüte rahmweiß, duftend, VII–VIII, fedrige Samenstände, Laub sattgrün, Wuchs H: bis 1,5 m, Standort sonnig bis halbschattig	Krötenlilie, *Tricyrtis hirta* Extravagant, Blüte weiß, purpurviolett gepunktet, IX–X, Laub blaugrün, Wuchs H: 50–90 cm, Standort halbschattig

Schaublatt mit Riesenblättern

Hosta sieboldiana, H. crispula, H. fortunei (von links nach rechts)

Silberkerze

Schaublatt
Rodgersia podophylla
Solitär · Blüte cremefarben, große, lockere Rispen über den Blättern, VI–VII · Laub dunkelgrün, geteilt, derb, stark gefurcht · Wuchs H: 80–180 cm, horstartig · Standort halbschattig bis schattig, kühl, luftfeucht, frische bis feuchte, humose Böden

Funkie, Herzlilie
***Hosta*-Arten und Hybriden**
Beliebte, vielseitige und pflegeleichte Blattschmuckstaude mit reichem Arten- und Sortenspektrum · Blüte weiß, lila, röhren- oder glockenförmig, duftend, in Trauben, über dem Laub, VI–VIII · Laub blaugrau bis frischgrün, zum Teil weiß oder gelb gezeichnet, herzförmig bis schmal lanzettlich, ledrig, tiefe, parallele Blattnerven · Wuchs 10–120 cm, horstartig, spätaustreibend · Standort halbschattig bis schattig (panaschierte Sorten vergrünen im Schatten), kühl, frische, humose Böden ·
Wichtig: Funkien sind sehr beliebt bei Schnecken

Silberkerze
Cimicifuga racemosa
Malerische Großstaude · Blüte cremefarben, klein, in walzenförmigen Kerzen, straff aufrecht über dem Laub, VII–VIII · Laub dunkelgrün, gefiedert · Wuchs H: 150–200 cm, horstartig · Standort halbschattig, kühl, luftfeucht, frische, lockere, humose Böden

Sterndolde

Die heimische Akelei

Fingerhut

Wald-Glockenblume

Sterndolde
Astrantia major
Heimische Wildstaude · Blüte silbrig weiß bis rosa, sternförmige Hüllblätter umgeben die Dolde, VI–VIII · Laub dunkelgrün glänzend, handförmig geteilt · Wuchs H: 50–70 cm, horstartig · Standort halbschattig, kühl, frische bis feuchte, humose Böden

Akelei ☠
Aquilegia vulgaris
Kurzlebige Wildstaude, vesamt leicht · Blüte blau, rosa, weiß, gespornt, V–VI · Laub blaugrün, zart · Wuchs H: 40–60 cm, locker horstartig, zieht nach der Blüte ein · Standort halbschattig, humose Böden ·
Wichtig: Im Handel sind prächtige Hybriden für sonnige Lagen

Fingerhut ☠
Digitalis purpurea
Meist zweijährig · Blüte rosa, purpur, weiß, gefleckt, VI–VII · Laub stumpfgrün, eiförmig · Wuchs H: 100–140 cm, im ersten Jahr nur eine niedrige Blattrosette · Standort halbschattig bis schattig, saure, humusreiche Böden ·
Wichtig: Verblühtes entfernen

Wald-Glockenblume
Campanula latifolia
Heimische Wildstaude · Blüte blau, weiß, in lockeren Trauben, VI–VII · Laub dunkelgrün, länglich spitze Stengelblätter · Wuchs H: 80–100 cm, horstartig · Standort halbschattig, kühl, frische bis feuchte, humose, nährstoffreiche Böden

Bodendeckende Stauden

In der Natur gibt es in der Regel keinen nackten Boden. Eine Pflanzendecke bietet ihm Schutz und trägt durch die Zersetzung abgestorbener Teile zu seiner Bildung bei. In allen Pflanzengattungen befinden sich Arten, die den Boden innerhalb weniger Jahre gänzlich bedecken. Die Pflanzen erreichen dies auf unterschiedliche Art:

- flach über den Boden kriechend
- durch oberirdische Ausläufer
- durch unterirdische Ausläufer
- durch lange, bogige Triebe
- breitlagernd und buschig wachsend

Die Wuchshöhen variieren im allgemeinen zwischen 5 und 50 cm. Zu den Bodendeckern zählen auch Gehölze und niedrige Strauchrosen sowie Einjährige. Unter den Stauden gibt es jedoch eine besonders große Anzahl mit entsprechenden Wuchseigenschaften. Wichtig ist, daß sie eine dauerhaft dichte Decke bilden. Viele Stauden sind dazu ungeeignet, weil sie nach einigen Jahren von innen heraus verkahlen und immer wieder geteilt werden müssen.
Es gibt bodendeckende Stauden für fast jeden Standort. Unter den sonnen- und wärmeliebenden Pflanzen eignen sich die rasen- und polsterbildenden Steingartengewächse ganz besonders gut (→ Seite 242/243).
Bodendecker für den Schatten. Sie werden hier vorgestellt. Besonders unter Bäumen und Sträuchern lassen sich mit ihnen natürliche Bereiche gestalten. Eine dichte Pflanzendecke unterdrückt auch Wildkräuter. Um so wichtiger ist es jedoch, vor jeder Pflanzung den Boden ganz gründlich auf Wurzelunkräuter zu untersuchen. Auch die Bodenvorbereitung sollte optimal vorgenommen werden, der Bodenart und der Bepflanzung angemessen. Wieviele Pflanzen Sie pro qm brauchen, hängt von der Art und Wuchskraft der Pflanzen ab. Damit der Bestand sich rascher schließt, kann auch etwas dichter gepflanzt werden. Es besteht jedoch dann leicht die Gefahr, daß sich die Pflanzen unschön übereinanderschieben, anstatt sich flach auszubreiten. Normalerweise dauert es 3 bis 4 Jahre bis die Pflanzung zusammengewachsen ist und kaum noch Pflege braucht. Das Herbstlaub bleibt liegen und trägt zum Schutz und zur Ernährung des Bestandes bei.
Mit Bodendeckern gestalten. Bodendeckende Pflanzen sind der ideale Rasenersatz:

- in Schattenlagen, denn Rasengräser brauchen Licht
- an steilen Böschungen, wo das Mähen schwer fällt
- als ruhiger Untergrund, um Solitärs und Schmuckelemente zur Geltung zu bringen.

Diese Pflanzenteppiche sind je nach Art sogar zu betreten, oder es helfen einige Trittplatten, die Fläche zu erschließen und zu strukturieren.

Gefleckte Taubnessel 'Chequers'

Gefleckte Taubnessel
Lamium maculatum
Pflegeleichte Wildstaude mit dekorativem Blattwerk · Blüte rosarot, rosa, weiß, lippenblütig, in dichten, beblätterten Quirlen, V–VII · Laub dunkelgrün mit mehr oder weniger regelmäßigen silbrigweißen Flecken, eiförmig spitz, gezähnt, runzelig · Wuchs H: 15–40 cm, ausläufertreibend, aber nicht wuchernd · Standort halbschattig, kühl, frische bis feuchte, lockere, nährstoffreiche Böden · Wichtig: Es gibt verschiedene Sorten, die sich in Blütenfarbe und Laubzeichnung unterscheiden; die meisten können auch abgemäht werden

Ysander mit immergrünem Laub

Lungenkraut 'Reginald Key'

Ysander ☠
Pachysandra terminalis
Robuster, immergrüner Halbstrauch · Blüte unscheinbar grün, IV–V · Laub dunkelgrün, derb lederartig, grobgezähnt, oval · Wuchs H: 20–30 cm, buschig, Ausläufer · Standort halbschattig bis schattig, mäßig trockene bis frische Böden mit geringem Kalkgehalt

Lungenkraut
Pulmonaria saccharata
Blattschmuckstaude · Blüte rosarot, im Verblühen lilablau, III–V · Laub stumpfgrün mit silbrigen Flecken · Wuchs H: 15–30 cm, kriechend, bildet eine geschlossene Pflanzendecke · Standort halbschattig bis schattig, frische, lockere, humose Böden

Kleines Immergrün

Kleines Immergrün ☠
Vinca minor

Immergrüner Bodendecker · Blüte violett bis hellblau, sternförmig, IV–V · Laub dunkelgrün, glänzend, lederartig, dicht · Wuchs H: 10–20 cm, große Teppiche durch lange Absenker · Standort halbschattig bis schattig, kühl, frische bis feuchte, lockere Böden

Schaumblüte

Schaumblüte
Tiarella wherryi

Bodendecker · Blüte weiß, in aufrechten Kerzen, V–VI · Laub herzförmig, gelappt, lindgrün · Wuchs H: 15–30 cm, teppichartig durch Ausläufer, nicht wuchernd · Standort halbschattig bis schattig, kühl, frische, durchlässige, humose Böden

Kriechender Günsel

Kriechender Günsel
Ajuga reptans

Heimische Wildstaude · Blüte leuchtend blau, klein, dichte Blütenkerzen, IV–V · Laub frischgrün bis rötlich, wintergrün · Wuchs H: 15–20 cm, teppichartig · Standort halbschattig, kühl, frische bis feuchte, nährstoffreiche, lehmige Böden

Golderdbeere

Golderdbeere
Waldsteinia geoides

Dichte Horste · Blüte goldgelb, schalenförmig, IV–V · Laub frischgrün, gelappt · Wuchs H: 20–30 cm, breit horstartig · Standort sonnig bis schattig, trockene bis feuchte Böden · Wichtig: *Waldsteinia ternata* wächst teppichartig

Bodendeckende Stauden

Frauenmantel, Alchemilla mollis
Blüte grüngelb, Laub graugrün, Wuchs H: 30–50 cm, horstartig, Standort sonnig bis halbschattig

Haselwurz, Asarum europaeum
Immergrün, Blüte unscheinbar, Laub dunkelgrün, Wuchs H: 10 cm, kriechend, Standort halbschattig bis schattig

Steinsame, Buglossoides purpurocaerulea
Blüte enzianblau, V–VI, Laub graugrün, Wuchs H: 20–30 cm, niederliegend, Standort sonnig bis halbschattig

Hornnarbe, Ceratostigma plumbaginoides
Blüte enzianblau, IX–X, Laub sattgrün, ab IX orange, Wuchs H: 20–30 cm, Ausläufer, Standort sonnig bis halbschattig

Trug-Erdbeere, Duchesnea indica
Starkwachsend, Blüte gelb, V–IX, Früchte erdbeerähnlich, Laub frischgrün, Wuchs H: 10 cm, Ausläufer, Standort sonnig bis halbschattig

Pyrenäen-Storchschnabel, Geranium endressii
Blüte rosa, VI–VIII, Laub dunkelgrün, Wuchs H: 30–50 cm, Standort sonnig bis schattig

Gundermann, Glechoma hederacea
Blüte blauviolett, III–VI, Nachblüte IX/X, Laub nierenförmig, wintergrün, Wuchs: H: 10–20 cm, Standort halbschattig

Bodendeckender Beinwell, Symphytum grandiflorum
Blüte gelb, auch blau, III–V, Laub wintergrün, Wuchs H: 30–40 cm, ausläuferbildend, Standort sonnig bis schattig

Elfenblume 'Sulphureum'

Elfenblume
Epimedium x versicolor

Starkwachsend · Blüte schwefelgelb, glockenförmig, IV–V · Laub frischgrün, im Austrieb bronze, später vergrünend, teilweise wintergrün · Wuchs H: 30–35 cm, ausläufertreibend · Standort halbschattig bis schattig, mäßig trockene bis feuchte, humose Böden

Gedenkemein

Gedenkemein
Omphalodes verna

Zarter Frühlingsblüher · Blüte leuchtend blau mit weißer Mitte, ähnlich dem Vergißmeinnicht, IV–V · Laub frischgrün, eiförmig, spitz · Wuchs H: 15–25 cm, durch Ausläufer dichte Teppiche bildend · Standort halbschattig, warm, frische bis feuchte Böden

Narzissen sondern in der Vase Schleim ab. Deshalb besser nicht mit anderen Schnittblumen kombinieren

BLUMEN AUS ZWIEBELN UND KNOLLEN

Zwiebel- und Knollengewächse zählen als Sondergruppe innerhalb der Stauden. Mit Hilfe unterirdischer Speicherorgane überdauern sie ihre Ruhephasen. Form, Größe und Aufbau dieser Organe sind so unterschiedlich wie die Pflanzen selbst. Jede Gattung hat dazu spezielle Blüh- und Ruhezeiten. Entsprechend ihrer Herkunft stellt diese Pflanzengruppe unterschiedliche Ansprüche an Standort und Pflege. Grundsätzlich wollen die aus den Wildarten hervorgegangenen Zuchtformen einen gut vorbereiteten Beetboden, sind dann aber meist robust und sehr blühfreudig.

Zwiebel- und Knollenpflanzen lassen sich gut mit Stauden und Gehölzen (→ Seite 112/113) kombinieren. Sie werden in lockerer Anordnung vor oder zwischen die Pflanzen gesetzt. Der Pflanzzeitpunkt richtet sich nach der Blütezeit: Frühjahrsblüher kommen von September bis November in den Boden, Herbstblüher im Sommer, Sommerblüher im Herbst oder Frühjahr.

Als Faustregel für die Pflanztiefe gilt: dreimal so tief setzen wie der Durchmesser der Zwiebel oder Knolle beträgt (→ Seite 181). Alle paar Jahre sollten die Zwiebelhorste an neue Standorte versetzt werden. Gedüngt wird generell bei der Pflanzung sowie bei Wachstumsbeginn mit Kompost und organischen Düngern. Abgeblühtes sollten Sie regelmäßig abschneiden, damit es nicht zum Samenansatz kommt. Das Laub wird grundsätzlich erst nach dem völligen Vergilben entfernt, damit die Speicherorgane neue Reserven aufbauen können.

Wie ein Gemälde wirken diese Darwin-Hybrid-Tulpen (Sorte 'Gudoshnik') mit ihrem hinreißenden Farbenspiel

Kleine Frühlingsblüher

Die kleinen Frühlingszwiebelblumen nehmen als Vorboten einer neuen Vegetationsperiode eine ganz besondere Stellung im Garten ein. Es sind die ersten Farbtupfer, zart beginnend in Weiß- und Gelbtönen, dann gesellen sich Blau und Violett hinzu. Einige Sorten besitzen auch kräftigere Farben, aber alles wirkt noch klein und verhalten im Gegensatz zur späteren bunten Tulpenpracht.
Bei den Frühlingsblühern spielen die Wildarten die Hauptrolle, aber auch die Züchtungen haben ihren Wildcharakter weitgehend beibehalten. Eine Ausnahme bilden die Hybrid-Krokusse, die wie bunte Ostereier wirken und auch viel bauchiger sind als ihre zierlichen, schlanken Vorfahren.
In ländlichen Gärten wachsen kleine und große Zwiebelblumen meist bunt durcheinander, die kleinen teilweise als niedrige Beet-Einfassung, zusammen mit frühblühenden Stauden. Vom Charakter her passen diese kleinen Frühlingsblumen jedoch besser in die naturnahen Bereiche des Gartens: Die wärmeliebenden unter ihnen fühlen sich auf sonnigen und trockenen Hängen in Steingärten wohl. All diejenigen, die von Herbst bis Frühjahr feuchte Standorte bevorzugen, gedeihen unter oder vor Gehölzgruppen, in der Übergangszone zwischen Sträuchern und Wiese.
Verteilen Sie die Zwiebelchen oder Knöllchen im Herbst über eine größere Fläche, jeweils etwa 20 – 25 Stück auf etwa 30 x 30 cm.
Wenn das Fallaub den Winter über liegenbleibt, entsteht eine natürliche Mulchschicht. Diese Situation sagt den Zwiebelchen zu. Die Bestände breiten sich zunehmend teppichartig aus, wenn sie nur ganz in Ruhe gelassen und nicht durch Bodenbearbeitung gestört werden.
Bei mageren Böden kann im Herbst oder Frühjahr beim Austrieb zusätzlich Kompost aufgebracht oder eine leichte Volldüngergabe verabreicht werden.
Frühblühende Zwiebeln ziehen auch zeitig wieder ein. Das vergilbte Laub läßt sich leicht entfernen oder besser noch, es wird von nachkommenden Stauden oder Rasen überdeckt. Mit dem Mähen aber warten, bis die Blätter abgestorben sind. Dort, wo die Frühlingsblüher nicht erwünscht sind oder beim Umgestalten des Gartens, lassen sie sich am besten direkt nach der Blüte verpflanzen, solange der Standort noch erkennbar ist. Es ist sinnvoll, ganze Pulks auszugraben und zu versetzen, es besteht jedoch auch die Möglichkeit, die Zwiebeln bei dieser Gelegenheit zu teilen. Im Rasen halten sich Gartenkrokusse meist nur wenige Jahre, sie müssen immer wieder nachgepflanzt werden.

Schneeglöckchen

Winterling ☠
Eranthis hyemalis
(→ Foto oben)
Vorfrühlingsblüher zum Verwildern unter Gehölzen, versamt sich stark, bildet dichte Teppiche · Blüte leuchtend gelb, duftend; II–III · Laub fein geteilt, hellgrün · Wuchs H: 5 cm · Standort Halbschatten bis Schatten, frische, humose Böden · Wichtig: Die kleinen Knollen vor dem Pflanzen über Nacht in warmem Wasser einweichen, dann wurzeln sie besser an

Schneeglöckchen ☠
Galanthus nivalis
(→ Foto, links)
Heimisch, zum Verwildern am Gehölzrand oder unter Solitären geeignet · Blüte weiß, dreizipfelig, innerer Kreis grünlich umrandet, nickend; II–III · Laub blaugrün, schmal-linealisch · Wuchs H: 10 cm · Standort Sonne bis Schatten

Märzenbecher

Märzenbecher ☠
Leucojum vernum
Heimische Frühlingsknotenblume, aussamend · Blüte weiß mit grünen Tupfen auf den Spitzen, breitglockig; II–III · Laub dunkelgrün, glänzend, riemenförmig, kurz · Wuchs H: 20 cm · Standort Halbschatten bis Schatten, feuchte Böden

Blausternchen 'Spring Beauty'

Schneestolz oder -glanz

Traubenhyazinthe

Blausternchen ☠ !
Scilla siberica
Massenblüher, verwildert leicht · Blüte hellviolettblau, auch weiß und blau, sternförmig, nickend, in lockeren Trauben; III–IV · Laub kräftig grün, riemenförmig · Wuchs H: 10–15 cm, dichte Teppiche bildend · Standort Halbschatten, frische und humose Böden

Schneeglanz, !
Schneestolz
Chionodoxa luciliae
Zarter Vorfrühlingsblüher · Blüte hellblau, weiß oder hellrosa, sternförmig, gelbe Staubgefäße; lockere Blütentraube, III–IV· Laub linealisch, grasgrün · Wuchs H: 10–15 cm, teppichbildend · Standort Sonne bis Halbschatten

Traubenhyazinthe ☠
Muscari armeniacum
Robust und langblühend, viele Arten und Sorten · Blüte blau mit weißem Rand, Sorte 'Alba' blüht weiß; IV · Laub schmallinealisch, grau-grün · Wuchs H: 15 – 20 cm, horstig sich ausbreitend · Standort Sonne bis Halbschatten, durchlässige, auch trockene Böden

Elfen-Krokus

Strahlen-Anemone

Elfen-Krokus
Crocus tommasinianus
Reichblühender Krokus zum Verwildern, bildet dichte Blütenteppiche · Blüte hellviolett, trichterförmig, auch weiß; II–III · Laub schmal, heller Mittelstreifen · Wuchs H: 5–10 cm · Standort Sonne, durchlässige Böden

Strahlen-Anemone ☠
Anemone blanda
Reizende Vorfrühlingsblüher für Gehölzrand und Steingarten, auch zum Verwildern · Blüte blau, weiß, rosa, violett, auch mit weißem Auge, margeritenähnlich; III–IV · Laub dreiteilig, geschlitzt, hellgrün · Wuchs H: 10 cm · Standort Sonne bis Halbschatten

Kleine Frühlingsblüher

Krokus, *Crocus*-Hybriden
Blüten weiß, gelb, violett, blau, zweifarbig, trichterförmig, III–IV, H: 10–15 cm, Standort sonnig bis halbschattig, warm

Frühlings-Alpenveilchen, *Cyclamen coum*
Blüte rosa, purpur, weiß, duftend, II–IV, H: 10 cm, Standort sonnig bis halbschattig, humose Böden

Hundszahn, *Erythronium dens-canis*
Blüte rosalila, weiß, nickend, III–IV, H: 8–10 cm, Standort halbschattig, kühl, humose Böden

Schachbrettblume, ☠ *Fritillaria meleagris*
Blüte purpurviolett mit Schachbrettmuster, IV–V , H: 20–30 cm, Standort halbschattig, kühl, feuchte, lehmige Böden

Leberblümchen, *Hepatica nobilis*
Blüte lilablau, strahlenförmig, III–IV, H: 10–15 cm, Standort halbschattig bis schattig, humose, lehmige, kalkhaltige Böden

Blauglöckchen, ! *Hyacinthoides hispanica*
Ideal zum Verwildern, Blüte blau, glockenförmig, V, H: 20–30 cm, Standort halbschattig bis schattig, feuchte, humose Böden

Netzriris, *Iris reticulata* !
Blüte violettblau, III–IV, H: 10–20 cm, Standort sonnig, warm, trockene, durchlässige Böden

Puschkinie, *Puschkinia scilloides*
Blüte hellblau, auch weiß, glockig, IV–V, H: 10–15 cm, Standort sonnig bis halbschattig, warm

Tulpen

Tulpen verkörpern den Frühling, ihre Farben- und Formenfülle ist beinahe unermeßlich. Außer einem echten Blau sind alle Töne vertreten. Tulpen werden in verschiedene Gruppen eingeteilt:
Wildtulpen. Sie eignen sich vor allem für naturnahe Pflanzungen, werden 15–40 cm hoch und blühen von März bis Mai. Empfehlenswert sind die heimische gelbe Weinbergtulpe (*Tulipa sylvestris*), sowie *Tulipa batalinii*, *Tulipa clusiana*, *Tulipa pulchella*, *Tulipa tarda*, *Tulipa turkestanica*, *Tulipa praestans* und *Tulipa urumiensis*. Von *Tulipa kaufmanniana*, *Tulipa fosteriana* und *Tulipa greigii* haben vor allem die großblütigen Züchtungen Bedeutung, die zum Teil marmoriertes Laub besitzen. Sie eignen sich besonders als Randbepflanzungen an Gehölzen und Wegen sowie in Beeten zusammen mit Narzissen und Traubenhyazinthen.
Gartentulpen. Sie werden 40 – 70 cm hoch und nach Blütezeiten in drei Gruppen unterteilt. Jede beinhaltet wieder verschiedene Klassen:

- Frühe Tulpen (Anfang – Mitte IV). In dieser Gruppe gibt es einfache und gefüllte Sorten.
- Mittelfrühe Tulpen (Mitte IV – Anfang V). Zu ihnen gehören Mendel-Tulpen, die robusten Triumph-Tulpen, die großblütigen und farbenprächtigen Darwin-Hybrid-Tulpen.
- Späte Tulpen (Anfang – Ende V). Tulpen dieser Gruppe werden 50 – 70 cm hoch. Als erste erscheinen die einfachen robusten Darwin-Tulpen, dann die Einfachen Späten Tulpen, weiter die eleganten Lilienblütigen Tulpen, die Papagei-Tulpen mit ihren barocken Formen, die schwachwüchsigen und geflammten Rembrandt-Tulpen, die Gefüllten Späten paeonienblütigen Tulpen, die Mehrblütigen Tulpen, die Viridiflora-Tulpen mit aparten grünen Streifen und die Crispa-Tulpen, deren einfache Blüten am Rand fein gefranst sind.

Tulpen pflanzen und pflegen. Pflanzzeit ist ab September. Der Standort soll vorwiegend sonnig sein, der Boden sandig-humos. Vor allem im Sommer ist es wichtig, daß der Boden kein Wasser staut, sonst faulen die Zwiebeln. Die Pflanztiefe beträgt etwa 15 cm, die Pflanzabstände richten sich nach der Blumengröße – bei einfachen Tulpen sind es 15 – 20 cm, bei den großblütigen etwas mehr. Gepflanzt wird in lockeren Gruppen. Um eine gute Wirkung zu erzielen, sollten Sie mindestens 10 Stück von einer Sorte setzen.
Tulpen vermehren sich durch Brutzwiebeln, die jedes Jahr neu gebildet werden.
Wichtig: Tulpenzwiebeln können bei milder Witterung auch noch bis Anfang Dezember gesteckt werden. Achten Sie beim Kauf auf gesunde Zwiebeln.

Eine der bekanntesten Greigii-Hybriden 'Red Riding Hood'

Botanische Tulpen !
***Tulipa*-Greigii-Hybriden**
Attraktive spätblühende Wildtulpen mit graugrünem, braun gestreiftem oder marmoriertem Laub · Blüte ein- bis mehrfarbig, oft mit kontrastreichen Streifen, langer schmaler Kelch, der sich bei Sonne weit öffnet; III – IV · Wuchs H: 20–30 cm · Sorten 'Red Riding Hood', identisch mit 'Rotkäppchen' (→ Foto), leuchtend scharlachrot mit schwarzem Basalfleck und schön gezeichneten Blättern; 'Oriental Splendour', zitronengelb, grün-rote Basis, rot-gelber Rand, Laub gestreift, haltbare Sorte; 'Plaisir', cremegelb mit roten Streifen, Blätter bräunlich gestreift

Tulipa-Kaufmanniana-Hybride

Wildtulpe !
Tulipa kaufmanniana
Stammform für viele Hybrid-Tulpen, auch Seerosen-Tulpe genannt · Blüte rahmweiß mit rotem Hauch, schmaler Kelch, der sich sternförmig öffnet; III–IV · Wuchs H: 15–25 cm · Wichtig: viele Hybrid-Sorten in leuchtenden Farben, oft mit gestreiftem Laub

Die mehrblütige Tulipa tarda

Wildtulpe !
Tulipa tarda
Sehr anspruchslose zierliche Wildtulpe, die größere Bestände bildet und sich selbst aussamt · Blüte weiß mit großer gelber Mitte, außen grau-grün, sternförmig, mehrere Blüten pro Stiel; III–IV · Wuchs H: 10–15 cm

'Couleur Cardinal'

Einfache Frühe Tulpen !
Tulipa

Frühblühende hohe Tulpen · Blüte viele Farben, ovaler Blütenkelch; IV · Wuchs H: 25–40 cm, kräftige Stiele · Sorten 'Couleur Cardinal' (→ Foto), dunkelscharlach mit bläulichem Hauch, 35 cm; 'Apricot Beauty', apricotfarben; 'Princess Irene', orange-Purpur geflammt

'Mrs. John T. Scheepers'

Einfache Späte Tulpen !
Tulipa

Sie werden auch Cottage-Tulpen genannt · Blüte fast alle Farben, schlank, ovale Blütenkelche; V · Wuchs H: 40–50 cm, kräftige Stiele · Sorte 'Mrs. John T. Scheepers' (→ Foto), reingelb, großblumig wüchsig, 60 cm, sehr spät blühend, beste gelbe Sorte

'Orange Princess'

Gefüllte Späte Tulpen !
Tulipa

Auch paeonienblütige Tulpen genannt · Blüte meist mehrfarbig, auch geflammt, sehr groß; IV–V · Wuchs H: 40–60 cm · Sorten 'Orange Princess' (→ Foto); 'Bonanza', rot mit gelbem Rand, 40 cm; 'Angelique', hellrosa, 45 cm · Wichtig witterungsgeschützter Standort

Lilienblütige Tulpe

Lilienblütige Tulpen !
Tulipa

Sehr elegant wirkende späte Tulpen · Blüte viele schöne Farben, lange schlanke Blütenkelche; IV–V · Wuchs H: 50–60 cm, elegant bis kräftig · Sorten 'West Point', primelgelb, länglicher Kelch, 50 cm; 'White Triumphator', reinweiß, sehr elegant, 60 cm

Von barocker Schönheit – Papagei-Tulpe 'Flaming Parrot'

Papagei-Tulpen !
Tulipa

Extravagante spätblühende Liebhabersorten · Blüte mehrfarbig, oft geflammt, in kräftigen Farben, große schwere Blütenkelche, die sich weit öffnen, bizarr geschlitzte und gewellte Ränder; V · Wuchs H: 40 – 60 cm · Sorten 'Flaming Parrot' (→ Foto), gelb und rot geflammt, 55 cm; 'Black Parrot', dunkelpurpur, 55 cm; 'Fantasy', lachsrosa, grüngefleckt, 60 cm; 'Rococo', karminrot, außen grün, 35 cm; 'Texas Flame', gelb-karminrot geflammt, 55 cm; 'White Parrot', weiße, standfeste Sorte, 40 cm

Viridiflora-Tulpe 'Hummingbird'

Viridiflora-Tulpen !
Tulipa

Sehr aparte einfache , spätblühende Gartentulpen, viele neue Züchtungen · Blüte überwiegend zarte Farben mit charakteristischer grüner Zeichnung besonders auf der Außenseite der Blütenblätter, schlanke, schöngeformte Kelche; V · Wuchs H: 30–50 cm · Sorten 'Hummingbird' (→ Foto), außen und innen mimosengelb mit grüner Zeichnung, 40 cm; 'Golden Artist', gelb und grüngestreift, 30 cm; 'Artist', innen lachsrosa und grün, außen purpur und lachs, 30 cm, späte Sorte; 'Greenland' hellgrüner Mittelstreifen, gelber Rand, rosa überhaucht, 50 cm

Narzissen

Narzissen sind die Frühlingsboten schlechthin. Ihre Blütezeit beginnt bei frühen Sorten bereits im März, der Hauptflor erstreckt sich über den April, mit den späten Sorten reichen sie bis in den Mai hinein. Gelb und Weiß sind die vorherrschenden Farbtöne. Zur besseren Unterscheidung werden Narzissen entsprechend ihrer Blütenform und Herkunft in Gruppen eingeteilt:

- Trompeten-Narzissen mit so geformter Nebenkrone
- Großkronige Narzissen mit schalenförmiger Nebenkrone
- Kleinkronige Narzissen mit zierlicher Nebenkrone
- Gefüllt blühende Narzissen
- Engelstränen-Narzissen, mehrblütig, duftend, langstielig
- Alpenveilchen-Narzissen mit gebogenem Blütenkranz
- Jonquillen, mehrblütig mit betörendem Duft
- Tazetten mit mehreren kleinen Blüten pro Stiel
- Dichter-Narzissen mit strahlend weißem Blütenkranz

Die Blüte ist deutlich zweigeteilt in Hauptkrone (Blütenkranz) und Nebenkrone im Zentrum. Die Nebenkrone kann trompeten-, schalen-, becher-, oder napfförmig ausgebildet sein. Bei vielen Sorten ist sie anders gefärbt als der Blütenkranz, oft sogar rötlich.
Die Zwiebel hat eine charakteristische spitze Form mit einer sogenannten Nase. Doppelnasen sind von besonderer Qualität und reichblütiger. Die Wurzeln sind auffallend lang und unverzweigt. Sie werden abgestoßen und bilden sich ab September wieder neu (Vorsicht beim Pflanzen!).

Kaiserkrone (Fritillaria imperialis)

Das Blatt ist schmal und grasartig. Das Laub zieht spät ein – oft erst Ende Juni/Anfang Juli – und darf bis zum völligen Vergilben nicht abgemäht werden. Setzen Sie die Zwiebeln deshalb am Gehölzrand möglichst weit in den Hintergrund.
Der Standort sollte sonnig bis halbschattig, der Boden frisch bis feucht, nährstoffreich, humos und durchlässig sein.
Die Verwendung. Robuste Narzissen-Sorten pflanzen Sie am besten unter frühjahrsblühende Ziergehölze (→ Seite 202 bis 215), sowie in den Übergangsbereich zu Rasen oder Wiese. Bei günstigen Bedingungen verwildern sie und bilden große Horste. Sorten mit auffallenden Farben und Formen sowie die mehrblütigen, zarten Narzissen wachsen besser auf Beeten und Rabatten, während Wildformen und niedrige Sorten im Steingarten und in Wildstaudenpflanzungen am schönsten wirken.
Die Pflanzung erfolgt im September/Oktober je nach Zwiebelgröße etwa 10 – 15 cm tief und im Abstand von 15 bis 20 cm. Kommen die Zwiebeln zu spät in den Boden, bleiben Blüten und Laub stecken. Die Zwiebeln immer in Gruppen pflanzen – nach Klassen, Sorten und Farben getrennt. Hochgezüchtete Sorten werden umgepflanzt, sobald ihre Blühwilligkeit nachläßt. Dazu die Zwiebeln nach dem Vergilben und Einziehen des Laubes herausnehmen, teilen und an einen neuen Platz setzen.
Die Pflege. Während der Blüte im Frühjahr bei Trockenheit gießen. Nach der Blütezeit und im Sommer ist Gießen nicht nötig. Düngen Sie zum Austrieb und während oder direkt nach der Blüte mit einem organisch-mineralischen Volldünger (jeweils 30 g/qm).
Warnung: Die ganze Pflanze – auch die Zwiebel – enthält ein giftiges Alkaloid. Der schleimige Pflanzensaft kann zu Reizungen der Haut führen!

Kaiserkrone ☠ !
Fritillaria imperialis
(→ Foto links)
Typische Bauerngartenpflanze · Blüte orange, ziegelrot oder gelb; glockenförmig in Quirlen am Stielende, darüber Blattschopf; IV · Laub schmal eiförmig, grasgrün · Wuchs H: 60–100 cm, eintriebig, straff aufrecht · Standort sonnig, warm; durchlässige, frische, nahrhafte Böden; schwere Böden meiden oder mit Sand verbessern

Dichter-Narzissen ☠ !
Narcissus poeticus
(→ Foto oben)
Berühmt wegen ihres Duftes · Blüte Blütenkranz weiß, napfförmige Nebenkrone, teils mit rotem Rand; IV–V · Laub schmal, blau- oder graugrün · Wuchs H: 30–40 cm · Sorten 'Actaea', alte bewährte Sorte mit zitronengelber, rot geranderter, flacher Nebenkrone; 'Recurvus' mit gelb-roter Nebenkrone; 'Queen of Narcissi' mit roter Nebenkrone

N. cyclamineus 'Jack Snipe'

N. cyclamineus 'February Gold'

Gefüllte Sorte 'Unique'

Zwerg-Narzissen ☠ !

Besonders schön in naturnahen Pflanzungen und Steingärten · Blüte sehr reich, langlebig; II – IV · Laub schmal, frischgrün · Wuchs H: 15 – 30 cm · Standort sonnig – halbschattig · Sorten 'Jack Snipe' mit schmaler, weißer Haupt- und primelgelber Nebenkrone; 'February Gold' mit goldgelber Haupt- und etwas dunklerer Nebenkrone; 'Thalia' mit weißen Blüten; 'Peeping Tom' gelbe Blüten mit sehr schlanker Trompete; 'Tête à Tête' gelb- und mehrblütig; 'Minnow' cremeweiß mit gelber Nebenkrone; 'Jet Fire' mit gelben Blüten und orangeroter Trompete; 'Tittle Tattle' hellgelb, kräftig duftend, mehrblütig

Gefüllte Narzissen ☠ !

Stammen von Trompeten-Narzissen ab · Blüte es können sowohl Haupt- und Nebenkrone oder nur Nebenkrone gefüllt sein; eine Blüte pro Stiel, oft zweifarbig; IV–V · Laub schmal, grüngrau · Wuchs H: 35–50 cm · Sorte 'Unique' sehr groß; 'Rose of May' weiß, duftend; 'Tahiti' dunkelgelb-orange

Die bekannteste Trompeten-Narzisse 'Golden Harvest'

Großkronig – 'Gabriel Kleber'

Kleinkronige Sorte 'Birma'

Trompeten- ☠ ! Narzissen

Gelbe Osterglocken sind der Inbegriff des Frühlings · Blüte lange trompetenförmige Nebenkrone, Rand meist gewellt; weiß, gelb, oder zweifarbig; IV · Laub schmal, graugrün · Wuchs H: 40 – 50 cm · Gelbe Sorten 'Golden Harvest' bewährte Sorte; 'Dutch Master' etwas nach oben gerichtete Blüten; 'Exception' und 'Modoc', beide sehr reichblühend; 'King Alfred' großblumig; · Weiße Sorten 'Empress of Ireland' großblütig; 'Cantatrice' reinweiß · Zweifarbige Sorten 'Bravoure' und 'Magnet' mit weißer Hauptkrone und gelber Trompete; 'Glenfarclas' Hauptkrone gelb, Trompete orange

Großkronige ☠ ! Narzissen

Vorfahren sind Trompeten- und Dichternarzissen · Blüte Nebenkrone schalenförmig, oft zweifarbig; III – V · Laub graugrün · Wuchs H: 35–50 cm · Sorten 'Gabriel Kleberg', weiß; 'Ice Follies', weiß, gelbe Nebenkrone; 'Carlton', gelb; 'Ceylon', gelb, orange Nebenkrone

Kleinkronige ☠ ! Narzissen

Werden auch kurzkronige Narzissen genannt · Blüte meist zweifarbig, Nebenkrone tellerförmig, sehr kurz; III – V · Laub blau- bis graugrün · Wuchs H: 30 – 45 cm · Sorten 'Birma', gelb, Nebenkrone leuchtend orange; 'Snow Crest', weiß, Nebenkrone grünliche Mitte

Sommerblühende Zwiebelblumen

Auch wenn die meisten Zwiebelgewächse im Frühjahr blühen, gibt es doch einige attraktive Arten und Züchtungen, die im Laufe des Gartenjahres für Blüh-Höhepunkte sorgen. Allen voran sind die Lilien zu nennen. Das Sortiment ist inzwischen unüberschaubar groß. Neben den zahlreichen Wildformen und ihren Abkömmlingen existiert eine Fülle von Hybriden, also Zuchtformen, die aus unterschiedlichsten Kreuzungen hervorgegangen sind. Wildformen sind oft anspruchsvoller und auch an bestimmte Standorte gebunden. Aber gerade unter diesen gibt es Arten, die über Jahre im Garten gedeihen wie die Feuerlilie (*Lilium bulbiferum*), die Madonnenlilie (*Lilium candidum*), die Scharlachlilie (*Lilium davidii*), der Gold-Türkenbund, (*Lilium hansonii*), die Türkenbundlilie (*Lilium martagon*), die Königslilie (*Lilium regale*), und die Tigerlilie (*Lilium lancifolium*).

Das Spektrum der Farben enthält alle Weiß-, Gelb-, Rosa- und Rottöne. Die Höhe der Pflanzen schwankt je nach Art und Sorte zwischen 40 cm und 2 m. Bei geschickter Planung können Sie sich den ganzen Sommer über an Lilien erfreuen. Die frühesten blühen im Mai/Juni wie Madonnen- und Feuerlilie, die meisten im Juni/Juli/August. Späte Lilien wie Tigerlilie, Goldbandlilie (*Lilium auratum*) und Prachtlilie (*Lilium speciosum*), blühen im August/ September.

Lilien lieben sonnige Plätze, aber sie haben eine Abneigung gegen heiße und trockene Standorte. Sie wachsen von Natur aus in einem Teppich niedriger Stauden. Diese lockere Pflanzendecke beschattet und hält den Boden kühl und feucht. Von größeren Stauden und Gehölzen wird etwas Abstand gehalten, um deren Wurzeldruck zu vermeiden.

Gepflanzt wird im Herbst, spätblühende Arten können Sie auch im Frühjahr setzen. Eine Ausnahme ist die Madonnenlilie (*Lilium candidum*), die im August gesetzt wird. Lilien benötigen einen sehr gut gelockerten, tiefgründigen und durchlässigen Boden. Vor der Pflanzung wird deshalb am besten – je nach Bodenart – als Drainage eine 2 – 5 cm dicke Sand- oder Kiesschicht angelegt, darauf kommt Erde und dann die Zwiebel. Lilienzwiebeln besitzen keine schützende Hülle, sie dürfen deshalb nicht lange der Luft ausgesetzt werden. Achten Sie schon beim Kauf darauf, daß die Zwiebeln und auch die Wurzeln am Zwiebelboden nicht beschädigt oder geschrumpft sind. Gedüngt werden Lilien sobald sie austreiben mit 50 g/qm chlorfreiem Volldünger, der leicht in die oberste Bodenschicht eingearbeitet wird. Im Herbst etwa 10 – 15 cm hoch mit Laub oder Kompost abdecken. Schäden können durch Mäuse, Lilienhähnchen, Pilze, Bakterien und Viren verursacht werden (→ Seite 190/193). Kaufen Sie möglichst resistente Sorten.

Warnung: Lilienzwiebeln sind giftig!

Blüte und Fruchtstand des Riesen-Lauchs eignen sich für den Schnitt

Riesen-Lauch
Allium giganteum
Attraktiver hoher Zierlauch für Staudenbeete · Blüte rotviolette große ballförmige Blütendolden, bis zu 20 cm Durchmesser, einzeln an kräftigen Stielen; VI–VII · Laub riemenförmig, grundständige Blattrosette, blaugrün, früh vergilbend · Wuchs H: 80–150 cm · Standort Sonne, trockener bis frischer und durchlässiger, warmer Boden · Wichtig: Es gibt weitere Zierlauch-Arten wie *Allium aflatunense*, *Allium rosenbachianum* und *Allium christophii*. Die Zwiebeln aller Zierlauch-Arten werden von Wühlmäusen verschmäht

Steppenkerze

Steppenkerze
Eremurus stenophyllus
Auffallende Pflanze · Blüte leuchtend gelborange, kleine Einzelblüten bilden lange Kerzen; VI–VII · Laub graugrün, riemenförmig · Wuchs H: 100 bis 200 cm · Standort Sonne, warme, durchlässige Böden, keine Nässe, nährstoffreich

Prärie-Lilie

Prärie-Lilie
Camassia leichtlinii
Ausgefallene, zart wirkende Pflanze · Blüte violettblau, auch weiß, sternförmige Einzelblüten bilden Blütenstand; IV–VI · Laub schmal, graugrün, rosettenbildend · Wuchs H: 70 bis 80 cm · Standort Sonne bis Halbschatten, feucht

Madonnen-Lilie

Feuer-Lilie

Türkenbund-Lilie

Goldtürkenbund

Madonnen-Lilie ☠
Lilium candidum
Wunderbare traditionelle Bauerngartenblume · Blüte reinweiß, duftend, trichterförmig; VI – VII · Laub hellgrüne, dichte Blattrosetten · Wuchs H: 80 – 120 cm · Standort Sonne, warmer kalkhaltiger Boden · Wichtig: Im August einpflanzen

Feuer-Lilie ☠
Lilium bulbiferum
Heimische Bauerngarten-Lilie · Blüte orangerote, nach oben gerichtete Schalenblüten, büschelartig am Ende des Stiels; V–VII · Laub glänzend grün, klein, rund um Stengel, in Blattachseln Brutzwiebeln · Wuchs H: 60–120 cm · Standort Sonne

Türkenbund-Lilie ☠
Lilium martagon
Heimische Lilie lichter Wälder · Blüte rötlich, nickend; VI–VII · Laub hellgrün, schlank, quirlig um Stiel · Wuchs H: bis 150 cm · Standort Halbschatten, humose, frische, kalkhaltige Böden · Wichtig: *Lilium martagon* var. *album* besitzt weiße und größere Blüten

Goldtürkenbund ☠
Lilium hansonii
Blühwillige Art · Blüte orange, braun gesprenkelt, nickend, duftend, VI–VIII · Laub dunkelgrün, breit, in Quirlen · Wuchs H: bis 120 cm · Standort Halbschatten, vor Frost schützen · Wichtig: Aus *Lilium martagon* und *Lilium hansonii* entstanden viele Hybridengruppen

Hybride 'Stargazer'

Die Königs-Lilie mit duftenden Trichterblüten

Lilium-Hybride 'La Reve'

Trompeten-Lilie ☠
'Stargazer'
Wüchsige duftende Gartenlilie · Blüte große Schalenblüten von äußerst intensivem Pink mit dunklen Punkten, aufrecht stehend; VII–VIII · Laub oval, spitz, gegenständig · Wuchs H: 150 cm · Standort Sonne bis Halbschatten, sauer-humose, durchlässige Böden

Königs-Lilie ☠
Lilium regale
Betörend duftende, robuste Lilie · Blüte innen weiß, außen rosa, trompetenförmig, gelblicher Schlund; VII–VIII · Laub linealisch, um den Stengel sitzend · Wuchs H: 80–150 cm · Standort Sonne bis Halbschatten, frische bis feuchte, auch kalkhaltige Böden · Wichtig: Alle Trompeten- und Trichterlilien duften stark und können sowohl schmale röhrenförmige als auch große offene Schalenblüten besitzen. Ihr Austrieb im Frühjahr ist durch Spätfröste gefährdet. Er sollte deshalb mit Reisig geschützt werden.

Asiatische Hybriden ☠
***Lilium*-Hybriden**
Sie sind am einfachsten zu kultivieren · Blüte weiß, gelb, orange, rosa, rot, schalen- oder türkenbundförmig, ab VI · Laub quirlig · Wuchs H: 50–150 cm · Standort Sonne bis Halbschatten

Gladiolen und Dahlien

Diese Knollengewächse sind bei uns nicht winterhart, sie werden nach den Eisheiligen gepflanzt und vor dem ersten Frost wieder herausgenommen. Für diese Mühen entschädigt aber die üppige Blütenpracht jedes Jahr aufs neue.
Edel-Gladiolen (*Gladiolus*-Hybriden) gibt es in nahezu allen Farbtönen außer Blau, auch zwei- oder mehrfarbig. Sie blühen von Juni bis September und werden in folgende Gruppen eingeteilt:

- Großblütige Gladiolen mit dicken Blütentrauben, Höhe 100 – 140 cm.
- Butterfly-Gladiolen mit kleinen, mehrfarbigen Blüten und gewelltem Rand, Höhe 80 – 100 cm.
- Primulinus-Hybriden mit kapuzenförmigen Blüten, Höhe 50 – 80 cm.
- Baby- oder Nanus-Glydiolen sind noch etwas zierlicher im Wuchs, lockere Blütentrauben, Höhe um 50 cm.

Gladiolen wollen Sonne und durchlässige Böden, vertragen keine Nässe. Die Knollen werden Anfang Mai etwa 10 cm tief gepflanzt, hohe Sorten brauchen eine Stütze. Ende Oktober werden sie ausgegraben, die Stengel auf 5 cm gekürzt, die Knolle gesäubert und frostfrei gelagert.
Dahlien (*Dahlia*-Hybriden), können Sie zusammen mit Gladiolen in ein Beet pflanzen, das erleichtert die Pflege. Dahlien gibt es in der gleichen Farbpalette, sie blühen von Juni bis zum ersten Frost. Die Dahlien werden nach ihren Blütenformen unterteilt:

- Einfachblühende Sorten wie die Zwerg- und Mignon-Dahlien.
- Halbgefüllte Formen wie die anemonen- und päonienblütigen sowie die Halskrausen-Dahlien.
- Gefülltblühende Sorten wie Seerosen-, Schmuck-, Ball-, Pompon-, Kaktus- und Semikaktus-Dahlien.

In jeder Gruppe gibt es Sorten mit unterschiedlicher Höhe, Zwergformen erreichen nur 20 cm, starkwüchsige Sorten über 1 m.
Auch Dahlien wollen sonnige, durchlässige Böden und vertragen keine Nässe. Vor dem Pflanzen können sie durch Teilung vermehrt werden (→ Seite 155). Die Knollen kommen Anfang Mai in den Boden, sie werden etwa 5 cm hoch mit Erde bedeckt. Dahlien brauchen viel Platz, niedrige Sorten 30 – 40, hohe 50 – 60 cm. Hohe Sorten benötigen auch eine Stütze, die am besten vor der Pflanzung eingeschlagen wird, um Verletzungen der Knollen zu vermeiden. Ende Oktober werden die Stengel 4 – 5 cm über dem Boden abgeschnitten. Stechen Sie dann die Knollen mit der Grabegabel aus, und lassen Sie sie einige Tage lang gut abtrocknen, bevor sie kühl und dunkel gelagert werden.
Gladiolen und Dahlien können sehr schön mit einjährigen Sommerblumen (→ Seite 262/265) und mit hohen Ziergräsern (→ Seite 270/271) kombiniert werden.

Edelgladiolen, hier die Hybride 'Charme'

Edelgladiolen
***Gladiolus*-Hybriden**
Beliebte Spätsommer-Blüher, besonders gut zum Schnitt geeignet · Blüte alle Farben außer reinen Blautönen, häufig mit Zeichnung, mit Auge oder mehrfarbig, Blütezeit sortenabhängig, VI–IX (frühe, mittelfrühe und späte Sorten), die Einzelblüte ist schief/trichterförmig, mehrere Einzelblüten stehen zweizeilig an langem Schaft · Laub hellgrün, schwertförmig, senkrecht stehend · Wuchs H: 50 – über 100 cm, steif aufrecht · Standort sonnig, warm, jeder gute Gartenboden, optimal sandig-lehmig · Wichtig: Je größer die Knolle, desto kräftiger werden die späteren Blütenstiele

Butterfly-Gladiole

Butterfly-Gladiole
***Gladiolus*-Hybride**
Blüten wie Schmetterlinge · Blüte mehrfarbig mit gewellten Rändern · Laub hellgrün, schwertförmig · Wuchs H: 80 bis 100 cm · Standort sonnig, warm · Wichtig: Auch Baby- und Primulinus-Gladiolen gehören zu den neueren zierlichen Sorten

Gladiolus-Hybride 'Jester'

Edelgladiole 'Jester'
Spätblühende aparte Sorte · Blüte gelb mit rotem Fleck, großblumig · Laub hellgrün, schwertförmig, fest sitzend am Stengel, senkrecht stehend · Wuchs H: über 100 cm, steif aufrecht · Standort sonnig warm, jeder gute Gartenboden, optimal sandig-lehmig

'Fellbacher Gold'

**Einfache Dahlie
Mignon-Dahlie**

In diese Gruppe gehören unterschiedlich hohe Dahlien · Blüte meist einfarbig, einfacher Strahlenblütenkranz um gelbe Mitte · Laub dunkelgrün, gegenständig, fiederteilig · Wuchs H: 20–100 cm · Sorten 'Fellbacher Gold', gelb, 40 cm; 'Feuerrad', rot, 100 cm

'Bishop of Llandaff'

**Halbgefüllte Dahlie
Päonienblütige Dahlie**

Flache, offene Blütengesichter · Blüte Kranz aus 2–3 Kreisen aus Strahlenblüten umgibt den Blütenkorb, mittelgroß · Laub dunkelgrün, fiederteilig · Wuchs H: 60–120 cm · Sorten 'Bishop of Llandaff' leuchtendrot, dunkelrotes Laub, buschig

Halskrausen-Dahlie

**Halbgefüllte Dahlie
Halskrausen-Dahlie**

Sehr aparte Dahlie · Blüte unterschiedliche Blütenblattkreise, innerer Kranz kleiner, anders gefärbt und geformt, kleinblütig · Laub dunkelgrün, fiederteilig · Wuchs schmal aufrecht · Sorten 'Grand Duc' (gelb-orange-geflammt), 'Libretto' (weiß und purpur)

'Kaiser Wilhelm'

**Gefüllte Dahlie
Pompon-Dahlie**

Wie Ball-Dahlien, aber zierlicher · Blüte geschlossen und kugelförmig, zierlich, Zungenblüten tütenförmig eingerollt, nach oben offen, VI–X · Laub dunkelgrün, gegenständig an kräftigen hohlen Stengeln, fiederteilig · Wuchs schmal aufrecht

Kaktus-Dahlie mit eingerollten Blütenblättern

**Gefüllte Dahlie
Kaktus-Dahlie**

Gefülltblühende Dahlie mit tütenförmig eingerollten Blütenblättern · Blüte alle Farben außer reinen Blautönen; Blütezeit sortenabhängig von VI–X, Einzelblüten sitzen auf unterschiedlich langen Stielen, die einer Blattachsel entspringen, stark zurückgebildete Röhrenblüten im Zentrum, außen zu farbigen Blumenblättern umgebildete Zungen- oder Strahlenblüten, bei den starkgefüllten Dahlien sind nur diese sichtbar · Laub dunkelgrün, gegenständig an kräftigen hohlen Stengeln, fiederteilig · Wuchs H: um 100 cm, breitbuschig · Wichtig: Bei Semikaktus-Dahlien sind die Blüten nur teilweise eingerollt

Seerosenblütige Dahlie

**Gefüllte Dahlie
Seerosenblütige Dahlie**

Sie erinnert an Seerosen · Blüte regelmäßig angeordnete breite löffelartige Strahlenblüten in Gelb-Rot oder Rosa-Purpur, VI–X, sortenabhängig · Laub dunkelgrün, gegenständig an kräftigen hohlen Stengeln, fiederteilig · Wuchs H: um 100 cm

Schmuck-Dahlie 'Purple Joy'

**Gefüllte Dahlie
Schmuck-Dahlie**

Wird auch zu den dekorativen Dahlien gerechnet · Blüte etwas aufgebogene Blütenblätter, alle Farben außer reinem Blau, VI–X, sortenabhängig · Laub dunkelgrün, gegenständig, fiederteilig · Wuchs H: um 100 cm

Zinnien (*Zinnia elegans*) gibt es in vielen warmen Farbtönen. Besonders in Gruppen sind sie sehr wirkungsvoll

SOMMERBLUMEN

Die üppigste Blütenpracht können Sie mit kurzlebigen Blumen erzielen. In Kombination mit Zwiebel- und Knollengewächsen können von April bis Oktober jedes Jahr in immer wechselnden Zusammenstellungen zauberhafte Beete erblühen. Im Frühjahr machen die kleinen Frühlingsblüher mit den Zweijährigen Furore. Später im Jahr sind es vorwiegend die Dahlien, die gemeinsam mit dem Sommerflor der Einjährigen Höhepunkte schaffen. Weniger geglückte Kombinationen können Sie im nächsten Jahr einfach durch andere Pflanzen vermeiden. Die Kunst besteht darin, eine kontinuierliche Blüten- und Farbenpracht zu erzeugen und das sogenannte Juniloch so gut wie möglich zu umgehen. Bei geschickter Planung können Sie mit Hilfe von Zweijährigen sowie im Frühsommer blühenden Stauden, Zwiebelgewächsen und Rosen diese Zeit gut überbrücken.

Einjährige Sommerblumen. So bezeichnet man Pflanzen, die innerhalb einer Vegetationsperiode heranwachsen, blühen, fruchten, Samen bilden und wieder absterben.

Zweijährige Sommerblumen. Ihre Aussaat oder Selbstaussaat findet im Sommer statt. Die Jungpflanzen überwintern und kommen im Frühling des zweiten Jahres zur Blüte. Aber auch bei diesen Gewächsen schließt sich der Vegetationskreislauf innerhalb eines Jahres. Sie werden meist jährlich aus Samen neu herangezogen, obwohl einige unter ihnen hin und wieder auch zwei oder drei Jahre überdauern können. Es handelt sich dabei dann um kurzlebige Stauden.

Exoten. Als Sommerblumen werden auch Stauden, Halbsträucher und Gehölze aus subtropischen und tropischen Regionen wie die Fuchsien (*Fuchsia*-Hybriden) bezeichnet, die bei uns nicht oder nur bedingt winterhart sind. Sie werden meist jährlich neu aus Samen oder Stecklingen gezogen.

Rote Kombination mit Einjährigen. Fuchsschwanz (Amaranthus caudatus), Ziertabak (Nicotiana x sanderae) und Kreuzkraut (Senecio-Hybride) bilden hier ein ungewöhnliches Ensemble

Einjährige Sommerblumen, Annuelle

Wenn Ende Mai auch die späten Tulpen verblüht sind, findet im Garten ein Wechsel statt: Die Frühlingsblumen weichen den Sommerblumen, die Zwiebelpflanzen ziehen ein oder erhalten ein anderes Quartier bis zum Herbst.
Verwendung von Sommerblumen. Am besten kommen sie in ihrer Vielfalt zur Geltung auf Schmuckbeeten, etwa im Vorgarten, beim Eingang oder in Hausnähe. Aber dies sind nicht die einzigen Möglichkeiten. Mit Einjährigen können Sie:

- in den Sommermonaten die durch das Einziehen von Pflanzen entstandenen Lücken schließen,
- niedrige Beeteinfassungen bilden,
- mit höheren Sommerblumen Bewegung und Rhythmus in eine Pflanzung bringen,
- blütenärmere Perioden überspielen und die Blüh-Saison bis zum Frost verlängern,
- Gemüsebeeten Farbe verleihen (→ Seite116/117),
- reine Schnittblumenbeete gestalten,
- eine Blumenwiese anlegen,
- bei neu angelegten Pflanzungen die Lücken zwischen den noch kleinen Stauden und Gehölzen schließen.
- Sogar naturnahe Pflanzungen können Sie mit passenden Sommerblumen ergänzen: Für trockenere Steingärten und Kiesbeete eignen sich die sonnenhungrigen Mittagsblumengewächse, Gazanien (*Gazania*-Hybriden), Kapkörbchen (*Dimorphotheca sinuata*), Portulakröschen (*Portulaca grandiflora*) oder der Goldmohn (*Eschscholzia californica*).

Für schattige Bereiche kommen nur wenige Sommerblumen in Frage: Fuchsien (*Fuchsia*-Hybriden), Knollenbegonien (*Begonia*-Knollenbegonien-Hybriden), und Fleißige Lieschen (*Impatiens*-Hybriden).
Allgemeine Gestaltungsregeln. Beim Umgang mit Sommerblumen ist es wichtig, ein Pflanz- und Farbkonzept zu erstellen – gleichgültig, ob es sich um ein gesondertes Schmuckbeet handelt oder ob Sommerblumen in eine bestehende Pflanzung integriert werden sollen.
Dabei gelten die gleichen Richtlinien wie beim Pflanzen von Stauden (→ Seite 74 bis 77). Wuchshöhen, -formen und Blütenfarben müssen harmonisch aufeinander abgestimmt werden. Größere Gruppen einer Sorte erzielen eine größere Farbwirkung. Hübscher aber als das massierte Auftreten ist das Überlagern und Ineinanderfließen von Formen und Farben. Achten Sie darauf, daß zwischen den einzelnen Gruppen keine harten Abgrenzungen bestehen. Sie können auch niedrige Pflanzungen mit Hochstämmchen oder Gräsern überstellen. Dieses abwechslungsreiche und vielgestaltige Neben- und Übereinander macht den Reiz einer bunten Sommerblumenpflanzung aus.
Zauberhaft sind jedoch auch sogenannte Millefleurs-Pflanzungen: Streublumenartig werden niedrige, mittelhohe und hohe Pflanzen einzeln – farblich fein abgestimmt – miteinander kombiniert. Eine hübsche Idee für kleine Flächen und bandförmige Beete.

Studentenblume !
***Tagetes*-Erecta-Hybride**
(→ gelbe Blumen, Foto oben)
Wüchsige, unempfindliche Sommerblume mit zahlreichen Arten, Sorten und Hybriden, eine der formenreichsten Gattungen überhaupt · Blüte zitronengelb, goldgelb, orange, rotbraune Körbchen, zum Teil halbgefüllt oder gefüllt, strenger Geruch, VI–X · Laub dunkelgrün, gefiedert, unangenehm duftend · Wuchs H: 15–120 cm, horstartig, breit · Standort sonnig, warm, feuchte bis mäßig trockene Böden · Arten und Hybriden *Tagetes*-Patula-Hybriden sind die am meisten verbreiteten Tagetes, H: 20–50 cm. *Tagetes tenuifolia* wächst sehr zierlich, mit einfachen Blüten, H: 20–30 cm. *Tagetes*-Erecta-Hybriden sind am großblütigsten
Warnung: Pflanzenstoffe können Hautreizungen hervorrufen

Kreuzkraut ☠
Senecio bicolor
(→ silberblättrige Pflanzen, Foto oben)
Silbergrauer dekorativer Laubschmuck, bildet schöne Kontraste zu buntfarbigen Beetpflanzen, zweijährig, bei uns aber nicht winterhart · Blüte gelbe, kleine Blütenköpfchen, sie erscheinen bei einjähriger Kultur nicht, nur bei frostfreier Überwinterung im zweiten Jahr, VII–IX · Laub silbergrau, filzig, tiefgelappt oder geschlitzt · Wuchs H: 20–30 cm, buschig · Standort sonnig, warm, regengeschützt, sandige, durchlässige, mäßig feuchte bis trockene Böden · Sorten 'Cirrus' besitzt rundliches, silbriges Laub, H: 25 cm, 'Silberzwerg' mit zart geschlitzten Blättern, H: 15–20 cm · Wichtig: Auf Mehltau, Rostpilze und Blattläuse achten
Warnung: Pflanze enthält giftige Alkaloide

Tithonie – ein noch viel zu selten gesehener Gast

Sonnenblume

Tithonie
Tithonia rotundifolia
Hochwüchsige Sommerblume, gesund und pflegeleicht, auch als Leitpflanze im Staudenbeet, noch wenig bekannt · Blüte orange bis orangerot, in der Mitte gelborange, margeritenähnlich, feste Stiele, VIII–X · Laub groß, herzförmig, mattgrün und rauh · Wuchs H: 120 bis 180 cm, aufrecht, buschige Horste · Standort sonnig, nährstoffreiche, lockere, frische Böden, nicht zu sandig · Sorte 'Fackel' ist kräftig orangerot, Stutzen im Jugendstadium fördert die Verzweigung · Wichtig: Paßt gut zu Ringelblumen, Tagetes, Sonnenhut und Schleier-Eisenkraut

Sonnenblume
Helianthus annuus
Bekannt und verbreitet · Blüte gelb mit brauner Mitte, feste Stiele, VII–X · Laub dunkelgrün, rauh, groß oval zugespitzt · Wuchs H: 40–250 cm, aufrecht, nicht immer standfest · Standort sonnig, warm, mäßig trockene bis frische, nährstoffreiche, lockere Böden

Orangen-Schmuckkörbchen

Ringelblume

Zinnie

Sonnenhut-Sorte 'Marmalade'

Orangen-Schmuckkörbchen
Cosmos sulphureus
Seltene Schönheit · Blüte orange, goldgelb, große schalenförmige Margeritenblüte, VII–X · Laub frischgrün, einfach gefiedert · Wuchs H: 40–70 cm, breitbuschig · Standort sonnig, warm, frische, lockere, nährstoffreiche Böden

Ringelblume
Calendula officinalis
Zier- und Heilpflanze · Blüte hell- bis goldgelb, orange, margeritenblütig, zum Teil gefüllt oder halbgefüllt, V–IX · Laub frischgrün, rauh, länglich oval · Wuchs H: 30–70 cm, aufrecht, horstartig ausgebreitet · Standort sonnig, warm, frische, nährstoffreiche, lockere Böden

Zinnie
Zinnia elegans
Formenreich · Blüte weiß, gelb, orange, lachs, rosa, rot, gefüllt oder halbgefüllt, je nach Sorte Blütendurchmesser von 2 bis etwa 8 Zentimter, VII–X · Laub grasgrün, eiförmig · Wuchs H: 15–100 cm · Standort sonnig, warm, frische bis feuchte Böden

Einjähriger Sonnenhut
Rudbeckia hirta
Dauerblüher · Blüte sonnenblumenähnlich, gelb bis orange mit braunschwarzer Mitte, VII bis IX · Laub mattgrün behaart, lanzettlich bis schmal, gezähnte Ränder · Wuchs H: 40–80 cm, aufrecht, horstartig · Standort sonnig, warm, leicht feuchte, nährstoffreiche Böden

Einjährige Sommerblumen, Annuelle

Einjährige Sommerblumen lassen sich meist leicht aus Samen selber ziehen, obwohl Sie viele auch ab April als Jungpflanzen beim Gärtner erstehen können. Wenn Sie eine Anzucht beabsichtigen, sollten Sie vorab bedenken, wieviel Platz Sie zur Verfügung haben und welche Möglichkeiten der Anzucht bestehen.
Vorkultur auf der Fensterbank oder unter Glas hat den Vorteil, daß bereits zum Pflanztermin nach den Eisheiligen kräftige Pflänzchen vorhanden sind, die auch früher blühen. Sie kann viel Spaß bereiten, dazu sparen Sie auch Geld.

- Die Aussaat erfolgt in Töpfe, Kistchen (→ Seite 152/153) oder auch direkt ins Frühbeet. Sobald sich die ersten Blätter gebildet haben, werden die Sämlinge einzeln oder in kleinen Büscheln in Gefäße pikiert. Die Jungpflanzen müssen – bevor sie ins Freiland kommen – abgehärtet werden. Sorgen Sie deshalb für ausreichend Frischluft und Licht.
- Alle frostempfindlichen Gewächse – und das sind die meisten Sommerblumen – werden erst nach den Eisheiligen Mitte bis Ende Mai ins Freie gepflanzt.
- Sommerblumen sollten einen möglichst sonnigen, warmen und geschützten Standort erhalten. Dies garantiert später eine reiche Blüte. Die Bodenvorbereitung entspricht der für Stauden (→ Seite 180/181).
- Die Pflanzabstände richten sich nach Größe und Wuchseigenschaften der Pflanzen, die wiederum auch von den Boden- und Pflegeverhältnissen abhängig sind.
- Vor dem Auspflanzen sollten Sie die Fläche markieren, beim Auslegen besteht dann noch die Möglichkeit der Korrektur (→ Seite 180/181).

Direktsaat ins Beet empfiehlt sich, wenn Sie sehr viele Pflanzen benötigen. Der richtige Zeitpunkt ist meist im April (Packungsangabe beachten). Sie können die Samen breitwürfig oder in Reihen säen. Wenn die Pflänzchen wenige Zentimeter groß sind, muß der Bestand ausgedünnt werden. Mitte Mai wird ein Volldünger (50 g/qm) verabreicht und gleichzeitig beim Lockern und Jäten oberflächlich eingearbeitet. Je nach Witterung muß auch gewässert werden.
Bei der Direktsaat können Sie wie bei einer Pflanzung Gruppen bilden. Am besten markieren Sie die Felder vorher mit einem Stiel oder mit Sand. Dann säen Sie die verschiedenen Arten nach Ihrem Konzept aus und versehen die Bereiche mit Etiketten.
Pflege. Neben dem Gießen, Lockern und Düngen kommt es vor allem darauf an, alles Abgeblühte regelmäßig zu entfernen, um den Samenansatz zu verhindern. Scheuen Sie sich nicht, Blumen für die Vase zu schneiden.
Der Schnitt regt die Pflanzen an, neue Blütenknospen zu bilden.

Das Schmuckkörbchen bildet seidig-glänzende Schalenblüten aus

Schmuckkörbchen
Cosmos bipinnatus
Sommerblumen-Klassiker mit feinem, dekorativem Laub; die weißen Sorten passen zu fast allen Einjährigen und Stauden; gute Schnittblume · Blüte weiß, rosa, karminrot, gelbe Staubgefäße in der Mitte, schalenförmige Margeritenblüten, VI–X · Laub hellgrün, doppelt-gefiedert, schmal · Wuchs H: 80–140 cm, aufrecht, breitbuschig · Standort sonnig, warm, frische, nährstoffreiche Böden · Sorten 'Karminkönig' karminrot, H: 100 cm, 'Unschuld' reinweiß, H: 100 cm, 'Gloria' rosa mit karminrotem Rand, H: 90 cm

Mehl-Salbei

Mehl-Salbei
Salvia farinacea
Anspruchslose Sommerblume · Blüte dunkelblaue Lippenblüten in dichten Ähren, VI–X · Laub grasgrün mit grauem Flaum, lanzettlich · Wuchs H: 50–80 cm, aufrechte, verzweigte Horste · Standort sonnig, frische, lockere, nährstoffreiche Böden

Hoher Ziertaback

Ziertaback ☠
Nicotiana sylvestris
Sehr dekorativ · Blüte weiß, gelb oder karminrosa, röhrenförmig, VII–IX · Laub frischgrün, groß, eiförmig · Wuchs H: 100 bis 150 cm, horstartig · Standort sonnig, warm, frischer, nährstoffreicher, lockerer Boden · Wichtig: Beliebt im Gefäß *Nicotiana x sanderae*

Löwenmäulchen

Löwenmäulchen
Antirrhinum majus
Beliebte Gartenblume · Blüte rosa, rot, gelb, lachs, orange, weiß, dicht in kerzenartigen Blütenständen, große Rachenblüten, VI – X · Laub frischgrün, schmal eiförmig · Wuchs H: 20 – 100 cm, aufrecht, buschig · Standort sonnig, frische, nährstoffreiche, lockere Böden

Spinnenblume

Spinnenblume
Cleome spinosa
Hochwachsend, filigran und eigenwillig · Blüte weiß, rosa, karminrosa, nadelförmig herausstehende Staubgefäße, in endständiger Traube, VII – X · Laub dunkelgrün, fünf bis siebenzählig · Wuchs H: 80 – 140 cm, aufrecht · Standort sonnig, warm, humose Böden

Schleier-Eisenkraut

Schleier-Eisenkraut
Verbena bonariensis
Lockerwüchsig· Blüte blau bis zart violett, kleine Dolden, VII–X · Laub · dunkelgrün · Wuchs H: 80 – 120 cm, sparrig verzweigt · Standort sonnig, warm, frische Böden · Wichtig: Am besten in Gruppen zur Überstellung über niedrigere Blumen ins Beet bringen

Bechermalve

Bechermalve, Buschmalve
Lavatera trimestris
Reichblühend · Blüte rosa, weiß, karminrosa, dunkel geadert, trichterförmige Schalenblüten, VII–IX · Laub dunkelgrün, herzförmig, rauh · Wuchs H: 50 bis 80 cm, aufrecht, breitbuschig · Standort sonnig, warm, frische, lockere, durchlässige, mäßig nährstoffreiche Böden

Einjährige Sommerblumen

Goldmohn, ☠
Eschscholzia californica
Reichblühend, Blüte gelb, orange, rosa, rot, VI–X, Wuchs H: bis 40 cm, Standort sonnig, warm

Männertreu, *Lobelia erinus*
Polsterartige Kissen, Blüte blau, violett, rosa, weiß, klein, V–IX, Wuchs H: 10 bis 20 cm, Standort sonnig

Duftsteinrich,
Lobularia maritima
Polster, Blüte weiß, rosa, violett, VI–X, Wuchs H: 5 bis 15 cm, Standort sonnig

Jungfer im Grünen,
Nigella damascena
Bauerngartenpflanze, Blüte weiß, blau, rosa, VI–IX, ballonartige, bespornte Fruchtstände, Wuchs H: 40–50 cm, Standort sonnig

Wunderbaum,
Ricinus communis
Strauchartig, Blüte rot, männliche und weibliche Blüten getrennt, IX, Wuchs H: 2–3 m, Standort sonnig

Scharlach-Salbei,
Salvia coccinea
Scharlachrote Lippenblüten, VI–IX, Wuchs H: 40–60 cm, Standort sonnig, warm

Buntschopf-Salbei,
Salvia viridis
Blattschmuckpflanze, Blüte unscheinbar, Hochblätter blau, rosa oder weiß, Wuchs H: 40 cm, Standort sonnig

Feuersalbei, Prachtsalbei,
Salvia splendens
Klassiker für Beete, feuerrote Lippenblüten, VI–IX, Wuchs H: 20–50 cm, Standort sonnig, warm, frische Böden

Eisenkraut, Verbene,
Verbena rigida
natürlich wirkend, in milden Wintern ausdauernd, Blüte lavendellila, klein, Wuchs H: 20–40 cm, Standort sonnig, warm

Einjährige Kletterpflanzen

Glockenrebe,
Cobaea scandens
Wärmeliebende Rankpflanze, Blüte lilablau oder weiß, glockenförmig, VIII–X, H: 4 bis 6 m, Standort sonnig bis halbschattig

Schönranke,
Eccremocarpus scaber
Schnellwachsende Rankpflanze, orangerote Röhrenblüten, VII–X, H: 2,5–4 m, Standort sonnig, wind- und regengeschützt

Japan-Hopfen,
Humulus japonicus
Wüchsiger Schlinger mit schmückendem Laub, Blüte unscheinbar, gelbgrün, VII–X, H: 4–5 m, Standort sonnig bis schattig

Trichterwinde, ☠
Ipomoea tricolor
Schlingpflanze, Blüte je nach Sorte weiß, rosarot, blau, VII bis X, H: bis 3 m, Standort sonnig, etwas geschützt

Duftwicke, ☠
Lathyrus odoratus
Duftende Rankpflanze, Blüte je nach Sorte verschieden, VI–IX, H: 1–3 m, Standort sonnig

Feuerbohne, ☠
Phaseolus coccineus
Anspruchsloser Schlinger, Blüte je nach Sorte rot, weiß, VI – IX, H: 3 – 4 m, Standort sonnig bis halbschattig · Wichtig: Bohnen möglichst jung ernten. Sie werden später holzig-faserig

Schwarzäugige Susanne,
Thunbergia alata
Schlingpflanze, Blüte je nach Sorte orange oder weiß mit schwarzem Auge, VI–X, H: 1–2 m, Standort sonnig

Kletternde Kapuzinerkresse,
Tropaeolum peregrinum
Wüchsige Rankpflanze, Blüte gelb gefranst, VII–X, H: 1–3 m, Standort sonnig, Pflege nur mäßig düngen

Zweijährige Blumen, Bienne

Zweijährige mit langer Blütezeit sind ideale Partner der frühlingsblühenden Zwiebelgewächse: Stiefmütterchen (*Viola*-Wittrockiana-Hybriden) blühen oft schon ab Herbst, nur unterbrochen von der Frostperiode, bis in den Sommer hinein. Selbst wenn man Maßliebchen (*Bellis perennis*), Vergißmeinnicht (*Myosotis sylvatica*), Primeln (*Primula vulgaris*), Goldlack (*Cheiranthus cheirii*) und Schöterich (*Erysimum x allionii*) noch hinzurechnet, sind es nur wenige Gattungen, die hier in Frage kommen. Durch die große Sortenvielfalt ergeben sich jedoch unendlich viele Variationsmöglichkeiten.

Die späterblühenden Zweijährigen helfen, die Zeit zwischen Frühjahrs- und Sommerflor zu überbrücken. Sie gehen dabei eine enge Gemeinschaft mit den frühsommerlichen Stauden ein und sie vervollkommnen das Bild des üppig blühenden Bauerngartens (→ Seite 136/137). Beispiele dafür sind Stockrosen (*Alcea*-Rosea-Hybriden), Marienglockenblumen (*Campanula medium*) und Bartnelken (*Dianthus barbatus*).

Einmal gepflanzt, versamen sich viele dieser zweijährigen Blumen an Ort und Stelle, wie das Vergißmeinnicht (*Myosotis sylvatica*) und sorgen damit kontinuierlich für reichliche Nachkommenschaft. Auf diese Weise entstehen sehr natürlich wirkende Gartenbilder. Selbst angesäte Jungpflanzen sollen jedoch – am besten im Herbst – an einen anderen Platz versetzt werden.

Das Überwintern empfindlicher Sorten von Stiefmütterchen (*Viola*-Wittrockiana-Hybriden) und Maßliebchen (*Bellis perennis*) kann in rauhen Lagen durch Fichtenreisig erleichtert werden. Eine Nährstoffgabe von etwa 50 g/qm Volldünger erhalten die Pflanzen erst im Frühjahr.

Häufig werden Stiefmütterchen und Maßliebchen auch zugekauft und bereits im Herbst gemeinsam mit den Zwiebeln gepflanzt. Nur so läßt sich auch eine farblich harmonische Abstimmung vornehmen. Vergißmeinnicht blühen erst im Mai, gehen dann aber mit späten Tulpen hübsche Kombinationen ein.

Mit den bunten Farben der frühen Kissenprimeln sollten Sie allerdings vorsichtig umgehen, wenn Sie sie zu intensiv gefärbten Frühlingsblühern pflanzen. Goldlack (*Cheiranthus cheirii)* und Schöterich (*Erysimum x allionii)* eignen sich zusätzlich als Tuffs zwischen niedrigen Blumen und Zwiebelgewächsen.

Marienglockenblume

Marienglockenblume
Campanula medium
Großblumige Glockenblume · Blüte blau, rosa, weiß, teils gefüllt, in Trauben, V–VII · Laub stumpfgrün, eiförmig · Wuchs H: 50–70 cm, im 1. Jahr Blattrosette, im 2. aufrechter Blütenstand · Standort sonnig, warm, frische, nährstoffreiche, lockere Böden

Stockrose

Stockrose
Alcea rosea
Bauerngartenpflanze · Blüte weiß, gelb, rosa, purpurrot, schalenförmig, VII–IX · Laub mattgrün, strukturiert, rundlich, gestielt · Wuchs H: 60 bis 220 cm, aufrecht · Standort sonnig, warm, durchlässige, nährstoffreiche Böden · Wichtig: Gut düngen

Bartnelken blühen lang mit zartem Duft

Bartnelke
Dianthus barbatus
Farbenprächtige, samtig schimmernde Blüten, Bauerngartenpflanze, auch als Schnittblume verwendbar · Blüte lachs- bis karminrot, rosa, weiß, zum Teil zweifarbig mit Weiß, dicht gedrängt in schirmartigem Blütenstand, V – VIII · Laub dunkelgrün, lanzettlich · Wuchs H: 50 – 60 cm, im 1. Jahr Blattrosette, im 2. horstartig, aufrecht · Standort sonnig, mäßig trockene bis frische, durchlässige und nahrhafte Böden · Sorten 'Albus' weiß, 'Pink Beauty' rosa, 'Heimatland' rot mit weißer Mitte, 'Atrosanguineus' dunkelpurpur · Wichtig: In Beetmitte setzen

Maßliebchen mit dichtgefüllten, niedlichen Blütenköpfchen

Maßliebchen
Bellis perennis
Bis in den Frühsommer blühende Kulturform des Gänseblümchens · Blüte weiß, rosa, karmin- bis scharlachrot, zum Teil pomponartig gefüllt, auf kurzen Stielen, III–V · Laub frischgrün, spatelförmig · Wuchs H: 15–20 cm, kompakte Blattrosetten · Standort sonnig bis halbschattig, frische bis feuchte, nährstoffreiche, lockere Böden · Sorten 'Pomponette Weiß', 'Pomponette Rosa' und 'Pomponette Rot' mit langen Stielen, auch zum Schnitt · Wichtig empfindlich gegen Kahlfröste, nach der Herbstpflanzung im Winter durch Fichtenreisig schützen

Stiefmütterchen gibt es in unzähligen Farbspielen

Stiefmütterchen
***Viola* x Wittrockiana-Hybride**
Weit verbreiteter, robuster Frühlingsblüher mit fröhlichen Farben · Blüte alle Farben, zum Teil mit andersfarbiger Zeichnung, asymmetrische Blütenblätter, großblumig, III–V · Laub grasgrün, eiförmig, gekerbter Rand · Wuchs H: 15–25 cm, breitbuschig · Standort sonnig bis halbschattig, frische bis feuchte, lockere, humose, nährstoffreiche Böden · Sorten Riesiges Sortiment, jedes Jahr kommen neue Züchtungen auf den Markt · Wichtig: Stets in Gruppen pflanzen, als Winterschutz mit Fichtenreisig abdecken

Judassilberling

Judassilberling
Lunaria annua
Dekorative Samenschoten · Blüte tiefviolett, weiß vierblättrig, duftend, IV – VI, ab IX silbrige, runde Samenschoten · Laub dunkelgrün, oval, gesägt · Wuchs H: 60 – 80 cm, eintriebig, aufrecht · Standort sonnig bis schattig, frische, durchlässige Böden

Vergißmeinnicht mit liebenswerten Blüten

Vergißmeinnicht
Myosotis sylvatica
Ideal für Beete, die nach der Frühjahrsblüte abgeräumt und neu bepflanzt werden müssen · Blüte leuchtend blau bis himmelblau mit gelblich oder gelborange gefärbtem Auge, kleine Blütchen, dicht in endständigen, gebogenen Trauben, IV – VI · Laub stumpfgrün, behaart, lanzettlich · Wuchs H: 15–30 cm, buschig, breit · Standort sonnig, frische bis feuchte, nährstoffreiche, lockere, humose Böden · Sorten 'Amethyst' himmelblau, H:15 cm, 'Indigo Compacta' intensiv blau, H: 30 cm · Wichtig: Bei Trockenheit auch im Winter gießen, Frostschutz durch Fichtenreisig oder Vlies

Nachtviole

Nachtviole
Hesperis matronalis
Meist nur zweijährige Wildstaude · Blüte weißlich rosa bis violett, in dichten Trauben, duftend, V – VI · Laub grün, herzförmig · Wuchs H: 60 – 100 cm, aufrecht, verzweigt · Standort halbschattig bis schattig, warm, frische, nährstoffreiche, kalkhaltige Böden

Farnwedel sind mit ihren geometrischen Strukturen wie kleine grafische Kunstwerke

GRÄSER UND FARNE

Durch den Wandel in der Gartengestaltung, dem Trend zu mehr Naturnähe, wird auch den Gräsern und Farnen mehr Aufmerksamkeit gewidmet. Vorreiter dieser Idee war Karl Foerster, der bekannte Staudenzüchter und Gartenschriftsteller, der mit seinem 1957 erschienenen Buch »Einzug der Gräser und Farne in die Gärten« für ihre Verwendung warb. Er nannte das Gras auch das »Haar der Mutter Erde« und bedauerte damals, daß es in den Gärten hauptsächlich in geschorenem Zustand vorkommt. Nun, das hat sich zum Glück geändert.

Gräser und Farne sind botanisch nicht miteinander verwandt, werden beide jedoch wegen ihrer attraktiven Blätter eingesetzt:

- Gräser blühen wenig auffallend, bilden aber interessante Horste aus, die sehr elegant und grafisch wirken. Viele erhalten im Herbst eine sehr aparte Färbung.
- Farne entwickeln keine Blüten, besitzen aber formschöne Blattwedel. Gerade in den schattigeren Gartenpartien, wo das Leben für Blütenpflanzen oft schwierig wird, fühlen Farne sich zu Hause. Es gibt dazu schattenverträgliche, teilweise wintergrüne Gräser, die zusammen mit Farnen gut zur Geltung kommen.

Gräser und Farne sorgen zum einen für den natürlichen Charakter einer Pflanzung und vor allem die Gräser bilden wunderbare Kontraste zum üppigen Blütenflor der Prachtstauden, Rosen und Sommerblumen. Zum anderen sind Gräser und Farne ideale Partner von Wildstauden in naturhaften Bereichen.

Gräser-Ensemble in den unterschiedlichsten Grüntönen, mit zierlichen oder stattlichen Horsten und oft federartigen Blütenständen

GRÄSER UND FARNE

Gräser

Sie gehören zu den einkeimblättrigen Pflanzen und besitzen hohle, knotige, runde Stengel, die wir auch als Grashalme bezeichnen. Die länglichen Blattspreiten umschließen den Halm fest. Die Blüten sind unauffällig. Sie müssen keine Insekten anlocken, weil sie durch den Wind bestäubt werden. Gräser wirken durch ihre Gestalt: Ihre Horste können zwergig bis riesenhaft wachsen, die Halme und Blätter zierlich bis sehr kompakt ausfallen. Die in unseren Gärten verwendeten Arten sind meist mehrjährig. Es gibt jedoch auch einjährige, die sich gut mit Sommerblumen kombinieren lassen (→ Seite 262 bis 265).

Gräser für alle Gelegenheiten. Für jeden Standort und jeden Gartentyp gibt es das passende Gras. Viele Gräser sind aber so robust, daß sie auf den unterschiedlichsten Plätzen gedeihen.

- Niedrige und halbhohe Gräser eignen sich für Trockenstandorte, für Wegränder, zur Zwischenpflanzung in Steingärten, Kiesbeeten und Heidegärten. Es sind hauptsächlich Schwingel-Arten (*Festuca gautieri*, → Foto) in Grün-, Grau- und Blautönen. Sie passen ebenso wie der etwas höhere Blaustrahlhafer (→ Tabelle) sehr gut zu Rosen und kleinen Gehölzen. Halbhohe Gräser wie das Lampenputzergras (*Pennisetum alopecuroides* → Foto) schaffen einen schönen Übergang zwischen flächig- und höherwachsenden Pflanzen. Zarte Federgräser wie *Stipa barbata* (→ Tabelle) passen gut in Heide- und Trockenbereiche.
- Hohe Gräser wie Reitgras (→ Foto), Rutenhirse (→ Tabelle) und Chinaschilf (→ Foto) sind ideale grüne Begleiter von Prachtstauden und bestens geeignet, in Pflanzungen das Gerüst zu bilden. Interessant gefärbte Formen wie das Stachelschweingras (*Miscanthus sinensis* 'Zebrinus') machen sich gut als Solitärpflanzen. Hoher wintergrüner Bambus wie *Sinarundinaria nitida* kann ein Gehölz ersetzen.
- Schattengräser gedeihen auch noch vor oder unter Gehölzen. Als Bodendecker fungieren die Wegerichsegge (*Carex plantaginea*) und das nickende Perlgras (*Melica nutans*). Zur Auflockerung eignen sich höhere Gräser wie *Carex pendula* (→ Tabelle), Farne und Waldstauden.
- Im und am Wasser wachsen vor allem Seggen, Binsen und Riedgräser sowie Schilfarten.

Umgang mit Gräsern. Einige Gräser wie der Zwergbambus (*Pleioblastus pumilus*) haben die Angewohnheit, stark zu wuchern. Ausläufertreibende Bambusarten erhalten bei wenig Platz im Wurzelbereich eine Sperre. Dazu das Pflanzloch seitlich mit einer dicken, festen Plastikmatte auskleiden, so daß die Rhizome des Bambus nicht hindurchdringen können. Gräser pflanzt und vermehrt (teilt) man am besten im Frühjahr (April bis Mai). Die trockenen, abgestorbenen Gräserhorste werden auch erst um diese Zeit zurückgeschnitten.

Der Bärenschwingel, hier die Sorte 'Pic Carlit', wächst rasenartig

Bärenschwingel
Festuca gautieri
Niedriges Gras, das zu dichten Polstern zusammenwächst und zeitweise auch begangen werden kann · Blüte gelbbraune, schmale, leicht überhängende Rispen, VI–VII, H: 25 cm · Laub sattgrün, fadenförmig, etwas stechend, immergrün, H: 10 bis 15 cm · Wuchs flache, dichte Polster, rasenartig · Standort Sonne bis Halbschatten, mäßig trockene bis frische Böden, durchlässig, humos, nährstoffarm · Sorten 'Pic Carlit' ist eine Auslese vom Naturstandort, die besonders kompakte, dunkelgrüne Polster bildet, die Halme stechen

Mehrjährige Gräser

Moskitogras
Bouteloua oligostachya
Braune Ähren, VII, H: 40 cm, Laub braungrün, überhängend, H: 20 cm, Standort sonnig, warm

Zittergras
Briza media
Violette Ähren, V–VI, H: 40–60 cm, Laub frischgrün, H: 20–30 cm, Standort sonnig bis halbschattig

Riesensegge, Pendelsegge
Carex pendula
Immergrün, grüngelbe Ähren, VI–VII, H: bis 120 cm, Laub sattgrün, H: bis 50 cm, Standort sonnig bis schattig

Waldschmiele
Deschampsia cespitosa
Heimisch, nicht wuchernd, grüngelbe Rispen, VI–VII, H: 70–120 cm, Laub grün, überhängend, H: 20–60 cm, Standort sonnig bis halbschattig, feucht

Blaustrahlhafer
Helictotrichon sempervirens
Immergrün, Blüte goldgelb, VII–VIII, H: bis 120 cm, Laub blaugrün, H: 50 cm, Standort sonnig, keine Nässe

Waldmarbel
Luzula sylvatica
Wintergrün, bildet kurze Ausläufer, beigebraune Rispen, IV–VII, H: 40 cm, Laub dunkelgrün, H: 20–30 cm, Standort halbschattig bis schattig, luftfeucht

Ruten-Hirse
Panicum virgatum
Braune Rispen, VII–IX, H: bis 160 cm, Laub grasgrün, im Herbst gelbrot, H: bis 120 cm, Standort sonnig

Reiher-Federgras
Stipa barbata
Silbrige Ähren, fedrige Grannen bis 40 cm lang, VII, Laub graugrün, H: 30–40 cm, Standort sonnig, warm

Lampenputzergras 'Hameln'

Lampenputzergras
Pennisetum alopecuroides

Ziergras mit dekorativen Fruchtständen und vielen Sorten; den ganzen Winter über sehr ansehnlich · Blüte hell- bis rotbraun, walzenförmige, endständige Ähren, VIII bis IX, dichte, lange Grannen an den Einzelblüten, H: 50–90 cm · Laub kräftig grün, schmal linealisch, überhängend, H: 40 cm, im Herbst goldgelb · Wuchs breit, horstartig · Standort sonnig warm, mäßig trocken bis feucht, humos · Sorten 'Hameln' (H: 60 cm) blüht früher und sehr reich. Alle Sorten passen gut zu herbstblühenden Stauden wie Astern und Chrysanthemen

Japan-Segge 'Variegata'

Japan-Segge
Carex morrowii

Wintergrüne Segge für die Unterpflanzung von Gehölzen · Blüte kurze, gelbe Ähren, IV, H: 40 cm · Laub steif, breit, zugespitzt, überhängend, dunkelgrün, schmale, weiße Streifen an den Blatträndern, H: 30 cm · Wuchs flache, sehr dichte, weit ausgebreitete Horste · Standort Halbschatten bis Schatten, mäßig warm bis kühl, frische bis feuchte Böden, humos, Staunässe und Trockenheit vermeiden · Wichtig: *Carex hachijoensis* 'Evergold' ist eine zierlichere Art mit gelben Mittelstreifen, auch für sonnigere Standorte

Pampasgras

Pampasgras
Cortaderia selloana

Beliebtes Solitärgras · Blüte silbrig-weiße Rispen, IX–X, H: bis 250 cm · Laub graugrün, linealisch, überhängend, H: bis 150 cm · Wuchs horstartig · Standort Sonne, keine Nässe · Wichtig: Blattschopf im Winter zusammenbinden und mit Laub abdecken

Pfeifengras

Riesen-Pfeifengras
Molinia arundinacea

Dekoratives Horstgras · Blüte braun, feingliedrig, stark verästelte Rispen, VIII, H: 180 cm, im Herbst gelb färbend · Laub linealisch, leicht überhängend, grün, im Herbst gelblich, H: 50 cm · Wuchs horstartig, locker · Standort Sonne bis Halbschatten, frische Böden

Gartensandrohr 'Karl Foerster'

Gartensandrohr, Reitgras
Calamagrostis x acutiflora

Dankbares Ziergras · Blüte cremefarbene, lockere Rispen, VII – VIII, später beigebraun, H: bis 180 cm · Laub schmal linealisch, früh austreibend, H: 60–70 cm · Wuchs horstartig, nicht wuchernd · Standort Sonne bis Halbschatten, mäßig trocken bis frisch

Chinaschilf 'Kleine Fontäne'

Chinaschilf
Miscanthus sinensis

Horstgras, viele Sorten · Blüte silbrige oder rötliche bis braune, fedrige Rispen, VII–VII, H: 100–200 cm · Laub linealisch, ausgeprägte Mittelrinne, überhängend, H: 90–200 cm, gelbe bis braune Herbstfärbung · Wuchs aufrecht · Standort Sonne, mäßig trocken

Farne

Farne werden häufig als »lebende Fossilien« bezeichnet, denn ihre Verwandten gehören zu den ältesten Landpflanzen – sie entstanden lange vor unseren Blütenpflanzen. Die heute existierenden Farne sind Überreste einer Pflanzengruppe, von der viele Arten schon vor 300 Millionen Jahren ausgestorben und nur noch als Versteinerungen erhalten sind.
Im Gegensatz zu fast allen anderen Gartenpflanzen haben Farne keine Blüten und bilden auch keine Samen. Sporen und ein komplizierter Generationswechsel übernehmen die Aufgabe der Vermehrung. Die braunen Sporenbehälter sitzen an den Seiten oder Unterseiten der Farnblätter oder an gesonderten blattartigen Fruchtständen. Die Blätter der Farne, die dem Zentrum der Pflanzen entspringen, werden als Wedel bezeichnet. Ihre Vielgestaltigkeit an Größe, Form und Farbe macht sie zu beliebten Sammelobjekten.
Der Reiz der Farne liegt auch in der ungewöhnlichen Art, wie sie ihre Wedel entfalten: Zuerst sind sie schneckenförmig eingerollt, um sich dann von unten nach oben langsam zu öffnen. Viele Farne sehen in diesen Stadium besonders interessant aus wie der Wurmfarn (*Dryopteris filix-mas*) oder der Königsfarm (*Osmunda regalis* 'Purpurascens'), dessen Wedel in der Jugend rötlich sind. Wenn sich die Farne dann voll entwickelt haben, beeindrucken sie durch ihre Gestalt: Sie können breit ausladend, fächer- oder trichterförmig wachsen. Manche bilden auch dichte, dschungelartige Bestände. Vom zarten hellen Frühlingsgrün wechseln die Farben über frisches Sommergrün zu gelben und braunen Herbsttönen oder tiefem winterlichen Grün. Zu den immergrünen Farnen zählen der Rotschleierfarn (*Dryopteris erythrosora*) und der Tüpfelfarn (*Polypodium vulgare*). Sie gedeihen jedoch nur an Plätzen, die auch im Winter vor Sonne geschützt sind.
Die meisten unserer Gartenfarne wachsen an ihrem Naturstandort in der Gesellschaft von Bäumen und Sträuchern und oft in der Nähe des Wassers. Deshalb lieben sie auch im Garten eher schattige, feuchte Stellen und einen humosen Untergrund und finden gerade in älteren Gärten mit eingewachsenem Gehölzbestand und hohen, schattenwerfenden Laubbäumen hervorragende Bedingungen.
Um die Farne richtig zur Geltung zu bringen, eignen sich als Partner vor allem schattenverträgliche Wildstauden (→ Seite 246/247), aber auch kleine Zwiebelgewächse (→ Seite 250 bis 251) und Narzissen (→ Seite 254/255) sind im Frühjahr gute Nachbarn.
Beliebt ist eine Kombination von hohen feingliedrigen Farnen wie *Polystichum setiferum* (→ Foto) mit Herbst-Anemonen und Prachtspieren unter Laubgehölzen. Nicht jeder Farn nimmt es allerdings mit der Wurzelkraft großer Bäume auf – eine Ausnahme bildet der Trichterfarn (→ Foto), der durch sein starkes Wuchern auch solche Standorte bald besiedelt.

Königsfarn
Osmunda regalis
(→ Foto oben)
Langlebiger, heimischer Farn, als Wildpflanze unter Naturschutz · Laub hell- bis gelbgrüne, doppelt gefiederte, lederartige, feste Wedel, trichterförmig nach außen stehend, in der Mitte straff aufrechte goldbraune Sporenwedel; wunderschöne Herbstfärbung · Wuchs H: 1, 2 – 2 m, B: bis 3 m bei optimalem Standort, horstartig, langsamwüchsig · Standort halbschattig bis schattig, bei feuchtem Stand auch sonnig, luftfeucht, frische, feuchte oder nasse Böden, locker, humos, bevorzugt sauer · Wichtig: Kommt einzeln an feuchten Teich- und Bachrändern besonders gut zur Geltung

Da Farne in den Wäldern zu Hause sind, können Sie herabfallendes Herbstlaub ruhig auf ihnen liegen lassen. Sie sind auch dankbar für gelegentliche Gaben von Laubkompost. Trockenheit vertragen Farne nur schlecht, doch keine Regel ohne Ausnahme: Der reizende kleine immergrüne Schriftfarn (*Ceterach officinarum*) wächst sogar in sonnigen Mauerfugen.
Farne sind überall dort am rechten Platz, wo es natürlich und urwüchsig zugeht – und wenn es nur ein kleiner Fleck am Fuß einer Mauer oder eines Baumes ist. Auf keinen Fall gehören sie auf dekorative Rabatten.

Pfauenrad- oder Hufeisenfarn

Pfauenradfarn
Adiantum pedatum
Auch Hufeisenfarn genannt · Laub hellgrün, handförmige, feingefiederte Wedel, an drahtigen Stielen, goldgelbe Herbstfärbung · Wuchs H: 40 – 60 cm, breite Horste, schwach kriechend · Standort halbschattig bis schattig, kühl, luftfeucht, frische bis feuchte, durchlässige, humose Böden · Sorten 'Imbricatum' (Zwerghufeisenfarn) wird nur 20 cm hoch und hat bläulich grünes Laub. Der Venushaarfarn *(Adiantum venustum)* hat feingliedrige Wedel, die elegant überhängen und wintergrün sind. H: 25 cm · Wichtig: Reisigabdeckung, Farn ist spätfrostgefährdet

Blasenfarn

Blasenfarn
Cystopteris bulbifera
Ausläufertreibend · Laub hellgrün, schlank, gefiedert, Stiel und Rippen rötlich, an der Unterseite der oberen Wedel erbsengroße Brutknospen, die im Herbst abfallen und sich rasch ausbreiten · Wuchs H: 40 bis 50 cm, horstartig · Standort halbschattig, mäßig feucht

Trichter- oder Straußfarn

Trichter- oder Straußfarn
Matteuccia struthiopteris
Ausdrucksvoller Farn, aber nur für größere Flächen , da ausläufertreibend · Laub hellgrün, doppeltgefiedert, sporentragende Wedel olivgrün, später hellbraun · Wuchs H: 0,8–1 m, trichterförmig · Standort halbschattig, kühl, luftfeucht, humose Böden

Goldschuppenfarn

Goldschuppenfarn
Dryopteris affinis
Wintergrün · Laub im Austrieb goldbraun, dann dunkelgrün, matt glänzend, lederartig, gefiedert, B: 20 cm, Stiele dicht goldbraun beschuppt · Wuchs H: bis 1 m, trichterförmig · Standort halbschattig bis schattig, Pflanze liebt Abend- oder Morgensonne

Hirschzungenfarn

Hirschzungenfarn
Phyllitis scolopendrium
Wintergrün, viele Sorten · Laub glänzend grün, zungenförmig, ungefiedert, ledrig, gewellte Ränder, kräftige Mittelrippe · Wuchs H: 30–50 cm, breithorstig · Standort schattig, kühl, luftfeucht, windgeschützt, kalkverträglich

Schildfarn

Schildfarn
Polystichum setiferum
Wintergrün, viele Sorten · Laub zartgrün, groß, doppelt gefiedert, fein zerteilt, locker gebogen · Wuchs H: 0,5–1 m, B: 0,6 bis 1,2 m, überhängend · Standort halbschattig bis schattig, kühl, luftfeucht · Sorten 'Proliferum', 'Dahlem' und 'Herrenhausen'

Selbst an kleinen Garten-Gewässern stellen sich bald Tiere ein

WASSER- UND SUMPF-PFLANZEN

Für die Bepflanzung von Gewässern und Uferrandbereichen kommen nur an diesen Lebensbereich angepaßte Gewächse in Frage. Hierzu zählen auch viele heimische Pflanzen, die züchterisch nicht bearbeitet sind. Freiwachsend stehen sie alle unter Naturschutz, sie sind jedoch neben zahlreichen anderen Arten aus Nachzuchten im Gartenfachhandel zu beziehen. Nach ihren Ansprüchen unterscheidet man folgende drei Gruppen:

Pflanzen des Uferrandes. Sie leben in feuchten bis nassen Böden, sind aber nicht auf ständige Feuchtigkeit angewiesen. Dazu zählen die Trollblume (*Trollius europaeus*) und der Blutweiderich (*Lythrum salicaria*).

Pflanzen der Sumpf- und Flachwasserzone. Sie benötigen ständig »nasse Füße« und besiedeln Bereiche mit einem Wasserstand bis zu etwa 15 cm. Hier fühlen sich viele attraktive Pflanzen wohl wie die Sumpfiris (*Iris pseudacorus*), der Rohrkolben (*Typha*-Arten) und die Sumpfdotterblume (*Caltha palustris*).

Pflanzen des freien Wassers. Diesen Lebensbereich teilen sich Schwimm- und Schwimmblattpflanzen. Der Mindestwasserstand beträgt hier 20 bis 30 cm, viele Pflanzen bevorzugen aber größere Tiefen bis etwa 1 m.

- Schwimmpflanzen leben entweder völlig untergetaucht wie der Wasserschlauch (*Utricularia vulgaris*), den man deswegen auch zu den Unterwasserpflanzen zählt, oder sie schwimmen an der Wasseroberfläche wie die Wasserlinsen (*Lemna*-Arten). Einige besitzen überhaupt keine, andere nur dürftig ausgebildete Wurzeln.
- Schwimmblattpflanzen wurzeln dagegen im Boden, meistens liegen ihre Blätter auf dem Wasserspiegel. Zu ihnen zählen die Seerosen (*Nymphaea*-Arten), die beliebtesten Teichpflanzen.

Seerosen (Nymphaea-Arten und Sorten, hier 'Perfecta') verzaubern mit ihren berückend schönen Blüten jeden Gartenteich. Es gibt viele Blütenfarben und -formen

WASSER- UND SUMPFPFLANZEN

Seerosen und andere Wasserpflanzen

Die Wasserpflanzen haben sich gut an ihren Lebensraum angepaßt: Die untergetauchten Blätter und Stengel sind in der Lage, Kohlendioxyd und Nährstoffe direkt aus dem Wasser aufzunehmen – deshalb besitzen manche Schwimmpflanzen nicht einmal Wurzeln. Ihre Außenhaut ist zur besseren Nährstoff-Aufnahme besonders dünn und empfindlich. Um für einen guten Stoff-Austausch eine besonders große Oberfläche zu erreichen, sind ihre Blätter oft stark geschlitzt, manchmal sogar fadenförmig. Für den nötigen Auftrieb sorgen Luftkanäle in den Blättern.

Unterwasserpflanzen sind die »Reinigungstruppe« der Gewässer. Zu ihnen zählen das Rauhe Hornblatt (*Ceratophyllum demersum*), der Wasserschlauch (*Utricularia vulgaris*), die Wasserfeder (*Hottonia palustris*) und das Tausendblatt (*Myriophyllum*-Arten). Sie sind Nahrungskonkurrenten der unliebsamen Algen, die das Wasser trübe machen. Unterwasserpflanzen sind außerdem wichtige Sauerstoffspender (→S eite 16/17). Durch ihn wird die Wasserqualität nachhaltig verbessert. Deshalb sollten Sie in Ihrem Teich stets Unterwasserpflanzen verwenden und auch dafür sorgen, daß für deren Stoffwechselabläufe genügend Licht unter den Wasserspiegel gelangt. Auch aus ästhetischen Gründen sollte maximal nur die Hälfte der Wasserfläche mit Pflanzen bedeckt sein. Einige Unterwasserpflanzen sind winzig klein, so daß sie oft mit anderen Pflanzen eingeschleppt werden, oder durch Teilung leicht vermehrbar. Viele von ihnen besitzen einen starken Ausbreitungsdrang und müssen daher regelmäßig dezimiert werden. Fischen Sie einen Teil davon heraus.

Exotische Schwimmpflanzen wie die Wasserhyazinthe (*Eichhornia crassipes*), die Muschelblume (*Pistia stratiotes*), die Wasseraloe (*Stratiotes aloides*) und die Wassernuß (*Trapa natans*) benötigen für ihr Gedeihen höhere Wassertemperaturen und überdauern nur in milden Regionen oder müssen im Haus überwintert werden.

Schwimmblattpflanzen wurzeln entweder direkt am Teich- oder Beckengrund oder in Körben, die je nach Art und Sorte in entsprechende Tiefe eingebracht werden müssen. Bereits für kleinste Becken gibt es Zwergseerosen. Unsere heimische Seerose (*Nymphaea alba*) ist sehr anpassungsfähig, aber in tieferen Teichen und nährstoffreichem Wasser und Boden entwickelt sie sich durch Ausläufer zu stark und kann rasch die ganze Wasserfläche bedecken. Auch die farbigen Seerosen-Hybriden sind meist starkwachsend. Man kann sie jedoch etwas im Zaum halten, wenn das Substrat mager ist und sie sich in einem Pflanzgefäß nur wenig ausbreiten können. Überdies ist es möglich, regelmäßig den äußeren Blattkranz zu entfernen – eine einfache Methode, um das Wachstum zu begrenzen.

Pflanzenschutz im Gartenteich. Chemische Mittel dürfen nicht verwendet werden, da sie sich im Wasser ausbreiten und für Teichtiere giftig sind. Selbst biologische Mittel stören die Lebensgemeinschaft im Wasser.

Wasserfeder

Wasserfeder
Hottonia palustris
Unterwasserpflanze · Blüte zartrosa, primelartig, Blütenstände bis 30 cm über Wasser, V–VI · Laub kammartig gefiedert· Wuchs Ausläufer treibend, teilweise im Boden wurzelnd · Standort 10–20 cm Wasserstand, kalk- und nährstoffarm, sonnig

Tausendblatt

Tausendblatt
***Myriophyllum*-Arten**
Heimische Unterwasserpflanzen · Blüte rosa Ähren, VI–VIII · Laub kammartig geteilt, quirlig, zartgrün · Wuchs Kurztriebe bilden dichte Rasen über Wasser, Ausläufer treibend · Standort 20–40 cm Wasserstand, nährstoff- und kalkreiches Wasser

Seekanne

Seekanne
Nymphoides peltata
Schwimmblattstaude für größere Teiche · Blüte gelb, gestielt über Wasser, VII–VIII · Laub seerosenartig, kreisrund auf der Wasseroberfläche liegend · Wuchs schwimmende Ausläufer, raschwüchsig · Standort Wassertiefe 30–50 cm, sonnig bis halbschattig

Wasserknöterich

Wasserknöterich
Polygonum amphibium
Schöne Schwimmblattstaude · Blüte rosa, Blütenähren über Wasser, VI–IX · Laub länglich, eliptisch, ledrig, an langen Stielen auf der Wasseroberfläche liegend · Wuchs Ausläufer bildend · Standort Wassertiefe 3–100 cm, sonnig bis halbschattig, freie Flächen

Wohlriechende Seerose 'Chromatella'

Rosa Seerosen-Hybride

Weiße Seerosen-Hybride

Wohlriechende Seerose
Nymphaea odorata
Wildform, teilweise in Europa eingebürgert, auch Hybriden · Blüte weiß, je nach Sorte auch gelb und rosa, Durchmesser 12–15 cm, Hybriden größer, VI bis IX · Laub groß, glänzend grün, eirund · Wuchs starkwüchsig, kriechend · Standort nährstoffreiche, stehende Gewässer, Wassertiefe 30 bis 60 cm und mehr, sonnig bis halbschattig · Wichtig: Es gibt etwa 100 winterharte Seerosenarten und sorten, greifen Sie möglichst auf bewährte zurück und kaufen Sie nicht nur nach Blütenfarbe

Rosarote
***Nymphaea*- Hybride**
Seerosen sind die Königinnen der Gartenteiche · Blüte Seerosenfarben reichen von Weiß über Gelb und Kupfer bis zu hellem Lachs, Rosa und Rot und bis hin zu ganz dunklen Tönen, Blau kommt allerdings nur bei tropischen Formen vor, Durchmesser 15–20 cm

Reinweiße
***Nymphaea*- Hybride**
Die reinweißen Formen sind der Inbegriff einer Seerose. Ausgangsart für viele Hybriden ist die heimische *Nymphaea alba*, die unter Naturschutz steht. Weiße Seerosen leuchten besonders intensiv über dunkle Wasserflächen

Teichrose oder Mummel

Zwergseerosen-Sorte 'Indiana'

Weiße Zwergseerosen schmücken kleinste Teiche

Teichrose
Nuphar lutea
Heimische Schwimmblattpflanze · Blüte halbkugelig, gelb, duftend, auf starken Stielen über Wasser, 6 cm Durchmesser, VI–VIII · Laub seerosenähnlich · Wuchs kriechend, wuchernd · Standort ab 60 cm Wassertiefe, nährstoffreich, schlammig, sonnig bis halbschattig

Zwergseerose
Nymphaea tetragona
Eine der kleinbleibenden Seerosenarten, mehrere Sorten · Blüte orange-kupfer, kugelige Form, Durchmesser 10 cm, VI bis IX · Laub Durchmesser 17 cm, im Jugendstadium stark gefleckt · Wuchs Zwergform für kleine Becken und Kübel · Standort 20–30 cm Wassertiefe

Weiße Zwergseerose
***Nymphaea*-Hybride**
Für kleine Zierbecken und niedrigen Wasserstand geeignete Seerosen · Blüte viele verschiedene Sorten in allen Seerosenfarben, bei den Zwergseerosen ist die Anzahl der Blütenblätter geringer, nämlich 12–14 anstatt von 25–30 bei *Nymphaea odorata*, der Blütendurchmesser ist etwa 10 cm, Blütezeit VI–IX · Laub ist bei vielen Sorten im Jugendstadium rötlich, später grün, speziell bei den Laydeker-Sorten, den wichtigsten Zwergseerosen-Züchtungen, bleibt es auch später noch dunkelgefleckt · Wuchs kriechend · Standort 15–30 cm Wassertiefe

WASSER- UND SUMPFPFLANZEN

Sumpfpflanzen und Uferrandstauden

Der Lebensbereich Wasserrand ist einer der vielfältigsten überhaupt. Viele Pflanzen, die in flachem Wasser (Wasserstand mindestens 10 cm) gedeihen, wuchern stark. Zu ihnen gehören der Tannenwedel (*Hippuris vulgaris*) und viele Rohrkolben (*Typha*-Arten). Wer dies verhindern möchte, sollte diese Pflanzen in Gefäße setzen.

Sumpfpflanzen. Unter ihnen gibt es viele schön blühende Stauden wie die Schwanenblume (*Butomus umbellatus*), die Sumpfdotterblume (*Caltha palustris*) und den Fieberklee (*Menyanthes trifoliata*). Bei ihnen darf der Wasserstand ruhig auf Null abfallen, solange nur der Untergrund sumpfig bleibt. Bei wenig Platz genügt es, ein kleines Sumpfbeet anzulegen. Um dieses etwas bewegter und interessanter zu gestalten, sollten Sie flache Mulden und über dem Wasserpegel liegende kleine Kuppen bilden. Dort können Uferrandstauden angesiedelt werden, die ein gelegentliches Überfluten tolerieren, wie die Wieseniris (*Iris sibirica*) oder das Mädesüß (*Filipendula ulmaria*).

Uferrandstauden. Sie wachsen auch auf normalen Gartenböden gut, solange diese feucht genug sind. Mit ihnen läßt sich der Übergang vom Wasserrand zum Garten am schönsten gestalten und das Biotop harmonisch in das angrenzende Gelände einfügen. In diesem Übergangsbereich vom Wasser zum Land ergeben sich reizvolle Situationen, wenn Pflanzen mit Wiesencharakter wie die Taglilien (*Hemerocallis*-Arten), die Himmelsleiter (*Polemonium caeruleum*), der Wasserdost (*Eupatorium cannabium*), Ligularien (*Ligularia*-Arten), aber auch Storchschnabel (*Geranium*-Arten) und viele Gräser eine Gemeinschaft bilden. Vorwiegend die Pflanzen mit schmalem, grasartigem Laub oder solche mit ornamentalem Blattwerk passen vom Charakter her in den Uferrandbereich.

Pflanzanleitung für Sumpf- und Wasserpflanzen (→ Seite 142/143).

- Wasserpflanzen dürfen niemals austrocknen und vor dem Pflanzen nicht ungeschützt Sonne und Wind ausgesetzt werden.
- Das Substrat sollte nicht zu nährstoffreich und humos sein. Vermischen Sie deshalb gute Gartenerde zur Hälfte mit Sand. Im Teich wird die Erdschicht mit Sand oder Kies abgedeckt, damit keine Humusteilchen aufschwimmen können. Die im Handel erhältliche fertig gemischte Teicherde besteht vorwiegend aus Lehm und Sand.
- Stark wuchernde Pflanzen werden am besten in Gitterkörbe oder geschlossene Gefäße gesetzt, wo ihr Wachstum besser in Zaum zu halten ist.
- Ist eine Teichstelle zu tief, können Sie die Gefäße auf Backsteine stellen und so die richtige Pflanztiefe erreichen.

Sumpfiris, Sorte 'Royal Peagant'

Japanische Sumpfiris
Iris kaempferi
Alte japanische Kulturpflanze in vielen Sorten · Blüte reichblütig, in vielen Farbnuancen von Rosa, Blau bis Violett, reich gezeichnet, gewellt oder gekräuselt, Dom schwach entwickelt, V–VII · Laub lang und schmal, grün mit dunkler Mittelrippe, bis in den Herbst hinein dekorativ · Wuchs H: 80–100 cm · Standort in Randbereichen von Teichen, nur im Frühling und Sommer naß, nach der Blüte trockener, lehmreicher Gartenboden, kalkarm, sonnig · Wichtig: Ältere Pflanzen lassen sich gut teilen, die Wildart ist auch durch Samen vermehrbar

Sumpfschwertlilie

Gelbe Sumpfschwertlilie
Iris pseudacorus
Wildwachsend · Blüte gelb mit dunkelbrauner Zeichnung, VI bis VII · Laub starke, glatte, schwertartige Blätter · Wuchs H: 80–100 cm, aufrecht · Standort nasser Uferbereich bis seichtes Wasser, maximaler Wasserstand 20 cm, sonnig bis halbschattig

Wieseniris, 'Sorte Superba'

Wieseniris
Iris sibirica
Langlebig · Blüte blaue und violette Töne, VI · Laub schmale, lange Blätter, lange haltbar · Wuchs H: 80–120 cm, dichte Horste · Standort Wasserrand mit wechselfeuchten Böden, auch auf trockeneren Plätzen, sonnig

Pflanzen für den Flachwasserbereich

Froschlöffel, *Alisma plantago-aquatica*
Auch wildwachsend, Blüte weißlich-rosa, zierlich Rispen, VI–IX, Laub löffelartig, Wuchs H: 70 cm, Standort nasse Uferbereiche, sonnig bis halbschattig

Tannenwedel, *Hippuris vulgaris*
Wasser- und Uferpflanze, Blüte unscheinbar, rötlich, V–VIII, Blätter erinnern an Tannennadeln, wuchernd, Standort sonnig bis halbschattig

Teichsimse, *Scirpus lacustris*
Wuchernd, nur für größere Teiche, kleine, rotbraune Ähren, VII–VIII, Laub schnittlauchartig, Wuchs H: 100 bis 150 cm, Standort sonnig bis halbschattig

Zungenhahnenfuß, ☠ *Ranunculus lingua*
Wuchernd, nur für große Teiche, Blüte gelb, groß, kräftig, schalenförmig, VI bis VIII, Laub graugrün, zungenförmig, Wuchs H: 70 bis 100 cm, Standort sonnig bis halbschattig

Pfeilkraut, *Sagittaria sagittifolia*
Sehr dekorative Blätter, Blüte weiß mit rötlicher Basis, VI–VII, Laub pfeilförmig, Wuchs H: 50 cm, Ausläufer bildend, Standort sonnig bis halbschattig

Bachbunge, *Veronica beccabunga*
Salat- und Heilpflanze, blaue Blüten in Trauben, V–IX, Laub, rundlich, eiförmig, Wuchs H: 40 cm, rasch sich ausbreitend, Standort sonnig bis halbschattig

Fieberklee, *Menyanthes trifoliata*
Heilpflanze, Blüte weiß in dichten Trauben, V–VI · Laub dreigeteilt, kleeartig, Wuchs H: 30 cm, Ausläufer treibend, Standort sonnig bis halbschattig

Pflanzen für wechselfeuchte Randzonen

Gelbe Gauklerblume, *Mimulus luteus*
Selbstaussaat, Blüte gelb, groß, V–VIII, Laub eiförmig, kräftig grün, Wuchs H: 40 cm, buschig, Standort sumpfig feuchte Böden

Blutweiderich, *Lythrum salicaria*
Heilpflanze, viele Sorten, Blüte leuchtend rosa bis violett, 30 cm lange Blütenstände, VII–IX, Laub herzförmig, Wuchs H: bis 150 cm, buschig, Standort nasser schwerer Boden

Trollblume, ☠ *Trollius europaeus*
Auch Schnittstaude, Blüte gelb, kugelig, V–VI, Laub handförmig, saftig grün, Wuchs H: 50 cm, buschig, Standort feuchter, humusreicher Boden

Sumpfvergißmeinnicht, *Myosotis palustris*
Bodendecker, Blüte hellblau, reichblühend, V–IX, Laub länglich, frischgrün, Wuchs H: bis 50 cm, kriechend, Standort feucht und sonnig

Mädesüß, *Filipendula ulmaria*
Robust, Blüte weiß oder rosa, rispenartig, VI–VIII, Laub gefiedert, grün, auch Sorten mit panaschierten Blättern, Wuchs H: bis 1 m, aufrecht, Standort sonnig, frischer Boden

Pfennigkraut, *Lysimachia nummularia*
Bodendecker, Blüte pfenniggroß, dottergelb,V–VII, Laub rundlich, hellgrün, Wuchs flach, kriechend, Standort feuchte Lehmböden

Wasserdost, *Eupatorium cannabium*
Langlebig, Blüte mattrosa, doldenartige Rispe, VII–IX, Laub lanzettlich, Wuchs H: bis 1,5 m, Standort vollsonnig, feuchte, lehmhaltige Böden

Sumpfdotterblume

Sumpfdotterblume ☠
Caltha palustris
Heimische Wildstaude · Blüte ungefüllt, goldgelb, IV–VI · Laub rundlich, nierenförmig, glänzend grün · Wuchs buschig bis 30 cm Höhe · Standort nährstoffreiche feuchte bis nasse Plätze auch mit gelegentlicher Überflutung, sonnig bis halbschattig

Hechtkraut

Hechtkraut
Pontederia cordata
Reichblühend, aber empfindlich · Blüte blaue Blütenähren, VI–VIII · Laub an langen Stielen glänzend grüne, herzförmige, besonders hübsche Blätter · Wuchs H: 60–80 cm · Standort nasse Uferbereiche mit ständigem flachen Wasserstand, sonnig, warm

Schwanenblume

Schwanenblume
Butomus umbellatus
Wertvolle Blütenstaude · Blüte rosaroter doldenartiger Blütenstand, VI – VIII · Laub sehr schmal, binsenähnlich, dreikantig · Wuchs H: 50 bis 100 cm · Standort nasse Uferbereiche mit seichtem Wasser, bis 20 cm Tiefe, sonnig bis halbschattig

Rohrkolben

Rohrkolben
Typha angustifolia
Stattliche Wildstaude im Röhricht · Blüte rostbrauner, walzenförmiger Fruchtkolben, im VI–VIII · Laub grasgrün, lange schmale Blätter · Wuchs H: 2 m, Ausläufertreibend · Standort nasse Uferbereiche, Flachwasser, sonnig · Wichtig: *Typha minima* ist kleinere Art

Schwachwüchsige Birnen lassen sich platzsparend und schmückend als Spalier am Haus ziehen

OBST

Selbst im kleinsten Garten ist für Obst noch Platz. Apfelbäume gibt es im Miniformat, auch Sauerkirschen, Pflaumen und Quitten bleiben relativ klein. Beerenobst-Sträucher benötigen nur wenig Platz und lassen sich hervorragend in den Ziergarten einbinden. Unter den Kronen kleiner Hochstämmchen gedeihen noch Blumen, Kräuter oder Gemüse und Erdbeeren können als Beeteinfassungen dienen.

Planungshilfen.

- In größeren Gärten sollte es unterschiedliche Obstarten geben, die zeitlich versetzt frische Früchte liefern.
- Auch durch die Auswahl von frühen, mittleren oder späten Sorten kann eine »Obstschwemme« vermieden werden.
- Kleine Baumformen wie Spindel und Busch (→ Seite 172 bis 175) sind leichter zu kontrollieren, pflegen und abzuernten.
- Ein großer Hochstamm kann jedoch als dekorativer Schattenspender gepflanzt werden.
- Informieren Sie sich vor dem Kauf in einer guten Baumschule über die Befruchtungsverhältnisse der einzelnen Arten und Sorten. Viele sind auf Fremdbestäubung angewiesen und setzen ohne einen geeigneten Pollenspender in der Nähe keine Früchte an. Aber auch bei selbstfruchtenden Sorten führt Fremdbestäubung oft zu einer besseren Fruchtqualität.
- Berücksichtigen Sie bei der Arten- und Sortenwahl auch die klimatischen Voraussetzungen und die Bodenverhältnisse in Ihrem Garten.
- Bei vielen Obstarten kommt es zur sogenannten Bodenmüdigkeit. Sie sollten deshalb am selben Platz nicht wieder die gleiche Art pflanzen.
- Wählen Sie möglichst gesunde Sorten, damit Sie auf chemischen Pflanzenschutz verzichten können.

Wichtig: Der gesundheitliche Wert des Obstes ist nicht zu unterschätzen, es enthält viele Vitamine und Mineralstoffe.

Die Aprikose (Prunus armeniaca) wird auch »Marille« genannt. Ihre Früchte schmecken angenehm würzig und ergeben eine köstliche Marmelade

Obst

Kernobst

Zum Kernobst zählen Apfel *(Malus domestica),* Birne *(Pyrus communis)* und Quitte *(Cydonia oblonga).* Als Samen bilden sie Kerne aus. Botanisch betrachtet handelt es sich hier um Scheinfrüchte, denn nur die Samenanlage, das fünffach gefächerte Kernhaus, entwickelt sich wie üblich aus dem Fruchtknoten. Die für uns interessante fleischige Hülle entsteht aus dem Blütenboden.

Befruchtung. Apfel und Birne sind im Gegensatz zur Quitte auf Fremdbestäubung angewiesen. Für jede Apfel- und Birnensorte gibt es gute und schlechte Pollenspender. Lassen Sie sich unbedingt in der Baumschule beraten, und fragen Sie Ihre Nachbarn, welche Sorten in deren Gärten wachsen. Wichtig ist dabei immer, daß sich die Blütezeit auch überschneidet. Wenn keine weiteren Sorten im Garten Platz finden und auch nicht im näheren Umkreis vorhanden sind, pflanzen Sie einen Baum, dem zwei bis drei passende Sorten aufgepfropft wurden.

Standort. Äpfel und Birnen blühen etwas später als das Steinobst, Birnen wiederum früher als Äpfel, von Mitte bis Ende April. Bei frühen Sorten ist auch die Blüte zeitiger. Normalerweise sind späte und langblühende Sorten weniger frostgefährdet. Eine Apfelblüte kann bis zu einer Woche halten, ein ganzer Baum etwa einen Monat lang blühen. Birnen erreichen nur die halbe Zeit, sie benötigen insgesamt wärmere Plätze als die toleranteren Apfelsorten. Bei Äpfeln sollte die mittlere Jahrestemperatur bei 6–8 °C liegen, bei Birnen mindestens 1–2 °C höher.

Äpfel gedeihen generell noch in Höhenlagen um 600 Meter, sie bevorzugen auch eine höhere Luftfeuchtigkeit. In milderen Lagen wird die Fruchtqualität jedoch besser. Auch an den Boden stellen sie keine außergewöhnlichen Ansprüche. Durch Bodenverbesserung sind jedoch Fruchtqualität und Ertrag zu steigern.

Unterlage. Die Edelsorten können nur vegetativ vermehrt werden, hierbei wird das Edelreis auf eine Unterlage gepfropft. Dies kann ein Apfel- oder Birnensämling sein oder eine vegetativ vermehrte Form mit speziellen Wuchseigenschaften. Heute ist vor allem Schwachwüchsigkeit gefragt. Die Unterlage ist verantwortlich für Wurzelbildung, Verankerung, Nährstoffaufnahme und -transport, die Edelsorte baut Stamm und Krone auf und bestimmt die Fruchtsorte. Die Unterlage kann die Eigenschaften der Edelsorte verstärken oder auch dämpfen. Vor allem beim Apfel ist die Variationsbreite der Unterlagen-Typen sehr groß, so daß auch im kleinsten Garten (schlanke Spindel) und auf der Terrasse (Ballerinas) Früchte geerntet werden können. Kleine Bäume haben gegenüber Hochstämmen außerdem den Vorteil, schon nach wenigen Jahren ihre volle Ertragsfähigkeit zu erreichen.

Apfel-Sorte 'Jonathan'
(→ Foto oben)
Ein rotbackiger, süßer Weihnachtsapfel, er wird auch in größerem Umfang erwerbsmäßig angebaut · Früchte mittelgroß, stumpfkegelig, schwach rippig, dunkelrot mit Zitronengelb, bereift, mittlerer Gehalt an Vitamin C, kaum druckempfindlich · Geschmack süßlich-feinsäuerlich · Ernte Ende IX–X · Lagerung bis III · Wuchs schwach bis mittelstark, Krone mittelgroß, kugelig, dichttriebig, Äste nach unten geneigt · Standort warm, geschützt · Wichtig: Wenig frostempfindlich, aber mehltauanfällig

Birnenquitte

Birnenquitte
Cydonia oblonga
Weitgehend selbstfruchtbar, das Fleisch ist zarter als das der Apfelquitte, kürzere Kochzeit · Früchte hellgelb, filzig, roh sehr hart · Geschmack mildwürzig · Ernte/Lagerung X, wenig lagerfähig · Wuchs stark, aufrecht, baumartig, H: 1,5–5 m · Standort warme Lagen

'Roter Berlepsch'

Apfel-Sorte 'Roter Berlepsch'

Intensiver gefärbt als 'Berlepsch', enthält aber weniger Vitamin C · Früchte mittelgroß, goldgelb, rotbackig · Geschmack aromatisch, säurereich · Ernte/Lagerung X, bis II · Wuchs weniger stark als Ausgangsform · Standort mäßig feucht, wenig spätfrostgefährdet

'Gravensteiner'

Apfel-Sorte 'Gravensteiner'

Nur mäßig frosthart · Früchte groß, gelbgrün, sonnenseits rötlich geflammt · Geschmack einmaliges Aroma, intensiver Apfelduft · Ernte/Lagerung VIII, bis I · Wuchs stark, flach stehende Äste · Standort gleichmäßige Bodenfeuchte, spätfrostgeschützt

'Roter Boskoop'

Apfel-Sorte 'Roter Boskoop'

schmeckt milder als die Ausgangsform 'Boskoop' · Früchte groß, grüngelb, rot überzogen · Geschmack aromatisch, säurereich · Ernte/Lagerung X, bis II · Wuchs sehr stark, breitausladende Krone · Standort feuchter Boden, spätfrostgeschützt

'Köstliche aus Charneux'

Birnen-Sorte 'Köstliche aus Charneux'

Eine der beliebtesten Tafelbirnen · Früchte groß, grüngelb, rotbackig · Geschmack saftig, süß, würzig · Ernte/Lagerung X/XI, bis I · Wuchs mittelstark, für Spalier oder Busch geeignet, Äste steil · Standort warm und geschützt, trocken, frostgeschützt · Wichtig: Schorfanfällig

Birnen-Sorte 'Gräfin von Paris'

Birnen-Sorte 'Gräfin von Paris'

Gute Eß- und Kochbirne, Sorte für den Liebhaber-Obstanbau · Früchte groß bis mittelgroß, regelmäßig birnenförmig, matt- bis strohgelb, auf der Sonnenseite schwach orange · Geschmack süß, leicht würzig-aromatisch · Ernte/Lagerung Mitte bis Ende X, bis I · Wuchs mittelstark, Buschbaum · Standort sonnig und warm, möglichst Weinbauklima, keine zur Nässe neigenden Böden, windoffene Lagen meiden · Wichtig: Holz ist frosthart, die Blüte spätfrostempfindlich; die Birne ist selbst eine gute Befruchtersorte, geeignete Befruchterin 'Köstliche aus Charneux'

'Alexander Lucas'

Birnen-Sorte 'Alexander Lucas'

Köstliche Tafelbirne · Früchte groß, grüngelb, rotbackig · Geschmack süß, würzig · Ernte/Lagerung X/XI, bis I · Wuchs mittelstark, für Spalier, Busch · Standort warm, geschützt · Wichtig: Selbst als Befruchtersorte ungeeignet, gute Befruchterin 'Charneux'

Steinobst

Zum Steinobst zählen Pflaumen und Zwetschgen *(Prunus domestica),* Sauerkirschen (*Prunus cerasus),* Süßkirschen *(Prunus avium),* Pfirsich *(Prunus persica)* und Aprikose *(Prunus armeniaca).* Steinobst bildet echte Früchte aus dem Fruchtknoten: Die innerste Zellschicht umschließt als harter Kern (Stein) die Samenanlage, die äußeren Schichten bilden das saftige Fruchtfleisch. Der Stein ist nur bei der Mandel *(Prunus dulcis)* eßbar.

Befruchtung: Beim Steinobst sind alle Stadien von selbstfruchtbar bis selbstunfruchtbar zu finden. Gute Pollenspender im näheren Umkreis sind auch hier das Erfolgsrezept für befriedigende Ernten.

Standort: Pflaumen gedeihen noch in rauheren Lagen. Pfirsich, Aprikose und Nektarine bringen dagegen nur im Weinbauklima oder an windgeschützten Südseiten gute Erträge. Steinobst blüht teilweise schon im April und ist damit spätfrostgefährdet. Bei einigen Arten ist auch das Holz frostempfindlich, vor allem starke Temperaturschwankungen im Winter sind ungünstig. Alle Steinobstarten wünschen einen durchlässigen Boden, der sich leicht erwärmt. Hohe Luftfeuchtigkeit fördert allerdings Pilzerkrankungen (→ Seite 192/193).

• Ein Süßkirschen-Hochstamm kann etwa 50 Jahre alt werden und beansprucht mindestens 50 qm Grundfläche. Selbst schwachwüchsige Süßkirschen erreichen noch eine beträchtliche Kronenbreite, jedoch kein so hohes Alter. Bei Süßkirschen werden zwei große Gruppen unterschieden: die weicheren Herzkirschen und die knackigen Knorpelkirschen, die bei Regen aber leicht platzen.

• Sauerkirschen zeigen ein viel schwächeres Wuchsverhalten. Sie neigen zum Verkahlen, und es entsteht besonders bei den Schattenmorellen ein regelrecht hängender Wuchs. Um dies zu vermeiden, sollten Sauerkirschen regelmäßig nach der Ernte geschnitten werden. Diese zierlichen Bäume eignen sich hervorragend für kleinere Gärten. Unterschieden werden ebenfalls zwei Typen, die Weichseln (Schattenmorelle) mit färbendem Saft und die nichtfärbenden Amarellen.

• Pflaumen sind in Fruchtform, -farbe und Geschmack sehr unterschiedlich. Neben den robusten Zwetschgen gehören auch Mirabelle und Reneklode in diese Gruppe – sie haben aber eher Liebhaberwert. Die Früchte der Pflaumen sind rundlich und haben eine deutliche Längsnaht. Bei den länglichen, festeren Zwetschgen löst sich der Stein gut vom Fruchtfleisch – sie sind deshalb besonders zum Backen geeignet.

Gummifluß: Steinobstarten neigen zu Gummifluß. Er ist auf ungünstige Klima- und Umwelteinflüsse zurückzuführen, aber auch auf falsche Pflegemaßnahmen. Dabei verstopft der dickflüssige Zellsaft die Leitungsbahnen und tritt an verschiedenen Stellen aus der Rinde. Als Folge können der Baum oder zumindest Teile von ihm absterben.

Süßkirschen
Prunus avium
(→ Foto oben und rechts)
Süßkirschen sind meist selbstunfruchtbar, können also nur durch den Blütenstaub anderer Sorten befruchtet werden; in Fachbüchern oder Baumschulen können Sie sich hierzu informieren; pflanzen Sie entweder zwei Bäume oder sprechen Sie sich mit den Nachbarn ab; es gibt aber für kleine Gärten inzwischen auch Bäumchen, auf die 2 bis 3 passende Sorten veredelt wurden · Früchte groß, je nach Sorte dunkelviolett, rot, gelbrot, gelb · Geschmack süß, je nach Sorte aromatisch, würzig · Ernte je nach Sorte V–VII · Wuchs Süßkirschen waren bisher sehr starkwüchsig und nur etwas für große Gärten; inzwischen konnten aber schwachwüchsige Unterlagen für Süßkirschen ausgelesen werden; die darauf veredelten Sorten bleiben beträchtlich kleiner und niedriger; am schwächsten wachsen die in England gezüchtete Unterlage 'Colt' und die in Weihenstephan ausgelesenen Unterlagen, die alle mit einem »W« und einer Nummer gekennzeichnet sind · Standort warm, spätfrostgeschützt

Süßkirschen

Schattenmorelle

Aprikosen erfreuen mit Blüten und Früchten

Pfirsich

Sauerkirsche
Prunus cerasus
Die Schattenmorelle ist eine beliebte Sauerkirsch-Sorte, sehr gut zum Einkochen · Früchte groß, dunkelrot, Farbe bleibt beim Einkochen erhalten · Geschmack säuerlich, streng · Ernte VII–VIII · Wuchs mittelstark, überhängend · Standort sonnig, spätfrostgeschützt

Aprikose (Marille)
Prunus armeniaca
Im März erscheinen die schönen zartrosaroten, aber sehr frostempfindlichen Blüten; Aprikosen sind selbstfruchtbar. Die Früchte sind frisch gegessen oder konserviert eine Delikatesse · Früchte gelb bis gelborange, rotbackig, je nach Sorte glatt oder behaart, Kern löst sich leicht vom Fruchtfleisch · Geschmack süß und aromatisch · Ernte VII–VIII, vorsichtig pflücken, die Früchte sind druckempfindlich · Wuchs je nach Unterlage schwach bis mittelstark, gut für Spaliere geeignet · Standort sonnig, frostgeschützt, nährstoffreicher Boden · Sorte 'Aprikose von Nancy'

Pfirsich
Prunus persica
Dunkelrosa Blüten ab März · Früchte je nach Sorte gelbgrün, gelb, rosa, rot, Schale behaart, frühe Sorten mit weißem Fleisch, späte mit gelbem · Geschmack süß-säuerlich bis süß · Ernte VII–IX · Wuchs mittelstark, auch für Spalier · Standort wie Aprikose

Zwetschge oder Zwetsche

Mirabellen sind süß und saftig

Reneklode

Zwetschge
Prunus domestica
Eine Spielart der europäischen Pflaume · Früchte länglich, Farbe je nach Sorte blau, blauviolett oder gelb, Fruchtfleisch gelb bis orange · Geschmack süßsauer, aromatisch · Ernte VIII–X · Wuchs mittelstark, rundkronig · Standort geschützt, sonnig

Mirabelle
Prunus domestica
Reinweiße kleine Blüten im April; Mirabellen sind selbstfruchtbar, der Ertrag beginnt erst nach 6 bis 8 Jahren; nur in milden Klimabereichen sind auch gute Ernten möglich · Früchte kugelig, pflaumengroß, gelb, bei Vollreife rote Punkte, viel Vitamin C · Geschmack süß und aromatisch · Ernte VIII · Wuchs mittelstark, kleine Bäume, geeignet als Solitär · Standort vollsonnig, windgeschützt, warme sandig-humose Böden, nicht zu trocken · Wichtig: Regelmäßiger Auslichtungsschnitt erhöht den Fruchtansatz

Edelpflaume
'Althans Reneklode'
Für Hausgärten nur auf schwachwüchsigen Unterlagen, selbstunfruchtbar · Früchte kugelig, violett, auch gelbgrüne und rote Sorten · Geschmack süßsauer, aromatisch · Ernte VIII bis IX · Wuchs mittelstark bis stark · Standort geschützt, sonnig

Beerenobst

Beerenobst ist einfach zu kultivieren, meist sehr anpassungsfähig an Klima und Boden und auch ertragssicher. Auch im kleinsten Garten müssen Sie nicht darauf verzichten. Wählen Sie dann Hochstämmchen, die noch gut im Blumenbeet Platz finden. Die Beerensträucher eignen sich auch für Hecken und Spaliere.
Zum Beerenobst zählen Johannisbeere *(Ribes rubrum* und *nigrum)*, Stachelbeere *(Ribes uva-crispa),* und Himbeere *(Rubus idaeus).* Jostabeeren sind eine Kreuzung aus Schwarzen Johannisbeeren und Stachelbeeren. Der Vitamin-C-Gehalt ist viel größer als bei Apfel und Birne, herausragend sind vor allem die Schwarzen Johannisbeeren. Auch bei den Karotinwerten (Vorstufe für Vitamin A) liegen Beeren an vorderster Stelle. Sie bilden eine ideale Ergänzung des Speisezettels, sind sehr vielseitig verwertbar, neben dem Frischverzehr eignen sie sich für Kompotte, Marmeladen und Gelees, für Säfte, Obstweine und den Rumtopf.
Fast alle Arten sind selbstfruchtbar, der Fruchtansatz ist jedoch bei Fremdbestäubung besser. Pflanzen Sie also möglichst mehrere Sorten.
Standort. Beerenobststräucher brauchen für gute Ernten volle Sonne und windgeschützte Plätze. Viele gedeihen auch noch im Halbschatten, aber die Früchte bleiben dann klein, und es fehlt die Süße.
Pflanzung und Pflege. Die Beerenobstarten entstanden durch viele Kreuzungen und Auslesen. Diese gärtnerischen Züchtungen sind etwas anspruchsvoller als die ursprünglichen Wildformen. Je bessere Bedingungen sie vorfinden, um so ertragreicher sind die Pflanzen. Beerensträucher kann man, was die Pflegeansprüche betrifft, etwa mit den flachwurzelnden Blütensträuchern vergleichen (→ Seite 168 bis 171). Düngen Sie im Herbst und/oder im Frühjahr mit organisch oder organisch-mineralischen Volldüngern (→ Seite 156 bis 159). Wichtig ist auch, daß der Boden das Jahr über entweder von einem niedrigen Pflanzenteppich oder einer Mulchschicht bedeckt ist (→ Seite 172/173).
Sortenwahl. Im allgemeinen beginnt die Erntesaison für Beeren im Juni und dauert bis Oktober an. Von allen Beerenarten gibt es früh-, mittel- und spätreifende Sorten, so daß Sie bei entsprechender Sortenwahl die Erntephasen nach vorne und hinten verlängern können. Bei Himbeeren und Erdbeeren gibt es außerdem einmal- und mehrmalstragende Sorten. Einmaltragende fruchten reicher – ideal, wenn man zum Einkochen größere Mengen braucht. Zum laufenden Frischverzehr sind dagegen Obstsorten geeignet, die wie die mehrmalstragenden Erdbeeren über einen längeren Zeitraum fruchten und reifen.

Rote Himbeeren sind ein Vergnügen für Augen und Gaumen

Himbeeren
Rubus idaeus
Die einmaltragenden Sorten bilden im Sommer Triebe, die eine Stützvorrichtung brauchen; im 2. Jahr bringen sie Früchte; die abgeernteten Ruten werden über dem Boden abgeschnitten; die neuen zweimaltragenden Sorten brauchen keine Stütze; bereits im Herbst des ersten Jahres tragen sie Früchte und im folgenden Frühsommer noch einmal · Früchte dunkel bis hellrot · Geschmack süß, aromatisch · Ernte VI–VII · Wuchs H: 1–2 m · Standort sonnig bis halbschattig · Wichtig: Himbeeren sind selbstfruchtbar, eine Fremdbestäubung verbessert aber die Ernte

Gelbe Himbeeren sind ungewöhnlich und sehr aromatisch

Gelbe Himbeere
Rubus idaeus
Während rotfrüchtige Himbeeren gerne zu Marmeladen, Saft, hochprozentigen Getränken oder auch Kuchen verarbeitet werden, eignen sich gelbfrüchtige vor allem für den Frischverzehr; ihre relativ kurzen Triebe brauchen keine Stütze; in Gegenden mit sehr strengen Wintern empfiehlt es sich, im Spätherbst Laubkompost auszubringen, damit die Wurzelknospen nicht erfrieren · Früchte mittelgroß, gelb · Geschmack süß, wohlschmekkend · Ernte VI · Wuchs H: 1,2 m · Standort sonnig bis halbschattig, windgeschützt · Sorten 'Golden Queen', 'Goldtraube', 'Hauensteins Gelbe'

Schwarze Johannisbeeren enthalten viele Vitamine

Rote Johannisbeeren

Schwarze Johannisbeere
Ribes nigrum
Schwarze Johannisbeeren verdienen wirklich den Anbau im Garten: Sie sind anspruchslos und ihre Früchte haben besonders viel Vitamin C; sie werden auch zu gesundem Saft verarbeitet, der Gicht und Rheuma lindern, entgiften und die Verdauung fördern soll · Früchte schwarz, mittelgroß bis groß, Saft färbt intensiv, je nach Sorte kürzere oder lange Trauben · Geschmack herb-aromatisch bis süß-aromatisch · Ernte VI–VII · Wuchs kräftige aufrechte Sträucher, je nach Sorte H: bis 1,80 m · Standort sonnig, spätfrostgeschützt, alle Böden Wichtig: Fremdbefruchtung erhöht den Ertrag

Rote Johannisbeere
Ribes rubrum
Gut ausgereift, können die leicht säuerlichen Früchte frisch verzehrt oder konserviert werden, neuere Sorten bilden lange Trauben aus mit großen Beeren und kleinen Samen; sie sind dazu oft robuster und weniger krankheitsanfällig; rote Johannisbeeren sind selbstfruchtbar, Fremdbestäubung durch andere Sorten bringt aber höhere Erträge · Früchte Größe abhängig von Sorte, in langen Trauben, dunkel- bis hellrot · Geschmack süßsäuerlich · Ernte VI – VIII · Wuchs strauchartig, H: 1,5–2 m · Standort sonnig, spätfrostgeschützt

Stachelbeeren

Jostabeere

Stachelbeere
Ribes uva-crispa
Stachelbeeren sind selbstfruchtbar, setzen aber bei Fremdbefruchtung größere Beeren an; wenn Sie früh-, mittel- und spätreifende Sorten pflanzen, verlängern Sie die Erntezeit · Früchte groß, je nach Sorte gelbgrün, gelb oder rot · Geschmack süßsauer, aromatisch · Ernte VI–VII · Wuchs strauchig, H: 1,5–2 m, auch als Stämmchen · Standort sonnig bis halbschattig, spätfrostgeschützt · Wichtig: Wählen Sie unbedingt neuere, mehltauresistente Sorten

Jostabeere
Ribes x nidigrolaria
Kreuzung aus Schwarzer Johannisbeere und Stachelbeere, die erst in unserem Jahrhundert einem Züchter nach jahrzehntelanger Forschungsarbeit gelang. Die neue Art erinnert mit ihrem Wuchs, der Stachellosigkeit und der Blattform eher an die Johannisbeere, die Fruchtgröße entspricht aber der einer kleinfrüchtigen Stachelbeere. Jostabeeren überstehen Spätfröste sogar besser als ihre Stammeltern · Früchte schwarz und groß · Geschmack herb, aromatisch · Ernte VII · Wuchs kräftig, strauchig, auch sparrig H: 2–2,5 m · Standort sonnig

Beerenobst

Ein Garten ohne Erdbeeren ist fast undenkbar. Die Gartenerdbeeren *(Fragaria x ananassa)* stammen von der kleinen Walderdbeere *(Fragaria vesca)* ab. Sie liefern das erste Obst im Jahr und stellen schon deshalb eine Delikatesse dar – sehr gesund sind sie obendrein.

Erdbeeren tanzen in jeder Beziehung etwas aus der Reihe. Sie gehören zu den Stauden und bilden nach den strengen Regeln der Botaniker keine Beeren, sondern Sammelnußfrüchte aus. Die Oberfläche ihrer Scheinfrüchte ist besetzt mit winzigen Nüßchen.

Weltweit gibt es etwa 1000 Gartenerdbeer-Sorten unterschiedlichster Qualität. Neuzüchtungen für den Handel sind meist großfrüchtig und sehr festfleischig, um gute Transportfähigkeit zu garantieren. Im eigenen Garten sollten Sie jedoch saftigere und aromatischere Sorten anbauen. Für den Hausgebrauch sind auch die kleinen, aber in tensiv schmeckenden, mehrmalstragenden Monatserdbeeren *(Fragaria vesca var. semperflorens)* zu empfehlen. Sie eignen sich gut als Bodendecker und gedeihen noch im lichten Schatten. Ideal für kleine Gärten sind die sogenannten Klettererdbeeren, die wenig Platz brauchen, weil sie sich an Halterungen hochziehen lassen, aber auch in Gefäßen – wie Ampelpflanzen – gedeihen.

Haupterntezeit ist Anfang Juni bis Anfang Juli, mehrmalstragende Sorten bringen bis in den Spätsommer Früchte. Wenn die Pflanzen von Beginn des Austriebes an bis zur ersten Blütenbildung mit Lochfolie oder Vlies bedeckt werden, kann die Ernte etwa um 1 Woche vorverlegt werden, unter einem Folientunnel läßt sie sich noch stärker verfrühen. Erdbeeren sollten immer mit Kelch und trocken geerntet werden.

Nach 3 Jahren tragen Gartenerdbeeren nur noch spärlich. Sie sollten deshalb im 3- bis 4 jährigen Rhythmus neue Jungpflanzen heranziehen (→ Seite 155). Pflanzzeit ist im August. Sogenannte Frigopflanzen können aber das ganze Jahr über gesetzt werden. Empfehlenswert, aber etwas teurer, sind virusfreie Erdbeersorten. Als ehemalige Waldpflanzen lieben Erdbeeren besonders einen mit einer Mulchschicht bedeckten Boden. Er verhindert die Verdunstung, unterdrückt das Unkraut, fördert das Wachstum und schützt die Früchte.

Weinreben und Kiwi. Nur im Weinbauklima gedeihen die Weinrebe (*Vitis vinifera*) und die Kiwi (*Actinidia chinensis*, → Seite 221). Die Kiwis sind zweihäusig, für einen Fruchtansatz muß eine männliche zu 1 bis 5 weiblichen Pflanzen gesetzt werden.

Brombeeren (*Rubus*-Arten) lassen sich gut an Wänden oder freistehenden Gerüsten ziehen. Die robusten Pflanzen eignen sich auch hervorragend als Raumteiler innerhalb des Gartens.

Kulturheidelbeeren *(Vaccinium corymbosum)* bilden sehr große Früchte aus und erhalten im Herbst eine wunderschöne, leuchtend rote Färbung. Wie ihre Wildformen brauchen sie aber den sauren Waldhumus zum Gedeihen. Auf kalkhaltigem Untergrund können sie nur durch größere Mengen spezieller Substrate und ansäuerndem Dünger über längere Zeit am Leben erhalten werden.

Kulturpreiselbeeren *(Vaccinium macrocarpon)* und die Moosbeere (Cranberry) haben ähnliche Ansprüche, wollen aber trockener stehen. Mit ihren attraktiven roten Beeren und der schönen Herbstfärbung machen sie sich in einem Heidegarten besonders gut.

Wildobst. Viele Wildobstarten gedeihen auch im Garten. In Naturhecken finden Gehölze Platz, die Menschen und Vögeln Nahrung bieten, wie Holunder (*Sambucus nigra*) und Sanddorn (*Hyppophae rhamnoides* → Fotos oben).

Sanddorn
Hippophaë rhamnoides
→ Foto oben)
In Hecken gepflanzt, kann er mit seinen kräftigen Dornen unerwünschte Eindringlinge abwehren; auch als Einzelgehölz wirkt er durch seinen sparrigen Wuchs und die silbergrauen Zweige recht attraktiv; er ist frostfest und verträgt auch windige Lagen; der Sanddorn ist zweihäusig, für Fruchtansatz müssen also eine männliche und eine weibliche Pflanze gesetzt werden; die reifen Früchte enthalten sehr viel Vitamin C · Früchte Durchmesser 6–8 mm, eirund, orangerot, Saft ist gelbfärbend · Geschmack herb-säuerlich · Ernte VIII–IX · Wuchs H: 2–4 m · Standort sonnig, auch salzhaltige Böden

Schwarzer Holunder wächst bei uns auch wild

Schwarzer Holunder
Sambucus nigra
An Waldrändern und um Siedlungen herum ist er wildwachsend zu finden; von VI bis VII erscheinen seine weißen bis gelblichen, süßlich duftenden, doldenartigen Blütenrispen; sie erreichen bis zu 20 cm Durchmesser; im Handel sind jedoch auch großfrüchtigere Sorten, die noch saftreicher sind. · Früchte kugelige schwarze Einzelfrüchte in großen Rispen, gekocht eßbar, vitaminreich, der tiefrote Saft macht hartnäckige Flecken · Geschmack herb-säuerlich · Ernte VIII–IX · Wuchs Strauch oder kleiner Baum, H: 4–7 m · Standort sonnig bis halbschattig, jeder Boden

Brombeeren

Brombeeren
***Rubus*-Arten**
Stachellose Sorten, sind oft säuerlicher und weniger aromatisch · Früchte schwarz, etwa 20 mm Durchmesser · Geschmack säuerlich bis süß aromatisch · Ernte VI – IX · Wuchs Ruten, bis 8 m lang · Standort sonnig bis halbschattig, windgeschützt

Erdbeeren sind im Hausgarten sehr beliebt

Garten-Erdbeere
Fragaria x ananassa
Von den großfrüchtigen Garten-Erdbeeren werden zahlreiche einmal- und zweimaltragende Sorten gezüchtet; Zuchtziel sind möglichst große aromatische Früchte; es gibt auch hängend wachsende Sorten, die als »Klettererdbeeren« aufgebunden werden können · Früchte dunkel- bis hellrot, kugelig bis breit herzförmig · Geschmack süß, aromatisch · Ernte V–VIII · Wuchs Blattrosetten mit zahlreichen Ausläufern, H: bis 20 cm · Standort warm, sonnig, windgeschützt ·
Wichtig: Klein und sehr aromatisch sind Monatserdbeeren, die das ganze Jahr über fruchten.

Kulturheidelbeeren

Kulturheidelbeeren
Vaccinium corymbosum
Kultursorten gingen aus der großfrüchtigen amerikanischen Heidelbeere hervor · Früchte rund, blaubereift, Durchmesser bis 20 mm · Geschmack erfrischend aromatisch · Ernte VII – IX · Wuchs kleiner Strauch, H: bis 30 cm · Standort sonnig, windgeschützt, saurer Boden

Kulturpreiselbeeren

Kulturpreiselbeeren
Vaccinium macrocarpon
Heimisch in den Moorgebieten der USA, immergrün, selbstfruchtbar, Fremdbefruchtung fördert den Ertrag · Früchte rötlich, fast kirschgroß · Geschmack herb-säuerlich · Ernte VIII – X · Wuchs Zwergstrauch, H: 5 – 30 cm · Standort sonnig, humoser, saurer Boden

Gemüse und Kräuter frisch aus dem Garten – ein Gartenvergnügen der reinsten Art

GEMÜSE UND KRAUTER

Gemüse ist ein Sammelbegriff für eine Vielzahl frischer krautiger Pflanzen oder Teilen davon, die der menschlichen Ernährung dienen. Um eine gewisse Ordnung in die Gemüsevielfalt zu bringen, unterteilt man sie meist nach botanischen Kriterien. Im Gegensatz zum Gemüse haben die sogenannten Kräuter (→ Seite 302) kaum Nährwert, sie unterstützen jedoch wesentlich die Funktionen des Körpers.

Inhaltsstoffe. Gemüse und Kräuter sind für eine ausgewogene Ernährung unentbehrlich. Frisch aus dem eigenen Garten sind sie besonders wertvoll, da der Gehalt an gesunden Inhaltsstoffen während Transport und Lagerung beträchtlich abnehmen kann. Gemüse enthält Mineralstoffe, Vitamine, Ballaststoffe, Eiweiß, Kohlenhydrate und nur wenig Fett. In Kräutern stecken Aromastoffe, die Appetit und Verdauung anregen. Wenn Sie Gemüse und Kräuter am sonnig-warmen Standort biologisch ziehen, haben Sie die Gewähr, schadstoffarme Nahrungsmittel zu essen.

Anbau im Garten. Meist reicht der Platz für eine komplette Selbstversorgung mit Gemüse nicht aus, aber zumindest Ihre Lieblings-Arten sollten Sie anbauen. Wie hübsch Nutzpflanzen sein können und wie attraktiv sie sich kombinieren lassen, ist auf den Seiten 116/117 und 138/139 zu sehen. Bei Gemüsen, die zwischen Blumen gepflanzt werden, ist die Pflege allerdings etwas beschwerlicher. Pflegeleichter und ebenso schön ist ein separates, von Buchs *(Buxus sempervirens),* Kräutern oder Blumen eingefaßtes Gemüsebeet. Im Idealfall gibt es im Garten einen gesonderten Gemüsebereich, in dem das System der Fruchtfolge und Mischkultur eingehalten werden kann (→ Seite 182 bis 185). Hügel- und Hochbeete sind Alternativen für den Gemüseanbau im kleinen Garten oder auf schlechten Böden.

Bildschön, aber etwas heikel sind Artischocken (Cynara scolymus), die aufgrund ihrer Frostempfindlichkeit nur in Gegenden mit Weinbauklima so recht gedeihen

Fruchtgemüse

Die Fruchtgemüse präsentieren sich farbenfroh, formenreich und geschmacklich völlig unterschiedlich. Sie werden zum Teil roh, zum Teil gekocht verwendet, viele schmecken in beiden Zubereitungsarten ausgezeichnet. Die Frucht, die ursprünglich nur eine Verpackung der Samen darstellte, wurde durch Züchtung immer stärker dem menschlichen Geschmack angepaßt. Dabei kommt dem Fruchtfleisch die größte Bedeutung zu, die Samen sind zum Teil verkümmert. Die Fruchtgemüse entstammen sehr unterschiedlichen Pflanzenfamilien, zu denen im Grunde auch die Hülsenfrüchte (→ Seite 294) zählen, allerdings platzt deren Hülse auf und die Samen streuen aus. Die Nachtschattengewächse, zu denen Tomaten *(Lycopersicon esculentum)*, Paprika *(Capsicum annuum)* und Auberginen *(Solanum melongena)* zählen, haben aparte Blüten, ihre Früchte sind besonders kalorienarm und vitaminreich. Gurken *(Cucumis sativus)* und Zucchini *(Cucurbita pepo)* wiederum sind Kürbisgewächse und bilden auffallend große Blüten. Gurken zählen zu den ältesten in Mitteleuropa angebauten Gemüsearten, bereits die Römer schätzten sie. Neben den zahlreichen Freiland- gibt es heute auch spezielle Treibsorten (wie die Schlangengurken), die Sie nur im Gewächshaus ziehen können.

Anbau im Freien. Alle Arten stammen aus tropischen und subtropischen Regionen. Da diese Pflanzen frostempfindlich sind, müssen sie vorgezogen werden und dürfen erst nach den Eisheiligen ins Freie kommen. Viele Gartenliebhaber kaufen deshalb Ende Mai vorgezogene Jungpflanzen beim Gärtner. Bis zur Ernte vergehen dann etwa fünf Monate.

Fast alle Fruchtgemüse sind Starkzehrer und benötigen viel Dünger und Wasser. Der Standort sollte windgeschützt und sonnig sein, nur so entwickeln die Früchte ihr Aroma und den vollen Vitamingehalt.

Anbau unter Folie. Da die Fruchtgemüse empfindlich gegen Kälte sind, kommt ihrer Kultur unter Folie besondere Bedeutung zu. Sie garantiert frühere und sichere Ernten.

- Empfehlenswert ist schwarze Mulchfolie, mit der die Beete abgedeckt werden. Die vorkultivierten Jungpflänzchen werden durch einen kreuzförmigen Schnitt in der Folie in die Erde gesenkt. Der Boden erwärmt sich unter dieser Folie besonders gut. Die Feuchtigkeit wird zurückgehalten und es kommt kein Unkraut hoch. Zusätzliches Gießen ist nur in Ausnahmefällen notwendig. Die gleichmäßigen Bedingungen wirken sich positiv auf die Qualität von Pflanzen und Früchten aus.
- Folientunnel mit gelochter Haut (für Tomaten gibt es auch Einzelhauben) bieten zusätzlich Schutz vor Witterungseinflüssen, sie müssen aber wie Frühbeete bei starker Sonneneinstrahlung gelüftet werden.

Kürbisse brauchen reiche Nährstoffgaben und viel Platz

Kürbis
Cucurbita maxima
Der Speisekürbis zählt zu den Starkzehrern und wird deshalb gerne an den Fuß des Komposthaufens gesetzt; er rankt sehr stark und braucht viel Platz im Garten; eine Pflanze kann mehrere Haushalte versorgen · Saat IV in Töpfe, ab Mitte V ins Freie · Pflanzung V, Pflanzabstand 2 m · Wuchs meterlange, mehrmals verzweigte Triebe mit dichten, großen Blättern · Frucht weiß, gelb oder grün, bis zu 50 kg schwer · Ernte Kürbisse sind reif, wenn sie beim Anklopfen hohl klingen, die Pflanzen beginnen dann zu vergilben, VIII–IX · Standort sonnig, nährstoffreicher Boden

Zuckermais

Zuckermais
Zea mays* var. *saccharata
Sie sollten mindestens 2 Reihen anbauen, damit die Windbestäubung gesichert ist · Saat IV in Töpfe oder Anfang V ins Freiland, Abstand 40 cm · Pflanzung Ende IV · Wuchs H: bis 2 m · Frucht gelbkörnige Kolben · Ernte VIII · Standort sonnig, nährstoffreich

Gurke

Gurke
Cucumis sativus
Kaufen Sie mehltauresistente und bitterstofffreie Freiland-Sorten · Saat IV in Töpfe, ab Mitte V ins Freiland · Pflanzung Mitte V · Wuchs kriechend (Einlegegurken) oder rankend (Salatgurken) · Frucht grün, 15 – 40 cm · Ernte VI–IX · Standort sonnig, nährstoffreich

Grüne Zucchini

Gelbe Zucchini, eine schwachwüchsige Sorte

Paprika

Grüne Zucchini
Cucurbita pepo
Zucchini bilden männliche und weibliche Blüten aus, nur die weiblichen fruchten · Saat IV in Töpfe, Mitte V ins Freiland · Pflanzung Mitte V · Wuchs auch rankende Sorten · Frucht grün, gurkenartig, bis zu 5 kg schwer · Ernte VI – IX · Standort sonnig, nährstoffreich

Gelbe Zucchini und andere Gemüsekürbisse
Die gelbe Form der Zucchini wird genauso kultiviert wie die grüne, trägt aber keine so riesigen Früchte; es gibt auch gelbgrüne und schwarz-grüne Spielarten · Verwendung Zucchini möglichst klein ernten, dann sind sie am besten; selbst die mit einer Farce gefüllten Blüten sind eine Delikatesse · Weitere Gemüsekürbisse 'Patison', deren Früchte an weiße fliegende Untertassen erinnern; sie werden in Scheiben geschnitten, gedünstet oder paniert; 'Spaghettikürbis', der im Ganzen gekocht und anschließend halbiert wird; durch das Kochen zerfällt das Fleisch in nudelartige Bänder

Paprika
Capsicum annuum
Die Früchte enthalten sehr viel Vitamin C · Saat III unter Glas · Pflanzung ab Mitte V · Wuchs buschig, H: bis 60 cm · Früchte grün, gelb, rot oder violett · Ernte ab VII · Standort sonnig, warm, nährstoffreich · Wichtig: In rauheren Gegenden im Gewächshaus ziehen

Frühe Tomaten-Sorte 'First in the Field'

Cocktail-Tomate 'Mikado'

Aubergine

Tomate
Lycopersicon esculentum
Gut ausgereift und frisch aus dem eigenen Garten sind Tomaten eine Delikatesse; kleine grüne Tomaten nicht verzehren, sie enthalten das Gift Solanin · Saat ab III unter Glas · Pflanzung ab Mitte V ins Freiland, Abstand 60 cm · Wuchs je nach Sorte buschig oder am Stab zu ziehen, H: bis 1,80 m · Früchte je nach Sorte kirschen- bis apfelgroß, rund, oval oder birnenförmig, glatt oder gerippt, rot oder gelb, immer zu mehreren an einer Traube · Ernte ab VII · Standort sonnig, warm, nährstoffreich · Wichtig: Laufend ausgeizen, nur 5 bis 6 Blütentrauben zur Entwicklung kommen lassen

Cocktail-Tomate
Lycopersicon esculentum* var. *cerasiforme
Sie wird auch Kirschtomate genannt und wie die großen Formen ausgesät und gepflanzt · Wuchs H: bis 100 cm · Früchte kirschgroß, Geschmack süßer und aromatischer als bei den großen Sorten, bis zu 50 Früchte an einer Traube

Aubergine
Solanum melongena
Nur in milden Gebieten im Freien fruchtend · Saat III unter Glas · Pflanzung Ende V · Wuchs buschig, H: bis 1 m · Früchte dunkelviolett, oval, bis 20 cm · Ernte VIII – IX · Standort sonnig, warm, geschützt, nährstoffreich · Wichtig: Nur 5 Früchte reifen lassen

Hülsenfrüchte, Zwiebel- und Lauchgemüse

Hülsenfrüchte gehören zur Familie der Schmetterlingsblütler (Leguminosen). Diese Pflanzen können in ihren Wurzelknöllchen mit Hilfe von Bakterien Luftstickstoff binden. Sie versorgen sich überwiegend auf diesem Weg mit dem Hauptnährstoff und sind daher Schwachzehrer. Gleichzeitig tragen sie auch zur Bodenverbesserung bei, denn über die verbleibenden Wurzelreste kommt der Stickstoff auch nachfolgenden Pflanzen zugute.
Charakteristisch für die Leguminosen sind die Hülsen, in denen die Samen gebildet werden. Hülsenfrüchte haben einen relativ hohen Gehalt an Eiweiß, Stärke, Fett, Vitaminen und Mineralstoffen, mit ihnen ist eine ausgewogene Ernährung gewährleistet. Einige unter ihnen wie Erbsen *(Pisum sativum)* und Stangenbohnen *(Phaseolus vulgaris* var. *vulgaris)* sind Kletterpflanzen, die an Stäben oder Gittern gezogen werden und mit ihrem üppigen Blattwerk Sichtschutz bieten.
Erbsen zählen zu den ältesten Nutzpflanzen, sie werden mit und ohne Hülse verzehrt:

- Markerbsen haben runzlige Körner, enthalten mehr Zucker und schmecken süßlich.
- Schalerbsen haben runde, glattschalige Körner, die auch getrocknet werden können.
- Zuckererbsen besitzen zarte, fleischige, süße Hülsen, die geerntet und verspeist werden, wenn die Körner noch unreif sind.

Bohnen haben ein günstiges Natrium/Kalium-Verhältnis, schwemmen Flüssigkeit aus und entlasten Herz und Kreislauf. Bei uns sind vor allem Stangen- und Buschbohnen *(Phaseolus vulgaris* var. *nanus)* von Bedeutung.
Warnung: Grüne Bohnen dürfen auf keinen Fall roh gegessen werden, da sie einen Giftstoff enthalten, der erst durch Kochen zerstört wird.
Zwiebel- und Lauchgemüse. Sie gehören allesamt zur Familie der Liliengewächse und bilden reizvolle Blüten. Diese Gemüsegruppe besitzt eine mehr oder weniger stark ausgebildete Zwiebel, die botanisch zu den Speichersprossen zählt. Zwiebel- und Lauchgemüse weisen besonders günstige diätetische Eigenschaften auf. Durch den Gehalt an Zucker und schwefelhaltigen ätherischen Ölen (Lauchöl) entsteht der typische Geruch und Geschmack. Lauchöl schützt die Pflanzen vor Tierfraß und wird auch medizinisch verwendet. Die Zwiebel *(Allium cepa)* ist in der Küche unentbehrlich. Porree *(Allium porrum)* hat günstigen Einfluß auf die Verdauungsvorgänge und Blutzirkulation, hoher Kaliumgehalt unterstützt die Nierentätigkeit. Knoblauch *(Allium sativum)* wird häufig zu medizinischen Präparaten verarbeitet – sie wirken gegen Darmerkrankungen, Kreislaufstörungen und Arterienverkalkung.
Er ist ein guter Partner in der Mischkultur und frosthart, kann also auch im Herbst oder im zeitigen Frühjahr gesteckt werden.

Feuerbohne ☠
Phaseolus coccineus
(→ Foto oben)
Sie entwickelt dekorative, rote oder weiße Blüten und wird deshalb auch Prunkbohne genannt; Feuerbohnen benötigen Stangen oder Zäune als Kletterhilfe; sie bilden auch einen attraktiven Sicht- und Windschutz · Saat IV in Töpfen (3 Körner pro Topf) oder V ins Freiland (5 Körner je Stange) · Pflanzung mit Topfballen Ende IV–Anfang V · Wuchs rankend · Früchte rauhe lange Schoten mit großen Kernen, diese sind je nach Sorte grün, weiß oder bunt · Ernte VIII, für Frischverzehr zweimal pro Woche pflücken, alte Bohnen werden holzig · Standort sonnig, warm, Boden nicht frisch gedüngt · Verwendung zum Kochen, Einfrieren oder als Trockenbohne

Stangenbohne 'Blauhilde'

Stangenbohne, ☠
Phaseolus vulgaris* var. *vulgaris
Braucht Stangen als Kletterhilfe · Saat ab Mitte V, 6–8 Korn je Stange · Wuchs rankend, H: bis 3 m · Früchte Hülsen je nach Sorte grün, gelb, blau oder marmoriert · Ernte VII–VIII · Standort → Feuerbohne

Buschbohnen

Buschbohnen, *Phaseolus vulgaris* var. *nanus* ☠

Die am niedrigsten wachsende Varietät der Bohnen · Saat ab Mitte V in Reihen ins Freiland · Wuchs buschig, H: 15 – 20 cm · Frucht Hülsen je nach Sorte dünn oder breit, grün, gelb oder blau · Ernte VII – VIII · Standort warm, lockerer Boden · Verwendung Kochen, Einfrieren

Zuckererbsen

Zuckererbsen, *Pisum sativum* convar. *axiphium*

Benötigen Rankhilfen · Saat Mitte IV in Reihen ins Freiland · Wuchs rankend, H: bis 60 cm · Früchte flache, zarte, süße Hülsen mit kleinen Körnern · Ernte VII bis VIII · Standort warm, durchlässiger Boden · Verwendung junge Hülsen ernten, Kochen, Einfrieren

Markerbsen

Markerbsen, *Pisum sativum convar. medullare*

Sie können nicht getrocknet werden; als Kletterhilfe Reisigzweige in die Erde stecken · Saat Ende IV in Reihen ins Freiland · Wuchs rankend, H: bis 60 cm · Früchte hellgrüne Hülsen mit glatten süßen Körnern · Ernte VII · Standort warm, kalkhaltiger Boden

Knoblauch

Knoblauch
Allium sativum

Gesund, aber mit Geruch verbunden · Pflanzung III–IV oder IX, einzelne Zehen in 15 cm Abstand in den Boden stecken · Pflanze Zwiebel mit zahlreichen weißen Zehen, lauchähnlichen Trieben und Blättern · Ernte VIII–IX · Standort warm, leichter Boden

Lauch

Lauch
Allium porrum

Wegen seines tiefreichenden Wurzelwerks sehr guter Bodenverbesserer · Saat je nach Sorte III–IV, frühe unter Glas · Pflanzung V–VI · Pflanze weißer Schaft aus gerollten Blättern, darüber grünes Laub, H: 30 cm · Ernte X · Standort nährstoffreicher Boden, kein Mist

Schalotten

Schalotten, *Allium cepa* var. *ascalonicum*

Sehr feiner Geschmack, besser lagerfähig als Küchenzwiebeln · Pflanzung III, Zwiebeln im Abstand von 15 cm stecken · Pflanze um die Zwiebel entwickeln sich Horste, die zuunterst miteinander verwachsen sind · Ernte VI–VII · Standort leichter Boden, kein Mist

Zwiebeln 'Gelbe Zittauer'

Zwiebeln
Allium cepa

Viele verschiedene Sorten zum Säen oder Stecken · Saat Ende VIII oder III · Pflanzung III–IV · Pflanze Zwiebeln je nach Sorte rund oder oval, weiß, gelb oder rot, rundes, hohles Laub · Ernte VIII–IX, gut abgetrocknet einlagern · Standort warm, tiefgründiger Boden, kein frischer Mist

Gemüse und Kräuter

Salate und Blattgemüse

Salate werden überwiegend roh gegessen, Blattgemüse vorwiegend gekocht. Die Blütenbildung wird bei Salaten und Blattgemüsen über die Tageslänge gesteuert, sie sind entweder Langtags- oder Kurztagspflanzen. Die Blüte wird also durch Tageslängen über oder unter 12 Stunden ausgelöst. Dies bedeutet in der Praxis, daß die Pflanzen »schossen«: die Sproßachse beginnt sich zu strecken und Blütenknospen werden gebildet. Darum ist es besonders wichtig, die Sorten in der richtigen Jahreszeit auszusäen oder zu pflanzen. Bei Kopfsalat *(Latuca sativa* var. *capitata)* etwa bilden die Winter-, Treib-, frühen Freiland- und Herbstfreilandsorten Schosser im Langtag, die Sommersorten dagegen im Kurztag. Eisbergsalat ist weniger empfindlich und schoßfester.

Salate. Die wichtigsten Sorten stammen vom Gartenlattich *(Latuca sativa)* ab. Wenn Salat frisch aus dem Garten verzehrt wird, kommt sein Gehalt an Vitaminen, Mineralstoffen und Spurenelementen dem Körper ungeschmälert zugute. Zitronen- und Apfelsäure sowie das Lactucin, ein Bitterstoff, verleihen ihm den erfrischenden Geschmack. Schnitt- und Pflücksalat *(Latuca sativa* var. *crispa)* gibt es in vielen Sorten. Schnittsalat kann wiederholt geschnitten werden, bei Pflücksalat werden jeweils die ältesten Blätter gepflückt, das Herz der Pflanze wächst weiter und der Salat wird immer höher. Pflücksalat nimmt eine Mittelstellung zwischen kopfbildendem und kopflosem Salat ein. Die »Lollo«-Sorten etwa wachsen kompakt halbkugelig als lockere Köpfe. Man erntet entweder einzelne Blätter oder den ganzen Kopf.

Feldsalat *(Valerianella locusta)* ist der wichtigste frostunempfindliche Wintersalat. Die Zichoriensalate *(Cichorium intybus* var. *foliosum)* wie Radicchio und Chicoree enthalten viele Bitterstoffe und damit ihren unnachahmlichen Geschmack. Es werden die Sprosse gegessen, die sich nach dem Abschneiden der Sommertriebe entwickeln. Chicoree wird den ganzen Winter über getrieben.

Blattgemüse. Die wichtigsten Arten sind Blatt- und Stielmangold *(Beta vulgaris* ssp. *vulgaris)* und Spinat (*Spinacea oleracea)*. Spinat reagiert äußerst empfindlich auf die Tageslänge – er beginnt zu blühen, wenn die Tage länger werden. Deshalb wird Spinat im März oder August ausgesät, bei Überwinterung im September. Mangold dagegen blüht erst im 2. Jahr, bei Überwinterung ist im Frühjahr nochmals eine Ernte möglich.

Ebenfalls schoßfest, aber noch wenig bekannt, ist der Neuseeländer Spinat *(Tetragonia tetragonioides)*. Er ist frostempfindlich und kommt erst nach den Eisheiligen ins Freiland. Die Pflanze bildet kriechende Ranken und fleischige Blätter, die gepflückt und wie Spinat zubereitet werden.

Kopfsalat gibt es in vielen Sorten

Kopfsalat, *Lactuca sativa var. capitata*

Kopfsalat ist ein guter Lückenfüller im Gemüsebeet · Saat II bis III unter Glas, ab IV ins Freie, in dichten Reihen gesät, kann er auch wie Schnittsalat verwendet werden · Pflanzung V–VIII ins Freie, Abstand 25 cm, die nach dem Pflanzen umgefallenen Setzlinge richten sich bald wieder auf · Pflanze je nach Sorte feste bis lockere Köpfe, mehr oder weniger gewellt, mit grünen oder rötlichen Blättern · Ernte 2 Monate nach dem Pflanzen · Standort sonnig, frische, kalkhaltige Böden · Wichtig: Zu Beginn der Kopfbildung mit Brennesseljauche düngen, Jungpflanzen vor Schneckenfraß schützen

Feldsalat

Feldsalat
Valerianella locusta

Nur von August bis März kultivieren, beginnt sonst zu blühen · Saat breitwürfig oder in Reihen, VIII–IX · Pflanze aufrechte Blattrosetten · Ernte X–III · Standort lockerer, humoser Boden · Wichtig: Bei starkem Frost mit Reisig abdecken

Löwenzahn

Löwenzahn
Taraxacum officinale

Zuchtsorten sind größer als Wildform · Saat ab III ins Freiland, Reihenabstand von 25 cm · Pflanze Rosetten mit gezähnten Blättern · Ernte II–III, Bleichen (mit schwarzer Folie abdecken) verringert den Anteil an Bitterstoffen · Standort lockerer, lehmiger Boden

Endivie

Radicchio

Eissalat

'Amerikanischer Brauner'

Endivie
Cichorium endivia

Angenehm bitter schmeckend · Saat VI–VII ins Freiland · Pflanzung ab Ende VIII, Abstand 25 cm · Pflanze Blätter locker angeordnet, glatte, krause (Frisée) und geschlitztblättrige Sorten · Ernte 2 Monate nach Pflanzung · Standort frischer, kalkhaltiger Boden

Radicchio, *Cichorium intybus* var. *foliosum*

Nicht nach anderen Korbblütlern anbauen · Saat je nach Sorte VI–VIII · Pflanze lockere Rosette aus rotbraunen Blättern · Ernte IX–III · Standort feucht, tiefgründiger Boden · Wichtig: Späte Sorten im X abschneiden, aus dem Strunk wachsen dann kleine Köpfe

Eissalat, *Lactuca sativa* var. *capitata*

Besser lagerfähig als Kopfsalat · Saat IV unter Glas, ab V ins Freiland · Pflanzung ab V · Pflanze feste große Köpfe, knackige Blätter (Krachsalat), grüne und rötliche Sorten · Ernte 2 Monate nach dem Pflanzen · Standort sonnig, nährstoffreich, feucht

Pflücksalat, *Lactuca sativa* var. *crispa*

Fortlaufende Ernte möglich · Saat ab I unter Glas, ab IV ins Freiland in Reihen, Abstand 20 cm · Pflanze zarte Blätter an bis zu 30 cm hohen Stengeln, grüne und rötliche Sorten · Ernte 6 Wochen nach Aussaat, äußere Blätter pflücken · Standort warm, nährstoffreich

Spinat – eine ideale Vor- oder Nachkultur

Roter Stielmangold

Weißer Stielmangold

Spinat
Spinacia oleracea

Spinat schosst im Langtag, deshalb gibt es Sorten für den Frühjahrs- und Herbstanbau. Späte Sorten können auch unter Folie überwintert werden. Spinat kann Nitrat anreichern, darum Überdüngen mit Stickstoff vermeiden · Saat je nach Sorte III oder VIII · Pflanze dunkel- bis hellgrüne Blätter · Ernte 2 Monate nach Aussaat, fortlaufend Blätter abschneiden · Standort humoser, nicht zu sandiger Boden · Wichtig: Lassen Sie die Wurzeln in der Erde verrotten, das verbessert den Boden

Stielmangold, *Beta vulgaris* ssp. *vulgaris*

Er wird auch Rippenmangold genannt · Saat IV–VI, in Reihen, Reihenabstand 30 cm, nach dem Auflaufen unbedingt vereinzeln, die herausgezogenen Pflanzen können versetzt werden · Pflanze Blätter H: bis zu 50 cm, je nach Sorte fleischige, weiße oder rote Stiele · Ernte erstmals 3 Monate nach Aussaat, laufend äußere Stiele abschneiden, die Pflanze treibt von innen her ständig nach · Standort alle Böden möglich · Wichtig: Zum Überwintern mit Reisig abdecken, dann ist eine weitere Ernte im Frühjahr möglich. Sobald die Pflanze zu blühen beginnt, ist sie nicht mehr verwendbar

Kohlgemüse

Alle Kohl-Arten gehören botanisch zur Familie der Kreuzblütler. Ausgangsform ist der Wildkohl *(Brassica oleracea)*, der heute noch an den Küsten Westeuropas und des Mittelmeergebietes wächst. Früher wurde Kohl auch als Heilmittel verwendet, denn alle Arten enthalten Vitamin C, weitere Vitamine und Mineralstoffe. Die meisten Kohlgemüse sind Starkzehrer, sollten aber nicht mit Mist gedüngt werden, weil dieser ihren Geruch und Geschmack unangenehm verändert. Auch dürfen Kreuzblütler auf der gleichen Fläche nur alle 4 Jahre gezogen werden. Es kommt sonst zur Bodenmüdigkeit mit einem verstärkten Auftreten von Schädlingen und Krankheiten wie der Kohlhernie. Diese Pilzkrankheit führt zu Wucherungen an den Wurzeln. Befallene Pflanzen welken und müssen vernichtet werden. Kohlhernie kann alle Kohlarten befallen. Man unterteilt Kohlgemüse in:

Kopfkohl. Bei dieser Gruppe entfalten sich die Blätter nicht, sondern sitzen fest am gestauchten Sproß und bilden dichte Köpfe. Hierzu gehören die bekanntesten Arten:

- Weiß- und Rotkohl *(Brassica oleracea* var. *capitata)*, beide sind sehr gesund und längst kein Billig-Gemüse mehr. Die Köpfe sind gut lagerfähig, und eingelegtes Sauerkraut ist ein wichtiger Vitamin-Lieferant im Winter.
- Wirsing *(Brassica oleracea* var. *sabauda)* mit gekräuselten Blättern. Er wird frisch verzehrt, späte Sorten sind auch lagerfähig.
- Chinakohl *(Brassica pekinensis)*, der auch Frost verträgt und sich durch eine kurze Kulturzeit von 8 Wochen auszeichnet. Seine Köpfe sind gut lagerfähig.
- Senfkohl oder Pak-Choi *(Brassica chinensis)*, der nur lose Köpfe mit glänzend dunkelgrünen Blättern und dicken weißen Rippen bildet und im Herbst geerntet wird. Sein Geschmack erinnert an Mangold.

Grünkohl *(Brassica oleracea* var. *sabellica)* bildet keinen Kopf aus. Seine krausen Blätter, die nach dem ersten Frost besser schmecken, werden von unten nach oben geerntet.

Brokkoli und Blumenkohl. Bei ihnen werden die fleischig angeschwollenen Blütenstände vor dem Öffnen der Knospen verzehrt. Brokkoli *(Brassica oleracea* var. *italica)* ist etwas pflegeleichter als Blumenkohl *(Brassica oleracea var. botrytis)*.

Kohlrabi *(Brassica oleracea* var. *gongylodes)*, bei ihm wird die verdickte Sproßknolle verzehrt. Es gibt blaßgrüne und violette Sorten, alle sind frostempfindlich.

Rosenkohl *(Brassica oleracea* var. *gemmifera)* bildet in den Blattachseln winzige Kohlköpfchen, die sogenannten Röschen. Auch sie sind nach dem ersten Frost bekömmlicher und können bis etwa Februar geerntet werden.

Wichtig: Bei allen Kohlarten keinen frischen Mist zur Beetvorbereitung oder zum Düngen nehmen. Er beeinträchtigt das Aroma. Vor dem Bepflanzen eines Beetes mit Kohl keine Gründüngung mit Kreuzblütlern (wie Senf) anbringen – Kohlhernie-Gefahr!

Weißkohl bildet mächtige Köpfe

Weißkohl, *Brassica oleracea* var. *capitata*

Kohl ist ein Starkzehrer und wird deshalb im Frühjahr ohne eine Vorkultur auf die Beete gepflanzt; es gibt frühe, mittelfrühe und späte Sorten sowie Spitzkohl · Saat frühe Sorten Ende I unter Glas, mittelfrühe und späte III – IV unter Glas · Pflanzung frühe Sorten Ende III, mittelfrühe und späte ab V ins Freiland, gegen Kohlhernie Algenkalk ins Pflanzloch geben, Reihenabstand 40 cm · Pflanze feste große blaßgrüne Köpfe · Ernte frühe Sorten nach 5, späte nach 6 Monaten · Standort schwere, nährstoffreiche Böden, kein frischer Mist

Rotkohl bringt Farbe aufs Beet

Rotkohl, *Brassica oleracea* var. *capitata*

Auch von Rotkohl gibt es frühe, mittelfrühe oder späte Sorten · Saat und Pflanzung → Weißkohl · Pflanze feste große Köpfe mit rotvioletten Blättern und hellen Rippen · Ernte und Standort → Weißkohl ·

Wichtig: Als Nachkultur für frühe Kohlsorten eignen sich Feldsalat oder Spinat. Bei späten Sorten sind die Köpfe sehr gut lagerfähig, sofern sie vor den ersten Frösten geerntet wurden. Weißkohl wird in großen Mengen zu Sauerkraut verarbeitet. Vor allem roh ist es wegen seines Vitamin-C-Gehalts sehr gesund. Rotkohl wird vorwiegend als Rotkraut konserviert.

Blumenkohl

Blauer Kohlrabi

Rosenkohl

Pak-Choi

Blumenkohl, *Brassica oleracea* var. *botrytis*
Es gibt frühe, mittelfrühe, späte und Mini-Sorten. Anzucht aufwendig, deshalb Jungpflanzen kaufen · Pflanzung V–VII · Pflanze weiße »Blume« sitzt in einem Kranz von Blättern · Ernte 2–3 Monate nach Pflanzung · Standort nährstoffreicher, kalkhaltiger Boden

Kohlrabi, *Brassica oleracea* var. *gongylodes*
Blaue Sorten verholzen weniger als grüne · Saat ab II unter Glas · Pflanzung Mitte V, nicht zu tief setzen · Pflanze blaßgrüne oder blauviolette Sproßknollen dicht über der Erde · Ernte 2 Monate nach der Pflanzung · Standort nährstoffreicher und kalkhaltiger Boden

Rosenkohl, *Brassica oleracea* var. *gemmifera*
Ernte läuft den ganzen Winter über · Saat IV–V ins Freiland · Pflanzung VI–VII, Abstand 50 cm · Pflanze H: bis 1 m, in den Blattachseln kleine »Röschen«, grüne und rote Sorten · Ernte nach dem 1. Frost · Standort nährstoffreicher, kalkhaltiger Boden

Pak-Choi *Brassica chinensis*
Wegen seines Geschmacks auch Senfkohl genannt, roh oder gekocht zu verwenden · Saat VI · Pflanzung VIII, Abstand 30 cm · Pflanze lockere Köpfe aus dunkelgrünen Blättern mit weißen Rippen · Ernte Ende IX · Standort nährstoffreiche, kalkhaltige Böden

Brokkoli

Wirsing

Grünkohl

Brokkoli, *Brassica oleracea* var. *italica*
Genügsamer als Blumenkohl · Saat II–IV unter Glas · Pflanzung IV–VII, Abstand 40 cm · Pflanze je nach Sorte grüne oder violette »Blumen« zwischen einem lockeren Kranz aus Blättern · Ernte etwa 2 Monate nach der Pflanzung, sobald die Blume voll ausgebildet ist. Die gelben Blüten sollten aber noch nicht geöffnet sein. Zuerst die mittlere Blume ernten, später wachsen in den Blattachseln kleinere Blumen nach · Standort nährstoffreicher, kalkhaltiger Boden, kein Stallmist, dieser verändert den Geschmack des Brokkolis

Wirsing, *Brassica oleracea* var. *sabauda*
Es gibt frühe, mittlere und späte Sorten · Saat frühe I, mittlere III unter Glas, späte V ins Freiland · Pflanzung frühe IV, mittlere V, späte VI · Pflanze dicke Köpfe mit gekräuselten Blättern · Ernte 3 Monate nach Pflanzung · Standort lockerer, nährstoffreicher Boden

Grünkohl, *Brassica oleracea* var. *sabellica*
Dekoratives Wintergemüse · Saat V–VI ins Freiland · Pflanzung VI–VIII, Abstand 60 cm · Pflanze H: bis 100 cm, dunkelgrüne, krause Blätter · Ernte Beginn nach dem 1. Frost, Blätter von unten nach oben pflücken · Standort schwere, nährstoffreiche Böden

Gemüse und Kräuter

Wurzel-, Knollen- und Stielgemüse

Diese Gemüse gehören verschiedenen Familien an. Alle haben große Bedeutung für die menschliche Ernährung. Wurzel und Knollengemüse bilden aus Wurzel- oder Sproßteilen Rüben oder Knollen, in die sie Nährstoffe einlagern. Sie sind generell reich an Vitaminen, Mineralstoffen und ätherischen Ölen. Die Möhre bildet besonders viel Carotin und Vitamin C.
Wurzel- und Knollengemüse verlangen einen tiefgründigen, lockeren Boden. Schwankungen im Wasserhaushalt sollten vermieden werden, da Wurzeln und Knollen leicht platzen. Düngen Sie diese Arten auch nicht mit Stallmist, da dadurch Schädlinge angelockt werden.
• Kartoffeln *(Solanum tuberosum)* sind erstklassige Bodenverbesserer.
Wichtig: Grüne Stellen an Kartoffeln sollten nicht verzehrt werden, sie enthalten das giftige Solanin.
• Schwarzwurzeln *(Scorzonera hispanica)* bilden bis zu 40 cm lange schwarze, verdickte Pfahlwurzeln.
• Meerrettich *(Armoracia rusticana)* hat braune, verdickte und verzweigte Wurzeln.
• Rettich *(Raphanus sativus* var. *niger)* und Radieschen *(Raphanus sativus* var. *sativus)* gibt es in vielen länglichen und runden Sorten, in Weiß und Rot, sowie als schwarzen Winterrettich.
• Möhren *(Daucis carota* ssp. *sativus)* bilden lange, stumpfe oder rundliche Rüben (Karotten).
• Rote Beete *(Beta vulgaris* var. *conditiva),* ihre rundlichen Rüben sind gut lagerfähig.
• Knollensellerie *(Apium graveolens* var. *rapaceum)* mit grünbraunen Knollen und würzigen Blättern.
Wichtig: Rettich, Radieschen und Meerrettich gehören wie die Kohlarten zu den Kreuzblütlern. Pflanzen Sie sie nicht mehrmals hintereinander im gleichen Beet an, um Krankheiten wie der Kohlhernie nicht Vorschub zu leisten.
Stielgemüse. Zum Teil bilden diese Arten von selbst schmackhafte, zarte Stiele, zum Teil werden sie gebleicht. Der Bleichvorgang wird entweder durch Zusammenbinden der oberirdischen Teile, durch Umhüllen oder wie beim Spargel durch Anhäufeln erzielt. Zum Stielgemüse zählen:
• Rhabarber *(Rheum rhaponticum),* dessen dicke Stiele vorwiegend als Kompott verwendet werden.
• Knollenfenchel *(Foeniculum vulgare* var. *azoricum),* dessen Scheinknolle aus flachen Sproßteilen gebildet wird.
• Bleich- oder Staudensellerie *(Apium graveolens* var. *dulce),* der durch Zusammenbinden gebleicht wird.
• Spargel und Grünspargel *(Asparagus officinalis),* Bleichspargel wird in Dämmen gezogen, Grünspargel dagegen nicht angehäufelt.
• Cardy *(Cynara cardunculus),* von ihr werden die gebleichten Stiele verzehrt.

Staudensellerie

Staudensellerie, *Apium graveolens* var. *dulce*
Im Gegensatz zu seinem Verwandten rechts bildet er keine Knollen· Saat IV ins Frühbeet · Pflanzung Ende V · Pflanze je nach Sorte grüne oder weiße fleischige Stengel, Blätter sattgrün · Ernte vor Frostbeginn · Standort schwere, nährstoffreiche Böden

Knollensellerie

Knollensellerie, *Apium graveolens* var. *rapaceum*
Gut lagerfähig · Saat II unter Glas · Pflanzung Mitte V, Abstand 50 cm, nicht zu tief setzen · Pflanze braungrüne Knollen, dunkelgrüne Blätter auf dicken Stengeln · Ernte X · Standort schwere, nährstoffreiche Böden · Wichtig: Blätter eignen sich zum Würzen

Kartoffeln

Kartoffeln ☠ *Solanum tuberosum*
Erstklassige Bodenverbesserer, es gibt frühe, mittelfrühe und späte Sorten · Pflanzung Mitte IV · Pflanze Busch H: bis 50 cm, Knollen braun, gelb oder rötlich · Ernte nach 3 bis 4 Monaten, sobald das Laub gelb wird · Standort leichte bis mittelschwere Böden, kein Mist

Knollenfenchel

Knollenfenchel, *Foeniculum vulgare* var. *azoricum*
Aparte Erscheinung · Saat je nach Sorte V–VII ins Freiland, Reihenabstand 40 cm, später vereinzeln · Pflanze flache Scheinknolle aus Sproßteilen, zart gefiederte Blätter · Ernte sobald die Knolle dick ist, aber vor dem ersten Frost · Standort nährstoffreich, kalkhaltig

Radieschen

Radieschen, *Raphanus sativus* var. *sativus*
Typische Vorkultur, aber nicht vor Kreuzblütlern · Saat Anfang III ins Freiland, fortlaufend wöchentlich säen · Pflanze Knollen rund oder eiszapfenförmig, rot, rotweiß oder weiß · Ernte 4 Wochen nach Saat fortlaufend · Standort lockerer, humoser Boden

Schwarzer Winterrettich

Rettich, *Raphanus sativus* var. *niger*
Viele Sorten· Saat Sommersorten ab IV ins Freiland, Herbst- und Winterrettich ab VIII · Pflanze Rüben kegelförmig oder stumpf, weiß oder rot, auch lagerfähige schwarze Wintersorten · Ernte je nach Sorte VIII–X · Standort keine schweren Böden

Möhren

Möhre, *Daucus carota* ssp. *sativus*
Keimzeit bis zu 4 Wochen · Saat ab III in Reihen ins Freiland, Abstand 20 cm · Pflanze je nach Sorte hell- bis dunkelorange, lange, kurze, dicke, dünne Rüben · Ernte nach 4 bis 5 Monaten, späte Sorten lagerfähig · Standort ideal sind sandige Böden

Rote Bete

Rote Bete, *Beta vulgaris* var. *conditiva*
Nicht zu Kartoffeln setzen · Saat ab V ins Freiland, Reihenabstand 30 cm, vereinzeln · Pflanze rote Rübe, je nach Sorte rund oder länglich, Saft färbt intensiv, grünrote Blätter · Ernte ab VIII bis zum 1.Frost, gut lagerfähig · Standort wasserdurchlässiger Boden

Meerrettich

Meerrettich
Armoracia rusticana
Er wuchert stark, Sie können ihn aber mit Platten eingrenzen · Pflanzung Wurzeln (Fechser) II –IV setzen · Pflanze sehr lange, braune, verzweigte Wurzel mit scharfem Geruch, große, längliche Blätter · Ernte X–III, Wurzeln ausgraben, · Standort sandige, nährstoffreiche Böden

Schwarzwurzeln

Schwarzwurzel
Scorzonera hispanica
Nicht nach Nachtschattengewächsen anbauen · Saat III oder VIII in Reihen, Abstand 20 cm · Pflanze schwarze Wurzel, bis 40 cm lang, sehr schmale, lange Blätter · Ernte ab X bis zum Frühjahr, Wurzeln brechen leicht · Standort lockere, sandige, nährstoffreiche Böden

Rhabarber

Rhabarber
Rheum rhaponticum
Dauerkultur, nur die Stiele sind verzehrbar · Pflanzung IX–X, Rhizomteile etwa 5 cm tief setzen · Pflanze je nach Sorte dicke rote oder grüne Stengel, bis zu 50 cm lang, große grüne Blätter. Rotstieliger Rhabarber ist etwas milder als grünstieliger · Ernte die ersten zwei Jahre nach der Pflanzung schonen; danach bis Mitte VII einmal pro Woche die dicken Stiele herausdrehen; maximal zwei Drittel der Stiele ernten; Blütenstände sofort herausbrechen · Standort tiefgründige und nährstoffreiche Böden · Wichtig: Über Winter mit Kompost oder verrottetem Mist abdecken

Kräuter

Kräuter gehören einfach in jeden Garten, selbst gezogen und frisch geerntet besitzen sie ein unvergleichliches Aroma. Sie sind nicht nur gesund und verbessern den Geschmack von vielen Gerichten, viele sind auch attraktive Gartenpflanzen, verbinden also Nutzen mit Schönheit. Unter Kräuter werden im allgemeinen Sprachgebrauch aromatische Pflanzen verstanden. Dieser Begriff umfaßt ein-, zwei- sowie mehrjährige Gewächse, aber auch Halbsträucher und Gehölze mit würzenden, duftenden und heilenden Eigenschaften. Neben ätherischen Ölen, die man schmecken und riechen kann, enthalten Kräuter auch wichtige Mineralstoffe und Bitterstoffe wie Alkaloide, die gehäuft in Giftpflanzen vorkommen. Darum ist es wichtig, vorsichtig mit dieser Pflanzengruppe umzugehen und auf altbewährte Rezepte und Dosierungen zurückzugreifen.
Standort. Die meisten Kräuter lieben sonnige, warme Plätze. Viele stammen aus südlichen Ländern. Nur wenige sind ausgesprochen schattenverträglich und lieben Feuchtigkeit wie der Meerrettich *(Armoracia rusticana)* und die Pfefferminze *(Mentha piperita)*. Ideal ist ein Kräuterbeet in Küchennähe, das auch bei schlechtem Wetter rasch und trockenen Fußes erreicht werden kann.
Vermehrung und Pflege. Fast alle Kräuter können ausgesät werden, es gibt aber auch Jungpflanzen im Handel. Bei den Mehrjährigen lohnt sich durchaus der Kauf einer Pflanze, sie kann dann meist durch Teilung weitervermehrt werden. Kräuter sind genügsam, aber organische Dünger oder 1 bis 2 Kompostgaben im Jahr sind zu empfehlen. Ab und zu wird gejätet und bei Ausdauernden als Winterschutz gemulcht. Nicht frostharte Pflanzen müssen im Haus überwintert werden. Schnittlauch (*Allium schoenoprasum*) und Petersilie (*Petroselinum crispum*) könne Sie im Herbst auch eintopfen und am Küchenfenster weiterkultivieren.
Kräuter werden so gut wie nie von Krankheiten befallen, da ihre speziellen Inhaltsstoffe einen natürlichen Schutz bieten. Kräuterauszüge werden ja auch als vorbeugende und heilende Mittel gegen Schädlinge und Krankheitssymptome eingesetzt (→ Seite 189). Treten wirklich einmal Läuse auf, dann können Sie sie mit Schmierseifenlösung bekämpfen.
Ernte und Verwertung. Der beste Zeitpunkt für eine Ernte ist am Vormittag, wenn die nächtliche Feuchtigkeit verflogen ist und die Sonne die Pflanzen noch nicht erwärmt hat. Ernten Sie Kräuter möglichst vor der Blüte, da ist der Gehalt an ätherischen Ölen und anderen Inhaltsstoffen am höchsten. Für die Konservierung gibt es mehrere Möglichkeiten. Das Lufttrocknen ist eine bewährte Methode. Kräuter, die rasch ihr Aroma verlieren, wie das Basilikum (*Ocimum basilicum*), können eingefroren werden. Aber auch das Einlegen in Essig oder Öl ist möglich.

Der Schnittlauch bildet hübsche Blütenköpfchen

Schnittlauch
Allium schoenoprasum
Mehrjähriges Zwiebelgewächs, blühend sehr dekoraktiv und auch als Beeteinfassung geeignet · Blüte rosa-violette Blütenköpfchen, VI–VII · Blatt röhrenförmig, schmal, aromatisch duftend · Wuchs H: bis 30 cm · Standort sonnig bis halbschattig, nährstoffreiche frische Böden, im Herbst eintopfen und ins Haus holen · Verwendung Blattröhrchen nicht zu tief abschneiden, frisch verwenden; sehr vielseitig für Salate, Suppen, Quark, Kräuterbutter, Grüne Soße, zu Eiern, Gemüse und Kartoffeln sowie als Brotbelag

Liebstöckel kann sehr hoch werden

Liebstöckel
Levisticum officinale
Mehrjährige wuchtige Staude, ihr Geschmack erinnert an Suppenwürze, deswegen heißt die Pflanze auch Maggikraut · Blüte gelbgrüne Dolden, VI–VII · Blatt groß, gefiedert und glänzend · Wuchs H: bis 1,5 m · Standort sonnig bis halbschattig, nährstoffreich, frisch · Verwendung geerntet werden die zarten jungen Blätter, aber wegen des intensiven Aromas nur sparsam verwendet; zu Eintöpfen, Fleisch, Soßen und Suppen ·
Wichtig: Die Pflanze braucht viel Platz und wird am besten am Rand oder im Hintergrund eines Beetes gepflanzt

Petersilie mit dekorativen Blättern

Bohnenkraut

Kerbel

Petersilie
Petroselinum crispum
Zweijährige Pflanze, krause Form auch als Beeteinfassung sehr dekorativ · Blüte unscheinbare, gelbgrüne Dolde im 2. Jahr, VI–VII · Blatt dunkelgrün, glatt oder gekraust · Wuchs H: bis 40 cm · Standort sonnig bis halbschattig, nährstoffreiche frische Böden · Verwendung starke Stiele schneiden, Herz belassen, frisch verwenden, dann sehr Vitamin C-haltig, für Grüne Soße, Suppen, Salate und Braten, auch eßbare Dekoration ·
Wichtig: Glattblättrige Sorten sind aromatischer als Wurzelpetersilie; bei dieser sind auch die Wurzeln nutzbar und lagerfähig

Bohnenkraut
Satureja hortensis
Einjährige Art; *Satureja montana* mehrjährig · Blüte lila, VIII · Blatt linealisch, aromatisch duftend · Wuchs H: 30–50 cm · Standort sonnig, warm · Verwendung frisch oder getrocknet ·
Wichtig: Ideale Begleitpflanze für Bohnen, wehrt Läuse ab

Kerbel
Anthriscus cerefolium
Einjährig, anspruchslos · Blüte weiße Dolde, V · Blatt petersilienähnlich, glatt · Wuchs H: 30–60 cm · Standort halbschattig · Verwendung frische Blätter und Zweige für Soßen, Suppen, Fisch, Eier ·
Wichtig: Kulturdauer nur 6 Wochen

Dill

Boretsch mit leuchtend-blauen Blütensternen

Estragon

Dill, *Anethum graveolens* var. *hortorum*
Einjähriges, fenchelähnliches Kraut · Blüte gelbgrüne Dolden, VI–VIII · Blatt feingefiedert · Wuchs H: bis 1,2 m · Standort sonnig, Fuß beschattet, geschützt · Verwendung frische Blätter und Triebe für Salate, Fisch, Rohkost, Samen zum Einlegen von Gurken

Boretsch
Borago officinalis
Einjährige Pflanze mit sehr dekorativen Blüten, sie wird auch Gurkenkraut genannt · Blüte leuchtend blau, sternförmig, auch rosarote Formen, VI–VIII · Blatt oval, weich, stark behaart und rauh, ebenso wie die Stengel · Wuchs H: bis 60 cm, buschig verzweigt · Standort sonnig bis halbschattig, nährstoffreiche, aber durchlässige Böden · Verwendung die Blüten sind ebenfalls eßbar und zur Dekoration geeignet, die frischen Blätter schmecken gurkenähnlich; zu Gurken, Salaten, Eierspeisen, für Grüne Soße, Fischgerichte ·
Wichtig: Versamt sich leicht von selbst

Estragon
Artemisia dracunculus
Mehrjährige Pflanze mit vielen Sorten · Blüte unscheinbar, gelbgrün · Blatt klein und schmal · Wuchs H: bis 1,5 m, locker buschig · Standort sonnig bis halbschattig · Verwendung frische Blättchen und Triebspitzen für Fisch, Geflügel, Salate

Kräuter

Da Kräuter duften und schön aussehen, können Sie sie im Garten auch wie Zierpflanzen verwenden. Mit ihnen haben Sie sehr hübsche Gestaltungsmöglichkeiten:

Kräutergarten. Traditionelle Kräutergärten werden in streng formalem Stil angelegt (→ Seite 132/133 und 136/137). Aber auch eine freiere Gestaltungsform – vielleicht nur in einem strengen Rahmen – ist denkbar. Pflanzen Sie ein- und zweijährige Kräuter nicht mit ausdauernden zusammen, sie bedingen ganz andere Arbeitsabläufe. Hohe Pflanzen wie Wermut *(Artemisia absinthium)* und Fenchel *(Foeniculum vulgare)* werden in die Mitte oder den Hintergrund gesetzt, damit sie die kleineren nicht beschatten. Trockenheitsliebende Kräuter kommen an den Rand und wuchernde in abgegrenzte Areale.

Kräuterspirale. Hier können auf engstem Raum Pflanzen verschiedenster Herkünfte eine Gemeinschaft bilden. Oben finden die mediterranen Kräuter zwischen Steinen ideale Bedingungen. Im mittleren Teil werden die Küchenkräuter untergebracht, und ganz unten sind die feuchtigkeitsliebenden Pflanzen (wie die Minzen) am rechten Platz. Eine Kräuterspirale hat eine Höhe von etwa 50 cm und flacht sich nach außen hin ab. Der innere Kern wird mit durchlässigem Material gefüllt und mit einer 10 – 15 cm dicken Erdschicht abgedeckt.

Kräuter im Ziergarten. Aber auch ins Stauden- oder Kiesbeet und in den Steingarten können Kräuter gesetzt werden. Diese Art von Mischkultur wirkt sogar gesundheitsfördernd auf die übrigen Pflanzen. Die graulaubigen Kräuter finden auf Trockenbeeten oder an Wegrändern und Sitzplätzen ideale Bedingungen. Grüne, buntlaubige und schön blühende Kräuter wie blauer Boretsch *(Borago officinalis)*, orange Ringelblumen *(Calendula officinalis)* und violetter Majoran *(Majorana hortensis)* wirken hübsch in bäuerlich-bunten Staudenrabatten.

Kräuter als Einfassung. Petersilie *(Petroselinum crispum)*, Schnittlauch *(Allium schoenoprasum)*, Lavendel *(Lavandula officinalis)* oder Heiligenkraut *(Santolina chamaecyparissus)*, die alle gleichmäßig wachsen und schnittverträglich sind, eignen sich hervorragend zur Begrenzung von formalen Beeten.

Kräuterteppich. Viele wärmeliebende Kräuter finden ideale Voraussetzungen in Mauer- und Steinfugen, zwischen Plattenbelägen auf Wegen und Terrassen. Beim Betreten verströmt dieser lebende Bodenbelag einen angenehmen Duft.

Kräuter in Töpfen. Einzelne – vor allem mediterrane, nicht winterharte – Pflanzen wie Rosmarin *(Rosmarinus officinalis)* oder Lorbeer *(Laurus nobilis)* werden in dekorativen Gefäßen zu schönen Blickfängen. Die Töpfe können zu kleinen mobilen Gärten gruppiert werden. Im Herbst lassen sich die frostempfindlichen Gewächse so auch leicht ins Winterquartier transportieren.

Basilikum

Basilikum
Ocimum basilicum
Einjähriges, wärmeliebendes Kraut · Blüte unscheinbar, VI bis VIII · Blatt länglich oval, grüne und rote Sorten · Wuchs H: bis 50 cm · Standort sonnig, warm, geschützt, humos · Verwendung frische Blättchen und Triebspitzen, für Salate, Tomaten und Fisch

Oregano

Oregano
Origanum vulgare
Mehrjähriges, anspruchsloses Kraut · Blüte rosa, hübsche Bienenweide, VII–IX · Blatt eiförmig · Wuchs H: bis 50 cm · Standort sonnig, warm, durchlässig, eher trocken · Verwendung Blätter und Triebspitzen, für Fleisch- und Nudelgerichte, Pizza, Gemüse

Thymian

Thymian
Thymus vulgaris
Mehrjährig, immergrün, etwas frostempfindlich · Blüte klein, rosa-lila, V – IX · Blatt klein und schmal · Wuchs H: 10–30 cm · Standort sonnig, warm und trocken · Verwendung Blättchen und Triebspitzen mitkochen, für Eintöpfe, Fleisch- und Tomatengerichte und Pizza

Majoran

Majoran
Origanum majorana
Frostempfindlich, bei uns nur einjährig · Blüte klein, weiß, rosa oder violett, VI · Blatt eiförmig · Wuchs H: bis 50 cm · Standort sonnig, warm, durchlässig · Verwendung frische Blätter und Triebe nur kurz mitkochen, für Eintöpfe, Braten, Suppen, Soßen und Wurst

Rosmarin

Salbei mit interessanten Blättern

Kresse

Rosmarin
Rosmarinus officinalis
Mehrjähriger, kleiner, nicht ganz frostharter Strauch · Blüte hellblau,V–VI · Blatt nadelähnlich, immergrün · Wuchs H: um 1 m · Standort sonnig, warm, geschützt, durchlässig · Verwendung Blättchen und Triebe mitkochen, für alle mediterranen Gerichte

Salbei
Salvia officinalis
Mehrjähriger, dekorativer Halbstrauch · Blüte weißlich bis violett, VI–VIII · Blatt graugrün, länglich oval, wintergrün · Wuchs H: bis 70 cm · Standort sonnig, warm, geschützt, durchlässig · Verwendung Blätter und Triebspitzen mitkochen, sparsam verwenden, für Eintöpfe, Fleisch- und Fischgerichte, Tomaten · Sorten 'Ictarine' mit gelbgrün gezeichneten , 'Tricolor' mit weiß-lila gerandeten Blättern, beide nur in milden Gebieten winterhart · Wichtig: Leichten Winterschutz geben und jährlich zurückschneiden, damit die Pflanze nicht verkahlt und frische Triebe bildet

Kresse
Lepidium sativum
Sehr kurzlebiges Kräutchen · Blüte unscheinbar, Kreuzblütler · Blatt fiedrig, klein · Wuchs H: bis 40 cm, wird aber vor allem im Sämlingsstadium verzehrt · Standort sonnig bis schattig · Verwendung frisch · Wichtig: Auch am Fensterbrett zu ziehen

Zitronenmelisse mit aromatisch duftenden Blättern

Pfefferminze

Pimpinelle

Zitronenmelisse
Melissa officinalis
Mehrjährige, sehr starkwüchsige und robuste Staude · Blüte unscheinbar, VI–VIII · Blatt grün, auch gelblich-grün mit gezähntem Rand, nach Zitronen duftend · Wuchs H: bis 60 cm, buschig, Ausläufer bildend · Standort sonnig bis halbschattig, frisch und humos · Verwendung frische junge Blätter und Triebspitzen für Salate und alle anderen Speisen auch zu Süßspeisen und als eßbare Dekoration; Tees aus frischem und getrocknetem Kraut · Sorte 'Aurea' mit gelbbunten Blättern · Wichtig: Blüte durch rechtzeitigen Rückschnitt unterbinden

Pfefferminze
Mentha x piperita
Mehrjährige, stark wuchernde Pflanze · Blüte rosa-violett, VII bis VIII · Blatt länglich oval, grün bis rötlich · Wuchs H: bis 80 cm, buschig · Standort sonnig bis halbschattig, feucht · Verwendung junge frische Blättchen, für Lamm, Soßen, Süßspeisen, Tees

Pimpinelle
Sanguisorba minor
Mehrjährige hübsche und anspruchslose Pflanze · Blüte rosa-grüne Köpfchen · Blatt fein gefiedert · Wuchs H: bis 60 cm · Standort sonnig bis halbschattig, durchlässige Böden · Verwendung frische junge Blättchen, für Salate, Quark, Grüne Soße

“Warum soll die Wärme, die Sonne, die Freude und der Duft einer wundersamen Jahreszeit so ungenützt vergehen? Warum soll nicht in Blüten oder sonstwo etwas davon verdichtet und greifbar hängenbleiben, daß wir es holen, heimtragen und später einmal einen Trost daran haben?”

Hermann Hesse

Arten- und Sachregister

A

ZUR BENUTZUNG

*Auf den mit * gekennzeichneten Seiten finden Sie eine ausführliche Beschreibung der jeweiligen Pflanze. Die* ***halbfett*** *gesetzten Seitenzahlen verweisen auf Farbfotos und Farbzeichnungen. U = Umschlagseite.*

B

C

D

E

Arten- und Sachregister

F

G

H

I

J

Arten- und Sachregister

Arten- und Sachregister

S

Arten- und Sachregister

T

U

V

W

Y

Z

Literatur, Adressen, Fotografen

Weiterführende Literatur

Bielmeier S.; Bielmeier A.: *Bienen-Basics,* Gräfe und Unzer Verlag, München

Breier, C.: *Einfach schöne Beete,* Gräfe und Unzer Verlag, München

Haas, H.: *Pflanzenschnitt*, Gräfe und Unzer Verlag, München

Hansen, R.; Stahl, F.: *Die Stauden und ihre Lebensbereiche,* Eugen Ulmer Verlag, Stuttgart

Hensel, W.: *Pflegeleichter Garten,* Gräfe und Unzer Verlag, München

Jelitto, L.; Schacht, W.; Simon, H.: *Die Freiland-Schmuckstauden,* Eugen Ulmer Verlag, Stuttgart

Kipp, O.: *Mediterrane Gärten gestalten,* Gräfe und Unzer Verlag, München

Kluth, S.: *Selbstversorgt – Das Startprogramm für Einsteiger,* Gräfe und Unzer Verlag, München

Kötter, E.: *Küchenkräuter inTöpfen,* Gräfe und Unzer Verlag, München

Kullmann, F.: Gärtnern mit dem Hochbeet, Gräfe und Unzer Verlag, München

Mayer, J.: *Gartenjahr für Einsteiger*, Gräfe und Unzer Verlag, München

Schacht, M.: *Garten Basics – Gärtnern für Anfänger,* Gräfe und Unzer Verlag, München

Simon, H.: *Gärten gestalten,* Gräfe und Unzer Verlag, München

Späth, M.; Kluth, S.; Jany, C.; Hensel, W.; Mayer, J.: *Das große GU Praxishandbuch Garten,* Gräfe und Unzer Verlag, München

Storl, W.-D.: *Der Selbstversorger: Mein Gartenjahr,* Gräfe und Unzer Verlag, München

GEWUSST WIE...

Informationen, Anregungen und Adressenmaterial zu allen gärtnerischen Themen bieten Organisationen und Institutionen, Zeitschriften und Bücher. Bei Fragen verweisen Sie folgende Einrichtungen an zuständige Stellen weiter oder geben direkte Hilfe:

- *Pflanzenschutzämter*
- *Gartenbauämter*
- *Naturschutzverbände.*

Die Adressen erfahren Sie aus Ihrem Telefonbuch. Bitte fügen Sie bei Anfragen stets einen frankierten Rückumschlag bei.

Zeitschriften

architektur & wohnen
Jahreszeiten-Verlag GmbH, Harvestehuder Weg 42, 20149 Hamburg

Garten Flora
Deutsche Medien-Manufaktur GmbH & Co.KG, Hülsebrockstr. 2-8, 48165 Münster

GARTENPRAXIS
Eugen Ulmer KG, Wollgrasweg 41, 70599 Stuttgart

Kraut & Rüben
Deutscher Landwirtschaftsverlag GmbH, Lothstraße 29, 80797 München

Living & More
Bruckmann Verlag GmbH, Infanteriestr. 11a, 80797 München

mein schöner Garten
Burda Verlag Publishing GmbH, Hubert Burda Platz 1, 77652 Offenburg

selber machen
Selbermachen Media GmbH, Infanteriestr. 11a, 80797 München

Schweizer Garten
Fischer Media AG, Seftigenstrasse 310, CH-3084 Wabern

Gardens Illustrated
www.gardensillustrated.com

Mon Jardin & Ma Maison
16 r Dôme, F-92100 Boulogne-Billancourt

Bodenuntersuchungen

Untersuchungsanstalten in Ihrer Nähe erfragen Sie über:
Deutsche Landwirtschaftliche VDLUFA Untersuchungs- und Forschungsanstalten
Obere Langgasse 40, 67346 Speyer
www.vdlufa.de

Pflanzenschutzdienste

Bundesrepublik Deutschland

Julius-Kühn-Institut (JKI)
Bundesforschungsinstitut für Kulturpflanzen
Erwin-Baur-Straße 27, 06484 Quedlinburg

Österreich

Österreichische Gartenbaugesellschaft.
Siebeckstraße 14, A-1220 Wien

Schweiz

Bundesamt für Landwirtschaft.
Schwarzenburgstraße 165, CH–3003 Bern

Versand von Pflanzen und Gartenbedarf

Neudorff GmbH,
An der Mühle 3, 31860 Emmerthal
www.neudorff.de

Dehner
Donauwörther Str. 3-5, 86641 Rain am Lech
www.dehner.de

Samen-Schmitz
Viktualienmarkt 5, 80331 München

Syringa Duft-und Würzkräuter,
Untere Gräben 1, 78247 Hilzingen-Binningen
www.syringa-samen.de

Gartenmöbel, Gartenschmuck

Garpa
Kiehnwiese 1, 21039 Escheburg

Gartenbedarf Versand Richard Ward
Ottobeurer Str. 46a, 87733 Markt Rettenbach

Weishäupl Werkstätten
Neumühlweg 9, 83071 Stephanskirchen

Bildnachweis

Becker: Seite 2/3, 4 o., 5, 6/7, 8/9, 10, 11, 12/13, 26/27, 28 li., 28/29, 30, 31, 32, 33, 34, 35, 40 li., 42 o., 43 o.re., u.li., u.re., 44 u.li., u.re., 44/45 o., 45 u., 46, 47, 48, 49, 50/51, 52, 53, 54, 55, 56, 57 o., u.re., 58, 59, 60, 61 o.li., u.re., 62, 63, 65, 66 o., 67, 68/69 o., 69 re.o., re.Mi., u., 70, 71 o., 76 li., 77, 78 Mi., u., 79, 80, 81 o., u.li., 82/83, 84, 85, 87, 88/89 o., 89 re.o., u., 90 Mi., u., 91, 95 o., 96 li., 96/97, 98, 100, 101, 103, 105, 106, 107 u., 110/111 o., 111 re.o., 112, 113 u., 114/115, 117 u.re., 119, 120 li., 120/121, 122/123, 124 o., u.li., 125, 126, 127, 128, 129 o.li., u.re., 130 li., 132, 133 o., u.re., 134 li., 135 o., 136/137 o., 136 u.re., 137 u., 138/139, 141 u.li., u.re., 142 o., u., 143, 144/145, 198/199, 202 li., 205 o.Mi., 206 o., u.li., 207 o.li., u.re., 209 o.li., 212 u., 212/213 o.,216 li., 226 o., 227 o.li., o.re., 229 o.li., o.re., u.li., u.re., 231 o.Mi.li., o.re., u.li., u.Mi.li., u.Mi.re., u.re., 232 li., 240 o., 243 u.re., 244 o., 245 o.Mi., 248/249, 252 u.re., 253 o.Mi.re., u.li., u.re., 258 o., 260/261, 262/263 o., 268/269, 270, 272/273 o., 290/291, 306/307, 309;
Hoch: Seite 258 u.li.;
Labhardt: Seite 274 li.;
Nickig: Seite 1, 4 u., 6 li., 7 re., 22/23, 24/25, 40/41, 42 u., 43 o.li., 45 re.o., re. Mi., 61 o.re., 66 u., 68 u.li., u.re., 71 u.li., u.re., 72 li., 72/73, 76 re., 78 o., 81 u.re., 86, 88 u., 89 re.Mi., 90 o., 92, 93, 94, 95 u., 97 re., 99, 102, 104, 107 o., 108, 109, 110 u.li., u.re., 111 re.Mi., u., 113 o., 116, 117 o., u.li., 118, 122 li., 123 re., 124 u.re., 129 o.re., 130 re., 131, 133 u.li., 134 re., 135 u.li., u.re., 136 u.li., 137 re.o., re.Mi., 141 o., 142 Mi., 200/201, 202/203, 204/205 o., 205 o.re., u.li., u.Mi., u.re., 206 u.re., 207 o.re., u.li., 208, 209 o.re., u li., u.re., 211, 213 o.Mi., o. re., u.li., u.Mi., u.re., 214, 215, 216/217, 218, 219, 220, 221, 222 li., 222/223, 224, 225, 226 u.li., u.re., 227 u.li., u.re., 228, 229 u.Mi., 231 o.li., o.Mi.re., 232/233, 234, 235, 236, 237, 238, 239, 240 u.li., u.re., 241, 242, 243 o.li., o.re., u.li., 244 u., 245 o.li., o.re., u.li., u.Mi.li., u.Mi.re., u.re., 246, 247, 248 li., 250, 251, 252 o., u.li., 253 o.li., o. Mi.li., o.re., 254, 255, 256, 257, 258 u.re., 259, 260 li., 263 o.Mi., o.re., u.li., u.Mi.li., u.Mi.re., u.re., 264, 265, 266, 267, 268 li., 271, 273 o.Mi., o.re., u.li., u.Mi.li., u.Mi.re., u.re., 277 o.Mi., o.re., 278, 279 o.re., 280 li., 280/281, 282, 283, 284, 285, 286, 287, 288, 289, 290 li., 292, 293, 294, 295, 296, 297, 298, 299 o.re., u.li., u.Mi., u.re., 300, 301, 302, 303, 304, 305, 311, 313, 314, 316, 318, 320;
Perdereau: Seite U1, U4;
Reinhard: Seite 299 o.li., o.Mi li., o.Mi.re.;
Schlaback-Becker: Seite 57 u.li., 61 u.li.;
Strauß: Seite 274/275, 276, 277 o.li., u.li., u.Mi., u.re., 279 o.li., u.li., u.re.

Syndication:
www.imageprofessionals.com

Warnung und Hinweis

In diesem Buch geht es um Gestaltungsarbeiten im Garten sowie um die Pflege von Pflanzen. Einige der beschriebenen Gartenpflanzen sind mehr oder weniger giftig. Im Beschreibungsteil (→ Seite 198–307) wird unter dem Symbol ☠ darauf hingewiesen. Achten Sie unbedingt darauf, daß diese Pflanzen nicht verzehrt werden und für Kinder und Haustiere unzugänglich sind. Einige Pflanzen sondern hautreizende Stoffe ab. Darauf verweist das Symbol **!**. Wer empfindliche Haut hat oder an Kontaktallergien leidet, sollte bei der Berührung dieser Pflanzen unbedingt Handschuhe tragen.
Kommt es beim Umgang mit Erde zu offenen Verletzungen, suchen Sie umgehend einen Arzt auf und lassen Sie sich fachkundig behandeln. Besprechen Sie mit ihm, ob er eine Impfung gegen Tetanus (Wundstarrkrampf) für erforderlich hält.
Alle Dünge- und Pflanzenschutzmittel, auch die biologischen, müssen unbedingt so aufbewahrt werden, daß sie für Kinder und Haustiere unerreichbar sind. Zum richtigen Umgang damit → Seite 187. Ihr Verzehr kann zu gesundheitlichen Schäden führen. Diese Mittel dürfen außerdem nicht in die Augen gelangen. Verschließen Sie größere Jauchebehälter mit einem Gitter, damit Kinder oder Kleintiere nicht hineinklettern oder -fallen können. Sichern Sie Gartenteiche durch Zäune oder Kinderschutzgitter (→ Seite 66 und Foto 142), wenn Sie Kinder im Haus haben.

QUALITÄTS G|U GARANTIE

LIEBE LESERINNEN UND LESER,

wir wollen Ihnen mit diesem Buch Informationen und Anregungen geben, um Ihnen das Leben zu erleichtern oder Sie zu inspirieren, Neues auszuprobieren. Wir achten bei der Erstellung unserer Bücher auf Aktualität und stellen höchste Ansprüche an Inhalt und Gestaltung. Alle Anleitungen und Rezepte werden von unseren Autoren, jeweils Experten auf ihren Gebieten, gewissenhaft erstellt und von unseren Redakteur*innen mit größter Sorgfalt ausgewählt und geprüft.

Haben wir Ihre Erwartungen erfüllt? Sind Sie mit diesem Buch und seinen Inhalten zufrieden? Wir freuen uns auf Ihre Rückmeldung. Und wir freuen uns, wenn Sie diesen Titel weiterempfehlen, in Ihrem Freundeskreis oder bei Ihrem Online-Kauf.

Sollten wir Ihre Erwartungen so gar nicht erfüllt haben, tauschen wir Ihnen Ihr Buch jederzeit gegen ein gleichwertiges zum gleichen oder ähnlichen Thema um.

KONTAKT ZUM LESERSERVICE

GRÄFE UND UNZER VERLAG
Grillparzerstraße 8
81675 München
www.gu.de

Dank und Impressum

Dank

Die Textautorin dankt der Redaktion, insbesondere der Projektleiterin Gisela Keil für ihr großes Engagement und die vielen ideenreichen Anregungen und wertvollen Hinweise. Ihr Dank gilt auch den Lektorinnen Mirjam Baumann, Jolanda Englbrecht und Kristiana Ruhl für die umsichtige Arbeit. Für die Mithilfe, Unterstützung und Recherchen bei speziellen Themen dankt die Autorin ganz besonders ihren Kolleginnen und Freundinnen Marina Goertz, Dipl.Ing. Gartenbau, Berlin und Ortun Wippermann, Dipl. Ing. Landschaftsarchitektin, München sowie Jolanda Englbrecht, Dipl.Ing. Gartenbau, Westerham.
Herzlich möchte sich die Autorin ebenfalls bei Wolfgang Schreiber, Gartenbauingenieur, Berlin und Gottfried Schlegel, Gartenbauingenieur, Berlin für ihre Unterstützung bei der Durchsicht von Praxisseiten und Pflanzenporträts bedanken.

Fotografen und Verlag danken folgenden Gartenbesitzern, Einrichtungen und Firmen für ihre Unterstützung:

Mariet Adriaanse-Quint, Middelburg, NL
Familie Algra, Dalfsen, NL
Architekturbüro Landschaft und Garten, Solingen, BRD
Staudengärtnerei Arends, Wuppertal, BRD
Avantgarden , Wijnegem, B
Familie Bein, Mömbris, BRD
Madeleine van Bennekom, Domburg, NL
Hanne Bernhard, Bönen, BRD
Marianne Beuchert, Frankfurt, BRD
Siets Blanksma, Heerhugoward, NL
Els de Boer, Groningen, NL
Botanischer Garten, Universität Düsseldorf, BRD
Trix Boterman, Schoorl, NL
Familie Broekhuis, Kortenhoef, NL
Familie Caesar, Herten, BRD
Paul Deroose, Jabbeke, B
De Rhulenhof, Ottersum, NL
De Tintelhof, Veere, NL
De Wiersse, Vorden, NL
Die Gartengalerie, Murnau/Staffelsee, BRD
Familie Dingemans, Loenersloot, NL
Jenny Drijver, Camperduin, NL
Familie Dünow, Ratingen, BRD
Familie Felsberg, Dortmund, BRD
Familie Funke, Herten, BRD
Firma Garpa, Hamburg, BRD
Gartenplanung Müller + Partner, Willich, BRD
Familie Ghyczy, Kasteel, Nieuwenbroek, NL
Giardini, Walda Pairon, Kalmthout, B
Familie Gossenaerts, Berkel-Enschot, NL
Great Comp, Borough Green, England
Ineke Greve, Heerlen, NL
Familie Groenewegen, Beugen, NL
GRUGA Park, Essen, BRD
Hadspen Garden, Castle Cary, GB
Familie Haucke, Rastede, BRD
Renate Hendriks, Oostvoorne, NL
Reiner Herling, Dortmund, BRD
Familie Hoffmann, Dortmund, BRD
Japanischer Garten, Bayer Leverkusen, BRD
Atie Jonker, Syberkarspel, NL
Kasteel Walenburg, Langbroek, NL
Kasteel Wijlre, Wijlre, NL
Keukenhof, Lisse, NL
Kew Garden, Richmond, GB
Lidy Kloeg, Arnheim, NL
Gesine Lauxterman, Ankeveen, NL
Frank Linschoten, Pieter Baak, Eext, NL
Günter Mertens, Düsseldorf, BRD
Gärtnerei Piet Oudolf, Hummelo, NL
Gärtnerei Overhagen, Velp, NL
Familie Pfordte, Der Fohlenhof, Cappenberg, BRD
Pine Lodge, St. Austell, GB
Familie Poley, Nisse, NL
Volker Püschel, Mettmann, BRD
Familie Rau, Flierich, BRD
Amy Roos, Edam, NL
Roses du Temps Passé, Stretton, GB
Familie Roth, Frankfurt, BRD
Familie Rupp, München, BRD
Mien Ruys, Stichting Tuinen, Dedemsvaart, NL
Familie Schleithoff, Münster, BRD
Familie Schmid, Goes, NL
Scholteshof, Steevoort, B
Sprivers Estate, Horsmonden, GB
Familie van Steeg, De Heurne, NL
Familie Strothmann, Dortmund, BRD
Sitje Stuurman, Bergen, NL
Team Grün-Plan Wittich, Pfaffenwiesbach, BRD
Ton Ter Linden, Ruinen, NL
The Gables, Stoke Subhampton, GB
Trewithen, Truro, GB
Priona Tuinen, Schuinesloot, NL
Rosemary Verey, Barnsley, GB
Friedolin Wagner, Hamburg, BRD
Horst Weihrauch, Hamm, BRD
Henk Weijers, Haarlem, NL
Westonbirt Arboretum, Tedbury, GB
Westfalenpark Dortmund, BRD
Els van de Zwan, Bergen, NL

Impressum

Inhaltlich unveränderte Neuausgabe von *Gartenvergnügen*. Gräfe und Unzer Verlag GmbH. ISBN 3-7742-2662-8.

Konzeption und Redaktion: Verlagsproduktion Gisela Keil
Lektorat: Mirjam Baumann, Jolanda Englbrecht, Kristiana Ruhl
Grafische Gestaltung: ARTelier, München
Umschlaggestaltung: independent Medien-Design, Horst Moser, München
Zeichnungen: György Jankovics
Herstellung und Satz: BuchHaus, Robert Gigler GmbH, München
Produktion: Verena Römer
Reproduktion: Longo AG, Bozen
Druck und Bindung: Appl, Wemding

ISBN 978-3-8338-5392-0

17. Auflage 2026